北京农村年鉴

2019

中国农业出版社

北　京

美丽乡村建设

平谷区黄松峪大东沟新村

门头沟区妙峰山镇禅房村

北京基金小镇落户房山区

延庆区龙源里民宿小院

房山区蒲洼乡东村被农业农村部评为中国美丽休闲乡村

第一批美丽乡村创建村——房山区佛子庄村　李桂芝　摄

密云区蔡家洼玫瑰情缘　郑永康　摄

怀柔区六渡河村风景如画

生态建设

平谷区实行河长制改善水环境引来水鸟安家

房山区西苑梯田　张建国　摄

门头沟区绿色廊道公园

门头沟区清水镇梁家庄村低收入帮扶芦笋项目

房山区十渡水田稻谷香　穆启晨　摄

大兴区亦庄滨河森林公园

都市型现代农业

大兴区连栋温室椰糠无土栽培生产示范项目

丰台区花乡花卉创意园

北京兴农天力农机服务专业合作社进行小麦秸秆打捆收集作业

中粮智慧农场　*庄建　摄*

延庆区北菜园有机蔬菜基地

延庆区金粟合作社有机葡萄种植

旅游文化节

第十七届北京大兴安定桑椹旅游文化节

第十届北京月季文化节暨2018聚焦“魏”来——魏善庄休闲文化季开幕

“乡村大舞台”昌平区专场展演

房山区南窖乡举办“月圆京城 情系中华”——遇见南窖·慢品西山，2018北京西山民俗文化节

平谷区的农民丰收节

农村实用人才培养

大兴区种植中心在魏善庄镇进行项目培训

门头沟区农村实用人才培训

门头沟区举办果树夏季修剪培训

北京农职院举办“高级农村实用人才示范培训班”

联合国粮农组织观摩顺义区“互联网+农民田间学校”

顺义区种植中心举办“粮食春季生产暨绿色高产高效培训班”

农村改革与集体经济发展

大兴区村级后备干部培训班

大兴区农业新型经营主体政策培训

顺义区新型农业经营主体带头人培训

朝阳区将台乡原西八间房村社员代表会审议产权改革事项

门头沟区农村产权交易工作座谈会

海淀区温泉镇股份经济合作联合社获颁全国首批农村集体经济组织登记证

顺义区南彩镇下营村低收入产业项目建成

市农研中心到门头沟区潭柘寺镇南辛房村对接低收入帮扶

丰台区南苑乡春节前夕开展民俗展演活动

北京友谊医院通州院区试开诊　常鸣　摄

基层组织建设

大兴区庞各庄镇举办“不忘初心、牢记使命”主题教育党课

海淀区农村系统社区（村）“两新”组织专职党建指导员培训班

朝阳区举办农村系统“一把手”培训班

门头沟区农村党组织书记培训班

北京市农林科学院新品种介绍

京骆红

京骆丰

云　密

叠　翠

GL1409

JK9681

MC121-1

MC618-群体果穗

MC703

NK718

SK567

京花12号群体

京科糯609果穗

京科糯623果穗

京科糯2000E果穗

京科糯2010果穗

京科糯2016果穗

京科甜608果穗

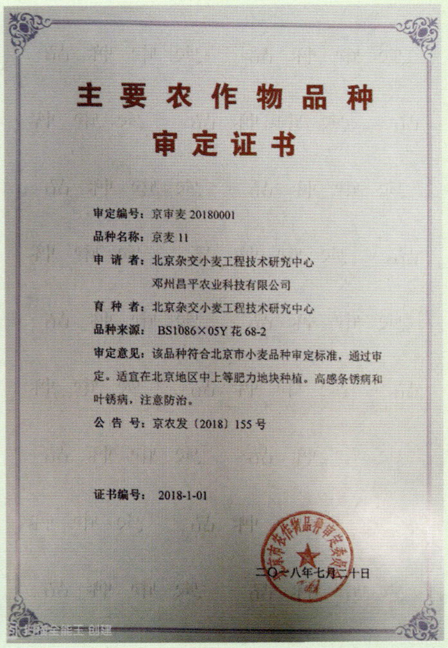

主要农作物品种

审定证书

审定编号：京审麦 20180001

品种名称：京麦 11

申 请 者：北京杂交小麦工程技术研究中心

邓州昌平农业科技有限公司

育 种 者：北京杂交小麦工程技术研究中心

品种来源：BS1086×05Y 花 68-2

审定意见：该品种符合北京市小麦品种审定标准，通过审定。适宜在北京地区中上等肥力地块种植。高感条锈病和叶锈病，注意防治。

公 告 号：京农发〔2018〕155 号

证书编号：2018-1-01

二〇一八年七月二十日

京麦11

农科糯303果穗

农科甜563果穗

农科甜601

农科玉368

瑞都香玉

彩　虹

《北京农村年鉴》编辑委员会

《北京农村年鉴》编辑部

主　　编　张光连

副 主 编　曹四发（常务）　王修达　魏惠东　张　旭

执行主编　徐再城

成　　员　刘孟超　邱　睿　纪绍军　万敏波

特约编辑（按姓名笔画排序）

才庆学　王　东　王　宇　王　滨　王　磊　王　震
王以中　王丽洁　王宏宇　王春华　王晓日　甘国再
田　雨　田亚南　田丽娜　付　鹏　冯晓晴　兰　岚
邢贵平　毕　珊　朱淑英　任　荣　任玉玲　华　蕾
刘　刚　刘孟超　刘春广　刘艳艳　齐　智　齐庆栓
孙　猛　孙田田　孙存虎　纪绍军　杜力军　李　理
李　潇　李云忠　李文超　李玉霞　李东伟　李志敬
李景辉　杨　姝　杨　琦　杨中杰　杨慧艳　肖　勇
吴汝明　邱　睿　汪凌波　沈春林　张　旭　张　波
张亚昆　张英洪　张晓晟　张毅良　陈连武　陈奕捷
陈雪原　季　虹　周　凯　周洪生　郑　贤　郑丽娜
郑海峰　孟建洲　赵　华　赵　颖　胡登州　侯　进
侯书江　侯福强　姚杰章　袁庆辉　聂观涛　贾　雪
贾寒智　顾崇华　徐建军　郭振华　涂宏汉　黄生斌
曹晓兰　符乃清　梁自山　葛继新　程晓仙　鲍婧婷
蔡晓东　魏惠东

凡　例

一、《北京农村年鉴》是集中反映北京农村经济和社会发展情况的大型资料性工具书和史料文献。在中共北京市委农村工作委员会和北京市农业农村局的领导下，由北京市农村经济研究中心主持编纂。

二、《北京农村年鉴》以马克思列宁主义、毛泽东思想、邓小平理论、“三个代表”重要思想、科学发展观、习近平新时代中国特色社会主义思想为指导，运用丰富、翔实的资料和客观、真实的记述，使社会各界增进对北京农村的认识与了解，促进北京地区各行业和国内外与北京农村的合作、交流，也为地方史志的编写积累珍贵的历史资料。

三、《北京农村年鉴》基本写作形式为条目体，并选载适量文章，辅以图片、表格，使读者对北京农村情况有一完整了解。

四、《北京农村年鉴》所设栏目与类目基本固定，依据年度变化情况做适当调整。

五、《北京农村年鉴》稿件，由北京市委农工委、北京市农业农村局各职能部门，北京市农业系统各单位，各涉农区，并邀请各有关部门，确定专人撰写，均经各部门主管领导审阅。有关数据采用国家和市统计部门发布的权威数字；未列入国家和市统计范围的，采用业务部门经过核实、可以发布的数字。

目　　录

特　　载

文 件 选 载

涉农文件目录

总　　述

大　事　记

乡村振兴

都市现代农业

产业融合发展

生态与基础设施建设

山 区 建 设

农 业 科 技

农村改革与发展

农民生活与社会保障

农村社会事业

农村社会管理

农村法治建设

组 织 建 设

郊 区 农 情

市农业农村系统行政、事业机构

调研摘要选编

统 计 资 料

索 引

特　　载

中共北京市委　北京市人民政府
印发《关于实施乡村振兴战略的措施》的通知

（2018 年 5 月 5 日）

各区委、区政府，市委、市政府各部委办局，各总公司，各人民团体，各高等院校：

现将《关于实施乡村振兴战略的措施》印发给你们，请结合实际认真贯彻落实。

关于实施乡村振兴战略的措施

实施乡村振兴战略，是党的十九大作出的重大决策部署，北京必须率先贯彻、认真落实；实施乡村振兴战略，是决胜全面建成小康社会、全面建设社会主义现代化国家的重大历史任务，北京必须带头完成、争创一流；实施乡村振兴战略，是新时代“三农”工作的总抓手，北京必须紧抓在手、科学推进。为深入贯彻落实《中共中央、国务院关于实施乡村振兴战略的意见》精神，结合本市实际，现提出如下措施。

一、总体要求

（一）指导思想。全面贯彻党的十九大精神，以习近平新时代中国特色社会主义思想为指导，坚定不移贯彻新发展理念，落实高质量发展要求，牢牢把握首都城市战略定位，紧扣北京“大城市小农业”“大京郊小城区”特点，坚持农业农村优先发展，按照产业兴旺、生态宜居、乡风文明、治理有效、生活富裕的总要求，以城乡融合发展、农业绿色发展、农民全面发展为主线，以建设美丽乡村为抓手，以建立健全城乡融合发展体制机制和政策体系为重点，全面实施乡村振兴战略，扎实做好乡村改革、乡村发展、乡村建设、乡村文化、乡村治理等工作，着力解决乡村发展不平衡不充分问题，着力推动乡村产业振兴、人才振兴、文化振兴、生态振兴、组织振兴，高标准、高水平、高质量推进农业现代化、农村现代化、乡村治理体系和治理能力现代化建设，为决胜全面建成小康社会和建设国际一流的和谐宜居之都提供坚实保障。

（二）目标任务。到 2020 年，乡村振兴取得重要进展，制度框架和政策体系基本形成。美丽宜居乡村建设扎实推进，农村人居环境整治任务基本完成，人居环境质量全面提升，基本形成以小城镇、中心村为核心的 30 分钟公共服务圈；农业标准化生产基本实现全覆盖，全市整建制创建成为国家农产品质量安全市、国家食品安全城市；环首都生态安全圈框架基本形成，农业高效节水灌溉基本实现全覆盖，农村污水得到有效治理；现行标准下低收入农户家庭人均可支配收入超过标准线，低收入村全部消除；农村基层组织规范化建设进一步加强，低收入村和软弱涣散村的党组织实现全部提升、全面转化；党的农村工作领导体制机制进一步健全，乡村振兴战略领导责任制全面落实、全面巩固。

到 2035 年，乡村振兴取得决定性进展，城乡融合发展的体制机制全面完善，农业现代化、农村现代化、乡村治理体系和治理能力现代化基本实现。

到 2050 年，乡村全面振兴，农业强、农村美、农民富全面实现。

二、着力营造乡村新面貌，建设美丽宜居乡村

充分发挥“大城市”的辐射带动作用，以规划为引领，全面开展农村人居环境综合整治，全方位配套建设乡村基础设施和公共服务设施，努力建设一批生态优、环境美、产业兴、人气旺、民风淳的美丽乡村，让乡村生活更加便捷、更有品质、更加美好。

（一）**大力整治农村人居环境**。实施美丽乡村建设三年专项行动计划，着力清脏、治乱、增绿，加快补齐农村人居环境突出短板。对农村地区违法占地、违法建设、违法经营等行为和“脏、乱、差”现象进行长效管控和治理。依据规划拆违还绿、留白建绿、见空插绿，实现以绿治脏、以绿净村、以绿美村。扎实推进农村地区垃圾治理工作，巩固“村收、镇运、区处理”的垃圾运转处理体系，积极开展垃圾分类和资源化利用示范区创建活动。全面开展农村污水治理工作，加快重要水源地和人口密集村庄、民俗旅游村的污水处理设施建设。持续推进“厕所革命”，力争2020年底前，全市农村公共卫生厕所基本达到等级标准，户厕基本达到无害化要求。分类制定农村基础设施考核办法，健全长效管护机制，落实管护资金并纳入区、乡镇财政保障范围。在垃圾和污水处理、厕所保洁、环境卫生等领域探索多种形式的管理模式，充分发挥农民主体作用，建立专门有效的管护队伍，保障设施设备长期发挥效益，农村环境保持干净整洁有序。落实区、乡镇两级农村环境保护主体责任，加强农村环境监管能力建设。（责任单位：市农委、市发展改革委、市规划国土委、市财政局、市城市管理委、市住房城乡建设委、市环保局、市水务局、市园林绿化局、市爱卫办，除东城区、西城区、石景山区外的区委区政府）

（二）**推动农村基础设施提档升级**。进一步完善农村公路、供排水、供气、环保、电网、路灯、互联网、物流、邮站、连锁便民店、停车场等基础设施及配套公共设施，实现城乡基础设施共建共享、互联互通；同时，推进基础设施无障碍建设。强化建管并重，从注重工程建设转向建设与管理相结合，统筹做好事前项目谋划、事中项目评价、事后长效管护工作。持续推进农村地区冬季清洁取暖工作，以电能为主，优先采用“煤改电”方式实现清洁取暖，2018年底前基本实现全市平原地区村庄无煤化，积极开展山区村庄冬季清洁取暖试点；实施冬季清洁取暖改造工程，统筹做好建筑节能与设备改造、供电供气与运行维护、安全使用与应急管理等工作，让农村地区村庄住户用得起、用得好、用得省心。高标准推进“四好农村路”建设，进一步提升农村客运服务水平。继续推进农宅抗震节能改造，提高农村房屋安全防灾和节能水平。统筹实施新一轮山区农民搬迁工程和地质灾害治理项目，改善地质灾害易发区和生存条件恶劣地区农民生产生活环境。实施数字乡村战略，开发适合“三农”特点的信息技术、产品、应用和服务。（责任单位：市农委、市发展改革委、市规划国土委、市财政局、市住房城乡建设委、市城市管理委、市交通委、市商务委、市环保局、市经济信息化委、市残联、市邮政公司、北京市电力公司、市燃气集团，除东城区、西城区、石景山区外的区委区政府）

三、着力培育乡村新动能，推动乡村高质量发展

充分利用“大京郊”的空间优势，在现有乡村产业有序疏解整治和全面转型升级的基础上，不断培育新产业新业态，推动小城镇协调发展、农业绿色发展、乡村旅游充分发展，构建农村一二三产业融合发展体系。

（一）**推动小城镇协调发展**。加强分类引导，构建“新市镇—特色小镇—小城镇”新型城镇发展体系。创新小城镇建设实施方式，鼓励存量用地集约高效利用，吸引社会资本参与，促进经济转型升级和城镇空间体系有效延伸，带动镇域协调发展。抓住非首都功能疏解、城市功能布局调整、产业转移、重大活动承办等机遇，以功能定位为先导，依托自身资源禀赋和地域特色，聚焦生态、休闲旅游、文化创意、教育、体育、科技、金融等领域，吸引功能性项目、特色文化活动和品牌企业落户，建设特色鲜明、绿色智慧、宜居宜业的小城镇。在推动小城镇发展中，要严格节约集约用地，严禁违法违规搞圈地开发，严禁整体镇域开发，严禁搞大规模商品住宅开发。（责任单位：市发展改革委、市农委、市规划国土委、市住房城乡建设委、市财政局、市科委、市经济信息化委、市旅游委、市商

务委、相关区委区政府）

（二）借助科技创新与服务业发展优势推进农业全域绿色发展。将农业绿色发展摆在更加突出位置，加快建立以绿色生态为导向的农业生产补贴机制，大力推广节水农业、生态农业、循环农业，把产出高效、产品安全、资源节约、环境友好的要求落实到每个地块。全面落实永久基本农田特殊保护制度，加快推进农业布局优化调整，将已划定的永久基本农田分为优化发展区和保护发展区，实施耕地质量保护和提升行动。深入实施农业“调转节”，提升永久基本农田优化发展区的适度规模经营水平，继续调减永久基本农田保护发展区高耗水粮食种植，推进休耕轮作，发展景观农业，突出生态功能，提高一产附加值。加快推进全市国家农业可持续发展试验示范区、国家现代农业示范区和国家现代种业创新试验示范区建设，充分发挥首都科技、人才、组织优势，培育和发展各类专业化市场化服务组织，利用移动互联网、大数据、物联网、遥感、人工智能等技术，构建现代农业产业体系、生产体系、经营体系，高标准规划建设一批市级现代农业产业园，大力发展籽种农业、现代种业，不断提高农业集约化、规模化、产业化、组织化和社会化发展水平。加强农业面源污染治理和防控，深入实施化肥农药减量行动计划，开展测土配方施肥，科学划定畜禽禁养区和限养区范围，引导经营性畜禽养殖有序退出，全面加强畜禽养殖粪污治理，推进农业废弃物资源化利用，强化土壤污染管控和修复。更加突出节水，继续实施规模化高效节水灌溉工程，健全农业灌溉用水限额管理机制，实现全计量、全收费。到2020年，基本构建起具有国际先进水平的高效节水灌溉工程建设、管理、运营体系，灌溉水有效利用系数提高到0.75以上，农作物秸秆综合利用率达到98.5%。（责任单位：市农委、市水务局、市发展改革委、市财政局、市规划国土委、市园林绿化局、市经济信息化委、市科委、市环保局、市农科院、市农业局，除东城区、西城区、石景山区外的区委区政府）

（三）着力提升农产品安全绿色优质水平。强化完善“菜篮子”市长负责制、区长负责制。以让人民吃得放心、吃得健康为目标，深入推进农业供给侧结构性改革，促进农业绿色化、优质化、特色化、品牌化发展，推动农业由增产导向转向提质导向，全面提升“双安双创”工作水平。推进北京农产品绿色优质安全示范区建设，坚持质量兴农、绿色兴农、品牌强农方针，全力打造绿色生产、全程监管、产品优质、品牌过硬、区域协同的北京“安全农业”品牌。建立完善农业生产环境监测、保护制度，实施放心农资连锁经营与配送，确保农业生产环境安全。强化农产品品牌建设，大力培育具有北京特色的农产品品牌、区域公用品牌、企业品牌。解决农产品销售中的突出问题，加强农产品产后分级、包装、营销，支持“京味”精品进超市、进社区、进电商、进专卖店。加快建设现代化农产品流通体系，支持供销、邮政、快递及各类企业把服务网点延伸到乡村，鼓励支持各类市场主体创新发展基于互联网的基础设施，提升乡村商业基础设施和企业连锁化经营水平。完善农产品安全风险调查、风险评估、风险监测、监督抽查“四位一体”管控机制，切实做到源头严防、过程严管、风险严控。创新“互联网＋质量安全”监管模式和机制，将农业生产经营主体信用数据统一归集到全市公共信用信息服务平台，并开展信用评价与等级管理。加快建设和完善农资、农产品追溯信息系统及农产品质量安全监管信息系统。全面推行农产品质量安全网格化管理，将监管工作重心下沉到乡镇、村，强化基层监管力量。探索建立京津冀三地统一的食用农产品合格证制度，规范产地准出、销地准入机制，实现检查协同与监管联动。到2020年，培育名优品牌100个、优质品种200个、特优基地1 000个，绿色有效农产品供给能力全面提升；“三品一标”农产品认证覆盖率达到75%以上，并全部实现可追溯；本市生产的农产品质量安全监测抽检合格率达到98%以上，涉农区全部创建成为国家农产品质量安全区。（责任单位：市农委、市发展改革委、市食品药品监管局、市商务委、市国资委、市经济信息化委、市农业局、市供销总社、市邮政公司、各区委区政府）

（四）加快培育农村新产业新业态。坚持服务首都、富裕农民的方针，努力将乡村生态优势转化为发展优势，走绿色发展、绿色兴业、绿色富民之路。加强乡村统计工作和数据开发应用。运用现代信息技术、先进设计理念、市场运作模式变革传统农业，促进农业与旅游、教育、文化、体育、健康、养老等产业深度融合，培育休闲农业、乡村旅游、特色民宿、养生养老、农村电商等新产业新业态，打造绿色、生态、环保产业链。加快推进休闲农业、乡村旅游转型升级，依托旅游示范区、田园综合体、生态文明沟域等载体，积极开发观光农业、游憩休闲、森林人家、康养基地、文化体验、生态教育等服务，切实转变乡村旅游粗放式、同质同构发展；培育乡村优质旅游品牌，继续推进100个旅游休闲村镇创建工作，打造一批精品农业节庆、农事体验活动；发展乡村智慧旅游，将农家乐、特色民宿、休闲农庄等编织成网，提供便捷服务。建立健全农村新产业新业态发展用地保障机制，在符合城乡规划和土地利用总体规划的前提下，将年度新增建设用地指标安排一定比例用于乡村休闲旅游、养老等产业；允许村庄改造、宅基地整理等节约出的建设用地，以入股、联营等方式，发展特色民宿和农村电商。对利用闲置农房发展民宿、养老等项目，研究出台工商、消防、特种行业经营等领域便利市场准入、加强事中事后监管的办法。（责任单位：市农委、市旅游委、市发展改革委、市规划国土委、市住房城乡建设委、市园林绿化局、市工商局、市公安局、市公安局消防局、市农业局，除东城区、西城区、石景山区外的区委区政府）

四、着力构建大尺度绿色生态空间，促进城乡生态宜居

牢固树立和践行“绿水青山就是金山银山”的理念，坚持节约优先、保护优先、自然恢复为主的方针，统筹山水林田湖草系统治理，严守生态保护红线，加大留白增绿和拆违还绿力度，不断扩大城市绿色生态空间，构建首都“大生态”格局。

（一）加快绿化隔离地区建设。按照减量集约、疏解提升的要求，全面推进第一道绿化隔离地区城市公园环建设，统筹做好该区域内所有村庄的拆迁腾退、人口疏解、留白增绿、转居转制、发展转型、社会建设等各项任务，实现人口规模和建设规模双控目标。进一步完善第一道绿化隔离地区公共服务设施和市政基础设施，不断提升社区服务管理水平，消除城市安全隐患。用5年左右时间，基本完成第一道绿化隔离地区城市化建设工作，新增规划绿地22平方公里，新建城市公园20余个，基本实现“一环、六区、百园”规划目标，形成闭合的城市公园环。借鉴第一道绿化隔离地区建设经验，按照改革创新、下放权力、简化程序、提高效率、依法合规、区域统筹的原则，加快推进第二道绿化隔离地区绿化建设，通过疏解腾退、减量发展，建设集中连片的郊野公园，形成郊野公园环。（责任单位：市城乡办、市发展改革委、市园林绿化局、市规划国土委、市农委，除东城区、西城区、石景山区外的区委区政府）

（二）推进大尺度森林湿地和绿地建设。加快发展现代高效林业，大力建设森林城市、海绵城市，进一步压缩生产空间规模，开展新一轮百万亩造林绿化，更好地满足广大市民日益增长的优美生态环境需要。提升重点功能区绿化水平，加快实施城市副中心、新机场、2022年北京冬奥会冬残奥会场馆区等重点区域、重要节点周边大尺度森林湿地和绿地建设，筹办好2019年北京世园会。加强京津冀区域生态环境协同保护与建设，继续推进京津风沙源治理、京冀生态水源保护林建设、太行山绿化、永定河综合治理与生态修复，建设张（家口）承（德）生态功能区，构建环首都生态安全圈。2018年，全市新增造林绿化面积23万亩，营造京冀生态水源保护林10万亩。到2022年，森林覆盖率达到45%以上。（责任单位：市园林绿化局、市发展改革委、市规划国土委、市水务局、市财政局、市农委、各区委区政府）

（三）加强水生态环境建设。落实节水优先、量水发展的要求，持续推进最严格水资源管理，实施水资源消耗总量和强度双控，进一步提高水资源利用效率。强化水资源战略储备，完善城乡供水设施体系，形成外调水和本地水、地表水和地下水联合调度的多水源供水格局，保障首都供水安全。落实第二轮污水处理设施建设三年行动计划，打赢碧水攻坚战。健全河湖管理保护长效机制，完善河长制组织体系和工作制度。进一步聚焦密云水库、怀柔水库、官厅水库、永定河流域等重点区域的生态系统保护和修复，严格实施水环境区域补偿制度和河湖生态环境检查通报制度。进一步强化农村和城乡结合部地区以及园林绿化领域用水节水规范化、标准化、精细化管理。加强河道环境建设和生态治理，继续实施农村生态清洁小流域建设，推进河湖水系循环连通，逐步恢复重点河湖生态功能和河滨带、库滨带自然生态系统，构建水清、岸绿、安全、宜人的生态空间。推进跨界河流协同综合治理，建立完善京津冀水资源、水环境监测、预警和应急机制，提高区域联防联控水平。到2020年，

重要水功能区水质达标率达到77%。（责任单位：市水务局、市发展改革委、市财政局、市南水北调办、市农委、市环保局、各区委区政府）

五、着力推进城乡基本公共服务均等化，促进农民持续增收

把维护农民根本利益、促进共同富裕作为出发点和落脚点，按照民生建设“七有”目标，不断提高农村公共服务、社会保障的标准和水平，加快推进城乡基本公共服务均等化，推动农村劳动力充分就业，不断增强农民获得感、幸福感、安全感。

（一）强化公共就业创业服务。落实农村劳动力转移就业管理制度，扩大就业失业管理制度覆盖面，完善就业创业帮扶措施，实施精细化公共就业服务，对农村劳动力转移就业做到“需帮尽帮”。加强乡村就业创业服务平台建设，改善服务设施，充实服务力量，提高服务能力。通过政府购买服务方式，引导社会优质服务机构为农村劳动力转移就业提供职业指导、岗位推荐、职业介绍等服务。2018年全市在城市公共服务类岗位安置农村劳动力就业1万人，新增农村转移就业劳动力4万人以上。开发城市公共管理服务类岗位安置本市农村劳动力就业，实施岗位绩效考核，研究提高酬劳补贴的具体措施，推动公益性岗位科学用工，进一步拓展农村劳动力就业渠道。统筹培训资金和项目，有针对性地开展订单、定向、定岗职业技能培训，提升农村劳动力综合素养及就业能力。开展不同层次的学历教育，使有学习愿望的新型职业农民、返乡务农人员、农村实用人才和农村新增劳动力能够接受中高等职业和成人本科学历教育，并享受助学金、免学费等补贴政策。取消本市户籍农民接受成人中高等职业学历教育的年龄限制。完善农村成人继续教育服务体系和培训网络建设，建立农村成人学历教育学籍管理系统。引导农民树立正确的就业观念，充分调动其积极性、主动性、创造性，鼓励创业创新，切实减少农村“闲人现象”。（责任单位：市人力社保局、市财政局、市农委、市教委、市民政局、市园林绿化局、市水务局、各区委区政府、市属有关院校）

（二）扎实做好低收入村低收入农户帮扶工作。加强对帮扶对象的动态管理，完善帮扶台账，健全帮扶政策体系，把工作重点进一步向尚未超过现行标准线的低收入农户倾斜，因村、因户、因人精准施策，落实好产业、就业、教育、助残、医保、搬迁等方面帮扶措施，实现较高标准的保障目标。加强政策宣传，坚持扶志、扶智相结合，改进帮扶方式方法，更多采用生产奖补、转移就业、劳务补助、以工代赈等方式，引导低收入农户克服“等靠要”思想，通过辛勤劳动增收致富。强化产业帮扶，建立产业帮扶项目库，选好产业帮扶项目，科学用好产业帮扶资金，加快推进项目落地。完善利益联结机制，使低收入农户分享到产业链和价值链增值收益。加强就业扶持，进一步集成岗补社补、技能培训、助残增收基地、公益岗位托底安置等就业促进政策，美丽乡村建设、营林造林等项目用工尽量使用当地低收入农户劳动力。综合实施保障性帮扶政策，对完全或部分丧失劳动能力的特殊群体，确保病有所医、残有所助、生活有兜底。强化帮扶资金投入和使用管理，建立与低收入农户增收任务相适应的投入体系，确保资金安全和效益。开展帮扶领域腐败和作风问题专项治理，完善督查巡查、考核评估办法，解决和纠正帮扶工作中的形式主义、官僚主义等突出问题，对挪用和贪污帮扶款项的行为严惩不贷，对弄虚作假、搞“数字脱低”的严肃查处。（责任单位：市委农工委、市农委、市人力社保局、市财政局、市民政局、市卫生计生委、市教委、市残联、市园林绿化局、市纪委市监委、各区委区政府）

（三）不断提高农村公共服务和社会保障水平。加快推动公共服务向农村延伸，建立健全覆盖全面、城乡一体的基本公共服务体系。按照增量、提质、均衡、公平的发展思路，全面落实乡村教师支持计划，统筹配置城乡师资并向乡村倾斜，建好建强乡村教师队伍，推动城乡义务教育一体化发展。提升农村地区学前教育公共服务水平。建立城乡居民基础养老金和福利养老金正常调整机制。完善统一的城乡居民基本医疗保险制度和大病保险制度，做好重特大疾病救助工作。加强基层医疗卫生服务体系建设，加快补齐“空白村”的医疗卫生服务机构，支持乡镇及村级医疗卫生机构改善条件。强化农村公共卫生服务，加快村级卫生组织普及工作，深入开展爱国卫生运动，加强慢性病综合防控，推进健康乡村建设。统筹城乡社会救助体系，做好农村社会救助兜底工作。加强农村养老服务，推进医疗卫生与养老服务相结合，统筹乡镇养老照料中

心、农村幸福晚年驿站和邻里互助点建设，构建农村区域养老服务联合体；在残疾人口达到 50 人以上的农村建设村级温馨家园，健全农村助残服务体系。（责任单位：市人力社保局、市教委、市卫生计生委、市爱卫办、市民政局、市发展改革委、市财政局、市农委、市残联，除东城区、西城区、石景山区外的区委区政府）

六、着力弘扬乡村文化，大力培育文明乡风

坚持物质文明和精神文明一起抓，加强农村思想道德建设和传统文化建设，繁荣乡村文化，提升农民精神风貌，培育文明乡风、良好家风、淳朴民风，不断提高乡村社会文明程度。

（一）传承发展提升优秀乡村文化。依托大运河、长城、西山永定河“三个文化带”建设，加强对传统历法、农事节气、民间习俗、乡土手艺、地方餐饮等的研究阐释，促进活态利用，推动优秀农耕文化融入现代生产生活，培育和扶植符合现代需求、饱含京韵、体现“农味”的乡村传统文化。挖掘和保护乡土文化资源，加强名镇名村、传统村落以及农村非遗文化、农业遗产、红色文化、民族文化、历史文物保护和发展，推动合理适度利用，培育一批处处有历史、步步有文化的小城镇和美丽乡村。（责任单位：市文化局、市文物局、市委宣传部、市委农工委、市发展改革委、市规划国土委、市民委、市农业局，除东城区、西城区、石景山区外的区委区政府）

（二）加强乡村公共文化建设。按照有标准、有网络、有内容、有人才的要求，健全乡村公共文化服务体系。发挥区级公共文化机构辐射作用，加大公共文化资源向乡村倾斜力度，提供更多更好的农村公共文化产品和服务。整合乡村文化资源，完善乡村文化设施，以乡镇或中心村为重点，打造区域综合文化活动中心，实现乡镇、村两级公共文化服务全覆盖。加强乡情村史陈列室建设，打造农民的精神家园。挖掘乡村文化本土人才，引导社会各界人士投身乡村文化建设，开展文化结对帮扶。加强农村文化组织员队伍建设，培育一批乡村文化带头人和文艺骨干，演绎具有新时代特点的北京乡土文化。支持“三农”题材文艺创作生产，举办农民艺术节等主题文化活动，充分展示新时代农村农民的精神面貌。活跃繁荣农村文化市场，广泛深入开展“农村文艺演出星火工程”“百姓周末大舞台”“戏曲进乡村”等公益惠民演出活动，全面提升农村电影公益放映质量，丰富乡村文化。（责任单位：市委宣传部、市发展改革委、市文化局、首都文明办、市委农工委、市新闻出版广电局、各区委区政府）

（三）培育文明乡风。挖掘农村传统道德教育资源，坚持教育引导、实践养成、制度保障三管齐下，采取符合农村特点的有效方式，深化中国特色社会主义和中国梦宣传教育，弘扬时代精神、集体主义精神和新乡贤文化，涵养明德向善、守望相助、风醇物厚的文明乡风，用好的乡风聚人聚心聚气，推动社会主义核心价值观在乡村落地生根。传承发展中华优秀传统文化，广泛开展群众性精神文明创建活动，大力弘扬自强不息、敬业乐群、扶危济困、孝老爱亲、重义守信、勤俭持家等中华传统美德，实现家庭和睦、邻里和谐、干群融洽。广泛开展寻找“北京最美乡村”系列活动，深入宣传美丽乡村建设、道德模范、身边好人的典型事迹，弘扬真善美，传播正能量。开展移风易俗行动，坚决反对铺张浪费、大操大办、厚葬薄养、人情攀比等陈规陋习，抵制封建迷信活动，树立新风尚，展示新风貌。（责任单位：市委宣传部、市委组织部、市委农工委、首都文明办、市文化局、市民政局、市民委，除东城区、西城区、石景山区外的区委区政府）

七、着力加强农村基层基础工作，构建乡村治理新体系

建立健全党委领导、政府负责、社会协同、公众参与、法治保障的现代乡村社会治理体制，健全完善自治、法治、德治相结合的乡村治理体系，不断提高乡村社会治理水平。

（一）全面加强农村基层党组织建设。扎实推进抓党建促乡村振兴，突出政治功能，提升组织力，把农村基层党组织建成坚强战斗堡垒。完善党建工作责任体系，建立健全区、乡镇党委书记抓农村基层党建责任清单，严格管理农村基层干部，规范履职行为。强化农村基层党组织领导地位，加强农村基层党组织对村级各类组织的领导。加强农村党支部规范化建设，推广党建实训基地模式，开展党支部评星定级工作，着力构建农村党支部“B＋T＋X”体系。推广“四有”工作法、次序动员法、

党员网格化管理等党建模式，完善乡村组织体系建设。加强农村社区党建工作，加快城乡结合部地区、农村拆迁新建小区、流动人口聚居地的社区居民委员会组建工作，探索完善村转社区、村居并行社区和农村社区党组织设置模式和发挥作用方式，构建党建引领、区域联动、共治共享的党建工作格局。健全软弱涣散村整顿长效工作机制，开展软弱涣散村党组织集中攻坚专项行动。建立健全选派第一书记工作长效机制，全面向低收入村、软弱涣散村和集体经济薄弱村党组织派出第一书记。加强对第一书记的管理和服务，落实选派单位帮扶责任，不断完善干部驻村帮扶机制。规范基层党组织纪律检查委员设置，协助市纪委市监委派驻乡镇监察办公室做好相关工作。推行村级小微权力清单制度，加大基层小微权力腐败惩处力度。推进"两学一做"学习教育常态化制度化，着力引导农村党员发挥先锋模范作用。（责任单位：市委组织部、市委农工委、市纪委市监委、市委社会工委、市民政局，除东城区、西城区、石景山区外的区委区政府）

（二）创新和完善乡村治理机制。加强乡镇政府服务能力建设，扩大乡镇服务管理权限，促进政府治理与社会调节、基层自治良性互动。推动乡村治理重心下移，尽可能把资源、服务、管理下放到基层。创新基层管理体制机制，完善乡镇实体化综合执法平台，落实"街乡吹哨、部门报到"。优化公共服务和行政审批职能，打造"一门式办理""一站式服务"的综合服务平台，逐步形成完善的乡村便民服务体系。进一步规范完善村民自治章程、村规民约，全面推广乡贤公益协同共治模式，加强社会工作服务站、乡贤社会服务中心等党群服务平台建设，充分发挥社会各类群体特别是新乡贤在乡村治理中的作用。大力培育服务性、公益性、互助性农村社会组织，积极开展农村社会工作和志愿服务。建立健全村务监督委员会，重点加强对村务决策和公开、财产管理、工程项目建设、惠农政策措施落实等情况的民主监督。探索开展小村撤并工作，进一步降低管理成本，提高工作效率。维护好村民委员会、农村集体经济组织、农村合作经济组织的特别法人地位和权利。提升农村基层矛盾预防化解能力，完善利益表达机制，建立党代表、人大代表、政协委员联系农村基层制度，完善党员干部直接联系群众制度，引导群众理性合法表达利益诉求。健全农村公共法律服务体系，加大农村普法力度，加强对农民的法律援助和司法救助。进一步加强农村社会治安综合治理工作，推动社会治安防控力量下沉。深入开展扫黑除恶专项斗争，严厉打击农村黑恶势力、宗族恶势力，对黑恶势力背后的关系网一律一挖到底，对黑恶势力的保护伞一律一查到底。依法加大对农村非法宗教活动打击力度，严禁农村乱建庙宇、滥塑宗教造像。健全农村公共安全体系，积极开展安全生产宣传进农村活动，持续开展农村安全隐患治理，坚决遏制重特大安全事故。（责任单位：市民政局、市委农工委、市委组织部、市委政法委、市纪委市监委、首都综治办、市公安局、市司法局、市委社会工委、市委统战部、市民委、市安全监管局，除东城区、西城区、石景山区外的区委区政府）

八、着力深化农村改革，不断推进体制机制创新

着力推进体制机制改革，使市场在资源配置中起决定性作用，更好发挥政府作用，激活主体、激活要素、激活市场，着力增强改革的系统性、整体性、协同性，实现城乡要素双向自由流动、平等交换，使人才、资金、产业在乡村汇聚。

（一）深化农村土地制度改革。紧紧围绕农民与土地的关系这条改革主线，巩固和完善农村基本经营制度。落实好第二轮土地承包到期后再延长30年的政策，让农民吃上长效"定心丸"。全面完成土地承包经营权确权登记颁证工作，严格界定暂不确权范围，做到应确尽确。用好确权登记颁证信息管理平台，实现承包土地信息联通共享。积极探索农村承包地"三权分置"的有效实现形式，加快放活土地经营权，农村承包土地经营权可依法向金融机构融资担保、入股从事农业产业化经营。创新土地经营权流转方式，探索开展乡镇统一组织经营管理试点，提升农业适度规模经营水平。扎实推进房地一体的农村集体建设用地和宅基地使用权确权登记颁证。继续抓好农村集体经营性建设用地入市试点，完善农村集体经营性建设用地入市增值收益分配机制，为构建城乡统一的建设用地市场提供支撑。积极推进乡镇统筹利用集体产业用地试点，推动实现集体建设用地腾退减量与集约节约利用、产业"腾笼换鸟"、环境优化改善等目标。抓好利用集体建设用地建设租赁住房试点，构建租购并举的住房体系。严格农村集体建设用地经营权转让管

理，积极探索“村地乡管”的有效机制。在充分保障农户宅基地用益物权、防止外部资本侵占控制的前提下，继续推进宅基地制度改革试点。制定盘活利用农民闲置宅基地和闲置农房的政策，探索宅基地所有权、资格权、使用权“三权分置”，落实宅基地集体所有权，保障宅基地农户资格权和农民房屋财产权，适度放活宅基地和农民房屋使用权，不得违规违法买卖宅基地，严格实行土地用途管制，严格禁止下乡利用农村宅基地建设别墅大院和私人会馆。拓宽农村建设用地使用范围，在符合土地利用总体规划和保持减量发展的前提下，允许区政府通过调整优化村庄用地布局，预留部分规划建设用地指标用于建设单独选址的休闲农业和乡村旅游设施。（责任单位：市规划国土委、市农委、市住房城乡建设委、市金融局、北京银监局、市农经办、人民银行营业管理部，除东城区、西城区、石景山区外的区委区政府）

（二）深化农村集体产权制度改革。积极推动资源变资产、资金变股金、农民变股东，探索农村集体经济新的实现形式和运行机制，壮大集体经济。全面开展农村集体资产清产核资，建立动态管理机制。督促尚未实施集体产权制度改革的村加快推进改革，稳步推进绿化隔离地区及重点城镇化地区的乡级集体产权制度改革，切实维护城市化进程中转居转制农民的合法权益。推进财政资金扶持农村集体经济组织形成的经营性资产股份量化及收益分配，进一步发挥财政扶持资金促进农户特别是低收入农户增收的作用。加强农村集体经济组织规范运营，发挥村党组织对集体经济组织的领导作用，防止内部少数人控制和外部资本侵占集体资产，切实保障集体经济组织成员权益。全面强化集体“三资”监管，做好农村集体经济组织审计和村级组织负责人经济责任审计，加大财务公开力度，把集体资产监管各项制度落到实处。进一步深化集体林权制度改革，在集体林地“三权分置”、林权流转和抵押贷款、林业配套设施建设等方面实现新的突破。（责任单位：市农委、市财政局、市园林绿化局、市城乡办、市农经办，除东城区、西城区外的区委区政府）

（三）强化乡村振兴人才支撑体系建设。加强党对农村人才工作的统一领导，把人力资本开发放在首要位置，强化城乡、区域、校地之间人才培养合作与交流，建立科技、专业人才统筹使用制度，形成技能培训、学历教育、实践锻炼等多种方式融合的人力资源开发机制，不断提高人才服务保障能力。充分发挥相关部门职能作用，着力统筹资源、深化改革、加强协调、完善服务，加快建设一支以职业农民为主体、以科技人才为引领、以专业人才为保障、以乡土人才为特色的北京农业农村人才队伍。研究出台吸引年轻人到农村就业创业的政策，拓宽智力、技术、管理下乡通道，优化农业从业者结构，加快建设知识型、技能型、创新型农业经营者队伍，让乡村振兴发展的机会、事业、平台吸引和留住青年人才，切实激发农业农村发展活力。全面建立新型职业农民制度，探索开展职业农民认定、职称评定试点，支持新型职业农民通过弹性学制参加中高等农业职业教育。加强面向农业农村的专业人才建设，积极引导科技、金融、互联网、文化创意、旅游管理、市场营销等领域专业人才投身农业创新创业基地建设，大力支持高校毕业生、大学生村官、部队转业干部等群体到农村创办领办农业企业、合作社，培养造就一批新农民。提高农村专业人才服务保障能力，鼓励市属高校、中等职业院校综合利用教育资源，灵活设置课程和专业（方向），创新人才培养模式，扶持培养一批农业职业经理人、经纪人、乡村规划师、乡村工匠、乡村医生、文化能人、非遗传承人等。加强农业科技人才建设，积极对接国家“千人计划”“万人计划”，深入推进科技特派员工作，在现代种业、设施农业、智能装备、绿色发展等领域，培养造就一批高精尖农业技术创新人才、简易实用技术发明人才、新技术新品种转化推广人才。深化农业科技成果转化和推广应用改革，健全种业等领域科研人员以知识产权明晰为基础、以知识价值为导向的分配政策，允许农技人员通过提供增值服务合理取酬。建立有效激励机制，以乡情乡愁为纽带，鼓励支持企业家、党政干部、专家学者、医生、教师、规划师、建筑师、律师、技能人才等，通过下乡担任志愿者、投资兴业、包村包项目、行医办学、捐资捐物等方式服务乡村振兴事业。（责任单位：市委组织部、团市委、市教委、市委农工委、市农委、市人力社保局、市直机关工委、市园林绿化局、市科委、市财政局、市金融局、市国资委、市经济信息化委、市农业局、市农科院、各区委区政府、市属各院校）

（四）进一步提高农民组织化程度。实施新型农业经营主体培育工程，研究制定配套措施，大力扶持发展家庭农场（林场）、合作社、集体林场、龙头企业、社会化服务组织和农业产业化联合体。加强政策引导，鼓励农民以土地、林权、资金、劳动、技术、产品为纽带，开展多样化的联合与合作，对以承包农户家庭经营为主的地区，要将合作社作为新型农业经营主体培育的重点，在充分尊重农民意愿的基础上，切实提升小农户生产经营组织化程度。充分发挥农村集体经济组织的引领和带动作用，在农户有意愿且具备条件的村，村集体经济组织可领办、参办土地或闲置农房合作社，加快发展农业适度规模经营或特色民宿。进一步推进专业合作社规范化建设，引导和支持示范社在自愿、平等的基础上，探索建立一批示范社联合社，打造集生产托管、技术服务、加工销售、区域品牌、法律支持等于一体的综合服务平台。在新一轮百万亩绿化造林建设中，积极探索和创新林业经营管理模式，研究发展集体林场的政策机制，把更多农民组织起来参与造林绿化和森林资源管护。积极推动土地经营权流转、产业发展、财政补贴、金融保险、社会保障等方面扶持政策向新型农业经营主体倾斜。（责任单位：市农委、市园林绿化局、市财政局、市金融局、市规划国土委，除东城区、西城区、石景山区外的区委区政府）

（五）强化乡村振兴投入保障。创新投融资机制，加快形成财政优先保障、金融重点倾斜、社会积极参与的多元投入格局。建立健全实施乡村振兴战略财政投入保障制度，确保公共财政投入力度不断增强、总量持续增加。调整完善土地出让收入使用范围，相关部门、区分配使用土地出让收入要进一步提高农业农村投入比例。以提升农业质量效益和竞争力为目标，完善和调整直接补贴制度。健全完善涉农资金统筹整合长效机制，增加区、乡镇自主统筹空间。区、乡镇要整合各种资源，统筹安排乡村改革、发展、建设、管理的专项资金，确保资金投入与乡村振兴目标任务相适应。推广一事一议、以奖代补等方式，鼓励农民对直接受益的乡村基础设施建设投工投劳，让农民更多参与建设管护。创新金融服务方式，充分利用农业融资担保、农业融资租赁、农业商业保险等金融工具，撬动和引导更多金融资源支持乡村振兴；加大对乡村振兴中长期信贷支持。制定金融机构服务乡村振兴考核评估办法。（责任单位：市财政局、市发展改革委、人民银行营业管理部、市金融局、市农委，除东城区、西城区、石景山区外的区委区政府）

九、全面加强党对“三农”工作的领导

实施乡村振兴战略是党和国家的重大决策部署，各级党委和政府要提高对实施乡村振兴战略重大意义的认识，把党管农村工作的要求落到实处，在干部配备上优先考虑，在要素配置上优先满足，在资金投入上优先保障，在公共服务上优先安排。

（一）全面贯彻党的十九大精神。面向全市“三农”干部，扎实开展党的十九大精神轮训工作，切实用习近平新时代中国特色社会主义思想和党的十九大精神武装头脑、凝聚力量、推动“三农”发展。面向全市广大农民群众，有针对性地开展党的十九大精神学习宣讲工作，组建村官讲师团，以群众喜闻乐见的形式，深入农村一线开展宣讲活动，汇聚起决胜全面建成小康社会的强大力量。深入开展“不忘初心、牢记使命”主题教育，引导农村党员干部牢记党的宗旨，提高能力本领，努力干事创业，永葆政治本色。对区、乡镇和农村基层干部开展实施乡村振兴战略专题培训，全面提升各级干部队伍的工作水平和创新能力。（责任单位：市委组织部、市委农工委、市委宣传部、市委教工委、市民政局、各区委区政府）

（二）健全完善党的农村工作领导体制机制。毫不动摇地坚持和加强党对农村工作的领导，健全党委统一领导、政府负责、党委农村工作部门统筹协调的农村工作领导体制。建立实施乡村振兴战略领导责任制，区、乡镇党政一把手作为第一责任人，担任“一线总指挥”，健全完善部门联动、政策集成、资金聚焦、资源整合的工作机制，统筹谋划农村经济建设、政治建设、文化建设、社会建设、生态文明建设和党的建设，注重协同性、关联性，整体部署、有序推进。建立区、乡镇党政领导班子和领导干部推进乡村振兴战略的实绩考核制度，将考核结果作为选拔使用领导干部的重要依据，把农业绿色发展纳入领导干部任期生态文明建设责任制。各部门要按照职责，加强工作调度、政策指导和监督监管，强化资源要素支持和制度供给，做好协同配合，形成乡村振兴工作合力。各区委、区政府和各有关部门要制定工作措施，分解年度任务，每年向市委、市政府报告推进实施乡村振兴战略进展情况。集中清理对村级组织考核评比

多、创建达标多、检查监督多等突出问题，为基层减负松绑。凝聚社会各界力量，调动工会、共青团、妇联、科协、残联等群团组织的优势资源，发挥各民主党派、工商联、无党派人士等积极作用，助力乡村振兴战略实施。加强立法调研，制定促进乡村振兴的地方性法规、政府规章。宣传党的乡村振兴方针政策和各区、各部门的丰富实践，讲好乡村故事，振奋干部群众精神，营造乡村振兴良好氛围。（责任单位：市委组织部、市委农工委、市委宣传部、市委统战部、市直机关工委、市人大农村委、市统计局、市编办、市总工会、团市委、市妇联、市科协、市残联及市各有关部门，各区委区政府）

（三）加强“三农”工作队伍建设。把懂农业、爱农村、爱农民作为基本要求，加强“三农”工作干部队伍培养、配备、管理、使用。涉农区各级党委和政府主要领导干部要懂“三农”工作、会抓“三农”工作、带头抓“三农”工作，分管领导、乡镇干部要真正成为“三农”工作行家里手。大兴“三农”工作调查研究之风，市、区两级相关部门要经常深入基层，进村入户、蹲点驻村，深入掌握市情农情，及时发现和解决农民关切问题。把到乡村一线工作锻炼作为培养干部的重要途径，注重选拔优秀中青年干部充实乡镇，鼓励优秀人才向乡村流动。加强对村“两委”换届选举的统筹安排和具体指导，健全完善多渠道选人机制，严把选人用人关，着力选好配强村“两委”班子。严肃换届工作纪律，有序实现 2019 年村委会、居委会同步换届。深入推进农村干部人才培养工程，推广农村党建助理员聘用等模式，建立村级后备干部人才库，加大在优秀青年农民中发展党员力度，切实解决村“两委”班子老龄化问题。持续推进农村干部培训学院建设，认定挂牌一批农村基层党员干部教育培训示范基地。（责任单位：市委组织部、市委农工委、市民政局、市人力社保局，除东城区、西城区、石景山区外的区委区政府）

（四）科学编制乡村振兴战略实施规划。准确把握乡村振兴的科学内涵，对标对表国家乡村振兴战略规划（2018—2022 年），结合《北京城市总体规划（2016—2035 年）》，抓紧研究编制本市乡村振兴战略实施规划，明确目标任务和重大项目，并按年度分解任务，动态实施，滚动推进。把乡村规划作为乡村振兴战略实施规划的重要内容，以区为单位、以乡镇为单元，因地制宜编制村庄布局规划、村庄建设发展规划、美丽乡村建设实施方案，统筹生产生活生态，确定一批重大工程，完成一批重点任务，梯次推动乡村山水林田路房整体改善。坚持规划师驻村编规划，充分听取村民意见，确保规划符合村庄实际、经得起历史检验。各区、各部门要加强各类规划的统筹管理和系统衔接，形成城乡融合、区域一体、多规合一的规划体系。科学把握乡村的差异性和发展走势分化特征，遵循发展规律，注重建设质量，坚持因地制宜、分类实施，有序建设、平稳推进，不搞一刀切，不搞统一模式，不搞层层加码，杜绝“形象工程”。引导建筑、园林、景观、艺术设计、文化策划等方面的设计师、优秀团队下乡，发挥好乡村能工巧匠的作用，推动乡村多样化发展、特色化建设、生态化保护。（责任单位：市发展改革委、市规划国土委、市住房城乡建设委、市农委，除东城区、西城区、石景山区外的区委区政府）

北京市副市长卢彦 2018 年 3 月 28 日在北京市农村工作会议上的报告

市委、市政府对这次会议非常重视，会前，市委常委会、市政府常务会议分别专题研究了实施乡村振兴战略的措施，蔡奇书记、吉宁市长对北京市实施乡村振兴战略、促进城乡融合发展提出了要求。蔡奇书记将作重要讲话，我们要认真学习领会，抓好贯彻落实。

一、过去 5 年“三农”工作

党的十八大以来，我们以习近平总书记关于“三农”工作的重要论述和对北京重要讲话精神为根本遵循，不断加大统筹城乡改革发展力度，出台一系列强农惠农富农政策举措，全市农业农村呈现良好发展局面，为全局工作提供了有力支撑，主要体现在“六个方面”的明显增强。

一是农业“调转节”深入推进，绿色发展水平明显增强。坚持绿色发展导向，2014年，习近平总书记视察北京工作之后，市委市政府迅速出台调结构、转方式、发展高效节水农业的政策措施，明确了到2020年的目标任务。5年来，各区调得有力、转得坚决、节得有效，大部分指标和任务都提前3年实现。高耗水作物播种面积由290.8万亩①调减到100.3万亩，下降65.5%；禁养区内的规模养殖场全部关停，规模养殖场从2 535家调减到1 226家，生猪和家禽出栏分别下降了22.9%和63.5%；农业年用新水从7.3亿立方米下降至5亿立方米左右，年均减少4 000万立方米以上；化肥、农药施用量降幅分别超过20%、10%，实现负增长。“菜篮子”供给质量明显提升，农产品“三品一标”认证率由42%提高到60%，农产品检测合格率保持在97%以上、畜禽类达到100%，长期保持全国领先水平；科技进步贡献率超过70%，农作物新品种研发、销售及市场占有率居于全国领先地位；病死动物无害化处理达到100%。

二是美丽乡村建设扎实有序，农村活力、吸引力明显增强。坚持城乡统筹方略，5年来，市政府安排在郊区的固定资产投资逐年增加。特色小镇与美丽乡村建设有序推进，农宅抗震节能改造基本实现应改尽改，第三轮2.2万户、4.8万人的山区搬迁任务基本完成，完成2 513个村庄、约95万户住户“煤改清洁能源”任务，供暖季减少散煤燃烧290万吨。随着农村基础设施水平持续改善，乡村优势进一步提升，乡村活力进一步释放，休闲农业和乡村旅游蓬勃发展，精品民宿、农村电商、特色会展、沟域经济、观光林业等新产业新业态竞相涌现，农业嘉年华、各类采摘节、农事体验活动深受市民喜爱。

三是生态环境建设力度空前，生态服务保障水平明显增强。坚持系统治理思维，统筹推进山水林田湖草系统治理，大力拓展了绿色生态空间。全面启动“一绿”地区城市化建设，累计拆迁腾退731万平方米，复绿植绿1.35万亩，统筹实现了功能疏解、减量发展和环境改善。完成平原造林117万亩，平原森林覆盖率大幅提升13个百分点，达到27.8%。京津冀生态协同率先突破，持续开展京津风沙源治理、太行山绿化等重点生态工程建设，完成京冀生态水源保护林建设50万亩，高标准推进城市副中心园林绿化建设，全面启动了永定河综合治理和生态修复，全市森林覆盖率由38.6%增加到43%。江水顺利进京，南水北调累计调水27亿立方米，密云水库库存突破20亿立方米，全市水资源紧缺有效缓解。全面建立落实四级河长制，连续实施两个污水治理三年行动计划，污水处理率由83%提高到92%，累计建成131条生态清洁小流域，全市水生态环境明显改善。据统计，全市“大农业”生态服务价值超过1万亿元，为首都经济社会可持续发展提供了坚实的基础保障。

四是农民收入与福利实现“双长”，农村社会保障能力明显增强。坚持以人民为中心的发展思想，大力推动基本公共服务向农村延伸与覆盖。新建一批城乡一体化学校，中心城区优质医疗资源加快向郊区转移，乡村教师、乡村医生补助标准大幅提高。实施更加积极的就业政策，加大公益性就业岗位“托底”安置力度，5年来帮助32.4万农村劳动力实现就业。着眼于保障和改善农村民生，完成城乡居民基本医保制度和低保标准整合统一，农民人均财政补助标准分别增长2.2倍、1.4倍；稳步提高城乡居民基础养老金和福利养老金标准，5年间分别增长了70.6%和89.2%，分别达到了610元/（人·月）和525元/（人·月）。突出抓好低收入村、低收入户帮扶攻坚，全面落实“六个一批”精准帮扶措施，低收入农户收入增速明显快于农民整体。2017年农村居民人均可支配收入达到24 240元，年均实际增长7.4%，保持了与经济增长同步并略快于。

五是农村改革路径指向明确，乡村内生发展动力明显增强。坚持问题导向、试点先行，全面深化农村各项改革。分类推进“三块地”改革试点，土地承包经营权确权登记颁证、集体经营性建设用地入市、乡镇统筹利用集体产业用地、闲置农房盘活利用等各项试点积极稳妥推进，承包地“三权分置”、集体资产股份权能改革、集体林权制度改革、国有林场改革、国家公园体制改革、农业综合水价改革等取得阶段性成效，城乡要素双向自由流动的体制机制逐步完善，农村改革的红利持续释放，城市资本、技术、人才等“上山下乡”，“农二代”、

---

① 15亩=1公顷。

新农民创新创业，为农业农村持续发展增添了动力。

六是全面加强农村基层党建工作，乡村治理能力明显增强。深入开展党的群众路线教育实践活动、“三严三实”专题教育，常态化推进“两学一做”学习教育，市级基本对乡镇领导班子、区级基本对村“两委”主要负责人完成了轮训，农村基层党的建设全面加强。中央巡视及巡视“回头看”反馈的“小官巨腐”、村组织软弱涣散等涉农问题得到全面整改，有力查处、坚决调整一批有问题的村“两委”成员。强化农村基层组织基础保障，村干部待遇保障机制进一步完善，村级公益事业专项补助资金增长50%，新建立了村党组织服务群众专项经费保障机制。完成了四批第一书记派驻工作，实现对低收入村、软弱涣散村驻村帮扶全覆盖。

过去5年，北京农业农村的发展变化是有目共睹的。但我们还要看到，发展不平衡不充分的问题在“三农”领域表现仍很突出，必须要有正确的认识、科学的判断、充分的准备。继续保持农村居民收入增速与经济增长同步难度较大，持续增收动能不足；农业绿色发展质量有待提升，休闲农业与乡村旅游人均消费低于全国平均水平；农村环境还存在突出短板，还有20%的户厕不是卫生厕所或是旱厕，80%的村没有系统的污水处理设施，村庄基础设施维护运行费用不足，违法建设、侵街占道、私搭乱建比较突出，还有相当一部分农村公交站点设置离村庄在2公里以上；农村社会事业发展滞后，教育、卫生、文化、体育等与城镇差距仍然较大，等等。目前来看，现代化建设中最薄弱的环节、最突出的短板仍然是农业农村。这些问题的根本解决还需要一个渐进的过程，我们一定要增强责任感紧迫感使命感，坚持问题导向，补短板、强弱项、攻难点，更好地满足人民日益增长的美好生活需要。

二、准确把握乡村振兴战略措施的基本内涵

市委、市政府制定了北京市《关于实施乡村振兴战略的措施》（以下简称《措施》）。这个措施是管全面、管长远、管方向的，我们一定要深刻领会、准确把握、细化措施、狠抓落实。

（一）《措施》坚持综合施策，谋划乡村全面振兴。《措施》牢牢把握首都城市战略定位，紧扣北京“大城市小农业”“大京郊小城区”特点，围绕做好乡村改革、乡村发展、乡村建设、乡村文化、乡村治理五篇文章，布置了上百项工作任务和改革举措，直接涉及70余个责任单位和区，避免了工作“单打一”，体现了全市“一盘棋”。《措施》不仅是推动农业增效、农民增收、农村增绿，而且是推动都市农业大转型、农村人居环境大改善、乡村文化大传承、城乡生态大保护，统筹谋划产业兴旺、生态宜居、乡风文明、治理有效、生活富裕。实施《措施》，将为加强“四个中心”功能建设、提高“四个服务”水平、干好“三件大事”、建设“三城一区”等重点功能区，拓展空间、优化环境、注入要素，提供有力保障，营造有利局面。

（二）《措施》坚持首善标准，推动北京“三农”工作继续走在全国前列。到2020年，本市要率先全面建成小康社会。在实施乡村振兴战略各个方面，我们有条件、更有责任当好表率、作出示范、走在前列。对此，我们在目标的设定上，既对标对表中央1号文件，有普遍的任务要求，也有通过努力可以达到的更高标准，比如，围绕农产品绿色优质安全示范区建设，农业要基本实现标准化生产覆盖、高效节水灌溉全覆盖，整建制创建成为国家农产品质量安全市、国家食品安全城市；低收入村要全部消除，软弱涣散村党组织要全部提升，等等。这些目标任务不是轻轻松松就能做到的，需要各区、各部门立足实际，整合资源，深化改革，倒排任务，扎实有序推动高水平的农业现代化、高质量的农村现代化、高标准的乡村治理体系和治理能力现代化建设一步一步来实现。

（三）《措施》坚持问题导向，聚焦重点难点着力攻坚。补短板、强弱项、消盲点，是整个《措施》的一个着力点，重点就是要补齐短板、筑牢底板。在消除盲点上，把农村的“厕所革命”、煤改清洁能源、垃圾污水治理等重点考虑，细化到村到户，解决“有没有”的问题；在强弱项上，把“一绿”城市公园环、“二绿”郊野公园环、推动农业全域绿色发展、构建大尺度的绿色生态空间等系统谋划，落实到田间地头，解决“优不优”的问题；在补齐短板上，按照民生“七有”要求，对农村教育、医疗卫生、养老助残、文化、就业等作出统筹安排，不断提升供给能力，解决“好不好”的问题。

（四）《措施》坚持改革创新，充分激发和调动

一切力量。《措施》除对农村土地制度、产权制度、人才支撑、投入保障、乡村治理体系作了改革安排，特别是在工作理念上有创新要求，如美丽乡村从重工程建设向建管并重、更重管护转变，农村污水治理从单纯工程治理向系统生态治理、更重可持续利用转变，农业生产从追求数量向提升质量、更重绿色优质安全转变，农民就业从转移安置为主向转移安置、公益性岗位就业和教育培训并举、更重就业能力提升转变，低收入帮扶从“输血”向“造血”转变，乡村治理从强化管理向重心下移、强化服务转变，投入保障从主要依靠财力投入向引资与引智并重、多元投入保障转变，各类工程项目从重事前谋划向重事中评估、事后绩效考核转变，通过一系列的方式方法创新，充分调动农民主体的积极性和创造性，广泛动员社会力量参与其中，形成标本兼治、齐心协力的良性机制。同时，《措施》突出因地制宜、分类指导、遵循规律、有序推进的原则，推动乡村多样化发展、特色化建设，不搞一刀切和一样化。

三、全力完成 2018 年乡村振兴重点任务，确保乡村振兴开好局、起好步

（一）完成“千村整治”任务，推动美丽乡村建设。实施乡村振兴战略是新时代“三农”工作的新旗帜和总抓手，美丽乡村建设是实施乡村振兴战略的重要抓手和主要载体，这个逻辑关系要把握清楚。美丽乡村建设三年专项行动计划已经发布，这一轮美丽乡村建设关键是要次序做好“四件事”。

一是全面开展农村人居环境整治。环境是第一形象，也是根本要求。结合“疏整促”专项行动，“清脏、治乱、增绿、控污”这四项重点任务在所有农村地区要全部推开、见诸行动。要聚焦“厕所革命”“四好农村路”建设、垃圾污水治理等，消除盲点、补上缺项，年内重点要高质量完成 1 000 个村庄的人居环境整治任务，全面告别“脏乱差”。

二是高水平编制村庄建设发展规划。在抓好 71 个试点村规划建设的基础上，瞄准 2018 年将启动建设的 1 000 个美丽乡村编制规划、确定任务。村庄规划编制要尊重现有的村庄肌理，拾遗补阙，不能都搞成“高大上”，脱离发展实际。要坚持规划师驻村编规划、开门编规划，找准发展路子，彰显农村特点。凡是没有编制规划的村，政府新投资的水电路气热等农村基础设施暂不予以安排、更不能自行启动，避免折腾。

三是形成统筹联动的工作格局。美丽乡村有十项主要建设任务，还有数十项公共服务和社会管理的任务，市相关职能部门要抓紧制定工作导则和建设标准，加强指导服务。在建设中不管市、区牵涉多少个部门，到乡镇一级要做好任务科学统筹、项目打包管理，形成系统联动、工序压茬、整体推进的建设格局，既不能推诿扯皮，更不能搞“拉链”工程。市区两级要对 1 000 个村的规划和建设任务建立台账登记，专班管理。

四是建立健全科学的运维管护机制。区、乡镇要把长效管护的资金纳入本级财力基本保障范围，在垃圾和污水处理、厕所保洁、环卫等领域，结合农村实际，考虑农村特点，指导各村探索建立健全多种形式的管护模式，不搞一刀切，不搞统一模式，要充分调动和发挥农民主体作用，组建专门有效的管护队伍，保障所有设施设备能长期稳定运行。要积极引入第三方检查考核评估，下一年度的运维管护资金要与评估考核结果相挂钩，确保美丽乡村建成一个、巩固一个。

（二）打好“攻坚战”，促城乡增绿、助农民增收。决胜全面建成小康社会的“三大攻坚战”，其中精准脱贫、污染防治两项与农业农村直接相关，必须围绕中心、服务大局、强化责任，打主动仗。

一是在打赢污染防治攻坚战中当好先锋。结合实施第二个三年污水治理行动、新一轮百万亩造林绿化行动计划、浅山区造林绿化、“留白增绿”“一绿”“二绿”建设和农村地区煤改清洁能源等重大专项，系统推进农村地区的污染防治和生态建设。

进一步强化农业农村用水、治水的精细化管理。在乡镇地区建立精细的水资源管理制度，推进农村用水计划到村。具体到农业生产领域，统筹推进农业综合水价改革和“两田一园”高效节水工作，健全完善精准补贴和节水奖励制度，加快推动农业用水有序实现全计量、全收费。对园林绿化用水实施规范化、精细化管理，努力形成农业、园林科学节水与高效用水的良性运行机制。在农村治污方面，要注重用生态办法解决生态问题，把可持续运行作为根本要求，创新思路理念和工程治理模式，因地制宜推进农村的污水处理。

持续提升乡村绿色生态供给能力。搞生态必须先有空间、优生态必须先调结构，要通过深入实施

农业"调转节"、村庄整理、拆除违建等，对调减退出的高耗水种植业、养殖业、腾退减量的集体建设用地，加快向生态用地流转，绿化造林要及时跟进、紧密衔接，要让农业农村始终站在绿色生态产品供应的最前沿，让广大农民成为绿色生态的有力保护者和直接受益者。同时，要开展新型集体林场经营管理体制试点，全面提升集体林业的生态、经济和社会效益。

继续推进农村煤改清洁能源工作。完成450个村庄的煤改电、煤改气任务，年内基本实现全市平原地区村庄"无煤化"。农村煤改清洁能源工作从试点到铺开已经实施五个年头，我们要从"工程建设模式"提升到"机制管护模式"，坚持以电为主，优先考虑煤改电，充分总结经验、不断改进技术、改善服务，统筹好房屋保温与设备改造、供电供气与运行维护、安全使用与应急管理，严防"电弱、气少、设备失灵"，切实让农民用得起、用得好、用得久，坚决杜绝燃煤"复烧"。同时，在延庆等山区村庄积极探索冬季清洁取暖试点，切实为广大山区的农户取暖选好路径、积累经验。

二是打赢低收入农户帮扶攻坚战。统筹"六个一批"分类措施综合施用，走好政策落地"最后一公里"。帮扶不能首尾一般粗，要强化动态监测，重点是要聚焦还没有过线的低收入村和农户，集中发力。要切实改进帮扶方式，转变"输血"的思路和做法，增强"造血"机能，扶志、扶智相结合，着力帮助有劳动能力、有就业意愿、有发展意向的低收入农户，通过生产奖补、转移就业、劳务补助、以工代赈等途径增收致富。产业帮扶，项目要选准、资金要把严、利益联结要紧密，切实把产业帮扶项目培育成为"会下蛋的鸡"。要不断强化保障性帮扶，织密织紧助残、医疗、养老、教育、住房等民生保障网，兜住底、往上提，努力实现较高标准的保障目标。2018年全市要开展帮扶领域腐败和作风问题专项治理，严肃查处弄虚作假、搞数字脱低的行为，坚决纠正帮扶工作中的形式主义、官僚主义等突出问题。

污染防治、低收入帮扶"攻坚战"与农民群众利益紧密相连，其中造林绿化、水环境治理、美丽乡村建设、低收入村帮扶等工程项目投资是巨大的、管护是长期的、效益是长远的，关键是要做活"生态"这篇大文章，把这些专项治理、生态建设与农民就业增收之间的利益连结机制打通建好，让广大农民真正能参与建设、承担管护，长期受益。在新一轮百万亩造林绿化、山区生态文明沟域建设中，抓紧研究发展集体林场、休闲旅游的政策机制，鼓励农民借助绿水青山、森林湿地、传统村落、生态沟域等优质资源搞休闲农业、乡村旅游、森林康养等，切实把生态这个"聚宝盆"变成农民的"金饭碗"，让习总书记提出的"两山"理念在郊区变为生动实践。

要把农民充分就业、稳定就业作为一个重点来抓。目前，全市从事农业生产经营人员还有50余万人，其中在种养业中的数量仍偏大，随着"调转节"的深入，要从三个方面着手，进一步加大农民转移就业的工作力度。第一，围绕生态建设、美丽乡村建设，大力帮助农民就近就地就业，特别是对那些年龄偏大、离不开家的农民，努力帮助其公益岗位就业。重点是落实好"三项政策"：在园林绿化中，平原造林管护、规模化苗圃、山区营林招用本地农民分别不低于60%、50%、80%的政策；在美丽乡村建设中，一般的建设项目原则上应交由村委会组织村民自主施工，对确需外包的要明确招用本地农民不低于60%的用工要求；结合落实"河长制"，各区要创造条件，让农民充分参与到巡河、护河、治水中来。这三项政策，要逐镇逐村地督导，真正落到实处。第二，针对农业从业者80%为初中及以下学历的现实情况，市各有关部门、各区要统筹利用各类培训资金和项目，大力开展订单、定向、定岗等有针对性的职业技能培训，不断提升农村劳动力的就业能力，让农民适需、适岗。鼓励市属高校开办面向农村成人分层次的学历教育，使有学习愿望的新增劳动力接受中高等职业和成人本科学历教育，取消本市户籍农民接受成人中高等职业学历教育的年龄限制，并享受助学金、免学费等补贴政策。第三，2018年要在城市公共服务类岗位安置农村劳动力就业1万人，各生态涵养区要主动与城区对接，组织农村劳动力在公交、地铁、环卫、园林绿化、市政市容、铁路护路联防、公共物业管理、给水排水、保安辅警等岗位就业，切实完成好这一任务。各区、各部门要大力实施精细化公共就业服务，引导农民树立正确的就业观念，对农村劳动力转移就业做到"需帮尽帮"，要让有意愿有条件的农民都能转移就业，切实减少农村"闲人现象"。

（三）以建设北京农产品绿色优质安全示范区

为抓手，促进农业高质量发展。市政府与农业农村部共建北京农产品绿色优质安全示范区工作已经签署了战略合作协议，确定了三年目标任务。就是要围绕绿色生产、绿色经营、绿色消费，推动农业由增产导向转向提质导向，摒弃过去的数量思维，向抓质量、抓特色、抓品牌发力，不断深化农业供给侧结构性改革。

一是深化农业结构调整。统筹推进农业布局优化调整，在优化发展区着力提升适度规模经营水平，在保护发展区着力调减高耗水粮食种植，在禁养区着力引导经营性畜禽养殖有序退出，在限养区着力推动保留的养殖场向生态清洁生产转变，要认真做好农业“调转节”中转出劳动力的就业服务，切实让农民转得有出路、就业有门路。借助科技创新与服务业发展优势全面推进农业绿色生产，深入开展化肥农药减量行动，实施农业投入品绿色评估和准入管理，强化土壤污染管控和修复，着力改善产地生态环境。集成和发挥首都科技、人才、组织优势，培育和发展各类专业化、市场化服务组织，依靠科技提升质量、依靠服务提升水平，大力发展现代种业、“互联网＋现代农业”、休闲体验农业，年内建设和改造提升300个特色优质生产示范基地。不断提升原产地特色品种的美誉度和影响力，充分挖掘各区传统优势农产品资源，进一步优化品种、提升品质、培育品牌，大力扶持“一村一品”个性化、标准化发展，加强地理标志农产品的标注与“三品一标”农产品的可追溯，做好农产品产后分级、包装和贮藏，为其进超市、进社区、进电商、进专店畅通渠道、提供服务。强化农产品质量安全全程监管，重点是强化基层监管，全面推行网格化管理，切实做到源头严防、过程严管、风险严控，把产品安全、资源节约、环境友好的要求落实到每个地块。对农业生产经营主体开展信用评价与等级管理，并逐步纳入全市公共信用信息服务平台。

二是深化农村土地制度改革。北京市的农业生产空间和资源条件有限，我们只有多发展有地域特色的小品种、个性化的农产品，才更有竞争力，但小品种的生产也不同于传统的一家一户的零散生产，也要有适度的规模经营，也要有小农户的联合，这样便于现代化的技术、管理和服务集成起效。要积极探索承包地、集体林地“三权分置”的有效实现形式，加快放活土地经营权，创新流转方式，既可以向金融机构融资担保、入股从事农业产业化经营，也可以探索开展乡镇统一组织经营管理试点，多渠道提升农业适度规模经营、现代化生产水平。但前提是必须做好土地承包经营权确权登记颁证工作，2018年要完成确权登记颁证扫尾工作，各区要严格界定暂不确权范围，做到应确尽确，让农民吃上长效“定心丸”。

农村土地制度改革，不能就农用地说农用地，而要紧扣落实城市总体规划，对集体经营性建设用地入市、征地制度、宅基地制度改革作出统筹谋划，形成联动机制、整体“套路”，为构建城乡统一的建设用地市场、促进城乡融合发展提供支撑。要有效激活集体经营性建设用地这块资源，对正在开展的集体经营性建设用地入市、利用集体土地建设租赁住房、乡镇统筹利用集体产业用地、“村地乡管”等各类试点，要加强经验总结，完善体制机制，有序提速扩面，全方位加快推动集体建设用地腾退减量、集约利用，有效实现集体经济“腾笼换鸟”。积极探索宅基地所有权、资格权、使用权“三权分置”，对利用闲置农房发展民宿、养老、农村电商等项目，抓紧研究出台工商、消防、特种行业经营等领域便利市场准入、加强事中事后监管的管理办法。闲置农房盘活要守住底线，不得违规违法买卖宅基地，严防外部资本侵占控制。要抓住农村土地制度改革这个关键，积极推动资源变资产、资金变股金、农民变股东，充分激活主体、激活要素、激活市场，实现城乡要素双向自由流动、平等交换。但在深化农村改革过程中，既要注重保护集体经济组织的利益，不能洒汤漏水，又要切实维护城市化进程中转居转制农民的合法权益，防止侵占挤用。

（四）抓好“四类人才”培育，为乡村振兴提供不竭动力。乡村振兴，关键靠人。加强党对农村人才工作的统一领导，把人力资本开发放在首要位置，畅通智力、技术、管理下乡通道，加快建设一支以职业人才为主体、以科技人才为引领、以专业人才为保障、以乡土人才为特色的北京农业农村人才队伍。

加快培育农业职业人才，建立新型职业农民制度，积极推动土地流转、产业发展、财政补贴、金融保险、社会保障等各方面的扶持政策，向家庭林场、合作社、龙头企业、农业产业化联合体等新型农业经营主体倾斜，让农民成为有吸引力的职业。

加快培育农业科技人才，深化农业科技成果转化和推广应用改革，健全种业等领域科研人员以知识产权明晰为基础、以知识价值为导向的分配政策，允许农技人员通过提供增值服务合理取酬，在现代种业、设施农业、智能装备、绿色发展等领域培养造就一批创新杰出人才。

加快培育农村专业人才，积极引导科技、金融、互联网、文化创意、旅游管理、市场营销等领域专业人才到农村创业创新，大力支持高校毕业生、大学生村官、退役军人等群体到农村创办领办农业企业、合作社。

加快培育农村乡土人才，加强对乡村教育、文化、卫生、旅游等本土人才的培育，鼓励市属高校、职业院校围绕乡村振兴战略，灵活设置课程和专业方向，扶持培养一批农业职业经理人、乡村工匠、乡村医生、文化能人、非遗传承人等。

在培育“四类人才”中，要特别重视吸引年轻人这个活力群体到农村发展，今年要着手研究出台专门政策，搭建年轻人在农业农村干事创业的机制和平台，让乡村振兴的发展机会吸引和留住青年人。要着重解决好现有的第一书记、大学生“村官”、农村能人等各类人才用得上、用得好、留得住的问题，不能是请来了“女婿”，气走了“儿子”，儿子与女婿同心，内因与外力同举，农业农村才能焕发生机。要建立有效激励机制，鼓励支持企业家、党政干部、专家学者、医生、教师、规划师、建筑师、律师、技能人才等，通过下乡担任志愿者、投资兴业、包村包项目、行医办学等方式服务乡村振兴事业，切实把首都的人力资源优势发挥到淋漓尽致。要建立惠农政策直通车服务，今年先从农民就业、乡村产业、精准帮扶、社会服务四类政策梳理，探索建立“惠农政策清单”，让农民和各类群体能按图索骥、一目了然地找到所需的政策，让群众少跑腿、让办事更方便。

同志们！让我们在习近平新时代中国特色社会主义思想指引下，听从号令，牢记使命，锐意进取，谱写本市乡村振兴和城乡融合发展的新篇章！

文 件 选 载

中共北京市委　北京市人民政府
印发《关于推动生态涵养区生态保护和绿色发展的实施意见》的通知

（2018年10月20日）

各区委、区政府，市委、市政府各部委办局，各总公司，各人民团体，各高等院校：

现将《关于推动生态涵养区生态保护和绿色发展的实施意见》印发给你们，请结合实际认真贯彻落实。

关于推动生态涵养区生态保护和绿色发展的实施意见

本市生态涵养区是首都重要的生态屏障和水源保护地，是城市的“大氧吧”和“后花园”，在北京城市空间布局中处于压轴的位置，地位和作用极为重要。为推动生态涵养区深入落实功能定位，结合实际，特制定本实施意见（实施期限为2019—2022年）。

一、总体要求

以习近平新时代中国特色社会主义思想为指导，全面贯彻党的十九大和十九届二中、三中全会精神，认真贯彻习近平总书记对北京重要讲话精神，深入落实《北京城市总体规划（2016—2035年）》，牢固树立和践行绿水青山就是金山银山的理念，顺应人民群众对优美生态环境的新期待，将保障首都生态安全作为主要任务，坚持加强保护不断扩大生态环境容量和提高生态环境质量，坚持绿色发展不断增强内生发展动力，坚持服务民生不断缩小基础设施建设水平和公共服务能力差距，坚持改革引领不断完善制度保障体系，统筹实施“两山三库五河”生态保护（“两山”指北部燕山、西部西山，“三库”指密云水库、官厅水库、怀柔水库，“五河”指东部泃河、北部潮白河、中部北运河、西部永定河、西南部拒马河），系统推进“一城两带多园”绿色发展（“一城”指怀柔科学城，“两带”指长城文化带、西山—永定河文化带，“多园”指中关村科技园区生态涵养区各区分园、雁栖湖国际会都、2019年北京世园会园区、2020年世界休闲大会各会场、2022年北京冬奥会冬残奥会延庆赛区等功能园区和绿色产业园区），走出一条特色化、品牌化、差异化的高质量发展之路，着力将生态涵养区建设成为展现北京美丽自然山水和历史文化的典范区、生态文明建设的引领区、宜居宜业宜游的绿色发展示范区。

二、健全生态保护补偿机制，守护好绿水青山

实施生态保护补偿是调动各方积极性、保护好生态环境的重要举措。要切实保障生态涵养区的基本权益和发展权益，按照“少取、多予、放活、管好”的原则，优化完善体制机制，进一步完善市场化、多元化生态保护补偿机制，巩固提升生态涵养保护水平和生态环境质量，推动生态保护投入保障由政府“一家扛”转为政府、企业和社会“多家抬”，实现多元主体共建共治共享。

1. 增强资金保障力度和统筹能力。按照保障

基本运行、强化主导功能、规范资金使用的原则，在提高生态涵养区各区财政资金使用绩效的基础上，加大市级转移支付力度，推进财权和事权相统一，建立市级统筹生态类政策和资金、区级统筹资金使用的实施机制，实现生态涵养区的市级转移支付资金分配方案与生态涵养区考评结果相挂钩，增强其落实主导功能的能力。生态涵养区各区要把扩大生态环境容量、提高生态环境质量作为首要任务，加快构建绿色产业体系，不断提升民生福祉和生态文明建设水平。

2. **推动生态资产确权生态产品交易**。加快建立统一的自然资源资产产权确权登记系统和权责明确的产权体系，积极探索增加生态产品交易种类、健全市场交易机制，促进生态资源资产化、可量化、可经营。进一步完善碳排放交易制度，不断扩大交易规模。

3. **大力发展绿色金融**。设立绿色发展基金，吸引优质社会资本参与，按照市场化方式进行投资管理，重点向生态涵养区生态保护、环境治理和绿色产业发展倾斜。鼓励银行业金融机构通过创新融资产品、开辟授信审批快速通道等方式，加大对生态涵养区项目的支持力度。鼓励融资性担保机构支持生态涵养区的绿色项目。支持北京地区保险机构在生态涵养区推行环境污染责任保险产品。鼓励企业、金融机构发行绿色债券，募集资金主要用于生态涵养区绿色项目。

4. **推进高水平生态涵养保护**。坚持山水林田湖草是生命共同体的系统思想，加强新理念、新技术应用，不断提升生态涵养保护的科技水平。加强深山区生态保育，构建浅山区生态屏障，丰富平原地区生态服务功能，协同建设京津冀西北部生态涵养区。继续推进京津风沙源治理、太行山绿化、主要道路河流两侧绿色生态廊道建设，加强废弃矿山生态修复、生态林断带治理、生态清洁小流域建设，加快实施新一轮百万亩造林绿化工程，全面落实河长制、湖长制，逐步构建生态涵养区各区城区绿化隔离体系，全面推进生态涵养区各区创建国家森林城市。

5. **加强规划管控**。严格按照“两线三区”进行规划建设管理，严守生态保护红线，严控房地产开发建设，严格控制建设规模，严格执行新增产业禁止和限制目录，严禁不符合主体功能定位的各类开发活动，加大拆违控违力度，确保区域生态空间只增不减、土地开发强度只降不升。明确各级各有关部门责任，及时开展督察检查，抓好监督执纪问责，对突破生态保护红线、挤占生态空间、解决突出环境问题不力的，严肃问责、终身追责。

三、持续加大投入力度，提升基础设施建设水平和公共服务能力

基础设施建设水平和公共服务能力是生态涵养区与其他区域发展不平衡的重要体现。要结合分区规划和控制性详细规划编制工作，系统梳理生态涵养区基础设施和公共服务设施的存量问题和增量需求，加大市对区的支持力度，有针对性地补齐短板，不断缩小生态涵养区与其他区域在基础设施建设水平和公共服务能力方面的差距。

6. **加大基础设施和公共服务设施的配置力度**。对有利于增强生态保护和绿色发展功能的基础设施和公共服务设施，要加快补短板、强弱项。对已有设施，要整合利用，加强运维管理；对不足的设施，要优先配置，高质量规划、设计和建设。加快推进市郊铁路网、浅山区公路环线规划建设，加强生态涵养区各区之间的空间联系；加快完善铁路、轨道交通、高速公路等路网，进一步提高生态涵养区与中心城区、北京城市副中心之间的通达效率。推动长城文化带、西山—永定河文化带建设，挖掘文化资源价值，促进文化旅游发展。全面提升农村污水、垃圾处理水平。加强城市公共空间风貌设计，加大文化休闲设施、街道人性化设施等配置力度，率先在怀柔科学城、2019 年北京世园会园区、2022 年北京冬奥会冬残奥会延庆赛区等功能园区构建智慧管理系统。积极推进商业服务设施提档升级。支持生态涵养区各区通过共建、托管等方式，加强与中心城区优质学校合作；结合中心城区非首都功能疏解，推进实现每个生态涵养区有高等学校。通过新建、改扩建或支持现有医疗机构提升能力水平，实现每个生态涵养区有 1 所三级医院。

7. **加大市级投资支持力度**。逐步扩大市政府固定资产投资支持生态涵养区建设项目的范围和比例，促进区域发展条件改善。加大对生态涵养区乡村旅游发展涉及的瓶颈道路、停车场等配套基础设施建设支持力度，市级资金给予 100% 支持。房山区、昌平区山区的生态环境、基础设施和民生改善项目纳入生态涵养区市政府固定资产投资支持政策

范围，园林绿化和乡镇道路建设市级资金支持比例提高到100%，污水处理骨干管网、供水设施、教育医疗设施建设市级资金支持比例提高到90%。

8. **加大基础设施运维和公共服务领域投入力度。** 调整完善现行基础设施运维和公共服务领域市级财政差异化支持政策，向生态涵养区倾斜。安排生态涵养区生活垃圾分类减量奖补资金，对生活垃圾处理资源化、减量化、无害化水平高的区优先给予补助。在现行市对区教育经费投入政策基础上，每年再新增安排生态涵养区每个区1亿元；对生态涵养区义务教育公用经费（生均日常定额部分）给予100%补助。提高生态涵养区公共文化服务体系补助标准和基本公共卫生服务人均补助标准。利用好绩效成本预算改革成果，对生态涵养区社会办养老机构给予支持。

四、建立完善结对协作机制，培育壮大主导功能和产业

结对协作有利于推动生态涵养区与其他区域优势互补、合作共赢。结合各区财力和发展特征进一步优化调整结对关系，建立东城区—怀柔区、西城区—门头沟区、朝阳区—密云区、海淀区—延庆区、北京经济技术开发区—平谷区、丰台区—房山区（山区）、顺义区—昌平区（山区）结对关系，完善结对协作机制，培育壮大生态涵养区各区主导功能和产业。

9. **深化结对协作机制。** 加大市级统筹力度，推动结对区制定结对协作框架，细化实化生态建设、产业发展、公共服务、功能疏解承接、低收入帮扶、干部人才交流等领域具体工作方案，加强资源互补、共建共享。建立跨区横向转移支付制度，结对区通过直接给予财政资金，或通过支持引导绿色产业项目落地、提升公共服务能力等多种形式，带动生态涵养区经济社会发展。对门头沟区、平谷区、怀柔区、密云区、延庆区的支持规模每年不低于1亿元，对房山区（山区）、昌平区（山区）的支持规模每年不低于0.5亿元，支持形式及规模由结对区自行商定。

10. **培育壮大主导功能和产业。** 生态涵养区各区要立足生态承载能力和资源禀赋，紧抓中心城区功能疏解机遇，不断提高区域建设发展的市场化、国际化水平，努力营造公平、透明、可预期的营商环境，积极吸引具有影响力的重大活动、重大项目落地，加快构建符合自身功能定位的高精尖经济结构。门头沟区要挖掘整合历史村落资源，提升京西古道品牌，推动文化旅游康养和户外运动产业发展。平谷区要以筹办2020年世界休闲大会为契机，推动特色休闲旅游产业发展。怀柔区要以怀柔科学城、雁栖湖国际会都建设为契机，推动绿色创新引领的高端科技文化发展。密云区要把保水作为首要责任，协同做好怀柔科学城建设，推动特色农业与旅游休闲产业融合发展。延庆区要抓住筹办2019年北京世园会、2022年北京冬奥会冬残奥会历史机遇，推动园艺产业和冰雪运动发展。房山区（山区）要统筹历史文化和地质遗迹资源，推动国际旅游休闲产业发展。昌平区（山区）要统筹历史文化和生态农业资源，推动文化旅游和生态休闲产业发展。

五、加强干部人才保障，整体提升区域服务管理水平

进一步加强生态涵养区领导干部和专业人才配备。重点围绕生态涵养区比较薄弱的领域和岗位，把交流任职与选派挂职结合起来，把纵向交流与横向交流结合起来，把选派交流与培养优秀年轻干部结合起来，建立有针对性、系统性、长期性的干部人才交流机制，切实提升生态涵养区干部人才队伍素质。

11. **选优配强领导班子和干部队伍。** 结合生态涵养区各区功能定位和发展需要，有针对性地选派熟悉生态保护、污染治理、绿色发展以及科技、金融、文化旅游、文物保护、教育、医疗等方面工作的干部进入区级领导班子，优化提升班子的整体素质和功能结构。加大干部交流力度，选派市级机关专业人才到生态涵养区交流任职、挂职，开展其他区与生态涵养区干部交流任职、挂职工作。

12. **加强干部培养锻炼。** 加大干部培训力度，举办有关生态涵养区建设的专题班次和境外班次，局级干部进修班中设置生态文明建设专题，在学员选调上向生态涵养区局处级干部倾斜。选派生态涵养区优秀年轻干部到市级机关挂职，进一步拓宽视野，提升专业能力。加大优秀年轻干部培养选拔力度，统筹选派优秀年轻干部到生态涵养区墩苗培养、实践锻炼，充实基层干部队伍力量。

13. **加大干部关心关爱力度。** 研究完善在生态

涵养区工作的交流干部交通、住宿等方面保障措施，大力推行职务与职级并行等制度，落实干部体检等制度，激励干部安心基层、担当作为。

14. **鼓励吸引人才流动。**加大“人才京郊行”支持力度，积极鼓励和引导各类人才向生态涵养区及基层一线流动。抓住绿色发展和重大活动、重大项目落地契机，为生态涵养区吸引培育一批高端人才。探索支持通过市场化方式选聘绿色经济类人才。

六、完善考评指标体系，强化生态保护和绿色发展导向

充分发挥考评的导向和激励作用，优化政府绩效考评指标体系，进一步调动生态涵养区生态保护和绿色发展的主动性、积极性和创造性。

15. **强化生态涵养区生态保护和绿色发展导向。**统一思想认识，明确发展方向，推动考评重点从经济增长等总量性经济指标向绿色发展质量和生态建设质量等高质量发展指标转变。健全完善考评指标体系，加强考评结果运用，将考评结果作为生态涵养区党政领导干部奖惩任免、市级财政转移支付额度分配、市级重大活动和重大项目落地选择的重要依据。

16. **建立生态涵养区绩效考评指标体系。**建立对环境保护、生态建设、减量发展、就业增收、城市服务、创新开放等领域的考评指标体系，加强对森林覆盖率、主要污染物减排、能源消费总量和单位地区生产总值能耗下降率、用水总量和单位地区生产总值水耗下降率等生态环保类指标的考评，并相应加大权重设置。

相关区委、区政府要坚持党政同责，主动抓好落实。各责任单位要按照分工研究出台具体措施。市委办公厅、市政府办公厅、市发展改革委要加强工作督办，每年对执行情况进行评估通报。

中共北京市委办公厅　北京市人民政府办公厅关于印发《实施乡村振兴战略扎实推进美丽乡村建设专项行动计划（2018—2020年）》的通知

（2018年2月4日）

各区委、区政府，市委、市政府各部委办局，各人民团体：

经市委、市政府同意，现将《实施乡村振兴战略扎实推进美丽乡村建设专项行动计划（2018—2020年）》印发给你们，请结合实际认真组织实施。

实施乡村振兴战略扎实推进美丽乡村建设专项行动计划（2018—2020年）

为全面贯彻落实党的十九大和中央农村工作会议精神，贯彻实施乡村振兴战略的有关部署，落实《农村人居环境整治三年行动方案》，扎实推进本市美丽乡村建设，特制定本行动计划。

一、总体要求

（一）指导思想。全面贯彻落实党的十九大精神，以习近平新时代中国特色社会主义思想为指引，坚定不移贯彻新发展理念，牢牢把握首都城市战略定位，坚持以人民为中心，遵循乡村发展规律，以美丽宜居乡村建设为抓手，多措并举，真抓实干，全面提升农村地区生态环境建设水平、基础设施建设水平、公共服务水平、社会治理水平等，创建良好的农村人居环境，满足人民群众日益增长的美好生活环境需要。

（二）基本原则

——党建引领，规划先行。充分发挥农村基层党组织领导核心作用，团结带领党员群众齐心协力建设美丽乡村。根据北京城市总体规划，编制村庄布局规划和村庄建设发展规划，明确规划保留的村庄及村庄建设规划条件，为美丽乡村建设提供规划依据。

——因地制宜，分类推进。根据平原、城乡结

合部、浅山、深山等不同地区特点实施美丽乡村建设。已通过美丽乡村创建验收的村进行巩固提升，除此之外，在规划保留的村全面开展美丽乡村建设，非规划保留的村原则上以实施环境整治为主。

——注重长效，建管并重。加大农村基础设施和公共服务设施建设力度，补齐短板，逐步实现城乡一体化。建立健全长效管护机制，强化日常检查，保障设施正常运行。

——农民主体，部门协作。充分发挥农民主体作用，尊重农民意愿，保障农民权益，鼓励广大农民投身美丽乡村规划、建设和维护。加强市区统筹和部门协作，建立健全城乡融合发展体制机制和政策体系。

（三）工作目标。按照产业兴旺、生态宜居、乡风文明、治理有效、生活富裕的总要求和绿色低碳田园美、生态宜居村庄美、健康舒适生活美、和谐淳朴人文美的标准，在前期美丽乡村建设的基础上，以实施农村人居环境整治为重点，进一步提高建设标准，增加建设内容，提升建设水平。2018年底前，全面实施农村地区环境整治，重点推进主要道路沿线、旅游区及其他重点场所周边村庄的环境整治和美丽乡村创建工作，完成一批村庄的建设规划编制和美丽乡村建设；2019 年底前，基本完成其余村庄建设规划编制，完成新一批美丽乡村建设；2020 年底前，基本完成全市农村环境整治任务，全市美丽乡村建设取得重要进展。

二、工作任务

（一）编制村庄布局规划、建设发展规划和美丽乡村建设实施方案。健全乡村规划编制体系，完善规划审批流程。村庄规划编制要全面落实《北京城市总体规划（2016—2035 年）》，因地制宜、一村一策，注重农村特色，保持乡村风貌。承担规划编制任务的规划师要驻村并深入实地调查，充分征求农民意见。各乡镇组织村编制环境整治和美丽乡村建设实施方案，建立工作台账，明确具体任务。村庄建设发展规划、环境整治和美丽乡村建设实施方案及具体任务在依法依规充分征求村民意见基础上组织实施。此外，在规划编制过程中要注重集成优化相关土地政策，推进乡村资源要素整合。

（二）全面整治农村环境。持续改善农村人居环境，逐步消除村域内存在的“脏、乱、差”现象。坚持首善标准，坚决遏制新增违法建设，依法拆除侵街占道、私搭乱建的违法建设，同步整治农村违法用地、违法经营等行为。全面清理积存的生活垃圾、建筑垃圾、农业秸秆、白色污染和枯枝杂草等，完成村内废旧设施和老旧广告牌等设施的拆除清理工作。加大城乡结合部村庄的环境整治力度，拆迁上楼的村庄要按照城市化要求抓好环境整治提升。

（三）加强村庄绿化美化和生态建设。坚持绿化与基础设施同步规划设计，统筹施工建设。在村庄房前屋后、河旁湖旁、渠边路边、零星闲置地等边角空地，拆违还绿、留白建绿、见空插绿，努力实现以绿治脏、以绿净村、以绿美村。

（四）全面开展农村饮用水水质提升和污水治理工作。加强农村供水设施建设，通过新建或改扩建集中供水厂、改造村级供水站、更新改造供水管网等措施，更好保障农村饮水安全。全面落实河长制，解决农村水环境突出问题。在抓好已建污水处理设施修复改造的基础上，根据村落和农户分布，采用“城带村”“镇带村”“联村”“单村”等模式，集中或分散建设污水处理设施；人口较少的村庄要因地制宜，通过湿地等多种方式进行污水处理。简化农村供水设施、污水处理设施用地审批程序，按照村选址、乡镇审核、区审定的原则进行项目选址。依规将农村污水治理项目纳入“一会三函”工作流程，加快推进建设。2019 年底前，污水处理设施基本覆盖本市重要水源地和人口密集的村庄、民俗旅游村；2020 年底前，全市农村地区污水得到有效治理。

（五）实施农村厕所改造，推进垃圾治理。推进“厕所革命”，加大农村公共卫生厕所升级改造力度，推进户用无害化卫生厕所建设，鼓励农户新建、改建水冲式厕所，力争 2020 年底前，全市农村公共卫生厕所基本达到等级标准，户厕基本达到无害化要求。以垃圾分类和废弃物资源化利用为重点，扎实推进农村垃圾治理工作，实现有齐全的设施设备、有成熟的治理方式、有稳定的保洁队伍、有长效的资金保障、有完善的监管制度，2020 年底前，完成约 1 500 个垃圾分类示范村创建工作；开展畜禽粪便及秸秆等农业废弃物污染治理和综合利用，2020 年底前，规模养殖场全部配备粪污处理设施装备，农业秸秆全部实现资源化利用。

（六）加强农村基础设施和公共服务设施建设。

提升农民住宅、农村公共建筑安全和抗震节能水平。进一步加强“四好农村路”建设，完善路灯、停车场等配套基础设施。推进“智慧乡村”建设，完善农村信息化基础设施，逐步实现宽带网络和移动通信网络全覆盖。加强农村卫生、医疗、文化、教育等公共服务建设，提升基本公共服务供给水平。鼓励建设养老机构、老人日托中心、居家养老照料中心等，提升农村基本养老服务水平。推进农村社区建设，完善农村社区卫生服务中心（乡镇卫生院）、村卫生室、文化活动场所、快递便民服务网点、连锁便民店等设施，2020 年底前，基本形成以中心村为核心的 30 分钟公共服务圈。

（七）加快推进农村地区冬季清洁取暖。在朝阳、海淀、丰台、石景山、大兴、通州、房山 7 个区的平原地区村庄基本实现“无煤化”基础上，2018 年全市平原地区村庄基本实现“无煤化”。积极推进山区村庄冬季清洁取暖试点工作，特别要加快 2022 年北京冬奥会延庆赛区周边村庄的“煤改清洁能源”改造。

（八）加快农村产业发展，促进农民增收。坚定走生产发展、生活富裕、生态良好的文明发展道路，利用田园风光、山水资源和乡村文化，大力发展各具特色的农村生态旅游、乡村休闲旅游、民俗旅游和农业传统体验游，促进一、三产业融合，打造美丽乡村最亮处、市民休闲好去处。推进绿色农业新业态发展，加快建设北京农产品绿色优质安全示范区，将农村生态环境优势转化为绿色发展优势，带动农民持续增收、低收入户增收达标。

（九）加强农村社会治理，建设乡村文明。扎实推进农村基层党组织建设，发挥党支部作用，引领党员群众齐心协力建设美丽乡村。健全党组织领导下的乡村治理机制和自治、法治、德治相结合的乡村治理体系。不断完善村务公开民主管理，强化村民自治功能。建立健全村人民调解委员会、治安保卫委员会、公共卫生委员会并有效发挥作用。加强农村社会治安治理，持续推进城乡结合部地区公共安全隐患整治，切实维护农村社会稳定。以社会主义核心价值观为引领，加强农村思想文化阵地建设，完善农村公共文化设施，传承提升农村优秀传统文化，开展移风易俗行动，广泛开展“文明乡镇”“文明村”“文明家庭”“文明户”创建活动，大力培育文明乡风、良好家风、淳朴民风，不断提高乡村社会文明程度。

（十）建立健全长效管护机制。制定农村基础设施考核办法，落实管护资金各区主体责任，建立稳定的管护队伍，将管护责任落实到人；加强管护人员专业培训，提高业务能力；督促管护人员加强日常巡查，及时发现、解决出现的问题，保障美丽乡村建设项目长期发挥效益。建立完善考核机制，明确考核内容和流程，督促各区建立健全长效管护机制，落实主体责任，坚决防止出现“重建轻管、只建不管”的现象。

三、组织实施

（一）加强市级统筹。美丽乡村建设工作由市委、市政府分管领导牵头，市社会主义新农村建设领导小组成员单位具体组织实施。市级各主要责任单位要加大组织协调、建章立制、政策创新力度，任务涉及的其他部门要主动参与、积极配合，形成上下衔接、整体联动的合力。

（二）落实属地责任。各区委、区政府是美丽乡村建设的责任主体，要将改善农村人居环境摆在与城市建设同等重要的位置，加快推进相关工作。各区要结合实际，按照细化、量化、具体化、项目化的要求，制定年度工作计划，建立工作台账，严格按照时间节点抓好组织实施；要指导各乡镇组织村编制实施方案，并督促其抓好落实；要明确各项具体工作的实施主体，村内公共空间环境整治以村党支部、村委会为主，主要通过村民投工投劳解决，垃圾、污水处理等公益性基础设施建设以政府为主，鼓励村“两委”组织村民全程参与建设、运营和管理；要加大培训力度，培养造就一支懂农业、爱农村、爱农民的“三农”工作队伍，指导农民更好地参与美丽乡村建设。

（三）加大资金投入。按照实事求是、资源整合、政策集成、厉行节约的原则，在保障现有各项投入连续性的基础上，市级安排美丽乡村建设引导资金，支持相关区统筹推进各项工作。市级引导资金根据市新农办审定的建设标准、补助标准和年度任务量预拨各区，市新农办每年组织市相关部门对各项工作实施情况和资金使用情况进行跟踪考核，依据考核结果与各区进行年度资金清算。各区要加大资金投入力度，落实相应支出责任。鼓励各区创新农村基础设施投融资体制机制，按照公益性项目、市场化运作的理念，充分利用基金管理平台、政府和社会资本合作（PPP）、政府购买服务等方式，吸引社会资本参与，实现政府资金与社会资金的统筹使用。要加强资金监管，强化市、区两级监督执纪问责，严禁套取、挪用、挤占、虚报冒领美丽乡村建设专项资金。

（四）加强督查考核和宣传引导。将美丽乡村建设专项行动纳入市政府绩效考核范围，加强市级专项督查，推动各项工作落实。市有关部门要制定本部门本领域工作导则、计划和标准，在落实专项任务的同时，做好对各区工作的指导。各区要严格按照《美丽乡村创建考核验收表》进行自查，市相关部门聘请第三方对创建结果进行核查验收，验收合格后统一授牌；建立复查机制，复查不合格的摘牌整改，整改完毕并验收合格后再授牌。城乡结合部村庄的验收工作按照首都综治办《城乡结合部整治考评细则》要求进行。继续组织开展寻找“北京最美乡村”评选活动，充分利用各种新闻媒介，大力宣传美丽乡村建设典型，总结推广好经验、好做法；同时，加强政策解读，积极回应社会关切，营造全社会关心、支持美丽乡村建设的良好氛围。

中共北京市委农村工作委员会　北京市农村工作委员会 印发《关于开展“实施乡村振兴战略扎实推进美丽乡村建设”专项行动计划任务分工方案》的通知

（2018年2月9日）

两委机关各处室，系统各单位：

经两委办公会研究同意，现将《关于开展“实施乡村振兴战略扎实推进美丽乡村建设”专项行动计划任务分工方案》印发给你们，请结合实际，认真贯彻落实。

关于开展“实施乡村振兴战略扎实推进美丽乡村建设”专项行动计划任务分工方案

为贯彻落实党的十九大精神和中央农村工作会议精神，实施乡村振兴战略，加快推进美丽乡村建设，进一步调动市委农工委、市农委（以下简称“两委”）和系统各单位参与美丽乡村建设的自觉性、主动性和积极性，进一步统筹协调、形成合力、众志成城地推进美丽乡村建设，依据市委办公厅、市政府办公厅《关于印发〈实施乡村振兴战略扎实推进美丽乡村建设专项行动计划（2018—2020年）〉的通知》（京办发〔2018〕5号）精神，结合两委和系统各单位实际，提出任务分工如下：

一、加强领导

实施乡村振兴战略推进美丽乡村建设，是当前和今后一个时期郊区“三农”工作的一项重要任务，也是两委及系统各单位共同参与推进的工作。美丽乡村建设工作任务由市委、市政府分管领导牵头，市社会主义新农村建设领导小组成员单位和各相关区具体组织实施。市社会主义新农村建设领导小组综合办公室（以下简称“市新农办”）负责具体协调各区、各牵头单位抓好工作落实。两委主要领导负责具体组织推进美丽乡村建设工作；两委分管领导负责组织分管处室按照各自任务分工，协调推进美丽乡村建设工作；系统各单位结合职责分工，积极参与美丽乡村建设。两委及系统各单位要高度重视美丽乡村建设工作，进一步加强领导、落实责任，切实担负起各自责任，共同推进美丽乡村建设各项任务落实。

二、明确分工

两委及系统各单位要按照“产业兴旺、生态宜居、乡风文明、治理有效、生活富裕”的总要求，对照美丽乡村建设各项任务和相应职责，进一步加强协作、明确任务、凝聚力量、形成合力，共同推进美丽乡村建设任务落实。

1. 办公室。统筹协调两委美丽乡村建设工作开展，协助做好美丽乡村建设重大活动的会务安排。

2. **组织处**。负责指导农村党的基层组织建设和党员队伍建设；负责推进农村党支部规范化建设，健全党组织领导下的乡村治理机制和治理体系工作；负责开展软弱涣散村集中整顿工作；负责指导农村基层民主政治建设，推进村务公开民主管理工作。

3. **宣传处**。负责美丽乡村建设的宣传工作；负责协调有关部门和媒体及时对美丽乡村进展情况开展宣传报道；按照“乡风文明”的要求，协调有关部门做好弘扬传承乡村优秀传统文化、培育优良家风、文明乡风和新乡贤文化、丰富群众文化生活等工作；负责“北京最美的乡村”宣传评选工作，发挥美丽乡村建设样板的示范引领作用。

4. **研究室**。负责参与美丽乡村建设重大会议、重大活动等文件起草相关工作。

5. **社会管理处**。配合相关部门协调推进农村社会治安综合整治，维护农村社会稳定。

6. **村镇建设处**。负责具体协调推进美丽乡村建设工作；负责牵头编制美丽乡村建设工作方案、任务目标、政策措施等；负责加强调查研究，提出推进美丽乡村建设的工作意见；负责协调推进农村地区冬季清洁取暖、厕所革命、传统村落保护、农宅抗震节能改造等具体工作；负责协调两委各处室及各相关部门推进美丽乡村建设的其他工作；承担市新农办推进美丽乡村建设的日常工作。

7. **产业发展处**。按照“产业兴旺、生态宜居”的要求，负责推进农村都市型现代农业发展工作；负责推进农业供给侧结构性改革及农村地区农业资源综合利用，推动农业结构优化升级；负责指导农村产业融合发展和绿色农业新业态发展。

8. **发展规划处**。负责协调落实美丽乡村建设资金预算工作。

9. **经管处**。负责推进农村承包土地确权登记颁证工作，参与指导农村集体产业用地乡镇统筹利用，促进农村集体经济发展；负责指导村级公益事业建设及“一事一议”财政奖补。

10. **山区建设处**。负责协调推进山区搬迁工作；负责协调推进重点沟域生态文明建设工作。

11. **社会发展处**。负责指导新型职业农民培育工作，完善新型职业农民教育培训体系，提升农业科技服务能力，支持新型职业农民创新创业，促进农民就业增收。

12. **协调联络处**。负责指导休闲农业和乡村旅游发展，推动美丽乡村宜居宜业和可持续发展；按照“生活富裕”的要求，协调推进低收入农户增收工作，实现低收入户增收达标。

13. **新农村建设督查处**。负责配合做好专项行动各项工作任务的督查落实工作。

14. **农建办**。负责指导各区推进农村环境整治工作。

15. **市农研中心**。配合两委开展美丽乡村建设有关信息数据的采集、监测工作；承担郊区农村合作组织的指导工作；参与美丽乡村建设农村基层干部培养及农民培训工作；开展美丽乡村建设调查研究工作，提出推进美丽乡村建设的工作建议等。

16. **市农业局**。按照“产业兴旺、生态宜居”的要求，负责指导农村地区农业产业发展的具体工作；指导推进生态农业的健康发展，培育发展新型生态农业园区，带动农村产业整体提升；负责推进农业供给侧结构性改革的具体工作，指导山水林田湖等农业资源要素科学布局；负责推进绿色农业新业态发展，指导开展农业面源污染防治工作，指导开展畜禽粪便及秸秆等农业废弃物综合利用。

17. **市农科院**。为两委及系统各单位美丽乡村建设工作提供人才和技术等方面的支撑；指派有关专家配合相关处室的具体工作。

18. **北京农职院**。参与农村基层干部培养及农民培训工作，指派有关专家配合相关处室的具体工作。

三、工作要求

1. **高度重视，提高站位**。推进美丽乡村建设，是实施乡村振兴战略的重要抓手。两委及系统各单位要提高政治站位，牢固树立“四个意识”，展现新时代、新气象、新作为，努力推进美丽乡村建设各项工作开展。

2. **加强协作，全程参与**。美丽乡村建设是一项系统工程、长期任务，涉及两委及系统各单位工作全局。两委及系统各单位要按照职责分工，强化责任意识，加强组织协调，以积极主动的工作作风，全面推动、全程参与美丽乡村建设。

3. 全力以赴，主动作为。美丽乡村建设是当前首都“三农”工作的重中之重，是市委、市政府交给两委及系统各单位的重大任务。两委及系统各单位要发扬优良传统，以“撸起袖子加油干”的精神状态，全力以赴、主动作为，指导和推进各项工作开展，确保美丽乡村建设任务全面完成。

中共北京市委农村工作委员会　北京市农村工作委员会关于进一步完善“三重一大”决策制度的实施意见（试行）

（2018年2月9日）

两委领导，机关各处室，各直属事业单位：

为深入贯彻落实党的十九大精神以及市委、市纪委的有关要求，进一步规范市委农工委、市农委（以下简称两委）领导班子“三重一大”（重大决策、重要干部任免、项目安排和大额度资金的使用）决策制度，加强领导班子决策“三重一大”事项的风险防控和监督管理，特制定本实施意见。

一、“三重一大”事项主要内容

（一）重大决策。研究贯彻落实党在农村的路线、方针、政策、重要法律法规的意见和措施；研究贯彻落实市委、市政府重大决策、重要工作部署的意见和措施；研究制定本市实施乡村振兴战略、推进新农村建设、城乡一体化工作的政策、意见和规划；研究制定关于郊区经济社会发展、农村改革、农村基层党的建设、民主法治、党风廉政和精神文明建设等中心工作的规划、实施意见和工作举措；研究并决定涉及农村稳定和农民群众切身利益的重大问题，研究处置农委系统重大突发事件和紧急事务等。

（二）重要干部任免。按照干部管理权限和有关政策法规，研究决定部门管理的市农业局领导班子成员、两委机关和直属事业单位处级以上干部的任免、考核、奖惩和后备干部人选等事宜；协助市委组织部做好农委系统领导班子建设和干部队伍建设等工作。

（三）重大项目安排。按照市委、市政府确定的重要任务，研究制定对本市“三农”发展产生重要影响的、与经济发展或民生密切相关并涉及资金使用（实行定额管理或有明确支出标准的除外）的意见、方案、办法等。

（四）大额度资金的使用。年度预算、决算及临时发生未列入年度预算或列入预算但需要进行调整、单体项目在100万元（含）以上的资金使用。

二、“三重一大”事项决策程序

两委决策“三重一大”事项均采用会议集体决策方式。进行事关全局、党建方面重大决策和重要干部任免时，召开工委委员会议（可视情况请非工委委员班子成员列席会议），由两委办公室负责组织，干部处负责重要干部任免的议题准备；进行其他方面的重大决策、安排重大项目或使用大额度资金时，召开两委办公会议，由两委办公室负责组织，相关处室负责议题准备。

（一）酝酿阶段

1. 充分征求意见。决策“三重一大”事项，前期应进行广泛深入的调研，充分听取各方面意见。对于重大决策，一般应视具体情况提前召开座谈会或书面征求相关部门和各区的意见，特别是专业性、技术性较强的事项，应进行专家提议、技术咨询、决策评估和综合论证。对于涉及农村稳定和农民群众切身利益的重大决策和重大项目，应视情况进行风险评估和合法性审查。对于重要干部任免，要严格执行《市委农工委市农委处级领导干部选拔任用工作流程（试行）》，对拟提拔或进一步使用人选，要做到“凡提四必”。对与人民群众利益密切相关的事项，应向社会广泛征求意见。按规定需进行民主协商或听取人大、政协、民主党派、群众团体等意见、建议的，应事先履行有关程序。

2. 适当进行酝酿。决策“三重一大”事项前，班子成员可通过适当形式进行酝酿。内容涉及多个处室及相关单位的，应事先做好沟通协调。未协调或经协调仍存在较大分歧的，不得提交会议决策讨论。

3. **按照程序提议**。提请决策的“三重一大”事项，需经主管领导同意后，提前报两委主要领导确定。除遇重大突发事件和紧急情况外，不得临时动议。如遇重大突发事件和特别紧急情况，两委主要领导和主管领导可以进行紧急决策，事后在工委委员会或两委办公会上通报。

4. **做好相关准备**。两委相关处室应提前做好对应负责事项的相关会议准备，将会议议题及有关材料提前送达参会人员，保证其有足够时间了解相关情况。

（二）决策阶段

1. **保证出席人数**。决策“三重一大”事项，必须有三分之二以上班子成员出席。驻两委纪检监察组主要负责人缺席的，原则上不得决策“三重一大”事项。

2. **充分发表意见**。会议应安排主管领导或相关处室汇报说明情况，参会人员要积极发表意见，进行充分讨论。对有关决策建议，班子成员应逐个表态；因故未到会的，可书面表达意见。两委主要领导或主持会议的其他负责人应在班子成员充分发表意见的基础上，最后汇总、发表意见。

3. **逐项作出决策**。对多个“三重一大”事项，会议应逐一表决。对“三重一大”事项，必须经应到会成员半数以上同意，方可形成决定；发现有重大问题尚不清楚的，应暂缓决策。表决应按照少数服从多数的原则，根据不同议题内容，分别采取口头、举手、无记名投票等方式进行。会议文件及有关讨论情况应如实记录、存档备查。有关会议纪要，应以书面形式及时通知相关处室（单位）和人员。

4. **组织列席旁听**。领导班子决策“三重一大”事项，可视情况组织农委系统单位负责人、两委各处室及驻两委纪检监察组相关负责人或其他相关人员列席有关会议。列席人员可就议题发表意见，但不参加表决。

（三）执行阶段

1. **分工组织落实**。经两委领导班子决策的“三重一大”事项，应由班子成员按职责分工组织相关处室予以实施；遇有职责分工交叉的，应明确一名班子成员牵头。

2. **严格执行决策**。领导班子成员不得擅自改变集体决策。个人对决策有不同意见的可以保留，也可以按组织程序向上级反映；但在未作出新的决策前，应无条件执行。

3. **加强督查反馈**。领导班子成员应根据分工和职责将决策事项落实情况定期向领导班子报告。两委办公室、督查处负责对重大决策执行情况进行跟踪督促，并适时向两委领导班子报告。干部处负责落实工委委员会议或工委委员（扩大）会议确定的重要干部任免事项，并及时发出任免通知，加强对新任干部的日常考核。

三、决策“三重一大”事项风险防控要求

（一）细化实施细则，规范决策程序。结合两委工作实际，进一步完善工委委员会、两委办公会等议事规则和决策程序，逐步形成比较完备的“三重一大”风险防控制度体系。同时，两委决策“三重一大”事项时，必须严格遵守工委委员会议、两委办公会议的要求（具体要求见两委会议制度），没有特殊情况不允许请假。

（二）排查廉政风险，落实防控措施。按照全市统一部署，围绕决策“三重一大”事项，积极落实两委领导班子及其成员的廉政风险查找和防控工作，抓住关键环节，找准风险点，确定风险等级，进一步健全和完善两委决策“三重一大”事项的风险防控措施。进一步完善党风廉政建设责任制，确保风险防控任务的落实。具体工作由机关纪委协助两委领导班子及其成员会同有关处室共同落实。

（三）推进信息公开，扩大民主范围。严格执行两委班子共同议事、集体决策制度，继续坚持农委系统单位相关负责人、两委处室负责人列席会议制度，进一步推进两委决策事项的民主化。对“三重一大”事项的决策、执行和风险防控情况，除依法应保密的以外，通过会议纪要、公开栏、局域网等形式在两委机关内部进行公开，不断规范决策行为，扩大群众的知情权。

（四）实施监督检查，严格责任追究。法制处对重大决策中涉及形成对外公布规范性文件的相关内容，进行合法性审查，确保决策内容合法合规。把决策“三重一大”事项情况作为领导班子民主生活会、述责述廉的重要内容，民主生活会上要对领

导班子及其成员贯彻落实“三重一大”制度的有关情况进行认真检查，干部年度考核、述责述廉会议上要进行报告。强化事前、事中、事后监督，发现问题及时纠正。同时，按照“谁决策、谁负责”的原则，建立健全“三重一大”事项责任追究制度。出现决策重大失误，造成重大损失或者恶劣影响的，按照《北京市实施〈关于实行党政领导干部问责的暂行规定〉办法》执行。对领导班子成员个人决定“三重一大”事项、拒不执行或擅自改变集体决策，以及执行决策不力或错误执行决策并造成严重损失的，依据《中国共产党纪律处分条例》《中国共产党问责条例》和《行政机关公务员处分条例》等规定，追究有关责任人的责任；对领导班子决策失误或涉嫌违纪违法的，在查明情况、分清责任的基础上，分别追究领导班子主要负责人、主管负责人和其他负责人的相应责任。

本实施意见自颁布之日起实行。两委直属处级事业单位参照本实施意见执行。

北京市农村工作委员会　北京市农村合作经济经营管理办公室关于规范新型农村集体经济组织收益分配工作的意见

（2018 年 1 月 16 日）

各郊区政府、石景山区政府：

为贯彻落实《中共中央　国务院关于稳步推进农村集体产权制度改革的意见》（中发〔2016〕37 号）的要求，进一步深化本市农村集体产权制度改革，保障农民集体资产权益，把农民集体资产股份收益分配权落到实处，现就规范本市改革后新型农村集体经济组织收益分配工作提出如下意见：

一、基本原则

以建立公开、公正、公平的收益分配制度为目标，产权制度改革后的新型农村集体经济组织收益分配应坚持以下原则：

1. **坚持效益决定分配**。年度收益分配要依据当年的经营收益情况，确定合理的分配比例，严禁举债分配、跨空分配。收益较多的年份应控制分配额度，结转下年使用，实行以丰补歉。

2. **坚持发展优先**。注重扩大再生产，不断增加集体积累，同时兼顾发展公益事业，保护成员权益。提取的公积金主要用于扩大再生产和经济发展，激发农村资源资产要素活力，促进集体经济发展壮大，确保分配水平可持续。

3. **坚持按股份分配**。新型农村集体经济组织要遵照章程规定，按照股东享有的股份份额进行年度收益分配，坚持同股同权、同股同利。

4. **坚持民主决策**。严格履行民主决策机制，年度收益分配方案要经股东（代表）大会讨论通过，确保收益分配公开、公平、公正。

二、严格规范收益分配行为

1. **核实经营成果**。在年终收益分配工作前，新型农村集体经济组织要开展全面的资产清查，清理债权、债务，对应收款项加大清收力度；搞好经济合同的结算和兑现，按时足额收缴合同、租赁协议等所规定的上缴款等收益。在此基础上，准确地核算全年的收入、成本、费用和利润，严格按照会计制度核实可供分配收益总额。

2. **完善收益分配方式**。新型农村集体经济组织要进一步完善规范收益分配方式，减少实物分配，逐步由福利分配向按股份分配转变，建立与经营效益挂钩的、以股份份额为基础的分配机制。

3. **确定收益分配方案**。根据新型农村集体经济组织当年经营情况，由董（理）事会提出年度收益分配方案，严格执行章程的相关规定，保障股东管理、决策权利。新型农村集体经济组织以前年度亏损未弥补前不得进行收益分配。

4. **履行审核和民主程序**。村级年度收益分配方案应报乡（镇）级农村合作经济经营管理部门审核，乡（镇）级年度收益分配方案应报区级农村合作经济经营管理部门审核，审核通过后，经股东（代表）大会讨论，形成书面决议并向新型农村集体经济组织全体股东公开。年度收益分配工作应在次年2月底前完成。

三、严格限定收益分配范围

新型农村集体经济组织的经营收入、投资收益以及其他按规定可以纳入年度收益分配的收入，应纳入年度收益分配的收入范围。一次性或集中收取的集体资产承包、出租等收益，应分摊到各个受益年度，不得提前支用，属于本年度的收入纳入分配。上级专项补助及政府部门投入的具有专项或特定用途的款项、其他按规定不得纳入年度收益分配的收入，不得纳入年度经营性收益分配。

四、严格执行收益分配顺序

新型农村集体经济组织应按规定提取公积金、奖励基金后，剩余部分再确定合理比例对股东进行分配。收益分配顺序如下：

1. 按10%的比例提取法定盈余公积，用于发展生产，可转增资本和弥补亏损。

2. 按章程或股东（代表）大会规定提取任意盈余公积。

3. 按章程或股东（代表）大会规定提取奖励基金。

4. 进行股东分配、投资者分利。

五、健全财务管理制度

新型农村集体经济组织要建立健全财务管理制度，将收益分配管理纳入财务预决算，交股东（代表）大会审议，向全体股东公开，接受监督。收益分配方案纳入集体经济组织会计档案管理。

完善村级财务民主监督机制，新型农村集体经济组织监事会（民主理财监督机构）应认真履行监督职责。加强民主理财，将收益分配预决算及收益分配方案纳入民主理财重点内容。

六、加强收益分配的监督管理

农村集体经济组织成员收益权是农民集体资产股份权能的重要组成部分，是让农民有更多获得感的直接体现。各区、乡镇农村合作经济经营管理部门要进一步提高对新型农村集体经济组织收益分配工作重要性的认识，切实增强责任感和使命感，发挥工作主动性和创造性，采取有效措施，切实规范新型农村集体经济组织收益分配工作。一是要加强业务指导和监督检查，确保相关管理制度执行落地，各区可结合各自实际，及时研究制定具体实施办法。二是要把新型农村集体经济组织收益分配情况纳入农村集体“三资”监管平台，实施重点监管，做到各级监管部门实时查询、实时指导。三是建立年度收益分配审计制度，由乡镇集体经济审计机构或聘请社会中介机构对新型农村集体经济组织的收益分配情况进行审计，杜绝弄虚作假、跨空分配等违规行为，做好审计查出问题的处理和移交工作。四是要加强调查研究，妥善解决新型农村集体经济组织收益分配中出现的矛盾，保障农村集体经济组织成员权利，维护农村社会和谐稳定。五是要努力使新型农村集体经济组织收益分配工作走上制度化、程序化、透明化、规范化轨道，加快构建农民持续增收长效机制。

北京市农村工作委员会　北京市规划和国土资源管理委员会　北京市住房和城乡建设委员会　北京市发展和改革委员会　北京市民政局　北京市旅游发展委员会　北京市工商行政管理局关于印发《关于规范引导盘活利用农民闲置房屋增加农民财产性收入的指导意见》的通知

（2018 年 3 月 26 日）

各有关区人民政府：

为深入贯彻落实中央农村工作会议和 2018 年中央一号文件精神，规范引导盘活利用农民闲置房屋工作，市农委等 7 部门联合制定了《关于规范引导盘活利用农民闲置房屋增加农民财产性收入的指导意见》，现印发给你们，请结合各区实际，遵照执行。

关于规范引导盘活利用农民闲置房屋增加农民财产性收入的指导意见

近年来，郊区农民群众积极创新资产经营方式，不断加快探索农民闲置房屋盘活利用的有效形式。为深入贯彻落实中央农村工作会议和 2018 年中央一号文件精神，规范引导盘活利用农民闲置房屋工作，有组织地将农民闲置房屋资源经营起来，增加农民财产性收入，特提出如下指导意见。

一、合理确定盘活利用农民闲置房屋范围，坚持正确导向

各区开展盘活利用农民闲置房屋工作应符合《北京城市总体规划（2016—2035 年）》，要与本地区乡村规划和美丽乡村建设相结合，做到统筹协调、规范引导、健康发展。

盘活利用农民闲置房屋应在农民合法宅基地上的房屋进行，原则上应以农户现有集体建设用地（宅基地）使用权证或相关规划、建设部门核发的建房手续作为权利证明依据。此项工作要在规划保留的村庄内开展，房屋应符合本市城市总体规划和土地利用总体规划（以下简称“两规”）、产权归属清晰、处于闲置状态和可安全使用等要求，并经集体经济组织认可。不包括设施农业项目配套用房、违法占地建房以及农民建设的用于仓储的非居住用途的房屋等。

此项工作应坚持“一户一宅”原则，要优先保障农民的居住权。要结合探索宅基地退出机制，将闲置宅基地优先用于保障本村村民居住需求。本村村民住宅需求不能妥善安排的，不应开展盘活利用农民闲置房屋工作。

二、充分尊重农民意愿，兼顾各方合法权益

按照落实宅基地集体所有权，保障宅基地农户资格权和农民房屋财产权，适度放活宅基地和农民房屋使用权，不得违规违法买卖宅基地的要求，以农村集体土地所有权、农民宅基地使用权和房屋所有权不变为前提，充分尊重当地农民意愿，按照依法、自愿、有偿的原则进行。坚决禁止为了集中连片开展经营，通过临时为农民租赁住房的办法开展此项工作。房屋租赁经营合同期满或中止后，房屋所有权仍归原农户所有。在工作中要正确处理好农户、集体和合作单位之间的利益关系，确保各方的合法权益，做到互利共赢。

三、坚持集体统一组织运营，提高农民组织化程度

村集体经济组织作为农村宅基地所有权主体代表，必须发挥组织和引导作用。该项工作要由闲置房屋所在地的村集体经济组织统一组织进行，提高

农民的组织化程度，有效防止一家一户未经本集体经济组织同意擅自与社会资本开展合作经营产生各类矛盾纠纷。

在经营方式上，村集体经济组织可以采取作价回购、统一租赁或者农户入股股份合作等多种方式整合本村农民闲置房屋资源，选择适合本村特点的产业，进行自主经营或对外合作；也可以由村集体经济组织牵头组建农民住宅专业合作社，进行自主经营或对外合作。村集体经济组织可以通过统一组织经营管理、提供公共设施和服务等，获取合理的经营收益和管理费用，并严格纳入集体资产进行管理、分配和使用。

四、加强统筹安排，依法合规原貌利用

各区要在做好农民闲置房屋的合法性核查，认真核实房屋闲置状态和农民住房真实情况的基础上，根据实际情况统筹安排，加强指导，切实做到风险可控。该项工作应在农民已有稳定住所、原有房屋闲置率较高且易于集中开发的村庄进行。要坚持依法合规，严格实行土地用途管制和节约集约利用土地，原貌利用。在传统村落开展此项工作，必须符合传统村落保护发展规划有关要求，进行传统建筑保护修缮。装修改造要在原有房屋基础上进行，不得超出原住房面积进行改建和扩建。严格禁止下乡利用农村宅基地建设别墅大院和私人会馆，坚决防止以盘活利用农民闲置房屋的名义进行各类违法建设；严格禁止采取以租代售的方式经营农民闲置房屋，坚决杜绝变相发展小产权房；严格禁止在集体经营性建设用地及其房屋上开展盘活利用农民闲置房屋工作；严格禁止以各种名目开展不符合本市政策的相关工作。

五、坚持因村制宜，发展特色融合产业

要本着有利于产业发展、有利于改善农村生态环境、有利于农民和集体增收的方向，防止人口无序增加、资源浪费、环境污染等，实施可持续发展。要统筹考虑村庄的区位条件、资源禀赋、市政交通、环境容量和产业发展基础，发展符合首都功能定位要求的特色产业。现阶段，重点发展与乡村旅游相结合的多种形式的融合性产业，加快打造一批较高水平的乡村民宿，促进休闲农业与乡村旅游提档升级。在具备条件且符合社会养老政策的前提下，鼓励探索发展城乡居民养老产业。鼓励发展文化创意产业等环境友好型产业。利用农民闲置房屋作为住所（经营场所）开展经营活动的，应符合本市住所（经营场所）登记的有关法律法规和政策规定。

六、规范签订房屋利用合同，依法确定租赁期限

要严格遵守《中华人民共和国合同法》的有关规定，由乡镇政府指导村集体经济组织签订规范的农民闲置房屋租赁合同。合同中应当明确约定产权归属和各项权利义务，特别是对合同到期后的房屋及配套设施设备归属作出明确约定。按照《合同法》的规定，租赁合同的期限不得超过 20 年，结合《北京城市总体规划（2016—2035 年）》要求，合同期限截止日期原则上应不超过规划期 2035 年，具体时间由各区根据本区情况确定。在合理确定租赁期限的基础上，结合经济社会发展趋势，建立租金动态调整机制。合同一经签订，合同当事人要认真履行。合同期满后，可以依据国家届时的法律规定，按照依法、自愿、有偿的原则终止或者续签租赁合同。规划期后如需续签合同，应确保项目用地仍符合“两规”要求。

七、加强规范管理，确保安全运营

严格禁止在地质灾害易发区等存在安全隐患的村庄开展盘活利用农民闲置房屋工作。已经列入山区搬迁计划和拟拆迁腾退的村庄、已经享受过政策性搬迁的旧村址以及已纳入城市开发边界内的村庄不得开展盘活利用农民闲置房屋工作。盘活利用农民闲置房屋发展相关产业，应对闲置房屋进行房屋安全和抗震鉴定，不满足安全、抗震要求的房屋不得使用和租赁。在房屋装修改造和经营过程中，要高度重视安全生产工作，特别是要高度重视消防安全工作，加强从业人员的安全培训工作，防止各类安全事故发生，确保广大人民群众生命财产安全。同时，村集体经济组织要认真做好农户的组织协调工作，减少矛盾纠纷，维护农村社会和谐稳定，确保安全稳定运营。

八、切实加强农房出租管理，建立健全登记制度

各区要结合全市“疏解整治促提升”和美丽乡村建设的总体部署和工作要求，强化属地管理，严格按照《北京市房屋租赁管理若干规定》（北京市人民政府令第231号）的要求，切实加强农村宅基地以及出租房屋的管理，防止无序改建、扩建和任意出租房屋。特别是要将城乡结合部地区等租住农房的大量人口聚集区域作为重点，采取有力措施加大管理力度。要组织乡镇政府和村委会加快建立健全村级房屋出租管理服务站，由村级服务站对本村农户出租用于居住的房屋进行统一登记，随时了解房屋出租、居住人员情况及安全管理等动态，并做好出租住房的日常检查工作，发现违法违规行为及时向本区有关部门报告，有效防止农村出租房屋呈现梯度外移的无序状态，确保安全。

九、进一步明确责任，加强指导和服务

按照属地管理的原则，层层落实盘活利用农民闲置房屋工作的指导、服务和监管职责，确保持续健康发展。

各区要认真做好农民闲置房屋现状的调查工作，包括闲置房屋的数量、面积，同步完成农民宅基地缺口数据的摸底、调查和统计工作。要建立盘活利用农民闲置房屋工作部门联动机制，按照本意见的要求，加强对该项工作的规范引导。同时，要加强开展盘活利用农民闲置房屋地区的配套基础设施建设，完善公共服务设施，整合社会各界力量，营造良好的外部环境。

各乡镇政府是盘活利用农民闲置房屋工作的管理和服务责任主体，要严格把控开展盘活利用农民闲置房屋地区的市场准人，负责农民闲置房屋的合法性审核，强化农村宅基地审批、管控，确保闲置房屋的产权无异议、无纠纷。

村委会是农村房屋建设和出租监督管理的责任主体，要切实加强指导、监管和服务。村集体经济组织是盘活利用农民闲置房屋经营工作的实施主体，应发挥引领、组织、统筹和管理作用，切实保护好村集体和广大农户的切身利益。

北京市农村工作委员会　北京市财政局 北京市环境保护局　北京市农业局 关于印发《北京市开展“疏解整治促提升推进畜禽生态养殖”实施方案》的通知

（2018年5月16日）

各相关区人民政府，市各有关单位：

经市政府同意，现将《北京市开展“疏解整治促提升推进畜禽生态养殖”实施方案》印发给你们，请结合实际，贯彻落实。

北京市开展“疏解整治促提升推进畜禽生态养殖”实施方案

为贯彻落实《国务院办公厅关于加快推进畜禽养殖废弃物资源化利用的意见》（国办发〔2017〕48号）和《北京市水污染防治工作方案》（京政发〔2015〕66号）精神，协调推进生态环境保护与畜禽养殖污染防治，实现种养结合、农牧循环的可持续发展新格局，特制定如下实施方案。

一、工作目标

（一）疏解畜禽养殖规模。依据畜禽养殖土地承载能力，设定畜禽养殖规模上限，鼓励禁养区内规模以下经营性畜禽养殖自愿有序退出，引导饮用水源二级保护区内保留的规模养殖场逐步退出。

（二）**整治畜禽养殖污染**。采取关停、治理、转养等多种方式，整治畜禽养殖场，实现规模养殖场粪污处理设施装备全配备、规模以下经营性畜禽养殖场粪污基本收集处理。

（三）**创建美丽生态牧场**。突出绿化美化、清洁健康、安全高效、种养循环、资源节约、环境友好、示范教育，到 2019 年底全市创建 100 家市级美丽生态牧场。

二、主要工作

（一）**合理核定养殖规模**。按照农业农村部办公厅印发的《畜禽粪污土地承载力测算技术指南》（农办牧〔2018〕1 号），结合各区划定的永久基本农田以及新一轮百万亩造林地块外保留的农业生产空间，核算畜禽养殖规模上限，逐步调减超过土地承载能力的规模养殖场养殖总量。

（二）**科学划定禁限养区域**。各区在 2016 年畜禽养殖禁养区划定工作基础上，结合划定生态红线和落实“河长制”工作，根据实际情况将区级及以上集中式饮用水源地和重要河道两侧一定范围纳入禁养区，并将禁养区外的区域划定为畜禽养殖限养区。依据调整情况，绘制全区畜禽养殖禁限养区域图。

（三）**鼓励禁养区内规模以下经营性畜禽养殖自愿有序退出**。各区结合农村生活习惯、农业观光实际需要等情况，明确经营性和非经营性畜禽养殖户认定标准，确定非经营性畜禽养殖存栏上限。各区出台具体政策，鼓励引导禁养区内规模以下经营性畜禽养殖自愿有序退出，并引导饮用水源二级保护区内保留的规模养殖场逐步退出。

（四）**综合整治畜禽养殖**。各区参照农业农村部办公厅印发的《畜禽规模养殖场粪污资源化利用设施建设规范（试行）》（农办牧〔2018〕2 号）和《关于做好规模畜禽养殖场粪污治理工作的指导意见》（京农发〔2018〕11 号）要求，采取关停、治理、转养等多种方式，对所有畜禽养殖场开展综合整治。建立畜禽养殖管理台账，整治达标的养殖场，各区农业部门和规划国土部门按照设施农业有关规定做好用地备案和加强监管；整治后污染物排放超标准的养殖场，按照《环境保护法》等相关法律法规依法进行处罚或关闭。

（五）**创建美丽生态牧场**。按照《北京市美丽生态牧场创建标准》（京农发〔2018〕39 号），突出绿化美化、清洁健康、安全高效、种养循环、资源节约、环境友好、示范教育，各区在规模化畜禽养殖场中开展美丽生态牧场创建工作，形成辐射引领作用向全市规模养殖场示范延伸，进一步提高畜禽产品供给质量和效益，不断增强综合生产能力、市场竞争能力和可持续发展能力。

三、工作安排

（一）**开展摸底调查**。各区对辖区内畜禽养殖情况进行摸底调查，建立工作台账，切实弄清养殖场（户）数量、养殖品种、畜禽养殖数量等情况。

（二）**制定实施方案**。按照“属地管理、部门配合”原则，各区政府因地制宜制定具体实施方案，明确任务、时间安排和各相关部门职责以及经营性与非经营性养殖标准，鼓励禁养区内规模以下经营性畜禽养殖自愿有序退出和综合整治的政策。2018 年 6 月 30 日前，将实施方案报送市农委、市农业局、市环保局和市财政局。

（三）**绘制畜禽养殖禁限养区域图**。各区根据实际情况，在 2016 年划定的畜禽养殖禁养区基础上，可适当调整畜禽养殖禁养区范围，同时明确禁养区外划定为限养区，并依据规定向社会公布。根据调整情况，绘制各区畜禽养殖禁限养区域图。2018 年 6 月 30 日前，将畜禽养殖禁限养区域图电子版和纸质图报送市农委、市农业局和市环保局。

（四）**开展综合整治**。各区对所有畜禽养殖场进行整治，达到国家和市级相关畜禽粪污处理的要求和标准。2019 年底前完成规模畜禽养殖场整治，2020 年底前完成规模以下畜禽养殖场整治。禁养区内规模以下经营性畜禽养殖以鼓励退出为主，签定自愿退出协议书，确实因农民生活需要保留的，2019 年底前应按照要求达到整治要求和标准。各区实行“销账制”，每季度报送整治进展情况。

（五）**检查考核评估**。市级相关部门成立联合检查组，每年 10 月底前对各区整治情况进行检查评估。检查评估结果作为下一年度资金拨付依据。

四、保障措施

（一）**加强组织领导**。各区政府是畜禽养殖污染治理的责任主体，要高度重视，加强领导和统筹，构建合理推进、上下联动的工作格局，切实落实属地责任，确保工作顺利实施和社会稳定。农业部门负责畜禽养殖监督管理及畜禽养殖污染防治的技术指导和服务，组织做好畜禽养殖污染治理、资源综合利用工作；环保部门负责养殖污染防治的统一监督管理，强化环境执法监管，依法严肃查处畜禽养殖污染的环境违法行为；其他有关部门依照相关法律法规和职责，做好畜禽养殖污染防治相关工作。

（二）加大资金投入。根据各区禁养区内规模以下经营性畜禽养殖退出工作开展情况，市级采取以奖代补方式，统筹利用生态保护补偿等转移支付政策对各区给予一定资金补助。腾退的养殖场地用于绿化建设的，可以按规定纳入有关政策支持范围。各区要统筹整合农业转移支付、产业结构调整、水污染治理、土壤污染治理、清洁空气行动计划等项目资金，合理支配使用资金，稳妥推进各项工作落实。

（三）把握禁限尺度。各区要严格落实《北京市新增产业的禁止和限制目录》（京政办发〔2015〕42号），禁止新建、扩建规模化畜禽养殖场（科学研究、籽种繁育性质项目和休闲观光等农业经营项目除外）。同时，要严格落实农业农村部等部委要求，防止盲目禁养和搞“一刀切”，特别是对现有用于育种和科研用途的畜禽养殖场以整治为主。

（四）确保社会稳定。各区要深入细致地做好有关工作，积极采取各种效措施保障经营者权益，做好退出养殖场的产业转型工作，强化转产转业技术指导和帮扶工作，促进农民增收，确保相关工作稳妥有序，切实维护安全稳定，避免形成舆情热点。

（五）加强监督管理。各区相关部门要加强协调配合，分工负责，按照明确的任务和时间节点，落实各项工作，确保整治任务顺利推进。特别是要加强对禁养区内畜禽养殖清退资金使用情况的检查管理，严格规范资金程序，做好登记、审核、公示、资金拨付和存档等工作，防止发生违反财务管理制度现象。

北京市农村工作委员会　北京市农村合作经济经营管理办公室　北京市财政局　北京市规划和国土资源管理委员会　北京市水务局　北京市园林绿化局　北京市教育委员会　北京市文化局　北京市卫生和计划生育委员会　北京市体育局　关于全面开展农村集体资产清产核资工作的通知

（2018年6月8日）

各相关区人民政府：

为贯彻落实《中共中央国务院关于稳步推进农村集体产权制度改革的意见》和农业农村部等9部委《关于全面开展农村集体资产清产核资工作的通知》要求，本市从2018年开始，利用2年左右时间全面开展集体资产清产核资，进一步摸清集体家底、明确产权归属、健全管理制度，现就有关事项通知如下：

一、重要意义

（一）农村集体资产清产核资是深化农村集体产权制度改革的重要基础。全面开展农村集体资产清产核资，将集体资产按照资源性、经营性、非经营性分类登记，实行台账管理，能够切实摸清集体家底，保护用好资源性资产，盘活用好经营性资产，管护用好非经营性资产，为进一步深化本市农村集体产权制度改革和构建归属清晰、权能完整、流转顺畅、保护严格的农村集体产权制度奠定坚实基础。

（二）农村集体资产清产核资是保障农民财产权益的客观要求。农村集体资产是郊区广大农民长期辛勤劳动积累的成果，是发展农村集体经济和实现农民共同富裕的物质基础。全面开展农村集体资产清产核资，把集体资产的所有权确权到相应的农村集体经济组织成员集体，通过稳步推进和不断深化改革，将集体资产以股份或份额的形式量化到集体成员，进一步完善和落实集体收益分配制度，有利于让农民共同分享集体经济发展成果，切实维护好农民财产权益，不断增加农民财产性收入。

（三）*农村集体资产清产核资是加强集体资产财务管理的有力举措*。当前，一些农村集体经济组织仍存在集体资产管理不规范、监督不到位、核算不准确、分配不公开、资产经营效率低等问题，农民群众对此反映强烈，迫切需要尽快加以解决。全面开展农村集体资产清产核资，查实集体资产存量、价值和使用情况，确保账证相符和账实相符，并建立健全集体资产登记、保管、使用和处置等各项制度，对加强和规范集体资产财务管理具有十分重要的作用。

二、基本原则

坚持实事求是客观公正，统筹考虑历史原因和现实情况，明确集体资产产权归属，保持集体资产的完整性，维护集体经济组织及其成员财产权益。

坚持有序推进合理合法，先将农村集体资产现状摸清查实、记录在册，对有需要的进行价值评估，严格遵守相关法规政策和财经制度，确保清查核实结果真实准确。

坚持农民群众充分参与，依靠和发动群众，组织农民参与，接受农民监督，将清查结果进行公示公开，得到全体农民群众认可。

三、主要任务

（一）*清查核实资产*。按照《北京市农村集体资产清产核资实施细则》和《北京市农村集体资产清产核资报表》（见附件2、附件3）的要求，全面开展农村集体资产清查。资源性资产清查要与土地、林地、草原等不动产登记、自然资源确权登记工作相衔接，充分利用已有登记成果、森林资源档案等，减少和避免重复劳动。农村集体经济组织所属企业，包括全资持有、直接或间接拥有半数以上表决权等能够控制的被投资企业，其资产也要纳入农村集体资产清产核资范围，并按照有关政策规定进行登记。按照上述口径，农村集体经济组织或村民委员会以农村集体资产投资形成的企业都应纳入本次清产核资范围。

（二）*明确产权归属*。根据不同集体资产的形成过程和历史沿革，从有利于管理实际出发，从兼顾国家与集体利益、维护农村社会稳定大局出发，按照尊重历史、兼顾现实、实事求是、依法依规的原则，将集体资产确权到相应的农村集体经济组织成员集体，不能打乱原集体所有的界限。对于政府拨款、减免税费等形成的资产，要把所有权确到农村集体经济组织成员集体。

（三）*健全管理制度*。建立集体资产登记制度，按照资产类别建立台账，及时记录增减变动情况。建立资产保管制度，明确资产管理、维护方式和责任主体等。建立资产使用制度，明确资产发包、租赁等经营行为必须履行民主程序，实行公开协商或招标投标，强化经济合同管理，清理纠正不合法、不合理的合同。建立资产处置制度，明确资产处置流程，规范收益分配管理。要按照本次清产核资口径，建立健全年度资产清查制度和定期报告制度，以后每年末结合全市农村集体资产产权年检工作，开展一次资产清查，及时掌握资产变动情况，清查结果及时上报，实行常态化动态管理。

（四）*强化平台建设*。加快实现本市现有农村集体“三资”监管平台与农业农村部农村集体资产监督管理平台的衔接，做好清产核资数据录入、校验、审核，逐级进行汇总上报。同时，将农村集体经济组织登记赋码、农村集体财务会计核算、农村集体产权制度改革等相关内容纳入平台管理，切实提高管理水平和效率，推动农村集体资产财务管理制度化、规范化、信息化。

四、时间安排和工作步骤

（一）*时间安排*。全市农村集体资产清产核资工作，自2018年开始，到2019年结束。2017年12月31日为资产清查登记时点。前期已完成农村集体资产清产核资工作的集体经济组织，要按照本次工作的部署和要求，本着“缺什么、补什么”的原则，进一步做好资产清查核实和数据填报工作。

（二）*工作步骤*。

准备阶段（2018年6月底前完成）。主要由各区农委、区经管站会同区相关部门建立健全工作机构，结合本地实际和工作需要，研究拟定本区具体实施方案、工作细则等配套文件，规范清产核资程序、明确清产核资结果审批流程、细化清查明细表和登记表，并全面开展政策宣传和业务培训，为清产核资工作奠定基础。

实施阶段（2019 年 6 月底前完成）。2018 年 12 月底前，主要由各区指导乡镇、村、组不同层级农村集体经济组织及所属企业，成立专门的清产核资工作小组，全面完成清产核资工作，分别填写《北京市农村集体资产清产核资报表》（见附件 3）。2019 年 2 月底前，各乡镇负责组织做好《北京市农村集体资产清产核资报表》校验核对工作，确认无误后报送区经管站。2019 年 4 月底前，各区农委、区经管站会同相关部门负责组织做好清产核资数据审核，确认无误后报送市农经办。2019 年 6 月底前，市农委、市农经办会同相关部门负责做好清产核资数据的最终校验，确认无误后由市农经办上报农业农村部，纳入农村集体资产监督管理平台进行管理，并逐步实现网络互联互通，与有关部门实现信息共享。

总结阶段（2019 年 9 月底前完成）。区农委、区经管站等相关部门组织开展监督检查和成果验收，针对清产核资中发现的问题，健全完善集体资产监督管理制度，编写工作总结报告，连同乡镇、村、组三级集体经济组织资产负债（合并）汇总表和资源性资产清查登记汇总表，以区政府名义报送市农委，市级相关部门组织开展监督检查和成果验收。

五、工作要求

（一）加强组织领导和经费保障。全面开展农村集体资产清产核资是党中央、国务院作出的一项重大决策部署。本市农村集体资产清产核资工作情况复杂，涉及面广，事关广大农民群众切身利益，必须加强组织领导。此项工作由市级统一安排，建立健全市级全面负责、区级组织实施、乡镇与村具体落实的领导体制和工作机制。各相关区政府主要领导要亲自挂帅，切实加强组织领导，一级抓一级，层层抓落实。在清产核资中，要妥善处理好国家、集体与农民群众的关系，处理好资产所有权主体与管护主体的关系，处理好不良资产债务核销与集体资产真实完整准确的关系，确保农村社会和谐稳定。本次清产核资工作，原则上由农村集体经济组织自行组织开展，所需经费纳入市、区两级财政预算予以保障。

（二）建立健全工作机构。本次农村集体资产清产核资工作由市农委、市农经办共同牵头，联合市财政局、市规划国土委、市水务局、市园林绿化局、市教委、市文化局、市卫生计生委、市体育局成立全市农村集体资产清产核资工作指导组（详见附件 1），负责指导各区开展工作。各相关区要成立由区政府主要领导任组长、分管领导任副组长、相关部门负责同志参加的区级农村集体资产清产核资工作小组，明确职责分工，细化工作措施；各乡镇政府要建立健全专门工作机构；乡镇、村集体经济组织成立专门的清产核资工作小组。要建立工作联系制度，各区定期将工作进度、经验做法和重大问题向市农村集体资产清产核资工作指导组汇报。

（三）加强相关问题查处。清产核资工作中发现的问题要认真查处。对没有登记入账或者核算不准确的，要按照《北京市农村集体资产清产核资实施细则》有关规定及时登记入账或者调整账目；对长期借出或者未按规定手续租赁转让的，要清理收回或者补办手续；对侵占集体资金和资产的，要如数退赔，涉及违规违纪的移交纪检监察机关处理，涉嫌犯罪的移交司法机关处理。要结合此次清产核资工作，组织力量对集体财务管理混乱的村进行集中清理整顿，防止和纠正发生在群众身边的腐败行为。

（四）加强宣传培训和督导检查。各级农业农村等相关部门干部要深入基层，做好政策宣传，解读好政策精神和工作要求，动员发动广大基层干部和农民群众理解、支持和参与清产核资工作。全面加强分级培训，市级负责各区农业农村等相关部门及集体资产量大的重点乡镇的培训；各区负责所属乡镇及集体资产量大的重点村的培训；各乡镇负责辖区内全部村集体经济组织的培训。通过层层培训，准确掌握清产核资工作的政策、程序、方法，提升工作人员的政策水平和业务能力。加大督导工作力度，市农委和市农经办将联合市相关部门适时组成督导组赴各区进行督导，确保本市农村集体资产清产核资工作如期完成。

附件 1　北京市农村集体资产清产核资工作指导组人员及部门职责

附件 2　北京市农村集体资产清产核资实施

细则

附件 3　北京市农村集体资产清产核资报表

附件 4　北京市农村集体资产清产核资报表填报说明

附件 1

北京市农村集体资产清产核资工作指导组人员及部门职责

组　长：市委农工委书记、市农委主任　孙文锴
副组长：市委农工委副书记　苏卫东
　　　　市农经办副主任　吴志强
成　员：市财政局副局长　赵彦明
　　　　市规划国土委总工程师　丁　晓
　　　　市水务局副局长　杨进怀
　　　　市园林绿化局副局长　蔡宝军
　　　　市教委副巡视员　张永凯
　　　　市文化局副局长　庞　微
　　　　市卫生计生委副主任　毛　羽
　　　　市体育局副局长　杨海滨

部门职责：市农委负责工作方案制定、沟通协调、工作部署和组织监督检查；市农经办负责具体指导、数据校核、数据上报和信息平台建设等相关工作；市财政局负责相关工作经费保障；市规划国土委负责土地等资源性资产调查成果利用、权属及清查数据确认工作；市水务局负责指导农村集体所属水务工程设施确认工作；市园林绿化局负责指导集体林地、林木等资产成果利用、权属及清查数据确认工作；市教委负责指导集体土地上建造的中小学、幼儿园校舍权属确认工作；市文化局负责指导村庄文化设施权属确认工作；市卫生计生委负责指导村庄卫生设施权属确认工作；市体育局负责指导村庄体育设施权属确认工作。

附件 2

北京市农村集体资产清产核资实施细则

第一章　总　　则

第一条　为贯彻落实《中共中央国务院关于稳步推进农村集体产权制度改革的意见》（以下简称《意见》）精神，切实摸清农村集体资产家底，理顺农村集体资产所有权关系，保护农村集体经济组织及其成员合法权益，防止集体资产流失，夯实农村集体产权制度改革基础，根据农业农村部等九部委联合颁发的《农村集体资产清产核资办法》，结合北京市实际情况，制定本实施细则。

第二条　农村集体资产清产核资的对象是：乡镇、村、组集体经济组织以及所属企业等。

农村集体经济组织所属企业，包括全资持有、直接与间接拥有半数以上表决权等能够控制的被投资企业。对集体经济组织全资持有的被投资企业，要将其清产核资后生成的资产负债表，与集体经济组织的资产负债表相关科目进行合并，同时集体经济组织与被投资企业之间、集体企业与被投资企业之间的债权和债务项目要相互抵消，并调减集体经济组织或集体企业的长期投资和被投资企业的所有者权益，差额计入资本公积。

在清产核资工作前，除直接或间接拥有半数以上表决权的被投资企业清产核资对象外，应将清产核资对象名单户数逐级上报农村经营管理部门，于 2018 年 9 月底前报市农经办。

第三条　农村集体资产清产核资的范围包括：农民集体所有的土地、森林、山岭、草原、荒地、滩涂等资源性资产；用于经营的房屋、建筑物、机器设备、工具器具、农业基础设施、农村集体所属水务工程设施、集体投资兴办的企业及其所持有的其他经济组织的资产份额、无形资产等经营性资产；用于公共服务的教育、科技、文化、卫生、体育等方面的非经营性资产。重点清查核实未承包到户的资源性资产和集体统一经营的经营性资产以及现金、债权债务等。

第四条　清产核资登记时点为 2017 年 12 月31 日。

第五条　清产核资工作要按照清查核实、公示确认、建立台账、审核备案、汇总上报、纳入平台管理等操作程序进行。

清查核实应当以登记时点为基点，在清查日采取倒轧的方式，对清查核实结果进行调整。以清产核资登记时点的账簿记录情况作为账面数；清查核实结果倒轧调整到登记时点数作为核实数，即核实数＝清查时点数－登记时点后新增数（已入账＋未入账）＋登记时点后减少数（已入账＋未入账）。

第六条　清产核资工作要坚持民主公开，依靠和发动群众，组织群众参与，接受群众监督，得到群众认可。清查结果要向全体农村集体经济组织成

员（股东）公示，并经成员或股东（代表）大会确认。清产核资结果公示期间，要安排专人答疑解惑。

第二章 集体资产清查

第七条 流动资产清查。包括库存现金、银行存款、其他货币资金、短期投资、应收及预付款项、存货等。

库存现金。清查核对现金账面余额与库存现金是否相符。清查发现有现金长款或短款的，要查明原因，据实编制凭证，调整账簿。

银行存款。清查核对银行存款账面余额与开户银行或其他金融机构出具的银行存款对账单余额是否相符。余额不符的，要查明原因。对由未达账项引起的，要编制《银行存款余额调节表》进行调整。

其他货币资金。清查核对外埠存款、银行汇票存款、银行本票存款、信用卡存款等其他货币资金余额，核查是否存在已支付款项未进行会计处理的事项，及时进行调整。

短期投资。清查核对各种短期投资账面余额与短期投资原始凭证记载是否相符，查清各种短期投资的投资对象、投资时间、投资金额、投资协议等。

应收及预付款项。清查核对单位和个人的各项应收及预付款项，包括应收账款、预付账款、应收股利、应收利息、其他应收款。根据应收及预付款项账面余额，采取面询、函证等方式逐一与外部单位和个人进行核对，取得书面核对凭证，查清债务人、金额、形成原因、到期时间和审批人等，并以双方记账凭证金额一致为准。对登记日应收未收的款项，按照权责发生制原则，依据合同、协议或政策文件确认，并取得债务人书面同意；对有争议的债权，要查证、核实，明确债权关系；对因债务单位撤销或债务人死亡，且既无遗产清偿，又无义务承担人等原因，确实无法收回的款项，要明确责任，按照有关规定进行核销。因诉讼等原因处于不确定状态的债权，须单独说明。

存货。清查核对存货账面余额及明细账与原材料（种子、化肥、饲料、农药等）、在途物资、库存商品、发出商品、商品进销差价、委托加工物资、农产品、除牲畜（禽）和林木资产外的消耗性生物资产等实际数是否相符，查清存货的类别、数量、金额、存放地点、保管人员等情况。清查采取实地盘点方法，保管员必须在场并参加盘点工作。对清查中发现的积压、已毁损或需报废的存货，要查明原因，按照有关规定和程序妥善处理。

第八条 农业资产清查，包括集体经济组织及所属企业购入、培育或营造的分别在“消耗性生物资产”“生产性生物资产”中核算的牲畜（禽）和林木资产。

牲畜（禽）资产。清查核实牲畜（禽）资产账面数与实际数是否相符，查清牲畜（禽）资产的品种、数量、金额、生长阶段以及死亡等情况。清查采取实地盘点方法，饲养员必须在场并参与盘点工作。对有死亡、毁损或账实不符的，要查明原因，按照有关规定和程序妥善处理。

林木资产。清查核实林木资产账面数与实际数是否相符，查清林木资产的品种、数量、金额、生长阶段以及死亡、毁损等情况。清查采取实地盘点方法，管理员必须在场并参与盘点工作。对有死亡、毁损或账实不符的，要查明原因，按照有关规定和程序妥善处理。

第九条 长期投资清查，包括集体经济组织及所属企业不准备在一年内（不含一年）变现的股权投资、债权投资以及对农民专业合作社、家庭农场、企业等的投资。清查核对长期投资账面数与实际数是否相符，采取面询、函证等方式，将长期投资明细账与投资合同或协议、记录凭证、审批文件、投资有关权益证书等与投资对象逐一进行核对，取得书面核对凭证，查清长期投资的对象（项目）、金额、方式、期限、股利（利息）等。

第十条 固定资产及固定资产清理清查，包括房屋、建筑物、机器设备、工具器具、农业基础设施、农村集体所属水务工程设施等。要按照固定资产用途，区分经营性和非经营性进行清查核实。清查采取实地盘查方法，与固定资产及固定资产清理总账、明细账以及登记簿（卡片）逐一核对，清查各项固定资产的购建时间、坐落位置或存放地点、原值、累计折旧、净值、使用状态等。

对出租的固定资产，由出租方负责清查，并与租入方进行核对。对租入的固定资产，要与出租方核对，并进行账外备查登记。对没有登记入账的固定资产，要将清查结果登记入账。

对清查出盘盈、盘亏的固定资产，要查明原因，提出处理意见，并按规定程序申报处置。

第十一条　在建工程清查，包括尚未完工、或虽已完工但尚未办理竣工财务决算的工程项目。要按照在建工程未来形成资产的用途，区分经营性和非经营性进行清查核实。清查核对在建工程明细账与银行存款、存货、一事一议资金等相关记录是否相符。清查采取实地盘查方法，依据在建工程明细账和在建工程合同等，查清在建工程进度和质量、在建工程名称、承建单位、建设时间、建设地点、预算投资额、已投入建设资金等。对于使用财政资金的基本建设，竣工财务决算要严格执行《基本建设财务规则》。

第十二条　无形资产及长期待摊费用清查，包括各项专利权、商标权、非专利技术、著作权、特许权、长期待摊费用等纳入账内核算的无形资产及长期待摊费用。应依据无形资产及长期待摊费用明细账和相关记录，查清各种无形资产及长期待摊费用名称（项目）、取得（发生）时间、取得方式、使用（摊销）年限、使用情况、原始价值、摊余价值。

第十三条　资源性资产清查，包括农民集体所有的土地、森林、山岭、草原、荒地、滩涂等。清查按照农用地、建设用地和未利用地分类进行，只登记面积、权属和经营情况等，一般不确认价值。清查要与农村集体土地确权登记发证、农村土地承包经营权确权登记颁证、集体林权确权登记颁证、草原确权登记颁证等不动产登记、自然资源确权登记工作相衔接，充分利用已有登记成果、森林资源档案等，减少和避免重复劳动。

第三章　负债和所有者权益清查

第十四条　流动负债清查，包括短期借款、应付及预收款项、应付工资、应付福利费等。

短期借款。清查核对集体经济组织及所属企业从银行、信用社和有关单位、个人借入的期限在一年以下（含一年）的各种借款，根据短期借款明细账余额，查清债权人、借款金额、借款期限、借款用途及审批人等。所有借款须取得合同、凭据，无法取得的，由债权人、债务人双方签订确认书。

应付及预收款项。清查核对集体经济组织及所属企业与外单位和外部个人发生的偿还期在一年以下（含一年）的各种应付及预收款项等，包括应付账款、预收账款、应交税费、应付利息、应付股利、其他应付款和递延收益。根据应付及预收款项明细账余额，采取面询、函证等方式逐一与债权人进行核对，取得书面核对凭证，查清债权人、金额、用途、产生时间、到期时间及审批人等。

应付工资。应根据“应付薪酬”科目中除“福利”“非货币性福利”以外的其他内容，清查核对集体经济组织及所属企业应付给其管理人员及固定员工的报酬，按照确定的工资标准，核对应付工资账面余额和工资表记录是否相符，查清领取工资人员的数量、姓名、金额等。

应付福利费。应根据“应付薪酬”科目中“福利”及“非货币性福利”等内容，查清应付福利费账面余额、借贷方向及使用项目、受益对象、支付时间等。

第十五条　长期负债清查，包括长期借款及应付款、一事一议资金和专项应付款等。

长期借款及应付款。清查核对集体经济组织及所属企业从银行、信用社和有关单位、个人借入的期限在一年以上（不含一年）的各种借款及偿还期在一年以上（不含一年）的应付款项，应根据长期借款及应付款明细账，查清债权人、借款金额、借款期限、借款用途及审批人等。所有借款须取得合同、凭据，无法取得的，由债权人、债务人双方签订确认书。

一事一议资金。应根据涉及该项资金的负债类相关科目，清查核对集体经济组织兴办生产、公益事业，按一事一议的形式筹集的专项资金，核对一事一议资金账面余额与筹资方案、备查账簿记录是否相符，查清一事一议项目预算、资金来源、已使用金额、结余情况等。

专项应付款。清查核对收到的征地补偿费、国家财政专项补助等资金，根据专项应付款明细账，查清专项应付款拨款单位、拨入金额、拨入时间、使用金额、具体用途等。

第十六条　所有者权益清查，包括实收资本（股本）、资本公积、盈余公积、未分配利润等。

实收资本。清查核对集体经济组织及所属企业实际收到投入的资本。按照实收资本明细账余额向前追溯，对于记载清晰的，通过公示、问询和函证等方式，与投资人进行核对，取得书面核对凭证，查清实收资本账面余额；对于记载不清的，可暂时将本集体经济组织列为投资人，记入本集体名下。清查出实收资本明细账记录与实际投资人不符时，要经当事人签字认可，成员或股东（代表）大会表决通过后，据实调整实收资本明细账。对投资单位撤销的，要将投资单位投入资本转为本集体资本，依据相关证明材料调整实收资本明细账；对投资人死亡且有继承人的，将其投入资本转给其继承人；对投资人死亡且无继承人的，将其投入资本转为本集体资本，依据相关证明材料调整实收资本明细账。对农业合作化时期社员入社股份基金，有条件的可以进行深入查清。

资本公积和盈余公积。清查核对集体经济组织及所属企业从利润中提取的和其他来源取得的资本公积和盈余公积。根据资本公积和盈余公积明细账，结合资产、负债及实收资本账目调整，查清资本公积和盈余公积账面余额。

未分配利润。清查核对集体经济组织及所属企业历年分配后的结存余额，根据利润分配明细账，结合资产、负债及实收资本账目调整，查清未分配利润余额。

第四章 资产估价与价值重估

第十七条 集体经济组织成员集体所有的未纳入会计核算或无原始凭证的资产要进行资产估价。集体经济组织成员集体所有的资产中，账面价值与实际价值背离较大的资产，可以进行价值重估。

固定资产，一般按购建或调入时原始价值确定。对因账外调入或无偿划归等原因查不到原始价值凭证的固定资产，可比照同类资产现行购建价格确定。

长期股权投资，一般按初始投资价值确定。对确有交易需求且经集体经济组织成员或股东（代表）大会表决通过的，可进行资产价值重估，按现值或公允价值确定。

第十八条 资产估价和价值重估须经成员或股东（代表）大会民主讨论决定，一般由集体经济组织自行开展，民主讨论确定估价方法，作为记账凭证入账，任何组织和个人不得随意估价处置资产。确有需求的，要聘请有资质的专业机构参与，其结果需经成员或股东（代表）大会民主表决通过。

第十九条 集体经济组织资产估价和价值重估，要坚持实事求是，严格执行国家有关政策和技术标准，不得随意多估或少估，并报乡镇农村经营管理部门备案。

第五章 资产所有权确权

第二十条 根据《物权法》和《意见》要求，要把农村集体资产的所有权确到不同层级的农村集体经济组织成员集体，并依法由农村集体经济组织代表集体行使所有权。

第二十一条 有集体统一经营资产的乡镇、村、组，应建立健全农村集体经济组织，完善农村集体经济组织成员或股东（代表）大会制度，按照法律法规行使集体资产所有权。

第二十二条 农村集体资产所有权界定，要充分考虑不同资产的形成过程和历史沿革，从有利于管理实际出发，从兼顾国家与集体利益和维护农村社会稳定大局出发，尊重历史、兼顾现实、实事求是、依法依规地进行。要严格按照产权归属确权，不能打乱原集体所有的界限。

第二十三条 政府拨款、减免税费等形成的资产归农村集体经济组织所有，要把所有权确到农村集体经济组织成员集体。对由政府拨款和集体经济组织以外单位或个人投入等混合所有制方式形成的资产，按各方出资比例或约定的股权比例确认所有权。

第二十四条 农村集体资产所有权确权要区分不同层级进行。

（一）属于村农民集体所有的，要把集体资产所有权确权到村集体经济组织成员集体，并依法由村集体经济组织代表集体行使所有权。

（二）分别属于村内两个以上农民集体所有的，要把集体资产所有权确权到村内各该集体经济组织成员集体，并依法由村内各该集体经济组织代表集体行使所有权。

（三）属于乡镇农民集体所有的，要把集体资产所有权确权到乡镇集体经济组织成员集体，并依法由乡镇集体经济组织代表集体行使所有权。

（四）由乡镇、村集体企业利润形成的资产及国家支援农业、农村无偿投资形成的资产归乡镇集体经济组织或村集体经济组织所有。

（五）行政事业单位、乡镇建造的公益事业所占用集体的土地，没有办理征用手续的，仍归乡镇、村集体经济组织所有。在清产核资基础上，土地所有者与土地占用单位应依法办理土地使用权的租用或借用手续。

（六）乡镇建造的公益事业如道路、学校、敬老院、医院等，在所有权界定时，要根据其营业执照性质、书面约定或投资来源区分是否归乡镇集体经济组织所有。

（七）由政府部门直接投入形成的固定资产，按照《北京市村合作经济组织会计制度实施细则》的有关规定处理，对于无法取得移交清单等相关凭证的固定资产，可以由乡镇、村两级组成评估小组共同进行估价，经成员或股东（代表）大会同意后入账。

（八）乡镇、村集体企业用筹资形成的资产，资金核实后按下列规定处理：

1. 以个人投资入股形式进行筹资的，其投资入股的资金作为个人资本金处理，其股利不得在成本中列支。

2. 属于其他企业、单位出资入股的，可按"谁投资谁所有"的原则，在资金核实中要与出资单位具体明确产权关系，其投资额记入相关的资本金。

第二十五条　对集体资产所有权有争议的，除法律、法规已有规定外，可协商解决。协商不成的，可列为待界定资产，也可通过仲裁或司法程序解决。

第二十六条　集体经济组织资产所有权界定工作由区级政府组织实施。

第六章　账目调整与资产监管

第二十七条　集体经济组织及所属企业要对清产核资中发现的账款不符、账实不符、账证不符等问题及时进行账务处理。

对存货、农业资产、固定资产的盘盈或盘亏，在建工程的报废或损毁等，必须查明原因，落实责任，经集体经济组织成员或股东（代表）大会讨论通过，报乡镇或区农村经营管理部门审核批准后，按照会计制度进行账务处理。盘盈、盘亏计入未分配利润；数额较大的，可作为增减资本公积处理，同时调整账簿记录。

对清产核资前没有纳入账内核算的存货、固定资产、无形资产、农业资产等，包括政府拨款、税费减免等形成的资产，社会团体、个人捐赠的资产等，有原始凭证的，按记载价值入账；无法取得原始凭证的，通过资产估价确认价值入账，作为增加资本公积处理，经民主程序讨论通过，可转增实收资本（并按股权比例量化给成员或集体），同时调整账簿记录。

对确实无法收回的应收及预付款项、对外投资，预期不能带来收益的无形资产，确实无法支付的债务等核销，必须进行严格的审核，查明原因，落实责任，经集体经济组织成员或股东（代表）大会讨论通过，报乡镇或区农村经营管理部门审核批准后，按照会计制度进行账务处理。债权债务核销及投资净损失计入未分配利润，同时调整账簿记录。

不符合条件或未履行规定程序的，不得进行账目调整。

第二十八条　对集体经济组织（集体企业）直接或间接拥有半数以上表决权等能够控制的被投资企业，在清产核资后，将所有者权益按投资比例对应调整集体经济组织或集体企业的长期投资，差额调整资本公积。

第二十九条　建立年度资产清查制度和定期报告制度，至少每年末开展一次资产清查，次年2月28日前报市农经办。

第三十条　加快农村集体资产监督管理平台建设，将清产核资数据统一纳入平台管理，推动农村集体资产财务管理制度化、规范化、信息化。

第七章　附　　则

第三十一条　本实施细则由北京市农村合作经济经营管理办公室负责解释。

第三十二条　本实施细则自发布之日起施行。

附件3

北京市农村集体资产清产核资报表

单位名称：____________________（单位公章）
负　责　人：__________________________
联系电话：__________________________
审核部门：____________________（单位公章）
填表时间：20____年____月____日

目　　录

京农清明细 08－1　固定资产及固定资产清理清查登记表-1（经营性固定资产）

京农清明细 08－2　固定资产及固定资产清理清查登记表-2（非经营性固定资产）

京农清明细 09－1　在建工程清查登记表-1（经营性在建工程）

京农清明细 09－2　在建工程清查登记表-2（非经营性在建工程）

京农清明细 10　无形资产及长期待摊费用清查登记表

京农清明细 11　短期借款、应付及预收款项和长期借款及应付款清查登记表

京农清明细 12　应付工资清查登记表

京农清明细 13　应付福利费清查登记表

京农清明细 14　一事一议资金清查登记表

京农清明细 15　专项应付款清查登记表

京农清明细 16　所有者权益清查登记表

京农清明细 17　待界定资产清查登记表

京农清明细 18－1　资源性资产清查登记明细表-1（农用地）

京农清明细 18－2　资源性资产清查登记明细表-2（建设用地）

京农清明细 18－3　资源性资产清查登记明细表-3（未利用地、林木）

京农清明细 19　资产负债表（组织、全资企业）

京农清明细 20　资产负债合并表（组织）

京农清明细 21　资源性资产清查登记总表

二、行政主管部门填报或转换

京农清汇总 01　资产负债合并汇总表（乡镇级、村级、组级）

京农清汇总 02　资源性资产清查登记汇总表（乡镇级、村级、组级）

农清汇总 01　农业农村部资产负债汇总表

货币资金清查登记表

（京农清明细 01）

____乡镇（街）____村（居）____组/____企业　　20____年____月____日　　单位：元

编号	资金类别	存放地点	开户行	账号	账面数	清查核实		核实数	备注
						增加＋	减少－		
	(1)	(2)	(3)	(4)	(5)	(6)	(7)	(8)	(9)
1	现金								
2									
3	银行存款								
4									
5	其他货币资金								
6									
合计									
出纳员（签章）：						财务主管人（签章）：			
监盘人（签章）：									
备注：						清产核资工作小组负责人（签章）：			

短期投资清查登记表

（京农清明细 02）

____乡镇（街）____村（居）____组/____企业　　20____年____月____日　　单位：元

编号	投资对象	投资时间	投资期限	账面数			清查核实		核实数	备注
				合计	出资形式		增加+	减少−		
					货币资金	实物折价				
	(1)	(2)	(3)	(4)	(5)	(6)	(7)	(8)	(9)	(10)
1										
2										
3										
4										
5										
6										
合计		—	—							—

相关事项说明：　　　　清产核资工作小组负责人（签章）：

填表人：

应收及预付款项清查登记表

（京农清明细 03）

____乡镇（街）____村（居）____组/____企业　　20____年____月____日　　单位：元

编号	债务人	形成原因	到期时间	审批人	账面数	清查核实		核实数	备注
						增加+	减少−		
	(1)	(2)	(3)	(4)	(5)	(6)	(7)	(8)	(9)
1									
2									
3									
4									
5									
6									
合计		—	—	—					

相关事项说明：　　　　清产核资工作小组负责人（签章）：

填表人：

存货清查登记表

（京农清明细 04）

____乡镇（街）____村（居）____组/____企业　　20____年____月____日　　单位：元、个、台、千克等

编号	类别	物资名称	规格型号	计量单位	存放地点	保管员姓名	账面数		清查核实				核实数		备注
									盘盈＋		盘亏－				
							数量	金额	数量	金额	数量	金额	数量	金额	
	(1)	(2)	(3)	(4)	(5)	(6)	(7)	(8)	(9)	(10)	(11)	(12)	(13)	(14)	(15)
1															
2															
3															
4															
5															
6															
合计		—	—	—	—	—	—		—		—		—		—

相关情况说明：

填表人：

清产核资工作小组负责人（签章）：

牲畜（禽）资产清查登记表

（京农清明细 05）

____乡镇（街）____村（居）____组/____企业　　20____年____月____日　　单位：元、只、头等

编号	品种	计量单位	饲养地点	饲养员姓名	账面数					清查核实								核实数	备注
					合计（金额）	幼畜及育肥畜（消耗性生物资产）		产役畜（生产性生物资产）		幼畜及育肥畜				产役畜					
										盘盈＋		盘亏－		盘盈＋		盘亏－			
						数量	金额	数量	金额	数量	金额	数量	金额	数量	金额	数量	金额	金额	
	(1)	(2)	(3)	(4)	(5)	(6)	(7)	(8)	(9)	(10)	(11)	(12)	(13)	(14)	(15)	(16)	(17)	(18)	(19)
1																			
2																			
3																			
4																			
5																			
6																			
合计		—	—	—		—		—		—		—		—		—			—

相关事项说明：

填表人：

清产核资工作小组负责人（签章）：

林木资产清查登记表

（京农清明细 06）

____乡镇（街）____村（居）____组/____企业　　　20____年____月____日　　　单位：元、棵等

编号	品种	生长地点	管理员姓名	账面数									清查核实								核实数	备注
				合计	经济林木				非经济林木				经济林木				非经济林木					
					投产前		投产后		郁闭前		郁闭后		盘盈＋		盘亏－		盘盈＋		盘亏－			
				金额	数量	金额	数量	金额	数量	金额	数量	金额	数量	金额	数量	金额	数量	金额	数量	金额	金额	
	(1)	(2)	(3)	(4)	(5)	(6)	(7)	(8)	(9)	(10)	(11)	(12)	(13)	(14)	(15)	(16)	(17)	(18)	(19)	(20)	(21)	(22)
1																						
2																						
3																						
4																						
5																						
6																						
合计	—	—	—		—		—		—		—		—		—		—		—			—

相关事项说明：

填表人：

清产核资工作小组负责人（签章）：

长期投资清查登记表

（京农清明细 07）

____乡镇（街）____村（居）____组/____企业　　　20____年____月____日　　　单位：元

编号	投资对象	投资时间	投资期限	投资形式	账面数			利润分配形式	应收股息或利息	应收未收利润或分红	清查核实		核实数	备注
					合计	出资形式					增加＋	减少－		
						货币资金	实物折价							
	(1)	(2)	(3)	(4)	(5)	(6)	(7)	(8)	(9)	(10)	(11)	(12)	(13)	(14)
1														
2														
3														
4														
5														
6														
合计		—	—	—				—						—

相关事项说明：

填表人：

清产核资工作小组负责人（签章）：

固定资产及固定资产清理清查登记表-1

（经营性固定资产）（京农清明细 08－1）

____乡镇（街）____村（居）____组/____企业　　20____年____月____日　　单位：元、个、台、平方米

编号	名称	构（购）建时间	坐落或置放位置	规格型号	使用情况						账面数				清查核实				核实数		备注
					出租或出借			自用	闲置	其他	数量或建筑面积	原值	已提折旧	净值	盘盈＋		盘亏－		数量或建筑面积	金额	
					对象	期限	年租金								数量或建筑面积	金额	数量或建筑面积	金额			
	(1)	(2)	(3)	(4)	(5)	(6)	(7)	(8)	(9)	(10)	(11)	(12)	(13)	(14)	(15)	(16)	(17)	(18)	(19)	(20)	(21)
1																					
2																					
3																					
4																					
5																					
6																					
小计		—	—	—	—	—	—	—	—	—	—				—		—		—		—

相关事项说明：

填表人：

清产核资工作小组负责人（签章）：

固定资产及固定资产清理清查登记表-2

（非经营性固定资产）（京农清明细 08－2）

____乡镇（街）____村（居）____组/____企业　　20____年____月____日　　单位：元、个、台、平方米

编号	名称	构（购）建时间	坐落或置放位置	规格型号	使用情况			账面数				清查核实				核实数		备注
					自用	闲置	其他	数量或建筑面积	原值	已提折旧	净值	盘盈＋		盘亏－		数量或建筑面积	金额	
												数量或建筑面积	金额	数量或建筑面积	金额			
	(1)	(2)	(3)	(4)	(5)	(6)	(7)	(8)	(9)	(10)	(11)	(12)	(13)	(14)	(15)	(16)	(17)	(18)
1																		
2																		
3																		
4																		
5																		
小计		—	—	—	—	—	—	—				—		—		—		—

相关事项说明：

填表人：

清产核资工作小组负责人（签章）：

在建工程清查登记表-1

（经营性在建工程）（京农清明细 09-1）

____乡镇（街）____村（居）____组/____企业　　20____年____月____日　　单位：元、平方米

编号	工程名称	承建单位	坐落位置	开工时间	预计完工时间	完工进度%	投资预算		账面数		盘盈+		盘亏-		核实数		备注
							占地面积	金额	占地面积	已投资金额	面积	金额	面积	金额	占地面积	已投资金额	
	(1)	(2)	(3)	(4)	(5)	(6)	(7)	(8)	(9)	(10)	(11)	(12)	(13)	(14)	(15)	(16)	(17)
1																	
2																	
3																	
4																	
5																	
6																	
7																	
8																	
小计		—	—	—	—	—	—		—		—		—		—		—

相关事项说明： 填表人：	清产核资工作小组负责人（签章）：

在建工程清查登记表-2

（非经营性在建工程）（京农清明细 09-2）

____乡镇（街）____村（居）____组/____企业　　20____年____月____日　　单位：元、平方米

编号	工程名称	承建单位	坐落位置	开工时间	预计完工时间	完工进度%	投资预算		账面数		盘盈+		盘亏-		核实数		备注
							建筑面积	金额	建筑面积	已投资金额	面积	金额	面积	金额	建筑面积	已投资金额	
	(1)	(2)	(3)	(4)	(5)	(6)	(7)	(8)	(9)	(10)	(11)	(12)	(13)	(14)	(15)	(16)	(17)
1																	
2																	
3																	
4																	
5																	
6																	
7																	
8																	
小计		—	—	—	—	—	—		—		—		—		—		—

相关事项说明： 填表人：	清产核资工作小组负责人（签章）：

无形资产及长期待摊费用清查登记表

（京农清明细 10）

____乡镇（街）____村（居）____组/____企业　　20____年____月____日　　单位：元

编号	资产名称	取得时间	取得方式	预计使用年限	使用情况						账面数			清查核实		核实数	备注
					出租或出借			自用	闲置	其他	账面原值	累计摊销	账面净值	盘盈＋	盘亏－		
					对象	期限	租金										
	(1)	(2)	(3)	(4)	(5)	(6)	(7)	(8)	(9)	(10)	(11)	(12)	(13)	(14)	(15)	(16)	(17)
1																	
2																	
3																	
4																	
5																	
6																	
小计		—	—	—	—	—	—	—	—	—							—

相关事项说明： 填表人：	清产核资工作小组负责人（签章）：

短期借款、应付及预收款项和长期借款及应付款清查登记表

（京农清明细 11）

____乡镇（街）____村（居）____组/____企业　　20____年____月____日　　单位：元

编号	债权人	债务成因	债务用途	产生时间	到期时间	审批人	账面数			清查核实		核实数	备注
							合计	应付利息	本金	增加＋	减少－		
	(1)	(2)	(3)	(4)	(5)	(6)	(7)	(8)	(9)	(10)	(11)	(12)	(13)
1													
2													
3													
4													
5													
6													
合计		—	—	—	—	—							—

相关事项说明： 填表人：	清产核资工作小组负责人（签章）：

应付工资清查登记表

（京农清明细 12）

____乡镇（街）____村（居）____组/____企业　　20____年____月____日　　单位：元

编号	姓名	拖欠（未付）原因	账面数			清查核实		核实数	备注
			合计	本年	以前年度	增加＋	减少－		
	(1)	(2)	(3)	(4)	(5)	(6)	(7)	(8)	(9)
1									
2									
3									
4									
5									
6									
合计									—

相关事项说明：

清产核资工作小组负责人（签章）：

填表人：

应付福利费清查登记表

（京农清明细 13）

____乡镇（街）____村（居）____组/____企业　　20____年____月____日　　单位：元

编号	使用项目	受益对象	支付时间	账面数		清查核实		核实数		备注
				借方	贷方	增加＋	减少－	借方	贷方	
	(1)	(2)	(3)	(4)	(5)	(6)	(7)	(8)	(9)	(10)
1										
2										
3										
4										
5										
6										
合计										—

相关事项说明：

清产核资工作小组负责人（签章）：

填表人：

一事一议资金清查登记表

（京农清明细 14）

____乡镇（街）____村（居）____组/____企业　　20____年____月____日　　单位：元

编号	项目名称	项目预算（金额）	资金来源（金额）					已使用资金	账面数	清查核实		核实数	备注
			财政奖补	社会捐赠	村民自筹	集体出资	其他			增加＋	减少－		
	(1)	(2)	(3)	(4)	(5)	(6)	(7)	(8)	(9)	(10)	(11)	(12)	(13)
1													
2													
3													
4													
5													
6													
7													
8													
合计													—
相关事项说明： 填表人：								清产核资工作小组负责人（签章）：					

专项应付款清查登记表

（京农清明细 15）

____乡镇（街）____村（居）____组/____企业　　20____年____月____日　　单位：元

编号	拨款单位	拨款用途	拨入时间	具体使用情况	拨入数		已使用金额	账面数		清查核实		核实数		备注
					总金额	其中：征地补偿费		总金额	其中：征地补偿费	总金额增加＋	总金额减少－	总金额	其中：征地补偿费	
	(1)	(2)	(3)	(4)	(5)	(6)	(7)	(8)	(9)	(10)	(11)	(12)	(13)	(14)
1														
2														
3														
4														
5														
6														
7														
8														
合计		—	—	—										—
相关事项说明： 填表人：								清产核资工作小组负责人（签章）：						

所有者权益清查登记表

（京农清明细 16）

____乡镇（街）____村（居）____组/____企业　　20____年____月____日　　单位：元

项　　目	行次	账面数	清查核实		核实数	备注
			增加＋	减少－		
		(1)	(2)	(3)	(4)	(5)
(一) 实收资本	1					
1. 入社资金	2					
2. 转增资本	3					
3. 其他	4					
(二) 资本公积、盈余公积	5					
1. 集体计提	6					
2. 资本溢价	7					
3. 接受捐赠	8	—	—	—	—	—
4. 征地补偿费转入	9					
5. 一事一议资金转入	10					
6. 政府拨款等形成资产转入	11					
7. 其他	12					
(三) 未分配利润	13					
小计	14					—

相关事项说明：　　　　清产核资工作小组负责人（签章）：

填表人：

待界定资产清查登记表

（京农清明细 17）

____乡镇（街）____村（居）____组/____企业　　20____年____月____日　　单位：个、台、元、亩、平方米等

编号	名称	数量	购建日期	坐落或置放位置	规格型号	使用情况	核实金额	备注
	(1)	(2)	(3)	(4)	(5)	(6)	(7)	(8)
1								
2								
3								
4								
5								
6								
7								
8								
9								
小计								

相关事项说明：　　　　清产核资工作小组负责人（签章）：

填表人：

资源性资产清查登记明细表-1

（农用地）（京农清明细 18－1）

____乡镇（街）____村（居）____组　　20____年____月____日　　单位：亩、元等

<table>
<tr><th rowspan="3">编号</th><th rowspan="3">资源类型</th><th rowspan="3">总面积</th><th colspan="9">未承包到户</th><th colspan="3">已承包到户</th><th rowspan="3">备注</th></tr>
<tr><th rowspan="2">面积</th><th colspan="2">集体自主经营</th><th colspan="4">出租经营</th><th colspan="2">其他经营方式</th><th rowspan="2">面积</th><th colspan="2">其中：流转入集体统一经营</th></tr>
<tr><th>面积</th><th>年收益</th><th>面积</th><th>承租人</th><th>起止时间</th><th>年租金</th><th>面积</th><th>年收益</th><th>面积</th><th>年收益</th></tr>
<tr><td></td><td></td><td>(1)</td><td>(2)</td><td>(3)</td><td>(4)</td><td>(5)</td><td>(6)</td><td>(7)</td><td>(8)</td><td>(9)</td><td>(10)</td><td>(11)</td><td>(12)</td><td>(13)</td><td>(14)</td></tr>
<tr><td>1</td><td>耕地</td><td></td><td></td><td></td><td></td><td></td><td></td><td></td><td></td><td></td><td></td><td></td><td></td><td></td><td></td></tr>
<tr><td>2</td><td>园地</td><td></td><td></td><td></td><td></td><td></td><td></td><td></td><td></td><td></td><td></td><td></td><td></td><td></td><td></td></tr>
<tr><td>3</td><td>林地</td><td></td><td></td><td></td><td></td><td></td><td></td><td></td><td></td><td></td><td></td><td></td><td></td><td></td><td></td></tr>
<tr><td>4</td><td>草地</td><td></td><td></td><td></td><td></td><td></td><td></td><td></td><td></td><td></td><td></td><td></td><td></td><td></td><td></td></tr>
<tr><td>5</td><td>农田水利设施用地</td><td></td><td></td><td></td><td></td><td></td><td></td><td></td><td></td><td></td><td></td><td></td><td></td><td></td><td></td></tr>
<tr><td>6</td><td>养殖水面</td><td></td><td></td><td></td><td></td><td></td><td></td><td></td><td></td><td></td><td></td><td></td><td></td><td></td><td></td></tr>
<tr><td>7</td><td>其他农用地</td><td></td><td></td><td></td><td></td><td></td><td></td><td></td><td></td><td></td><td></td><td></td><td></td><td></td><td></td></tr>
<tr><td>8</td><td>待界定农用地</td><td></td><td></td><td></td><td></td><td></td><td></td><td></td><td></td><td></td><td></td><td></td><td></td><td></td><td></td></tr>
<tr><td colspan="2">小计</td><td></td><td></td><td></td><td></td><td></td><td></td><td></td><td></td><td></td><td></td><td></td><td></td><td></td><td></td></tr>
<tr><td colspan="10">相关事项说明：

填表人：</td><td colspan="6">清产核资工作小组负责人（签章）：</td></tr>
</table>

资源性资产清查登记明细表-2

（建设用地）（京农清明细 18－2）

____乡镇（街）____村（居）____组　　20____年____月____日　　单位：亩、元等

<table>
<tr><th rowspan="3">编号</th><th rowspan="3">资源类型</th><th rowspan="3">总面积</th><th colspan="13">已开发利用</th><th rowspan="3">备注</th></tr>
<tr><th rowspan="2">面积</th><th colspan="2">集体自主经营</th><th colspan="4">出租经营</th><th colspan="4">对外投资</th><th colspan="2">其他经营方式</th></tr>
<tr><th>面积</th><th>年收益</th><th>面积</th><th>承租人</th><th>起止时间</th><th>年租金</th><th>面积</th><th>投资对象</th><th>起止时间</th><th>年收益</th><th>面积</th><th>年收益</th></tr>
<tr><td></td><td></td><td>(1)</td><td>(2)</td><td>(3)</td><td>(4)</td><td>(5)</td><td>(6)</td><td>(7)</td><td>(8)</td><td>(9)</td><td>(10)</td><td>(11)</td><td>(12)</td><td>(13)</td><td>(14)</td><td>(15)</td></tr>
<tr><td>1</td><td>工矿仓储用地</td><td></td><td></td><td></td><td></td><td></td><td></td><td></td><td></td><td></td><td></td><td></td><td></td><td></td><td></td><td></td></tr>
<tr><td>2</td><td>商服用地</td><td></td><td></td><td></td><td></td><td></td><td></td><td></td><td></td><td></td><td></td><td></td><td></td><td></td><td></td><td></td></tr>
<tr><td>3</td><td>其他经营性建设用地</td><td></td><td></td><td></td><td></td><td></td><td></td><td></td><td></td><td></td><td></td><td></td><td></td><td></td><td></td><td></td></tr>
<tr><td>4</td><td>宅基地</td><td></td><td></td><td></td><td></td><td></td><td></td><td></td><td></td><td></td><td></td><td></td><td></td><td></td><td></td><td></td></tr>
<tr><td>5</td><td>公共管理与公共服务用地</td><td></td><td></td><td></td><td></td><td></td><td></td><td></td><td></td><td></td><td></td><td></td><td></td><td></td><td></td><td></td></tr>
<tr><td>6</td><td>交通运输和水利设施用地</td><td></td><td></td><td></td><td></td><td></td><td></td><td></td><td></td><td></td><td></td><td></td><td></td><td></td><td></td><td></td></tr>
<tr><td>7</td><td>其他非经营性建设用地</td><td></td><td></td><td></td><td></td><td></td><td></td><td></td><td></td><td></td><td></td><td></td><td></td><td></td><td></td><td></td></tr>
<tr><td>8</td><td>待界定建设用地</td><td></td><td></td><td></td><td></td><td></td><td></td><td></td><td></td><td></td><td></td><td></td><td></td><td></td><td></td><td></td></tr>
<tr><td colspan="2">小计</td><td></td><td></td><td></td><td></td><td></td><td></td><td></td><td></td><td></td><td></td><td></td><td></td><td></td><td></td><td></td></tr>
<tr><td colspan="10">相关事项说明：

填表人：</td><td colspan="7">清产核资工作小组负责人（签章）：</td></tr>
</table>

资源性资产清查登记明细表-3

（未利用地、林木）（京农清明细 18-3）

____乡镇（街）____村（居）____组　　　　20____年____月____日　　　　单位：亩、元等

编号	资源类型	总面积	已开发利用									备注
			面积	集体自主经营		出租经营				其他经营方式		
				面积	年收益	面积	承租人	起止时间	年租金	面积	年收益	
		(1)	(2)	(3)	(4)	(5)	(6)	(7)	(8)	(9)	(10)	(11)
1	“四荒”地											
2	其他未利用地											
3	待界定未利用地											
4	公益林											
5	商品林											
小计												

相关事项说明：

填表人：

清产核资工作小组负责人（签章）：

资产负债表（组织、全资企业）

（京农清明细 19）

____乡镇（街）____村（居）____组/____企业　20____年____月____日　　　　单位：元

资　　产	编号	账面数	核增金额	核减金额	核实数	负债及所有者权益	编号	账面数	核增金额	核减金额	核实数
一、流动资产合计	1					**一、流动负债合计**	34				
1. 货币资金	2					1. 短期借款	35				
其中：库存现金	3					2. 应付账款	36				
2. 短期投资	4					3. 预收账款	37				
3. 应收账款	5					4. 应付工资	38				
4. 预付款项	6					5. 应付福利费	39				
5. 应收股利	7					6. 应交税费	40				
6. 应收利息	8					7. 应付利息	41				
7. 其他应收款	9					8. 应付股利	42				
8. 存货	10					9. 其他应付款	43				
	11					10. 递延收益	44				
二、农业资产合计	12						45				
1. 牲畜（禽）资产	13					**二、长期负债合计**	46				

（续）

资　产	编号	账面数	核增金额	核减金额	核实数	负债及所有者权益	编号	账面数	核增金额	核减金额	核实数
2. 林木资产	14					1. 长期借款	47				
	15					2. 长期应付款	48				
三、长期资产合计	16					3. 一事一议资金	49				
1. 长期股权投资	17					4. 专项应付款	50				
2. 长期债权投资	18					其中：征地补偿费	51				
	19						52				
四、固定资产合计	20					**三、所有者权益总计**	53				
其中：经营性固定资产	21					1. 实收资本	54				
1. 固定资产原值	22					其中：政府拨款等形成资产转入	55				
2. 累计折旧	23					2. 资本公积和盈余公积	56				
3. 固定资产净值	24					其中：征地补偿费转入	57				
其中：经营性固定资产净值	25					政府拨款等形成资产转入	58				
4. 固定资产清理	26					3. 未分配利润	59				
其中：经营性固定资产清理	27					**负债和所有者权益合计**	60				
5. 在建工程	28					**附报**	61				
其中：经营性在建工程	29					1. 经营性资产	62				
五、其他资产	30					2. 非经营性资产	63				
1. 无形资产	31					3. 待界定资产	64				
2. 长期待摊费用	32					4. 全资子公司所有者权益	65				
资产总计	33						66				
备注： 填表人：						清产核资工作小组（签章）：					

资产负债合并表（组织）

（京农清明细20）

____乡镇（街）____村（居）____组　　　　20____年____月____日　　　　单位：元

资　　产	编号	账面数	核实数	合并抵消数	账面合并数	核实合并数	负债及所有者权益	编号	账面数	核实数	合并抵消数	账面合并数	核实合并数
一、流动资产合计	1						**一、流动负债合计**	34					
1. 货币资金	2						1. 短期借款	35					
其中：库存现金	3						2. 应付账款	36					
2. 短期投资	4						3. 预收账款	37					
3. 应收账款	5						4. 应付工资	38					
4. 预付款项	6						5. 应付福利费	39					
5. 应收股利	7						6. 应交税费	40					
6. 应收利息	8						7. 应付利息	41					
7. 其他应收款	9						8. 应付股利	42					
8. 存货	10						9. 其他应付款	43					
	11						10. 递延收益	44					
二、农业资产合计	12							45					
1. 牲畜（禽）资产	13						**二、长期负债合计**	46					
2. 林木资产	14						1. 长期借款	47					
	15						2. 长期应付款	48					
三、长期资产合计	16						3. 一事一议资金	49					
1. 长期股权投资	17						4. 专项应付款	50					
2. 长期债权投资	18						其中：征地补偿费	51					
	19							52					
四、固定资产合计	20						**三、所有者权益总计**	53					
其中：经营性固定资产	21						1. 实收资本	54					
1. 固定资产原值	22						其中：政府拨款等形成资产转入	55					
2. 累计折旧	23						2. 资本公积和盈余公积	56					
3. 固定资产净值	24						其中：征地补偿费转入	57					
其中：经营性固定资产净值	25						政府拨款等形成资产转入	58					
4. 固定资产清理	26						3. 未分配利润	59					
其中：经营性固定资产清理	27						**负债和所有者权益合计**	60					
5. 在建工程	28						**附报**	61					
其中：经营性在建工程	29						1. 经营性资产	62					
五、其他资产	30						2. 非经营性资产	63					
1. 无形资产	31						3. 待界定资产	64					
2. 长期待摊费用	32						4. 全资子公司所有者权益	65					
资产总计	33							66					

备注： 填表人：	清产核资工作小组（签章）：

资源性资产清查登记总表

（京农清明细 21）

____乡镇（街）____村（居）____组　　　　20____年____月____日　　　　单位：亩、立方米

项　　目	行次	面积	备注
集体土地总面积	1		
（一）农用地	2		
1. 耕地	3		
其中：未承包到户面积	4		
2. 园地	5		
其中：未承包到户面积	6		
3. 林地	7		
其中：未承包到户面积	8		
4. 草地	9		
其中：未承包到户面积	10		
5. 农田水利设施用地	11		
6. 养殖水面	12		
其中：未承包到户面积	13		
7. 其他	14		
（二）建设用地	15		
1. 经营性建设用地	16		
其中：工矿仓储用地	17		
商服用地	18		
2. 非经营性建设用地	19		
其中：宅基地	20		
公共管理与公共服务用地	21		
交通运输和水利设施用地	22		
（三）未利用地	23		
1. “四荒”地	24		
2. 其他	25		
附报	26		
（一）待界定土地	27		
1. 农用地	28		
2. 建设用地	29		
3. 未利用地	30		
（二）林木	31		
1. 公益林	32		
2. 商品林	33		

相关事项说明： 填表人：	清产核资工作小组（签章）：

资产负债合并汇总表

（乡镇级、村级、组级）（京农清汇总01）

填报单位：________________　　20____年____月____日　　单位：元

资　　产	编号	账面数	核实数	合并抵消数	账面合并数	核实合并数	负债及所有者权益	编号	账面数	核实数	合并抵消数	账面合并数	核实合并数
一、流动资产合计	1						**一、流动负债合计**	34					
1. 货币资金	2						1. 短期借款	35					
其中：库存现金	3						2. 应付账款	36					
2. 短期投资	4						3. 预收账款	37					
3. 应收账款	5						4. 应付工资	38					
4. 预付款项	6						5. 应付福利费	39					
5. 应收股利	7						6. 应交税费	40					
6. 应收利息	8						7. 应付利息	41					
7. 其他应收款	9						8. 应付股利	42					
8. 存货	10						9. 其他应付款	43					
	11						10. 递延收益	44					
二、农业资产合计	12							45					
1. 牲畜（禽）资产	13						**二、长期负债合计**	46					
2. 林木资产	14						1. 长期借款	47					
	15						2. 长期应付款	48					
三、长期资产合计	16						3. 一事一议资金	49					
1. 长期股权投资	17						4. 专项应付款	50					
2. 长期债权投资	18						其中：征地补偿费	51					
	19							52					
四、固定资产合计	20						**三、所有者权益总计**	53					
其中：经营性固定资产	21						1. 实收资本	54					
1. 固定资产原值	22						其中：政府拨款等形成资产转入	55					
2. 累计折旧	23						2. 资本公积和盈余公积	56					
3. 固定资产净值	24						其中：征地补偿费转入	57					
其中：经营性固定资产净值	25						政府拨款等形成资产转入	58					
4. 固定资产清理	26						3. 未分配利润	59					
其中：经营性固定资产清理	27						**负债和所有者权益合计**	60					
5. 在建工程	28						**附报**	61					
其中：经营性在建工程	29						1. 经营性资产	62					
五、其他资产	30						2. 非经营性资产	63					
1. 无形资产	31						3. 待界定资产	64					
2. 长期待摊费用	32						4. 全资子公司所有者权益	65					
资产总计	33							66					

备注：

填表人：

清产核资工作小组（签章）：

资源性资产清查登记汇总表

（乡镇级、村级、组级）（京农清汇总 02）

填报单位________ 20____年____月____日 单位：亩、立方米

项　　目	行次	面积	备注
集体土地总面积	1		
（一）农用地	2		
1. 耕地	3		
其中：未承包到户面积	4		
2. 园地	5		
其中：未承包到户面积	6		
3. 林地	7		
其中：未承包到户面积	8		
4. 草地	9		
其中：未承包到户面积	10		
5. 农田水利设施用地	11		
6. 养殖水面	12		
其中：未承包到户面积	13		
7. 其他	14		
（二）建设用地	15		
1. 经营性建设用地	16		
其中：工矿仓储用地	17		
商服用地	18		
2. 非经营性建设用地	19		
其中：宅基地	20		
公共管理与公共服务用地	21		
交通运输和水利设施用地	22		
（三）未利用地	23		
1. “四荒”地	24		
2. 其他	25		
附报	26		
（一）待界定土地	27		
1. 农用地	28		
2. 建设用地	29		
3. 未利用地	30		
（二）林木	31		
1. 公益林	32		
2. 商品林	33		
相关事项说明： 填表人：		清产核资工作小组（签章）：	

农业农村部资产负债汇总表

（农清汇总01）

填报单位________________　　20____年____月____日　　单位：元

资　　产	编号	账面数	核实数	负债及所有者权益	编号	账面数	核实数
一、流动资产合计	1			**一、流动负债合计**	25	—	—
货币资金	2			短期借款	26		
短期投资	3			应付款项	27		
应收款项	4			应付工资	28		
存货	5			应付福利费	29		
	6				30		
二、农业资产合计	7			**二、长期负债合计**	31		
牲畜（禽）资产	8			长期借款及应付款	32		
林木资产	9			一事一议资金	33		
	10			专项应付款	34		
三、长期资产合计	11			其中：征地补偿费	35		
长期投资	12				36		
其中：长期股权投资	13			**三、所有者权益总计**	37		
四、固定资产合计	14			资本	38		
固定资产原值	15			其中：政府拨款等形成资产转入	39		
减：累计折旧	16			公积公益金	40		
固定资产净值	17			其中：征地补偿费转入	41		
其中：经营性固定资产净值	18			未分配利润	42		
固定资产清理	19			**负债和所有者权益合计**	43		
在建工程	20			**附报**	44		
其中：经营性在建工程	21			1. 经营性资产	45		
五、其他资产	22			2. 非经营性资产	46		
无形资产	23			3. 待界定资产	47		
资产总计	24			4. 全资子公司所有者权益	48		
备注： 填表人：				清产核资工作小组（签章）：			

附件 4

北京市农村集体资产清产核资报表填报说明

一、编制原则

1.《北京市农村集体资产清产核资报表》填报单位为开展农村集体资产清产核资的本市乡镇、村、组三级集体经济组织、全资企业以及各级行政主管部门。其中，京农清明细 01～21 由各层级集体经济组织、全资企业分别填报；京农清汇总 01 和京农清汇总 02 由各级行政主管部门按集体经济组织层级汇总填报；农清汇总 01 由京农清汇总 01 转换而来。

2. 单位。金额单位：元，保留两位小数。面积单位：土地资源（亩）、建筑物和构筑物（平方米），保留两位小数。数字格式“123，456.78”。

3. 以清产核资登记时点的账簿记录情况作为账面数；清查核实结果倒轧调整到登记时点数作为核实数，即核实数＝清查时点数－登记时点后新增数（已入账＋未入账）＋登记时点后减少数（已入账＋未入账）。

4. 农村集体经济组织、全资企业要按照《北京市农村集体资产清产核资实施细则》和《北京市农村集体资产清产核资报表》的规定进行登记，做到数字真实、内容完整、填写规范、编报及时。

二、有关说明

1. 封面。单位名称按照集体经济组织的不同层级，填写：北京市××区××乡（镇、街道）××村（居）××组集体经济组织或××企业等。负责人填写本集体经济组织或企业的负责人。审核部门填写本集体经济组织或企业清产核资结果的审核部门。填表时间按照实际填表日期填写。

2. 货币资金清查登记表（京农清明细 01）。本表反应货币资金清查前后的变动情况。本表填报日期为本次清产核资登记日，即 2017 年 12 月 31 日。资金缺失、呆账、是否账外私设“小金库”等情况，要在“备注”中填写。表内勾稽关系：（8）＝（5）＋（6）－（7）。

3. 短期投资清查登记表（京农清明细 02）。本表反映短期投资清查前后的变动情况。“核实数”＝“账面数（合计）”＋“清查核实增加”－“清查核实减少”。清查核实中发生的增加或减少情况，要在“备注”中填写原因。投资对象灭失、不明、无法收回、未入账等，要在“相关事项说明”中列明情况。表内勾稽关系：（4）＝（5）＋（6），（9）＝（4）＋（7）－（8）。

4. 应收及预付款项清查登记表（京农清明细 03）。本表反映应收及预付款项清查前后的变动情况。本表应根据“应收账款”“预付账款”“应收股利”“应收利息”“其他应收款”账面数填写。“核实数”＝“账面数”＋“清查核实增加”－“清查核实减少”。清查核实中发生的增加或减少情况，要在“备注”中填写原因。债务人发生死亡、灭失、不明、未入账等情况，要在“相关事项说明”中列明情况。表内勾稽关系：（8）＝（5）＋（6）－（7）。

5. 存货清查登记表（京农清明细 04）。本表反映存货清查前后的变动情况。本表根据“原材料”“库存商品”“发出商品”“在途物资”“商品进销差价”“委托加工物资”“农产品”以及除牲畜（禽）、林木资产外的消耗性生物资产科目或内容填列。“盘盈”指账面未登记存货的现值，即有物无账；“盘亏”指账面已登记存货灭失（按账面值填写），即有账无物。“核实数”＝“账面数”＋“清查核实盘盈”－“清查核实盘亏”。“盘盈”“盘亏”等情况要在“备注”中填写原因。表内勾稽关系：（13）＝（7）＋（9）－（11），（14）＝（8）＋（10）－（12）。

6. 牲畜（禽）资产清查登记表（京农清明细 05）。本表反映牲畜（禽）资产清查前后的变动情况。本表应根据“消耗性生物资产”“生产性生物资产”等科目中牲畜（禽）资产内容填列。“盘盈”指账面未登记牲畜（禽）资产的现值，即有物无账；“盘亏”指账面已登记牲畜（禽）资产灭失（按账面值填写），即有账无物。“核实数”＝“账面数（合计）”＋“清查核实盘盈”－“清查核实盘亏”。“盘盈”“盘亏”等情况，要在“备注”中填写原因。表内勾稽关系：（5）＝（7）＋（9），（18）＝（5）＋（11）－（13）＋（15）－（17）。

7. 林木资产清查登记表（京农清明细 06）。本表反映林木资产清查前后的变动情况。本表应根据

“消耗性生物资产”“生产性生物资产”等科目中林木资产内容填列。“盘盈”指账面未登记林木资产的现值，即有物无账；“盘亏”指账面已登记林木资产灭失（按账面值填写），即有账无物。“核实数”＝“账面数（合计）”＋“清查核实盘盈”－“清查核实盘亏”。“盘盈”“盘亏”等情况，要在“备注”中填写原因。表内勾稽关系：(4) ＝ (6) ＋ (8) ＋ (10) ＋ (12)，(21) ＝ (4) ＋ (14) － (16) ＋ (18) － (20)。

8. **长期投资清查登记表**（京农清明细 07）。本表反映长期投资清查前后的变动情况。本表应根据“长期股权投资”“长期债权投资”科目填列。“投资形式”指投资的具体形式，包括股权投资、债权投资等。“利润分配形式”指投资分配的办法，包括按股分红、定额分红等。“账面数（合计）”＝“货币资金出资”＋“实物折价出资”；“核实数”＝“账面数（合计）”＋“清查核实增加”－“清查核实减少”。增加或减少等情况，要在“备注”中填写原因。表内勾稽关系：(5) ＝ (6) ＋ (7)，(13) ＝ (5) ＋ (11) － (12)。

9. **固定资产及固定资产清理清查登记表－1**（京农清明细 08－1）。本表反应经营性固定资产（用于经营的房屋、建筑物、机器设备、工具器具等固定资产）及固定资产清理清查前后的变动情况。“构（购）建时间”指房屋建筑类的构建时间或设备类的购买安装时间。“坐落或置放位置”指房屋建筑类的坐落位置成设备类的置放位置。“使用情况”中“其他”栏，主要写固定资产损毁、待报废等情况。固定资产一般不进行价值重估，“盘盈”指账面未登记固定资产的现值，即有物无账；“盘亏”指账面已登记但无实物的固定资产损失（按账面值填写），即有账无物。“净值”＝“原值”－“已提折旧”；“核实数”＝“账面数（净值）”＋“清查核实盘盈”－“清查核实盘亏”。“盘盈”“盘亏”等情况，要在“备注”栏中填写原因。表内勾稽关系：(14) ＝ (12) － (13)，(19) ＝ (11) ＋ (15) － (17)，(20) ＝ (14) ＋ (16) － (18)。

10. **固定资产及固定资产清理清查登记表－2**（京农清明细 08－2）。本表反映非经营性固定资产（用于公共服务的教育、科技、文化、卫生、体育等方面的固定资产）及固定资产清理清查前后的变动情况。“构（购）建时间”指房屋建筑类的构建时间或设备类的购买安装时间。“坐落或置放位置”指房屋建筑类的坐落位置和设备类的置放位置。“使用情况”中“其他”栏，主要填写固定资产毁损、报废等情况。固定资产一般不进行价值重估，“盘盈”指账面未登记固定资产的现值，即有物无账；“盘亏”指账面已登记但无实物的固定资产损失（按账面值填写），即有账无物。“净值”＝“原值”－“已提折旧”；“核实数”＝“账面数（净值）”＋“清查核实盘盈”－“清查核实盘亏”。“盘盈”“盘亏”等情况，要在“备注”中填写原因。表内勾稽关系：(11) ＝ (9) － (10)，(16) ＝ (8) ＋ (12) － (14)，(17) ＝ (11) ＋ (13) － (15)。

11. **在建工程清查登记表－1**（京农清明细 09－1）。本表反映经营性在建工程清查前后的变动情况，含登记在建的各类经营性工程建设项目，及已完工未结转的建设项目。无法形成固定资产的，在“相关事项说明”中列明原因。账面数和核实数有差异的要在“备注”中填写原因。表内勾稽关系：(15) ＝ (9) ＋ (11) － (13)，(16) ＝ (10) ＋ (12) － (14)。

12. **在建工程清查登记表－2**（京农清明细 09－2）。本表反映非经营性在建工程清查前后的变动情况，含登记在建的各类非经营性工程建设项目，及已完工未结转的建设项目。无法形成固定资产的，在“相关事项说明”列明原因。账面数和核实数有差异的，要在“备注”中填写原因。表内勾稽关系：(15) ＝ (9) ＋ (11) － (13)，(16) ＝ (10) ＋ (12) － (14)。

13. **无形资产及长期待摊费用清查登记表**（京农清明细 10）。本表反映无形资产及长期待摊费用清查前后的变动情况。无形资产及长期待摊费用不区分资产类型，全部列入经营性资产。“盘盈”指账面未登记无形资产及长期待摊费用的现值，即有物无账；“盘亏”指账面已登记无形资产或长期待摊费用损失（按账面值填写），即有账无物。“账面净值”＝“账面原值”－“累计摊销”，“核实数”＝“账面数（账面净值）”＋“清查核实盘盈”－“清查核实盘亏”。“盘盈”“盘亏”等情况，要在“备注”栏中填写原因。表内勾稽关系：(13) ＝ (11) － (12)，(16) ＝ (13) ＋ (14) － (15)。

14. **短期借款、应付及预收款项和长期借款及应付款清查登记表**（京农清明细 11）。本表反映集体经济组织短期借款、应付及预收款项和长期借款及应付款的清查情况。本表应根据“短期借款”“应付账款”“预收账款”“应付利息”“应付股利”“应交税费”“其他应付款”“递延收益”“长期借款”“长期应付款”科目填列。“账面数（合计）”＝“账面数（本金）”＋“账面数（应付利息）”“核实数”＝“账面数（合计）”＋“清查核实增加”－“清查核实减少”。“增加”“减少”等情况，要在“备注”栏中填写原因。表内勾稽关系：(7)＝(8)＋(9)，(12)＝(7)＋(10)－(11)。

15. 应付工资清查登记表（京农清明细12）。本表反映的应付工资的清查情况。本表应根据“应付薪酬”科目中除“福利”“非货币性福利”以外的内容填列，应区分本年度和以前年度拖欠的工资，“账面数（合计）”＝“账面数（本年）”＋“账面数（以前年度）”“核实数”＝“账面数（合计）”＋“清查核实增加”－“清查核实减少”。“增加”“减少”等情况，要在“备注”中填写原因。表内勾稽关系：(3)＝(4)＋(5)，(8)＝(3)＋(6)－(7)。

16. 应付福利费清查登记表（京农清明细13）。本表反映应付福利费的清查情况。应根据“应付薪酬”科目中“福利”及“非货币性福利”，并按照使用项目分别填列。受益对象是指该笔应付福利费的实际受益人；支付时间是指应付福利费预期应该支付的时间。“账面数”与“核实数”不同的，要在“备注”中填写原因。

17. 一事一议资金清查登记表（京农清明细14）。本表反映涉及一事一议资金的清查情况。应根据涉及该项资金的负债类相关科目单独填列，同时扣减相应科目的填报数据。“核实数”与“账面数”存在差异的，要在“备注”中填写原因。表内勾稽关系：(12)＝(9)＋(10)－(11)。

18. 专项应付款清查登记表（京农清明细15）。本表反映专项应付款的清查情况。“拨入数（总金额）”－“已使用数”＝“账面数”。“核实数”与“账面数”存在差异的，要在“备注”中填写原因。表内勾稽关系：(8)＝(5)－(7)，(12)＝(8)＋(10)－(11)。

19. 所有者权益清查登记表（京农清明细16）。本表反映集体经济组织所有者权益的清查情况。“核实数”＝“账面数”＋“清查核实增加”－“清查核实减少”。“增加”“减少”等情况，要在“备注”栏中填写原因。表内勾稽关系：(1)＝(2)＋(3)＋(4)，(5)＝(6)＋(7)＋(8)＋(9)＋(10)＋(11)＋(12)，(14)＝(1)＋(5)＋(13)，(4)＝(1)＋(2)－(3)。

20. 待界定资产清查登记表（京农清明细17）。本表反映由于特殊原因产权难以界定的集体资产，作为待界定资产登记。待界定资产不纳入本次清产核资集体资产的总额。

21. 资源性资产清查登记明细表-1（农用地）（京农清明细18-1）。本表反映集体拥有的农用地资源的清查情况。本表可区分“资源类型”分别填写。“资源类型”指耕地、园地、林地、草地、农田水利设施用地、养殖水面、其他农用地和待界定农用地，具体分类见表“京农清明细21”。“其他农用地”指集体拥有的上述耕地、园地、林地、草地、农田水利设施用地、养殖水面以外的农用地。“待界定农用地”指由于特殊原因权属难以界定的农用地。表内勾稽关系：(1)＝(2)＋(11)，(2)＝(3)＋(5)＋(9)。

22. 资源性资产清查登记明细表-2（建设用地）（京农清明细18-2）。本表反映集体拥有的建设用地的清查情况。本表可区分“资源类型”分别填写。“资源类型”指工矿仓储用地、商服用地、其他经营性建设用地、宅基地、公共管理与公共服务用地、交通运输和水利设施用地、其他非经营性建设用地、待界定建设用地，具体分类见表“京农清明细21”。“其他经营性建设用地”指集体拥有的上述工矿仓储用地、商服用地以外的经营性建设用地。“其他非经营性建设用地”指集体拥有的上述宅基地、公共管理与公共服务用地、交通运输和水利设施用地以外的非经营性建设用地。“待界定建设用地”指由于特殊原因权属难以界定的建设用地。

23. 资源性资产清查登记明细表-3（未利用地、林木）（京农清明细18-3）。本表反映集体拥有的未利用地、林木的清查情况。本表可区分“资源类型”分别填写。“资源类型”指四荒地、其他未利用地、待界定未利用地、公益林、商品林，具体分类见表“京农清明细21”。“其他未利用地”指集体拥有的“四荒”地以外的未利用地。“待界定未利用地”指由于特殊原因权属难以界定的未利用地。

24. 资产负债表（组织、全资企业）（京农清明细19）。本表反映集体经济组织、全资企业清查前后资产负债的总体情况。本表根据“京农清明细01”至“京农清明细17”中各个会计科目合计数分别填写，账面数反映清查前集体经济组织、全资企业的资产、负债及所有者权益情况，核实数反映清查核实后集体经济组织、全资企业的资产、负债及所有者权益情况。“经营性资产”按照清查核实后长期投资、经营性固定资产、经营性固定资产清理、经营性在建工程、无形资产、长期待摊费用以及用于经营的流动资产和农业资产的合计数填写。“非经营性资产”按照清查核实后非经营性固定资产、非经营性固定资产清理、非经营性在建工程以及用于公共服务的流动资产和农业资产的合计数写。“待界定资产”按照京农清明细17的合计数填写。表内勾稽关系：(1) ＝ (2) ＋ (4) ＋ (5) ＋ (6) ＋ (7) ＋ (8) ＋ (9) ＋ (10)， (12) ＝ (13) ＋ (14)，(16) ＝ (17) ＋ (18)，(24) ＝ (22) － (23)，(20) ＝ (24) ＋ (26) ＋ (28)，(30) ＝ (31) ＋ (32)，(33) ＝ (1) ＋ (12) ＋ (16) ＋ (20) ＋ (30)，(34) ＝ (35) ＋ (36) ＋ (37) ＋ (38) ＋ (39) ＋ (40) ＋ (41) ＋ (42) ＋ (43) ＋ (44)，(46) ＝ (47) ＋ (48) ＋ (49) ＋ (50)，(53) ＝ (54) ＋ (56) ＋ (59)，(60) ＝ (34) ＋ (46) ＋ (53)，(33) ＝ (60)。

25. 资产负债合并表（组织）（京农清明细20）。本表由乡镇、村、组集体经济组织填写，是集体经济组织和全资企业资产负债表相关科目合并后的报表。表内勾稽关系同表“京农清明细19”。“账面合并数”＝“账面数”－“合并抵消数”，“核实合并数”＝“核实数”－“合并抵消数”。

26. 资源性资产清查登记总表（京农清明细21）。本表反映集体资源性资产的清查情况。集体资源性资产清查要与农村集体土地确权登记发证、农村土地承包经营权确权登记颁证、集体林权确权登记颁证、草原确权登记颁证等不动产登记、自然资源确权登记工作相衔接，利用登记成果、森林资源档案等登记入账。如重新实测，要在“备注”栏中填写原因。待界定土地按照农用地、建设用地、未利用地分别填写。林木按照公益林、商品林分别填写。表内勾稽关系： (1) ＝ (2) ＋ (15) ＋ (23)， (2) ＝ (3) ＋ (5) ＋ (7) ＋ (9) ＋ (11) ＋ (12) ＋ (14)，(15) ＝ (16) ＋ (19)，(23) ＝ (24) ＋ (25)，(27) ＝ (28) ＋ (29) ＋ (30)，(31) ＝ (32) ＋ (33)。

27. 资产负债合并汇总表（乡镇级、村级、组级）（京农清汇总01）。本表反映的是北京市各区、乡镇（街道）汇总的辖区范围内的乡镇、村、组三级集体经济组织清查前后资产负债的总体情况。应按照乡镇、村、组三级集体经济组织分别汇总分开上报。表内勾稽关系同表“京农清明细19”。“账面合并数”＝“账面数”－“合并抵消数”，“核实合并数”＝“核实数”－“合并抵消数”。

28. 资源性资产清查登记汇总表（京农清汇总02）。本表反映的是北京市各区、乡镇（街道）汇总的辖区范围内的乡镇、村、组三级集体经济组织清查前后集体资源性资产的清查情况。应按照乡镇、村、组三级集体经济组织分别汇总分开上报。表内勾稽关系同“京农清明细21”。

29. 农业农村部资产负债汇总表（农清汇总01）。本表是根据农业农村部报表填报要求，反映北京市、各区、乡镇（街道）汇总的辖区范围内的乡镇、村、组三级集体经济组织清查前后资产负债的总体情况。应按照乡镇、村、组三级集体经济组织分别汇总分开上报，由资产负债合并汇总表转换而来。

北京市农村工作委员会　北京发展和改革委员会 北京科学技术委员会　北京市财政局 北京市人力资源和社会保障局 北京市规划和国土资源管理委员会 北京市水务局　北京市商务委员会 北京市工商行政管理局　北京市园林绿化局 北京市金融工作局　中国人民银行营业管理部 中国银监会北京监管局　中国保监会北京监管局 关于加快构建政策体系培育新型农业经营主体的意见

（2018 年 7 月 25 日）

各相关区人民政府：

为贯彻落实《中共中央办公厅国务院办公厅印发〈关于完善农村土地所有权承包权经营权分置办法的意见〉的通知》以及《中共中央办公厅国务院办公厅印发〈关于加快构建政策体系培育新型农业经营主体的意见〉的通知》要求，结合本市实际，现就加快构建政策扶持体系，引导本市新型农业经营主体健康发展提出如下意见。

一、总体要求

（一）指导思想。全面贯彻落实党的十九大精神，在习近平新时代中国特色社会主义思想指引下，牢固树立和贯彻落实新发展理念，认真落实党中央、国务院决策部署，坚持农村土地集体所有，坚持家庭经营基础性地位，坚持市场导向、政府引导、农民主体、分类推进，综合运用多种政策工具，构建完善的政策扶持体系，加快培育新型农业经营主体，形成以农户家庭经营为基础、合作与联合为纽带、社会化服务体系为支撑的立体式复合型现代农业经营体系，引导新型农业经营主体提升规模经营水平、完善利益分配机制，更好发挥其带动农民进入市场、增加收入、建设现代农业的引领作用，促进农业高质量发展和乡村振兴，增强农业农村发展新动能。

（二）主要目标。到 2020 年，新型农业经营主体政策支持体系更加完善，新型农业经营主体发展水平、适应市场能力和带动农民增收致富能力不断提升，农业经营方式和组织形式不断创新，农业适度规模经营水平和农业生产经营集约化、专业化、组织化、社会化水平进一步提高。

二、因地制宜培育各类新型农业经营主体

（三）规范引导农民专业合作社健康发展。鼓励农民以土地、林权、资金、劳动、技术、产品为纽带，在农户之间以及农户与农业企业、科研单位和技术人员之间开展多种形式的合作与联合。积极发展生产、供销、信用“三位一体”综合合作，依法组建农民专业合作社联合社（以下统称“合作社”）。特别是在土地相对细碎、分散，以承包农户家庭经营为主的山区，要将合作社作为新型农业经营主体培育的重点加快推进。要充分发挥现有国家级和市级示范社的示范带动作用，以实行全员注册、加强成员账户管理和提高服务带动能力为抓手，进一步推进合作社规范化建设。鼓励以示范社为载体，通过吸收新社员、兼并重组同类小型合作社以及相互联合等方式，丰富农产品种类，扩大规模，做大做强，使其成为本市新型农业经营主体的核心力量。各区要结合本地实际，集成相关政策，

围绕本地特色主导产业，每个产业重点培育 1～2 家覆盖范围广、成员数量多、产业规模大、服务带动强、经营效益好的示范社。

（四）充分发挥农业产业化龙头企业的引领带动作用。充分发挥农业产业化龙头企业（以下简称“龙头企业”）的市场资源、科技和管理优势，引导龙头企业重点从事农产品加工流通、电子商务和农业社会化服务，带动合作社、农户和生产基地。特别是在土地相对集中连片、农业劳动力转移就业相对充分的平原地区，要将龙头企业作为新型农业经营主体培育的重点加快推进。允许高校和科研院所科研人员，以科技成果和知识产权等无形资产入股龙头企业。鼓励支持龙头企业加快技术改造升级，通过互联网技术，推进由纯生产型向以服务为核心的综合型企业转型发展。鼓励龙头企业为农户提供技术培训、贷款担保、农业保险资助等服务，大力发展一村一品、村企互动的产销对接模式。完善龙头企业认定监测制度，实行动态管理，逐步建立社会责任报告制度。

（五）进一步鼓励专业大户稳定生产。专业大户是在本市农业发展历史进程中逐渐形成的经营规模适度、技术水平较高的一类农业经营主体，与家庭农场具有相似性，既适合农业生产经营特点，又具有很好的市场适应性，对推进本市农业现代化发挥了重要作用。要积极鼓励和支持各类专业大户，特别是本集体经济组织内部的专业大户，进一步稳定生产经营规模，转变生产经营方式，提高生产管理水平和经营效益。

（六）积极探索发展集体经济组织统一服务和适度规模经营。充分发挥农村集体经济组织的引领和带动作用，鼓励村集体经济组织在统一采购、开展植保和组织销售等产前、产中和产后等环节积极为承包农户开展多种形式的生产服务，通过统一服务降低生产成本、提高生产效率。在农户有意愿且具备条件的平原地区和部分山区村，村集体经济组织可通过领办或者参股土地股份合作社，将农户承包土地经营权折股量化，引导农户自愿入股，集中连片统一整理农户确权土地，采取土地股份合作社自主经营或委托其他主体经营等多种途径和方式，加快发展农业适度规模经营，提高农业经济效益，所得收益按股分配。

三、引导新型农业经营主体提升规模经营效益和发展质量

（七）稳妥推进土地适度规模经营。鼓励和支持新型农业经营主体按照依法自愿有偿原则，通过流转土地经营权，提升土地适度规模经营水平。引导土地经营权向新型农业经营主体流转，同等条件下，按照流转程序，优先流向本乡镇域范围内的新型农业经营主体。鼓励采用土地股份合作、互换并地、土地托管、代耕代种等多种经营方式，探索更多放活土地经营权的有效途径。对达到适度经营规模标准的新型农业经营主体，给予重点扶持，具体参照标准如下：粮食生产 150 亩左右、蔬菜生产 30 亩左右、鲜果生产 50 亩左右、综合经营的各类园区 100 亩左右。要进一步建立健全土地流转规范管理制度，强化乡镇政府和村集体的监管职责，加强用途管制，严禁借土地流转之名进行非农建设。

（八）加强对土地经营权的保护。按照农村集体土地所有权、承包权和经营权“三权分置”的要求，在明确集体土地所有权、稳定农户承包权的基础上，进一步加强对新型经营主体土地经营权的保护。在符合土地利用规划和产业发展规划的前提下，经村集体经济组织和承包农户同意，新型农业经营主体可依法依规建设农业生产、附属、配套设施，其对土地投入可依照流转合同的约定获得合理补偿。在流转合同到期后土地经营权继续流转的，原经营主体同等条件下具有优先权。其中，流转土地用于全市绿化造林工程以及国家现代农业示范区建设等重点工程的，在二轮土地承包期满后，要保持土地承包关系和流转关系双稳定，按照届时国家有关法律法规和政策，由用地单位优先续签规范的土地经营权流转合同。

（九）全面提升农业社会化服务水平。在引导土地资源适度集聚的同时，发挥好公益性和经营性服务组织的功能，探索建立集农技指导、信用评价、保险推广、产品营销于一体的公益性、综合性农业公共服务体系，全面提升农业社会化服务水平。充分发挥区、乡两级农技推广、动植物保护、农机服务等政府公益站所职能，加强对辖区内农业生产经营的技术指导和服务。支持村集体经济组织采取创办社区性合作服务组织等形式，围绕土地流转、病虫害统防统治、农田基本建设等提供统一服

务；鼓励合作社为成员及其他农业经营主体提供技术指导、生产资料采购经营、农产品加工流通等专业服务；引导龙头企业通过基地建设、订单服务等方式为农户提供全程服务，鼓励社会资本投资农产品流通、农技服务、农资供应、检验检测等领域；加快发展各类社会专业服务组织，提高服务质量。

（十）进一步提高产业整体规模效益。引导新型农业经营主体集群集聚发展，鼓励参与现代农业产业园、农业科技园、农业产业化示范基地等建设，促进农业专业化布局、规模化生产。支持新型农业经营主体建设形成一村一品等特色优势产业和乡村旅游基地，开展农业产业化示范基地创建活动，加快融资担保、技术研发、质量检测、物流信息、品牌推介等公共服务平台建设。发展农业产业化联合体，引导新型农业经营主体通过签订合同、协议或制定章程，形成紧密型农业经营组织联盟，龙头带动、合理分工，实现优势互补、共同发展，提高整体效益。

（十一）完善利益联结分享机制。鼓励发展股份合作，引导农户自愿以承包土地经营权等入股农业产业化经营，推广“保底收益＋按股分红”等模式，让农户以股东身份分享全产业链收益。进一步完善订单带动、利润返还、规范雇佣、股份合作等新型农业经营主体与农户的利益联结机制，让农民成为现代农业发展的参与者、受益者。将新型农业经营主体带动农户数量和成效作为相关财政支农资金和项目审批、验收的重要参考依据。鼓励将财政资金特别是低收入帮扶资金投资形成的经营性资产量化到农村集体经济组织后，以自愿入股等方式投入新型农业经营主体，让农户共享发展收益。引导龙头企业领办合作社，支持合作社兴办农产品加工企业或参股龙头企业，实现深度融合发展。探索通过农业示范园区引导各类经营主体共同出资、相互持股，发展多种形式的农业混合所有制经济。

四、建立健全政策扶持体系

（十二）完善财政支持政策。加大新型农业经营主体发展支持力度，针对不同主体，综合采用直接补贴、政府购买服务、定向委托、以奖代补等方式，增强财政支持政策的针对性和时效性。符合申报农机具购置补贴条件的新型农业经营主体，优先安排购机。支持新型农业经营主体发展加工物流、直供直销、休闲农业等，实现农村一二三产业融合发展。支持符合条件的经营性服务组织开展公益性服务，建立健全规范程序和监督管理机制。鼓励通过政府购买服务，支持社会化服务组织开展农作物病虫害统防统治等生产性服务。支持新型农业经营主体打造服务平台，为周边农户提供公共服务。

（十三）加强基础设施建设。各级财政支持的各类小型项目，优先安排农村集体经济组织、农民合作组织等作为建设管护主体，强化农民参与和全程监督。完善设施农业用地政策，新型经营主体建设符合农业产业发展的设施农业，所用生产设施、附属设施和配套设施用地，符合相关文件规定的，按农用地管理。优先支持新型农业经营主体通过城乡建设用地增减挂钩节余的用地指标开展生产经营。允许农村集体经济组织依法依规盘活现有农村集体建设用地，通过自主经营或参股的方式发展新产业。支持新型农业经营主体开展智慧农园、农业物联网试点建设，加快完善农业物联网基础设施。对农产品初加工和农业灌溉用电，执行农业生产用电价格。推进农业水价综合改革，因地制宜建立农业用水精准补贴机制和节水奖励机制，在完善水价形成机制的基础上，对符合条件的新型农业经营主体给予奖补。

（十四）改善金融信贷服务。综合运用税收、奖补等政策，鼓励金融机构创新产品和服务，加大对新型农业经营主体的信贷支持。完善涉农贷款担保体系，引导市农担公司优先为新型农业经营主体提供涉农贷款担保。稳步推进农村承包土地的经营权抵押贷款试点。完善涉农金融及风险管理平台，推动点对点对接信贷、保险和补贴等服务。鼓励银行业金融机构将各类新型农业经营主体纳入信用评定范围，建立信用信息档案。银行业金融机构应在市场化和风险可控原则基础上，综合考虑经营关系的长期稳定性和经营收益波动性，合理确定新型农业经营主体贷款利率，合理确定并灵活调整授信的最高额度。鼓励银行业金融机构在信用评定基础上对农民合作社示范社、联合社开展联合授信或集中授信。

（十五）扩大保险支持范围。建立政府相关部门与农业保险机构数据共享机制。扩大政策性农业保险保障范围，提高保障程度，逐步由物化成本向完全成本覆盖延伸。推广农机具、设施农业、渔业、制种保险等业务。探索重要农产品价格和收入保险、天气指数保险、“保险＋期货”、贷款保证保险等试点，结合北京农产品绿色优质安全示范区建设，推动绿色优质安全农产品保险产品创新试点。支持保险资金开展支农融资业务创新试点。进一步完善农业再保险体系和大灾风险分散机制，为农业保险提供持续稳定的再保险保障。

（十六）**鼓励拓展营销市场**。鼓励新型农业经营主体通过产销对接活动与大型超市、社区零售店、电商进行直采对接，将安全绿色的农产品通过农超对接、农社对接、农电对接等方式在商超、零售店和电商平台进行销售。鼓励有实力、有品牌影响力的新型农业经营主体在具备条件的商超、社区和电商平台开设专柜、专店销售安全绿色的农产品。鼓励新型农业经营主体开展生产技能和多渠道营销等培训，提高新型农业经营主体适应和参与市场竞争的能力。

（十七）**支持人才培养引进**。加快构建“专门机构＋多方资源＋市场主体”的教育培训体系，培养新型职业农民。建立农业高等院校、科研院所等事业单位专业技术人员到乡村和企业挂职、兼职和离岗创业创新制度，探索公益性和经营性农技推广融合发展机制，发挥农业科技特派员的创业创新带头作用。鼓励和引导农业、科技、金融、互联网等领域专业人才及高校毕业生、大学生村官、退役军人等群体返乡下乡，通过承包、租赁、入股、合作等多种形式，创办领办新型农业经营主体和发展特色民宿、农村电商等新型业态。

五、加强组织保障

（十八）**加强组织领导**。在坚持家庭承包经营基础上，加快构建政策体系，培育从事农业生产和服务的新型农业经营主体是关系本市都市型现代农业的重大部署。各区作为责任主体，要高度重视、提高认识，加强组织领导和统筹协调，抓紧制定符合本地实际的具体措施和实施意见，落实工作职责。

（十九）**强化服务指导**。要加强调查研究，及时掌握新型农业经营主体发展的新情况、新问题，适时调整完善措施，搞好服务，促进其健康发展。引导新型农业经营主体增强诚信意识，完善企业文化，规范财务制度，推进新型农业经营主体信息归集、公开，加强新型农业经营主体信用体系建设，加大宣传培训力度，推进规范经营、诚信经营、守法经营。

（二十）**抓好考核督查**。各区要将落实培育新型农业经营主体政策情况纳入工作绩效考核，并建立科学的政策绩效评估监督机制。市农委会同相关部门对各区培育新型经营主体情况进行定期督导检查。

北京市农村工作委员会　北京市教育委员会　北京市科学技术委员会　北京市财政局　北京市人力资源和社会保障局　北京市旅游发展委员会　北京市园林绿化局　北京市农业局　关于印发《北京市新型职业农民培育三年行动计划（2018—2020年）》的通知

（2018年8月30日）

各涉农区人民政府，市各有关单位：

为大力推进我市新型职业农民培育工作，按照市委市政府的部署要求，我们制定了《北京市新型职业农民培育三年行动计划（2018—2020年）》，现予以印发。请结合实际，认真组织实施。

北京市新型职业农民培育三年行动计划
（2018—2020年）

新型职业农民是发展现代农业的主体，是实施乡村振兴战略和实现城乡一体化发展的核心力量。

为全面贯彻落实党的十九大和中央农村工作会议精神，加快培育一批有文化、懂技术、善经营的新型职业农民，按照农业部《“十三五”全国新型职业农民培育发展规划》（农科教发〔2017〕2号）、市委市政府《关于实施乡村振兴战略的措施》（京发〔2018〕10号）和市新农办《关于实施北京市新型职业农民激励计划的若干意见》（京新农办函〔2017〕14号）等文件要求，依照市政府的工作部署，制订本行动计划。

一、总体要求

（一）指导思想。全面贯彻落实党的十九大和十九届二中、三中全会精神，以习近平新时代中国特色社会主义思想为指导，坚定不移贯彻新发展理念，牢牢把握首都城市战略定位，紧紧围绕乡村振兴战略总要求，以农业供给侧结构性改革和产业兴旺为主线，按照北京都市型现代农业调结构、转方式和发展高质量农业的要求，坚持科教兴农、人才强农、新型职业农民固农的发展理念，以提高农民、激励农民、富裕农民为方向，以吸引年轻人务农、培养职业农民为重点，全面建立新型职业农民培育制度，加快构建一支有文化、懂技术、善经营、会管理的新型职业农民队伍，为北京市实施乡村振兴战略和美丽乡村建设提供坚实的人才基础和保障。

（二）基本原则。坚持政府主导与市场化运作相结合。新型职业农民培育具有公共性、基础性和社会性，应坚持政府主导，加强统筹协调，制定扶持政策，加大经费投入，改善培育条件，营造良好氛围。在培育过程中，在充分发挥公益性培训机构主力军作用的同时，注重市场化运作，鼓励社会力量和市场主体参与新型职业农民培育，逐步建立各类主体参与新型职业农民培育的有效机制，满足农民需求，增强培育活力，提高培育质量。

坚持农民能力提升与促进产业兴旺相结合。新型职业农民是现代农业的主导力量，培育工作是为了改善劳动力资源状况，最终目的是促进产业兴旺，稳定增加农民收入。要坚持把服务产业发展作为培育工作的立足点，尊重农民意愿，把握农民需求，稳步提升农业从业人员的能力水平。针对农村一二三产业融合发展的新业态，特别是围绕全域旅游产业提档升级，以及返乡下乡人员和青年农民的新要求，统筹组织培育工作。

坚持精准培育与注册登记管理相结合。着眼于构建适应北京市农业高质量发展的新型职业农民队伍，科学遴选培育对象，分产业、分类型、分层次、分模块实施教育培训，选择符合农民需求的课程体系和方式方法，突出问题导向，实现精准培育，避免大水漫灌。建立北京市新型职业农民培育注册登记制度，鼓励新型职业农民到各区农业部门注册登记，作为开展精准培育的基础，以及今后在农业政策、技术推广、创业创新方面给以持续支持的依据。

二、工作目标

从2018年起，全市平均每年培育新型职业农民2万人，其中市级开展骨干示范培育2 000人。每个远郊区每年培育新型职业农民不少于2 000人（各区根据情况确定具体培育数量），朝阳、海淀、丰台各区每年培育新型职业农民不少于区域内一产从业人员的10%。到2020年，全市新增新型职业农民6万人。基本建成一支结构合理、素质优良、辐射带动能力强的新型职业农民队伍。

到2020年，基本建成本市新型职业农民培育制度体系。在培育管理方面，形成以教育培训、规范管理、政策扶持为主要内容的“三位一体”的新型职业农民培育管理模式；在培育力量方面，形成以公益性培训机构为主体、多种资源和市场主体共同参与的“一主多元”的新型职业农民教育培训体系；在培育方向方面，形成以生产经营型、专业技能型、专业服务型为主要方向的“三类协同”的新型职业农民培育重点；在培育效果方面，形成初级、中级、高级“三级贯通”的新型职业农民人才（职级）体系，建立起中、高职衔接贯通的学历教育制度。

三、工作任务

（一）规范新型职业农民培育管理

1. 完善新型职业农民培育管理体制机制。建立由市农委、市农业局牵头，市教委、市科委、市财政局、市人力社保局、市旅游委、市园林绿化局等单位参加的联席会议制度，加强政策统筹，明确任务分工，形成工作合力。其中，市农委负责新型职业农民培育工作的总体协调、政策制定和监督管理；市农业局负责培育工作的具体组织和实施；市教委负责新型职业农民学历教育的协调管理，并统筹教育系统的培育资源和政策开展培育工作；市科委负责新型职业农民开展技术创新和成果转化的科技支持，并统筹科委系统的培育资源和政策开展培育工作；市财政局负责新型职业农民市级培育经费的保障工作；市人力社保局负责协调新型职业农民技能鉴定、职称评定等工作，并统筹人力社保系统的培育资源和政策开展培育工作；市旅游委负责开展新型职业农民旅游提档升级培训，促进农村产业转型升级；市园林绿化局负责林业、果树、花卉等行业的新型职业农民培育，并统筹园林绿化系统的培育资源和政策开展培育工作；市农科院负责组织科技人员开展针对性的技术和政策培训；北京农学院负责组织教学科研人员开展针对性的技术和政策培训，并承担部分学历教育工作；北京农职院负责学历教育的主要工作，并协调农广校系统开展培训。各区新型职业农民培育工作由各区人民政府负责，区农业主管部门牵头组织实施，并参照市级联席会议制度，建立区级新型职业农民培育领导机制。（市农委、市农业局、市教委、市科委、市财政局、市人力社保局、市旅游委、市园林绿化局、市农科院、北京农学院、北京农职院、涉农各区政府）

成立北京市新型职业农民管理办公室，北京农职院负责新型职业农民的日常管理工作，同时建设并维护新型职业农民注册登记信息管理系统和培育师资库。（市农委、市农业局、北京农职院）

2. **建立新型职业农民注册登记信息管理制度。**建立全市新型职业农民注册登记信息管理系统，健全新型职业农民档案，实施动态管理服务。各区建立信息管理子系统，并结合本地农业产业规模、农业生产力水平和其他生产经营要素特点，制定本地区新型职业农民注册登记管理办法，明确注册登记主体和程序。各区、乡镇要做好新型职业农民注册登记的执行工作，将新型职业农民信息录入信息库，实行电子化管理。（市农业局、北京农职院、涉农各区政府）

2018年下半年，全面启动新型职业农民的注册登记工作。注册登记工作由各区农业主管部门牵头组织实施，登记对象为本区范围内以农业为职业、具有相应的专业技能、收入主要来自农业生产经营并达到相当水平的现代农业从业者。具体包括：农村实用人才、全科农技员、新型农业生产经营主体带头人（包括种植养殖大户、家庭农场、农业企业和农民合作社带头人等）、农业生产技术骨干（包括个体农户、农业工人、农业雇员、农民技术员等）、青年农场主、护林员、休闲农业和乡村旅游从业人员以及各类返乡下乡人员（包括中高等院校毕业生、退役军人、科技人员和留学归国人员等）。注册登记采取自愿原则，分门别类、分批次注册登记。注册登记以近年来参加过市、区两级农业主管部门组织的专门培训、并已获得相关教育培训机构颁发的新型职业农民培育合格证的为重点注册登记对象。允许没有参加过专门培训的各类主体先注册登记后进行培育。（涉农各区政府）

（二）精准实施新型职业农民培育

3. **统筹编制培训计划。**以新型职业农民需求为导向，以产业发展为立足点，以生产技能和经营管理能力提升为主线，市区两级统筹制定新型职业农民培训年度计划，统筹培育资源，提高培育效率。市级农业主管部门每年发布全市新型职业农民培训年度计划，明确培训任务和相关要求，并统筹市级教育培训机构，制定下发市级示范培育年度计划；区级农业主管部门在注册登记的基础上，结合当地实际，统筹制定本区新型职业农民培育年度计划，明确培训人数、培训时间及培训重点等，每年10月公布下一年度培训计划，并上报市级农业主管部门。加强市区两级培育计划的统筹协调，避免出现培训时间冲突、讲授内容雷同、参训人员重复等现象。（市农委、市农业局、市教委、市科委、市人力社保局、市旅游委、市园林绿化局、涉农各区政府）

4. **精准选择培育对象。**各区要深入开展调查摸底，全面掌握农村劳动力资源的分布与结构状况，以新型职业农民注册登记信息系统中的人员为重点，结合当地产业分布情况和农民实际需求，精准选择培育对象。围绕当地主导和特色产业，重点培育生产经营型职业农民；围绕农业企业和农业专业合作社用工需求，重点培育专业技能型职业农民，围绕农机作业、植保收获、农技指导等社会化服务，重点培育专业服务型职业农民；围绕观光休闲、乡村旅游、森林经营、农村电商等新业态，重点培育创业创新型职业农民。（市农委、市农业局、市教委、市科委、市人力社保局、市旅游委、市园林绿化局、北京农职院、市农科院、北京农学院、涉农各区政府）

5. **分级分类开展培训。一是分级推进。**市级主要以新型职业农民骨干示范培育及高级新型职业农民培育为主。各区围绕当地农业特点、农民需求以及创业创新的需要，统筹开展各类基础性和综合性的培育，以及初级和中级新型职业农民培育工作。二是分类培训。从培育方向上分，可按照生产经营型、专业技能型、专业服务型和创业创新型的方向进行分类培育；从产业类型上分，可按照种植业、养殖业、林业、农产品加工业、休闲农业、乡村旅游业、农业电商等一二三产及产业融合发展的需求进行分类培育；从专业领域上分，可组织开展生产技术、林木养护和抚育管理、市场营销、旅游服务、信息化技术等不同领域的专业培训；从培训对象上分，重点开展新型生产经营主体带头人、青年农场主、返乡下乡人员、农业生产技术骨干、全科农技员及农村实用人才等培育工程。（市农委、市农业局、市教委、市科委、市人力社保局、市旅游委、市园林绿化局、北京农职院、市农科院、北京农学院、涉农各区政府）

6. **科学设置培训内容。**注重培训工作的系统性、连续性和科学性，围绕提升新型职业农民综合素质、生产技能和经营管理能力，科学设置培训内容，避免泛泛的技术培训。在综合素质方面，重点设置职业道德素养、团队合作、科学发展等内容；在生产技能方面，重点设置新知识、新技能、新品种、新成果、新装备的应用，信息化、标准化和质量安全等内容；在经营管理能力方面，重点设置创业创新、品牌创建、市场营销、森林经营、企业管理、旅游服务、融资担保等内容；在农民职业教育方面，推动农业职业教育课程改革，设置职业素养、创业实践、产业融合等内容，满足高素质新型职业农民培育需求。（市农委、市农业局、市教委、市科委、市人力社保局、市旅游委、市园林绿化局、北京农职院、市农科院、北京农学院、涉农各区政府）

7. **建立培训台账制度。**对登记注册进入新型职业农民培育信息管理系统的培育对象，建立培训台账制度，翔实记录每次参加培训时间、培训内容、授课人员、授课地点、培训学时、教育培训机构名称等相关信息，实行培育过程动态管理。培训记录由具体组织培训的教育培训机构负责统一填报，由区农业主管部门进行审核并进行动态管理，由市农业主管部门定期进行审核。培训台账是开展新型职业农民培育的履历信息，根据培训记录，评价各部门开展培育工作情况，并作为新型职业农民培育工作政策扶持的主要依据。对于没有或不愿意进行登记注册的培育对象，对其开展的培训作为一般性培训，不纳入新型职业农民培育的支持范围。（市农委、市农业局、市教委、市科委、市人力社保局、市旅游委、市园林绿化局、北京农职院、涉农各区政府）

（三）完善新型职业农民培育条件

8. **建立培育师资数据库。**建立市区两级开放共享的新型职业农民培育师资数据库，按照专业领域、业务特长、可授课时间、可授课区域等内容遴选师资。市级师资数据库由市级农业部门进行管理，区级师资数据库由区农业主管部门进行建设和管理。师资来源可根据当地实际情况，选择国家、市级、本区或外埠农业教学、科研、推广等单位以及各类企业和社会培训机构的专家，也可以选择农业行政主管部门专家以及优秀乡土专家等。建立新型职业农民培育师资准入和退出机制，对新型职业农民培育师资数据库进行动态管理。对在新型职业农民培育中有突出贡献的授课人员，在职称评定及市级农业示范推广项目申报方面给予优惠政策，按照国家和我市有关规定给予表彰奖励。（市农委、市农业局、市教委、市科委、市人力社保局、市旅游委、市园林绿化局、北京农职院、涉农各区政府）

9. **建设完善新型职业农民培育场所。**按照“有固定场所、有授课设备、有专人管理、有实操场所”的“四有”标准，依托当地村委会、农民合作社、农业园区、农业企业、家庭农场、星创天地、科技小院等资源，建设完善新型职业农民培育场所。加强区、乡镇和村级成人文化技术学校基础办学能力建设，为新型职业农民培育提供条件支撑。支持市、区两级农广校、农科所、农机校、成人教育中心、继续教育中心和民办培训机构利用现有条件建设新型职业农民培育场所，拓展培育功能。通过培育硬件提升，逐步形成一批相对固定的新型职业农民培训、实训基地和创业孵化基地，满足新型职业农民就地就近培训和创业创新的需求。（市农委、市农业局、市教委、市科委、市人力社保局、市旅游委、市园林绿化局、涉农各区政府）

10. **完善信息化培育平台。**建设完善新型职业农民信息化管理平台，逐步实现培育工作的在线管理、监督和考核。完善新型职业农民信息化培训网络体系，充分利用“221”信息化平台、农村远程教育、“12316”服务热线、“12396”服务热线等现代信息技术手段开展培训工作，为新型职业农民提供灵活便捷、智能高效的知识获取渠道，实现在线学习、网上辅导和全程跟踪指导，提高培训效率。（市农委、市农业局、市教委、市科委、市人力社保局、市旅游委、市园林绿化局、北京农职院、市农科院、北京农学院、涉农各区政府）

（四）创新新型职业农民培育体制机制

11. **创新培育模式**。坚持理论与实践相结合、集中培训与现场实训相结合，线上培训与线下培训相结合，根据产业特点和培训对象的不同，选择适当的培育模式。对于专业技能型和专业服务型的新型职业农民，至少要开展一个产业周期、全产业链的专项技能培训；对于生产经营型和创业创新型的新型职业农民，要灵活运用集中学习、参观考察、生产实践等方式，拓展培训内容，开拓农民视野，积累技能经验，促进其在农村产业转型升级、乡村旅游提档升级、创业创新方面有所作为；对于愿意扎根乡村，具有一定学历基础，且年龄在45周岁以下的青年农场主、新型农业经营主体带头人等骨干人才，在完成职业化培育后仍具备学习意愿的，可由个人提出申请，经相关部门组织审核推荐参加考试，选拔入学进行全日制高等学历教育。探索依托市农科院、北京农学院、北京教科院等科研教学单位成立职业农民培育研究中心（室），搭建理论研究和模式创新平台，深入研究农民培育理论和政策，创新示范培育新模式，探索培育新路径。（市农委、市农业局、市教委、市科委、市人力社保局、市旅游委、市园林绿化局、北京农职院、市农科院、北京农学院、涉农各区政府）

12. **支持企业和社会培训机构开展培训**。鼓励龙头企业和各类社会培训机构主动承担培训任务，开展以提高农民就业技能为主的培训，将培训与市场需求、企业发展、农民就业紧密衔接。龙头企业和社会培训机构要按照属地管理的原则，将培训情况报所在地农业主管部门备案，经审核后，各区应将此类培训纳入新型职业农民注册登记系统，依据培训人数和培训学时，按照新型职业农民培训标准择优给以补贴。（市农委、市农业局、市教委、市科委、市人力社保局、市旅游委、市园林绿化局、涉农各区政府）

13. **完善培育评价机制**。科学设置评价指标，逐步完善新型职业农民培育评价指标体系。加强培育工作的过程评价，市级部门将组织专家或委托第三方机构，对各级培训机构和各区开展的工作情况进行跟踪评价，评价结果作为体现新型职业农民培育工作成效的重要依据。（市农委、市农业局、市教委、市科委、市人力社保局、市旅游委、市园林绿化局、北京农职院、市农科院、北京农学院、涉农各区政府）

（五）建立和完善新型职业农民扶持政策和服务体系

14. **完善新型职业农民扶持政策**。构建完善新型职业农民的政策扶持体系。农村一二三产业融合发展、农业生产全过程社会化服务、农产品加工、农村信息化建设等各类财政支农项目和产业基金，要将符合条件的新型职业农民纳入扶持范围。农业新品种、新技术示范推广项目优先支持新型职业农民。农民专业合作社开办条件和扶持政策向新型职业农民倾斜。面向大学生、留学回国人员、科技人员、青年、妇女等群体的创业创新支持政策，要向新型职业农民创业创新延伸。制定新型职业农民中高等职业学历教育免学费政策。探索研究针对新型职业农民的土地流转、土地租赁、建设用地配额等土地政策以及税收、金融服务政策。鼓励开展职业农民职称评审试点。引导符合条件的新型职业农民参加城镇职工养老、医疗等社会保障制度。（市农委、市农业局、市教委、市科委、市财政局、市人力社保局、市旅游委、市园林绿化局、涉农各区政府）

15. **健全新型职业农民服务体系**。一是探索新型职业农民培育与职业技能鉴定、专业技术职称相衔接的机制，对培育合格的新型职业农民，经职业技能鉴定合格的，依照国家和本市的有关规定取得职业资格证书，对优秀的新型职业农民，同等条件下优先评聘专业技术职务；二是建立新型职业农民跟踪服务机制，推动农业科研院所、大专院校、农业推广机构以及现代农业产业技术体系创新团队的专家，与培育对象建立长期稳定的技术联系，加强理论指导，实施结对帮扶，对培育对象进行长期跟踪指导和技术服务；三是大力推进农村土地制度改革，完善土地确权登记和土地流转服务平台，进一步推动新型职业农民开展适度规模经营；四是鼓励、支持新型职业农民成立产业联盟、协会或商会。鼓励各类新型职业农民开展纵向、横向协作，拓宽视野，抱团发展，合作闯市场，不断提升经营水平。（市农委、市农业局、市教委、市科委、市

人力社保局、市旅游委、市园林绿化局、北京农职院、市农科院、北京农学院、涉农各区政府)

四、实施计划

(一)三年工作进度计划(2018年7月—2020年底)

1. 2018年,建立新型职业农民注册登记信息管理系统,建立新型职业农民注册登记管理办法,启动注册登记工作;完成新型职业农民评价指标体系、培训台账管理办法等配套制度建设;制定新型职业农民培育计划,建立培育师资库,启动培育工作,培育新型职业农民1.2万人。

2. 2019年,完善新型职业农民注册登记信息系统,继续开展注册登记;继续开展新型职业农民培育工作,培育新型职业农民2万人。

3. 2020年,继续培育新型职业农民2.8万人,全市新增新型职业农民累计达到6万人,形成适合本市的新型职业农民培育制度体系,基本建成一支结构合理、素质优良、辐射带动能力强的新型职业农民队伍。

(二)2018年工作进度计划

1. 8月,组织召开由市农委、市农业局、市教委、市科委、市财政局、市人力社保局、市旅游委、市园林绿化局等单位参加的联席会议,明确责任分工,部署工作任务,并推进2018年新型职业农民培育工作。

2. 8—9月,建立全市新型职业农民注册登记信息管理系统;各区制定新型职业农民注册登记管理办法,明确注册登记主体和程序;各区启动新型职业农民注册登记工作。

3. 9—10月,研究制定新型职业农民评价指标、培训台账管理等配套管理办法,制定下发2019年市级示范培训年度计划。

4. 11—12月,联席会议各成员单位联合对各部门和各区工作情况进行督导检查。

五、保障措施

(一)加强组织领导。市相关部门和各区政府要把新型职业农民培育放在突出位置,“一把手”抓“第一资源”,分管领导要具体抓,明确责任人、制定路线图、确定时间表,层层抓好落实。进一步完善各级党委政府领导,发挥农业部门牵头,教育、科技、财政、人力社保、旅游、园林绿化等相关部门为成员的联席会议作用,定期召开专题会议,研究协调解决新型职业农民培育工作中出现的新问题。各级农业部门要将新型职业农民培育纳入本单位重点工作内容,将新型职业农民培育工作纳入年终绩效考核范围。

(二)推进资金统筹整合。利用现有涉农资金政策,统筹保障新型职业农民培育投入。明确任务量和工作要求,在预算执行环节,区级通过整合现有财政资金,按照现有培训标准,落实新型职业农民培育机构建设运行、师资培训、信息平台建设维护等必要经费投入,鼓励社会力量参与新型职业农民培育工作,确保新型职业农民达到数量和学时数等工作要求;在农民培训项目招投标、培训资金使用等方面,尽快解决农民培育经费使用存在的实际问题,简化程序,优化经费管理办法,确保及时、足额、安全支出。

(三)强化监督考核。新型职业农民培育工作涉及部门多、时间跨度大,要以培育对象的满意度为重要指标,强化日常监督,及时发现问题。市级各部门要统筹新型职业农民各类培训机构的审核、管理及考核工作,定期组织开展督查督导,各区要加强对管辖范围内各类培训机构的审核、管理。建立新型职业农民绩效考核指标体系,及时组织开展考核评比,考核结果与下年度培育资金预算安排直接挂钩。将新型职业农民培育纳入各区新农村建设奖励范畴,对工作突出的区和单位予以表彰奖励,对工作不力的予以通报批评,市级将加大对此项工作的督查力度。

(四)营造良好氛围。充分利用广播、电视、报刊等传统媒体和网络、微博、微信等新媒体,以及乡村公示栏等宣传渠道,加强对新型职业农民培育工作的宣传。组织农民开展各类观摩活动、技能竞赛等,开展新型职业农民培育典型评选活动,建立健全表彰机制,努力营造关心、支持和参与新型职业农民培育的良好社会氛围。

北京市农村工作委员会　北京市规划和国土资源管理委员会印发《关于开展“大棚房”问题专项清理整治行动坚决遏制农地非农化的实施方案》的通知

（2018 年 9 月 30 日）

各涉农区人民政府，市各相关单位：

经市政府同意，现将《关于开展“大棚房”问题专项清理整治行动坚决遏制农地非农化的实施方案》印发给你们，请结合实际，认真贯彻落实。

关于开展“大棚房”问题专项清理整治行动坚决遏制农地非农化的实施方案

为切实加强耕地保护，市委、市政府认真贯彻落实党中央、国务院有关工作部署，第一时间迅速行动。从 2018 年 6 月初开始，在全市开展了“大棚房”排查清理整治工作，取得了阶段性进展。但从当前部分区检查验收情况看，一些地方仍存在底数不清楚、进展不平衡、整改不彻底、工作不细致等问题，清理整治任务仍然十分艰巨。根据国务院召开的全国开展“大棚房”问题专项清理整治行动电视电话会议精神和农业农村部、自然资源部印发的《关于开展“大棚房”问题专项清理整治行动坚决遏制农地非农化的方案》（农农发〔2018〕3 号）部署，各有关区政府、市有关部门要进一步提高政治站位，高度重视，坚决贯彻中央有关精神和市委、市政府工作部署，切实将“大棚房”清理整治作为当前一项重要政治任务，从严从细，一抓到底，坚决遏制农地非农化。现就进一步开展“大棚房”问题专项清理整治行动，制定实施方案如下：

一、总体要求

全面贯彻党的十九大和十九届二中、三中全会精神，以习近平新时代中国特色社会主义思想为指导，认真落实党中央、国务院关于加强耕地保护、实施乡村振兴战略的决策部署，提高政治站位，迅速把思想和行动统一到党中央、国务院的决策部署上来。在本市 2018 年 6 月初开展的“大棚房”排查清理整治工作基础上，坚持“三个不变、一个突出”（时间节点、工作节奏不变，八条整改标准不变，验收工作政策不变；突出农业农村部和自然资源部确定的清理整治三类问题），旗帜鲜明、态度坚决，上下联动、属地管理，坚决遏制农地非农化，推动建立健全耕地保护监管长效机制，严守耕地保护红线，为促进现代农业健康发展、推进乡村振兴战略实施营造良好环境。

二、清理整治范围

按照严守红线、突出重点，分类处置、集中打击的要求，对占用耕地特别是永久基本农田建设非农设施，改变土地性质和用途的违法违规建设行为，依法依规进行全面清理整治。重点清理整治工商资本和城市居民到农村非法占用耕地变相开发房地产和建设住房行为。在前期工作基础上，主要聚焦以下三类问题：

（一）在各类农业园区内占用耕地或直接在耕地上违法违规建设非农设施，特别是别墅、休闲度假设施等。

（二）在农业大棚（塑料大棚、日光温室、连栋温室）内违法违规占用耕地建设商品住宅。

（三）建设农业大棚看护房严重超标准（面积超标 50%及以上），甚至违法违规改变性质用途，进行住宅类经营性开发。

三、主要工作任务

（一）深入开展以各类农业园区内占用或直接在耕地上违法违规建设非农设施为重点的排查工作。一是对辖区内各类农业园区内占用耕地或直接在耕地上违法违规建设非农设施进行全面排查，确保“无遗漏、零死角”；二是在前期“拉网式”排查基础上，继续有针对性地开展大棚类设施农业项目的排查梳理复核，做到查漏补缺；三是全面收集整理土地承包、流转、审批、备案等相关档案信息，找出问题节点，追查问题根源；四是对6月开展排查以来发现的上述三类重点问题逐一建立问题台账。

（二）进一步抓好各类违法违规问题的整改工作。根据排查结果，对发现的违法违规问题，区分类型，依法依规，整治整改。对在各类农业园区内占用耕地或直接在耕地上违法违规建设住房等非农设施的，以及在农业大棚内违法违规占用耕地建房等改变土地性质和用途的严重违法违规行为，要作为清理整治重点，坚决依法依规严厉打击，坚决退房还地，恢复生产；对农业大棚看护房等生产附属设施超标的，要区分情况，过细工作，分类处置；对其中涉嫌骗取涉农资金补助、改变农业设施用途的，要按照原补助渠道坚决追回已经安排的项目资金。各区在此次验收工作中确认的拟备案、挂账和存在非农利用问题的项目，要按照明确的措施和时限，按时保质地整改到位。

（三）尽快恢复耕地生产功能。对违法违规占用耕地建设的“大棚房”等非农设施，清理整治后，要按照“谁破坏、谁恢复”的原则，采取综合措施，尽快恢复农业生产。对闲置撂荒或垃圾清理不彻底的农业项目，要积极采取措施，恢复种植条件。市区农业主管部门和规划国土部门，要主动作为，做好技术支撑和检查验收等相关工作。

（四）构建长效监管机制。要以专项行动为契机，强化永久基本农田用途特殊管制措施，各区建立违法违规占用耕地有奖举报制度。加强设施农业精细化管理，建立设施农业管理台账。加强对工商资本进入农业领域利用耕地的规范管理，完善配套规章制度，强化流转土地用途管制。研究完善相关监管制度，强化部门间联动配合，严格落实“市级季抽查、区级季巡查、镇级月检查、村级日常巡查”的巡查报告制度。各乡镇、村是发现违法违规“大棚房”的第一责任主体，要坚决履行属地责任，制定相关措施，明确专人，加强日常巡查，发现一起报告一起；规划国土部门要建立定期巡查机制，做到违规必查，完善问题处置链条，构建长效监管机制。结合本市都市型农业发展特点和需要，市农委、市规划国土委尽快研究出台农业观光园、农业产业园等规范管理办法，明确经营内容和用地政策，严禁违规从事住宿服务，坚决防止土地变性；要采取“一园一策”的办法，精准组织规范整改工作。结合乡村振兴战略，以促进农民增收为出发点，发挥村集体作用，探索农民入股集体经济等方式，在推动农业观光园健康发展的同时，充分保障村民利益；各区、乡镇要理顺利益机制，补齐基础设施，引导农业观光园、农业产业园提升经营品质，实现转型升级，更好地为首都市民提供休闲旅游观光服务；要开展现代农业专项培训，提升农民素质和职业能力。加强“村地镇管”，各乡镇要加强土地流转的合同管理，防止违规转租、违法经营。

四、责任分工

专项行动由市政府统一领导并负总责，建立“市级抓总、区级落实、乡镇村执行”的工作机制，严格落实属地责任，明确责任主体，逐级压实责任，切实把清理整治措施落到实处，确保取得实效。各区政府、各乡镇（街道）政府对本辖区内的清理排查和整治整改承担主体责任，市级相关部门具体负责专项行动的指导检查督促。

（一）市级抓总。市政府由分管农业农村和规划国土工作的副市长牵头，由市农委、市规划国土委共同负责，会同市委宣传部、市网信办、市发展改革委、市公安局、市民政局、市财政局、市人力社保局、市旅游委、市工商局、市园林绿化局、市农业局、市政府研究室、市政府督查室、市农经办等有关部门，成立专项行动市级协调推进小组，统筹协调推进专项行动，调度通报进展情况，研究落实政策措施，联合开展督导检查，指导和督促各区落实清理整治任务和要求，总结进展、问题和成效，并向市委、市政府报告。协调推进小组下设办公室，办公室设在市农委，承担日常工作。

（二）区级落实。各区政府承担专项行动的主体责任，区长是第一责任人，具体负责本行政区域内“大棚房”问题专项清理整治行动的组织落实。要建立专项清理整治组织推进机制和工作专班，做好组织协调、任务落地、全面排查、资源调配、整治整改、日常监管等工作。要将清理整治任务和责任逐级落实到乡镇（街道）、村。各区政府按照属地原则，各负其责，压实责任，清理排查和整治整改问题出在哪，就由哪个地方解决。

（三）乡镇（街道）、村执行。各乡镇（街道）、村要认真排查辖区内的三类问题，严格按照标准，对违法违规占用耕地建设的“大棚房”等非农设施，清理整治后，尽快恢复农业生产。发现问题逐级上报。

（四）部门协同。各级农业农村、规划国土等有关部门要按照相关法律法规规定，在各级政府统一领导和部署下，加强专项行动指导和督促，各尽其责、共同负责，加强配合、联合行动，落实专项行动各项措施。市政府督查室会同市农委、市规划国土委根据全市工作进展情况，同步开展专项督查，督促各区做好清理整治工作。

五、工作步骤

（一）进一步动员部署阶段（9月15日前）。市政府在9月7日下午全国开展“大棚房”问题专项清理整治行动电视电话会议后，立即召开了贯彻电视电话会，进一步贯彻落实中央有关精神和市委、市政府工作部署，强化夯实各有关区和市有关部门的责任，展现了市委、市政府毫不含糊、坚决彻底的决心，坚决落实好各项清理整治任务。各区要及时召开动员部署会议，统一思想、下定决心，落实责任、联合行动，制定行动方案，明确目标任务，建立健全组织领导推进机制，细化相关部门、单位工作职责，做好任务分解，迅速开展专项行动。

（二）大棚类项目整改验收和其他类项目排查整改阶段（11月31日前）。

一是对各区前期排查出的大棚类设施农业项目，由市规划国土委组织成立市级验收组，纪检监察部门参与，于9月10日起，采取各区交叉检查的方式，逐宗逐棚进行验收，并及时汇总情况上报市委、市政府。对整改不到位，存在问题突出、验收合格率低、瞒报漏报和失职渎职问题的，要移送纪检监察部门严肃问责追责。大棚类项目验收工作须于10月底前全部完成。

二是各区要组织各乡镇（街道）开展全面排查复核，按照本方案中主要工作任务，逐个入园入棚现场核查，登记造册，对6月以来发现上述三类问题的建立问题台账，各区政府于10月15日前，完成排查复核并形成报告，报市级协调推进小组办公室。由市级协调推进小组办公室统计汇总各类违法违规情况，形成排查复核报告，报市委、市政府。

三是各区对排查复核过程中新发现的上述三类问题，组织开展问题查处、整治整改和问责追责。市级协调推进小组办公室组织相关部门开展联合督导检查，对重点地区查处整治情况开展实地抽查核查，对发现弄虚作假、专项整治工作推进不力的，严肃问责追责。对工作不到位的环节和整改不彻底的相关区，进行补课。根据整治整改情况，集中公开处理、通报一批典型案例。各区政府于11月10日前，要将前期设施农业清理整治工作和“大棚房”问题专项行动总结报告报市级协调推进小组办公室。由市级协调推进小组办公室汇总后，向市委、市政府报告。

六、工作要求

（一）加强组织领导。各区政府、市有关部门要进一步提高政治站位，高度重视、坚决贯彻中央有关精神和市委、市政府工作部署，充分认识清理整治“大棚房”问题的重要性、复杂性、艰巨性。严格属地管理，压实属地政府责任，主要负责同志要亲自挂帅，深入一线，靠前指挥，及时解决清理整治过程中出现的问题，为专项行动提供人力、资金和技术装备保障，切实把各项任务落到实处，确保取得实效和农村稳定。各区和有关部门必须按照全市原有部署，按既定的时间节点完成好相关任务。要严格落实本市设施农业整改验收八条标准，对全市“大棚房”的清理整治，做到无遗漏、全覆盖。其中，对全国清理整治专项行动明确的三类重点问题，要着重清理整治，确保全部验收合格。

（二）强化部门联动。各相关部门要各司其职、各负其责，积极参与专项行动，建立健全信息共享、情况通报、联合查处、案件移送等机制，加强协调配合，形成工作合力。

（三）严格执法惩治惩处。依照《中华人民共和国土地管理法》《基本农田保护条例》等相关法律法规，对违法违规建设“大棚房”等问题的责任主体，各区政府要责成有关部门依法依规从严查处、联合执法。对涉嫌犯罪的，移送公安、司法等部门，依法追究其刑事责任。

（四）严肃督导问责。各区各部门要切实履行好职责，对专项行动每一个环节，都要严肃认真督导。各区向市政府至少报送一个典型违法违规案例，对相关违法经营主体移交司法机关严肃查处，形成震慑效应。要抓住一批典型案例，剖析问题根源，及时向社会通报。健全问责机制，对违法违规问题，要发现一起、查处一起，进行警示教育。对涉嫌有内外勾结、搞利益交换和谋取私利等腐败行为的，要依法依纪严肃处理。

（五）定期上报信息。实行专项行动信息周报制度。各区政府要明确专门机构专人负责落实周报工作，从 9 月 19 日起，每周三 12 时前，向专项行动市级协调推进小组办公室报告本区清理整治进展情况（详见附件）。重大情况随时上报。

（六）接受社会监督。市农委、市规划国土委尽快制定本市农业用地使用中的禁止性规定，在媒体上广泛宣传，让市民知悉。在集中开展专项行动期间，市区设立举报电话，建立举报制度。各区设立有奖举报电话，鼓励群众举报，接受舆论监督。

“大棚房”问题专项清理整治行动市级协调推进小组办公室举报电话：010－12316（市农委）；010－12336（市规划国土委）。

附表 1 “大棚房”问题专项清理整治排查情况汇总表（样表）

附表 2 “大棚房”问题专项清理整治违规项目情况表（样表）

附表 1 “大棚房”问题专项清理整治排查情况汇总表

__________区　　　　单位：个、亩

序号	镇（乡、街道）	村	设施农业情况										违法违规建设情况										违法违规占地面积	
			小计		塑料大棚		日光温室		连栋温室		其他		小计		Ⅰ类		Ⅱ类		Ⅲ类		其他		耕地	其中基本农田
			个数	面积	个数	面积	个数	面积	个数	面积	个数	面积	个数	面积	个数	面积	个数	面积	个数	面积	个数	面积		
总计																								

注：Ⅰ类指在各类农业园区内占用耕地或直接在耕地上违法违规建设非农设施。
Ⅱ类指在农业大棚内违法违规占用耕地建设商品住宅。
Ⅲ类指建设农业大棚看护房严重超标准，甚至违法违规改变性质用途，进行住宅类经营性开发。

附表 2 “大棚房”问题专项清理整治违规项目情况表

__________区　　　　单位：个、亩、万元

序号	项目名称	占地面积	建设地点	土地流转起止时间	棚数	建设主体										计划（或已经）整改到位时间	已完成清理整治棚数	经国土部门验收棚数	备注
						主体名称	建设总投资	其中享受财政补助				始建时间	违规性质	违规面积					
								中央	市级	区级	其他			占用耕地	其中占用基本农田				
			镇（乡、街道）、村	年 月—年 月								年 月	Ⅰ、Ⅱ、Ⅲ、其他						

注：1. 本表是违法违规情况明细表，要求逐个项目填写，项目是指各种资金来源的设施农业建设项目，如一次性投资建设的 10 个棚，视为 1 个项目，在一行填写。
2. 违规性质可分为Ⅰ、Ⅱ、Ⅲ类及其他，其中Ⅰ类指在各类农业园区内占用耕地或直接在耕地上违法违规建设非农设施。Ⅱ类指在农业大棚内违法违规占用耕地建设商品住宅。Ⅲ类指建设农业大棚看护房严重超标准，甚至违法违规改变性质用途，进行住宅类经营性开发。
3. 享受财政补助来源、违规性质为“其他”等在备注中说明。

北京市农业农村局 中国银行保险监督管理委员会北京监管局关于做好应急机制启动时期农业保险相关工作的通知

（2018 年 12 月 11 日）

各有关保险公司：

2018 年 11 月 23 日，农业农村部新闻办公室发布：北京市房山区排查出非洲猪瘟疫情。我市即启动猪类养殖的应急机制。应急机制启动期间，对于政府扑杀的保险标的保险赔偿和养殖场清退的退保工作，保险公司应按照北京市政策性农业保险统颁条款的有关规定执行；对于属于保险责任的理赔案件，保险公司应做到：

一、关于报案。各公司保持报案渠道畅通。当接到猪类养殖保险（能繁母猪、生猪、种猪、仔猪）报案时，应及时准确登记。

二、关于查勘。应急机制启动时期，启动应急机制的地区，保险公司不安排公司人员进行现场查勘。各公司可根据实际情况，灵活方式，通过多种手段确认损失情况。

三、关于理赔。各公司根据地方畜牧兽医动监等专业管理部门无害化处理证明给予理赔。保险公司通过多种手段取得的查勘信息（照片、录像等）也可作为辅助的理赔依据。

四、关于对农户解答。在接到农户报案时，除登记信息，应告知农户及时向各区防疫指挥部门报告死亡情况，提供理赔相关依据或畜牧兽医动监等专业管理部门无害化处理证明。

在应急机制启动期间，各公司应按照全市防疫统一要求，积极配合，可采取灵活手段及时理赔，保障农户利益，不得以不符合承保理赔常规流程等借口推诿扯皮。对于期间的承保工作，建议各公司待应急机制解除后再行处理，也可根据相关管理部门开具的存栏证明安排承保，通过相应手段获得的验标影像资料可作为辅助承保依据。

本通知提出的保险工作要求于应急机制启动时期有效。

北京市社会主义新农村建设领导小组综合办公室关于印发《北京市 2018 年农村地区村庄冬季清洁取暖工作推进指导意见》的通知

（2018 年 4 月 23 日）

各相关区人民政府：

为深入落实《2018 年北京市农村地区村庄冬季清洁取暖工作方案》（京政办发〔2018〕13 号），加强对各区工作的指导，进一步规范各区“煤改清洁能源”和“减煤换煤”相关工作，现将《北京市 2018 年农村地区村庄冬季清洁取暖工作推进指导意见》印发给你们，请认真组织实施。

北京市 2018 年农村地区村庄冬季清洁取暖工作推进指导意见

为深入落实《2018 年北京市农村地区村庄冬季清洁取暖工作方案》（京政办发〔2018〕13 号），加强对各区 2018 年农村地区村庄冬季清洁取暖工作的指导，进一步规范各区“煤改清洁能源”和“减煤换煤”相关工作，现提出以下意见。

一、加强组织领导

2018年既是全市农村地区平原地区村庄开展“煤改清洁能源”工作的基本收尾年，也是南部七区从清洁取暖设备安装到运行服务管理的转变年，更是山区村庄清洁取暖工作的试点年，区、乡镇各级政府及相关部门要高度重视，精心部署，加强各项工作的全程协调管理。

市新农办负责全市农村地区“煤改清洁能源”和“减煤换煤”工作的日常协调，加强对各区的业务指导、工作进展的督查，并会同市发展改革委、市财政局、市环保局、市城市管理委、市水务局、市园林绿化局等部门协调“煤改清洁能源”工程建设施工过程中的重大问题。各有关区政府是本区“煤改清洁能源”和“减煤换煤”工作的责任主体，要按时限、高标准完成市政府下达的工作任务。各区要积极协调配合完成外部管网建设涉及的前期手续、施工配套用地征占用手续办理，并负责组织实施拆迁、拆除违法建设等工作，达到施工的基本条件，确保工程顺利施工。各有关区要建立区领导包镇、镇领导包村工作机制，镇级主要或分管领导全程负责日常工作，确保按时完成年度工作任务。有关区要加大农村地区冬季取暖优质燃煤的供应保障、炉具更换和“无煤化”监管，确保未实施“煤改清洁能源”村庄优质燃煤全覆盖。

市农业局负责设施农业的“煤改清洁能源”和“减煤换煤”推进工作，各区要将此项工作纳入本区的整体工作安排中；各区行业主管部门分别负责本行业内设施农业的“煤改清洁能源”工作、优质燃煤替换和使用监管等具体工作。

二、做好确村确户工作

各区要做好各项前期工作，加强与电力、燃气企业的工作对接，根据当地电力、燃气的现状与资源条件，在确保能源供应安全可靠的基础上，以“煤改电”优先，科学引导农民选择适宜的改造方式。在确定各村庄“煤改清洁能源”的改造方式过程中，可引导村民通过村民代表大会或户代表大会讨论的方式，充分保障农民的自主权益。特别是对山区开展试点的村庄实施“煤改清洁能源”工作，一定要选择村民改造愿望强烈，村两委班子强有力，房屋保温条件好的村庄。各区新农办、区“煤改气”管理部门、乡镇及村委会要严格按照各区的确户标准，及时与电力、燃气企业沟通对接，认真开展确户工作。

三、科学确定技术路线

各有关区要根据本地住户冬季的用能结构、取暖习惯和清洁能源取暖设备特性，按照“安全、环保、节能、高效、经济”的要求，认真研究制定每个改造村的清洁取暖方案，科学确定技术路线与清洁取暖设备，确保农村住户取暖系统更合理、更优化、更节能，切实降低运行费用，实现清洁取暖系统的最优效果。

为节约能耗和减少运行费用，禁止推广使用“直热式”电取暖设备，限制使用蓄能式电暖器。住户主动要求使用或其他特殊情况（如不具备安装空气源热泵、地源热泵等清洁能源取暖设备条件的，住户实际取暖面积50平方米以下、单间房屋取暖面积在15平方米以下的）需要选用蓄能式电暖器的，要由住户签订书面承诺，不得反悔或安装使用后再要求选择其他设备。

根据目前的成熟技术情况和应用实践，要引导农村地区村庄住户使用能效比（COP）较高的空气源热泵（含热水型热泵和热风型热泵）、地源热泵和高能效低排放燃气取暖设备，空气源热泵应确保能够在－30℃的环境温度中正常运行，优先选用变频式空气源热泵，鼓励使用“太阳能＋辅助加热”设备以及“多能联动、多热复合、多源合一”的新技术、新设备。各区推广热泵和“多能联动”类设备不低于本区取暖设备的80%。在地质条件适宜地区鼓励使用地源热泵技术，鼓励各区开展各种高效电加热与相变材料、水蓄能相配套等供暖新技术的应用，可以因地制宜的推广使用热风型空气源热泵。鼓励企业创新取暖技术，对一些效率高、成本低、效果好的技术和产品，各区可选择山区住户进行试点，待成熟后进行推广。

四、注重取暖系统的整体性，认真开展“一户一设计”

农户在实施“煤改清洁能源”前要完成农宅节能保温改造，提升房屋保温水平。各区对实施农宅节能改造的，要以区政府或区相关部门的名义对施工单位、相关建筑材料供应商进行统一招标。各区、乡镇、村不得指定供应商开展农宅节能改造工作。各区要聘请监理单位对工程质量和进度进行全程跟踪，要聘请审计单位对相关资金情况进行全程审计。各区通过招投标确定施工单位和材料供应商后，农户与入围供应商就价格问题进行谈判，确定施工队伍。

严格落实“一户一设计”要求，将每个农村住户冬季取暖作为一个系统来对待，准确计算房屋热负荷，匹配合理的取暖设备和循环水泵（如有）。在确保主要设备质量的同时，注重管件、配件的质量和安装质量。科学匹配所需水泵的功率，在确保取暖效果的前提下降低运行成本。各区要组织中标企业根据农村住户需求和实际情况对每户提出科学的取暖系统设计方案，确保让每个家庭取暖系统做到“省钱实用、安全舒适、环保节能”。

五、加强招标管理，严格企业选择条件和产品质量

1. **明确招标责任主体**。各区对清洁取暖工作相关的设备、工程建设应当按照相关规定要求开展招标工作，要确保招标工作公正、公开、公平。在招标时必须以区政府或区相关部门的名义组织实施，户内线路改造工作的招标可由乡镇（街道）组织。

2. **限定实体企业投标**。清洁能源取暖设备、优质燃煤、燃煤炉具的投标企业必须是该设备生产、制造的实体企业，禁止同一商标品牌、同一投资主体等关联企业在同一个区同时参与投标，禁止代理企业参与投标。农村地区住户清洁取暖设备的安装必须具备机电设备安装工程专业承包企业二级（含）以上资质，清洁取暖设备的安装质量及相应法律责任由中标的实体生产、制造企业承担。空气源热泵、地源热泵应当采用制热量分档招标，制热量应采用GB/T 25127.2规定制热名义工况下的制热量，不再使用“匹”进行分档。

3. **注重企业综合实力**。各区要严格按照附件1所列生产企业条件和产品标准进行选定，优先选择在北京推广使用效果好、农户满意度高、后期服务优的规模企业、知名品牌、上市公司等综合实力较强的企业。各区要对中标的企业进行实地考核把关，对弄虚作假的要取消投标资格。对近年来发现的设备检测不达标率高、安装不规范、维修服务不到位、投诉多、使用效果不好、存在恶意竞争行为等情况的企业，要排除在招标范围之外。各区要依据当年改造任务量、安装时限和安装能力等因素，科学确定中标企业数量。

4. **将产品的安装、保修和售后服务纳入招标条件**。为确保各类取暖设备长期、高效使用，各区要将投标企业对各类产品的“安装设计、包修保修、售后服务”等内容纳入招投标条件，避免仅依靠投标价格确定中标企业及产品。各投标企业必须提供完整的产品质量、安装、售后服务等保障方案。各区要加强对中标企业的管理，有效落实设备质量和售后服务责任，各区可按规定收取一定比例的质保金。所有中标企业供应产品均要给予住户5年以上的“免费包修期”和10年内的“有偿保修期”。“免费包修期”内要做到“包修、包换、包教、包会”；“有偿保修期”内要做到“收少量成本费、不收工时费”。使用中出现问题时，企业维修人员要及时完成故障设备维修或更换，确保清洁取暖设备的正常使用。

5. **建立责任追究制度**。各区要严格招投标程序，确保依法依规。要建立健全监督机制，加强全过程监督管理，完善各级责任追究制度。对投标企业在招投标过程中弄虚作假的，要坚决清除投标或供应企业名单。各区招标完成后10日内将招投标情况、中标企业和中标产品情况报市新农办备案。对未按本文件要求进行招标的或招标不符合相关要求的，要依法取消其供应资格。对在招投标工作中徇私舞弊、玩忽职守的，将依纪提交纪检监察部门审查处理，由此造成的后果由相关区和企业承担相关责任。

六、规范中标企业展示推广工作，科学选定取暖设备

为便于清洁能源取暖设备安装管理和售后服务，原则上要采取“一村一品牌”的做法。各区新农办要周密组织中标企业开展产品技术示范展示，严禁中标企业采取各类不正当营销行为。各区、乡镇、村要将2018年“煤改清洁能源”相关政策、取暖技术设备、设备费用、运行费用、维护服务等内容宣传到户，说明各型号的取暖效果，及时让农

村住户了解各种取暖设备产品的特点，引导住户科学选定适宜的产品型号，避免选定的取暖设备的制热能力与房屋热负荷不匹配的情况。

七、认真开展抽样检测，确保质量合格

加强各类取暖设备的抽样检测，所有设备的相关抽样检测必须由具有相应资质的国家级检测机构承担，并由其出具检测报告。各供货企业必须提供相关型号的在线抽样检测报告，在设备到货后在区新农办、监理单位监督下由具备资质的检测机构按照抽检要求抽检，检测合格后方可开展安装工作。各区在设备安装中可以依规委托具有资质的第三方国家级检测机构（空气源热泵需由国家级的空调设备质量监督检验机构出具）进行抽检。要建立各区检测结果通报共享制度，确保不合格产品不再流转到其他区。各区要建立“黑名单制度”，对同一产品两次抽检不合格的要约谈企业退出北京农村供应市场，对问题严重的纳入“黑名单”。“煤改电”户内线路改造必须加装符合国家标准的“户内漏电保护器”。加强优质燃煤质量的监管，按要求开展优质煤的抽样检测工作，落实好优质燃煤的配送。优质燃煤的包装上要按照市有关标识管理办法使用专用标识，并在包装上标明生产企业名称、质量标准、重量、产地、生产时间、监督电话等信息，对优质燃煤供应使用中出现的问题，供应企业要及时给予解决，不得影响农户正常取暖。

八、注重安装质量与施工监理，确保设备运行效果

招标完成后，中标企业要进户实地查看，及时提出取暖设计方案和相关指标，住户满意、认定并签字后，企业和住户在村委会的监督下签订取暖设备供应安装和使用维护协议，其中住户取暖设计方案是协议的重要附件。经过一个供暖季运行后，如住户实际使用情况与企业取暖设计方案差距较大，住户可按签订的协议依法主张消费者权益。

各区要依法合规聘请有资质、工作认真负责的监理机构对工程施工、设备供应、安装、验收等各个环节进行监理。必要时各区要对监理单位进行相关知识培训，确保胜任监理工作。

九、加强设备运行与后期管理

各区要将安装的取暖设备纳入运行监控服务平台，及时分析评价设备运行效果，有效预警运行问题，提升设备运行水平。各中标企业要确保清洁能源取暖设备特别是空气源热泵、地源热泵具备485通讯接口，采用modbus通讯协议，配备数据采集与传输装置，能够实现供水温度、回水温度、故障信息等运行情况的无线传输。

各区要建立完善的清洁取暖设备售后服务体系，建立快速、高效、便捷的服务网络，落实中标企业的售后责任，公布企业的取暖季期间24小时服务热线，确保接到电话实现2小时上门服务，4小时解决问题。各区要成立区级、镇级的设备后期使用服务中心，公布服务中心24小时服务电话，鼓励各区建立镇级设备后期使用服务中心。企业可独立设置售后服务站点，也可以委托区后期服务中心统一实施产品后期服务，对委托区后期服务中心服务的企业要将相关服务费用一次性或分年度交付区后期服务中心，并负责对维修人员免费培训。

各区特别是“南部七区”要建立健全清洁取暖设备的长效管护机制，加强后期运行维护服务，做到有机制、有队伍、有经费、有督查和有评价。各区要将后期服务工作经费纳入财政预算，可通过政府购买服务、成立专门机构等方式开展后期服务工作，确保各类清洁取暖设备正常使用。鼓励通过培训本地农民建立电工、安全员等人员参与的管护队伍，落实各方维护责任，及时解决农户使用中遇到的相关问题，确保各类清洁取暖设备正常使用，巩固“无煤化”工作成果。同时市有关部门要加强安全监管方面的业务指导，各区要明确农村地区“煤改电”“煤改气”工程运行方面安全责任主体，高度重视安全监管工作，认真组织安全隐患排查治理，确保安全运行。

十、加强项目管理，健全工作档案

市区要积极采取现代信息技术和手段，提升工作管理水平，各区要将本区“煤改清洁能源”工作推进情况、各项工程进展情况和设备运行情况纳入统一的工作管理、进度跟踪和运行监控信息化管理平台，将相关平台建设、传输设备及数据流量等费

用纳入招标核算和年度财政预算。鼓励各区委托专业项目管理公司参与农村地区“煤改清洁能源”和“减煤换煤”工作，加强项目的精细化管理，全面提升项目管理质量水平。各区要委托监理、审计等第三方机构全程参与，确保工作质量；要摸清农户底数，在做好一户一设计的基础上，健全一户一档案；要将每户的户型结构、设备安装情况、相关协议、图表等档案信息录入市级管理工作平台中。

十一、加强资金管理，确保清正廉洁

各区要建立住户申报、村镇核查、财政监管、审计跟踪的全程监管制度。要建立住户姓名、购置设备（或购买优质型煤）、住户出资及政府补贴等情况的资金台账。各区要对资金使用、设备运行和包修保修等情况严格把关，并委托第三方机构对资金使用情况进行核查。对完成设备安装或燃煤购买的村庄，村委会要将各户“煤改清洁能源”和“减煤换煤”相关信息在本村进行为期一周的张贴公示，在公示期间，各区对群众反映、举报并经查实存在虚报冒领、弄虚作假行为的要严肃纠正或取消其补贴资格，情节严重的要移交司法部门处理；凡是已经进行“煤改清洁能源”的村庄住户，不再享受优质燃煤和节能炉具补贴政策，各区可制定煤改清洁能源住户“燃煤、炉具”回收政策，严禁再使用燃煤。

附件 1　热泵类取暖设备生产企业选择条件及产品标准（略）

附件 2　电加热蓄能式取暖设备生产企业选择条件及产品标准（略）

附件 3　“多能联动”组合技术、新技术、新产品等取暖设备生产企业选择条件及产品标准（略）

附件 4　优质燃煤及燃煤炉具生产企业选择条件及产品标准（略）

附件 5　燃气壁挂炉生产企业选择条件及产品标准（略）

北京市社会主义新农村建设领导小组综合办公室关于印发《北京市实施乡村振兴战略扎实推进美丽乡村建设专项行动计划（2018—2020 年）补充方案》的通知

（2018 年 6 月 25 日）

各相关区区委、区政府，市各有关单位：

经市政府同意，现将《北京市实施乡村振兴战略扎实推进美丽乡村建设专项行动计划（2018—2020 年）补充方案》印发给你们，并就有关事项通知如下：

一、认清形势，高度重视

改善农村人居环境，是以习近平同志为核心的党中央从战略和全局高度做出的重大决策，是实施乡村振兴战略的重大举措，是解决发展不平衡不充分问题的必然要求，是增强广大农民获得感和幸福感的迫切需要。北京市农村人居环境整治是美丽乡村建设的主要内容。各相关区区委、区政府和市各有关单位要进一步认清形势，切实增强改善农村人居环境工作的使命感紧迫感，按照城乡融合发展的要求，坚决把改善农村人居环境作为实施乡村振兴战略的第一场硬仗打好。

二、抓好落实，坚决完成

经市委、市政府同意，《中共北京市委办公厅北京市人民政府办公厅关于印发〈实施乡村振兴战略扎实推进美丽乡村建设专项行动计划（2018—2020 年）〉的通知》（京办发〔2018〕5 号）及《北京市实施乡村振兴战略扎实推进美丽乡村建设专项行动计划（2018—2020 年）补充方案》，已作为北京市贯彻落实《农村人居环境整治三年行动方案》

的具体方案，向中央部委进行了报备，作为中央督寻评估的重要依据。各相关区区委、区政府和市各有关单位要认真对待，按照职责任务分工要求，制定政策措施，完善工作机制，持之以恒、扎实推进、抓好落实，坚决完成年度任务目标。

北京市实施乡村振兴战略
扎实推进美丽乡村建设专项行动计划
（2018—2020年）补充方案

为贯彻落实《中共中央办公厅国务院办公厅关于印发〈农村人居环境整治三年行动方案〉的通知》（中办发〔2018〕5号）精神，依据《中共北京市委办公厅北京市人民政府办公厅关于印发〈实施乡村振兴战略扎实推进美丽乡村建设专项行动计划（2018—2020年）〉的通知》（京办发〔2018〕5号）安排，制定本补充方案。

一、工作安排

（一）基本要求。农村人居环境整治是美丽乡村建设的主要内容，纳入市政府绩效考核范围。市级各主责单位要按照任务分工，制定和提出本行业本领域农村人居环境整治的年度目标和整体目标，分解到各区并抓好督查考核落实。各区是落实农村人居环境整治工作责任主体，要落实属地责任，对实施效果负责。

（二）工作目标。到2020年，全市99%的行政村生活垃圾得到处理，99%的农村户用厕所完成无害化改造，厕所粪污基本得到处理或资源化利用，农村生活污水得到有效治理，村容村貌显著提升，管护长效机制基本建立，农村人居环境明显改善，村庄环境干净整洁有序，村民环境与健康意识普遍增强。

二、重点任务

（一）推进农村生活垃圾治理

1. 统筹考虑农村生活垃圾利用、处理，建立健全符合农村实际、方式多样的生活垃圾收运处置体系。优先整治重要饮用水水源地周边和水质需改善控制单元内的生活垃圾。按照“五有”标准，加快推进农村垃圾分类和资源化利用示范区试点工作，积极协调推进部分地区生活垃圾收运系统规划建设前期工作，通过加强检查考评，逐步巩固治理效果。2018年95%的行政村生活垃圾得到处理，2019年97%的行政村生活垃圾得到处理，到2020年99%的行政村生活垃圾得到处理，有条件的地区要推行适合农村特点的垃圾就地分类和资源化利用方式。

主责单位：市城市管理委，各相关区政府；协办单位：市水务局

2. 开展非正规垃圾堆放点排查整治，督促各区建立工作台账并实行滚动销号制度，2018年完成10%存量的非正规垃圾堆放点整治工作，2019年完成20%存量的非正规垃圾堆放点整治工作，到2020年基本完成162处非正规垃圾堆放点整治任务。按照住房和城乡建设部要求，在完成非正规垃圾堆放点排查任务的基础上，各区要逐一排查，科学编制整治方案，制定三年整治计划，实行台账管理，加快开展整治工作，确保整治效果。

主责单位：市城市管理委，各相关区政府；协办单位：市环保局、市水务局、市农业局

（二）开展农村厕所粪污治理

3. 加快推进户用无害化卫生厕所建设和改造，鼓励农户新建、改建水冲式厕所，同步实施厕所粪污治理，通过配套建设化粪池或区域污水处理厂等，实现粪便无害化。以全国第三次农业普查数据为基础，在农户自愿的基础上，坚持以区为责任主体，以乡镇为实施主体，根据农村地区不同地质条件、供水条件、气温条件以及排水排污设施建设进度等因素，因地制宜，分类指导开展农村户厕升级改造工作，能够与污水管网建设相结合的，要同步推进，要做好村庄污水管网与户厕技术衔接。2018年农村户用厕所无害化改造率达到93%，2019年农村户用厕所无害化改造率达到95%，到2020年99%以上的农村户用厕所完成无害化改造，全市户厕基本达到无害化要求。

主责单位：市卫生计生委（市爱卫办）、市水务局，各相关区政府；协办单位：市环保局

4. 加大农村公共卫生厕所升级改造力度，坚持“便利、卫生、耐用、美观”的原则，坚持节能、环保、资源循环的工作理念，坚持因地制宜、试点先行的工作思路，按照美丽乡村建设年度任务安排，逐年启动实施农村公共卫生厕所升级改造，力争2020年底前，全市农村公共卫生厕所90%达到等级标准。

主责单位：市城市管理委，各相关区政府

5. 开展畜禽粪污治理与资源化利用，建立健全符合农村实际、方式多样的农业生产废弃物收运处置体系。提升规模畜禽养殖场粪污治理装备水平，建立科学规范、权责清晰，约束有力的畜禽养殖废弃物资源化利用制度，不断提高全市畜禽粪污资源化利用水平。2018 年规模畜禽养殖场粪污治理装备配套率达到 95%、畜禽粪污治理与资源化利用率达到 75%，2019 年规模畜禽养殖场粪污治理装备配套率基本达到 100%、畜禽粪污治理与资源化利用率达到 80%以上。

主责单位：市农业局，各相关区政府

（三）全面开展农村污水治理

6. 梯次推进农村生活污水治理，实现农村生活污水治理率明显提高。在抓好已建污水处理设施修复改造的基础上，根据村落和农户分布，采用“城带村”“镇带村”“联村”“单村”等模式，因地制宜建设集中或分散污水处理设施，优先使用建设运行成本较低的生态处理工艺，促进农村污水循环利用；人口较少的村庄要因地制宜，通过湿地等多种方式进行污水处理；加强改厕与农村生活污水治理的有效衔接。优先整治重要饮用水水源地周边和水质需改善控制单元内村庄的污水。2019 年底前，完成本市 760 个重要水源地、城乡结合部和民俗旅游村的污水设施覆盖；2020 年底前，全市农村地区污水得到有效治理。

主责单位：市水务局，各相关区政府

7. 以房前屋后河塘沟渠清淤疏浚为重点，采取综合措施恢复水生态，逐步消除农村黑臭水体。其中：房前屋后河塘沟渠黑臭水体由各区组织实施。全面落实河长制，解决农村水环境突出问题。因地制宜推进生态清洁小流域建设。2018 年，完成非建成区 84 条黑臭水体治理。

主责单位：市水务局，各相关区政府

（四）全面提升村容村貌

8. 推进“四好农村路”建设工作，加快推进通村公路建设和养护管理，推进乡村公路安全生命防护工程建设，使村民出行更加舒适方便，2018 年到 2020 年，乡村公路中等路以上比例（按乡村公路技术状况 MQI 计算）保持在 90%以上。

主责单位：市交通委，各相关区政府

9. 加快推进入户道路建设，着力解决村内道路泥泞、村民出行不便问题。充分利用本地资源，因地制宜选择路面材料，提高村内道路硬化水平，生态涵养区村内主要道路硬化保持在 94%左右，其他区保持在 98%左右。

主责单位：市交通委，各相关区政府

10. 整治公共空间和庭院环境，坚决遏制新增违法建设，依法拆除侵街占道、私搭乱建的违法建设，同步整治农村违法用地、违法经营等行为，基本消除私搭乱建、乱堆乱放。

主责单位：市规划国土委，各相关区政府；协办单位：市城管执法局、市工商局

11. 加强规划管理，大力提升农村建筑风貌，推动优秀规划师、优秀规划团队参与美丽乡村建设。

主责单位：市规划国土委，各相关区政府

12. 加强传统村落保护，稳步推进传统村落保护修缮试点工作，按照“能报则报、能列则列、应保尽保”的要求，建立传统村落名录，努力打造“美丽乡村最亮处、市民休闲好去处”。

主责单位：市农委、市住房城乡建设委，各相关区政府

13. 加强历史文化名村名镇保护力度，挖掘名村名镇历史文化价值，保护传统文化遗产，在保护中实现村镇特色发展。

主责单位：市规划国土委，各相关区政府

14. 推进村庄绿化，坚持绿化与基础设施同步规划设计，统筹施工建设，在村庄房前屋后、河旁湖旁、渠边路边、零星闲置地等边角空地，拆违还绿、留白建绿、见空插树、应绿尽绿，努力实现以绿治脏、以绿净村、以绿美村，建设绿色生态村庄。制定美丽乡村绿化美化工作指导意见、技术导则，加强检查验收，为美丽乡村绿化美化工作保驾护航。

主责单位：市园林绿化局，各相关区政府

15. 完善村庄公共照明设施。开展村庄公共照明设施摸底调查，指导各区会同相关单位梳理村庄公共照明设施现状及运行情况，制定治理计划，2018 年底前完成基础台账编制，2019 年底完成农村地区公共照明技术导则编制，2020 年底前研究建立村庄公共照明管理体制机制。

主责单位：市城市管理委，各相关区政府

16. 以国家卫生乡镇创建和复审活动为抓手，逐步改善和提升国家卫生乡镇地区环境卫生示范水平。计划 3 年内至少完成 10 个北京市和国家卫生

乡镇创建任务，完成20个国家卫生乡镇每三年一周期的国家卫生乡镇复审工作任务。

主责单位：市卫生计生委（市爱卫办），各相关区政府

17. 继续推进农宅抗震节能改造，研究提出农村公共建筑抗震节能改造标准和改造范围。做好建档立卡贫困户、低保户（低收入家庭）、农村分散供养特困人员和贫困残疾人家庭等四类重点对象和低收入群众农村危房改造工作，实现“住房安全有保障”目标。2018年底前完成4类重点对象C、D级农村危房50%改造任务，完成低收入群众C、D级农村危房30%改造任务；2019年力争完成全部改造任务；2020年做好扫尾工作。

主责单位：市住房城乡建设委，各相关区政府；协办单位：市农委、市民政局、市残联、市规划国土委

（五）加强村庄规划管理

18. 健全乡村规划编制体系，鼓励推行多规合一，完善规划审批流程。推进乡村建设规划编制或修编，与土地利用总体规划、土地整治规划、村土地利用规划、农村社区建设规划等充分衔接，按照美丽乡村建设年度任务安排，逐年启动实施村庄规划编制工作，到2020年全面完成保留村庄规划编制，实现村庄规划管理基本覆盖。村庄规划编制要全面落实《北京城市总体规划（2016—2035年）》，因地制宜、一村一策，注重农村特色，保持乡村风貌。规划编制要充分征求农民意见，强化农民群众参与机制，在依法依规充分征求村民意见基础上组织实施。

主责单位：市规划国土委，各相关区政府

19. 村庄规划的主要内容应纳入村规民约。按照美丽乡村建设年度任务安排，逐年推进村规民约制定修订工作，到2020年基本完成村规民约制定修订工作。

主责单位：市民政局，各相关区政府

20. 加强乡村建设规划许可管理，规范乡村建设规划审批。建立健全违法用地和建设查处机制，制定出台本市违法用地违法建设问题网格化监管体系，研究建立协同监管和联合惩戒机制。

主责单位：市规划国土委，各相关区政府

（六）建立健全长效管护机制

21. 明确各区政府以及有关单位职责，加强美丽乡村基础设施长效管护。市级各主责单位要发挥本行业本领域牵头作用，制定农村人居环境整治各项任务的技术标准、工作导则、建设标准、管护标准或指南等措施，指导各区开展基础设施建设和管护；各区要结合本区实际，抓好基础设施建设和管护的具体落实工作，按照建管并重的要求，建立完善美丽乡村基础设施长效管护机制，落实配套资金，加强培训引导，确保美丽乡村基础设施长效管护。逐步建立和完善村庄人居环境长效管护机制，到2020年基本建立有制度、有标准、有队伍、有经费、有督查的村庄人居环境管护长效机制，坚决防止出现“重建轻管、只建不管”的现象。

主责单位：各相关区政府，市新农办、市财政局、市城市管理委、市水务局、市园林绿化局

22. 鼓励专业化、市场化建设和运行管护，有条件的地区推行城乡垃圾处理统一规划、统一建设、统一运行、统一管理。

主责单位：市城市管理委、各相关区政府；协办单位：市发展改革委、市规划国土委、市财政局、市环保局

23. 鼓励专业化、市场化建设和运行管护，有条件的地区推行城乡污水处理统一规划、统一建设、统一运行、统一管理。

主责单位：市水务局、各相关区政府；协办单位：市发展改革委、市规划国土委、市财政局、市环保局

24. 推行环境治理依效付费制度，健全服务绩效评价考核机制。

主责单位：市发展改革委、市财政局、市水务局，各相关区政府

25. 鼓励有条件的地区探索建立垃圾处理农户付费制度，完善财政补贴、用户合理分担机制。

主责单位：市发展改革委、市财政局、市城市管理委，各相关区政府

26. 鼓励有条件的地区探索建立污水处理农户付费制度，完善财政补贴、用户合理分担机制。

主责单位：市发展改革委、市财政局、市水务局，各相关区政府

27. 发挥村民主体作用，支持村级组织和村民参与村内环境整治等项目，村内公共空间整治以村民自治组织或村集体经济组织为主，主要由农民投工投劳解决，鼓励农民和村集体经济组织全程参与农村环境整治规划、建设、运营、管理，组织开展专业化培训，把当地村民培养成为村内公益性基础

设施运行维护的重要力量。建立政府、村集体、村民等共谋、共建、共管、共评、共享机制，动员村民投身美丽家园建设。

主责单位：市农委，各相关区政府；协办单位：市各相关单位

28. 简化农村人居环境整治项目审批和招投标程序，降低建设成本，确保工程质量。

主责单位：市发展改革委、市规划国土委、市城市管理委、市住房城乡建设委、市政府审改办、市水务局

29. 推进农村人居环境整治试点区建设，加强对试点区的指导和支持，在顺义区、怀柔区农村人居环境整治试点区工作基础上，2018 年探索总结形成一批适用全市可复制、可推广的农村人居环境整治经验。

主责单位：顺义区政府、怀柔区政府；协办单位：市各相关单位

附表 1 北京市实施乡村振兴战略扎实推进美丽乡村建设专项行动计划补充方案任务分工表

附表 2 北京市实施乡村振兴战略扎实推进美丽乡村建设专项行动计划补充方案年度任务分解表

附表 1 北京市实施乡村振兴战略扎实推进美丽乡村建设专项行动计划补充方案任务分工表

序号	专项任务	任务内容	主要责任单位	协办单位
1	农村生活垃圾治理	行政村生活垃圾得到处理	市城市管理委，各相关区政府	市水务局
2		非正规垃圾堆放点排查整治	市城市管理委，各相关区政府	市环保局、市水务局、市农业局
3	农村厕所粪污治理	户用无害化卫生厕所建设和改造	市卫生计生委（市爱卫办）、市水务局，各相关区政府	市环保局
4		农村公厕升级改造	市城市管理委，各相关区政府	
5		畜禽粪污、农业生产废弃物利用处理	市农业局，各相关区政府	
6	全面开展农村污水治理	农村生活污水治理	市水务局，各相关区政府	
7		河塘沟渠清淤疏浚和消除农村黑臭水体	市水务局，各相关区政府	
8	全面提升村容村貌	“四好农村路”建设	市交通委，各相关区政府	
9		入户道路建设	市交通委，各相关区政府	
10		整治公共空间和庭院环境，消除私搭乱建、乱堆乱放	市规划国土委，各相关区政府	市城管执法局、市工商局
11		加强规划管理提升农村建筑风貌	市规划国土委，各相关区政府	
12		加强传统村落保护	市农委，各相关区政府	
13		加强历史文化名村名镇保护	市规划国土委，各相关区政府	
14		推进村庄绿化	市园林绿化局，各相关区政府	
15		完善村庄公共照明设施	市城市管理委，各相关区政府	
16		提升国家卫生乡镇地区环境卫生示范水平	市卫生计生委（市爱卫办），各相关区政府	
17		抗震节能农宅建设、四类重点对象和低收入农户危房改造工作	市住房城乡建设委，各相关区政府	市农委、市民政局、市残联、市规划国土委
18	加强村庄规划管理	健全乡村规划编制体系	市规划国土委，各相关区政府	
19		村庄规划主要内容要纳入村规民约	市民政局，各相关区政府	
20		加强乡村建设规划许可管理，建立健全违法用地和建设查处机制	市规划国土委，各相关区政府	

（续）

序号	专项任务	任务内容	主要责任单位	协办单位
21	建立健全长效管护机制	基本建立有制度、有标准、有队伍、有经费、有督查的村庄人居环境管护长效机制	各相关区政府，市新农办、市财政局、市城市管理委、市水务局、市园林绿化局	
22	建立健全长效管护机制	推行城乡垃圾处理统一规划、统一建设、统一运行、统一管理	市城市管理委，各相关区政府	市发展改革委、市规划国土委、市财政局、市环保局
23	建立健全长效管护机制	推行城乡污水处理统一规划、统一建设、统一运行、统一管理	市水务局，各相关区政府	市发展改革委、市规划国土委、市财政局、市环保局
24	建立健全长效管护机制	推行环境治理依效付费制度，健全服务绩效评价考核机制	市发展改革委、市财政局、市水务局，各相关区政府	
25	建立健全长效管护机制	探索建立垃圾处理农户付费制度，完善财政补贴、用户合理分担机制	市发展改革委、市财政局、市城市管理委，各相关区政府	
26	建立健全长效管护机制	探索建立污水处理农户付费制度，完善财政补贴、用户合理分担机制	市发展改革委、市财政局、市水务局，各相关区政府	
27	建立健全长效管护机制	发挥村民主体作用，参与村内人居环境整治	市农委，各相关区政府	
28	建立健全长效管护机制	简化农村人居环境整治项目审批和招投标程序	市发展改革委、市规划国土委、市城市管理委、市住房城乡建设委、市政府审改办、市水务局	
29	建立健全长效管护机制	推进农村人居环境整治试点区建设	顺义区政府、怀柔区政府	市各相关单位

附表2 北京市实施乡村振兴战略扎实推进美丽乡村建设专项行动计划补充方案年度任务分解表

序号	内容	考核指标	本市目标（各区按照量化指标执行）	主要责任单位	协办单位
1	农村垃圾治理	行政村生活垃圾得到处理	2018年95%的行政村生活垃圾得到处理，2019年97%的行政村生活垃圾得到处理，2020年99%的行政村生活垃圾得到处理。	市城市管理委，各相关区政府	市水务局
2	农村垃圾治理	非正规垃圾堆放点整治	2018年完成10%存量的非正规垃圾堆放点整治工作，2019年完成20%存量的整治工作，2020年基本完成162处非正规垃圾堆放点整治工作。	市城市管理委，各相关区政府	市环保局、市水务局、市农业局
3	农村厕所粪污治理	农村户用厕所无害化改造率	2018年农村户用厕所无害化改造率达到95%，2019年达到98%，2020年99%的农村户用厕所完成无害化改造。	市卫生计生委（市爱卫办），各相关区政府	市水务局、市环保局
4	农村厕所粪污治理	农村公厕升级改造	按照美丽乡村年度任务分工，2018年启动1 069个村、2019年启动1 159个村、2020年启动998个村。2019年完成1 069个村，力争到2020年底全市农村公共卫生厕所90%达到等级标准。	市城市管理委，各相关区政府	
5	农村厕所粪污治理	规模畜禽养殖场粪污治理与资源化利用	2018年规模畜禽养殖场粪污治理装备配套率达到95%，2019年基本达到100%；2018年畜禽粪污治理与资源化利用率达到75%，2019达到80%以上。	市农业局，各相关区政府	

（续）

序号	内容	考核指标	本市目标（各区按照量化指标执行）	主要责任单位	协办单位
6	农村生活污水治理	农村生活污水治理	全市计划完成760个村的生活污水治理，已完成550个。2018年计划完成231个村生活污水治理（其中：门头沟31个、房山9个、通州60个、顺义30个、大兴20个、昌平20个、平谷30个、怀柔5个、密云10个、延庆16个）；2019年底前完成760个重要水源地、城乡结合部和民俗旅游村的污水设施覆盖；2020年底前，全市农村地区污水得到有效治理。	市水务局，各相关区政府	
7		消除黑臭水体	2018年完成非建成区84条黑臭水体治理（朝阳23条、海淀5条、丰台2条、通州33条、房山4条、顺义6条、大兴8条、昌平3条）。	市水务局，各相关区政府	
8	村容村貌提升	“四好农村路”建设	全市乡村公路中等路以上比例持续保持在90%以上。	市交通委，各相关区政府	
9		村内主要道路硬化	生态涵养区村内主要道路硬化保持在94%左右，其他区98%左右。	市交通委，各相关区政府	
10		消除私搭乱建乱堆乱放	遏制新增违法建设，依法拆除侵街占道、私搭乱建的违法建设，同步整治农村违法用地、违法经营等行为，基本消除私搭乱建、乱堆乱放。	市规划国土委，各相关区政府	市城管执法局、市工商局
11		传统村落保护	按照“能报则报、能列则列、应保尽保”的要求，建立传统村落名录。	市农委、市住房城乡建设委，各相关区政府	
12		村庄公共照明	梳理村庄公共照明设施现状及运行情况，制订治理计划，2018年底前完成基础台账编制；2019年完成农村地区公共照明技术导则编制；2020年底前研究建立村庄公共照明管理体制机制。	市城市管理委，各相关区政府	
13		提升国家卫生乡镇地区环境卫生示范水平	计划3年内至少完成10个北京市和国家卫生乡镇创建任务，完成20个国家卫生乡镇每三年一周期的国家卫生乡镇复审工作任务。	市卫生计生委（市爱卫办），各相关区政府	
14		抗震节能农宅建设、4类重点对象和低收入农户危房改造工作	2018年底前完成4类重点对象C、D级农村危房50%改造任务，完成低收入群众C、D级农村危房30%改造任务；2019年力争完成全部改造任务；2020年做好扫尾工作。	市住房城乡建设委，各相关区政府	市农委、市民政局、市残联、市规划国土委
15	村庄规划管理	村庄规划编制或修编	按照美丽乡村年度任务分工，2018年启动1 069个、2019年启动1 159个、2020年启动998个村庄规划工作，到2020年全面完成保留村庄规划编制，实现村庄规划管理基本覆盖。	市规划国土委，各相关区政府	
16		村规民约制修订	按照美丽乡村年度任务分工，2018年启动1 069个美丽乡村创建村村规民约制修订工作、2019年启动1 159个、2020年启动998个村庄，到2020年基本完成村规民约修订工作。	市民政局，各相关区政府	

（续）

序号	内容	考核指标	本市目标（各区按照量化指标执行）	主要责任单位	协办单位
17	建立健全长效管护机制	“五有”长效机制建设	2018年，初步建立有制度、有标准、有队伍、有经费、有督查的管护长效机制；2019年继续完善管护机制；2020年，基本建立完善“五有”管护机制。	各相关区政府，市新农办、市城市管理委、市卫生计生委（市爱卫办）、市发展改革委、市水务局、市规划国土委、市园林绿化局、市财政局	

北京市社会主义新农村建设领导小组印发《关于进一步加强低收入农户帮扶工作的措施》的通知

（2018年7月27日）

各区区委、区政府，市各有关单位：

为认真落实市委、市政府《关于进一步推进低收入农户增收及低收入村发展的意见》（京发〔2016〕11号）和关于低收入农户帮扶工作的决策部署，特制定《关于进一步加强低收入农户帮扶工作的措施》。经市委、市政府同意，现印发给你们，请结合实际，认真抓好落实。

关于进一步加强低收入农户帮扶工作的措施

为深入贯彻习近平总书记关于脱贫攻坚的系列重要讲话和中央农村工作会精神，认真落实市委、市政府《关于进一步推进低收入农户增收及低收入村发展的意见》（京发〔2016〕11号）和关于低收入农户帮扶工作的决策部署，进一步加强低收入农户帮扶工作，现提出如下工作措施。

一、充分认识低收入农户帮扶工作的重要性、紧迫性

低收入农户帮扶工作是本市打好三大攻坚战的一项重点任务，是本市率先全面建成小康社会必须完成的硬任务，必须坚持以习近平新时代中国特色社会主义思想为指导，深入贯彻习近平总书记关于实施乡村振兴战略、打好精准脱贫攻坚战的重要指示精神，从建设国际一流的和谐宜居之都和践行以人民为中心的发展思想的高度，认识做好低收入农户帮扶工作的重要性，进一步增强责任感、紧迫感、使命感，以更大的决心、更精准的举措、更过硬的作风，坚决打好这场攻坚战。

2016年以来，低收入农户帮扶工作取得较为明显的成效，低收入农户人均可支配收入实现快速增长。但本市的低收入农户帮扶工作离首善标准还有差距，工作中还存在重视和认识程度不够，精准帮扶要求落实不到位，一些产业帮扶项目落地慢、见效慢、收益低、利益联结机制不完善，低收入农户劳动力就业不充分、不稳定，“三保障”水平需要进一步提高，低收入农户持续稳定增收压力大等问题。各区、各部门要高度重视当前低收入农户帮扶工作存在的突出问题，准确把握加强低收入农户帮扶工作的任务目标，不放松、不停顿、不懈怠，扎扎实实把低收入农户帮扶攻坚战推向前进。

二、进一步明确加强低收入农户帮扶工作的目标任务

按照市委、市政府对低收入农户帮扶工作的决策部署，转变工作思路，进一步加大工作力度，推动从单纯的“增收”向包括加强教育、医疗、住房保障在内的“帮扶”转变，突出精准性、实效性和可持续性，确保率先全面建成小康社会路上一个不掉队。

确保“十三五”期间低收入农户人均可支配收入增速快于农民平均水平。到2020年，力争有劳动能力、有就业意愿的低收入农户劳动力实现就业；符合条件的低收入农户全部纳入民政社会救助范围，实现“应保尽保”；所有低收入农户家庭人均可支配收入超过低收入标准线（11 160元），低收入村全部消除。到2020年，“三保障”水平进一步提高，确保低收入农户中没有一个适龄学生因贫失学辍学，促进低收入农户家庭全部参加医疗保险，低收入农户危房问题全部得到有效解决。

三、进一步完善落实“六个一批”精准帮扶措施

坚持专项帮扶、行业帮扶、社会帮扶“三位一体”的大帮扶工作格局，以精准帮扶为基本方略，进一步完善落实“六个一批”分类帮扶措施。

（一）扶持产业帮扶一批

1. 科学制定产业发展规划，建立到2020年的低收入产业帮扶项目库和项目管理平台，完善项目立项机制，改进项目审批流程，缩短审批时间，加快推进项目落地。立足生态优势，扶持一批适宜的产业帮扶项目，着力提升产业效益，大力发展现代农业、特色民宿、乡村旅游、农产品加工、分布式光伏、特色林下经济等见效快、收益高的产业项目。（责任单位：市农委、市财政局、市旅游委、市园林绿化局、市发展改革委、市经济信息化委、市农业局、市中医管理局、各远郊区）

2. 提高资金使用效益，完善市级产业帮扶资金转移支付分配机制，逐步采取项目法和因素法相结合的方式安排资金，对于前期论证充分、管理机制健全、预期带动增收效果好的重点项目加大资金投入力度。着力提高低收入农户在产业项目中的参与度，完善项目与低收入农户的利益联结机制。产业帮扶资金直接支持低收入村的项目，项目资产由村集体经济组织持有，在收益分配上重点向低收入农户倾斜；大力引导和支持涉农企业、农民合作社等新型经营主体，实施带动低收入农户增收的产业项目，财政帮扶资金可通过低收入村集体或低收入农户量化持股等形式，直接支持新型经营主体，并建立最低收益保障机制；探索更多直接对户的产业帮扶政策。围绕资金安全和资金效益，开展对产业帮扶资金的监督检查和绩效评价。2018年起安排的财政资金帮扶项目中，原则上在2020年底前见效的项目比例不低于40%。（责任单位：市农委、市财政局、各远郊区）

3. 加大对低收入村户农副产品市场营销和品牌建设的支持力度，大力支持企业、合作社、电商等经营主体通过集中收购、搭建产销平台等多种形式，帮助低收入村户解决产品销售问题，市级低收入产业帮扶资金对成效突出的项目给予一定补助。（责任单位：市商务委、市农委、市供销合作总社、市财政局、各远郊区）

4. 加大财政投入力度，统筹各类培训资源，以实现高质量农村就业为导向，加强低收入农户劳动力培训，强化在农林生产、乡村旅游、经营管理等方面的技能和服务培训。（责任单位：市农委、市人力社保局、市财政局、市农业局、市旅游委、市园林绿化局、市科委、市农科院、北京农学院、北京农职院、各远郊区）

5. 加大科技帮扶力度，围绕农业产业项目，发挥农业技术推广体系和农业产业技术体系创新团队作用，进一步完善村级全科农技员等制度，以乡镇或村为单元建立产业帮扶技术专家组，指导低收入村户特色产业发展。加大科技推广力度，积极推广有市场、有品牌、有效益的特色产品品种和新技术。对低收入村户发展乡村旅游产业，加大规划、创意设计等方面的指导和支持力度。（责任单位：市农委、市科委、市旅游委、市园林绿化局、市财政局、市农科院、市农业局、北京农学院、北京农职院、各远郊区）

6. 加强政策统筹集成，进一步加强休闲旅游产业、林果产业、农业科技、农田治理、美丽乡村建设、生态清洁小流域建设、农业综合开发、农业产业化、农资农机、生态文明沟域建设、一事一议财政奖补、贷款担保贴息等政策在执行环节的统筹实施，加大对低收入村户的政策倾斜力度。（责任单位：市农委、市财政局、市旅游委、市园林绿化局、市科委、市规划国土委、市水务局、市发展改革委、市农业局、市金融局、各远郊区）

7. 支持低收入村集体经济发展，充分发挥集体经济组织带动作用。统筹利用低收入产业帮扶资金及其他农业、旅游等产业发展相关政策资金，支持低收入村集体经济组织采取自营、入股、联营等多种方式，发展优质特色农业和乡村旅游等优势产

业。支持低收入村集体经济组织以集体资源性资产入股等多种方式领办、参办农民专业合作社，延长产业链，发展融合性产业。支持低收入村集体经济组织统一盘活利用闲置农房发展特色民宿，支持具备条件的通过股份合作等方式发展乡村酒店。鼓励、引导集体经济强的村集体经济组织，与低收入村开展结对帮扶。（责任单位：市农委、市财政局、市规划国土委、市旅游委、市农经办、市农业局、各区）

（二）促进就业帮扶一批

8. 全面开展对低收入农户劳动力的摸底调查，动态掌握就业状况、技能水平、求职和培训意愿等信息，落实农村劳动力转移就业管理制度，将有转移就业意愿的低收入农户劳动力纳入全市公共就业服务体系，通过指定职业指导人员、量身定制就业援助方案、提供职业指导和就业介绍服务、落实鼓励用人单位招用岗位补贴和社会保险补贴政策等综合措施，对低收入农户劳动力实施精准就业帮扶。加大对低收入农户高校应届毕业生的就业指导和帮扶力度，对离校未就业的低收入农户应届毕业生提供一人一策的精准帮扶。各级公共就业服务机构要组织企业面向低收入农户劳动力定向招聘。（责任单位：市人力社保局、市财政局、市农委、各远郊区）

9. 创新农民就地就近就业路径，不断拓宽农村公益性岗位就业渠道，鼓励开发多种形式的公益岗位，吸纳低收入农户劳动力参与护林、管水、保洁、治安、护路等公益事业。美丽乡村建设、低收入产业帮扶、一事一议财政奖补、山区搬迁、乡村旅游、水利工程等项目的用工，优先吸纳低收入农户劳动力就业。（责任单位：市人力社保局、市农委、市财政局、市园林绿化局、市旅游委、市水务局、市城市管理委、首都综治办、市交通委、各远郊区）

10. 结合城市运转和化解区域就业矛盾需要，加大政策引导力度，对环卫、公交、地铁、绿化、铁路护路、公共物业、邮政、保安辅警等城市公共服务类岗位优先吸纳低收入农户劳动力就业的，给予公共服务岗位补贴和培训补贴。（责任单位：市人力社保局、市国资委、市园林绿化局、首都综治办、市财政局、市农委、各区）

11. 落实《北京市助残增收基地扶持管理办法》，加强对低收入残疾人的就业帮扶力度，提高低收入残疾人就业率。研究制定低收入妇女就业帮扶的具体政策措施，提高低收入妇女就业率。（责任单位：市残联、市妇联、市农委、各远郊区）

12. 开展对低收入农户劳动力转移就业的免费培训，统筹各类培训资源，以用人单位用工需求为导向，加大订单式培训力度，增强培训的针对性和实效性。引导职业院校和民办培训机构根据当地技能人才需求，为低收入农户劳动力量身定制培训项目。加大职业化培训力度，引导低收入农户劳动力，特别是新生代劳动力，进城实现长期稳定就业。对低收入农户劳动力转移就业参加的培训，按规定取得相关培训证书并实现就业后，给予一定标准的培训补贴。（责任单位：市人力社保局、市财政局、市农委、市农业局、市残联、市妇联、市旅游委、市教委、各远郊区）

（三）山区搬迁帮扶一批

13. 组织开展调查，摸清符合搬迁标准的低收入村户总体规模、搬迁意愿和搬迁条件，确定新一轮山区搬迁任务，制定年度搬迁计划，对符合搬迁标准、有搬迁意愿、搬迁条件成熟的低收入村户实施搬迁，通过搬迁改善生产生活条件，促进低收入农户增收。（责任单位：市农委、市财政局、门头沟区、房山区、昌平区、平谷区、怀柔区、密云区、延庆区）

（四）生态建设帮扶一批

14. 落实生态林补偿政策，及时足额发放生态补偿资金。落实好平原生态林养护、规模化苗圃、山区营林招用本地农村劳动力分别不低于60%、50%、80%的要求，优先吸纳低收入农户劳动力就业。研究基本农田保护补贴政策。研究到期后的退耕还林补贴政策机制。（责任单位：市园林绿化局、市规划国土委、市财政局、市农委、各远郊区）

（五）社会保障兜底一批

15. 实现低收入农户监测系统与社会救助管理平台共享对接，加强对未纳入社会救助对象的低收入农户的政策宣传和摸底调查，调整完善社会救助家庭经济状况核查办法，改革城乡低收入家庭管理制度，降低社会救助政策准入门槛，将符合条件的低收入农户全部纳入社会救助范围，确保“应保尽保”。（责任单位：市民政局、市财政局、市农委、各远郊区）

16. 在保障义务教育的基础上，进一步加大对低收入农户学前、高中和大学教育阶段在校生的帮扶力度，研究制定招生培养方案和补贴政策。对“因学致贫”的低收入农户家庭强化“一对一”精准帮扶，确保没有一个适龄学生因贫失学辍学。鼓励和支持低收入农户中未升学的初高中毕业生接受中高等职业学历教育，并给予助学金、免学费等补贴政策。（责任单位：市教委、市财政局、市人力社保局、市农委、各远郊区）

17. 注重发挥各项医疗帮扶政策的叠加效应，提高医疗帮扶水平，切实减轻低收入农户医药费负担。落实低收入农户参加城乡基本医疗保险个人缴费全额补贴政策，促进低收入农户全部参加医疗保险；将符合条件的低收入农户纳入民政医疗救助范围，提高医疗救助水平；落实大病保险政策；鼓励、支持通过购买补充商业医疗保险和建立慈善救助基金等形式，加强对低收入农户的医疗帮扶。（责任单位：市人力社保局、市财政局、市民政局、市农委、各远郊区）

18. 2019年底前，实现低收入村基层医疗卫生服务全覆盖。多渠道解决医务人员不足问题，逐步配齐乡村医生。将符合条件的低收入村卫生室纳入本市定点医疗机构范围。（责任单位：市卫生计生委、市财政局、市人力社保局、市农委、各远郊区）

19. 适时提高福利养老金和基础养老金标准。引导、鼓励低收入农户参加养老保险，探索研究低收入农户参加城乡居民养老保险个人缴费补贴政策，提高低收入农户养老保险参保率。加强农村养老服务工作，推进医疗卫生与养老服务相结合，构建农村区域养老服务联合体，加快乡镇养老照料中心、农村幸福晚年驿站和邻里互助点建设。（责任单位：市人力社保局、市财政局、市民政局、市卫生计生委、市农委、各远郊区）

20. 进一步摸清农村低收入农户和四类重点对象危房底数，对其房屋进行危险等级认定，将房屋为C、D级的低收入农户纳入危房改造政策范围，通过对危房进行加固维修或拆除重建，保障低收入农户居住安全，2020年前全部完成农村低收入农户和四类重点对象危房改造任务。鼓励在实施危房改造的同时，进行抗震节能改造。（责任单位：市住房城乡建设委、市财政局、市农委、市民政局、市残联、市规划国土委、各远郊区）

（六）社会力量帮扶一批

21. 统筹帮扶资源，进一步健全党政机关、国有企事业单位、高校定点帮扶机制。充分发挥驻村帮扶第一书记和驻村帮扶工作队的作用；市管国有企业带头扛起低收入农户帮扶的社会责任，所有市管国企与低收入重点村实现“一企一村”对接帮扶；发挥高校智力和人才优势，所有市属高校与低收入村实现“一校一村”对接帮扶；动员、引导在京央企、中管高校等，对接帮扶低收入村。（责任单位：市委组织部、市国资委、市委教工委、市教委、市直机关工委、市委农工委、市农委、各远郊区）

22. 中心城区、北京经济技术开发区与低收入村户比较集中的远郊区结对帮扶，东城和怀柔、西城和门头沟、朝阳和密云、海淀和延庆、丰台和房山、石景山和昌平、北京经济技术开发区和平谷，通过结对子、手拉手等方式，与郊区共同做好低收入农户帮扶、生态涵养区建设和乡村振兴工作。要制定结对帮扶工作目标、年度计划及措施，并认真抓好落实。（责任单位：市委农工委、市农委、市发展改革委、东城区、西城区、朝阳区、海淀区、丰台区、石景山区、北京经济技术开发区、门头沟区、房山区、昌平区、平谷区、怀柔区、密云区、延庆区）

23. 深入开展民营企业“百企联百村”结对帮扶低收入村活动。积极探索创新“一企一村一品”工作机制。（责任单位：市工商联、市委农工委、市农委、各远郊区）

24. 充分发挥各民主党派、无党派人士在人才和智力帮扶上的优势和作用，开展好“走进美丽乡村专项行动”，继续深化“8＋1”行动。（责任单位：市委统战部、市委农工委、市农委、各远郊区）

25. 动员组织各类社会公益组织、科研院所、志愿服务团队、社会各界爱心人士等参与低收入农户帮扶工作。动员、引导各类人才“上山下乡”和外出务工经商人员返乡创业，注重培养农村致富带头人，打造一支“不走的帮扶工作队”。（责任单位：市委农工委、市农委、市委组织部、市科委、市民政局、市总工会、团市委、市妇联、市委社会工委、市社会办、市工商联、市残联、市人力社保局、市农科院、北京农学院、各远郊区）

四、进一步强化组织保障

（一）进一步落实工作责任

26. 强化市级统筹、区负总责的领导机制。各远郊区要全面履行《“十三五”时期北京市推进低收入农户增收及低收入村发展工作责任书》，把低收入农户帮扶作为重大政治任务，进一步落实区级主体责任，书记和区长是第一责任人，要当好施工队长。要进一步加大与低收入农户帮扶任务相适应的区级财政投入力度，充分整合区级行业部门政策资源聚力帮扶，广泛调动社会力量参与。切实加强区级和乡镇的工作力量，解决帮扶工作人员少、换岗勤、兼职多等问题，建立一支与工作任务相适应的强有力的帮扶队伍。注重将帮扶工作同扶志、扶智相结合，激发低收入农户内生动力。（责任单位：各远郊区）

27. 市级各部门要在重点落实本文件政策措施的同时，继续全面落实《贯彻实施〈中共北京市委、北京市人民政府关于进一步推进低收入农户增收及低收入村发展的意见〉重要政策措施分工方案》（京办字〔2016〕14 号），进一步细化落实责任。市委农工委、市农委发挥好牵头作用，会同市级各部门加大帮扶力度，坚持问题导向，制定完善帮扶政策举措，并深入推进落实。各部门要及时帮助各区解决帮扶工作中的实际问题。（责任单位：京办字〔2016〕14 号文件涉及的所有市级单位）

（二）进一步完善精准帮扶工作机制

28. 按照精准帮扶工作要求，及时、完整、准确地动态更新低收入农户监测系统、村级精准帮扶台账和《低收入农户登记卡》，重点动态更新农户家庭变化、帮扶措施、收入情况、帮扶成效等信息，相关入户调查信息、帮扶措施和帮扶成效等要确保农户认可。加强对低收入农户的抽样统计监测，提升监测工作水平。持续做好有进有出的动态管理，对新发生收入低于低收入标准线的农户及时纳入登记，对去世、迁出、认定不实等情形的低收入农户及时予以退出。对家庭年人均收入超过11 160元的低收入农户要持续监测和巩固帮扶，不提前退出。充分运用监测信息，动态掌握低收入村户的变化情况和帮扶需求，对应“六个一批”精准帮扶措施，对村、对户细致分类，切实做到“一村一策、一户一策”，强化帮扶责任人管理，对帮扶责任人不认真、走形式的坚决调整，加强政策宣传和执行，狠抓帮扶措施的落地，并跟踪掌握帮扶措施效果。加强对城区、党政机关、国企、高校、民主党派、工商联、科技人员等各类社会力量对接帮扶效果的动态跟踪监测。（责任单位：市农委、市农经办、市统计局、各区）

（三）进一步完善监督检查工作机制

29. 将 2018 年作为低收入农户帮扶作风建设年，进一步强化帮扶责任，增强责任感、使命感和紧迫感。进一步加强督查巡查和考核评估工作。严格信息报送制度，各相关部门、各区每半年向新农办报送一次正式工作报告，有重大问题或进展随时报送。各部门和各区委、区政府要将低收入农户帮扶作为实施乡村振兴战略的重要内容，每年向市委、市政府报送正式工作报告。建立层层工作约谈机制，对于没有及时完成帮扶任务、资金使用存在重大问题的，市级对相关部门和区开展约谈，区级对乡镇、乡镇对村开展约谈。按照市纪委市监委《关于 2018 年至 2020 年开展扶贫领域腐败和作风问题专项治理的工作方案》（京纪办发〔2018〕13 号），开展专项督查检查，对挪用和贪污帮扶款项的行为严惩不贷，及时查处、解决和纠正帮扶工作中的形式主义、官僚主义等突出问题。（责任单位：市委农工委、市农委、市财政局、各远郊区）

（四）进一步加强基层党组织建设

30. 要着力选好低收入农户帮扶任务较重的乡镇党政正职，配强领导班子，切实提高整个班子和干部队伍促进农村经济发展、带领农民增收致富、创新基层社会治理的能力。要保持干部队伍稳定，对于不能胜任的要及时调整。要把保持低收入村比较集中的乡镇党政正职稳定作为一项重要政治任务来落实，在消除低收入村任务完成之前，相关乡镇党政正职原则上不得调离。进一步加强农村基层党组织建设，选好村书记、配强村班子，充分发挥基层党组织的战斗堡垒作用和党员的先锋模范作用。大力整顿低收入村软弱涣散党组织，坚决撤换不合格、不尽职的村党组织书记。把帮扶一线作为培养锻炼干部的重要平台，加强对第一书记和驻村帮扶干部的市场营销、乡村旅游等产业发展方面的培训，加强考核管理，对工作成效突出的优先推荐提拔，对不适应的及时调整。（责任单位：市委组织

部、市委农工委、各远郊区）

（五）进一步营造良好舆论氛围

31. 深入宣传习近平总书记关于脱贫攻坚的系列重要讲话精神和市委、市政府关于低收入农户帮扶工作的决策部署，深入宣传、准确解读各部门和各区的精准帮扶政策措施。生动报道各区、各部门低收入农户帮扶工作的丰富实践和先进典型，对工作突出的单位、个人予以表彰奖励，充分发挥示范带动作用。大力弘扬自力更生、艰苦奋斗的优良传统，激发低收入村户的积极性、主动性和创造性，鼓励通过勤奋劳动实现增收致富。（责任单位：市委宣传部、市委农工委、市农委、各区）

涉农文件目录

2018 年涉农文件目录

中共北京市委　北京市人民政府印发《关于实施乡村振兴战略的措施》的通知（京发〔2018〕10 号）

中共北京市委　北京市人民政府印发《关于推动生态涵养区生态保护和绿色发展的实施意见》的通知（京发〔2018〕30 号）

中共北京市委　北京市人民政府关于印发《北京市乡村振兴战略规划（2018—2022 年）》的通知（京发〔2018〕39 号）

中共北京市委办公厅　北京市人民政府办公厅关于印发《实施乡村振兴战略扎实推进美丽乡村建设专项行动计划（2018—2020 年）》的通知（京办发〔2018〕5 号）

北京市人民政府办公厅关于加强传统村落保护发展的指导意见（京政办发〔2018〕7 号）

北京市人民政府办公厅关于印发《2018 年北京市农村地区村庄冬季清洁取暖工作方案》的通知（京政办发〔2018〕13 号）

北京市人民政府办公厅关于健全生态保护补偿机制的实施意见（京政办发〔2018〕16 号）

北京市人民政府办公厅关于印发《北京市推进畜禽养殖废弃物资源化利用工作方案》的通知（京政办发〔2018〕24 号）

北京市人民政府办公厅印发《关于实施新一轮山区农民搬迁工程的意见》的通知（京政办发〔2018〕30 号）

中共北京市委农村工作委员会　北京市农村工作委员会印发《关于开展"实施乡村振兴战略扎实推进美丽乡村建设"专项行动计划任务分工方案》的通知（京农发〔2018〕3 号）

中共北京市委农村工作委员会　北京市农村工作委员会关于进一步完善"三重一大"决策制度的实施意见（试行）（京农发〔2018〕4 号）

北京市农村工作委员会　北京市农村合作经济经营管理办公室关于规范新型农村集体经济组织收益分配工作的意见（京政农函〔2018〕2 号）

北京市农村工作委员会　北京市规划和国土资源管理委员会　北京市住房和城乡建设委员会　北京市发展和改革委员会　北京市民政局　北京市旅游发展委员会　北京市工商行政管理局关于印发《关于规范引导盘活利用农民闲置房屋增加农民财产性收入的指导意见》的通知（京政农函〔2018〕13 号）

北京市农村工作委员会　北京市财政局　北京市环境保护局　北京市农业局关于印发《北京市开展"疏解整治促提升推进畜禽生态养殖"实施方案》的通知（京政农函〔2018〕17 号）

北京市农村工作委员会　北京市农村合作经济经营管理办公室　北京市财政局　北京市规划和国土资源管理委员会　北京市水务局　北京市园林绿化局　北京市教育委员会　北京市文化局　北京市卫生和计划生育委员会　北京市体育局关于全面开展农村集体资产清产核资工作的通知（京政农函〔2018〕26 号）

北京市农村工作委员会　北京发展和改革委员会　北京科学技术委员会　北京市财政局　北京市人力资源和社会保障局　北京市规划和国土资源管理委员会　北京市水务局　北京市商务委员会　北京市工商行政管理局　北京市园林绿化局　北京市金融工作局　中国人民银行营业管理部　中国银监会北京监管局　中国保监会北京监管局关于加快构建政策体系培育新型农业经营主体的意见（京政农函〔2018〕34 号）

北京市农村工作委员会　北京市教育委员会　北京市科学技术委员会　北京市财政局　北京市人力

资源和社会保障局　北京市旅游发展委员会　北京市园林绿化局　北京市农业局关于印发《北京市新型职业农民培育三年行动计划（2018—2020年）》的通知（京政农函〔2018〕38号）

北京市农村工作委员会　北京市规划和国土资源管理委员会印发《关于开展“大棚房”问题专项清理整治行动坚决遏制农地非农化的实施方案》的通知（京政农发〔2018〕30号）

北京市社会主义新农村建设领导小组综合办公室关于印发《北京市2018年农村地区村庄冬季清洁取暖工作推进指导意见》的通知（京新农办函〔2018〕7号）

北京市社会主义新农村建设领导小组综合办公室关于印发《北京市实施乡村振兴战略扎实推进美丽乡村建设专项行动计划（2018—2020年）补充方案》的通知（京新农办发〔2018〕5号）

北京市社会主义新农村建设领导小组印发《关于进一步加强低收入农户帮扶工作的措施》的通知（京新农办发〔2018〕2号）

北京市农业农村局　中国银行保险监督管理委员会北京监管局关于做好应急机制启动时期农业保险相关工作的通知（京政农发〔2018〕40号）

北京市农业局转发北京市财政局　中国人民银行营业管理部关于修订北京市2019年政府收支分类科目的通知（京农发〔2018〕245号）

北京市农业局关于申请追加2018年公路动物防疫监督检查站车辆消毒通道建设项目的函（京农函〔2018〕212号）

北京市农业局关于协助提供2017年北京市土地利用现状图的函（京农函〔2018〕210号）

北京市农业局关于印发《打击生猪屠宰领域违法行为 做好非洲猪瘟防控专项行动实施方案》的通知（京农发〔2018〕244号）

北京市农业局关于报送《京津冀非洲猪瘟联防控实施方案》的请示（京农文〔2018〕33号）

北京市农业局关于公开征求2018年度北京市农机购置补贴额一览表意见的通告（京农发〔2018〕243号）

北京市农业局关于报送养殖水域滩涂规划编制发布工作进展有关情况的函（京农函〔2018〕208号）

北京市农业局关于落实全面推开“证照分离”改革工作的通知（京农发〔2018〕242号）

北京市农业局贯彻落实农业部关于推进兽医社会化服务发展的指导意见的实施意见（京农发〔2018〕241号）

北京市农业局关于报送落实《北京耕地河湖休养生息规划（2018—2035年）》自查报告的函（京农函〔2018〕204号）

北京市农业局关于进一步强化生猪养殖屠宰等关键环节非洲猪瘟防控工作的通知（京农发〔2018〕239号）

北京市农业局关于印发2018年北京市设施蔬菜有机肥替代化肥试点工作方案的通知（京农发〔2018〕235号）

北京市农业局关于印发北京市第二次全国农业污染源普查专题实施方案的通知（京农发〔2018〕230号）

北京市农业局关于报送养殖环节无害化处理补助政策执行情况的函（京农函〔2018〕191号）

北京市农业局关于开展2018年度农产品质量安全工作考核的通知（京农发〔2018〕229号）

北京市农业局　天津市农村工作委员会　河北省农业厅关于印发京津冀农产品质量安全联合督导检查活动方案的通知（京农发〔2018〕228号）

北京市农业局关于做好2018年秋冬种等重点工作的通知（京农发〔2018〕225号）

北京市农业局关于开展非洲猪瘟防控工作督查的通知（京农发〔2018〕219号）

北京市农业局关于印发2018年北京市蔬菜绿色高质高效示范区创建方案的通知（京农发〔2018〕201号）

北京市农业局关于开展2018年北京市区级农产品质量安全综合质检站等级评定与动态管理工作的通知（京农发〔2018〕198号）

北京市农业局关于申请北京市2018年整市推进畜禽粪污资源化利用资金的函（京农函〔2018〕168号）

北京市农业局关于进一步加强畜禽规模养殖档案管理的通知（京农发〔2018〕192号）

北京市农业局关于2019年度狂犬病免疫标识样式及制作标准的通知（京农发〔2018〕187号）

北京市农业局关于加强2018年中非合作论坛北京峰会及中秋、国庆期间农产品质量安全监管工作的通知（京农发〔2018〕186号）

北京市农业局关于印发2018年化肥减量增效实施方案的通知（京农发〔2018〕177号）

北京市农业局　天津市农村工作委员会　河北省农业厅关于公布2018年京津冀主要农作物审定品种的通告（京农发〔2018〕170号）
北京市农业局关于印发2018年北京市基层农技推广体系改革与建设补助项目实施指导意见的通知（京农发〔2018〕164号）
北京市农业局关于印发北京市2018年新型职业农民培育工作实施指导意见的通知（京农发〔2018〕163号）
北京市农业局关于报送2018—2022年乡村振兴投资需求摸底和2019年中央农业建设投资计划的函（京农函〔2018〕138号）
北京市农业局　北京市知识产权局关于印发《北京市开展农业植物新品种权规范使用示范活动工作方案（2018—2020年）》的通知（京农发〔2018〕148号）
北京市农业局关于无公害农产品认证制度改革过渡期间积极推进无公害农产品认定工作的通知（京农发〔2018〕117号）
北京市农业局关于大力推进景观农业发展的指导意见（京农发〔2018〕116号）
北京市农业局关于落实乡村振兴战略深入推进都市现代农业绿色高效高质量发展的实施意见（京农发〔2018〕110号）
北京市农业局关于印发2018年北京市农业标准化工作实施方案的通知（京农发〔2018〕92号）
北京市农业局关于印发《2018年北京市传统棚室新型生产模式——蔬菜基质化生产基地创建方案》的通知（京农发〔2018〕47号）
北京市农业局关于印发《2018年北京市蔬菜万亩镇集约化育苗场创建方案》的通知（京农发〔2018〕46号）
北京市农业局关于印发2018年北京市“七统一”生态标准园区创建实施方案的通知（京农发〔2018〕45号）

总　述

2018年北京市农村经济社会发展总述

2018年，全市扎实推进实施乡村振兴战略，“三农”各项工作持续向好发展。

搭建首都乡村振兴的“四梁八柱”。研究制定《关于实施乡村振兴战略的措施》，明确全市推进实施乡村振兴战略的总体思路、三个阶段目标和八个方面重点任务。制定《实施乡村振兴战略扎实推进美丽乡村建设专项行动计划（2018—2020年）》等一系列行动计划。编制完成《北京市乡村振兴战略规划（2018—2022年）》，重点围绕乡村振兴战略实施的第一个五年做出具体安排。紧紧围绕“产业兴旺、生态宜居、乡风文明、治理有效、生活富裕”的总要求，因地制宜、“一村一策”，指导村庄规划编制，71个市级美丽乡村建设试点村基本完成规划编制，993个创建村完成规划初稿。构建了推进实施乡村振兴战略的框架体系，明确了任务表、路线图和施工图，不断取得阶段性成果。

全面实施美丽乡村建设三年行动计划。北京市落实国家《农村人居环境整治三年行动方案》，制定实施美丽乡村建设三年行动计划。组织协调市相关部门出台《北京市美丽乡村建设导则》《北京市村庄规划导则》《落实“厕所革命”要求提升公厕服务品质方案》《推进农村“户厕革命”的指导意见》等一系列政策措施，强化基层实施层面的工作指导，组织全市1 081个村庄开展美丽乡村创建工作。

全面开展农村人居环境整治。结合“疏解整治促提升”专项行动，在全市农村地区全面开展“清脏、治乱、增绿、控污”工作，聚焦“厕所革命”、“四好农村路”建设、垃圾污水治理等，消除盲点、补上缺项。全市农村地区累计清理各类积存垃圾33.6万余处，拆除侵街占道私搭乱建3.9万余处，新增绿化面积920多万平方米，治理污水溢流点7 000余处。完善运维管护机制，市、区、乡镇陆续把相关管护资金纳入财政保障范围，逐步探索和建立适合北京农村特点的基础设施管护模式。

扎实推进农村地区冬季清洁取暖。完成450个村的“煤改清洁能源”改造，累计完成2 963个村庄、约111万农户改造，基本实现平原地区村庄“无煤化”目标，供暖季减少散煤燃烧约330万吨，推进全市大气环境治理、打好污染防治攻坚战。

推进山区绿色发展。完成上一轮搬迁工程收尾工作，组织实施5年搬迁1.2万户的新一轮山区农民搬迁工程，2018年计划的772户1 939人搬迁任务已全面开工。推进门头沟区清水百花沟域等14条生态绿色沟域建设，涉及20个乡镇、281个行政村、6.3万农户，市级财政投入1.2亿元。

推进农业“调转节”。与2013年相比，农业发展实现“五减四提升”，多数指标提前实现2020年的调减目标值。全市粮食播种面积调减70%（从290万亩调减到85万亩）、规模养殖场调减71%（从2 535家调减到722家）、农业年用水量下降38%（从7.3亿立方米下降到4.5亿立方米）、化肥和农药施用量分别调减20%和10%；“三品一标”认证覆盖率提升29.8个百分点（从42%提高到71.8%），农田灌溉水有效利用系数提升3个百分点（从0.691提高到0.723），农业科技进步贡献率提升3个百分点（从69%提高到72%），农业生态服务价值提升14个百分点（从9 431亿元提高到10 769亿元）。

推动特优农产品发展。落实市政府与农业农村部《共建北京农产品绿色优质安全示范区合作协议》，制定了三年实施方案，打造绿色生产、全程监管、产品优质、品牌过硬、区域协同的北京“安全农业”品牌，加快1 000个特优基地和100个名优品牌的遴选培育工作。加强农产品全链条监管和品牌保护，农产品安全合格率继续保持全国领先水平，评选30个北京农业好品牌、20名农业好把式，恢复示范30余种北京“老口味”蔬菜产品。推进国家现代农业产业园创建，认定4家市级现代农业产业园。9个村镇被认定为第八批全国一村一品示范村镇，评定19个都市型现代农业示范乡镇，评选10家市级特色专业示范村。

推动农业转型发展。配合农业农村部筹办全国首届“中国农民丰收节”主会场活动，精心组织北京市首届“中国农民丰收节”系列活动29项，广泛开展农事体验、乡村文化演出、乡村旅游推介、优质农产品营销等活动。成功举办第六届农业嘉年华，接待入园游客112.86万人次，实现总收入4 520.37万元。加强农业科技创新，加强与荷兰瓦赫宁根大学合作，启动在平谷区落地建设北京京瓦农业科技创新中心，发展智慧农业、循环农业、生物种业、农业智能装备等应用技术。

开展“大棚房”问题专项清理整治。落实习近平总书记关于“大棚房”问题的重要批示精神和国务院专项清理整治行动电视电话会议精神，成立市级协调推进小组和工作专班，在全市开展“拉网式”“台账式”“背书式”摸底排查和督导检查，集中整治违建“大棚房”。截至年底，全市共排查复核了22.4万栋设施大棚、审查了4.2万份土地承包和流转合同，排查各类农业园区2 672个。推进问题大棚分类整改和问题合同清理整改，按时保质推进“大棚房”问题清理整治。

建立完善设施农业长效监管机制。按照“发现—处置—整改”全流程闭环监管要求，建立了市区镇（乡）村四级、农业与规划国土部门联动的监管机制，压实各级各部门监管责任。落实日常巡查报告制度，加强技防手段，完善问题处置制度，实施市级季抽查、区级季巡查、镇级月检查、村级日常巡查，做到随时发现随时处理。形成目标明确、上下一体、部门联动、职责清晰、标准统一的设施农业长效监管机制，确保及时、有效制止和查处设施农业违法违规建设行为，防止“大棚房”问题反弹。

果断有效处置非洲猪瘟疫情。面对突如其来的非洲猪瘟疫情，第一时间启动应急响应，立即封锁疫点、疫区，果断迅速开展扑杀、消毒和无害化处理；组成由相关部门负责同志带队、近120名技术人员参加的13个督导组，驻区督促指导各区抓好疫病防控工作；发挥市重大动植物疫病应急指挥部作用，统筹各部门、各区力量，强化主动防控、科学防控、联防联控，确保各项防控措施落实、落细、落地，责任到村、到场、到户、到人；强化猪肉市场供应保障，加紧研究养殖业发展规划，科学布局生猪养殖，加快推动畜牧业转型升级。北京市非洲猪瘟疫情得到有效控制，3个区疫情处置工作全部结束，如期解除封锁，疫病没有蔓延扩散，社会舆情和生猪市场供应平稳有序。

深化农村“三块地”改革。在承包地方面，全市基本完成确权登记颁证工作，涉及确权地块85.85万块，确权承包地面积277.35万亩；建立确权登记颁证信息管理平台，向农业农村部汇交相关数据。探索承包地“三权分置”的有效途径，推动土地经营权向金融机构融资担保、入股从事农业产业化经营。已流转土地占确权总面积的68%。在集体建设用地方面，开展集体经营性建设用地入市、利用集体土地建设租赁住房、乡镇统筹利用等试点，加快推动集体建设用地腾退减量、“腾笼换鸟”。在宅基地方面，新出台政策意见，规范引导农民闲置房屋盘活利用，鼓励利用闲置房屋发展健康养老、度假休闲等第三产业，形成了延庆原乡里、怀柔田仙峪、房山黄山店等一批典型经验。北京市已有60个村有组织地盘活闲置农宅及院落1 062套，2018年投入运营的营业总收入约2 100万元，农民在租期内获得租金总收入1.8亿元。

深化集体产权制度改革。推进剩余2%难点村以及城镇化重点地区乡镇产权制度改革，2018年，推动7个村完成改革，12个乡镇启动改革。截至年底，全市累计完成村级产权制度改革3 906个、占98.2%；完成乡镇级产权制度改革22个、占11.3%。全市6 616个乡村集体经济组织换发农村合作经济组织登记证书，加载统一社会信用代码，占存量集体经济组织的99.6%。扎实推进海淀区农村集体产权制度改革国家试点工作。全面开展农村集体资产清产核资，出台工作方案及细则。

稳步推进政策性农保和农村金融发展。2018年，全市政策性农业保险保费收入6.8亿元，同比增长 19.9%；保险金额 128.3 亿元，参保农户 7 万户次；创新 27 个险种，增加保费规模 1.8 亿元，提高保障水平 27.8 亿元。加大对新型农业经营主体的金融支持力度，提供利息、担保费及中介费等补贴 6 138 万元，同比增长 104.6%，受益主体 201 户，支持新型农业经营主体融资 17 亿元。

促进农民就业增收。全年实现 6.4 万名农村劳动力转移就业。其中，会同相关部门督导各区做好城市公共服务类岗位安置农村劳动力工作，实现安置 11 731 人；通过组织广大农民参与美丽乡村建设、巡河护河等工作，落实好平原造林管护、园林苗圃、山区营林招用本市农村劳动力分别不低于 60%、50%、80%的要求，帮助更多农民实现就近就地就业。2018 年，农村居民人均可支配收入 26 490 元，同比增长 9.3%，快于城镇居民收入增速 0.4 个百分点；扣除物价因素，实际增长 6.6%。

开展低收入帮扶。研究制定《关于进一步加强低收入农户帮扶工作的措施》，提出了 31 条具体帮扶措施，进一步加强包括教育、医疗、住房保障等在内的综合帮扶。深入实施“六个一批”精准帮扶措施，实行有进有出的动态监测，确保对象精准。落实专项帮扶资金，扶持一批特色种植、乡村旅游、光伏利用等产业项目，累计实施 582 个产业帮扶项目，带动 1.8 万低收入农户持续稳定增收。开展了系列对接大帮扶活动，中心城区与七个山区结对帮扶，组织推动 50 家市属国企、23 所市属高校以及民营企业、科技人员对接帮扶低收入村。着眼“两不愁、三保障”，推进低收入农户社会救助“应保尽保”，对在读学生实施精准教育帮扶，累计帮扶 8 301 人次；对低收入农户参加城乡基本医疗保险给予全额补贴，低收入村实现医疗服务全覆盖；将低收入农户纳入了危房改造政策范围。举办全市低收入村第一书记培训班、抓经济发展专题培训班，提高第一书记驻村帮扶实效。全年全市低收入农户人均可支配收入达到 12 524 元，同比增长 17.1%。

稳步提升农村社会保障水平。城乡居民基础养老金从每人每月 610 元提高到 710 元；福利养老金从每人每月 525 元提高到 625 元，惠及全市 86.6 万城乡居民。继续调整城乡社会救助标准，城乡低保、低收入家庭认定标准分别从家庭月人均 900 元、1 410 元调整为 1 000 元、2 120 元。

加强农村基层党组织建设。推进农村党支部规范化建设，开展党支部评星定级、党员积分管理等工作，推动乡村组织振兴，发挥好农村基层党组织在乡村治理中的领导核心作用。抓好 225 个软弱涣散村党组织集中攻坚专项行动，制定实施“一村一策”的整顿方案，全部实现转化提升。组织开展村“两委”换届选举工作，全年全市 2 831 个村党组织完成换届选举、占总数的 73.2%，均一次选举成功。

加强农村各类人才队伍建设。着眼“一懂两爱”，加强农村基层干部及后备人才队伍建设，试点开展“三农”服务队伍学历教育、招录 203 人，其中在全国首次开设村务管理专业、招录 83 人。组织实施新型职业农民培育三年行动计划（2018—2020 年），评选 10 名“北京市有突出贡献的农村实用人才”。开展“北京市农村创业创新典型项目”评选活动，打造一支拥有 8 000 余名科技特派员的农村创新创业人才队伍。

完善乡村治理机制。落实“街乡吹哨、部门报到”，推动社会治理和服务重点向农村倾斜，重心向基层下移。推进村级组织村务、党务、财务公开，制定了“三务”公开模板，提高规范化水平。进一步规范完善村民自治章程、村规民约，推广乡贤公益协同共治模式。深入开展扫黑除恶专项斗争，对村“两委”干部和村集体经济组织负责人进行信息核查比对，清查涉黑分子，依法坚决处置涉黑行为。

培育提升文明乡风。继续开展“美丽乡村·筑梦有我”大型新闻公益行动，成功举办第 29 届北京市农民艺术节，实施“文化驻乡工程”，继续推进特色文化示范村建设。开展移风易俗行动，通过村规民约、红白理事会等，抵制封建迷信、陈规陋习。

（刘孟超）

大 事 记

2018年大事记

1月5日 北京市副市长卢彦召开京郊民俗旅游经验交流会。在参观怀柔区峪园民宿、听取北京风林宿等八家业态主体、怀柔区、市旅游委、市农委等相关单位发言后，卢彦强调，京郊民俗旅游要树立三个理念：一是要树立自然的、生态的理念。休闲农业不要建得跟城里一样，要自然、生态，突出个性化、特色化。二是要树立与农民融合的理念。发展民俗旅游最终目的是帮助农民增收致富，社会资本参与休闲农业与乡村旅游要与农民融合，要通过合作社等平台，让更多的农民参与进来，有更多的就业机会和收入。三是要树立文化发展的理念。北京的乡村文化很丰富，发展休闲农业要大力挖掘利用乡村文化资源，挖掘得越多，休闲农业发展就越有希望。他要求，各部门要对会上发言单位提出的标准、规划、政策、宣传等各方面意见和建议，认真研究，加以解决。

1月16日 农业部与北京市人民政府就农产品绿色优质安全工作召开座谈会并签署合作协议。农业部和北京市人民政府签署《农业部 北京市人民政府共建北京农产品绿色优质安全示范区合作协议》，旨在通过部市共建，突出优质绿色生产、首都“菜篮子”安全、区域联动、机制创新，把北京市打造成农产品绿色优质安全的标杆样板，示范带动各地加强执法监管，大力推进标准化生产，把品牌树起来，让产业强起来。农业部部长韩长赋、北京市代市长陈吉宁、农业部党组成员宋建朝、总畜牧师马爱国、总经济师张合成，北京市副市长卢彦等参加签约仪式。据了解，农业部将2018年确定为“农业质量年”，拟开展一系列活动，此次部市共建为全国“农业质量年”拉开了序幕。

1月22日 北京市召开新农村建设领导小组（扩大）会议。副市长卢彦出席并讲话，市委副秘书长李必友主持会议。会议播放了《为了乡村更美好》专题片，市新农办主任孙文锴传达了中央农村工作会议精神，总结了2017年工作，部署了2018年重点工作安排。市规划国土委、市城市管理委、顺义区分别结合自身工作，围绕推进美丽乡村建设作了交流发言。卢彦在讲话中强调，要始终坚持以习近平新时代中国特色社会主义思想为指导，努力让习近平总书记关于“三农”工作的重要论述在京郊大地上落地、生根、开花、结果。他要求，要改进方式方法，提高谋“三农”抓“三农”的能力水平，念好稳、进、实“三字经”。一是要稳，做到实事求是，稳扎稳打，不蛮干，不冒进。农业结构调整要稳步推进，美丽乡村建设各项工程任务要稳扎稳打，“无煤化”成果要稳得住。二是要进，做到攻坚克难，稳中有进，不消极、不懈怠。农村人居环境要“快进”，农民增收要“跟进”，农村改革要“先进”。三是要实，做到求真务实，看实际效果，不要纸上谈兵、不搞花拳绣腿。低收入帮扶要“讲实效”，本地用工要“出实招”，农村基础设施运营管护要切合实际，调查研究要求真务实。

3月29—30日 市委农工委、市农委举办美丽乡村建设工作培训班。13个涉农区的新农办、区农委等主管部门负责同志、乡镇主管负责同志、试点村党支部书记和村委会主任等共计190余人参加培训。市委农工委围绕“实施乡村振兴战略推进美丽乡村建设”做了专题报告，并提出具体要求。相关领域的专家围绕“厕所革命”、污水治理、“四好农村路”建设和管护、村庄绿化美化、乡村治理体系建设和长效管护机制建设等专题，介绍了美丽乡村建设的相关政策、推进措施、建设标准等内容。大家一致表示，要继续深入学习美丽乡村建设相关文件，吃透会议精神，把握政策要点，提高组织推进美丽乡村建设的业务能力；要抓住机遇，全面推进美丽乡村建设，科学规划，坚持一张蓝图绘到底，分类推进，重视后期管护，巩固建设成果。

4月23日　卢彦副市长深入门头沟区低收入村和低收入户调研。以“四不两直”方式，到门头沟区斋堂镇牛战村、白虎头村和雁翅镇青白口村三个低收入村进行现场调研，详细了解低收入户就业养老、就医保障、低保救助等情况并进行慰问，他要求：①基础数据要精准。建档立卡工作要严谨细致，在全面了解低收入户情况的基础上认真填写，确保数据翔实准确，经得起检验。②帮扶责任要精准。每一个低收入户都要明确具体帮扶责任人，并建立定期联系机制。③帮扶措施要精准。按照“一户一策”的要求，针对每个低收入户的实际情况，制定切实可行的帮扶措施。④帮扶监督要精准。要对精准帮扶存在的问题，及时纠正、督促整改。

4月23日　市委农工委、市农委召开工委扩大会议，认真传达学习了蔡奇书记在低收入农户帮扶调研座谈会上的讲话精神。研究了当前本市低收入农户帮扶工作中存在的主要问题，按照蔡奇书记“要调整工作思路，切实加大工作力度，推动从单纯的‘增收’转向包括‘两不愁三保障’在内的帮扶，确保率先全面建成小康社会路上一个不掉队”的要求，研究讨论了《关于进一步加强本市低收入农户帮扶工作的措施》，进一步明确了提高低收入农户帮扶工作的目标任务，完善落实“六个一批”精准帮扶措施，确保“十三五”期间低收入农户人均可支配收入增速快于农民平均水平。

4月25日　本市召开推进低收入农户帮扶工作调度会。会议由卢彦主持，林克庆出席并讲话，16个区委、区政府和46家市属相关单位负责同志参加了会议。市农委通报了全市低收入农户帮扶工作进展情况；市民政局、市园林绿化局、门头沟区、延庆区做了典型发言；会议对市新农村领导小组研究制定的《关于进一步加强低收入农户帮扶工作的措施（征求意见稿）》进行讨论交流。林克庆就下一步本市低收入农户帮扶工作强调，一是提高政治站位，增强工作主动，迅速贯彻落实大调研的有关精神要求；二是坚持问题导向与典型引路并举，认真破解帮扶工作中的难点、堵点问题；三是转变思路、改进方式，进一步做好各项帮扶工作。卢彦提出了四点具体要求，一是进一步落实精准帮扶要求；二是围绕可持续，进一步强化产业和就业帮扶；三是进一步提高社会保障水平；四是进一步加强社会力量帮扶。

6月26—27日　2018年度北京都市型现代农业（高效农业）示范镇（特色专业示范村）培训班在京举办。培训邀请了农业部、中国农业大学的多位专家，就北京都市型现代农业发展的新形势与任务解读、乡村振兴战略实施背景下的农业发展思考、农业绿色发展的基本要求等内容进行授课。特别邀请了北京大学校友创业联合会荣誉会长杨勇，就如何通过中国式众筹助力乡村振兴进行讲解。11个相关区农委，89个都市型现代农业（高效农业）示范镇，以及北京特色专业示范村（全国“一村一品”示范村镇）共计100余人参加了培训。

6月27日　市农委系统召开安全生产半年工作总结暨基层安全生产工作培训会。会议总结了上半年农委系统安全生产工作，围绕“抓好安全生产工作落实”进行了专题教育辅导。培训班开设了安全保密、安全生产管理者履职尽责和风险防范、安全生产事故剖析、落实主体管理责任、强化消防安全能力建设等课程，同时进行了消防实操练习。本次培训班为期3天，5个局级单位81位安全生产的负责人参加了培训。

6月28日　北京联通结对帮扶延庆区低收入村。为认真落实市委市政府关于“一企一村”结对要求，北京联通公司与延庆区张山营镇佛峪口村举行“一企一村”结对帮扶签约仪式，并现场走访了2户低收入农户。下一步，北京联通将对佛峪口村开展通信服务帮扶、智慧农业帮扶、果品销售帮扶、低收入农户帮扶四个方面专项工作，进一步履行好帮扶责任。

7月3日　北京9个村镇被认定为第八批全国一村一品示范村镇。农业农村部发布《农业农村部关于公布前六批全国一村一品示范村镇监测合格和第八批示范村镇名单的通知》，认定北京市海淀区上庄镇西马坊村等300个村镇为第八批全国一村一品示范村镇。本市推荐的9个村镇全部通过认定，包括：海淀区上庄镇西马坊村（京西稻）、通州区西集镇沙古堆村（通州大樱桃）、房山区韩村河镇圣水峪村（香椿）、平谷区大华山镇西牛峪村（玉露香梨）、顺义区龙湾屯镇焦庄户村（苹果）、延庆区四海镇前山村（京水源菊花茶）、怀柔区桥梓镇岐庄村（岐庄尜尜枣）、昌平区十三陵镇康陵村（正德春饼宴）、怀柔区渤海镇（怀柔板栗）。下一步，本市将以八批共 71 个全国一村一品示范村镇为重要载体，以一二三产业融合发展为工作重点，加快推进一村一品特色产业提档升级。打造特色品牌农业，大力宣传推介示范村镇的名优特色产品，推广示范村镇的好经验好办法，进一步发挥全国一村一品的示范带动作用。

7 月 4 日 卢彦“四不两直”检查设施农业清理整治工作。实地察看了通州区西集镇沙古堆村北京聚隆农业农民专业合作社联合社、潞城镇八各庄村种花大棚、南刘各庄村设施菜田，对相关管理用房逐一进行检查。他要求：①严格按照大棚类设施农业项目整改标准认真清查和整改，在单栋种植大棚内外及看护管理房内，绝不允许出现用于固定居住的生活设施。②规范发展观光休闲产业，研究制定观光休闲产业发展用地政策，严格按照标准拆除整改耕地上的违法违规设施，并恢复种植条件，积极采取措施恢复耕地，把资源保护好、利用好、发展好。③抓紧研究解决在检查过程中发现的临时用房集中居住外埠人问题，落实安全责任，做好安全防范，确保不出现安全事故。

7 月 6 日 林克庆主持召开会议对农村集体产权制度改革任务进行重点督察。会议听取了市农委和相关各区的汇报，市相关部门针对解决改革难题提出了意见建议。林克庆指出，农村集体产权制度改革是一项管全局、管长远、管根本的重大改革，也是实施乡村振兴战略的重要抓手，必须要高度重视和加快推进。他要求：①要做好前期改革成效的总结和梳理，把前期实践和试点形成的好经验、好做法在全市推广，促进改革工作全面提升。②要重点抓好清产核资、重点难点村改革与乡级改革、集体资产经营与监管等三项改革任务，维护广大农民的财产权益。③要在土地制度改革上为集体经济发展留空间、开正门，采取乡镇统筹、集约利用的方式，为集体经济高质量发展拓展空间。前期，副组长卢彦还对丰台区、房山区、门头沟区落实《北京市深化农村改革综合性实施方案》情况进行督察，现场查看了丰台区统筹用地、产权改革、乡村治理三项改革任务完成情况，并对下一步深化改革工作提出要求：①抓综合。把农村改革任务作为有机整体，统筹推动。通过实施方案的改革举措推动中央和市委市政府部署的人居环境整治、美丽乡村建设、低收入帮扶等新任务。②抓重点。要在解决共性问题基础上抓主要矛盾。③抓改革。要用新思路、新办法、新举措推进改革，寻找出改革的突破点。各区要多调研吃透民情、多观察学习其他区好经验、多借鉴其他省市好做法。④抓督察。对各区要拉出改革任务清单，督促各区按时完成改革任务。总结各区好经验、好做法，做到典型引路、大力推广。

7 月 18 日 2018 年北京市国家现代农业示范区联席会议召开。会议介绍了 2017 年北京市国家现代农业示范区的创建情况，部署了下一步工作安排，各成员单位就示范区建设相关工作和问题进行了交流和探讨。会议指出，2017 年在各单位各部门的通力合作下，北京市国家现代农业示范区建设取得了很大成绩，2017 年本市国家现代农业示范区监测评价得分为 76.11 分，比上一年度高 1.06 分，表明北京农业现代化建设正在稳步推进。会议要求，各单位各部门要积极落实《农业部 北京市人民政府共建北京农产品绿色优质安全示范区合作协议》，以北京农产品绿色优质安全示范区、国家农业可持续发展试验示范区、国家现代种业创新试验示范区建设为基础，对北京农业工作再思考、再谋划，协同出台一批好的政策，切实采取有效措施，全力推进北京市国家现代农业示范区建设。市发展改革委、市环保局、市农业局等 15 家联席会议成员单位参加了此次会议。

7 月 19 日 北京市新农村建设领导小组（扩大）会议召开。会议传达了全国实施乡村振兴战略工作推进会议精神及市委常委会会议精神，部署了下半年重点工作。林克庆、卢彦出席。会议要求，一是要提高认识，从讲政治的高度把握乡村振兴战略。深刻学习领会习近平总书记关于实施乡村振兴战略的重要指示，把握“城乡融合发展之路、共同富裕之路、质量兴农之路、绿色发展之路、文化兴盛之路、乡村善治之路、中国特色减贫之路”这“七条之路”的乡村振兴体系框架；明确“坚持农业农村优先发展”“坚持工业农业一起抓、城市农村一起抓”“坚持五级书记抓乡村振兴”等具体要求，及推动乡村产业振兴、人才振兴、文化振兴、生态振兴、组织振兴“五个振兴”的实践路径和具体方法。要自觉把思想、行动统一到总书记关于乡村振兴战略的重要指示和要求上来，要在学思践悟中不断提高实施乡村振兴战略推进工作水平。二是要抓好落实，从顾大局的高度确保乡村振兴开好局、起好步。要对低收入帮扶、美丽乡村建设、特别是村庄规划编制等重点工作盯紧不放，专班负责。要在不断深化农村“三块地”改革、集体产权制度改革和推进人才振兴方面等关键节点攻坚克难、创新突破；要在农村人居环境、基层组织建设和农民就业等薄弱环节健全机制，加快弥补。

9 月 29 日 市委常委林克庆、副市长卢彦在顺义区召开推进乡村振兴和美丽乡村建设现场调度会。组织观摩北郎中村改善农村人居环境推进美丽乡村建设的做法成效。林克庆要求：①要深刻学习领会习近平总书记关于实施乡村振兴战略的重要论述，准确把握实施乡村振兴战略的总目标、总方针、总要求和制度保障，进一步厘清乡村振兴、美丽乡村建设、农村人居环境整治和低收入帮扶工作的关系。②要关注村庄规划质量，重点解决村庄规划编制缺少“村庄风貌管控”和产业用地问题；准确把握农村人居环境整治“清脏、治乱、增绿、控污”的要求，建立健全检查通报制度，研究纳入市级环保督查；“大棚房”清理整治力度不松懈，监管不留白，政策要创新，促进产业健康发展。③各区党政一把手作为实施乡村振兴的“施工队长”，要抓好落实，把乡镇这一级的责任强化起来，把村一级的任务明细下去。卢彦要求：通过“六个一批”，即媒体曝光一批、压力传导一批、重点指导一批、规划加快一批、集中连片打造一批、形成示范一批，加快推进农村环境整治和美丽乡村建设工作进度。

10 月 15 日 卢彦副市长赴通州区西集公路动物防疫监督检查站调研动物防疫工作。实地查看检查站查证验物、车辆消毒等工作流程，听取进京生猪及其产品监督检查工作和本市生猪产地检疫、流通监管、目的地落地报告监管机制运行情况汇报。他强调：①要进一步提高政治站位，充分认识做好当前非洲猪瘟等疫情防控工作的重要意义，坚决贯彻党中央、国务院相关决策部署及市委、市政府工作要求，坚持底线思维，持续严防死守，确保养殖业安全、市场供应和社会稳定。②要在前期工作基础上，进一步加强各公路动物防疫监督检查站日常监管工作，认真做好进京生猪及其产品的查证验物记录，健全消毒剂使用管理规范，完善检查站监控设施，严防不合格生猪及其产品进入本市。③要进一步严格落实闭环监管措施，加大信息沟通力度，强化部门联动，形成工作合力，共同保障首都安全。

10 月 18—20 日 第二十六届北京种子大会暨首届北京种业扶贫大会在河北廊坊举办。本届大会以“振兴民族种业、助力脱贫攻坚”为主题，举办精准扶贫专题论坛、京津冀沪渝种业成果发展交流座谈会、种业高峰论坛、扶贫项目对接洽谈等主题活动，通过良种捐赠、品种推介、培训指导、技术服务等建立北京种子大会全产业链精准扶贫体系，推动种业扶贫助力脱贫攻坚战，让产业扶贫真正落到实处。本届大会吸引了以北京市扶贫协作地区为主的全国 40 多个贫困县、560 余家种子企业参展，交易展示优良品种达 1 万余个，近 100 家知名种子企业与北京扶贫协作地区签订 67 项、价值 450 余万元的种子捐赠协议，15 项农业技术服务协议，实现 6.35 亿元的实体产业项目签约。

10 月 18 日 卢彦副市长召开会议部署农村地区冬季清洁取暖、农村人居环境整治、美丽乡村建设和非洲猪瘟防控工作。会议要求：①农村地区冬季清洁取暖工作。务必确保年度任务圆满完成。有新建工作任务的 8 个区必须确保 11 月 15 日进入取暖季时农户正常取暖，不得以任何理由造成农户受冻现象。要将农户投诉当做头等大事，要做到有投诉必核实，有核实必到位，有到位必满意。要严格工作目标，守住安全温暖过冬的底线。确保设备正常运行，做到科学使用，确保补贴到位。要针对山区特点，稳妥安排山区改造工作。②农村人居环境整治、美丽乡村建设工作。要提高政治站位，不折不扣抓好落实、持之以恒长期推进，确保中央和市委、市政府要求得到全面落实。要层层传导压力，以问题为导向，通过加大曝光力度和建立明察暗访工作机制，把农村人居环境整治工作的压力传导到区、镇、村各级，督促存在的问题得到有效解决。要加快村庄规划编制和审批，明确项目审批程序和进度。③非洲猪瘟防控工作。要在继续落实现有养殖、屠宰、路口检查、联防联控、舆情监测等综合防控措施基础上，全面禁止外埠生猪进京，加强野猪监测，将非洲猪瘟病毒堵在京门之外。要全面禁止使用“泔水”喂猪，严格落实养殖场户封闭管理措施和消毒，将潜在病毒风险堵在养殖场外。要做好疫情应对准备。一旦本市排查出疑似非洲猪瘟疫情，立即从严、从快果断处置。同时，做好其他重大动物疫病防控工作。

10月19日 京冀两地农业部门签订新一轮现代农业协同发展框架协议。北京市委农工委书记、市农委主任孙文锴同河北省农业厅厅长、省农工办主任王国发在北京签订了《京冀现代农业协同发展（2018—2020年）框架协议》。此次签订的协议重点围绕体制机制创新、产业对接协作、科技交流合作、生态环境改善、质量安全、信息协同共享6个方面开展合作，同时确定了18项重点工程，明确了未来三年京冀两地三农工作方向。

10月30日至11月2日 全市休闲农业与乡村旅游经营管理人员培训班成功举办。为深化休闲农业供给侧结构性改革，进一步提高全市休闲农业与乡村旅游经营管理水平，市委农工委举办全市休闲农业与乡村旅游经营管理人员培训班。各区农委、部分重点乡镇和民俗旅游村的主管负责同志，休闲农业园区和精品民宿经营者代表等共计120余人参加了培训。培训班以“创意与休闲农业”为主题，结合当前休闲农业与乡村旅游产业发展面临的资源环境刚性约束，着重就乡村旅游与土地政策解读、转型升级、策划创意、盈利模式、品牌培育、乡村民宿等内容进行了讲解。通过培训，休闲农业与乡村旅游经营管理人员进一步认清了当前的形势，掌握了有关政策，拓宽了发展思路，提高了创意设计水平，为转型升级打下基础。

10月30日 平谷区政府与北京首农食品集团有限公司签订战略合作协议共建农业科技创新示范区。①双方本着“政府主导、企业运作、互利互惠、共同发展”的原则，共同成立区企合作委员会，由双方主要领导担任主任，定期会商工作计划，研究协调合作中的重大事宜。②首农食品集团将在生物育种、现代农牧业、食品加工、物产物流、农业科技创新示范区建设等方面与平谷区开展深入合作，推动首农食品集团以企业形式参与平谷农业科技创新示范区建设。③平谷区将为首农食品集团创造优质的政策环境、服务环境、法治环境、市场环境、人文环境，并积极主动服务项目建设。双方农业科技实现战略合作，将有力支撑“平谷农业科技创新示范区”建设，服务北京全国科技创新中心建设。

11月2日 全市村和社区“两委”换届选举工作正式启动。市委常委、组织部部长魏小东出席，副市长王宁主持会议。会议传达了市委书记蔡奇对换届选举工作的要求，部署了换届选举工作。会议要求：一要坚持把加强党的全面领导贯穿全过程，精心组织实施换届选举。二要坚持高质量、严标准，切实选优配强村和社区班子特别是带头人队伍。三要突出重点，把握关键，切实把换届选举各项任务抓细抓实。四要切实加强组织领导，狠抓工作落实，确保换届选举工作平稳有序推进。本次换届是全市开展的首次村和社区统一换届选举，坚持分步实施、压茬进行，从2018年11月启动，到2019年6月底结束。

11月7日 卢彦副市长赴房山调研煤改清洁能源。走访了房山区长沟镇六甲房村和太和庄村，深入农户察看冬季清洁取暖设备安装调试和使用情况，了解村民对农村地区煤改清洁能源工作的意见建议；来到房山区煤改清洁能源运行维护平台调度中心，了解平台建设、运营及供电服务情况。他要求：一是有关区要做好设备的运行调试工作，确保设备正常运行。二是加大对农户的宣传培训力度，确保农户正确科学使用清洁取暖设备。三是取暖设备供应企业做好维修服务工作，确保2小时到达现场，4小时内解决问题。四是市、区要充分发挥运营平台的调度、督导和应急维修作用，同时完善平台功能，实现有效预警，提前解决设备运行中的问题。

11月8日 北京市农业农村局在西城区裕民中路6号院内举行挂牌仪式。按照市委市政府关于机构改革的统一安排，新成立的农业农村局于8日举行挂牌仪式。仪式由市委农工委书记李志军主持，副市长卢彦揭牌，市政府副秘书长陈蓓出席。挂牌活动在市农业农村局官方网站、官方微博、微信公众号上进行了统一报道。此次改革将市农村工作委员会、市农业局的职责，以及市发展和改革委员会的农业投资项目、市财政局的农业综合开发项目、市规划和国土资源管理委员会的农田整治项目、市水务局的农田水利建设项目等管理职责，市经济和信息化委员会的农药生产监督管理职责，市农村经济研究中心（市农村合作经济经营管理办公室）的农村合作经济经营管理职责等整合，组建市农业农村局，作为市政府组成部门。市委农村工作委员会与市农业农村局合署办公。

11月29—30日 实施乡村振兴战略宣传工作培训班在市委农工委党校举办。来自13个涉农区的 113 个“北京最美的乡村”与提名村、部分特色村庄主管宣传工作负责人约 140 人参加了培训班，围绕“统一思想、凝聚力量”，从思想理论、形势政策、新闻宣传、文化文明等多个方面，通过专家辅导、集体学习、分组讨论等多种方式开展学习交流。通过培训，大家一致表示获益匪浅，对习近平总书记关于实施乡村振兴战略的新理念新思想新战略有了更系统深入的认识，对开展宣传思想工作有了更明确的思路，对开创新时期“三农”工作新局面有了更坚定的信心。下一步，要在强化学习、守正创新、狠抓落实上下足功夫，将推进乡村振兴战略的各项举措宣传到位，落实到位，确保取得实效。

12 月 2 日　北京市农林科学院与华大基因农业控股有限公司签订战略合作协议。在河北省张家口市张北县举行的科企合作共建坝上产业扶贫模式推进会上，双方签订了战略合作框架协议。未来五年，双方将围绕服务国家乡村振兴战略和脱贫攻坚工作，在充分发挥各自优势的基础上，建立全面战略合作关系，并以华大张北天路田园小镇建设为起点，在园区设计及产业发展规划、绿色生态安全栽培技术体系、高效生态养殖技术、蔬菜种业等方面开展广泛深入的合作，充分发挥北京市农林科学院在京津冀协同发展战略中的技术支撑作用。本次签约对于加强科研单位与企业协作、实现科研单位与企业发展“双赢”、打造农业科技高地和精准扶贫标杆具有重要意义。

12 月 19 日　北京市副市长卢彦赴大兴区实地调研农村公厕户厕建设管理工作。进村入户查看了大兴区魏善庄镇李家场村真空抽导公厕户厕、礼贤镇龙头村三格式户厕的建设管理情况和重力管网污水收集工程的建设情况，并对美丽乡村建设、村庄规划编制、产业发展、农户增收以及冬季清洁取暖情况进行了调研。他要求：①坚持科学规划，控制成本，注重质量，做好真空抽导技术建设和运行中的数据收集和论证工作，科学比对不同技术路线的优势和不足，按照“科学、实用、节约”的原则明确农村改厕技术路径。②加强农村基础设施特别是公厕、太阳能浴室等的后期管护，杜绝出现“晒太阳”工程。③建立完善人居环境整治长效机制，切实改善村容村貌。④积极探索美丽乡村村庄规划编制工作。

12 月 24 日　市教委召开市属高校“引智帮扶”低收入村工作会。会上，四所市属高校分别介绍了本校“引智帮扶”低收入村工作实施进展情况、典型经验做法以及取得的成效。市教委对下一步“引智帮扶”工作提出了要求：①各高校要进一步提高政治站位，认真贯彻市委市政府的统一部署及相关工作要求，把“引智帮扶”低收入村工作抓实抓细，真正落到实处。②各高校要进一步加大工作力度，充分发挥专业优势，组织动员专家教授、学科带头人等将科研成果转化应用到低收入村帮扶工作中，指导引导学生将毕业论文写在广袤的京华大地上、写在“引智帮扶”实践中。③从市教育两委层面要推动搭建工作交流平台，促进各高校信息共享、资源互助、经验互鉴、形成合力，共同推进“引智帮扶”低收入村工作的有效开展。与 34 个低收入村建立了结对帮扶关系的 23 所市属高校主管校领导、部门负责人、部分驻村第一书记以及中国农业大学等 3 所中央高校相关负责人等 60 人参加会议。

（刘孟超）

乡　村　振　兴

综　　述

2018年，北京市以习近平新时代中国特色社会主义思想为指导，深入贯彻落实党的十九大精神，按照中央农村工作会议、全国实施乡村振兴战略工作推进会议部署和《中共中央 国务院关于实施乡村振兴战略的意见》《乡村振兴战略规划（2018—2022年）》的要求，紧密结合实际，扎实推进实施乡村振兴战略。市委、市政府重视乡村振兴战略实施，市委书记蔡奇多次研究部署，提出明确要求，并深入偏远乡村蹲点调研；市长陈吉宁就有关工作专题研究，深入农村面对面听取群众意见。全市先后出台了《关于实施乡村振兴战略的措施》《北京市乡村振兴战略规划（2018—2022年）》《实施乡村振兴战略扎实推进美丽乡村建设专项行动计划（2018—2020年）》，召开了全市实施乡村振兴战略、推进美丽乡村建设动员大会和全市农村工作电视电话会，对乡村振兴战略进行全面动员部署。为确保相关工作扎实推进，2018年第二季度、第三季度，市委、市人大、市政府、市政协领导班子分别以“低收入农户帮扶”和“整治农村人居环境 推进美丽乡村建设”为主题，组织开展大调研，29位市领导到139个村深入调查研究；市委市政府还就实施乡村振兴战略进行拉练式检查、召开现场推进会，从正反两方面剖析典型案例，深入推进乡村振兴战略的实施。在低收入户帮扶方面，明确细化了31项帮扶措施，推动从侧重“增收”向包括教育、医疗、住房保障在内的综合帮扶转变；在整治农村人居环境、推进美丽乡村建设方面，明确了“清脏、治乱、增绿、控污”的根本要求，提出了开展“百村示范、千村整治”的工作思路；针对“大棚房”、浅山区违法占地违法建设等问题，市委市政府多次开会研究调度、多次批示过问、多次实地督查督导，切实压实责任。从而使乡村振兴战略在本市初步得到有效实施。

乡村振兴工作

【形成领导体系和工作规则】全市坚持完善党委统一领导、政府负责、党委农村工作部门统筹协调的农村工作领导体制，为推动乡村振兴战略实施提供了坚实的组织保障。成立市委农村工作领导小组，由市委主要领导担任组长，市政府主要领导和市委、市政府分管领导担任副组长，建立健全工作规则，全面加强对“三农”工作的集中统一领导。结合党政机构改革，进一步加强市委农工委统筹协调职能，将原市农委、原市农业局及相关部门涉农职能整合，组建新的农业农村局，在市级层面整合涉农政策、资金、队伍，切实强化对实施乡村振兴战略的统筹谋划、综合协调、组织实施、督促检查。

【全面实施美丽乡村建设三年行动计划】坚持规划先行，出台了《北京市美丽乡村建设导则》《北京市村庄规划导则》《落实“厕所革命”要求提升公厕服务品质方案》《推进农村“户厕革命”的指导意见》等一系列措施，强化基层实施的规划管控和政策指导。2018 年重点推进 1 081 个村的美丽乡村创建工作，其中，71 个市级试点村基本完成规划编制工作，993 个村完成规划初稿。

【全面开展农村人居环境整治】结合“疏解整治促提升”专项行动，在全市农村地区全面开展“清脏、治乱、增绿、控污”工作，累计清理各类积存垃圾 29 万余处，拆除违建 3.5 万余处，新增绿化面积 800 万平方米，治理污水溢流点 6 600 余处。大力推进农村“厕所革命”，全市新改建农村三类以上公厕 500 余座，5 200 余座三类以上公厕纳入统一管护范围；实施 1 081 个村的新一轮户厕改造，全市农村卫生户厕比例达到 94%。深入推进农村生活垃圾治理，13 个涉农区全面开展垃圾分类试点，全市 94%的行政村生活垃圾得到处理。市、区、乡镇陆续把相关管护资金纳入财政保障范围，探索适合农村特点的管护模式。

【质量兴农、绿色兴农、振兴农村产业发展】

1. **扎实推进农业调结构、转方式，大力发展高效节水农业。**与 2013 年相比，农业发展实现了“五减四提升”，全市粮食播种面积调减了 70%（从 290 万亩调减到 85 万亩）、规模养殖场调减了 84%（从 2 535 家调减到 394 家）、农业年用新水量调减了 43%（从 7.3 亿立方米下降到 4.18 亿立方米）、化肥和农药施用量分别调减了 20%和 10%；“三品一标”认证覆盖率提升了近 30 个百分点（从 42%提高到 71.8%），农田灌溉水有效利用系数提升了 3 个百分点（从 0.691 提高到 0.723），农业科技进步贡献率提升了 3 个百分点（从 69%提高到 72%），农业生态服务价值提升了 14 个百分点（从 9 431 亿元提高到 10 769 亿元）。

2. **做精做优北京农业，推动特色发展。**与农业农村部签署了《共建北京农产品绿色优质安全示范区合作协议》并制定三年实施方案，着力打造绿色生产、全程监管、产品优质、品牌过硬、区域协同的北京“安全农业”品牌，加快 1 000 个特优基地和 100 个名优品牌的遴选培育工作。加强农产品全链条监管和品牌保护，开展了“昌平草莓”“大兴西瓜”“怀柔板栗”“平谷大桃”“房山磨盘柿”等地域特色品牌建设保护工作，评选了 30 个北京农业好品牌、20 名农业好把式，恢复示范 30 余种北京“老口味”蔬菜产品。积极推进国家现代农业产业园创建，认定了 4 家市级现代农业产业园。9 个村镇被认定为第八批全国一村一品示范村镇，评定了 19 个都市型现代农业示范乡镇，评选了 10 家市级特色专业示范村。

3. **全面清理整治“大棚房”，推动农业规范发展。**坚持高标准、严要求、零容忍，全面开展设施农业项目用地清理整治专项行动，集中整治违建“大棚房”。在全市开展“拉网式”“台账式”摸底排查和督导检查，共排查复核了 22.4 万栋大棚、审查了 4.2 万份土地承包和流转合同，确保无遗漏、零死角。建立“一村一册”“一棚一码”、日常巡查等长效监管机制，切实守住“农地农用”底线。严肃问责昌平六合成观光园违建“大棚房”问题，对 5 个党组织和 20 名相关责任人予以问责。

4. **强化旅游富农、科技兴农，推动农业转型发展。**结合创建国家全域旅游示范区，大力发展休闲观光农业，累计有 7 个区被认定为全国休闲农业和乡村旅游示范区，建设了一批“中国最美休闲乡村”“全国休闲农业与乡村旅游示范点”“全国休闲农业星级园区”，成功举办了第六届北京农业嘉年华及一系列农事节庆活动，建立了京郊旅游融资担保平台，制定了乡村民宿管理导则，推动休闲农业和乡村旅游提档升级。全市现有 200 多家精品乡村民宿、1 200 多个休闲农业园区、8 300 多个民俗旅游接待户，年接待游客稳定在 4 000 万人次以上。与荷兰瓦赫宁根大学签署协议，合作建设京瓦农业科技创新中心。积极打造“种业之都”，年销售额、选育农作物新品种数量占全国的 1/10 左右。

【坚持“绿水青山就是金山银山”理念，提升生态文明建设水平】

1. **加大生态保护力度。**牢固树立和践行“绿水青山就是金山银山”的理念，着力构建首都“大生态”发展格局。市委、市政府先后召开“深入推进疏解整治促提升 促进首都生态文明与城乡环境建设动员大会”“全市生态环境保护大会”，制定了打赢蓝天保卫战三年行动计划、新一轮百万亩造林工程、水污染防治等工作方案，健全生态保护补偿机制，划定全市生态保护红线。

2. **加强生态涵养区发展保护。**深刻汲取秦岭北麓西安境内违建别墅问题教训，全面深入摸排，有序清理浅山区违法占地违规建设，加强浅山区生态修复和建设管控。制定《关于推动生态涵养区生态保护和绿色发展的实施意见》，加大市级财政对生态涵养区的转移支付和资金保障力度，明确把扩大生态环境容量、提高生态环境质量作为其首要任务，努力将生态涵养区建设成为展现北京历史文化和美丽自然山水的典范区、生态文明建设的引领区、宜居宜业宜游的绿色发展示范区。

3. **构建大尺度绿色生态空间。**在平原地区生态林总面积已达150余万亩的基础上，2018年完成23万亩造林绿化任务。推进京津冀生态环境协同发展，持续开展京津风沙源治理、京冀生态水源保护林建设、太行山绿化等重点生态工程建设。

4. **加强水生态环境治理。**全面建立落实四级河长制，连续实施两个污水治理三年行动计划，污水处理率由83%提高到92%，累计建成131条生态清洁小流域，完成全市141条段黑臭水体治理。划定了官厅水库水源保护区，实施密云水库水源保护网格化管理，探索水源保护区库滨带建设，构建良好生态屏障。加强水污染治理，强化镇村级河长制管理，建立跨乡镇间水环境区域补偿机制。采取“城带村”“镇带村”“联村”“单独建设”等模式，推进231个村的生活污水治理，将699座农村污水处理设施纳入在线监测。

【推进创新创业和人才振兴】研究制定支持返乡下乡人员创业创新若干政策措施，实施新型职业农民培育三年（2018—2020年）行动计划。农业领域贷款贴息支持5 188万元，帮助农业经营主体融资11.1亿元。开展“北京市农村创业创新典型项目”评选活动，打造一支拥有8 000余名科技特派员的农村创新创业人才队伍。创建“星创天地”50家（其中国家级27家），累计培训创业人员5万余人，孵化企业700余家，培育农村新型经营主体200余个，带动就业14万人，转化科技成果600余项。房山区、顺义区入选农业农村部全国首批创业创新典型示范县。

【推进新型城镇化建设】依托北京城市副中心、北京大兴国际机场、北京2022年冬奥会和冬残奥会，以及2019年北京世园会筹办、新一轮城南行动计划等重大项目重点工作，结合以疏解非首都功能为“牛鼻子”推动京津冀协同发展，扎实推进通州区、延庆区、房山区等国家新型城镇化综合试点。积极打造台湖演艺小镇、宋庄艺术创意小镇、奥林匹克冰雪休闲小镇、世园风情休闲小镇、基金小镇等特色小城镇，在郊区关键节点建设一批辐射带动服务周边农村的“微中心”。

【改善农村民生，增强农民群众获得感】

1. **千方百计促进农民就业增收。**全年实现6.4万名农村劳动力转移就业，其中，在城市公共服务类岗位安置农村劳动力11 731人。组织广大农民充分参与美丽乡村建设、巡河护河等工作，落实好平原造林管护、园林苗圃、山区营林招用本市农村劳动力分别不低于60%、50%、80%的要求，帮助更多农民就近就地就业。2018年，农村居民人均可支配收入达到26 490元，同比增长9.3%，快于城镇居民收入增速0.4个百分点；扣除物价因素，实际增长6.6%，实现与经济增长同步的目标。

2. **扎实做好低收入帮扶。**实施“六个一批”精准帮扶措施（扶持产业帮扶一批、促进就业帮扶一批、山区搬迁帮扶一批、生态建设帮扶一批、社会保障兜底一批、社会力量帮扶一批）。实行有进有出的动态监测，确保对象精准，2018年我市有低收入村234个、低收入农户68 223户、144 989人。累计实施582个产业帮扶项目，带动1.8万低收入农户持续稳定增收。开展了系列对接大帮扶活动，中心城区与低收入村户比较集中的七个区签订了结对帮扶工作框架协议，50家市属国企、23所市属高校以及民营企业、科技人员对接帮扶低收入村。加强包括教育、医疗、住房保障在内的综合帮扶，七个区均出台了教育帮扶政策，累计帮扶8 301人次；对低收入农户参加城乡基本医疗保险给予全额补贴，低收入村实现医疗服务全覆盖；将低收入农户纳入了危房改造政策范围。2018年，全市低收入农户人均可支配收入达到12 524元，同比增长17.1%。

3. **促进农村基本公共服务均等化。**实施乡村教师支持计划，统筹配置城乡师资并向乡村倾斜，建好建强乡村教师队伍，提升农村地区学前教育公共服务水平，推动城乡义务教育一体化发展。加强农村地区医疗卫生服务体系建设，实施基层医疗卫生队伍提升计划，推进农村基层医疗卫生服务全覆盖，支持乡镇及村级医疗卫生机构改善条件、强化服务，建立乡村医生岗位管理制度，提高补贴标准。城乡居民基础养老金从每人每月610元提高到710元；福利养老金从每人每月525元提高到625元，惠及全市86.6万城乡居民。积极推进区级养老服务指导中心、街乡镇养老照料中心、农村幸福晚年驿站建设，构建“三边四级”养老服务体系。继续调整城乡社会救助标准，城乡低保、低收入家庭认定标准分别从家庭月人均 900 元、1 410 元调整为 1 000 元、2 120 元。

【弘扬乡村优秀文化，培育提升文明乡风，推进乡村文化振兴】

1. **增强农村农民文化自信。**配合农业农村部办好全国首届“中国农民丰收节”主会场活动，精心组织我市首届活动，并以此为契机广泛开展农事体验、乡村文化演出、乡村旅游推介、优质农产品营销等活动，营造了浓厚氛围。实施“文化驻乡工程”，举办第 29 届北京市农民艺术节，继续开展“美丽乡村·筑梦有我”大型新闻公益行动。累计建成乡情村史陈列室 349 处。

2. **加强传统村落保护。**出台了传统村落保护发展指导意见、规划设计指南、修缮技术等一系列技术规范和管理文件，公布了 44 个市级传统村落名录。全市有 21 个村被列入中国传统村落名录，其保护发展规划全部编制完成。

3. **推进农村精神文明建设。**以社会主义核心价值观为统领，加强基层思想政治工作。发挥村规民约作用，积极推动移风易俗。推进延庆区新时代文明实践中心建设试点，建立“2＋6＋N”志愿服务队伍，打造 100 个新时代文明实践基地，示范引领乡风文明。全市累计有 55 个单位荣获全国文明村镇称号，创建了 115 个首都文明乡镇、760 个首都文明村。

【夯实基层基础，提高乡村治理能力，推进乡村组织振兴】

1. **发挥农村基层党组织在乡村治理中的领导核心作用。**持续强化农村基层组织整体功能，深入推进农村党支部规范化建设，扎实开展了党支部评星定级、党员积分管理等工作，着力推动乡村组织振兴。连续 19 年开展农村党的建设“三级联创”活动，扎实开展各级党组织书记抓基层党建述职评议考核，不断提高基层党组织的组织力。抓好 225 个软弱涣散村党组织集中攻坚专项行动，“一村一策”形成整顿方案。

2. **建设“懂农业、爱农村、爱农民”农村工作队伍。**组织开展村“两委”换届选举工作，严格“五好、十不能”资格条件，严把换届程序，严肃换届纪律，选优配强村“两委”班子。截至 2 月 26 日，全市共有 3 506 个村党组织完成换届选举，占 90.6%，书记一次选举成功率 100%；有 1 175 个村选出新一届村委会，占 32.3%（参加村委会换届选举村数为 3 641 个），主任一次选举成功率 100%。健全干部驻村帮扶工作机制，累计选派第一书记 623 名，实现第一书记和驻村工作队对低收入村、软弱涣散村的全覆盖。加强农村基层干部及后备人才队伍建设，试点开展“三农”服务队伍学历教育、招录 203 人，其中在全国首次开设村务管理专业、招录 83 人。

3. **加强乡村治理。**落实“街乡吹哨、部门报到”，制定《关于加强乡镇政府服务能力建设的实施意见》，推动社会治理和服务重点向农村倾斜，重心向基层下移。深入开展基层党组织和在职党员“双报到”工作，建立基层党组织和在职党员参与基层治理、服务群众的常态化机制，积极探索党建引领农村基层治理的有效途径。推进村级组织村务、党务、财务公开。进一步规范完善村民自治章程、村规民约。加强民主法治示范村建设，全市 10 个单位被评为第七批“全国民主法治示范社区、村”。深入开展扫黑除恶专项斗争，对村“两委”干部和村集体经济组织负责人进行信息核查比对，依法坚决处置涉黑分子。开展平安乡村建设，维护农村和谐稳定。

【完善美丽乡村建设政策体系】年内，市委、市政府分别制定出台《实施乡村振兴战略扎实推进美丽乡村建设专项行动计划（2018—2020 年）》和《北京市提升农村人居环境推进美丽乡村建设实施意见（2018—2020 年）》《实施乡村振兴战略扎实推进美丽乡村建设专项行动计划（2018—2020 年）补充方案》《北京市农村人居环境整治村庄清洁行动实施方案》《关于北京市农村“厕所革命”专项行动的指导意见》等一系列文件措施，部署推进具体工作。市相关部门完善工作标准，落实行业主管职责，督促制定《北京市村庄规划导则（试行）》《美丽乡村建设导则（试行）》《绿化美化技术导则（试行）》《提升公厕服务品质方案》《户厕革命指导意见》《农村污水收集处理和再生水利用工程项目实施暂行办法》等一系列工作导则、意见和标准等配套文件，初步建立了美丽乡村建设政策体系。

（村镇建设处）

【加大美丽乡村建设投入】年内，加大市区两级资金政策统筹力度，建立健全农村人居环境整治工作投入机制，制定农村人居环境和美丽乡村建设引导资金管理办法，明确农村基础设施建设和管护标准，确定了差异化的市对区补助比例，即对生态涵养区、原城市发展新区、原城市功能拓展区分别按照测算标准70%、60%、50%比例给予补助的政策。全年安排市级美丽乡村引导资金41.1亿元，用于基础设施建设和长效管护工作。各区根据自身区域按不同比例配套投资开展农村人居环境整治。按照“政府建网、企业建厂、考核付费、市区补贴”的原则，采取PPP模式，推行农村污水治理专业化建设、专业化运营，全年市财政累计拨付运行补贴经费8 388万元。

（村镇建设处）

【农村污水治理取得阶段性成果】年内，实施《北京市进一步加快推进污水治理和再生水利用工作三年行动方案（2016—2019年）》，制定《村庄生活污水收集与处理技术规程》，采取“城带村”“镇带村”“联村”“单独建设”等模式，形成“一村一方案”，通过集中式、分散式、湿地式等治理方式，全年累计解决1 206个村的污水处理问题。

（村镇建设处）

【推进厕所革命】年内，北京市推进“厕所革命”，逐步实现公厕、户厕粪污无害化治理。制定完善《公共厕所建设规范》和《公厕运行规范》，全年全市新建改建农村公厕510座，农村公厕总量8 000余座，基本实现村庄全覆盖。制定《农村改厕技术规范》（2018版），加快推进户厕升级改造，示范推广真空吸纳、微生物处理等模式，全市无害化卫生户厕比例94.06%。

（村镇建设处）

【推进新一轮农宅抗震节能改造】年内，市农业农村局等联合出台《北京市农民抗震节能住宅建设工作方案（2018—2020年）》。方案以新建翻建、抗震节能综合改造和已实施或即将实施“煤改清洁能源”农宅节能保温改造为重点，给予资金奖励。奖励资金纳入美丽乡村建设引导资金统筹管理，分项制定奖励标准。

（村镇建设处）

【山区搬迁】年内，启动新一轮山区农民搬迁，7月26日《北京市人民政府办公厅印发〈关于实施新一轮山区农民搬迁工程的意见〉的通知》正式下发实施，全年共搬迁的村庄涉及772户1 939人。

（村镇建设处）

【传统村落保护】年内，昌平区长峪城村、密云区古北口村等5个村完成了保护发展规划的编制，并通过市规自委组织的技术审查会和部门联审会。门头沟区沿河城村、延庆区柳沟村等13个村的保护发展规划已经基本编制完成。启动了门头沟区灵水村、房山区水峪村的第一批传统村落保护修缮试点工作。

（村镇建设处）

【特色小城镇建设】年内，北京市立足城市功能定位，加强特色小镇建设。以国际交往为特色的怀柔区雁栖镇，承接第四届中非媒体合作论坛等重大活动；以原始创新为特色的怀柔区怀北镇，承接了中科院3个国家大科学装置以及中科院大学落户；以教育为特色的顺义区杨镇，承接北京城市学院1.6万名师生从中心城区搬迁落户；以创意创作和展演交流为特色的通州区台湖演艺小镇，以国家大剧院舞美中心为龙头，孵化中国原创作品，打造特色小镇标杆。以旅游休闲为特色的密云区古北口镇、平谷区金海湖镇；以发展优势农业资源为特色的昌平区小汤山镇、大兴区庞各庄镇；以园区和重点产业功能区配套服务为特色的房山区窦店镇、平谷区马坊镇；以发展教育资源为特色的昌平区沙河镇、房山区良乡镇；以发展金融服务业为特色的房山区长沟镇。

（村镇建设处）

都市现代农业

综　述

2018年，北京都市型现代农业更新理念，继续调优调变，方式进一步转换，结构更趋合理，推动了农业高质量发展。年内，开展了《北京市“十三五”时期都市现代农业发展规划》中期评估。经评估，《北京市“十三五”时期都市现代农业发展规划》实施总体进展顺利。都市现代农业发展较好，北京国家现代农业示范区建设取得积极进展，土地产出率、劳动生产率、资源利用率国内领先，农业的多功能性得到广泛拓展，农业发展方式性得到有效转变，一二三产深度融合，现代农业的核心竞争能力、服务城乡能力、生态涵养能力显著提升，基本实现农业现代化，为实现乡村产业振兴打下良好基础。印发了《2018年北京市国家现代农业示范区重点工作细化方案》（京新农办函〔2018〕12号），召开了北京市国家现代农业示范区联席会议。2018年北京市国家现代农业示范区建设水平综合得分为77.17分，从监测结果看，近几年北京市国家现代农业示范区建设水平逐步提高，达到基本实现农业现代化水平。完成对全市88个创建北京都市型现代农业（高效农业）示范乡镇的监测评价工作，认定了第二批19个示范乡镇。都市型现代农业整体上得到高质量推进。

种 植 业

【继续调减高耗水作物小麦种植】全市粮田面积68万亩。夏收小麦面积14.7万亩，比上年（16.9万亩）减少2.2万亩，超额完成本年度调减任务。2月召开了春管春耕暨种植业结构调整工作视频会议，安排部署结构调整有关工作。6月印发了《北京市农业局关于印发2018年北京市三夏工作意见的通知》，对调减小麦生产面积提出明确要求。9月印发了《关于做好秋冬种工作的通知》，召开视频会议，部署秋冬种各项重点事项。

（赵朔）

【蔬菜生产面积略有回落】根据本市菜田遥感监测情况显示，全市菜田面积45.0万亩，其中设施菜田31.81万亩，露地菜田13.19万亩。全市蔬菜播种面积（含食用菌）54.02万亩，比上年（62.77万亩）减少8.75万亩，减少13.94%；蔬菜产量（含食用菌）130.55万吨，比上年（156.82万吨）减少26.27万吨，减少16.75%

（赵朔）

【从严从实从细开展“大棚房”问题清理整治】根据农业农村部、自然资源部联合印发的《关于开展“大棚房”问题专项清理整治行动坚决遏制农地非农化的实施方案》（农农发〔2018〕3号）要求，按照市委市政府的部署，市政府成立全市“大棚房”问题协调推进小组，并由市政府办公厅牵头，市农业农村局、市规划自然资源委抽调30余名工作人员组成市“大棚房”工作专班，实施统一调度、强化督促整改。自6月以来，按照国务院专题会议及市委市政府安排，全市以全覆盖、无遗漏、零死角为目标，以“三类问题”、二调耕地范围、疑似问题图斑为重点，对全市22.5万栋设施大棚、340.76万亩耕地、5万多个图斑开展了多轮全面排查、重点勘查、督查暗访、点位核查，共清查出“大棚房”问题3 396个，其中，第一类问题775个，第二类问题1 727个，第三类问题880个，附属及配套设施面积超标问题14个，共占用耕地1 661.5亩。结合实际制定9项政策文件，采取拆除复耕、完善备案手续等方式分类整改。

（许晓东）

【农业领域留白增绿工作】 认真落实《北京市“疏解整治促提升”专项行动2018年工作计划》（京政办字〔2018〕11号）要求，印发《北京市农业领域留白增绿工作方案》（京政农函〔2018〕14号），对拆违腾退土地中涉及永久基本农田和新增耕地的地块，通过种植农作物和观赏性作物，实现生态绿色覆盖。年内计划实施面积228.53公顷，实际完成面积301.49公顷，超额完成面积72.96公顷。

（胡玉根）

【建设一批“七统一”标准蔬菜生产园区】 以社会化服务为主要方式，以企业、农民合作社和家庭农场等为主体，推进北京市“七统一”标准蔬菜生产园区创建，即统一优质种苗供应、统一绿色防控、统一机械化作业、统一水肥科学管理、统一分级净菜上市、统一优质品牌创建、统一废弃物回收循环利用。年内共创建31家园区，通过创建“七统一”园区培育了一批社会化服务组织，共计遴选社会化服务组织84家；建设“北京蔬菜”品牌质量安全追溯公共服务平台，注册产品389条，追溯码申请量达到161万多个；构建“七统一”管理平台，实现社会化服务组织与园区对接，提高了园区的社会化服务率，实现了以社会化服务促标准化生产。

（许晓东）

【创建蔬菜基质化生产基地】 深入推进蔬菜产业供给侧结构性改革，助力乡村振兴，促进蔬菜产业转型升级，推进蔬菜标准化、自动化、现代化生产，实现可持续发展。结合北京市蔬菜产业特点，全市开展蔬菜基质化栽培技术试验示范，以日光温室或者塑料大棚为主要生产设施，以番茄、黄瓜、生菜、西瓜等为主要生产作物，采用规范的基质化栽培（或水培）技术进行生产，打造蔬菜基质化生产基地。全年形成北京地区蔬菜基质化生产标准化技术模式7套，示范技术30项，全年基质化示范面积1 300亩，建设基质化栽培基地45家。通过打造设施设备完善、生产技术先进、管理标准化的蔬菜基质化生产示范基地，发挥示范引领作用，带动蔬菜产业绿色发展。

（许晓东）

【创建蔬菜绿色高质高效示范区】 按照农业农村部提出的“四全”创建内容，即：“全环节”绿色高效技术集成、“全过程”社会化服务体系构建、“全链条”产业融合模式打造、“全链条”产业融合模式打造、“全县域”绿色发展方式引领，结合北京市蔬菜产业发展特点，继续在房山区开展绿色高质高效示范区创建，通过创建，形成适度规模的标准化、专业化蔬菜生产技术模式，集成1套蔬菜绿色高质高效技术模式；新品种应用率100%，推广园区新品种应用率达到60%，辐射带动全区蔬菜新品种应用率40%；蔬菜生产实现农药减量2%，化肥减量4%，实现节水10%；社会化服务覆盖育苗、植保、农机、水肥、废弃物回收利用等蔬菜产前、产中、产后环节，服务面积达到10.5万亩；耕、种、收综合机械化水平提高5个百分点，良种良法配套程度和农机农艺融合程度高。

（许晓东）

【创建粮食绿色高质高效示范区】 按照农业农村部种植业管理司《2018年绿色高质高效创建工作方案》有关要求，密云区以“三优田”建设和三产融合发展为关键点，以生态安全、供给优化、提质增效、功能拓展和农民增收为目标，深入推进粮经作物绿色高质高效创建工作。打造核心示范区1.5万亩，辐射面积12万亩，集成示范推广5套绿色粮经技术模式；示范区优良品种、综合节水、测土施肥、绿控技术的应用及农机作业率达到100%；推动粮食生产集约化生产进程，社会化服务组织规模化、全程化、标准化建设得到推进；打造品牌，为全区农产品销售提供了更为广阔的销售空间和平台，“石匣甘薯”“甜密薯”“密香1号”等十余个农产品品牌成为区域内知名品牌；促进了密云区节肥减药、保护生态环境工作的开展，密云区节肥3.47%，减药2.92%。

（潘望）

【深入推进农艺节水】 集成示范推广设施农业微灌施肥技术模式、粮田喷灌施肥技术模式和旱作农业综合节水技术模式等3种模式16项农艺节水技术，推进农艺节水技术落地。在顺义、房山、大兴、通州、昌平等9个区建立了80个设施农业微灌节水技术示范区，示范面积1.2万亩，主推以微灌施肥为核心的高效节水技术；在顺义、房山、大兴、通州平原区建立12个生态粮田喷灌节水技术示范区，示范面积2.5万亩，主推以喷灌施肥为核心的水肥一体化技术；在延庆、密云等山区建立旱作农业节水示范区8个，示范面积1.5万亩，主推以抢墒播种为核心的节水技术体系，通过示范区建设，带动农业节水约4 000万立方米。

（赵朔）

【大力推进景观农业】 全市景观田建设面积达14万亩。6月，向各区印发了北京市农业局《关于大力推进景观农业发展的指导意见》（京农发〔2018〕116号），重点推进大田景观、园区景观、沟域景观三种生态景观田建设；市级转移支付资金1 000万元，重点支持房山、怀柔、延庆等区开展景观田建设；市级投入项目资金500万元，在延庆、顺义、密云等区建设生态景观示范点13个，示范面积8 000亩，带动示范点客流量增加12.03万人次；举办第八届农田观光季系列活动，通过景观提升和产业融合模式探索，向市民宣传推介了景观示范点，带动休闲乡村旅游业发展。

（赵朔）

【传承农业文化遗产】 市人大代表高度关注本市农业文化遗产保护工作，连续三年提出相关建议，被市人大列为重点议案。进一步开展农业文化遗产调研，通过文献查阅、资料收集、座谈与研讨等形式，对北京农业文化遗产的现状、特点与问题进行深入剖析，并在此基础上撰写的《北京市农业文化遗产调研报告》被北京市委评为优秀奖。组织农业文化遗产地开展了丰富多彩的农民丰收节活动，助力首届中国农民丰收节活动成功举办。

（赵朔）

【稳步推进耕地休耕轮作】 开展休耕轮作试验示范，建立季节性休耕、全年休耕和轮作示范点13个，面积近1 500亩。开展休耕技术模式研究，综合农机农艺配套、植株繁茂性、生态覆盖、抗逆性、培肥地力及景观效果等指标，筛选出了适宜本市休耕季种植的生态作物共计10种；集成休耕技术模式5种：其中一年两熟区季节性休耕模式2种，一年两熟区全年休耕模式2种，一年一熟区全年休耕模式1种；休耕季实现化肥、农药零投入，亩均节水60%以上；下茬玉米轮作为高粱实现亩均增收40%以上。同时，联合北京粮经产业创新团队调研了北京主要郊区的农户、村集体组织及合作社等生产经营者代表，进一步摸清了以小麦和玉米等大田粮经作物为主的成本收益情况、生产者对轮作休耕的意愿以及对休耕补贴的期望值，形成了相关调研报告。

（赵朔）

【农业绿色发展试点先行区】 按照农业农村部《关于编制农业绿色发展先行先试工作方案（2018—2020年）的通知》（农办计〔2018〕7号）要求，指导被评定为第一批国家农业可持续发展试验示范区的顺义区，同步开展农业绿色发展先行先试工作，编制《顺义区农业绿色发展先行先试工作方案（2018—2020年）》，建立农业资源重要台账制度，推进农业绿色发展。

（胡玉根）

畜　牧　业

【畜牧业发展情况】 2018年，北京市生猪存栏45.43万头，出栏169.44万头；奶牛存栏7.52万头；肉牛存栏3.05万头，出栏5.3万头；家禽存栏990.74万只，出栏1 615.62万只；肉羊存栏24.24万只，出栏35.64万只；肉蛋奶产量分别为17.46万吨、11.25万吨和37.42万吨。

【开展畜牧业疏解整治促提升】 制定和印发市级实施方案，组织各区制定区级方案，结合2016年畜禽养殖禁养区划定、生态红线划定和落实“河长制”工作，科学调整划定辖区禁限养范围，引导禁养区内规模以下经营性畜禽养殖户、饮用水源二级保护区内保留的规模养殖场自愿有序疏解，出台补偿措施保障退出经营者的权益。目前，已疏解腾退养殖户共计5 990户，清退畜禽共计182.56万头只。

【严把畜牧饲料行政审批关】 饲料：受理饲料和饲

料添加剂生产许可 15 家，受理批准文号 52 家，通过 9 家企业的生产许可和 75 家产品批准文号。草种：审批草种进出口许可 122 批次，共进口 4 909.5 吨。种畜禽：审批通过种畜禽生产经营许可 25 个，种畜禽进口审核 23 批，进口种奶牛 0.6 万头、种禽 20 万只，奶牛精液 10 万剂。

【开展行业质量安全专项整治】 实行新的饲料质量安全监测模式，监督抽检顺义、密云、昌平、怀柔 4 个区 79 家企业、231 个样品；开展 2018 年生鲜乳安全专项整治，检查生鲜乳收购站、奶畜养殖场 267 家次，实施生鲜乳质量安全监测计划，抽检生鲜乳收购、运输和奶牛养殖等环节的生鲜乳样品 341 批次。继续推进《饲料质量安全管理规范》市级示范企业的创建工作，创建 2 家市级示范企业。

【推进畜禽粪污资源化利用】 印发市级推进方案，会同市生态环境局制定相关设施装备建设规范，全面推广“粪污肥料化”种养循环模式，加大技术指导力度。组织各区畜牧和生态环境部门开展设施装备建设检查评估，督促不达标的养殖场完成整改落实。目前，全市粪污综合利用率达到 79%以上、设施装备配套率达到 95%以上，已完成年度目标。

【建设美丽生态牧场】 制定印发《北京市美丽生态牧场创建标准》，组织各区遴选一批标准化、规模化养殖场参与美丽生态牧场建设行动，会同市畜牧总站、市畜牧业环境监测站、中国农业大学、中国农业科学院等相关单位对已完成对应创建指标的申报单位实施现场审核验收。目前，全市已建设完成美丽生态牧场共计 17 家。

【积极应对非洲猪瘟防控】 加强日常监管，规范畜禽养殖行为。开展养殖环节“泔水猪”排查治理，落实本市在非洲猪瘟防控期间关于加强生猪养殖、饲料（添加剂）投入品使用等各项安全监管工作任务，落实网格化管理制度，强化对养殖环节泔水猪排查处置力度和生猪散户安全监管力度，加强防疫消毒、人员进出、车辆运输全过程监管，落实生猪经纪人登记备案制度，启动猪用饲料安全抽检程序，及时发现和消除相关环节风险隐患。与市城管委等八部门联合开展餐厨垃圾规范管理与联合执法，初步形成市、区、街乡三级联合监管体系，并建立了组织有力、运行协调的工作机制，杜绝泔水等餐厨剩余物流入养殖环节。加大饲料生产经营企业监管力度，印发饲料生产企业和经营企业非洲猪瘟防控明白纸（九项规定），加强以猪血为原料的血液制品及相关猪用饲料产品监管。

（吴可强）

【开展狂犬病免疫防控】 年内，北京市起草下发《北京市农业局关于加强犬狂犬病防治工作的通知》，各区采取普法宣传与监督执法相结合，促进犬只免疫率和免疫标识挂牌率的双提升。市疫控中心开展疑似患狂犬病犬和伤人犬狂犬病诊断 376 例，全部采集犬脑组织送军事兽医研究所（国家狂犬病参考实验室）进行狂犬病免疫荧光（FAT）检测，经检测有 15 例为阳性。根据农业部《狂犬病防治技术规范》，综合判定上述 15 例病例为狂犬病患病犬。其中东城区 1 例、海淀区 2 例、丰台区 1 例、朝阳区 2 例、昌平区 1 例、通州区 1 例、大兴区 3 例、顺义区 1 例、房山区 1 例、延庆区 2 例。确诊的犬狂犬病病例中有 2 例为有主犬，13 例为无主流浪犬，且均未实施狂犬病免疫或免疫信息不全。

（张佳艳）

【动物检疫与动物卫生监管】 年内，全市累计产地检疫畜禽 1.45 亿头（只），其中生猪 115.4 万头、牛羊 4.7 万头（只）、禽 1.4 亿只、其他动物 450.5 万头（只）；消毒运载工具 5.5 万辆。检疫动物产品 16.1 万吨，种蛋 1.1 万吨。依据检测报告出具检疫证明 1.1 万余张，涉及动物 2 620.5 万头（只）。累计屠宰检疫畜禽 1 953.41 万头（只），其中生猪 625.13 万头、禽类 1 275.7 万只、牛羊 52.5 万头（只），检出不合格畜禽 1.51 万头（只），检疫废弃物、病害组织等 2 388.87 吨，全部依法依规进行无害化处理。全市公路、铁路和航空监督检查进京动物 3 506.9 万头（只），动物产品 88 万吨，劝返动物 3 000 余头（只）、动物产品 272.4 吨；运输环节查办案件 211 起，罚没款 13.9 万元。全年共查办案件 1 475 起，同比增长 34.21%，其中一般程序 443 起，简易程序 1 032 起；罚没款 317.07 万元。

（张佳艳）

【推进农业废弃物资源化利用】 认真落实国办《关于加快推进畜禽养殖废弃物资源化利用的意见》（国办发〔2017〕48 号），印发《北京市推进畜禽养殖废弃物资源化利用工作方案》（京政办发〔2018〕24 号），制定《北京市开展“疏解整治促提升推进畜禽生态养殖”实施方案》（京政农函〔2018〕17 号），抓好禁养区内规模以下畜禽养殖清退工作，实施畜禽养殖整治工作。组织“推动农业废弃物综合利用，促进农业可持续发展”专题调研，初步摸清农业废弃物基本情况及综合利用情况。

（胡玉根　刘孟超）

【缩减畜禽养殖规模】年内，受禁限养和处置非洲猪瘟疫情因素影响，生猪养殖规模大幅缩减。全市生猪存栏45.4万头，同比减少59.5%，丰台区、门头沟区、通州区和大兴区等区生猪已全部清栏。牛、羊、家禽养殖规模有序调减，存、出栏量均较快下降。畜禽产品产量也减少，全年禽蛋产量11.2万吨，同比下降28.3%，其中鸡蛋产量11.1万吨，同比下降28.5%；牛奶产量31.1万吨，同比下降17.0%。

（刘孟超）

【第二次全国污染源普查畜禽养殖业专题调查】组织开展了对941家纳入污普名录的规模场入户调查，90家规模以下养殖场户抽样调查，质控方面组织了4轮次质量核查，审核全市1 031份纸质表格，扎实开展生猪、奶牛、蛋鸡、肉鸡4个畜种产排污量及其特征参数原位监测工作。完成了对4个畜种秋、冬、春三季的产排污量监测，累计采集污水样品270个，粪便样品324个，涉及参数12项，取得监测数据3 510项。

【开展全市草地资源清查】通过草地资源清查，全面摸清北京市草原面积分布、类型等级、利用现状、生态状况等基础信息，为推进首都生态文明建设、有效保护和永续利用草地资源，提供信息基础、监测预警和决策支持。

目前本市天然草地面积130.46万亩。草地资源类型主要有三大草地类：暖性灌草丛类、山地草甸类、低地草甸类；有12个草地型，其中暖性灌草丛类有8个型，分别是黄背草型、白茅型、具灌木的白莲蒿型、白羊草型、大油芒型、荩草型、苔草、暖性禾草型；山地草甸类有苔草、蒿草型和苔草、杂类草型；低地草甸类有芦苇型、碱蓬和杂类草型。

（张丽丽）

【开展全市草种质量监督抽检】以草种包装标识、生产经营许可证等7个方面为重点，对主要草种生产经营企业、经营品种的种子批实施全地域、全覆盖质量监督检查。完成抽检51个种子批草种样品，主要品种包含紫花苜蓿、白三叶、燕麦、黑麦草、高羊茅等10余个种类，样品检验合格率100%。

（张丽丽）

【全市草原行政许可情况】组织完成全市11家草种生产经营企业的生产经营许可材料及现场审核。经市农业局备案已取得草种经营许可企业26家，生产许可企业6家，从业人员了解草种生产、草种特性、栽培利用技术等基础知识，不断加深对产业发展需求和售后服务的认识，可基本满足经营市场需求。

水产业

【水产养殖情况】水产养殖继续缩减。年内，水产品总产量3万吨，同比下降33.42%。其中，淡水产量2.83万吨，远洋捕捞产量0.17万吨，同比分别下降21.54%和81.04%。其中，淡水养殖产量25 962吨，同比下降21.52%；淡水捕捞产量2 360吨，同比下降21.75%。2018年观赏鱼产量3.52亿尾，同比减少33.26%，养殖面积498.47公顷，养殖场400家。

【渔船检验和监管职能划转】5月29日，北京市“船用产品检验”职责由北京市农业局移交至中国船级社天津分社。12月26日，北京市“渔船检验和监督管理”职责由北京市农业农村局移交划转至北京市交通委员会。

（李岩）

【密云水库综合执法大队成立】6月27日，根据《北京市人民政府关于同意开展密云水库涉水领域综合执法体制改革的批复》，北京市政府同意成立密云区密云水库综合执法大队，授权8月1日起，在密云水库一级保护区范围内，以大队名义行使区级农业（渔业）、环保、城管等3部门131项行政处罚权和相应的行政检查权。

（徐立群）

【全市渔业养殖面积调整】全市渔业养殖面积调整为4万亩左右，同比调减20%，水产品总产量7 559吨，苗种产量3 350万尾。

林产业

【概况】2018年，北京市园林绿化系统圆满完成了市委、市政府和首都绿化委员会部署的各项任务。全市新增造林绿化面积1.79万公顷、城市绿地710公顷。全市森林覆盖率达到43.5%，平原地区森林覆盖率达到28.5%，森林蓄积量达到1 798万立方米，城市绿化覆盖率达到48.44%，人均公共绿地面积达到16.3平方米。全市围绕绿色产业不断转型升级，改革创新果树产业发展基金投融资方式，推动适度规模化经营，发展现代高效节水果园533.33公顷，全市果品产量6.6亿千克，果品收入40.4亿元，28万户果农户均果品收入1.5万元。

【北京市樱桃春季生产现场会】4月16日，市园林绿化局在通州区金果天地果品生产基地组织全市樱桃春季生产现场会。各区果树科长、技术人员、重点果园121人参加现场会。邀请中国园艺学会樱桃分会会长、北京市林业果树研究院教授现场教学，讲解樱桃技术管理；结合城乡生态文明建设新要求，就果树盛花期服务市民观光休闲提出指导意见；参观金果天地庄园5年生密植樱桃开花现场。

【北京世界园艺博览会“百果园”建设情况】年内，持续推进北京世界园艺博览会（以下简称世园会）“百果园”建设工程。百果园位于世园会园区西部，总占地面积66 667平方米。百果园建设工程分为绿化工程、景观工程、铺装工程、给排水工程、电气工程和标识工程等6个标段。截至2018年底，完成世园会“百果园”工程建设项目主体栽植任务，栽植各种果树品种180个、5 769株。

【启动第九届国际樱桃大会筹备工作】年内，启动第九届国际樱桃大会筹备工作。国际樱桃大会是由国际园艺学会主办的全球樱桃界顶级会议，每四年举办一次，主要目的是交流科研成果、展示新品种新技术、宣传推介本国产品。在第八届国际樱桃大会上，经过成员代表2轮投票，中国获得2021年第九届国际樱桃大会的举办权。经过与北京市农林科学院、市财政局、相关区多次调研、沟通，拟由北京市承办此次大会，以北京樱桃特色产业为依托，发挥首都在科技、人才、金融、信息等生产性服务业优势，通过招商和博览会等方式，促进果品产业提质增效和可持续发展。2018年3月28日，市园林绿化局召开专题会议，研究筹备相关事宜。研究起草《北京市园林绿化局 北京市农林科学院关于举办“第九届国际樱桃大会”相关事宜的请示》获得市领导审批，会同相关部门研究提出的组织架构方案（建议稿）进入报批程序。

【果树产业与美丽乡村融合发展研究项目调研】年内，市园林绿化局开展“果树产业与美丽乡村融合发展研究”项目调研工作。主要调查研究促进果树产业发展相关政策、果树产业和美丽乡村建设融合发展案例及模式、果树产业与都市型观光农业相结合经验和做法，形成调研报告。与课题负责人研究确定本项目实施方案和计划，按市园林绿化局要求经律师审核后，签订委托协议并进入拨款程序。

【果树产业基金扩围方案获得北京市政府批准】年内，市园林绿化局针对实施乡村振兴战略新要求，和基金运行中面临的政策瓶颈问题，结合产业发展实际需要，会同市财政局、市农投公司、六合基金研究提出拓展财政出资部分支持范围、调整基金投资方式方案。10月24日，北京市副市长卢彦主持召开专题会议，研究北京市果树产业发展基金扩展支持范围及调整投资方式有关事宜。《北京市园林绿化局关于北京市果树产业发展基金扩展支持范围及调整投资方式的请示》经市政府批复同意。财政出资部分投资范围在支持果园建设基础上，延伸至果树产业链项目，实现全产业链支持；对符合京津冀一体化、产业链合理分工、疏解整治促提升需求且规范经营的现代企业及相关投资比例要求项目，支持范围拓展至津冀地区；针对国家基金政策调整，将基金投资方式从股债结合调整为股权投资。

【持续开展果园化肥农药减量化工作】年内，市园林绿化局举办化肥减量技术培训1次，培训177人；印发《北京市园林绿化局关于进一步加强果园生态环境保护工作的通知》。

【北京市果园栽植保存情况检查验收】年内，北京思瑞维科技发展公司受北京市园林绿化局委托，对全市6个区新建、更新和改造果园的栽植、保存情况进行检查验收。2018年，全市实际建设果园完成总面积538.86公顷，比上报总面积增加0.33公顷，实际完成率100.1%。实际新建更新果园面积保存为444.19公顷，比上报新建更新面积446.53

公顷减少 2.33 公顷；实际改造果园面积 94.67 公顷，比上报改造果园面积 92 公顷增加 2.67 公顷。全市果园主栽树种平均成活率 92.1%，高于国家规定合格率（85%）7 个百分点。总体检查验收结果为合格。同时，对各个果园资金投入、果园认证、果园机械、基础设施等情况进行调查登记，对 164 个果园实施 GPS 定位、拍摄照片。

【果树基金投资高效节水果园工作】年内，北京市果树基金召开四次投资决策委员会会议，审议并通过 7 个果园项目和 1 个产业链项目，全部以股权形式进行投资。截至 2018 年底，完成交割 5 个果园项目和 1 个产业链项目，投资总额 11 228 万元。支持高效节水果园面积 103.73 公顷。在项目分布上，顺义区 4 个、怀柔区 1 个。在经营主体类型分布上，企业 4 个、家庭农场 1 个。2018 年进一步扩大支持范围后，果树基金投资北京牵手果蔬饮品股份有限公司产业链项目，以股权形式投资 10 000 万元。北农果品子基金 2018 年召开五次投资决策委员会会议，审议通过北农果品投资制度和 2 个果品产业链项目，总投资金额 3 925 万元，以股权形式投资北京耘泽谷农业有限公司，投资金额 1 000 万元；出资 2 925 万元发起设立北京北农耘泽农业有限公司。

【推进“密植果园保险”项目试点工作】年内，持续推进“密植果园保险”项目试点工作。2017 年 8 月，《北京市密植果园金融综合解决方案》被农业部批准确定为“金融支农服务创新试点”项目。其中“密植果园保险”是此综合解决方案重要内容之一，由华农财产保险股份有限公司具体执行。项目规定，符合密植要求的园主可投保果园树体及果品。保费中 80%为项目及中央财政出资，果农个人承担 20%；与普通政策保险相比在费率不变情况下，保额翻倍，并免去区财政负担 40%。2018 年，市园林绿化局组织各区业务主管部门及部分乡镇管理干部、密植果园种植户分片培训，再由华农保险公司落实。截至 2018 年，完成对通州、怀柔、密云、昌平、房山、大兴、平谷、顺义、延庆等 9 个区集中培训。确定承保果农 51 户，涉及树体、果品保险面积 666.67 公顷，预计保费 1 145.89 万元。

【果品信息宣传】年内，市园林绿化局注重宣传打造京果品牌，推广京郊果品。截至 2018 年，从大数据管理系统中筛选、整理出通过安全认证樱桃采摘园、小果类采摘园明细表，经各区果树主管部门复核，最终确定通过无公害认证、绿色食品认证或有机认证 2 公顷以上的樱桃园 94 个，蓝莓、桑葚、杏、李、树莓等小果类采摘园 22 个，在市园林绿化局官网上发布。局宣传中心利用这些信息编发微博 8 条。搜集整理全市有认养条件果园 57 个。在市园林绿化局机关“书香园林”微信公众号开设“京果小辑”专栏，发布果树相关文章 5 期，并附朗读音频，阅读次数 3 622 次。

【林下经济】年内，北京市林下经济现有累存面积 1.18 万公顷，其中：2018 年当年林下经济新建面积 2 453.33 公顷。北京市林下经济形成以林下观赏和功能性花卉、林下中草药种植、林下特色精品杂粮、林下食用菌及林下旅游为主要内容的重点模式。全市 2018 年林下经济产值 3.26 亿元，实现收益 1.61 亿元，参与农户 1.01 万余户，带动就业人数 1.43 万人，参与企业与合作组织 149 个。

蜂产业

【基本情况】2018 年北京市蜜蜂饲养量达 26.5 万群，同比提高了 1%，蜂蜜产量 235.1 万千克，蜂王浆产量 5.16 万千克，蜂花粉产量 2.03 万千克，蜂蜡产量 14.55 万千克，因遭受旱涝灾害影响，蜂蜜产量比上年减少 65%，蜂王浆产量比上年减少 16%，蜂花粉产量比上年减产 22%，蜂蜡产量比上年减少 27%。全市共有蜂业专业合作组织 77 个，有蜂业产业基地 61 个，有养蜂户 1 万户，养蜂万元户超过 2 500 户，售蜂收入 318.56 万元，蜂授粉收入 1 073.1 万元，养蜂总产值 1.64 亿元，蜂产品加工产值超过 12 亿元，出口创汇超过 1 800 万美元。

【抗灾保蜂】年内，旱涝灾害相继发生，特别是 7 月中旬密云区遭遇历史罕见特大暴雨，受损蜂群 6 085 群。灾害发生后，北京市各区及时组织，积极应对。加大产业扶持保障力度，积极争取设立抗旱保蜂救济金；拓宽养蜂致富渠道，实现产业功能拓展；加强蜂群饲养管理，确保蜂群健康平稳发展；组织蜂农积极开展自救，将灾害损失降到最低程度。

【养蜂精准扶贫】年内，北京市继续实施养蜂精准扶贫工程，编制《北京市蜂产业精准扶低行动计划（2018—2020年）》。重点帮扶昌平、密云、平谷、房山、延庆335户低收入农户从事养蜂行业，免费购置蜂群3 000群，购置新蜂箱、蜂胶采集器、摇蜜机等蜂机具1万件。帮助335户低收入农户饲养蜜蜂9 629群，生产各类蜂产品180 000千克，实现产值480万元。

【制定蜂产业精准扶贫国家标准】年内，由北京市蚕蜂站主持制定的国家标准《蜂产业项目运营管理规范》（GB/Z 35035—2018）5月正式发布。该标准包含标准化养蜂扶贫项目的基本立项条件、带贫（扶贫）模式、成本效益评估、技术帮扶措施、帮扶项目管理、标准体系构建与实施等内容。

【蜜蜂授粉】年内，北京市继续启动“京津冀现代化蜂授粉服务区建设工程”，为北京及周边省市提供授粉技术支持和服务，大力推广蜜蜂为梨树授粉和蜜蜂为西瓜授粉技术应用。4月8日，北京市蜜蜂为梨树授粉现场会在大兴区魏善庄镇召开；5月28日，蜜蜂授粉西瓜品鉴会在大兴区庞各庄镇召开。组织10支蜜蜂授粉专业队，授粉面积43 333.33余公顷，作物平均增产超过10%，总增产值4亿元。

【国家蜂产业技术体系北京试验站建设】年内，为完善北京地区西方蜜蜂标准化健康高效养殖技术，建设蜜蜂健康高效养殖技术基地1个，研发养蜂转运装备和机具2个。在昌平、门头沟、密云、平谷等区开展北京地区蜜蜂病虫害流行病学调查和蜂药、农药使用情况调查。试验新型中药及生物制剂，推广500群。继续在12个蜜蜂病虫害监测点，为蜜蜂白垩病和蜂螨风险评估技术平台、农药对蜜蜂健康影响风险评估平台提供监测数据。

【自流蜜生产基地建设】年内，在北京市门头沟区、平谷区、昌平区建成4个自流蜜生产基地，示范蜂群1 000群，通过配套自流蜜生产技术，使基地蜂蜜产量提高20%，降低蜂农劳动强度80%，实现规模化、集约化养蜂。8月7—8日在平谷区召开现场会推广应用，2018年底应用规模5 000群。

【智能化蜂箱开发研制】年内，北京市蚕蜂站主持开发研制智能化蜂箱。该蜂箱在朗式蜂箱结构基础上，采用生态木材质，调整箱体连接、保温、通风、除菌、防蜇、推拉巢门、饲喂和转运等装置结构，增加传感器和自动化控制装置空间和接口。至2018年底完成设计并制作样品200套，在全国40多个蜂场开展试用。

【蜜蜂文化旅游休闲】年内，北京市各类蜂业文化观光园和活动累计接待参观人数12余万，实现经济效益3 000万元。

【首届世界蜜蜂日庆祝活动】5月20日，北京市启动首届“世界蜜蜂日”系列庆祝活动，在密云蜜蜂大世界、冯家峪中蜂自然保护区、中国蜜蜂博物馆、春之谷国际蜜蜂教育基地设4个分会场，并参加中国蜂产品协会在朝阳公园举办的“感恩蜜蜂　与爱同行”主题庆祝活动。向广大市民传播蜜蜂文化，弘扬蜜蜂精神，普及和推广蜂产品健康消费理念。同时，在“2018中国蜂产业品牌盛典”上，北京市蜂业公司荣获2018中国蜂产品行业影响力十大品牌和中国蜂胶行业领军品牌两项殊荣。

【市森林蜜蜂特色小镇项目获批】8月，北京市申报国家林业和草原局首批国家森林特色小镇——北京市森林蜜蜂特色小镇项目获批准，于2019年1月起建设实施。北京市森林蜜蜂特色小镇将建在密云区白龙潭镇，以太师屯镇白龙潭林场森林资源为特色，以蜜蜂为重点元素，以促进周边农户增收为根本目的，打造集蜜蜂产业、生态和休闲观光农业于一体的森林特色蜜蜂小镇，以促进乡村振兴。

【全国养蜂大会】11月，北京市蚕蜂站举办“21世纪第三届全国蜂业科技与蜂产业发展大会暨首届北京密云蜂业发展高峰论坛”，800余人参加会议。大会以“发展蜜蜂产业，共筑生态家园”为主题，交流报告127篇，展示科技创新成果106项，收集高质量科技论文116篇。对近年来中国蜂业在科技成果、产业发展经验、蜂产品营销品牌战略、中华蜜蜂保护利用、养蜂与精准扶贫等领域取得成果进行交流，探讨蜂产业发展未来。其间，举办第二届中国蜂业大奖赛，吸引上百家蜂业企业数百种产品参赛。

花卉业

【举办迎春年宵花展】2月3日至3月2日，由北京市园林绿化局、北京花卉协会主办，中国花卉协会零售业分会、中国花卉协会盆栽植物分会、丰台区园林绿化局、丰台区花乡政府、北京花乡花木集团有限公司及北京花乡花卉创意园承办等18家单位协办的迎春年宵花展及组合盆栽大赛，在北京各大花卉市场举办，迎春年宵花展暨组合盆栽大赛市场依然主打蝴蝶兰、大花蕙兰、凤梨、红掌等传统盆栽花卉。它们因花开朵大，颜色是喜庆的正红色、明艳的黄色，或者多彩的复色而成为百姓家中装点节日氛围的主力军。适合家庭园艺的小型盆栽花卉，如迷你月季、微型牡丹、丽格海棠、长寿花、多肉植物也已跻身主力花卉。北京本地生产的花卉占据首都年宵花的半壁江山，约为53.8%，主要种类以多肉小盆栽、蝴蝶兰、长寿花、迷你月季、丽格海棠等小型盆栽及组合盆栽类为主，深受年轻消费群体及家庭园艺消费市场的喜爱。

【参加2018年香港花卉展览】3月16—25日，北京市参加了在维多利亚公园举办2018年香港花卉展览，花展的主题花是“大丽花”，以“心花放”为主题。香港特区行政长官林郑月娥等主持了开幕典礼。花展展出约40万株花卉，包括4万株大丽花。有来自18个国家的超过260个机构参与花展。本届花展中北京展区设计主题为“花漾衔景美生活”，选取北京最富生活气息的胡同文化为设计元素，以北京市花菊花、展览主题花——大丽花为主花材，表达花卉给人们日常生活带来的美好和愉悦，凸显“心花放”的展会主题。而北京胡同呈现的景深效果，通过花卉巧妙搭配，使整个布景立体而生动，呈现出了一幅“心花放”的北京胡同生活画卷。在本次花展中北京市荣获最佳设计金奖。

【第九届北京郁金香文化节举办】4月1日至5月10日，北京国际鲜花港举办“第九届北京郁金香文化节”。本届郁金香文化节以“花开盛世·一带一路”为主题，根据“21世纪海上丝绸之路”进行设计布展，以欧洲北海地区为起点，途径地中海、红海、东南亚、东亚，使广大游客不仅能够饱览美景，更能领略丝路风情。本届郁金香文化节将100个品种400万株早、中、晚、超晚花期的郁金香巧妙衔接，创造了中国北方地区开展最早、品种最多、花期最长、种植面积最大的郁金香花展。活动期间，有草裙舞、弗拉明戈舞、桑巴舞、鼓舞等多项表演。北京国际鲜花港还将举办中小学生长跑节、外语喜乐会、亲子游园会、室外公益阅读、跳蚤市场、相亲会、马术体验和摄影展等多项精彩活动，丰富市民生活。

【第十届月季文化节举办】5月11日至6月18日，第十届北京月季文化节开幕式在世界花卉大观园举办，本届月季文化节的主题为“爱月季·爱生活”。活动期间，北京国际鲜花港等12家园区展示近2 300多个月季品种、50余项花事活动、近千万株月季喜迎首都市民。本届月季文化节新增两个展区，共有12家月季主题展区参与。各展区在重点展示月季品种的同时，深入挖掘自身优势，更加突出互动性和科普性。北京植物园、天坛公园、世界花卉大观园、丰台花园、北京国际鲜花港在展示月季精品的同时，与科普、历史相结合，突出月季文化体验；陶然亭公园推出“花艺展示区”“手工体验区”和“园艺展卖区”三大互动主题活动；大兴区魏善庄镇联合纳波湾月季园、世界月季主题园等四个展区联合打造月季小镇相关活动；园博园举办“熊猫路跑”等活动；蔡家洼玫瑰情园继续加强情景交融式的活动布局，开展各种DIY体验活动。

【第四届北京百合文化节举办】6月29日至7月31日，第四届北京百合文化节在延庆世葡园举办，主题是“相约延庆，盛世花海”。本届文化节在总结往届成功经验基础上，对展区布局进行优化升级。室内展区4 500平方米，集中展示欧洲新优切花百合品种和百合插花花艺作品，为游客提供插花体验等活动。室外展秉承传统文化“天人合一”的设计理念，64个品种、70多万株百合，共同打造了10万平方米靓丽缤纷的百合花海，成为全市独具特色的百合主题公园。

【第十届北京菊花文化节举办】9月7日至10月25日，由北京市园林绿化局、北京市公园管理中心、北京花卉协会、北京菊花协会四家单位联合主办，北京顺义鲜花港、北海公园、天坛公园、北京植物园管理处、北京花乡世界花卉大观园、八达岭世界葡萄博览中心承办，第十届北京菊花文化节在北京国际鲜花港举办，以“盛世芳华·美满花港”为主题，3 200 余个品种、100 多万盆/株菊花，全市六大菊花展区在两个多月的时间里扮靓京城，喜迎首都市民参观游览。园区种植主要以菊科花卉为主，搭配各种草花，如马鞭草、鸡冠花、醉蝶等，运用菊花草花相互穿插搭配展现出不同的花朵造型图案。园区新增国内较罕见的金丝麦浪、泉乡万盛、枫叶晚红、春日剑山等 30 多种特色花卉，在育苗、定植和日照、秋养上下功夫，通过增大局部种植密度，延长局部观赏区时间等方法，拼接出了一幅幅色彩斑斓的大地艺术品。

【本市参加第八届中国月季展】 第八届中国月季展由中国花卉协会月季分会、德阳市人民政府和四川省林业厅联合主办，是国内最高规格的月季盛会。北京室外展园占地 1 000 平方米，取名“万寿长春园”，将北京皇家园林文化和北京月季文化互相融合，在有限的空间内，创造多重景观，展示北京特色月季。全园以一条小径串联九个特色景点，北京自育或特色的月季品种遍布全园，营造“松竹常青画中看，春色满园九重香”的意境。北京室内展区占地 500 平方米，集中展示北京参加评比的新优月季。本届月季展上北京市荣获优秀组织奖、月季室外造园艺术特等奖、月季室内造景展特等奖，成为唯一包揽室外造园和室内造景两项特等奖的参展城市。

【世界园艺博览会筹备情况】 年内，北京世园会“四馆一心”（即中国馆、国际馆、生活体验馆、植物馆和演艺中心）建设基本完成，完成园区公共绿化景观乔灌木种植，道路框架体系基本成型。北京园筹备工作全面展开，百果园完成采购 4 000 余株、180 个品种大规格果树。

农 机 业

【概述】 2018 年，全市农机总动力 125.65 万千瓦，亩均动力 0.38 千瓦。全市农业机械保有量 20.52 万台套。其中，拖拉机 6 845 台；大田种植业机械 108 444 台，占比 53%，主要包括耕整地机械、种植施肥机械、排灌机械、植保机械、收获机械等；设施农业机械 59 628 台，占比 29%，主要包括微耕机、田园管理机、工厂化育秧设备、移栽机、电动卷帘机、电动卷膜机等；农产品初加工机械 9 456 台，占比 5%，主要包括机动脱粒机、果蔬清选分级设备、保鲜储藏设备等；畜牧养殖机械 10 192 台，占比 5%，主要包括饲料粉碎机、铡草机、揉搓机、饲料搅拌机、粪污处理设备、挤奶机等；水产养殖机械 12 131 台，占比 6%，主要包括增氧机、投饲机、水质调控设备、水产捕捞机械等；农田基本建设机械 633 台，主要包括推土机、挖掘机、装载机、平地机、开沟机等。

（宫少俊）

【农业机械化水平提升】 年内，全市主要农作物耕种收综合机械化水平达 91.2%。其中，小麦已基本实现生产全程机械化，玉米耕种收综合机械化水平达 91.5%。设施农业机械化水平 37.62%，畜牧养殖机械化水平 64.98%，水产养殖机械化水平 42.16%，农产品初加工机械化水平 26.89%，林果业（果、茶、桑）机械化水平 32.54%。全市各类农机作业服务组织及农机户 1.4 万个，其中农机户 1.37 万个，农机化作业服务组织 315 个。农机专业合作社 129 个。以农机专业合作社为代表的农机服务组织已经成为全市农机作业服务的主力军。

（宫少俊）

【农药使用量持续下降】 年内，出台《北京市 2018 年农药使用减量行动实施方案》。推动建立以绿色生态为导向的农药补贴制度，重点补贴天敌、生物农药和高效低毒化学农药等国家推荐的绿控产品 61.5 万亩，累计建立农作物病虫害专业化统防统治服务组织 77 家。全市农药利用率由 2015 年的 39%提高到 43%，统防统治覆盖率提高到 38%，化学农药使用量由 2015 年的 580 吨下降到 406.38 吨左右，减少比例达到 30%，提前两年超额完成市委、市政府《关于全面加强生态环境保护坚决打好北京市污染防治攻坚战的意见》的指标要求（农药总量比 2015 年下降 15%）。

（生态建设处）

【农作物秸秆综合利用率达 98.6%】 年内，全市农作物秸秆主要通过机械化粉碎还田、制作青贮、黄贮三种基本模式和加工有机肥、栽培基质两种典型模式，形成以肥料化、饲料化利用为主，基料化利用为辅的结构方式，“3＋2”模式已经成为农作物秸秆综合利用的引领模式。全市农作物秸秆综合利用率98.6％，农作物秸秆实现全面禁烧。

（宫少俊）

【农机购置补贴政策调整】 8月28日，市农业局、市财政局联合印发《2018—2020年北京市农机购置补贴实施方案》，北京市农机购置补贴政策实施方式由“政府采购”改为“自主购机”，农机购置补贴资金使用方法发生重大变化。

（宫少俊）

【《北京市农业机械安全监督管理规定》出台】 4月1日，《北京市农业机械安全监督管理规定》经北京市人民政府第177次常务会议审议通过，正式施行。规定共设47条，分总则、安全保障、事故处理、服务与监督、法律责任和附则六个章节，进一步明确了危及人身财产安全的农业机械范围，健全了北京市农业机械安全保障责任体系，完善了拖拉机、联合收割机检验和注销制度，建立了拖拉机和联合收割机的尾气排放控制制度与农业机械事故快速处理制度。

（北京市农业机械监理总站）

【农业部门“放管服”改革】 年内，组织落实了“拖拉机、联合收割机登记及驾驶证核发”“无公害农产品产地认证”的动态调整与办事指南的完善与规范。组织对市农业局96个政务服务事项进行了精简，通过取消、整合、调整为内部审批事项、“零办理”事项单列、简化优化办理方式等措施，最终保留41个，精简比例54.46％。对市区两级涉及的三类农业审批事项，通过采取“优化准入服务”方式，细化完善相关的办事指南，梳理了事中事后监管措施，落实了工作任务。取消农业系统的“属人工繁殖的水生野生动物子代或其产品的证明”事项，并加强后续监管措施。按时完成进驻综合窗口政务服务事项及进驻人员的授权，推进完成了局自有系统与综合窗口系统开发与对接，为综合窗口的正式运行提供保障。除渔业船舶检验等开展主动服务的例外事项外，其余53个（含零流量共76个）政务事项全部实现网上可办，网上可办率超过90％，为群众办事提供更多便利。

（李淑娟）

【农机安全生产形势持续稳定】 全市发生国家等级公路以外一般农机事故6起，死伤0人，农机作业实现“无事故死亡、有事故无伤”，农机安全生产形势持续稳定。

【全市完成农机深松整地作业面积15万亩】 年内，按照《北京市农机深松整地作业补贴工作实施方案》要求，组织怀柔、密云、大兴、延庆、平谷、通州、房山7个区实施农机深松整地作业面积15万亩，完成农业农村部下达的任务目标。

（宫少俊）

【农机安全监管法律体系建设进一步推进】 年内，北京市农业机械监理总站制定了《北京市农机安全监管法律体系建设规划（2018—2020年）》，印发了《北京市农业生产经营组织安全管理人员履职规定》《北京市农业生产经营组织安全管理人员履职约谈制度》《北京市危及人身财产安全的农业机械安全监督管理档案制度》和《北京市农业机械事故简易程序处理规定》等配套制度。推动制定了危及人身财产安全的农业机械安全检验标准，其中，微耕机安全检验地方标准已于2018年9月29日公布，自2019年1月1日实施；电动卷帘机安全检验地方标准已通过北京市质量技术监督局立项；机动植保机械安全检验地方标准已通过专家评审。

【农业机械行政执法不断加强】 2018年，市、区两级农业机械执法人员共完成执法检查6 484件，做出行政处罚310件，同比分别增长127.11％、129.63％。

【在册农业机械催检注销有序开展】 印发《北京市农业局关于全面做好在册农业机械催检和注销工作的通知》（京农发〔2018〕69号），发布《北京市农业局关于在册农业机械催检的公告》（京农发〔2018〕109号）与《北京市农业局关于注销农业机械号牌的公告》（京农发〔2018〕233号），对连续3个检验周期未取得检验合格标识的14 864台京01、京02、京NJ号段的拖拉机、联合收割机进行公告注销，在市农业局官方网站、京郊日报发布注销公告，并向市公安交管部门通报注销数据。

【行政许可事项调整有效推进】 印发《北京市农业局关于调整拖拉机联合收割机登记及驾驶证核发行政许可事项的实施方案的通知》（京农发〔2018〕58号），自2018年6月1日起，全市拖拉机、联合收割机登记及驾驶证核发行政许可事项的行使层级由“市级”和“区级”调整为“区级”。

【拖拉机和联合收割机污染物减排控制装置研究深入开展】 在全市9种拖拉机重点机型上开展加装试验和20马力单缸柴油发动机台架试验，探索以颗粒捕集（DPF）为主要技术手段的污染物减排控制装置，为下一步加装污染物减排控制装置提供科学理论依据。

【省际联合不断深入】 2018年，在签订《京津冀农机安全监管协同发展合作协议书》的基础上，北京、天津、河北三省市的农机监理部门签订《京津冀农业机械及驾驶员信息共享协议书》，实现了三地农业机械及其驾驶人信息的有效查询。

【农机监理岗位技能“大练兵”活动成功举办】 9月7日，北京市农业机械监理总站在北京兴农天力农机服务专业合作社举办了农机监理岗位技能“大练兵”活动，来自昌平、大兴、房山、怀柔、门头沟、平谷、延庆、顺义、密云九个区共25名参赛选手参与了比赛。经过层层角逐，最终有6名参赛监理员分获了冠亚季军，提高了全市农机监理队伍的整体素质。

【北京市农业机械安全生产联合宣传暨《北京市农业机械安全监督管理规定》普法咨询活动成功举办】 6月7日，北京市农业机械监理总站在北京兴农天力农机服务专业合作社举办了北京市农业机械安全生产联合宣传暨《北京市农业机械安全监督管理规定》普法咨询活动，市农业局、市应急管理局、市市场监督管理局和市公安交通管理局围绕农业机械安全监督管理工作，对《北京市农业机械安全监督管理规定》等农机安全法律法规、农机安全生产知识进行了联合普法宣传。

【微耕机安全检验演练观摩会有序开展】 4月20日、5月29日、11月1日，北京市农业机械监理总站分别在平谷区互联农机服务专业合作社、房山区金利农机服务专业合作社、昌平区金六环农业园开展了3次微耕机安全检验演练观摩会。观摩会共有来自14个区80多名市、区两级检验员参加，活动内容包括微耕机基本构造原理讲解、地标解读、大田作业实操、实地安全技术检验观摩等四方面。通过活动，基本实现了每区有1～2名检验员能够掌握微耕机安全检验技术。

（北京市农业机械监理总站）

【北京市农机科技推广持续深入】 北京市农业机械试验鉴定推广站依据乡村振兴和现代农业规划的重点产业，持续深入推进高精尖农机技术推广应用。针对主导产业，推进主要叶菜品种（如生菜、小油菜等）生产全程机械化；针对高效产业，推进主要经济作物（如草莓、鲜食玉米、甘薯等）生产和加工机械化；针对丘陵山区、小散零碎地块等不适合机械化的产业，积极研发和引进小型动力机械和农机具，推进山区主要农作物（如谷子等）主要生产环节机械化；针对平原及浅山区具有一定规模的农业产业，利用“互联网＋农机”等现代信息手段，打造全国智慧农机装备示范基地，促进智慧农业发展；针对农机专业合作组织转型发展以及新型生产联合体建设，通过政策驱动、技术引导、机具共享等方法，推进农机社会化服务。

（麻志宏）

【北京市秸秆污染源普查工作全面完成】 3月7日，北京市人民政府组织召开了北京市第二次全国污染源普查启动会议，本市第二次全国污染源普查工作全面启动。北京市农业机械试验鉴定推广站承担本次北京市秸秆污染源专题普查。年内，全面完成了小麦和玉米秸秆的普查工作。

（张莉）

【京津冀农机协同发展取得新进展】 北京市农业机械试验鉴定推广站与天津市农业机械试验鉴定站、河北省农业机械鉴定站共同签署《2018年京津冀农机鉴定工作协同发展合作协议》。三地农机鉴定检测部门首次联合，完成了7个产品的蔬菜移栽机作业质量检测；组织了三地之间检验检测机构比对试验，促进了技术交流，提高了检测能力；开展了联合检测旋耕机、深松机等农机产品鉴定检测，促进了京津冀农机推广鉴定工作协同发展。

（刘旺）

【探索建立甘薯种植全程机械化技术模式】 北京市农业机械试验鉴定推广站围绕甘薯种植全程机械化技术，在密云区建立甘薯全程机械化示范区，根据京郊普遍80～90厘米垄距的种植模式，培训专业摆苗工、农机操作人员，规范薯苗形态标准。相较于传统人工作业，甘薯（不覆膜）种植全程机械化作业效率至少提高5倍以上，每亩地节本增效750元以上。

（张莉）

【“标准化果园全程机械化现场田间日”活动举办】 10月19日，北京市农业机械试验鉴定推广站在延庆区举办“标准化果园全程机械化现场田间日”活动。本次活动重点围绕矮化密植标准化果园“全程、生态、高效”主题，现场演示展示了“有机肥深施、割草、植保、水肥一体化、剪枝、套袋、辅助采摘、果树残枝粉碎”8个作业环节的11台

（套）机具，全面展示了林果全程机械化生产配套设备。其中智能套袋机、电动升降采摘平台、自走风送式喷雾机等机具在北京地区均为最新引进。

（张莉）

【“北方地区叶菜（生菜）生产全程机械化技术暨北京市农机推广田间日”活动举办】10月16日，北京市农业机械试验鉴定推广站在通州区于家务乡举办“北方地区叶菜（生菜）生产全程机械化技术暨北京市农机推广田间日”活动。活动以“生菜生产全程机械化”为主题，演示了生菜生产过程中育苗、施肥、整地、起垄、移栽、田间管理、收获等7大关键环节农机化技术，展示了各种改进、引进、自主研发设备30余台套，促进叶菜生产全程机械化。

（刘旺）

【露地甘蓝生产全程机械化技术入选2018年全国主推技术】北京市农业机械试验鉴定推广站以露地甘蓝为突破口，集成示范了激光平地、移栽、收获、北斗卫星自动驾驶等农机化技术18项，配套田间作业农机装备34台套，实现了种植前田园清洁、耕整地、移栽、田间管理、收获、本茬甘蓝田园清洁等环节、26个节点的全程机械化作业，生产总成本降低30%。年内，该项技术被农业农村部列入2018年全国农业主推技术。

（李治国）

【示范推广了养殖降尘机械化技术】北京市农业机械试验鉴定推广站引进示范物理降尘技术，使得蛋鸡养殖舍内粉尘浓度降低46.1%，与传统水雾降尘机械化技术相比节约用电57.6%，减少了蛋鸡养殖舍内气传疾病发生频率，解决了水雾降尘在冬季不适用的问题。

（禹振军）

【集成应用了大田农机全过程作业质量监测技术】针对农机深松、深翻、播种、植保、收获、秸秆处理等环节，北京市农业机械试验鉴定推广站开展了农机作业全过程质量监测技术集成应用，安装技术设备14套。其中，深松作业质量监测技术具有耕深准确探测、面积精准计算、轮作报警等功能，为深松补贴发放提供数据依据，耕深监测误差值在±1厘米以内；深翻作业质量监测技术，犁地深度平均误差在±2厘米之内；播种作业质量监测技术，种箱缺种监测准确率100%；植保作业监测技术植保流量监测误差在5%以内；收获留茬高度监测技术，秸秆留茬高度平均误差在±1厘米之内；秸秆捡拾打捆监测技术，打捆计数准确率100%；作业面积统计功能提供实时面积显示和地块面积计算两种面积实时计算方式，后台根据作业轨迹进行作业面积分析；作业油耗监测技术适用于各类型拖拉机及动力设备，准确率大于90%，如果发生漏油情况，可实时提醒管理人员进行农机维护。

（徐岚俊）

【开展基层农机推广人员农机化新知识新技术更新培训】北京市农业机械试验鉴定推广站全面开展基层农机推广人员农机化新知识新技术更新培训。在培训对象上，重点针对管理人员、专业技术人员和农机化学校的师资队伍；在组织方式上，采取区级推荐、市级报备的方式进行；在培训内容上，针对生态园区建设管理、生态农业多样化景观建设、植保机械化技术、农业废弃物处理及配套机械化技术、农业休闲及农业综合体建设相关内容。年内共开展4期322人次培训。

（张武斌）

农产品质量安全

【签订北京农产品绿色优质安全示范区共建协议】1月16日，北京市政府与农业部开展现场对接洽谈，并正式签署《农业部 北京市人民政府共建北京农产品绿色优质安全示范区合作协议》。协议明确，要通过部市合作共建推动北京农业全面提高农业质量效益竞争力，加快推进农业转型升级，进一步强化“三个突出”：突出绿色优质生产，坚持源头治理，实现绿色发展；坚持培育特色，实现多样供给；坚持品牌发展，实现优质优价。突出首都“菜篮子”安全，坚持产管并举，实现产出安全；坚持机制创新，实现智慧监管。突出区域联动，坚持多地联动，实现协同发展。争取到2020年，将北京打造成绿色生产、全程监管、产品优质、品牌过硬的“绿色优质安全示范区”。

（甘朝亮）

【“国家农产品质量安全县”创建有序推进】按照市农委、市农业局、市食药局等10个部门联合印发的《北京市创建“国家农产品质量安全市”实施方案》（京政农发〔2017〕38号）的整体部署和创建要求，北京积极推进“国家农产品质量安全县”创建工作。组织第一批国家安全县平谷区、房山区参加农业部“双百”对接活动，提升安全品牌形象；完成第二批创建区大兴区、顺义区的创建试点单位交叉互查和核查验收，两个区均达到国家安全县考核要求，通过验收。同时，积极强化创建宣传，在主要路口、乡镇制作国家安全县创建宣传标牌、横幅、标语等440余处，印制宣传折页等6万余份。

（甘朝亮）

【健全、完善北京农业地方标准体系】以农产品质量安全相关内容为重点，新立项农业地方标准10项；完成新制修订地方标准24项。全市现行有效的农业地方标准达到286项。同时，积极组织相关单位将标准集成转化为农民“看得懂、用得上”的简明操作手册、明白纸等，市级组织开展标准化技术培训2期。

（甘朝亮）

【农业标准化基地建设】按照“区级建设、市级评定、动态管理、优级奖励”的建设原则，大力推进全市农业标准化基地建设。强化农业标准化基地建设区级指导和服务，申报备案新建农业标准化基地115家；对建设基地提升标准化水平，通过区级推进、市级现场评定，新评和复评为“优级”的农业标准化基地112家。全市有效备案的农业标准化基地达到1 456家，其中市级优级标准化基地550家，农业标准化基地覆盖率达到53.5%。同时，推行全程理念，按照“填平补齐”的原则，强化农业产前、产中、产后全产业链标准落实，新建设5家“全程农产品质量安全标准化示范基地”。

（甘朝亮）

【“三品一标”认证】大力推进“三品一标”工作，着力增加绿色优质农产品有效供给。印发《2018年北京市三品一标工作实施意见》，落实“堵漏、扩容、开源、促新”四项措施，全面提升“三品一标”认证覆盖率。同时，严格规范认证程序、强化证后监管，不断扩大“三品一标”产品的美誉度和影响力。截至2018年底，全市共有“三品”有效用标主体1 413家，产品5 598个，产量186.3万吨，其中“菜篮子”产品认证产量为184.4万吨，占全市同类产品产量的71.8%。

（阚睿斌）

【农产品质量安全监测】印发《北京市农产品质量安全统一监测计划》和《北京市农产品质量安全异地监督抽查实施方案》，实施风险调查、评估、监测、监督抽查“四位一体”管控，强化风险会商、检打联动、问题约谈、挂牌督办等机制，全方位把控风险。本市自产农产品合格率保持高水平，其中蔬菜监督抽查合格率为98.6 %、畜禽产品合格率为99.7%、水产品合格率为99.7%。同时，对年度农产品质量安全监测数据实施信息化管理，由检测机构将数据直接录入北京市农产品质量安全监管信息系统，并建立了相应的数据录入三级管理、监测类型分类管理等信息化工作制度。

（孙奂明）

【农产品质量安全专项整治】制定并下发《北京市农产品质量安全专项整治方案》，严厉打击各类违法违规行为，针对当前农产品质量安全存在的突出问题和隐患，在巩固已有专项整治成果的基础上，继续深入开展农药、蔬菜质量安全、兽用抗菌药、畜禽产品质量安全、养殖环节“瘦肉精”、生鲜乳、水产品质量安全、农资打假等八大农产品质量安全专项整治行动。同时突出了专项整治与各行业专项监督抽查工作的有效衔接，确保突出问题及时有效解决，推进农产品质量安全执法监管工作。市区两级累计出动执法人员4万余人次，检查生产经营企业、种植养殖户2万余家次，印发宣传材料12万余份，指导培训1.5万余人次。

（甘朝亮）

【重大活动农产品供应服务保障】参与了市“两会”、全国“两会”、中非论坛等多项重大活动食品原材料供应服务保障。按照“一丝不苟、滴水不漏、准确无误、万无一失”的保障方针，实施分级管理，重点强化三项措施：一是从生产源头做好重点供应企业及其产品货源基地管控，将质量安全的关口前移、重心下移；二是注重强化供应服务保障的规定，严格执行从生产、养殖环节的专场养殖、专线屠宰、专库贮存等“十二专”管理规定；三是组织实施供应产品批批检测，确保每一批产品检测合格后方可供应。农产品供应单位累计为 32 000 多名与会代表和工作人员供应了活鱼、猪肉、牛羊肉等 4 大类 76 个品项 137.6 吨优质安全农产品，实现了“供应产品质量零事故、数量零中断、服务零投诉”，受到了市委、市政府以及相关会议及重大活动保障单位及驻地的充分肯定。

（葛建军）

【北方九省市区农产品质量安全监管区域协作交流会】 9 月 17—19 日，按照《北方省市区农产品质量安全监管工作区域合作协议》，来自北京市、天津市、河北省、辽宁省、吉林省、黑龙江省、内蒙古自治区、山东省、山西省等九省市区农业（农牧、农村经济）厅（局、委员会）农产品质量安全主管领导，农产品质量安全监管处（局）主要负责同志及联络员，以及农业农村部相关领导同志齐聚北京，就强化农产品质量安全监管的区域协作、信息互通、形势会商、执法监管、应急处置等协调联动机制进行了交流研讨，相互学习交流各地农产品质量安全工作好的经验做法。

（甘朝亮）

【“三品”认证率首超 70%】 年内，北京“菜篮子”产品“三品”年产量 184.4 万吨，认证率 71.8%，居全国第一，其中无公害农产品认证率 62.3%、绿色食品 8.9%、有机农产品 0.6%。提前一年完成“三品”认证率 70%的目标任务。为确保获证产品质量安全，对产品进行了抽检，其中共抽检无公害畜产品和水产品样品 163 个，合格率 97.5%；绿色食品样品 58 个，合格率 98.3%。

（王芳）

【兽药质量监管】 以兽药产品“二维码”追溯系统为抓手，开展专项整治活动，促进兽药产品追溯实现闭环监管，严厉打击生产、经营、使用假劣兽药和违反兽药 GMP、GSP 管理规定的违法行为。全面推进网络兽药经营监管工作，打击无兽药经营许可证经营兽药和经营假劣兽药和违禁药的违法行为。2018 年，全市查办兽药案件 143 起，罚没金额 73.55 万元，超万元案件 38 起。其中，海淀区、顺义区、朝阳区三地查办兽药类案件居全市前列。

（张瑶瑶）

【进行生猪屠宰行业监管】 一是扎实做好屠宰检疫工作。强化入场待宰制度，做好临床观察，防止染疫和注水动物进入生产线；严格按照屠宰检疫规程，做好同步检疫，稳步推进屠宰环节检疫许可，督促企业严格落实环境控制、设备消毒、产品抽检要求，保障动物产品质量安全。全年累计屠宰检疫畜禽 1 953.41 万头（只），其中生猪 625.13 万头、禽类 1 275.7 万只、牛羊 52.5 万头（只），检出不合格畜禽 1.51 万头（只），检疫废弃物、病害组织等 2 388.87 吨，全部依法依规进行无害化处理。二是私屠滥宰打击力度不断加大。通过部门联合、市区联动、摸排核查、夜查蹲点等方式，强化对畜禽非定点屠宰的监督执法，重点筛查城乡结合部、城中村、交界区域、肉食品加工集中地等高危地区，形成高压打击态势，取得显著成效。全年屠宰环节立案 150 起，结案 150 起，罚没款 3.14 万元，取缔非法屠宰窝点 28 个，查获违规动物 451 头（只），动物产品 14.8 吨，屠宰环节立案数量同比提升了 2 倍。三是建立健全定点屠宰企业诚信责任体系，与定点屠宰企业签订动物卫生责任书 33 份，定点屠宰企业与养殖单位签订责任书 582 份，与动物经纪人签订责任书 523 份，与下游企业签订副产品规范使用协议 90 份，无害化处理产物规范使用协议 19 份，实现了诚信责任体系文书的全流程覆盖和全主体签订。

在非洲猪瘟防控方面，全面加强屠宰检疫监管，严防屠宰环节疫病传入风险：一是严格开展屠宰检疫，做到严格查证验物、严格待宰检疫、严格屠宰检疫、严格防疫消毒、严格病死动物无害化处理“五个严格”。二是进一步规范实施分销换证。对兼营生猪产品分销的屠宰企业，严格生猪产品入场查证验物，认真核对相关信息，严禁来自禁运地区等不符合要求的生猪产品入场，并监督企业对调入产品单独建档，确保产品信息可追溯，在做好疫病防控的同时保障市场供应。三是强化进一步督导防疫消毒。屠宰环节增设防疫消毒监督岗，督促指导屠宰企业落实防疫消毒工作，对生猪和猪肉产品运载车辆，以及场区、人员等加强防疫消毒，规范消毒操作，保证消毒效果，做好消毒记录。四是严格监督执法，严肃检疫工作纪律。严厉打击违法违规调运生猪及其产品的行为，对涉嫌犯罪的做好行刑衔接；严肃检疫工作纪律，严格落实非洲猪瘟防控“八条禁令”等相关要求，坚决杜绝违法违规出证的行为发生。全市共组织监督执法检查 579 次，出动执法人员 1 324 人次，组织联合执法 10 次，检查企业及各类相关场所 405 个次，查办案件 56 起，罚没款 1.7 万元，取缔非法屠宰窝点 2 个，查获违规生猪 33 头只，动物产品 0.8 吨，落地分销动物产品 16.59 万吨，出证 91.21 万张，在防控疫病的同时有效保障了北京市场生猪产品供应。

（张瑶瑶）

【进行饲料质量安全监管】 根据饲料质量安全监管工作的总体部署，充分利用双随机、日常抽查、专家全覆盖检查等方式加强对饲料企业落实饲料质量安全规范的专项整治，对原料使用、生产过程、产品质量、标签标识、规范执行情况进行现场评测，提出整改意见 254 条，对 17 家企业负责人进行了谈话，对 15 家已不具备生产条件企业注销生产许可，查处不遵守饲料质量安全规范案件 1 起。结合非洲猪瘟防控形势，贯彻农业部和北京市关于“猪血制品”及相关饲料的管理要求，全市开展专项排查和督导，其中市本级分 2 轮共检查督导饲料生产、经营单位 38 家。开展养殖环节投入品专项整治，重点查处使用“五无”饲料产品养殖动物、使用限制使用的物质养殖动物等违法行为，对 11 个区进行专项督导，并对所辖 37 家养殖场（户）进行了监督抽查。2018 年，市级监督检查监管对象 203 个次，处理举报 8 起，查办案件 3 起，罚没款总金额 19 660 元；全市共出动执法人员 8 277 人次，监督检查监管对象 3 299 个次，查处案件 58 起，罚没款 173 万余元，其中顺义超百万元案件顺利结案，超 20 万元案件 2 起，超万元案件达 12 起，没收不合格饲料 11.4 吨。

（张瑶瑶）

【完成饲料样品抽检 934 批次】 抽检范围包括顺义、大兴、通州、平谷、昌平、海淀、朝阳、丰台、怀柔、密云、延庆、房山共 12 个区，涉及饲料生产企业 118 家次，养殖企业 46 家，检测项目包括：营养指标、微量元素、维生素、重金属、微生物、霉菌毒素、违禁添加物等近 40 个参数，有 11 个饲料产品不合格，样品合格率为 98.82%。不合格项目为维生素、土霉素、金霉素。

（徐理奇）

【开展“瘦肉精”专项整治】 一是以市农业农村局印发的《北京市屠宰环节自检实施方案》为抓手，监督企业做好企业自检工作，全市屠宰企业“瘦肉精”共抽检 51.66 万份、249.02 万项次，药残、水分、微生物等指标共计抽检样品 42.34 万份、129.11 万项次。二是认真组织实施 2018 年度屠宰环节“瘦肉精”部级监督检测项目，经过市区两级动物卫生监督机构相互配合、积极协作，项目于 11 月底圆满完成，共计抽检样品 7 360 份，实施检测 66 240 项次，覆盖全市 8 个区在生产的 16 家生猪、牛羊定点屠宰企业，超额 13%完成计划。三是区级抽检工作进一步加强，区本级“瘦肉精”官方抽检样品 20.74 万份、80.12 万项次，喹诺酮、氯霉素、磺胺等其他兽药残留抽检 8.89 万份、37.2 万项次，抽检数量进一步扩大，样品随机性进一步提高，风险控制水平进一步提高，通过官方抽检与企业自检相结合，对严厉打击“瘦肉精”违禁添加行为、保障生产环节动物产品质量安全起到积极的推动作用。

【生鲜乳质量安全监管】 一是指导从奶畜养殖场生鲜乳的记录监管入手，核查养殖场奶牛数量与产奶量、产奶量与销售量、不合格奶的处理情况等；二是指导从奶畜养殖场的兽药、饲料等投入品使用监管入手，将兽药、饲料和饲料添加剂进货和使用记录与监督检查情况相结合，严查违禁添加和使用国家禁用的饲料、饲料添加剂、兽药以及其他对动物和人体具有直接或者潜在危害的物质的行为；三是指导生鲜乳收购站规范填写收购、检测记录和生鲜乳交接单，尽到留存、保存义务；四是以乳企生鲜乳拒收记录为抓手，定期收集企业收购站生鲜乳拒收信息，责成各区重点对因兽药等安全因素拒收生鲜乳的生产单位进行调查，追溯每批拒收生鲜乳来源，走访调查各场拒收生鲜乳处理方式或去向，防止不合格生鲜乳流入市场。2018 年，全市共抽采生鲜乳样品 695 份，受检单位 80 个次，其中，市所抽采生鲜乳样品 77 份，来源于 43 个生鲜乳生产收购单位，共开展现场检测 1 012 项次，应用现场抽检结果，应企业要求，无害化处理生鲜乳 10 吨。

（张瑶瑶）

【全市完成生鲜乳样品抽检 541 批次】 抽检对象为生鲜乳收购环节、运输环节和奶牛养殖环节，范围涉及顺义、大兴、通州、昌平、怀柔、密云、延庆、丰台 8 个区，抽检生鲜乳收购站 43 家次，生鲜乳运输车 213 辆次，奶牛养殖场 85 家次，检测项目包括黄曲霉毒素 M_1、三聚氰胺、革皮水解物、β-内酰胺酶、菌落总数、硫氰酸钠、铅、砷等 20

个参数。经检测，有 1 批次运输车样品 β-内酰胺酶检出阳性，样品合格率为 99.71%。

（徐理奇）

【无公害畜产品认证】2018 年按照无公害产地认定条件和申报程序，将基地建设任务和产地认定指标细化，加强领导，加快产地认定步伐，全年本市无公害畜产品新认证和复查换证企业覆盖 9 个郊区，年度受理各区无公害畜产品申报企业 54 家，其中新认证企业 26 家，复查换证 28 家，完成现场核查 40 家，新评审通过 52 家。同时在组织无公害农产品产地认定过程中，把生态环境条件作为重要标准，采取切实有效的生态环境净化措施，保证农产品的产地环境符合要求，从源头上把好农产品质量安全关。

【无公害畜产品产地环境抽检】2018 年无公害畜产品督导覆盖全市 11 个区，对 93 家养殖场（含屠宰场）生产基地饮用水水质的硫酸盐、硝酸盐等 16 个指标进行监测。结果表明畜禽饮用水水质较好，符合标准要求。

【无公害畜产品认证宣传】为提升本市无公害畜产品认证水平，全年开展无公害内检员和检查员培训一期，本市年度新增无公害畜产品检查员 50 人、内检员 127 人，对做好本市畜禽场舍内环境控制，提升畜产品质量安全水平等具有重要的意义。

（张丽丽）

动物疫情防治

【全市两家种鸡场通过“动物疫病净化创建场”评估】根据中国动物疫病预防控制中心《关于开展第三批“动物疫病净化示范场”“动物疫病净化创建场”评估的通知》，北京市两家种鸡场入围“动物疫病净化创建场”评估。7 月 9—11 日，中国动物疫病预防控制中心组织专家组分别来到位于延庆区沈家营镇的北京中农榜样蛋鸡育种有限责任公司和位于昌平区马池口镇的中国农业科学院北京畜牧兽医研究所种鸡场进行“动物疫病净化创建场”现场评估，两家种鸡场现场评估结果全部为通过，样品的实验室检测结果全部符合评估标准，顺利通过“动物疫病净化创建场”评估，获得由中国动物疫病预防控制中心颁发的认证牌匾。

【华都峪口禽业通过“禽白血病净化示范场”复评估】6 月 8—9 日，中国动物疫病预防控制中心组织专家组对位于平谷区峪口镇的北京市华都峪口家禽育种有限公司进行“禽白血病净化示范场”复评估。按照评估流程和评估标准，专家组从 11 个方面 84 小项进行逐项评估打分，开展“双随机”现场核查，同时采集样品送实验室检测。现场复评估结果为通过，样品的实验室检测结果符合评估标准。继 2015 年首次通过“禽白血病净化示范场”评估后，该公司再次通过“禽白血病净化示范场”复评估，获得由中国动物疫病预防控制中心颁发的认证牌匾。

【奶牛布鲁氏杆菌病防控工作取得成效】2018 年，全市继续实施检疫净化和免疫接种相结合的防控策略，大幅减少了奶牛个体感染数量，降低了阳性率。全年共计采集奶牛血清样本 71 774 头份，其中非免疫牛血清样本 35 373 份，免疫 6 个月以上的牛血清样本 36 401 份，共检测出布病阳性 136 份，总体阳性率为 0.19%，检测场户 433 个，场户阳性 29 个，场户阳性率 6.69%。

【奶牛牛结核病防控工作】多年来，控制牛结核的基本策略是检疫和扑杀。2018 年，全市全年采用皮内变态反应共计检测 82 273 头次，未检测到阳性奶牛，表明通过多年的检疫净化，奶牛结核病达到了较好的防控成果。

【马传贫、马鼻疽防控工作】本市分别于 1999 年和 2012 年通过了农业部马鼻疽、马传贫消灭标准的验收。按照农业农村部要求，2018 年，完成了哈尔滨兽医研究所 200 匹次的马传贫、马鼻疽的临床检测和样品送检，结果为阴性。

【疯牛病、痒病检测】本市完成了农业农村部 400 份牛羊脑组织采样送检及疯牛病、痒病流调，检测结果均为阴性。

【北京养猪中心原种场、北京六马华多原种场分别通过了农业农村部“猪伪狂犬病净化示范场”通过验收】5 月 12—17 日，农业农村部专家组分别对北京养猪中心原种场、北京六马华多原种场猪伪狂犬病净化工作进行了验收。两场分别获得农业农村部“猪伪狂犬病净化示范场”认证。

【北京市种公牛站通过农业农村部布鲁氏菌病和结核病净化示范场验收】5月26日，农业农村部专家组从结构布局调整、栏舍合理设置、无害化处理设施建设、消毒防疫管理以及技术资料归档等方面，对北京市种公牛站的布鲁氏菌病和结核病检疫净化工作进行了验收，最终获得了农业农村部“布鲁氏菌病净化示范场”“结核病净化示范场”认证。

【持续开展非洲猪瘟排查监控工作】为了进一步提高监控系统的敏感性，确保第一时间发现并处置问题，从8月20日启动全市大排查，实行进度日报告制，做到了所有生猪全覆盖。

【2018年小动物疫病定点流行病学调查工作部署会召开】为贯彻《北京市中长期动物疫病防治规划(2013—2020年)》，科学开展小动物疫病流行病学调查工作，根据北京市动物疫病预防控制中心工作的安排，2018年全市小动物疫病定点流调工作部署会于5月10日召开。本次会议回顾了2017年小动物疫病定点流行病学调查工作开展情况，并就2018年小动物疫病定点流行病学调查工作进行部署安排。2017年流调工作在全市10个城区的14家动物疫病诊疗机构部署开展，流调形式以疫病阳性病例信息收集和监测样本采集以及疫控部门现场流调组合进行，流调病种涉及15种常见小动物疫病，其中包括人畜共患病6种；环比往年同期2018年定点流调小动物常见疫病发病数量呈现下降趋势，新发疫病1种（犬利什曼原虫病）。会议对2018年工作提出新要求，定点流调点要加强与市疫控中心技术交流和合作，流调信息采集要及时、准确、完整兼顾，同时要求流调点加大从业兽医人员生物安全防护措施落实，避免人畜共患疫病在宠物与人群间相互传播。

【市疫控中心专家赴各区开展狂犬病防控技术支持】为保障全市人民群众的生命安全，促进社会和谐稳定，全面落实《北京市动物防疫条例》关于犬只狂犬病强制免疫工作的顺利进行，2018年4—9月，北京市动物疫病预防控制中心组织相关专家，指导各区进行动物狂犬病防控工作。对各区参与犬狂犬病免疫人员进行上岗培训，规范操作，严格执行免疫程序，认真记录免疫信息及时上报数据；做到免疫前健康检查、免疫后定时观察，降低因免疫应激带来的不良反应。同时督促各区犬狂犬病免疫主管部门做好人员防护和暴露前预防性免疫，建立免疫人员保护屏障。全市未发现狂犬病免疫安全操作事故。

【开展分享信息　拯救生命——狂犬病日专题宣传活动】2018年9月28日是第十二个“世界狂犬病日”，市动物疫病预防控制中心联合朝阳区动物疫病预防控制中心、东风乡政府在东润枫景文化广场开展了以“传递信息，拯救生命”为主题的狂犬病防治科普知识宣传活动。在活动现场动物疫病专家向市民讲解了狂犬病的防控知识和人被犬猫等动物咬（抓）伤后紧急处理救治知识，并着重强调了犬猫接种狂犬病疫苗在狂犬病防控中的重要性。工作人员共向市民发放了狂犬病防控各类宣传材料1 000余份，接受群众咨询100多人次。此次宣传活动向市民普及了狂犬病防控知识和自我健康保护的相关常识，提高了公众对狂犬病的知晓率，为推动全民参与狂犬病防治起到积极作用。

【布置全年动物防疫工作】3月14日，市疫控中心组织召开“2018年北京市动物防疫工作布置会”，全市疫控系统防疫负责人及防疫技术骨干80人参加了会议。会议下发了《2018年北京市动物防疫工作方案》，布置了基础免疫、监测流调、消毒灭源、信息报告、物资管理、应急处置、宣传培训和京津冀畜牧兽医协同发展等方面的全年工作任务。

【布置非洲猪瘟防控】8月3日，辽宁省沈阳市确认了我国首例非洲猪瘟疫情。8月6日，本市疫控中心紧急召开非洲猪瘟防治工作会，全市疫控部门主要领导和防疫骨干参加了会议，会议布置了7项应对措施，做好非洲猪瘟防控工作：一是做好摸底调查，掌握防疫底数；二是做好巡查排查，发现异常情况及时报告；三是加强宣传培训，使各层面了解掌握防治知识；四是加强养殖环境治理，开展综合防治；五是统一技术标准，做好疫病监测；六是加强“两端”猪的防控工作；七是做好应急物资保障和技术支持。

【发生非洲猪瘟疫情】11月22日，北京市房山区青龙湖镇发生一起非洲猪瘟疫情，疫区累计扑杀生猪9 905头，无害化处理9 921头。2019年1月12日零时，房山区正式解除对疫区的封锁。12月2日，通州区潞城镇发生一起非洲猪瘟疫情，疫点累计扑杀生猪9 328头，无害化处理9 345头；疫区累计扑杀生猪7 198头，无害化处理7 198头，

2019 年 1 月 15 日零时，通州区正式解除对疫区的封锁。12 月 5 日，顺义区赵全营镇发生一起非洲猪瘟疫情，疫区累计扑杀生猪 2 435 头，无害化处理 2 461 头。2019 年 1 月 21 日零时，顺义区正式解除对疫区的封锁。

【有效处置非洲猪瘟疫情】 发生非洲猪瘟疫情后，一是及时启动应急机制，迅速拔点灭源，采取封锁、扑杀、无害化处理、消毒等处置措施，对全部病死和扑杀猪分别采用高温化制和深埋方式进行无害化处理。二是有效落实了相关管控措施，在全区各大交通要道增设卡点，禁止所有生猪及其产品调出封锁区，加大了对运输车辆的检查消毒力度，严控疫情扩散。三是加强对受威胁区内养殖场、屠宰场等场所的非洲猪瘟疫情排查力度。四是对全市屠宰场、规模化养殖场和散养户全面实施驻点监管、排查、消毒等措施，加强了对非洲猪瘟的综合防控。以上措施的实施有效防止了病原的进一步扩散。

【参加全国职业技能大赛决赛】 9 月 4—6 日，本市组队赴江苏泰州参加了由农业农村部、人力资源和社会保障部、中华全国总工会等举办的全国农业行业职业技能大赛（动物疫病防治员）决赛。通过猪前腔静脉采血、猪瘟疫苗注射、鸡翅静脉采血、鸡心脏采血、鸡体解剖与采样等 5 个实际操作项目的考核及理论考试，代表北京市参赛的三位队员均获得了三等奖。

【病媒生物控制技术培训】 2018 年 10 月 19 日，市疫控中心组织召开“畜禽养殖场灭鼠及病媒生物控制技术培训会”。会议介绍了病媒生物对于非洲猪瘟传播的危害，对鼠害控制、灭蚊蝇、环境消毒、人流物流控制等环节防控非洲猪瘟进行了培训。有害生物防治专家深入讲解了鼠害监测与防治、灭蚊蝇蜱虫等技术，猪病防治专家介绍了规模猪场生物安全管理与综合防疫操作经验。

【开展强制免疫工作】 按照《2018 年国家动物疫病强制免疫计划》《2018 年北京市动物疫病强制免疫计划实施方案》和《2018 年北京市动物防疫工作方案》，全市开展了高致病性禽流感、口蹄疫、羊小反刍兽疫、羊布病和犬狂犬病等五种重大动物疫病强制免疫工作。年内免疫家禽高致病性禽流感 5 378.03 万羽次，家畜口蹄疫 558.52 万头次，羊小反刍兽疫 31.25 万头只，羊布病 27.54 万头只，犬狂犬病 62.79 万条。

【畜禽场消毒灭源】 各区技术人员深入养殖场户指导开展防疫消毒灭源和媒介生物控制工作。全市共计清圈消毒 5.72 亿平方米，驱虫 806.65 万头（只）次。组织 1.21 万个养殖场户开展了灭鼠工作，灭鼠面积 1 699.20 万平方米，鼠密度监测场户数 50 个场，害鼠密度防治指标达到 5%以下。

【防疫物资管理】 全市完成了口蹄疫、高致病性禽流感、羊布病、小反刍兽疫等四种强制免疫疫苗的采购 2 296.307 5 万毫升（头份），累计调拨疫苗 3 093.478 5 万毫升（头份），保证强制免疫工作顺利开展。为应对春秋季疫病风险、H7N9 的威胁、预防非洲猪瘟疫情，累计向各区调拨消毒药 60.468 吨、防护用品 15.189 7 万件。截至 12 月 30 日，市级储备疫苗 850 万毫升，消毒药 54 吨，防护用品 7.212 9 万件，器械 243 台。各区共储备消毒药 586.44 吨、防护用品 133.72 万套件、扑杀消毒器械 2 181 台。

【动物防疫监管情况】 全面落实养殖档案规范化建设和屠宰监督检查规范。2018 年全市养殖环节立案 441 起，罚没 25.4 万元；屠宰环节查办案件 150 起，罚没款 3.14 万元，取缔黑窝点 28 个。

【公路运输监管情况】 严格进京公路、铁路和航空指定道口监督关，7 个辖区 16 个公路站车辆消毒通道建设完成，创建动物的闭环监管制度，发布公路指定道口工作标准，推行消毒记录，强调消毒效果。全市监督公路进京动物 3 506.9 万头（只），动物产品 88 万吨。运输环节查办案件 211 起，罚没款 13.9 万元。

【航空运输监管情况】 全年受理进京报告 9 410 批次，查验动物 6 275 批次 47.24 万头（只）；动物产品 3 125 批次、791 吨；追踪处理货物 9 批次。根据外埠空运进京动物及产品附具检疫证明存在的问题，开展专项检查。组织专项检查 6 次，检查单位 63 个次，下发监督笔录意见书 22 份，约谈货运代理人 4 人次，立案查处 3 起，罚款 1.172 万元。

【仓储冷库监管情况】 全年监督检查冷库动物产品 14.75 万吨，其中检查入库登记动物产品 9 049 批次、12.72 万吨，出库动物产品分销换证 11.41 万张，涉及动物产品 2.03 吨；组织执法活动 139 次，下发监督笔录、监督意见书各 113 份；立案查处违法行为 6 起，罚没款 2.41 万元。结合非洲猪瘟疫情形势，组织对 6 大冷库库存的发生猪瘟疫情省市猪产品进行全面排查，共组织排查活动 12 次，排查各类猪产品 4 800 余吨，排查出疫区省份猪产品库存 46 批次。

【投入品监管情况】 采取专项整治、异地同步监管和查处休眠条款等措施，拓展网络销售新型经营平台监管，推进兽药和饲料网络销售市场的净化，确保畜产品质量安全。全年查处案件 201 起，罚没 246.55 万元，其中超 100 万元案件 1 起，超万元案件 52 起。

【产地检疫和屠宰检疫情况】 督导各郊区落实产地检疫规程，强化养殖档案的必要条件筛查，突出实验室疫病检测要求，严格执行禽流感、小反刍兽疫和布鲁氏菌等疫病调运检疫特殊要求，明确实验动物、犬、猫、活羊、家禽产地检疫特殊规定。启动活羊产地检疫现状调查，重点解决逃避检疫、随意调运等问题。专项调研犬只调运检疫出证现状，及时纠正不按照一犬一证、不查验检测报告等问题。2018 年，全市累计产地检疫畜禽 1.45 亿头（只），其中生猪 115.4 万头、牛羊 4.7 万头（只）、禽 1.4 亿只、其他动物 450.5 万头（只）；消毒运载工具 5.5 万辆。检疫动物产品 16.1 万吨，种蛋 1.1 万吨。依据检测报告出具检疫证明 1.1 万余张，涉及动物 2 620.5 万头（只）。指导驻厂官方兽医切实履行屠宰检疫规程，严把入场监督、待宰观察、同步检疫、合格出证和无害化处理监督等关键环节，重点强化入场查验，严格查验待宰动物的来源和临床健康情况，全年累计屠宰检疫畜禽 1 953.41 万头（只），其中生猪 625.13 万头、禽类 1 275.7 万只、牛羊 52.5 万头（只），检出不合格畜禽 1.51 万头（只），检疫废弃物、病害组织等 2 388.87 吨，全部依法依规进行无害化处理。

【兽医实验室管理情况】 以落实《病原微生物实验室生物安全管理条例》等相关生物安全管理法律法规为指导，以生物反恐为核心，以强化人防、物防、技防三个防控措施为抓手，全面提升生物反恐水平。一是起草《北京市动物病原微生物实验室备案管理办法》及配套文件，并于 3 月 1 日正式实施，《办法》进一步规范了备案对象、条件、材料、程序和监督管理，31 家实验室设立单位的 34 个实验室重新取得备案编码和凭证，做到备案管理的有章可循、有法可依。二是组织开展春节、两会、五一、十一等专项整治行动 4 次，检查兽医实验室 170 个次，下达监督笔录 137 份、监督意见书 124 份。发现并整改部分实验室未签订无害化处理协议和未及时填写实验室人员出入登记记录 2 起，对未建立实验活动档案违法行为进行行政处罚 2 起。三是针对非洲猪瘟开展实验室专项督查，对全市 5 个涉及猪病研究的动物病原微生物实验室的实验活动档案、保存的病料样本、实验室工作人员现场交流等进行核查，严格防止了实验室擅自从事非洲猪瘟病料的采集及开展相关实验活动。四是提高行业内和社会公众对兽医领域生物安全的认识，加强生物安全宣传培训，起草印发兽医实验室生物安全专项宣传活动的通知，发放宣传材料 121 份，通过短信、微信、QQ 等发送宣传信息 155 条，设立举报电话公示牌 38 个，督促实验室设立单位对工作人员开展培训人员 418 人次。

【动物诊疗监管情况】 根据北京养殖业逐渐退出现状，把脉诊疗行业发展趋势，重点整治宠物用药等突出问题，严厉打击使用假劣兽药和人用药的违法行为；持续推行联动机制与专项整治相结合，开展动物诊疗专项整治、处方笺回头看和动物诊疗机构使用人用药等专项整治行动，打击无证开展动物诊疗活动、未经注册备案从事动物诊疗活动和超范围从业等违法行为。2018 年，市级机构查办诊疗案件 1 起，罚没款 1 120 元，全市诊疗环节查办案件 459 起，是上年同期案件数量的 1.1 倍，罚没款 24.78 万元，超万元案件 6 起。

【布鲁氏杆菌病、结核病净化】 按照布病、结核病净化监督工作部署，严格落实染疫养殖场户的封锁、处置和消毒程序，借助全市统一的收集体系，完成染疫动物的现场监督扑杀、装运和消毒。2018 年扑杀布病阳性牛 20 批次、75 头，涉及 7 个区、13 个养殖场、2 个养殖户。

【开展动物疫病监测】 本市制定下发了《北京市农业局关于印发〈2018 年北京市动物疫病监测与流行病学调查计划〉的通知》。重点完成口蹄疫等 15 种国家监测病种、猪伪狂犬病等 13 种市级监测病种的监测。优化了监测计划和监测工作模式，以传统监测向“以高风险样本为主、以直接或监督采样为主”进行转变。监测规模：全市共监测 12 515 个次场户，共开展 28.9 万份次免疫效果监测和 27.56 万份次病原学监测。免疫效果监测结果：各强制免疫病种免疫效果均符合国家要求，发现 332 个免疫保护率偏低场户，通知有关区加强补免填补漏洞，强化免疫屏障。

病原学监测结果。高致病性禽流感、口蹄疫、猪瘟、小反刍兽疫、马鼻疽、马传贫等9种疫病均为阴性；新城疫、猪繁殖与呼吸障碍综合征、猪链球菌病阳性率、高致病性蓝耳病、猪圆环病毒病分别为0.09%、0.57%、6.17%、0.04%、1.83%；牛布病、羊布病、白痢、禽白血病、猪伪狂犬病、羊棘球蚴病感染抗体阳性率分别为0.13%、0.04%、0.02%、0.24%、34.99%、1.43%。

【开展流行病学调查】 禽病流行病学调查：①普查。共计收到上报表36份，16个区共调查禽类养殖场户近420场次，涵盖340余万次只动物，通过禽类疫病普查得知，本市禽类疫病总体平稳，没有高致病性禽流感重大禽类疫病流行发生，主要以呼吸道和肠道疾病为主。②定点流调。建立哨兵场，进行动态跟踪，并定期开展流行病学调查和诊疗服务。没有发生高致病性禽流感，主要偶发细菌性疾病。③H7N9专项流调。开展流调采样22次，共采集110余个次场户的样本4 010份，其中血清学样品1 050份，免疫抗体检测合格率为80%；病原学样品2 960份。调查结果综合分析看来本市的禽群基本上是安全的。④紧急流调。对朝阳区农展馆野生鸟有机磷中毒死亡、怀柔水库野鸟死亡和门头沟养殖户饲养家禽发病等开展紧急流行病学调查工作。共采集调查样品150余份，按时完成了实验室的各项检测任务，及时提交流调情况分析和防控建议，为应急处置的及时性及科学决策奠定基础。

猪病流行病学调查：在昌平、大兴、昌平、房山、密云、通州、平谷、延庆等区设立了10个猪病流调哨兵场。总体而言，本市猪病防控形势较为平稳，全年无重大猪病疫情发生，仅在部分区域偶有经典猪瘟、猪伪狂犬病、仔猪腹泻等病散发。

布病专项流行病学调查：根据全市奶牛两病监测结果，及时对布病阳性牛所在场户开展流行病学调查。近三年的流调情况显示，目前监测结果为阳性的牛均未观察到明显的临床症状。

伴侣动物疫病流行病学调查：在全市共设立14个定点流调点，上报小动物人畜共患病8 608例，占总病例数的14%，一般小动物疫病8 953例，占总病例数的14.6%。上报的主要疫病种类有癣病、蛔虫病、犬细小病毒、犬瘟热等。全市小动物疫病总体发病情况呈稳中有降趋势，但部分人畜共患病（皮肤癣菌病、肠道寄生虫病等），在局部区域和群体内仍在流行。今后仍需要进一步加大兽医公共卫生宣传，提高伴侣动物饲养者对疫病危害的认知，加强家养动物免疫和驱虫等综合防治工作。

【根据疫情建立健全联防联控机制】 一是组织中国疾病预防控制中心、市卫计委、地坛医院等专家及牛羊养殖重点区兽医部门技术骨干召开布病防控研讨培训会，着重解决羊布病免疫推进工作中遇到的难点问题；二是与市卫计委联合印发《关于进一步加强布鲁氏菌病联防联控工作的通知》（京农发〔2018〕144号），建立市级、区级联合会商、调查、宣传机制，实现资源共享，形成工作合力，为进一步开展人畜同步防控策略奠定坚实基础。

【组织完成2018年执业兽医考试任务】 为切实做好2018年执业兽医资格考试工作，发布了《全国执业兽医资格考试北京考区领导小组通告》（第9号），印发了《北京市农业局关于做好2018年执业兽医资格考试工作的通知》（京农发〔2018〕136号），制定了考务工作实施方案，对2018年执业兽医资格考试工作进行了全面安排，形成了考试时间进度表，明确了各工作节点的时间、工作任务、分工安排等，确保全年工作顺利推进。

2018年执业兽医资格考试网上报考人数2 987人，有2 770人通过全国执业兽医资格考试报名审核，审核通过人员中有2 489人参加考试。年度考试工作已于10月21日顺利完成。

【完成兽医人员2017年考核授予执业兽医师资格工作】 2018年1月，印发了《北京市农业局关于2017年执业兽医资格授予的通告》，明确了执业兽医资格申请、提交材料、审核结果查询、证书领取等有关事项。3月，在市农业局网站上公示了审核通过人员名单，确认拟授予执业兽医资格人员739人，拟补发执业兽医资格证书人员9人，全部依照法定程序予以受理。

【强化兽医实验室安全监管工作】 全市目前共有动物病原微生物实验室59个，其中兽医系统22个、科研系统6个、教育系统16个、出入境系统1个、各类企业14个。实验室自查阶段，各区出动执法人员154人次，检查实验室76个次，现场发现问题48个，已全部督促整改，未发现违法行为。集中抽查阶段，制定了专门的抽查工作方案，成立了两个专项督导小组，出动执法人员20人次，对6个区的12个实验室进行了现场核查，下达督导意见书6份，提出督导意见17条，做出警告行政处罚1起。

【进一步规范实施动物无害化处理项目】 自全市动物无害化处理体系建成运行以来，本市严格履行监管职责，对收运和无害化处理情况进行实时监控，每月对处理量、结算清单、动物防疫条件、处理情况等进行现场审查。1—12 月共处理 12 237.81 吨病死动物及病害动物产品，实现了无害化处理和资源化利用，有效保障了食品安全、动物防疫安全、公共卫生安全和生态环境安全。该项目纳入市农业农村局全程绩效管理，在事前、事中和事后绩效评价中均得到了充分肯定。根据市财政局和市绩效办的通知，2018 年度动物无害化处理项目纳入市级对农业农村局年度绩效考评，按考评方有关要求紧急组织开展了项目满意度评价，所有服务对象满意度达到 100%，并提交了全套绩效考评资料及证明材料，据初步反馈没有扣分。

【做好养殖环节病死猪无害化处理补助资金管理】 按照《农业农村部　财政部关于做好 2018 年农业生产发展等项目实施工作的通知》（农财发〔2018〕13 号）、《财政部关于下达 2018 年动物防疫等补助经费预算的通知》（财农〔2018〕49 号）、《农业部办公厅 财政部办公厅关于印发〈动物疫病防控财政支持政策实施指导意见〉的通知》（农办财〔2017〕35 号）有关要求，编制了《2018 年养殖环节无害化处理补助项目实施方案》，协调市财政局下发中央财政补助经费 1 579 万元，配套市级补助经费 3 023.05 万元。

【开展生猪屠宰场猪血应急无害化处理工作】 为落实农业农村部第 64 号公告要求和市领导指示精神，严格控制猪血产品传播非洲猪瘟，根据全市非洲猪瘟防控工作部署，组织北京市一清百玛士绿色能源有限公司对全市 9 家生猪屠宰场 2018 年 11 月、12 月期间生猪屠宰过程产生的猪血进行收运和无害化处理工作。将有关工作开展情况形成《北京市农业农村局关于防止猪血产品传播非洲猪瘟工作有关情况的报告》（京政农文〔2018〕73 号）上报市政府。

【动物疫情防控应急管理】 全面落实动物防疫责任，以落实主管副市长与各区主管区长分别代表市、区两级政府签订的《动物防疫责任书》为抓手，明确提出 8 项年度重点工作，并强化动物防疫责任考核考评工作，提升应急管理水平。印发《关于进一步加强重大动物疫病防控工作的通知》《关于进一步加强 H7 亚型流感防控工作的通知》等系列文件，组织召开全市春季重大动物疫病防控工作视频会议，部署重大动物疫病防控工作。强化重大动物疫病应急管理。开展禽流感防控形势分析与研判，指导各区开展重大动物疫病风险评估。制定 2018 年 5 月至 2019 年 4 月全市强制扑杀动物补助基准价格，指导全市开展相关工作。推进《北京市突发重大动物疫情应急预案》《北京市高致病性禽流感应急预案》两个预案修订工作，并按计划组织开展应急演练工作。全面组织开展非洲猪瘟防控应急。贯彻落实党中央、国务院、农业农村部和市委市政府的指示精神和工作部署，采取科学果断的措施，重点“把好两口”，开展“闭环监管”，加强采样监测，编制《北京市非洲猪瘟防控应急工作手册》，强化宣传培训，形成了市、区、镇、村四级防控体系，层层传达、层层落实的工作局面。本市通报发生疑似非洲猪瘟疫情后，立即启动应急机制，果断处置，强力布控，同时积极引导舆情，加强市场供应，确保了“早、快、严、小”处置突发疫情。组织召开联席会议，研究提出《京津冀非洲猪瘟联防联控机制实施方案》，在区域联防联控机制、政策措施、一体化防控联合行动等方面进行探索创新，打造升级版京津冀动物疫病联防联控工作机制。

（陈通）

农产品成本效益分析

【农产品成本效益基本情况】 为客观反映本市生产经营者在农产品生产、销售及效果等方面情况，为各级领导制定政策提供决策依据、为生产经营者加强科学管理提供信息服务，2018 年北京市农村经济研究中心对房山、大兴、通州、顺义、昌平、平谷和延庆 7 个区的 17 个种植品种、5 个养殖品种的 450 个农产品成本核算点进行收入、成本和利润监测。

监测品种平均单位产品收入 15 642.23 元。其中，种植品种的平均亩均收入为 17 341.78 元，单位产品收入最高的品种是西瓜苗，亩均收入达到73 836.88元，单位产品收入最低的是玉米，亩均收入793.16元；养殖品种的平均单位产品收入为9 863.77元，单位产品收入最高的品种是淡水鱼，亩均收入达到32 034.68元，单位产品收入最低的是蛋鸡，平均每只收入140.43元。

监测品种平均单位产品成本费用10 505.98元。其中，种植品种的平均亩均成本费用为11 290.13元，单位产品成本费用最高的品种是西瓜苗，亩均费用57 846.78元，单位产品成本费用最低的是玉米，亩均费用536.04元；养殖品种的平均单位产品成本费用为7 839.86元，单位产品成本费用最高的品种是淡水鱼，达到26 210.48元，单位产品成本费用最低的品种是蛋鸡，平均每只饲养费用119.22元。

监测品种平均单位产品利润5 136.16元。其中，种植品种的平均亩均利润为6 051.53元，单位产品利润最高的品种是草莓，亩均利润实现22 532.56元，单位产品利润最低的品种是小麦，亩均利润仅为150.4元；养殖品种的平均单位产品利润为2 023.91元，单位产品利润最高的品种是淡水鱼，平均每亩利润达到5 824.2元，单位产品利润最低的是生猪，平均每只亏损40.35元。

监测品种平均投入产出率为148.9%。其中投入产出率（单位产品收入/单位产品成本）最高的是柿子，达到362.2%，其次是白薯，投入产出率为279.4%，西瓜、杏和樱桃品种投入产出率在200%以上。投入产出率最低的是生猪，为97.5%，投入产出率低于130%的品种还有食用菌、西瓜苗、小麦、淡水鱼和蛋鸡，分别为128.3%、127.6%、122.4%、122.2%和117.8%。

监测品种平均劳动生产率为344元/日。其中劳动生产率（单位产品收入/单位产品用工）最高的是柿子，达到608.2元/日，其次是白薯，劳动生产率为574.4元/日，西瓜、樱桃、奶牛、花卉、食用菌、淡水鱼和小麦劳动生产率在400元/日以上。劳动生产率最低的是花生，为仅158.2元/日，劳动生产率低于200元/日的品种还有葡萄，为182.1元/日。

【农产品生产效益特点】不同种类农产品种植收益水平存在较大差异。花卉苗木、蔬菜及食用菌、果产品利润水平远高于粮食类作物。2018年，种植花卉苗木、蔬菜及食用菌、果产品平均亩均利润为13 613.73元、7 044.27元和6 294.78元，分别是粮食类作物平均利润水平的9.4倍、4.9倍和4.4倍（图1）。分具体品种来看，在花卉苗木中，西瓜苗亩均利润实现15 990.1元，花卉为11 237.35元；食用菌和蔬菜类中，食用菌亩均利润8 772.87元，大棚蔬菜、露地蔬菜分别为6 074.77元和2 867.16元。在果类产品中，利润水平最高的是草莓，达到22 532.56元，其次是西瓜，亩均利润8 924.78元，此外利润超过5 000元的还有樱桃和桃，分别为6 536.64元和5 387.29元。亩均利润最低的是柿子，销售利润为1 937.22元。在小麦、玉米和白薯粮食类作物中，利润水平最高的是白薯，实现3 916.88元，玉米和小麦亩均利润分别为257.12元和150.4元。

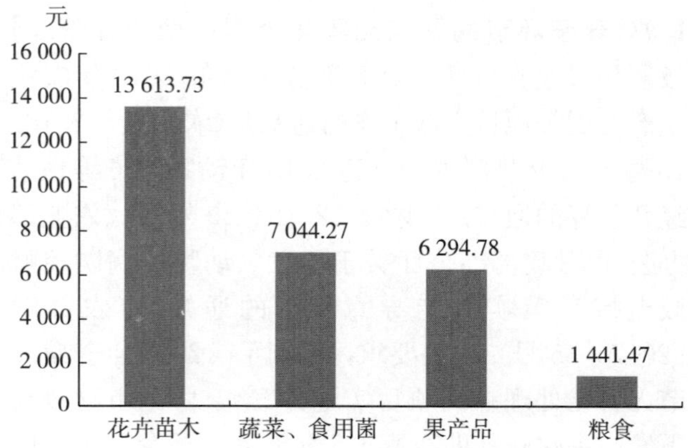

图1　2018年不同类型农产品亩均利润水平

不同类型经营主体在生产、销售环节表现不同。通过对各类农业经营主体监测数据显示，农民专业合作社、集体农场更加注重产品的品种、质量以及市场需求，在生产技术、经营管理、营销等方面优于一般农户，产量、价格往往具有优势，同时由于日常投入更多的生产、管理导致人工费用支出明显高于农户（表1）。2018年小麦、玉米、蔬菜、苹果、樱桃、杏、桃等品种农民专业合作社和集体农场的亩均产量高于农户，除杏、苹果和草莓外，其余品种农民专业合作社、集体农场的销售价格均高于农户。在人工费用支出方面，除蜂蜜、草莓品种外，小麦、玉米、蔬菜、苹果、樱桃、桃品种农民专业合作社、集体农场支出远远高于农户，在京郊农业用工成本攀升的背景下，提高生产、管理人员素质水平、农业生产效率是新型经营主体不断提高效益水平的重要途径之一。

表 1 2018 年不同类型经营主体重点指标情况

单位：千克、元

品种	类别	产量	收入	售价	总费用	人工费	物质费	期间费	利润
小麦	农户	360.11	796.43	2.21	625.99	177.81	445.57	2.61	170.44
	集体	394.79	1 011.17	2.56	950.95	442.67	452.64	55.64	60.23
玉米	农户	457.5	774.2	1.69	521.68	223.13	296.38	2.17	252.48
	集体	558.1	1 021.3	1.83	708.4	298.07	385.79	24.54	312.85
蔬菜	农户	5 315.2	11 129.7	2.1	5 710.41	3 813.38	1 743.29	153.74	5 419.28
	合作社	7 055.2	15 701.8	2.2	11 344.74	6 430.13	4 611.50	303.11	4 357.10
蜂蜜	农户	30.0	855.4	28.5	463	311.66	148.90	2.44	392.37
	合作社	21.9	672.5	30.7	215.25	153.50	47.75	14.00	457.25
草莓	农户	2 006.16	67 987.29	33.89	38 318.66	19 708.95	18 131.93	477.78	29 668.64
	合作社	1 395.77	44 050.59	31.56	31 032.8	18 445.81	11 953.32	633.67	13 017.79
苹果	农户	1 271.87	8 393.66	6.60	4 928.79	3 443.84	1 341.81	143.14	3 629.13
	合作社	2 744.22	14 883.31	5.42	12 909.89	10 188.57	2 174.18	547.14	2 790.71
樱桃	农户	170.19	8 186.32	48.10	3 882.21	2 348.12	1 470.40	63.69	4 309.03
	合作社	239.28	12 861.79	53.75	4 875.11	2 985.93	1 405.08	484.10	8 095.96
杏	农户	698.67	3 817.97	5.46	1 500.06	1 137.33	340.53	22.20	2 318.26
	合作社	1 250.00	5 900.00	4.72	2 495.75	1 890.00	428.25	177.50	3 421.00
桃	农户	2 412.50	12 700.00	5.26	6 546.98	5 195.63	1 351.35	0.00	6 151.78
	合作社	2 914.00	15 670.00	5.38	12 978	9 888.00	3 090.00	0.00	2 329.36

受天气、市场及突发性事件影响，农产品效益变动明显。农业生产的特殊性，决定着农产品效益情况会受多重因素影响，如极端天气、市场供求和社会突发事件等。生长期内干旱、低温天气对小麦安全越冬及返青生长不利，返青后苗情基础偏差，个体生长发育较弱，有效生长量不足，灌浆期内，部分地区出现干热风天气造成茎叶青枯逼熟现象，引起小麦亩均产量同比下降 14.7%。部分区玉米监测点生长前期降雨频繁地块积水，田间湿度大，玉米病虫害严重，中后期灌浆时期又遇到了旱情，双重影响致使玉米减产 6.9%。春季顺义、昌平、延庆等地出现降雪，雨雪降温影响果树花芽分化和芽体萌发，有的造成冻花难以授粉，挂果受影响产量随之降低，如樱桃亩均产量 210.83 千克，减少 103.18 千克，同比下降 32.9%；苹果亩均产量 1 547.94 千克，减少 392.72 千克，同比下降 20.2%；桃产量同比下降 13.5%，葡萄产量同比下降 12.9%。2018 年 8 月以来，国内出现了非洲猪瘟疫情，11 月北京市排查出疫情，此次疫情虽对北京本地生猪产能方面的影响不大，但对居民猪肉消费起到了负面的影响，市场需求量随之降低，在全国生猪供大于求局面并未扭转的形势下，生猪价格下降明显，每千克价格 15.19 元，同比降低 11.8%，生猪养殖获利减少，部分养殖户甚至亏损。

农业用工成本持续上涨。在城乡一体化和农业现代化进程中，农业劳动力供给减少、农民生产、生活方式转变等综合因素推动北京农业劳动力价格不断上涨。京郊城镇化快速推进，农业剩余劳动力不断向二三产业转移。随着京郊都市型现代农业发展，劳动力密集型的休闲农业和民俗旅游业崛起，农业劳动力需求的增加在一定程度上加剧了农业劳动力的市场供求矛盾，消费品的丰富性、多样性以及物价的上涨使农业劳动力生活成本增加，进一步推高劳动力价格。2018 年 22 个农产品，农业雇工工值平均 110.11 元/日，其中超过 100 元/日的品种有 18 个，占比 81.8%，比上一年提高 10 个百分点。21 个农产品中（可比口径），人工成本上升的品种有 15 个，占 71.4%（图 2），在总成本费用构成中（包含人工费、物质费、期间费），人工费超过 50%的品种有 14 个，占总品种数的 66.7%。

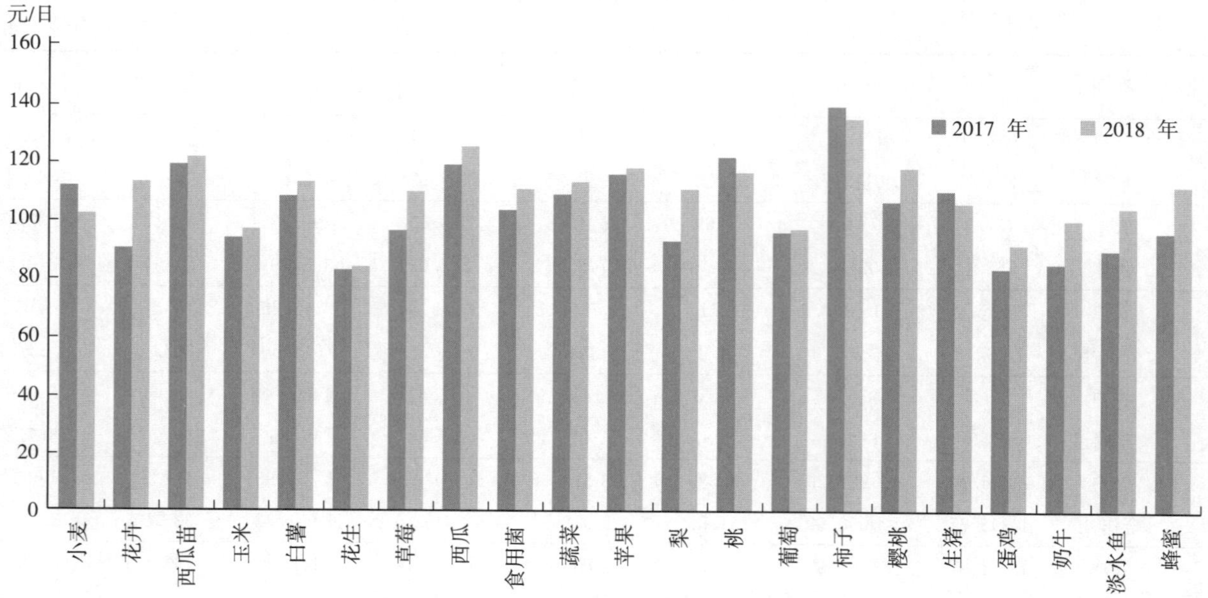

图 2　2017—2018 年各品种用工价格变动情况

生产经营者经营理念更趋贴近市场、消费者需求。随着城市化进程加快、居民消费水平提高，市民返璞归真、亲近自然、追求健康和品质的需求不断上升。京郊生产经营者适时调整生产经营理念，从生产、销售环节更贴近市场需求。在生产方面，以西瓜品种为例，监测点由种植传统的大型西瓜，逐步转变为更受欢迎的小型西瓜，如 L600、新秀等品种，凭借其糖度高、口感好、耐储运、采摘时间长且成熟后不易变质等特点，售价明显高于传统大西瓜。随着居民消费能力升级，绿色、有机品种在市民的消费理念中越来越普及，消费者绿色消费意识也明显提升。延庆金粟种植专业合作社种植的有机葡萄，市场售价 106.33 元/千克，受到消费者热捧，旧县镇的北京市水利设计研究院试验基地种植的有机蔬菜，市场价格达到了 8.24 元/千克，是监测蔬菜平均价格的 4 倍左右。在销售环节，抓住市民回归田园的游玩体验需求，把采摘引入销售环节，满足消费者体验、休闲观光需求，以顺义区樱桃品种为例，2018 年售价达到 52.36 元/千克，相比 2017 年的 39.57 元/千克，提高了 12.8 元，增幅 32.3%。

农业投入

【集体经济组织资产投入】 近几年，北京郊区深化农村改革、盘活农村集体资产，郊区集体资产规模进一步扩大。截至 2018 年底，乡村两级集体经济组织累计资产达 7 801.1 亿元，比 2017 年底的 6 879.6 亿元净增 921.5 亿元，同比增长 13.4%。

【固定资产投资】 截至 2018 年底，北京郊区集体经济组织累计固定资产达 1 378.5 亿元，占累计资产投资总额的 17.7%。其中：乡镇级累计固定资产投资 396.4 亿元，占固定资产投资总额的 28.8%；村级累计固定资产投资 982 亿元，占 71.2%。

【流动资产投资】 截至 2018 年底，乡村两级集体经济组织各项流动资产总规模达到 5 597.4 亿元，占累计资产投资总额的 71.8%。其中：乡镇级 2 394.3 亿元，占 42.8%；村级 3 203.1 亿元，占 57.2%。

产业融合发展

综　述

2018年，北京市乡村产业融合发展工作扎实推进，农产品加工业、村镇企业、农产品流通业、休闲农业等工作稳步发展。

1. 农产品加工业方面。一是开展农业产业化项目工作。2018年产业化项目经过区农委初审、第三方审核和专家评审，市委农工委、市农委办公会研究通过了《2018年农业产业化项目情况的报告》。最终确定政策支持企业及农民专业合作社59家，政策资金5 000万元。其中“百企联百社”项目5家，安排资金462万元；提升农产品加工能力项目24家，安排资金1 729万元；“互联网＋农业”项目14家，安排资金913万元；品牌建设15家，安排资金750万元；数字农业项目1家，安排资金1 146万元。由于2018年全市开展违法违规设施农业整治工作，需各区确认项目单位不存在违法违规设施农业或完成整改后，对项目单位进行资金拨付。

二是开展农业产业化龙头企业监测。根据《农业产业化国家重点龙头企业认定和运行监测管理办法》（农经发〔2018〕1号），对本市39家农业产业化国家重点龙头企业开展监测。其中，35家企业监测合格，2家企业监测不合格，2家企业自动放弃龙头企业资格。按照农业产业化国家重点龙头企业递补程序，推荐北京凯达恒业农业技术开发有限公司等4家企业作为递补企业。按照《北京市农业产业化重点龙头企业认定和动态监测管理办法》（京政农函〔2014〕11号）相关要求，开展了第五次市级龙头企业监测工作。此次应参加监测的市级龙头企业共57家，提交监测材料的企业49家，8家未提交监测材料，自动放弃监测。初审合格企业18家，基本合格企业13家，留待观察企业14家，不合格企业12家（含8家自动放弃资格）。

三是修订完善监测管理办法。研究修订《北京市农业产业化龙头企业认定和动态监测管理办法》，在原有办法的基础上，结合本市农业产业化发展特点和实际，针对农产品电商企业、种业企业、休闲农业等特定类型企业，在满足部分基本标准的前提下，提出相应要求，突出不同企业类型特点，适当放宽条件。

截至2018年底，本市规模以上农产品加工企业数量为293家，农产品加工业总产值为868.0亿元，资产总额1 394.8亿元，营业收入1 277.8亿元，实现利润总额82.8亿元。市级以上重点龙头企业149家，其中国家级龙头企业39家，市级龙头企业110家。2018年全市龙头企业总固定资产净值1 264.2亿元，当年固定资产投资203.0亿元，销售收入7 009.0亿元，出口创汇1.8亿美元，上缴税金58.5亿元。龙头企业固定职工总数18.4万人，全国范围内带动从业农户数量295万户。龙头企业利用资金、技术、服务、信息等资源优势，通过协议购销、合同保护价收购、股份合作等形式，与农户结成利益关系，把农民与市场连接起来，在自身发展的同时，带动农业产业化的发展步伐，推动了一二三产业融合发展。

2. 休闲农业方面。立足首都城市战略定位，以环境生态化、居住文明化、活动民俗化、饮食本地化、服务规范化、管理网络化为方向，坚持农耕文化为魂，美丽田园为韵，生态农业为基，传统村落为形，创新创造为径，不断加强规划引导、完善基础设施、激发消费活力、促进产业升级。

一是加强基础设施建设，改善休闲旅游环境。从农田景观、廊道景观、村落景观建设入手，开展景观建设与培育，实施规模农田镶边、农田缓冲带种植、闲置地景观化改造、坡地景观栽培、沟路林渠景观提升等生态景观农业工程，全面提升乡村景观。推进实施农村六网（供水管网、污水管网、垃圾收运处理网、电网、乡村路网、互联网）改造提升工程，切实改善乡村旅游地区的基础设施条件。加强游客综合服务中心、餐饮住宿的洗涤消毒设施、农事景观观光道路、农产品展示中心、休闲辅助设施、乡村民俗展览馆和演艺场所等公益性基础服务设施建设，改善休闲旅游环境。大力发展由步道和自行车道等构成的慢行交通系统，推进 3 000 公里京郊旅游休闲步道建设。

二是创新产品，优化休闲农业结构。创新发展业态，鼓励根据资源禀赋和市场需求，通过农旅结合、农科结合、农文结合等发展模式，紧密结合中小学生教育示范基地、北京市科普教育基地、A 级景区等建设标准，因地制宜创新发展业态。延伸产业链条。鼓励一产与二三产业融合发展，培育生产标准化、经营集约化、服务规范化、功能多样化的休闲产业链。鼓励有条件的乡村盘活闲置农宅，吸引社会资本，发展旅游、休闲、养老、健身等产业，延长产业链条。民俗旅游村结合美丽乡村建设，完善村内公共服务设施，开展绿色农宅、绿色村庄建设，保留乡村文化符号，健全旅游要素，拓展发展空间。休闲农业园区以增加体验性、参与性为重点，完善功能分区，丰富游览体验内容。

三是推进资源整合与产业集聚，优化区域布局。转变经营方式，创新休闲农业组织形式、体制机制和发展模式，优化资源配置，促进休闲农业由粗放经营向规模集约经营转变。推进集群发展，积极推进休闲农业要素、项目、产业集聚。发挥旅游景区景点的带动作用，环绕交通干道、河流和沟域，通过资源优化和创意设计，将民俗旅游村、休闲农业园区与景区景点等串联起来，形成特色明显、资源互补、利益联结紧密、满足游客多元化需求的乡村旅游带。借助筹办 2019 年世界园艺博览会、2020 年世界休闲大会等大型会展机遇，引领推动周边休闲农业和乡村旅游快速发展。推动京津冀休闲农业协同发展。按照“市场导向、优势互补、资源共享、特色鲜明、共赢发展”的原则，统筹规划京津冀三地休闲农业建设，共同打造休闲农业精品旅游线路。以沟域景观建设为契合点，联合推进京津冀沟域发展。

四是加强宣传推介，培育知名品牌。加强宣传推介，充分发挥“互联网＋”在促进休闲农业和乡村旅游宣传推介中的作用，在重大节假日前和重要农事节庆节点，利用网络、电视、报纸、微信等，以图文并茂的形式，有组织、有计划地开展休闲农业和乡村旅游宣传推介。通过传统媒体和互联网等新兴媒体宣传推介精品线路和精品景点，扩大休闲农业和乡村旅游的影响力。加强品牌建设。实施休闲农业品牌战略，培育一批特色突出、品质优秀、创意新颖的知名品牌，推进星级民俗旅游村、民俗旅游接待户，休闲农业园星级园区示范创建工作。

五是强化培训服务，优化创业环境。大力开展培训，依托职业院校、行业协会和产业基地，分层、分类开展管理人员和服务人员培训，推进民俗村户旅游经营者万人培训，整合优化青年创业致富“领头雁”计划、实用人才培训、田间学校、全科农技员等资源，开展针对休闲农业经营管理、从业人员多种形式的培训。培育休闲农业创客，落实“大众创业、万众创新”，引导和支持返乡农民工、大学毕业生等通过经营休闲农业和乡村旅游实现自主创业；鼓励首都文化、艺术、科技专业人员发挥优势，开展休闲农业和乡村旅游创作创业；鼓励烹饪协会、北京巧娘协会、玩具协会、工艺美术协会等专业社会团体与民俗旅游村、休闲农业园区“结对子”，提升经营水平。

截至 2018 年底，全市休闲农业和乡村旅游共接待游客 3 940 万人次，实现收入 40.3 亿元。其中，全市有农业观光园 1 172 个，接待游客 1 898 万人次，实现收入 27.3 亿元；民俗旅游接待户 7 783 户，接待游客 2 042 万人次，实现收入 13 亿元。有 7 个区被评为“全国休闲农业与乡村旅游示范县”，21 个休闲农业点被评为“全国休闲农业与乡村旅游示范点”，25 个村被评为“中国美丽休闲乡村”，82 个休闲农业园区被认定为全国星级园区。乡村民宿 300 余家。

农产品加工业

【市级以上农业产业化龙头企业基本情况】截至2018年底，全市农业生产经营主体约2.1万个，其中：农业企业11 566个（2016年底全国农业普查数据），农民专业合作社4 340个，集体经济组织4 130个（其中乡级集体经济组织187个，村级集体经济组织3 943个），家庭农场20个，种植养殖大户1 213个（其中种植大户377个，养殖大户836个）。在农业企业中，市级以上农业产业化龙头企业149家，其中国家级龙头企业39家，市级龙头企业110家。市级以上龙头企业固定资产总值达到1 264亿元，同比增长12.9%；销售收入7 009亿元，同比增长9.5%；净利润160亿元，同比增长70.3%。涉及种植业、畜牧业、林业等19个行业，龙头企业数量最多的三个行业分别是蔬菜生产加工业20家、肉类生产加工业18家、综合集团14家。龙头企业利用资金、技术、服务、信息等资源优势，通过协议购销、合同保护价收购、股份合作等形式，与农户结成利益关系，把农民与市场连接起来，在自身发展的同时，带动农业的发展步伐。龙头企业固定职工总数18.4万人，全国范围内带动从业农户数量295万户。

【做好2018年度农产品加工业统计调查】2018年，北京市农副食品加工业企业共计122个。工业总产值278.00亿元，同比减少9.73%；工业销售产值279.12亿元，同比减少8.70%；资产总计375.52亿元，同比增长9.76%；营业收入382.39亿元，同比增长1.38%；利润总额12.24亿元，同比减少25.14%；从业人员平均人数22 305人，同比减少8.62%；税金总额5.54亿元，同比增长10.86%。

全市食品制造业企业共计129个。工业总产值321.31亿元，同比增长2.79%；工业销售产值325.43亿元，同比增长1.88%；资产总计433.45亿元，同比增长2.16%；营业收入598.09亿元，同比增长3.98%；利润总额38.62亿元，同比减少1.38%；从业人员平均人数41 671人，同比减少8.76%；税金总额44.37亿元，同比增长2.91%。

饮料制造业企业共计42个。工业总产值268.69亿元，同比增长12.15%；工业销售产值267.27亿元，同比增长13.28%；资产总计585.80亿元，同比增长7.46%；营业收入297.30亿元，同比增长13.56%；利润总额31.95亿元，同比增长51.09%；从业人员平均人数23 491人，同比减少5.63%；税金总额44.90亿元，同比增长15.50%（表1至表4）。

表1　2018年度北京市农产品加工业情况

单位：个、千元

行业	企业个数	工业总产值		工业销售产值	
		本期	同期	本期	同期
合计	293	86 801 174	86 014 888	87 183 254	86 109 508
农副食品加工业	122	27 800 284	30 797 170	27 912 294	30 571 763
食品制造业	129	32 131 540	31 259 467	32 543 637	31 944 553
饮料制造业	42	26 869 350	23 958 251	26 727 323	23 593 192

表2　2018年度北京市农产品加工业情况

单位：千元

行业	出口交货值		资产总计	
	本期	同期	本期	同期
合计	1 997 581	2 382 100	139 477 221	131 156 266
农副食品加工业	519 928	679 341	37 552 174	34 211 974
食品制造业	1 241 683	1 499 909	43 344 693	42 429 489
饮料制造业	235 969	202 849	58 580 354	54 514 803

表 3　2018 年度北京市农产品加工业情况

单位：千元

行业	营业收入		主营业务收入		利润总额	
	本期	同期	本期	同期	本期	同期
合计	127 777 769	121 420 134	124 970 734	118 979 083	8 280 967	7 665 620
农副食品加工业	38 239 232	37 718 795	37 738 493	37 178 178	1 224 067	1 635 081
食品制造业	59 808 583	57 521 652	58 428 061	56 403 128	3 861 690	3 915 821
饮料制造业	29 729 954	26 179 687	28 804 180	25 397 777	3 195 210	2 114 718

表 4　2018 年度北京市农产品加工业情况

单位：千元、人

行业	从业人员平均人数		税金总额	
	本期	同期	本期	同期
合计	87 467	94 972	9 481 180	8 699 078
农副食品加工业	22 305	24 408	554 230	499 930
食品制造业	41 671	45 672	4 437 386	4 312 013
饮料制造业	23 491	24 892	4 489 564	3 887 135

【开展农业产业化项目评审工作】年内，市农业农村局产业化项目经过区初审、第三方审核和专家评审，最终通过了《2018 年农业产业化项目情况的报告》。最终确定政策支持企业及农民专业合作社 59 家，政策资金 5 000 万元。其中“百企联百社”项目 5 家，安排资金 462 万元；提升农产品加工能力项目 24 家，安排资金 1 729 万元；互联网＋农业项目 14 家，安排资金 913 万元；品牌建设 15 家，安排资金 750 万元；数字农业项目 1 家，安排资金 1 146 万元。

【加强农业产业化龙头企业监测】年内，市农业农村局积极培育壮大农业产业化龙头企业，并根据《农业产业化国家重点龙头企业认定和运行监测管理办法》（农经发〔2018〕1 号），对本市 39 家农业产业化国家重点龙头企业开展监测。对合格企业进行保留，不合格企业淘汰，并按照农业产业化国家重点龙头企业递补程序递补 4 家企业，保证龙头企业质量过硬。

【研究修订《北京市农业产业化龙头企业认定和动态监测管理办法》】年内，市农业农村局在《北京市农业产业化重点龙头企业认定和动态监测管理办法》（京政农函〔2014〕11 号）基础上，结合本市农业产业化发展特点和实际，针对农产品电商企业、种业企业、休闲农业等特定类型企业，在满足部分基本标准的前提下，提出相应要求，突出不同企业类型特点，适当放宽条件。

【推进本市农业产业化联合体发展】2018 年北京市农业局联合市发展改革委、市财政局等 6 部门联合印发《关于培育农业产业化联合体的实施意见》（京政农发〔2018〕24 号），提出引导龙头企业发挥产业组织优势，以“龙头企业＋中小企业＋农民合作社＋生产基地”的形式，联手农民合作社组建农业产业化联合体，实行产加销一体化经营。计划 2019 年在全市建立 10 个农业产业化联合体试点，每个试点支持 500 万元。

【本市农业产业化组织以龙头企业带动型和合作社组织带动型为主】从北京市农业产业化发展现状看，产业化组织类型主要以龙头企业带动型和合作社组织带动型为主，它在农业产业化经营中发挥了至关重要的作用。2018 年，全市农业产业化组织总数为 676 个。其中，龙头企业带动型产业化组织有 149 个，占总数的 22.04%；合作社组织带动型有 514 个，占总数的 76.04%；其他类型有 13 个，占总数的 1.92%。

【龙头企业带动能力突出】本市龙头企业利用自身的优势资源，如资金、技术、服务、信息以及组织资源等，通过协议购销、合同保护价收购、股份合作等形式，与农户结成利益关系，把农民与市场连接起来，在自身发展的同时，也把农业推向了市场，加快了农业的发展步伐。2018 年，龙头企业固定职工总数 183 842 人，带动从业农户数量 2 949 548 户。

【龙头企业经济效益持续增强】近年来，北京市农业产业化进入了快速发展期，各级政府部门为推进农业产业化经营，加大了对各类龙头企业的扶持力度，为企业发展创造宽松的环境；各龙头企业也加大投入，提高产品质量，丰富产品种类，开拓国内外市场，实现了生产和效益的快速增长。各类龙头企业在促进农业结构调整，加强基地建设，带动农民生产，促进农民增收中发挥着越来越重要的作用。2018 年，全市产业化龙头企业数量为 149 家，销售收入 7 009 亿元，较 2017 年申报数量 168 家，销售收入 5 991 亿元，总数量有所下降，平均销售收入相对上升，平均销售收入为 2017 年的 1.3 倍，2018 年净利润为 160 亿元，是 2017 年的 1.7 倍。

【支持村集体经济发展试点工作】落实陈吉宁市长提出探索政府补贴资金给到农村集体经济组织，同时壮大农村集体经济的指示精神，开展支持村集体经济发展试点工作。组织市财政局、市规划国土委、市农业投资公司等单位和金融、土地管理等方面专家成立工作组及专家组。制定了《关于组织开展将财政奖补资金计入农村集体经济组织股权扶持村集体经济发展试点的方案》，通过各区推荐和实地考察，拟推荐大兴长子营镇周营村、昌平兴寿镇辛庄村和南口镇居庸关村作为试点单位。

【北京顺赵兴农业产业化联合体试点】北京顺赵兴农业产业化联合体由北京市北郎中农工贸集团牵头，并联合 3 家合作社构成。北京顺赵兴农业产业化联合体已形成“龙头企业＋合作社＋村集体经济＋农户”的组织模式，并以促进京郊农业产业化发展、提高农民收入为联合体经营宗旨。联合体业务范围涉及农产品生产、初加工、销售和籽种农业。在联合体运营中，龙头企业通过联合体平台向合作社输出新品种新技术，合作社依托新品种新技术生产优质农产品，为龙头企业提供合格原料。目前，联合体积极开展各项工作，加强成员沟通合作，引进优质果蔬品种 10 个，新增 200 余个农民就业岗位，并成功举办油菜花观光节、室内迎春花等农业节庆活动。协同共建联合机制方面，对联合体章程已进行设计，对联合体构成与职能分工已进行规划。利益链接合理分配方面，1 家龙头企业与 3 家合作社利益按股权比例分配，各占 25%，已走在联合体试点工作前列。政策扶持长效机制方面，区农业农村局已召开多次会议讨论拟定相关支持政策，落实、推进联合体试点项目。监督考核评价机制方面，配合镇政府等相关部门对项目建设情况进行项目建设跟踪与验收。

【北京优丰农业产业化联合体试点】北京优丰农业产业化联合体由北京优帝鸽业有限公司牵头，并联合 3 家中小企业、3 家农民专业合作社构成，其中 1 家合作社位于河北阜平。北京优丰农业产业化联合体已形成“龙头企业＋中小企业＋合作社＋外埠基地”的组织模式，并已探索形成“种养结合循环产业”发展模式。北京优帝生态农业专业合作社提供原粮，北京优帝鸽业有限公司负责肉鸽供养，产生的粪肥给北京丰顺恒农业专业合作社种植蔬菜水果，北京丰顺恒水处理有限公司协助种植，北京野谷绿农食品有限公司负责销售农产品，从而形成闭合的生态产业链。目前，在河北阜平县已创建 2 800 亩肉鸽养殖基地，发展种养结合生态农业富硒种鸽养殖 50 万对，解决阜平县 800 名劳动力就业，使 12 000 户建卡贫困户脱贫。协同共建联合机制方面，已拟定联合体章程，确定了办公场所，其地址位于北京优帝鸽业有限公司，成立了理事会、选出了理事长、理事等主要负责人员，并进行了职责分工。利益链接合理分配机制方面，在股份合作、土地流转、土地信托、生态补偿、绿色金融等方面积极创新，建立了与生态保护挂钩的激励机制和利益机制，已走在联合体试点工作前列。政策扶持长效机制方面，区农业农村局已召开多次会议讨论拟定相关支持政策，落实、推进联合体试点项目。

【北京华都峪口禽业产业化联合体试点】北京华都峪口禽业农业产业化联合体由龙头企业、合作社与养殖户构成，采用“流动蛋鸡超市”的运作模式。该模式基于峪口禽业种源和科技服务优势，以“流动蛋鸡超市”为纽带，聚集产业链上下游资源，建设线上线下一体化服务平台，共同服务农民专业合作社、家庭农场等新型农业经营主体。其中，峪口禽业负责开发线上服务平台与建立服务标准，并提供技术资源、管理经验和优良产品支持；“流动蛋鸡超市”作为枢纽，负责线下技术服务，搭建商品交易平台，回收家庭农场生产的鸡蛋，并组织物流配送服务；养殖专业合作社和家庭农场负责蛋鸡养殖。该模式将龙头企业、农民专业合作社、家庭农场联结起来，协同开展蛋鸡产业化经营，延伸产业链、提升价值链，促进产业增效增值、农民增产增收，是农业产业化联合体的雏形。运行机制建立方面，一是联合机制。各方发挥各自优势，即龙头企业“建平台、出技术”，流动蛋鸡超市“重服务、做市场”，农民合作社“聚资源、广链接”，家庭农场“提质量、增效益”，形成利益共享、风险共担的责任共同体和经济共同体。二是利益链接机制。为养殖户提供质高价优产品和优质科技服务，并借助终端客户资源，实现设备、疫苗等养鸡配套产品直接面向养殖户。流动蛋鸡超市以高出市场价 0.1～0.15 元/千克的价格开展鸡蛋回收。

【北京食安农业产业化联合体试点】北京食安农业产业化联合体由北京三山蔬菜产销专业合作社牵头，并联合 2 家龙头企业、4 家农民专业合作社与 3 家中小企业构成。北京食安农业产业化联合体已形成“龙头企业＋中小企业＋农民专业合作社＋生产基地”的组织模式。其中，北京裕农优质农产品种植有限公司负责加工与销售；北京农垦集团有限公司农产品经销公司和三山益诚电子商务有限公司利用自有平台负责线上和线下销售；北京三山蔬菜产销专业合作社带领北京桃山月亮湖种养专业合作社、北京万家兴业种养殖专业合作社、北京森海食用菌种植专业合作社、北京欣水湾农业种植专业合作社共 5 家合作社和北京寒冬绿野种植有限公司负责生产；中农卫康科技（北京）有限公司负责市场推广、品牌营销和培训服务；科研院所与社会化服务组织负责为合作社提供技术等服务。联合体采用订单生产模式，龙头企业与合作社签订订单合同，合作社按照企业质量安全标准生产，龙头企业以保护价收购。目前，农业产业化联合体内企业年销售收入 1 800 万元、合作社 1 200 万元、合作社社员年户均收入 2 万元，并带动入社农户 600 余户，为农村提供就业岗位 200 余个。协同共建联合机制方面，北京食安农业产业化联合体已出台章程，其中详细规定了联合体大会、理事会、办公室等职责与各成员间权利与义务等内容，办公场所设在北京三山产销专业合作社。利益链接合理分配机制方面，以订单农业发展模式为主，合作社按照企业标准生产，龙头企业以保护价收购。政策扶持长效机制方面，将统筹整合低收入帮扶、产业发展资金以及农用地备案等政策，对农业产业化联合体进行全方位支持。监督考核机制方面，区农业农村局高度重视，在项目决策、资金使用、监督管理等方面召开了专题会议，项目执行将严格按照预算评审制度、招投标制度、绩效考评制度等执行。

【北京绿富隆农业产业化联合体试点】北京绿富隆农业产业化联合体由北京绿富隆农业有限责任公司牵头，目前正处在探索创建阶段。北京绿富隆农业产业化联合体探索构建“国有龙头企业＋中小企业＋农民专业合作社＋生产基地”的组织模式，通过制订章程和绿色公约明确农业产业化联合体权利与义务。并形成生产服务联盟、科技服务联盟、质量检测联盟、销售服务联盟与物流服务联盟五大联盟，联盟之间相互支撑、融合发展、互利共赢。协同共建联合机制方面，已成立固定办公场，其地址位于北京绿富隆农业有限责任公司。利益链接合理分配机制方面，项目资金主要用于基地建设、技术培训、质量检测、品牌推介、配送补助等基础建设和公共服务性支出，成员产品销售利润全部归生产销售单位。政策扶持长效机制方面，联合体在人员保障、技术保障、资金保障等方面给予充分保障，聘用专职管理、营销、财务人员负责联合体日常管理；借助国家级、市级、区级农业科研、技术推广专家，提升企业、合作社及其产品核心竞争力。监督考核评价机制，聘请项目管理公司，对延庆优质农产品品牌提升与营销流通体系建设全过程进行监督考核。

【北京宏福环宇农业产业化联合体试点】北京宏福环宇农业产业化联合体由北京宏福环宇餐饮有限公司牵头，并联合 5 家农民专业合作社、1 家中小企业构成。北京宏福环宇农业产业化联合体已形成“龙头企业＋中小企业＋合作社＋生产基地＋农户”的组织模式，并采用统一选种、统一种植、统一管理、统一收购、专家团队定期指导、财务账簿每年公示的“四统一”“一指导”“一公示”经营模式。北京宏福环宇餐饮有限公司负责加工合作社产品并进行销售；北京好嘉全蔬菜种植专业合作社负责蔬菜产品收购及精细清洗其他合作社供给的蔬菜；北京河南寨农机服务专业合作社负责小麦供应；北京龙泉板栗种植专业合作社负责板栗供应，北京新顺合种植专业合作社负责杂粮供应。目前，北京宏福环宇农业产业化联合体年销售总额 4 700 万元，其中合作社销售总额 600 余万元，参与入社成员共计 331 户，户年均收入可达 18 000 余元。协同共建联合机制方面，已出台联合体章程，其中规定了成员的权利与义务、办公场所、各组织机构职责等内容。利益联结合理分配机制方面，以订单农业发展模式为主，合作社进行标准化生产，龙头企业以高于市场价20%收购。目前，已完成联合体股份比例分配，北京宏福环宇餐饮有限公司股份占比40%，北京好嘉全蔬菜种植专业合作社、北京河南寨农机服务专业合作社、北京龙泉板栗种植专业合作社、北京新顺合种植专业合作社股份各占比15%。监督考核评价机制方面，已设专人、专职部门负责对项目进行运行指导、管理、监督、财务核算，保障项目顺利完成，并成立监事会以监督联合体运营情况。

【北京南河北星农业产业化联合体试点】北京南河北星农业产业化联合体由北京南河北星农业发展有限公司牵头，并联合2家中小企业、3家农民专业合作社构成。北京南河北星农业产业化联合体已形成“龙头企业＋中小企业＋农民专业合作社”的组织模式。联合体以北京市重点龙头企业发挥核心作用，服务首都“菜篮子”保障供应为目标，进行农产品生产、加工、冷链配送等一体化服务，引领中小企业、蔬菜基地和农民从事标准化生产，实现优势互补。在龙头企业带动下，2018年联合体产值160万元，带来直接收益50余万元，农户人均年稳定增收5 000余元。协同共建联合机制方面，联合体已初步拟定理事长、副理事长、监理等人员；利益链接合理分配机制方面，采用订单农业生产模式，双方确定原料品种、种植规模与质量标准，合作社按照订单协议进行生产；政策扶持长效机制方面，房山区农业农村局已经起草了《北京市房山区农业农村局关于培育农业产业化联合体试点方案（试行）》方案，支持联合体发展。

【北京凯达恒业农业产业化联合体试点】北京凯达恒业农业产业化联合体由北京凯达恒业农业技术开发有限公司牵头，并联合8家涉农中小企业、20余家农民专业合作社构成。北京凯达恒业农业产业化联合体已形成“龙头企业＋中小企业＋合作社”的组织模式。联合体推行统一订单种植品种、统一使用高效生物农药、统一使用有机肥、统一技术规程、统一价格收购、统一质量检测的“六统一”生产模式，确保合作社与农户按龙头企业生产标准种植出高品质的农产品原材料。目前，联合体内农户人均年稳定增收5 000～9 000元。利益链接合理分配机制方面，采用订单农业生产模式，各方签订订单协议，确定原料品种，种植规模、质量标准，实现企业、合作社、农户三方共赢。资源要素共享机制方面，联合体各方通过生产原料、技术、品牌等生产要素相互融合，降低各方生产与交易成本，实现互利共赢。政策扶持长效机制方面，房山区农业农村局已经起草了《北京市房山区农业农村局关于培育农业产业化联合体试点方案（试行）》方案，支持联合体发展。

【北京天安农业产业化联合体试点】北京天安农业产业化联合体由北京天安农业发展有限公司牵头，并联合昌平与怀柔共3家中小企业、昌平与外埠地区5家农民专业合作社构成。北京天安农业产业化联合体已形成“龙头企业＋农民专业合作社＋中小企业＋生产基地”的组织模式。项目形成了“品牌企业＋合作社（小微企业）＋流通安全保障体系＋销售渠道＋增收提产”的品牌引领运营模式。首先，联合体对合作社农产品进行质量安全监控管理，建立生产档案，对播种、采收等进行详细记载，全程监控基地生产过程。其次，采用订单式采购蔬菜，对合作社给予生产帮扶，与5家合作社签订蔬菜委托生产供应合同。再次，建设了安全标准化示范基地，对从生产源头到消费终端的集成化质量全程控制，保障示范基地品牌质量安全，并与网上商城商超、社区直营店有效对接，打造京郊果菜品牌。最后，联合体内部建立了长效合作机制和造血机制：天安农业将成交金额的13%返还给合作社，用于合作社的日常运营和组织运输工作，保证了合作社生存的基本资金。协同共建联合机制方面，已初步拟定联合体章程，明确了权利、责任与义务，并共同制定生产营销计划。利益联结合理分配机制方面，已订单农业生产模式为主，合作社按龙头企业标准生产，龙头企业以保护价收购。资源要素共享机制方面，借助农业信息化手段，已基本实现龙头企业与合作社生产、加工、销售、质量追溯等技术、信息共享。跨区联合机制方面，联合体与河北尚义县南壕堑镇官村已签订扶贫合作协议，在该村建设1 000亩蔬菜生产基地，跨区带动当地农户就业。

【门头沟区蜂业农业产业化联合体试点】门头沟区蜂业农业产业化联合体由北京绿纯金蜜蜂养殖专业合作社牵头，并联合2家龙头企业、3家农民专业合作社、10家蜂产品销售终端构成。门头沟区蜂业农业产业化联合体已形成“龙头企业+生产示范基地+养蜂合作社+中小企业”的组织模式。由龙头企业向养殖户提供养蜂生产过程的信息、技术、管理、销售等服务，养蜂专业合作社与生产基地负责生产蜂蜜，蜂业销售终端负责加工销售。目前，已带动 460 个养蜂户，辐射 6 万群蜜蜂，占养蜂总数的 70%以上。利益链接合理分配机制方面，主要以订单生产模式为主。

【发布《京津冀农产品加工业发展规划（2018—2020）》】2018 年 6 月，在首届京津冀农业产业化合作对接会上，京津冀三地农业农村部门共同发布《京津冀农产品加工业发展规划（2018—2020）》。规划提出，到 2020 年，京津冀农产品加工业产值比 2015 年增长 50%以上，达到 2 万亿元以上，基本形成京津冀农产品加工业区域布局合理、行业布局清晰、产业结构优化、产能产效显著提高、社会带动效应显著增强、区域内农民收入稳步增长的局面。

镇村企业

【北京市镇村企业基本情况】2018 年，北京市镇村企业按照首都城市功能定位总要求，全力疏解非首都功能，加大工业大院清理整治力度，稳步推进京津冀一体化协同发展，持续深化供给侧改革，主动适应增速趋缓、结构优化、效益提高、质量提升的经济发展“新常态”，努力克服国内外经济发展环境中诸多不利因素的影响，积极调整产业结构和空间布局，坚决淘汰落后产业，大力压缩过剩产能，着力转变经济增长方式，努力实现产业转型升级，大力发展“高精尖”产业，积极培育新的经济增长点，在经济总量和总体规模大幅缩减的前提下，实现了企业提质增效，创新能力和市场竞争能力有所提升，可持续发展能力有所增强。2018 年，北京市镇村企业 82 791 家，比上年减少 12 764 家，同比下降 13.4%，其中：规模以上企业 1 265 家，比上年减少 199 家，同比下降 13.6%，规模工业企业 805 家，比上年减少 193 家，同比下降 19.3%；从业人员 577 466 人，比上年减少 111 006 人，同比下降 16.1%；完成营业收入 41 140 446 万元，比上年下降6.2%；完成利润总额 2 169 224 万元，比上年下降 6.6%；实现增加值 7 304 488 万元，比上年下降 7.7%；实现工业增加值 3 909 166 万元，比上年下降 10.4%；完成出口产品交货值 709 987 万元，比上年增长 2.1%；上缴税金 1 801 819 万元，比上年下降 10.4%；提供劳动者报酬 3 239 194 万元，比上年下降 8.0%；人均劳动者报酬 56 094 元，比上年增长 9.7%；私营以上企业资产总额 96 534 118 万元，比上年增长 8.6%；私营以上企业负债总额 77 848 464 万元，比上年增长 28%；私营以上企业资产负债率 80.6%，比上年升高 12.1 个百分点。

【镇村企业经济总量持续下降】近年来，全市按照首都城市功能定位要求，大力疏解非首都功能，坚决淘汰落后产能，加速退出一般制造业企业。受此影响，2018 年京郊镇村企业经济总量继续呈现负增长态势，各项主要总量指标持续下降。全市镇村企业累计完成营业收入 4 114 亿元，比上年下降 6.2%，其中工业营业收入 2 163.4 亿元，比上年下降 8%；实现增加值 730.4 亿元，比上年下降 7.7%，其中工业增加值 390.9 亿元，比上年下降 10.4%。

【镇村企业经济效益稳中有升】2018 年，京郊镇村企业创新发展、提质增效，经济效益总体呈现企稳回升趋势，特别是工业企业实现了利润总额和利润率双双止跌回升，经济效益稳中有升。全年镇村企业累计实现利润总额 216.9 亿元，比上年下降 6.6%；镇村企业利润率为 5.3%，与上年持平。镇村工业企业实现利润总额 106.9 亿元，比上年增长 9.1%；镇村工业利润率为 4.9%，比上年提高 0.7 个百分点。

【镇村企业产业结构继续优化】2018 年，京郊镇村企业主动适应经济发展“新常态”，着力转变增长方式，积极调整产业结构，产业结构继续优化。2018 年北京镇村企业（私营以上）完成增加值 652.4 亿元，其中：一产增加值 5.7 亿元，占 0.9%，所占比重比上年降低 0.1 个百分点；二产增加值 402.3 亿元，占 61.7%，所占比重比上年降低 2.7 个百分点；三产增加值 244.4 亿元，占 37.4%，所占比重比上年提高 2.8 个百分点。与上年相比，一方面，一二产比重下降，三产比重上升，产业结构有所优化；另一方面，除企业个数外，二产各项主要经济指标所占比重均超过50%，仍然保持着较为显著的主体地位（表1）。

表1　2018年北京镇村企业（私营以上）主要经济指标产业分布情况

单位：个、人、亿元、%

	增加值	企业个数	职工人数	营业收入	利润总额
合计	652.4	14 135	396 049	3 746.6	181.5
一产	5.7	387	10 513	28.7	−1
比重	0.9	2.7	2.7	0.8	−0.5
二产	402.3	5 071	234 353	2 330.1	105.3
比重	61.7	35.9	59.2	62.2	58
三产	244.4	8 677	151 183	1 387.8	77.2
比重	37.4	61.4	38.1	37.0	42.5

【镇村企业空间布局更加合理】随着首都城市功能布局调整的不断深化，京郊镇村企业向城市发展新区集聚发展，北京镇村企业空间布局和区域结构更加趋于合理。2018年，城市发展新区（通州、顺义、大兴、昌平、房山）作为全市镇村经济的主体，镇村企业营业收入、利润总额、增加值、工业增加值和出口产品交货值分别为3 231亿元、160.8亿元、514.6亿元、331.7亿元和62.8亿元，分别占全市镇村企业的78.5%、74.1%、70.5%、84.9%和88.4%，各项主要经济指标所占比重均在70%以上，主体地位和主导作用十分突出（表2）。

表2　2018年京郊镇村企业主要经济指标区域分布情况

单位：亿元

	营业收入	利润总额	增加值	工业增加值	出口产品交货值
合　计	4 114	216.9	730.4	390.9	71
城市功能拓展区	394.8	33.1	124.2	8.9	0.3
所占比重	9.6	15.3	17.0	2.3	0.4
城市发展新区	3 231	160.8	514.6	331.7	62.8
所占比重	78.5	74.1	70.5	84.9	88.4
生态涵养区	488.2	23.0	91.6	50.3	7.9
所占比重	11.9	10.6	12.5	12.8	11.2

【镇村工业比重下降】2018年，全市稳步推进京津冀一体化协同发展，大力疏解非首都功能，加大工业小区、工业大院清理力度，镇村工业规模大幅缩减，在镇村企业中所占比重有所降低，主体地位有所削弱。

2018年京郊镇村工业企业8 979家，比上年减少2 184家，同比下降19.6%；职工人数241 467人，比上年减少68 069人，同比下降22%；完成营业收入2 163.4亿元，比上年下降8%；实现增加值390.9亿元，比上年下降10.4%；实现利润总额106.9亿元，比上年增长9.1%。镇村工业企业数、职工人数、营业收入、增加值和利润总额分别占镇村企业总量的10.9%、41.8%、52.6%、53.5%和49.3%，除利润总额所占比重提高7.1个百分比外，其余各项主要经济指标占比均有所降低，企业数、职工人数、营业收入和增加值所占比重分别比上年降低0.8、3.2、1.0和1.6个百分点，镇村工业在镇村企业产业结构中的主体地位有所下降（表3）。

表3　2018年北京镇村工业企业主要经济指标完成情况

单位：个、人、亿元、%

	企业个数	职工人数	营业收入	增加值	利润总额
私营以上	4 431	206 715	2 020.1	362.4	97.1
个体户	4 548	34 752	143.3	28.5	9.8
合　计	8 979	241 467	2 163.4	390.9	106.9
所占比重	10.9	41.8	52.6	53.5	49.3

【镇村企业固定资产投资下滑】2018年，受本市疏解非首都功能和清理整顿工业小区、工业大院影响，京郊镇村企业固定资产投资大幅下滑，各项指标大幅下降。本年施工项目数335项，比上年减少103项，同比下降23.5%；本年新开工项目数116项，比上年减少39项，同比下降25.2%；本年投产项目数118项，比上年减少62项，同比下降34.4%；本年完成投资额101.6亿元，比上年下降60.4%；本年新增固定资产价值59.4亿元，比上年下降60.2%。

【镇村企业节能减排成效显著】2018年，镇村工业企业着力转变经济增长方式，积极调整产业结构，坚决淘汰落后产能，加快推进产业升级，大力发展资源节约型和环境友好型的绿色低碳产业，节能减排工作取得显著成效，能源结构趋于合理，资源消耗量明显下降。2018年全市805家镇村规模工业企业消耗水资源 1 638.3 万吨，比上年减少 52.1%；消耗电能 10.5 亿千瓦时，比上年减少 27.6%；消耗原煤 8.2 万吨，比上年减少 50.9%；消耗天然气 11 814.4 万立方米，比上年减少 14.9%。

【园区清理扎实推进】 2018 年，全市加快非首都功能疏解，继续加大疏解整治力度，大力清理郊区镇村工业小区和工业大院，取得显著成效。2018 年镇村工业园区数由上年的 40 个减少到 30 个，比上年减少 10 个，降幅为 25%；园区内年末实有企业 2 201 家，比上年减少 172 家，降幅为 7.2%；园区内企业年末从业人员数 82 271 人，比上年减少 22 227 人，降幅为 21.3%；园区内企业完成总产值 648.4 亿元，比上年下降 17.1%。

【镇村企业职工工资收入持续增长】 2018 年，全市镇村企业在全力疏解非首都功能，企业总数和职工人数大幅下降的背景下，全年支付劳动者报酬 323.9 亿元，比上年下降 8%；人均劳动者报酬 56 094 元，比上年增长 9.7%。镇村企业职工人均工资收入持续增长，镇村企业增加农民工资性收入，带动农民增收的作用更加凸显。

【镇村企业外贸出口企稳回升】 2018 年，京郊镇村企业外贸出口持续下滑的趋势得到初步扭转，外贸形势企稳回升。全市镇村出口企业 261 家，比上年减少 20 家，同比减少 7.1%。其中，年出口交货值 500 万元（含）以上企业 150 家，比上年减少 22 家，同比减少 12.8%。全年累计完成出口产品交货值 71 元，比上年增长 2.1%。其中，年出口交货值 500 万元（含）以上企业出口交货值 65.7 亿元，比上年下降 4.4%。出口产品交货值占营业收入的比重为 1.7%，比上年提高 0.1 个百分点。

【镇村企业外向型经济长足发展】 2018 年，全市镇村企业积极实施“走出去”战略，外向型经济得到长足发展。截至 2018 年底，京郊镇村企业境外办企业单位数 26 家，比上年增加 19 家，同比增长 2.7 倍；境外办企业累计投资额 2.8 亿元，比上年增长 1.2 倍。

【镇村企业社会贡献有所弱化】 2018 年，京郊镇村企业数 82 791 家，比上年减少 12 764 家，同比下降 13.4%；镇村企业职工人数 577 466 人，比上年减少 111 006 人，同比下降 16.1%；上缴税金 180.2 亿元，比上年下降 10.4%。镇村企业吸纳农民就业，支持郊区新农村建设，推动京郊农村经济社会发展的作用有所弱化。

农产品流通业

【2018 年市场主体存量概况】 截至 2018 年 12 月底，全市实有市场主体 215.11 万户，同比增长 2.7%。其中，企业存量 165.45 万户，同比增长 6.5%；个体工商户存量 48.90 万户，同比下降 8.4%；农民专业合作社存量 7 603 户，同比增长 2.04%。实有资本总额 38.42 万亿元，同比增长 9.7%，资本总额居广东、浙江之后，位列全国各省区市第三。实有市场主体户均资本规模 1 785.87 万元，同比增长 6.9%，户均资本规模稳居全国各省区市首位，远超排名第二的上海（952.69 万元）。

【2018 年市场主体增量概况】 2018 年，全市共新设市场主体 19.96 万户，同比下降 5.9%。其中，新设企业 18.33 万户，同比下降 5.86%；新设个体工商户 1.6 万户，同比下降 6.72%；新设农民专业合作社 299 户，同比下降 41.67%。

【开展红盾护农，保护农民权益】 2018 年，全年市市场监督管理局组织抽检化肥和农用薄膜样品共 160 组，各分局组织抽检化肥和农用薄膜 291 个。共检查农资经营主体 6 496 个（次），立案查处 222 起，罚没金额 12 余万元。

（张楠）

【开展第八次春节蔬菜保供联合行动】 2 月 1 日至 3 月 20 日，市商务委会同市农委、中国蔬菜流通协会与天津、河北、山东、海南、广西等供京蔬菜主产区政府开展了第八次春节蔬菜保供联合行动。活动期间，在蔬菜日常供应量基础上累计增加蔬菜供应总量约 10.3 万吨，日均增加 2 152.6 吨，其中大白菜、白萝卜、土豆、洋葱等 8 个居民日常所需大路菜品种增加供应总量约 5.23 万吨，日均增加 1 087 吨，保障了首都蔬菜市场供应稳定。

（陈泽）

【举办第五届京交会精准扶贫及知识产权专场拍卖

会】5月31日，第五届京交会精准扶贫及知识产权专场拍卖会在国家会议中心举办。本次拍卖会以线上线下同步预展拍卖形式展出拍品113件，重点聚焦精准扶贫和知识产权两大板块，成交总额达3.54亿元，成功交易了北京对口帮扶区域新疆和田、内蒙古赤峰、安徽省六安市金寨县等地的大宗农产品期货、现货，此项活动获得第五届京交会“最佳会议活动奖”。

（曹民）

【签订《北京市商务委、十堰市人民政府对口合作框架协议》】8月2—4日，市商务委与湖北省十堰市政府签订了《北京市商务委、十堰市人民政府对口合作框架协议》。市商务委将进一步认真落实国务院《丹江口库区及上游地区对口协作工作方案》和北京市《南水北调对口协作工作实施方案》，拓宽对口协作领域，完善对口协作平台，在深入开展“农超对接”“农电对接”等产销对接活动的基础上，倡导绿色安全消费、感情消费，加强两地在农副产品开发及品牌培育、餐饮和家庭服务业方面的合作，推动南水北调对口协作工作达到新高度、再上新台阶。

（魏新宇）

【参加首届中国粮食交易大会】8月18—20日，市粮食局组织本市粮食仓储、加工、经销等企业参加在哈尔滨市举办的首届中国粮食交易大会。活动期间，北京市粮食部门、企业积极参与大会的产销对接洽谈、交流研讨等活动，进一步加强与全国粮食企业的交流与合作，丰富北京市场优质粮油产品供给，与外省企业签订粮食采购意向协议达128万吨；布置160余平方米北京粮油产品特装展区，集中展示北京市优质精品粮油产品，积极拓宽营销渠道，深化粮食产销合作。

（惠春光）

【启动和田地区特色农产品进京销售“百店专柜”专项行动】12月17日，和田地区特色农产品进京销售“百店专柜”专项行动启动仪式暨销售对接会召开，市商务局与市援疆和田指挥部、和田地区行署、兵团第十四师共同签署了《和田地区特色农产品进京销售“百店专柜”专项行动工作协议》，本市物美、京客隆、超市发、家乐福、首航等大型商贸企业与和田地区农产品生产加工龙头企业分别签署了《供销合作协议》。

（魏新宇）

【蔬菜上市总量减少】年内，监测的7家批发市场蔬菜上市量达121.2亿千克，日均3 321.3万千克，同比减少4.1%。

（刘璇）

【生猪屠宰量减少】年内，监测的9家定点屠宰企业生猪屠宰总量621.6万头，日均屠宰1.7万头，同比减少12.7%。

（刘璇）

【牛羊肉交易量减少】年内，监测的7家批发市场牛肉交易总量6 266.1万千克，日均交易量17.2万千克，同比减少14.4%。羊肉交易总量5 552.6万千克，日均交易量15.2万千克，同比减少13.4%。

（刘璇）

【鸡蛋交易量减少】年内，监测的7家批发市场鸡蛋交易总量24 696.3万千克，日均67.7万千克，同比减少1.3%。

（刘璇）

【粮食消费量达461.2万吨】年内，北京市粮油消费量呈下降态势；其中，城乡居民口粮平稳趋减、食用油稳中略增，饲料用粮和工业用粮均大幅缩减。全年粮食消费量461.2万吨，比上年减少52.5万吨，减幅10.2%。城乡居民口粮消费341.8万吨，比上年减少18.1万吨，减幅5%。饲料用粮92.2万吨，比上年减少26.9万吨，减幅22.6%。工业用粮26.2万吨，比上年减少7.3万吨，减幅21.8%。食用油消费量58.1万吨，比上年增加1.4万吨，增幅2.5%。

（惠春光）

【农产品流通产业发展基金情况】截至2018年底，农产品流通产业发展基金累计投资项目4个，累计决策投资金额17 000万元，实际拨付资金17 000万元，促进了北京市农产品批发市场升级改造及蔬菜零售终端的发展。

【环首都1小时鲜活农产品流通圈建设情况】年内，加强与天津、河北商务部门联动，强化京津冀区域物流基础设施建设的协同合作，重点推动新建或改造农产品仓储设施、冷链物流设施，推广农产品标准化物流装备应用。与新组建的北京首农食品集团有限公司对接，调研首批重点项目进展，推动项目滚动实施。全年共完成5个项目建设，另有5个项目正在建设中。环首都1小时鲜活农产品流通圈累计完成项目14个，正在建设项目18个。

（余博）

【京津冀农产品产销对接情况】年内，开展“农超对接”“农餐对接”和“农电对接”，促进直采农产品规模不断扩大。支持引导京东等电商平台与天津武清绿翅集团等近20家优质农产品直供基地开展合作，打造“基地＋社区”产销直通模式，实现蔬果等农产品的源头直采。通过搭建农商互联平台，助力本市远郊地区及承德、廊坊、张家口等周边地区特色农产品上线销售。

（吕祥森）

【粮食服务保障情况】年内，圆满完成全国“两会”、中非合作论坛北京峰会等供应保障重点工作。军粮供应保障有力，军民融合发展取得新进展。退耕还林累计供应补助粮1.9万吨，惠及12.6万户退耕农户。结合商务体系建设，构建符合首都城市发展的新型粮油便民服务体系，多区落实粮食便民惠民地图，粮食便民服务水平显著提升。

（惠春光　高光亮）

【储备粮轮换情况】年内，利用竞价交易平台累计安排市储备粮轮换交易20次，累计轮换市储备粮107.3万吨。郊区转储玉米4万吨，切实保障种粮农民利益。

（徐建军　惠春光）

【开展“中国好粮油”行动】年内，吉林省大米文化节、黑龙江省“龙江大米进北京”、山西省“山西小米”品牌推介等活动相继开展，进一步丰富首都粮食市场优质粮食品牌。石景山区、海淀区借力精准扶贫，将贫困地区优质特色粮食产品推向首都百姓餐桌。落实“五优联动”，推动产品升级换代。参加首届中国粮食交易大会，企业间签订粮食采购意向协议128万吨。积极开展世界粮食日和粮食安全系列宣传活动。

（惠春光）

【地方储备粮管理情况】年内，修订市储备粮竞价交易办法，完善市储备粮轮换购销工作流程。制定北京市“买断粮权”市储备成品粮轮换购销管理办法，细化市储备成品粮存储规范管理条款，完善市储备成品粮承储、代储代轮换企业进入与退出机制。首次引入由企业自主轮换的动态储备模式，开展0.5万吨动态储备小麦试点。切实加强合同管理和实地监管，共核查市储备粮108万吨（异地储备40.2万吨），数量真实、质量良好、账实相符。市储备粮管理规范化程度提高，出入库制度更加完善，宜存率保持100%。

（惠春光　孔令文）

【粮食产业转型发展】年内，市政府办公厅印发《关于进一步优化粮食产业发展　保障首都粮食安全的实施意见》，加快建设更高层次、更高质量、更有效率、更可持续的粮食安全保障体系。京粮集团完善“从田间到餐桌”的全产业链条，中粮集团、中储粮集团等央企在京发展水平进一步提升，益海嘉里、盛华宏林、中联正兴、顺义粮油等重点企业创新发展，为保证首都粮食供应发挥了积极作用。推广主食产业化发展新模式，拓展主食制品的规模化生产、社会化供应。东城、丰台、房山等区被确定为放心主食示范试点单位，密云、顺义等区推进主食产业化特点突出、效果良好。

（孔晶　张俊杰）

【粮食流通基础设施建设情况】年内，落实北京粮油应急保障中心建设项目资金3.9亿元。密云、顺义等区七个“粮安工程”项目完成建设。部分仓储设施转型改造成冷链物流库、成品粮物流库、文化创意产业园区等，转型发展取得新进展。加快粮油质检体系建设，落实财政支持粮食行业质检能力建设资金958.7万元、粮食质量安全检验监测体系建设资金5 594万元。粮食安全保障、调控、应急设施建设项目总投资4.2亿元，新建、改扩建仓容10.8万吨。

（王红伍）

【粮食流通监管机制更加健全】年内，落实“双随机一公开”工作，市、区两级粮食行政管理部门共开展粮食执法检查1 200余次，检查企业1 054个次。制定《北京市粮食局关于建立粮食经营者诚信评价体系的实施方案》，推动粮食行业信用管理和诚信体系建设。开展库存检查和专项检查，督查指导企业严格执行粮食流通政策，严防不符合食品安全标准的粮食流入口粮市场。京津冀三省市粮食行政管理部门签订京津冀粮油质量安全监管区域联动协作机制建设协议，深化在统一监管标准、质量安全追溯、检验结果互认等方面的合作，开展三省粮食联合执法工作。

（石红兵）

乡村旅游业

【休闲农业园区情况】截至2018年底，北京郊区共有休闲农业园1 172个，较上年减少44个，其中国家级星级园区82个，市级星级园区294个。全年，北京市休闲农业园区共接待游客1 898万人次，同比下降9.8%；实现总收入27.3亿元，同比下降8.7%；接待游客人均消费143.7元，同比增长1.1%。观光园带动本地就业增长，本地从业人员占高峰期从业人员的比重达74.5%，较上年提高0.4个百分点。门票及其他收入增势强劲，同比增长分别为26.9%和11.9%。在休闲园区规范整治的大背景下，园区数量减少，人均消费和其他收入都有所增加。

（李媛）

【乡村民俗旅游情况】截至2018年底，全市乡村民俗旅游实际经营户7 783户，减少580户；民俗旅游总收入13亿元，同比下降8.2%；接待人次为2 042.3万人次，同比下降8.5%。

（李媛）

【农业会展及农事节庆情况】农业节庆活动已成为休闲农业和乡村旅游的新亮点。比如，大兴西瓜节、平谷桃花节、海淀樱桃节、通州番茄文化节、房山稻作文化节等农事节庆活动。2018年3月17日至5月13日，第六届北京农业嘉年华在昌平区草莓博览园成功举办。58天会期，累计接待入园游客112.86万人次，门票收入1 011.12万元，园区累计实现总收入4 520.37万元。活动期间，周边各草莓采摘园接待游客达256万人次，销售草莓197.8万千克，实现收入1.23亿元。有效带动延寿、兴寿、小汤山、崔村、百善、南邵6个镇的民俗旅游，活动期间共计接待游客73.26万人次，实现收入1.16亿元。

（李媛）

【房山区东村村、顺义区北郎中村等5个村被评为中国美丽休闲乡村】按照《农业农村部办公厅关于开展休闲农业和乡村旅游精品推介工作的通知》（农办加〔2018〕9号）要求，市农委组织各区开展中国美丽休闲乡村和全国休闲农业精品园区（农庄）申报工作，房山区东村村、顺义区北郎中村、密云区金叵罗村、门头沟区赵家台村、怀柔区对角沟门村被认定为2018年中国美丽休闲乡村，目前全市中国美丽休闲乡村共有25个。

（李媛）

【入评国家级五星级、四星级及三星级园区】北京观光休闲农业行业协会组织各园区企业参加由中国旅游协会休闲农业与乡村旅游分会举办的全国休闲农业与乡村旅游企业（园区）星级创建活动。评选出全国星级园区19家，其中五星级企业（园区）1家，四星级企业（园区）13家，三星级企业（园区）5家。顺义区野谷生态园被评为国家级五星级园区，海淀区上庄蘑菇园房山区天毓山庄、延庆区青山园等13个园区被评为国家级四星级园区。

（李媛）

【全市举办系列丰收节庆祝活动】各区丰收节活动共计29项，从9月中旬持续至10月底。房山区举办秋收节活动，活动内容包括农耕体验、稻作文化遗产保护、特色农产品销售、农业科普教育、民俗文化、美食体验、乡村休闲旅游等。延庆区举办“2018欢乐丰收节暨第二届延怀河谷葡萄文化节”，设置了“一镇一品”主题系列活动、采摘体验活动、第十届菊花文化节、优质农产品推介会等。海淀区、朝阳区、平谷区由区农委牵头举办庆丰收、农事体验、农村文艺作品汇报演出等庆祝活动。其他各区也由乡镇、民俗旅游村、农业观光园等结合乡村旅游、农产品销售等举办各类庆祝活动。

（李媛）

【“清明红色游”主题线路推出】清明节前，市旅游委发布120个红色景区名录，播出15条“清明红色游”主题旅游线路及景点，将全市经典红色景区与热门赏花踏青景点串联起来，引导市民走进红色景区，缅怀革命先烈，重温红色历史。15条“清明红色游”主题线路包括：八宝山革命公墓—北京国际雕塑公园；北京平谷鱼子山抗日战争纪念馆—京东大峡谷—平谷万亩桃园；焦庄户地道战遗址纪念馆—北京国际鲜花港；北京市海淀百望山森林公园；马骏烈士墓—日坛公园—明城墙遗址公园；李大钊烈士陵园—双清别墅—北京植物园；圆明园“三·一八”烈士纪念园—颐和园；无名英雄墓广场—北京西山国家森林公园；冀热察挺进军司令部旧址陈列馆—马栏村—爨柏景区；北京铁军纪念园—黄花城水长城景区—响水湖景区；白乙化烈士纪念馆—密云水库—黑龙潭风景区；北京古御道生态旅游景区；龙门涧憩英园—东龙门涧风景区—燕家台村；王家台烈士陵园—霞云岭国家森林公园；狼儿峪红色旅游景区—白虎涧森林公园。

（杨慧艳）

【“五一春游季”四大主题线路推出】 4月下旬，为满足市民及游客旅游休闲需求，进一步扩大京郊旅游休闲产品有效供给，市旅游委推出“畅游京郊——五一春游季”四大主题45条线路，主要包括“休闲步道—鲜氧之旅”“特色村镇—欢乐之旅”“精品民宿—休闲之旅”“最美公路—自驾之旅”。

（杨慧艳）

【“踏寻红色印记　畅游魅力北京”精品红色游线路推出】 国庆节前，市旅游委推出“踏寻红色印记畅游魅力北京”精品红色游主题线路。线路设计以“景区联动，突出特色”为方针，将全市16个区重点推荐的红色景区、景点串联成古韵红都地标之旅（东城区）、寻迹名人故居之旅（西城区）、博物典藏文化之旅（朝阳区）、红色圣地爱国之旅（海淀区）、英雄丰碑缅怀之旅（海淀区）、烽火硝烟热血之旅（丰台区）、敬缅忠魂感恩之旅（石景山区）、重温历史古村之旅（门头沟区）、抗日烽火红歌之旅（房山区）、革命老区追忆之旅（房山区）、社会新风教育之旅（房山区）、革命堡垒体验之旅（顺义区）、千年运河文化之旅（通州区）、国防教育红色之旅（昌平区）、红色基地科普之旅（大兴区）、重走红村寻迹之旅（平谷区）、革命传统传承之旅（怀柔区）、缅怀先烈致敬之旅（怀柔区）、人民英雄使命之旅（密云区）、抗战热土红色之旅（延庆区）20条精品线路。

（杨慧艳）

【元旦假日旅游接待】 元旦假期，全市重点监测景区接待游客人数215.5万人，同比增长16.8%；营业收入7 342.04万元，同比增长17.79%。其中，现代娱乐型景区接待游客61.4万人，同比增长2.7%；历史文化观光型景区接待游客66.3万人，同比增长27.5%；滑雪场景区接待游客5.6万人，同比增长4.8%；自然山水型景区接待游客5.0万人，同比增长17.6%；奥运遗产型景区接待游客0.5万人，同比增长2.0%。郊区民俗游客接待44.51万人，同比增长19.49 %，民俗游收入3 242.81万元，同比增长5.69 %。其中密云区接待人数9.09万人，同比增长5.82%；大兴区接待人数6.51万人，同比增长14.81%；延庆区接待人数5.1万人，同比增长6.03%。收到各类旅游投诉11件，同比下降8%，未接到旅游重大案件及旅游群体性事件。

（杨慧艳）

【春节假日旅游接待】 春节假期，北京市接待旅游总人数770.7万人次，同比增长4.9%；旅游总收入72.6亿元，同比增长8.4%；人均花费942元/天。其中，过夜旅游者329.7万人次，同比增长4.7%；旅游收入61.3亿元，同比增长7.8%；人均花费1 860元/天。一日游游客（市民一日游+民俗）441.0万人次，同比增长5.0%；旅游收入11.3亿元，同比增长12.0%；人均花费256元/天。全市重点监测的146家旅游景区累计接待游客1 064.8万人次，同比增长11.9%；营业收入3.0亿元，同比增长16.9%，其中门票收入1.6亿元，同比增长10.3%。城市公园型景区接待426.9万人，同比增长5.5%；历史文化观光型景区接待314.3万人，同比增长15.9%；现代娱乐型景区接待209.8万人，同比增长5.6%；博物馆型景区接待32.5万人，同比增长14.6%；滑雪场景区接待9.88万人，同比增长15.4%；奥运遗产型景区接待5.4万人，同比增长7.6%；自然山水型景区28.14万人，同比下降20.0%；民俗游接待游客104.8万人次，同比增长12.7%；民俗游营业收入10 164.1万元，同比增长10.2%。全市未接到重大旅游投诉、旅游重大案件及群体性事件的报告。

（杨慧艳）

【清明假日旅游接待】 清明假期，全市重点监测的164家景区接待人数428.2万人，同比减少24.4%，营业收入1.12亿元，同比减少26.6%。其中，历史文化观光型景区接待游客124.5万人，同比减少11.9%；城市公园型景区接待游客102.9万人，同比减少59.3%；现代娱乐型景区接待游客51.3万人，同比减少48.0%；博物馆型景区接待游客20.4万人，同比增长7.3%；自然山水型景区接待游客18.8万人，同比减少57.2%；奥运遗产型景区接待游客1.3万人，同比减少12.2%。郊区民俗游客111.4万人，同比减少3.3%；营业收入达1.07亿元，同比减少4.5%。中心城区饭店平均出租率为45.6%；近郊区饭店平均出租率为36.3%；远郊区饭店平均出租率为37.3%。收到各类旅游投诉12件，同比下降60%，全市未发生安全生产事故和重大旅游投诉。

（杨慧艳）

【五一假日旅游接待】五一假期，全市接待旅游总人数465万人次，同比增长3.7%。其中，接待国内来京旅游者186万人次，同比增长4.2%；市民在京旅游人数279万人次，同比增长3.3%。旅游总收入48.40亿元，同比增长5.7%。其中，国内来京旅游收入39.73亿元，同比增长6.2%；市民在京旅游收入8.67亿元，同比增长3.3%。接待游客人均花费1 041元，同比增长1.9%。其中，国内来京游客人均花费2 136元，同比增长1.9%；市民在京游游客人均花费311元，与上年同期持平。旅游人数和旅游消费实现同步增长。接到各类旅游投诉10件，同比下降60%，未接到重大旅游投诉、旅游重大案件及群体性事件的报告。

（杨慧艳）

【端午假日旅游接待】端午假期，全市重点监测旅游景区接待游客374.1万人次，同比减少10.8%；景区旅游综合收入1.23亿元，同比减少12%。其中，历史文化观光型景区接待游客117.0万人次，同比增长8.6%；现代娱乐型景区接待游客85.9万人次，同比减少14.5%；自然山水型景区接待游客36.6万人次，同比减少7.0%；博物馆型景区接待游客13.9万人次，同比减少2.9%。郊区民俗游接待游客178.1万人次，同比减少9.2%；营业收入1.97亿元，与上年基本持平。其中怀柔区接待41.7万人次，平谷区接待27.9万人次，房山区接待24.6万人次。中心城区饭店平均出租率为51.7%；近郊区饭店平均出租率为40.3%；远郊区饭店平均出租率为50.1%。

（杨慧艳）

【中秋假日旅游接待】中秋假期（因2017年中秋节为10月4日，旅游接待数据纳入十一黄金周一并统计，2018年中秋节接待数据与2016年中秋假期进行同比分析）全市主要旅游景区接待游客395.4万人次，同比增加4.7%；景区综合收入1.27亿元，同比增加11.5%。其中，历史文化观光型景区接待游客122.2万人次，同比增加9.7%；现代娱乐型景区接待游客84.9万人次，同比增加27.7%；自然山水型景区接待游客31.7万人次，同比增加2.3%；博物馆型景区接待游客14.9万人次，同比增加19.2%；城市公园型景区接待游客141.7万人次，同比减少9.4%。郊区民俗游接待游客141.8万人次，营业收入达1.22亿元。其中怀柔区接待游客32.9万人次，密云区接待游客24.1万人次，房山区接待游客14.4万人次。中心城区饭店平均出租率为46.0%；近郊区饭店平均出租率为32.9%；远郊区饭店平均出租率为41.4%。民航进港人数40.2万人次，同比增加21%；铁路进站人数99.5万人次，同比增加3.7%。未接到旅游重大类案件及旅游群体性事件的报告。

（杨慧艳）

【十一假日旅游接待】十一假期，全市接待旅游者1 115万人次，同比增长2.6%；旅游总收入124.1亿元，同比增长7.8%；人均花费1 114元，同比增长5.1%。其中，接待国内来京旅游者475.1万人次，同比增长4.4%；旅游收入102.2亿元，同比增长7%；人均花费2 151元，同比增长2.4%。接待市民在京游639.5万人次，同比增长1.3%；旅游收入21.9亿元，同比增长12.1%；人均花费343元，同比增长10.7%。全市重点监测的176家旅游景区累计接待游客1 285万人次，同比增长1%；营业收入4.25亿元，同比下降1.8%；郊区民俗游接待游客461万人次，同比减少1.8%；营业收入3 289万元，与上年基本持平。其中，怀柔区接待游客90万人次，平谷区接待游客73.8万人次，延庆区接待游客69.9万人次。

（杨慧艳）

【市旅游委调研怀柔民宿发展】3月1日，市旅游委赴怀柔区就民宿发展情况进行调研，重点考察怀柔区逸境伴山、明明山居、渔唐、瓦厂、村里故事等精品民宿。提出要加大政策支持力度，引导高端民宿发展；将民宿产业发展与旅游规划、镇村建设规划等有机结合；逐步融合乡村特色文化，力求多样化、特色化、品质化；实施差异化发展等民宿发展指导意见。

（杨慧艳）

【市政协调研乡村民宿旅游发展】9月27日，市政协领导带队赴怀柔区调研乡村民宿旅游发展情况，市旅游委有关负责人陪同调研。调研组实地考察渤海镇岑舍、老木匠、和易园、渔唐等乡村民宿，听取民宿业主经营情况介绍，询问其在经营中遇到的实际困难和民宿发展的意见及建议等。座谈时，市旅游委有关负责人对全市乡村民宿旅游发展的整体情况介绍，并谈及目前存在的问题及工作设想。强调要坚持规划先行，发挥首都旅游资源优势，推进乡村旅游整体提质升级；乡村民宿要体现个性及差异化；管理要规范化，要重视公共安全、食品安全等问题，确保经营单位及游客的安全。

（杨慧艳）

【检查旅游项目实施情况】 11月下旬，市文化和旅游局有关负责人率队赴延庆区实地检查2018年旅游产业发展引导资金项目实施情况。检查组重点围绕项目资金拨付、实施进度、招投标、资产管理、财务管理、设计变更、竣工验收等内容，采取听取汇报、查阅资料和实地踏勘相结合的方式，对延庆区特色旅游小镇、星级民俗村和世园会周边旅游配套服务设施改造提升项目进行重点抽查。要求延庆区要着眼于世园会、冬奥会旅游服务需要，切实加强重点旅游项目的研究、储备与管理，充分利用市级旅游产业发展引导资金加快完善世园会、冬奥会周边旅游公共服务配套，全面推进乡村民俗、民宿旅游发展，不断提升旅游服务接待质量和水平。要抓好项目资金监管工作，加强领导，落实责任，强化措施，完善机制，规范资金使用管理，加快推动项目实施与竣工验收，确保项目质量和效益。结合检查，专门对延庆区旧县镇东龙湾村“左邻右舍精品民宿”项目进行实地调研，并与延庆区旅游委及有关镇乡村就打造“合作社＋农户＋企业”的乡村民宿发展模式进行交流探讨。

（杨慧艳）

【“旅游进社区　大运河文化宣传”活动举办】 9月14日，市旅游委在通州区运河文化广场举办“2018旅游进社区·大运河文化宣传活动”，旨在通过宣讲运河文化、举办图片展览、引导和鼓励居民实地游览等活动领略大运河的美景、理解和重视大运河文化遗产的保护，共同助力大运河文化带建设。市旅游委有关负责人出席活动启动仪式。活动组织社区居民乘船实地游览，邀请有关专家讲解运河文化价值及大运河文化带建设的重要意义，领略运河古韵，口述运河历史。总结“印象·北京”旅游摄影作品评选、“驾享自游”京津冀自驾游线路评选工作，对摄影作品和优质线路评选的获奖代表颁奖，在运河文化广场集中展览展示评选活动相关作品，让社区居民通过美图和线路，领略北京的文化旅游魅力。

（杨慧艳）

【第二十届北京国际旅游节举办】 10月1日，由市旅游委主办的第二十届北京国际旅游节在奥林匹克公园庆典广场开幕。旅游节围绕“一带一路”倡议，以“中非丝路情 相聚在北京”为主题，邀请“一带一路”沿线代表国家、非洲国家以及来自北京地区的共30支表演团体在奥林匹克公园景观大道进行“北京欢迎你”“中非丝路情”“融合与创造”“东方与西方”和“激情与梦想”5个篇章的盛装行进表演。适逢改革开放40周年，以时间为轴线，空间为脉络，讲述“北京故事”，向现场观众展示改革开放的繁荣发展，聚焦北京未来发展。旅游节至10月4日结束，除举办开幕式盛装行进表演外，在门头沟区永定楼广场、昌平区乐多港以及延庆区八达岭国际会展中心分别设置分会场，邀请国内外演出团队现场演出，与当地民众及游客共度国庆。

（杨慧艳）

【2018京津冀冬季旅游体验活动正式启动】 12月2日，由北京市文化和旅游局、天津市文化和旅游局、河北省文化和旅游厅、延庆区政府主办的“2018京津冀冬季旅游体验活动暨延庆区第三十三届冰雪欢乐节”在延庆区万科石京龙滑雪场启动。活动旨在通过冬奥会带来的体育红利，打造“文化旅游＋体育”的创新模式，聚焦京津冀体育文化旅游资源的联动、推介和发展。活动期间，京津冀三地文旅部门分别进行冬季文化旅游资源推介，北京市延庆区旅游委与河北省张家口市旅游委签订《京张体育文化旅游带旅游合作备忘录》。依托三地独特旅游资源和悠久的历史文化资源，发挥北京2022年冬奥会对区域经济的带动作用，以冰雪运动和文化旅游为切入点，从大型赛事组织、产品宣传、行业设施标准、旅游环境执法、人才服务培训及智慧管理等6个方面加强联动协作，全面促进区域文化、旅游和体育事业的发展，推动京津冀文化旅游协同发展和促进京张体育文化旅游带打造。

（杨慧艳）

【全域旅游促进乡村建设培训会举办】 2月7日，市旅游委举办“全域旅游促进美丽乡村建设——实际操作与综合管理”培训会，培训旨在贯彻国家《乡村旅游振兴战略》和市委市政府《“实施乡村振兴战略推进美丽乡村建设”专项行动》的任务要求，为全市乡村旅游工作管理者决策者提供成功的经验和典型案例介绍。培训围绕全域旅游系统构建、全域生态下的乡村振兴及乡村振兴规划等问题进行解读和案例剖析。

（杨慧艳）

【2018年旅游行业防汛工作培训班举办】 5月18日，市旅游委举办2018年北京市旅游行业防汛工作培训班。培训旨在提高全市旅游行业防汛安全管理人员和从业人员的业务素质，切实增强旅游企业防汛减灾意识和处置突发事件的能力，确保旅游行业安全度汛。市旅游委对《关于汛期景区关闭及恢复开放的规定》进行宣讲，邀请市防汛办、市气象服务中心分别就“2018年防汛工作交流”“汛期气候预测及旅游高影响天气分析”等内容进行授课。

（杨慧艳）

【2018旅游安全宣传咨询日活动举办】 6月15日，由文化和旅游部主办，市旅游委、市政府外办、海淀区政府、市公园管理中心承办，海淀区旅游委、颐和园管理处、海淀消防支队颐和园中队，海淀公安分局颐和园派出所协办的2018旅游安全宣传咨询日活动在颐和园举办。咨询日活动包括出境游安全相声演出、安全生产知识互动问答、消防装备展示、烟道逃生体验等内容，在活动现场和前门大街等重点旅游地区播放旅游安全、旅游防汛安全、安全生产事故典型案例盘点等宣传片，现场发放《旅游突发事件应急手册》《旅游安全提示宣传折页》《旅游安全出行提示》以及旅游保险、安全生产责任保险、文明旅游、一日游手册、中华人民共和国反间谍法、出境游安全等资料8 000余份（册）。咨询日期间，市旅游委通过短信、政务微信微博、官方网站、LED宣传屏等多种形式向来京游客、在京游客和旅游企业开展旅游安全宣传活动，受众达4余万人。

（杨慧艳）

【旅游行业信用监管平台上线】 8月28日，北京市旅游行业信用监管平台上线暨京津冀地区旅游信用协同监管合作备忘录签署仪式在京举办。北京市旅游行业协会组织旅游行业企业代表共同宣读《旅游企业诚信经营承诺书》，向全行业发出加强行业自律、诚信守法经营的倡议。北京市旅游委与天津市旅游局、河北省旅发委共同签署《京津冀地区旅游信用协同监管合作备忘录》，在平台对接、信息共享、联合惩戒等方面实现共同发展，推动京津冀统一的诚信体系建立和信用奖惩联动机制的落实。北京市旅游行业信用监管平台于2017年3月30日开始建设，通过对旅游信用信息的归集和处理，运用旅游大数据分析手段和先进的信用管理技术，基本实现信用信息的“归集、查询、公示、监管、预警”五大功能。全面建立起旅游行业企业和导游员公共信用信息“信用档案”，通过“信用旅游”官方网站、官方微信以及政务移动端等多种方式向社会提供公共信用信息的查询服务，便于社会监督。至2018年8月，平台已对接各项信用数据1.7亿余条，覆盖全北京41 816名导游、2 669家旅行社、285家A级景区、547家星级酒店等。信用旅游官方网站共展示良好信息、警示信息、违法信息、双公示、信用档案、双随机抽查结果、旅游投诉、联合惩戒、信用京津冀、行业指导价等十大主要板块内容。

（杨慧艳）

【开展旅游法律法规执法检查】 9月14日，市人大常委会有关领导带领市人大常委会旅游法律法规执法检查组和部分市人大代表，赴密云区就民宿经营管理和景区建设开展实地检查并召开座谈会。市旅游委、密云区政府有关负责同志陪同检查。执法检查组一行先后前往密云区古北口民俗村砚根精品民宿、荟芳阁星级民俗户以及古北水镇景区，对民宿的消防设施、卫生条件、食品安全及景区环保承载量等情况进行检查，了解乡村民宿具体管理规定的制定和景区建设相关情况，查看民宿经营者依法办理工商登记开展经营等相关情况，听取市旅游委、密云区政府在规范引导和鼓励支持民宿提质发展、景区建设等相关工作措施的汇报。执法检查组成员与市区旅游管理部门、部分民宿业及景区进行深入交流。

（杨慧艳）

【旅游地方标准宣贯工作会召开】 11月1—2日，市旅游委组织开展北京旅游地方标准宣贯工作，市中医管理局相关负责人出席会议，此次宣贯的旅游地方标准是2017年至2018年发布的关于住宿业、景区、旅行社及中医药文化旅游基地的旅游地方标准，分别邀请北京天诚方圆管理顾问有限公司高级工程师讲解《住宿企业服务质量要求与评价》，中竞同创能源环境科技集团高级工程师讲解《绿色住宿企业评价规范》，北京启迪智信注册安全工程师事务所有限责任公司讲解《安全生产等级评定技术规范第49部分：星级饭店》《安全生产等级评定技术规范第50部分：A级旅游景区》《安全生产等级评定技术规范第51部分：旅行社》中国医学科学院药用植物研究所药用植物园副主任讲解《中医药文化旅游基地设施与服务要求》。各区旅游委和卫计委、住宿企业、旅游景区、旅行社及中医药文化旅游基地单位代表630余人参加会议。

（杨慧艳）

【“119”旅游行业消防宣传月启动仪式活动举行】 11月9日，市旅游委与朝阳区旅游委、朝阳区消防支队等联合在朝阳区设置主会场举办“全民参与，防治火灾”北京旅游行业“119”消防宣传月启动仪式。活动现场播放旅游消防安全提示和消防安全宣传片，发放《旅游突发事件应急手册》《中国公民海外安全出行手册》《消防安全常识二十条》等旅游安全、消防安全宣传资料5 000余份；设置有奖知识问答环节，并结合快板、相声等传统艺术形式普及日常工作、生活中的消防常识；专门设置消防宣传车，展示消防器材，进行消防犬搜救表演和油锅灭火演示和讲解，使广大市民和游客了解消防，走近消防，并掌握相关消防基础技能和法律法规知识。

（杨慧艳）

【京津冀旅游市场监管一体化工作推进会召开】 11月15日，京津冀旅游市场监管一体化工作推进会在密云区召开，来自北京、天津、河北文化和旅游部门的旅游市场行业管理、执法、质监、行业协会的代表近20人参加会议就如何健全完善京津冀旅游诚信体系建设，发挥信用监管平台的作用，以及在旅游市场投诉处理、联合执法方面进一步加强合作进行探讨，对2018年京津冀旅游市场中出现的新问题，特别是三地共同面临的非法“一日游”问题等进行研讨。会议决定继续开展三地之间跨区域的联合执法和检查行动，重点是旅游团队未填报电子行程单以及非法旅游大巴集中的行为。会议强调完善京津冀旅游行业协会合作机制，发挥旅游行业协会作用，鼓励京津冀导游协会和导游员队伍成立京津冀导游联盟，在三地导游员队伍中倡导诚信带团、规范讲解、优质服务、文明旅游的良好风尚，发挥导游员队伍中的正能量作用，同时通过联盟的作用，维护导游员合法权益，积极帮扶困难导游员。

（杨慧艳）

【饭店业服务质量提升工作培训会召开】 12月19日，市文化和旅游局、市旅游行业协会组织召开北京市饭店服务、卫生和安全大检查工作部署会暨饭店业服务质量提升工作培训会。旨在进一步提升北京旅游服务质量，确保全市饭店业提供安全、卫生、可靠的服务环境，畅通旅游投诉渠道，加速妥善处理12301全国旅游投诉举报平台受理的各类旅游投诉，市文化和旅游局通报近期酒店服务质量、卫生方面的总体情况，并就即将开展的酒店服务、卫生和安全大检查进行工作部署，明确检查方案；通报2018年北京旅游投诉总体情况，公布酒店投诉中存在的主要问题，并就下一步投诉处理工作进行部署；市卫生健康委就酒店卫生执法检查提出要求。

（杨慧艳）

【2018年北京旅游市场秩序整治工作总结会召开】 12月19日，市文化和旅游局在飞天大厦组织召开2018年北京旅游市场秩序整治工作总结会。市文化和旅游局有关领导出席会议并讲话，市公安局环食药旅总队、市交通执法总队、市城管执法局、市市场监管局以及16区旅游委的主管领导等70余人参加会议。会上组织观看2018年北京市旅游市场秩序治理工作视频资料。市公安局环食药旅安保总队、市交通执法总队、市城管执法局分别总结2018年各自工作开展情况，西城区、昌平区旅游委分别围绕2018年辖区内旅游市场秩序整治工作做交流发言。为提升旅游行政执法人员办案能力和效率，会议围绕旅游市场综合整治工作开展专题研讨，并集中解答各区旅游执法人员关于电子合同使用、案卷制作标准等日常执法检查及行政处罚工作开展时遇到的具体问题。

（杨慧艳）

生态与基础设施建设

综述

2018年，北京市农业农村局紧紧围绕以全力支撑农业生态环境质量改善和农业面源污染防治攻坚为目标，以解决制约农业绿色发展难点问题为着力点，全面统筹，各相关部门加强协作、群策群力，圆满完成了市政府“折子工程”和各项重点工作任务。全市持续推进“三个十条”（大气、水、土）在农业领域贯彻落实，在突出抓好农药化肥双控双减、农膜回收、农作物秸秆和畜禽粪污等农业废弃物综合利用的基础上，启动了第二次全国农业污染源普查和耕地土壤环境质量类别划分工作。同时，在持续推进农业产业结构调整和优化的基础上，以休耕轮作、农田综合节水、生态景观建设、农业生物多样性保护和农村能源建设等生态工程为抓手，加强高新技术集成及推广应用，助力推动了北京市“蓝天保卫战”“碧水保卫战”和“净土保卫战”行动主要任务圆满完成。

农村生态环境建设

【完成第二次全国农业污染源普查年度任务】根据《全国污染源普查条例》、国务院《第二次全国污染源普查工作方案》和农业农村部的具体要求。成立北京市第二次全国农业污染源普查领导小组，涉及市农业农村局粮经、蔬菜、水产、农机、畜牧等7个处（室）、农环、畜环、土肥、植保、农机、水产、推广、监理、信息中心共9个站（所），统筹组织开展全市种植、畜禽、水产、秸秆、农机和农膜六个领域的普查工作。已完成对各区农业污染源普查基础数据的审核，并按要求上报农业农村部，为全面开展全市农业污染源评价工作打下了基础。

【初步完成耕地土壤环境质量类别划分】根据《土壤污染防治法》、国务院“土十条”和《北京市土壤污染防治工作方案》要求，完成耕地土壤环境质量详查，组织市农业环监站完成全市耕地环境质量类别初步划分，基本摸清了全市“优先保护类”“安全利用类”和“严格管控类”三类耕地分布范围，并联合市生态环境局上报市政府审定。同时，组织市土肥站启动了耕地质量等级监测与评价工作。

【做好畜禽粪污资源化利用】针对部分畜禽粪污资源化利用标准界定不明确、区级农业环保部门间职责不清晰的问题，市农业农村局会同市生态环境局制定并下发《关于做好畜禽养殖场粪污治理工作的指导意见》（京农发〔2018〕1号），明确畜禽粪污治理过程中储存标准、治理达标标准、还田利用标准、环境容量等各项具体指标，以此为基础指导各区农业、环保部门初步建立“统一标准，双方备案，部门联动”的工作机制。开展了畜禽养殖环境整治综合性督查，涵盖中央、市级环保督查整改，禁养区内规模养殖场关闭，经营性散户清退和规模养殖场治理等四方面情况，及时向各区反馈整改督促意见，并持续督导确保落实。

【启动实施农膜回收利用】按照央办、国办《关于创新机制体制推进农业绿色发展的意见》、国务院“土十条”和《北京市土壤污染防治工作方案》要求，开展地膜回收利用试点，建立大兴区“旧膜换新膜”、通州区“生物可降解膜”等示范区。基本摸清全市农用地膜使用及回收处置情况，启动并逐步建立以市场化为导向、多元化的农膜回收利用机制。推进农膜回收处置，推广生物可降解地膜、旧膜换新膜等模式，农膜回收处置率达到87%。

【大力实施农药提质增效】组织市植保站研究制定《北京市2018年农药使用减量行动实施方案》，并下发至各区。推动建立以绿色生态为导向的农药补贴制度，重点补贴天敌、生物农药和高效低毒化学农药等国家推荐的绿控产品61.5万亩，累计建立农作物病虫害专业化统防统治服务组织77家。全市农药利用率由2015年的39%提高到43%，统防统治覆盖率提高到38%，化学农药使用量由2015年的580吨下降到406吨左右，减少比例达到30%，提前两年超额完成市委、市政府《关于全面加强生态环境保护坚决打好北京市污染防治攻坚战的意见》的指标要求（农药总量比2015年下降15%）。

（胡玉根）

【持续推进化肥减量】全年推广测土配方施肥技术132.9万亩，实施水肥一体化技术示范9.83万亩，开展有机肥替代化肥24.6万亩，有效降低了化肥用量。截至目前，化肥平均利用率由2015年的29.8%提高到37.5%，农用化肥量由2015年的5.9万吨下降到3.18万吨，减少比例超过40%，提前两年超额完成市委、市政府《关于全面加强生态环境保护坚决打好北京市污染防治攻坚战的意见》的指标要求（化肥总量比2015年下降28%）。

（生态建设处）

【创建31家“七统一”生态标准园】年内，推进北京市“七统一”即统一优质种苗供应、统一绿色防控、统一机械化作业、统一水肥科学管理、统一分级净菜上市、统一优质品牌创建、统一废弃物回收循环利用生态标准园区创建。全年共创建31家园区，培育了一批社会化服务组织，遴选社会化服务组织84家；建设“北京蔬菜”品牌质量安全追溯公共服务平台，注册产品389条，追溯码申请量达到161万多个；构建“七统一”管理平台，实现社会化服务组织与园区对接，提高园区的社会化服务率，实现以社会化服务促标准化生产。

（许晓东）

清洁能源改造工作

【农业生产领域冬季清洁取暖】按照市政府《2018年北京市农村地区村庄冬季清洁取暖工作方案》要求，开展农业产业“减煤换煤”和“煤改清洁能源”。一是，加强巡查监管，保持南六区（朝阳、海淀、丰台、房山、大兴、通州）农业生产领域“无煤化”成果。二是，逐步推进北七区农业生产领域“煤改清洁能源”，2018年，全市完成农业籽种设施清洁能源改造11.06万平方米，超额完成年度任务（任务要求2018年农业生产领域完成5.38万平方米）。启动实施了农业农村部顺义区小胡营村30千瓦光伏电站能源综合利用示范项目，该项目是农业农村部落实京津冀大气污染联防联治可再生能源的重点示范项目之一。

【完善可再生能源工程安全监管】落实市政府“管行业必须管安全”的职责要求，制定并下发安全监管指导文件，落实各区属地安全生产管理责任。组织市农优站建立健全市、区两级安全检查机制，做到重点时节市里大检查和各区日常巡查有机结合；指导各区制定安全事故应急预案，组织开展现场演练；会同市质监、安监等部门完成并宣贯《沼气、生物质气化工程两项安全等级评价规范标准》，指导各区对在运两气工程进行完善和配套，安装避雷、消防设施和灭火器等安全防护设施设备；督促各区履行停用工程备案手续，推动停运工程报废拆解，全年共完成89处“两气”工程停运备案手续，指导郊区拆除20余处。其他停运工程均进行了安全处理和封存，要求各区完善报废手续后尽快拆除。2018年度，全市未发生农村可再生能源工程设施重大安全生产责任事故。

【继续推进“减煤换煤”】年内，按照市政府《2018

年北京市农村地区村庄冬季清洁取暖工作方案》要求，北京市郊区继续推进农村地区村庄和农业产业“减煤换煤”和“煤改清洁能源”工作。全年全市完成村庄450个、16.6万户（其中“煤改电”村庄312个、12.86万户，“煤改气”村庄138个、3.76万户），农业籽种设施清洁能源改造11.06万平方米。

（生态建设处）

【开展京郊农村浅层地能供暖研究】2018年，北京市新农村建设办公室组织专家会同本单位实务工作者，就京郊农村浅层地能供暖立项，进行了课题研究。浅层地能，也称浅层地热能、浅层地温能，是能够被广泛利用的可再生能源。由于利用浅层地能供暖具有环保、运行费用低等优点，其开发利用得到世界大多数国家的重视和国内外专家的高度评价，尤其是近几十年来在发达国家及部分发展中国家得到越来越广泛的应用。该课题从浅层地能的概念及利用，当前国内外专家学者对浅层地能供暖的评价，国内外浅层地能利用现状，利用浅层地能供暖的重要意义四个方面，对浅层地能开发及其应用背景作了概述。从北京参与研究浅层地能供暖的部分组织及其所开展的工作，浅层地能供暖在北京农村推广应用的历史，浅层地能在京郊农村应用的现状和成效等三个方面描述了浅层地能在京郊农村应用的现状。该课题从与城市相比农村虽然有利的条件多，但应用领域少，在农村推广浅层地能利用的企业数量相对较少，农村了解浅层地能取暖的人数比城市少，推广利用的模式单一且能够应用新模式的企业不多，缺乏专门针对浅层地能供暖的扶持政策，北京周边外埠农村的煤改清洁能源与京郊还存在不协调不同步的问题且在工作中存在着一定的困难等六个方面，揭示和剖析了目前京郊农村利用浅层地能供暖存在的主要问题及成因。从扩大对浅层地能供暖利用效果的宣传，提高对浅层地能供暖的认识，在清洁供暖政策上向开发利用浅层地能供暖模式倾斜，浅层地能供暖作为山区煤改清洁能源的重点推荐对象，加大在农业领域利用浅层地能的支持力度，探索建立京津冀煤改清洁能源工作协调推进机制，需要进一步研究的问题等六个方面，明确提出了加大京郊农村浅层地能供暖推广应用力度的措施和政策建议。

（徐再城）

绿化建设与管理

【开展国际森林日植树活动】3月21日，2018年度“国际森林日”植树纪念活动在北京房山区张坊镇举办。10多个国家和国际组织代表，全国绿化委员会成员单位、有关部门（系统）代表及各界群众共200余人参加植树纪念活动，栽植油松、国槐、柿树、白蜡、五角枫等苗木700余株，形成新的纪念林0.33公顷。2013—2018年，中国连续6年在北京市举行“国际森林日”植树纪念活动。国家林业局、全国绿化委员会办公室、市政府办公厅、首都绿化委员会办公室、房山区委区政府等部门有关领导参加植树活动。义务植树活动开展37年来，首都地区有1亿多人次参加了义务植树劳动，栽植树木2.03亿株，为改善首都绿色生态环境做出了突出贡献。

【第六届森林文化节开幕】3月24日至4月30日，北京第六届森林文化节暨西山国家森林公园第七届踏青节在北京西山国家森林公园开幕。西山国家森林公园是距离市区最近的一座森林公园。此次踏青节突出“赏西山晴雪，享生态成果”主题，通过踏青赏花季、京味文化民俗表演、西山无名英雄纪念广场宣传推广、摄影大赛、绘画大赛、森林教育和森林体验、森林定向越野、徒步登山、野生猛禽放飞等主题活动，丰富游园内容，服务游客观光游憩、休闲健身等多种需求。西山国家森林公园春花景观主要为梅园景区“西山晴雪”景观，初春季节，百余亩山桃、山杏竞相盛放，远观如同瑞雪盖山，称为“西山晴雪”。另有美人梅、红梅、绿梅、白梅、青梅、连翘、迎春等其他色系春花植物点缀其中。

【党和国家领导人参加义务植树活动】4月2日，党和国家领导人习近平、李克强、栗战书、汪洋、王沪宁、赵乐际、韩正、王岐山等来到北京市通州区张家湾镇参加首都义务植树活动。植树点位于北京城市副中心的城市绿心范围内，紧邻大运河森林公园，面积约20公顷，原来是厂房、果园和停车场，现规划为城市绿地，未来将成为大运河文化带上景观建设的重要节点。植树期间，习近平同参加植树的干部群众谈起造林绿化和生态环保工作。习近平指出，各级领导干部要率先垂范、身体力行，以实际行动引领带动广大干部群众像对待生命一样对待生态环境，持之以恒开展义务植树，踏踏实实抓好绿化工程，丰富义务植树尽责形式，人人出力，日积月累，让我们美丽的祖国更加美丽。前人栽树，后人乘凉，我们这一代人就是要用自己的努力造福子孙后代。在京中共中央政治局委员、中央书记处书记、国务委员等参加植树活动。

【中央军委领导参加义务植树活动】4 月 1 日，中共中央政治局委员、中央军委副主席许其亮，中共中央政治局委员、中央军委副主席张又侠，到北京市大兴区礼贤镇李各庄村植树点参加义务植树活动。中共中央政治局委员、北京市委书记蔡奇一同参加植树活动。这次植树点位于北京新机场核心区，是新机场整体生态环境布局重要组成部分。许其亮、张又侠和蔡奇等来到植树现场，与军地领导和部队官兵一起挥锹培土、扶苗浇水，认真细致地栽种好每一株树苗。共栽种白皮松、银杏等 1 500 余株。

【共和国部长义务植树活动】3 月 31 日，共和国部长义务植树活动在北京市朝阳区十八里店丹枫公园地块举行。中直机关、中央国家机关各部委和北京市的 151 名部级领导干部参加了义务植树活动。共栽植油松、银杏、国槐、玉兰等树木 1 200 余株，形成新的纪念林 25.33 公顷。共和国部长植树的丹枫公园地块，位于朝阳区十八里店，距离市中心约 19 千米，原为城乡结合部，朝阳区按照“疏解整治促提升”的要求，规划建设了总面积 62.33 公顷的丹枫公园。

【首都全民义务植树日】4 月 1 日，北京市党政军学民参与首都绿化、美化家园的全民义务植树活动。16 个区都安排主题多样的区四套班子领导参加的义务植树活动。全市有 113 万市民当天奔赴城乡各地，参加市、区、街乡重点绿化工程、单位庭院、住宅区植树、种花、种草、挖坑、整地，管理树木、养护绿地等绿化美化劳动，开展科技咨询和绿化美化宣传活动。共挖坑 81.99 万个，栽植各类树木 77.53 万余株，养护树木 478 万余株，清扫绿地 1 634.15 万平方米，设咨询站 1 024 个，发放宣传材料 90.83 万份。

【第三十六届爱鸟周宣传活动】4 月 8 日，北京市第三十六届爱鸟周宣传活动启动仪式在北京密云区不老屯镇成功举办。此次活动由北京市园林绿化局(首都绿化办)、密云区人民政府和北京野生动物保护协会共同主办。在“爱鸟周”启动仪式上围绕“保护鸟类资源，守护绿水青山”的主题举办了丰富多样的宣传活动，并计划在全市范围内开展“为鸟类安个家”——悬挂人工鸟巢宣传活动。活动现场举行了密云区野生动物救护站的授牌仪式，并向市民代表赠送了野生动物宣传海报。

【全国政协参加义务植树活动】4 月 13 日，全国政协副主席张庆黎、刘奇葆、卢展工、王正伟、马飚、夏宝龙、杨传堂、李斌、巴特尔、汪永清、何维、高云龙和全国政协机关工作人员约 400 人，在北京市朝阳区十八里店乡小武基公园参加义务植树活动。栽植白皮松、油松、银杏、柿子等苗木 1 700 余株，形成新的纪念林 17.33 公顷。这是全国政协领导连续 14 次到北京参加义务植树活动。北京市政协主席吉林，副主席牛青山、林抚生、于鲁明、燕瑛，首都绿化委员会办公室、朝阳区委区政府、区政协等有关部门领导一同植树。

【全国人大参加义务植树活动】4 月 11 日，全国人大常委会副委员长曹建明、张春贤、沈跃跃、艾力更·依明巴海、王东明、白玛赤林，秘书长杨振武以及全国人大常委会、全国人大专门委员会部分组成人员，来到北京市丰台区北宫国家森林公园全国人大绿化基地参加义务植树活动。北宫国家森林公园位于丰台区西北部山区，占地约 913.33 公顷。共栽植银杏、红枫、流苏树 150 余棵，关于开展全民义务植树运动的决议实施以来，全国人大机关先后在昌平、丰台等北京郊区组织开展义务植树活动。

【新一轮百万亩造林工程启动】年内，北京新一轮百万亩造林的工程启动，北京市园林绿化局会同市相关部门编制完成了新一轮百万亩造林绿化建设总体规划、工程建设行动计划和 2018 年建设任务总体方案。在绿隔地区腾退还绿，腾退土地 1 066.67 公顷、拆除建筑 1 000 余万平方米，新增绿化面积 2 293.33 公顷、改造提升 1 833.33 公顷，实施了一道绿化隔离地区 13 处城市公园、二道绿化隔离地区 7 处郊野公园建设；在平原地区实施大尺度绿化，通过退耕还林还湿、疏解腾退还绿、填空造林，建设大尺度森林 7 800 公顷，恢复湿地 1 767 公顷，新建湿地 611 公顷。全市共完成百万亩造林

1.57 万公顷，植树 1 012 万株。形成千亩以上绿色板块 40 个、万亩以上大尺度森林湿地 6 处，打造绿色风景走廊 50 千米；显著扩大了城市绿色生态空间，增强了市民绿色福祉。

【北京城市副中心绿化建设】年内，北京市城市副中心在绿化建设方面，安排的 45 个项目稳步推进，28 个续建项目已完工 6 个、完成主体栽植 21 个，实施绿化 2 526.67 公顷；17 个新建项目全部完成前期工作函、施工招标等手续办理，实施绿化 2 520 公顷。2016—2018 年，城市副中心已累计竣工了 48 个绿化项目，完成绿化建设 1.12 万公顷，其中新增林地绿地 4 400 公顷、改造提升 6 800 公顷，建成了 5 处大尺度郊野公园和森林湿地，建成各类公园 16 个。

【永定河综合治理工程】年内，北京市永定河综合治理与生态修复加快推进，启动了丰台北天堂森林公园、门头沟永定河滨水森林公园建设，新增造林 3 333.33 公顷，完成森林质量提升项目 4 933.33 公顷。

【京津风沙源治理工程】年内，北京市京津风沙源治理二期工程 2018 年林业建设总任务 1.16 万公顷，其中困难立地造林 1 600 公顷、封山育林 1 万公顷，涉及门头沟、房山、昌平、平谷、怀柔、密云、延庆 7 个区及市属京西林场。共计栽植各类苗木 140 多万株，修建作业步道 3.5 万米，铺设浇水管线 12 万米，建封育标牌 74 块、围网 3.1 万米，共组织施工队 67 个，施工人员 2 352 人。

【京津生态水源保护林建设】年内，北京市完成京冀生态水源保护林建设 6 666.67 公顷，累计完成 6 万公顷。同时，对 5.33 万公顷京冀生态水源保护林进行了碳计量监测。

【太行山绿化工程】年内，北京市完成太行山绿化造林任务 666.67 公顷，全部安排在房山区实施，栽植苗木 74 万余株。

【彩叶树种造林】年内，北京市计划营造彩叶景观林 0.1 万公顷，涉及怀柔、密云等 8 个区。截至年底，全市彩叶树种造林工程已主体完成栽植任务。

【公路河道两侧绿化】年内，北京市市政公路河道绿化建设 100 千米，分布在丰台区 10 千米、房山区 40 千米、怀柔区 20 千米、密云区 30 千米。

【森林火灾防控】年内，北京市全面加强森林防火基础设施和扑救队伍建设，新增专业森林消防队伍 10 支，总数达到 126 支、3 000 人，全市森林火情同比下降 71.1%，未发生重大森林火灾。防火期间，连续 145 天无有效降水的恶劣天气形势和森林火险等级居高不下的严峻考验，全市共发生森林火情 11 起，形成一般森林火灾 1 起，同比分别下降了 71.1%和 66.7%，未发生较大以上森林火灾。

【森林病虫害防治】2018 年，北京市全年累计完成防治作业面积 41.94 万公顷次，其中人工地面防控面积 29.07 万公顷次；组织开展飞机防治 1 287 架次，预防控制面积 12.87 万公顷次，无公害防治率 100%；全年果树有害生物发生面积 15.82 万公顷次，防治面积 24.31 万公顷次；全年预计林业有害生物发生面积 3.07 万公顷，实际发生面积 2.91 万公顷，测报准确率 94.6%；实施种苗产地检疫面积 1.2 万公顷，种苗产地检疫率达到了 100%；成灾面积 40 公顷，成灾率为 0.024‰。测报准确率、无公害防治率分别比国家下达的指标任务提高了 4.6、13 个百分点，成灾率比国家下达的指标任务降低了 1.076 个千分点；全年美国白蛾发生面积 666.67 公顷，未发生严重的美国白蛾灾害，全面完成了国家林业局下达给北京市的“四率”指标和美国白蛾防控任务。

【森林资源监管】年内，北京市园林绿化局推进资源保护专项检查整改工作，建立了督办台账，收回林地绿地 955 公顷，恢复植被 550 多公顷；首次开展了全市各类自然保护地大检查，排查问题 1 174 个，完成整改 879 个，拆除违法建设 16.9 万平方米；结合“疏整促”开展公园品质提升行动，全市公园清理整治违建 5 400 余平方米、构筑物 20 处，整治超审批占用绿地 1 200 平方米。开展了“飓风 1 号”“春雷 2018”“绿剑 2018”等系列专项行动，多措并举加大对候鸟迁徙和过境保护，严厉打击乱捕滥猎和非法经营出售野生动物及其制品违法犯罪活动，确保了生态安全。

【开展森林城市创建】年内，北京市召开全市创建森林城市工作推进会，确定了各区创森时间表和路线图，平谷区荣获全市首个“国家森林城市”称号，通州、怀柔、密云、门头沟等 4 个区创森总体规划顺利通过国家林草局专家评审，房山、石景山两个区完成创森备案工作。

【古树名木保护】年内，北京市深入开展“让古树活起来”、寻找北京“最美十大树王”等古树保护系列文化活动，发布了古树名木认养目录，实施古树名木保护复壮 700 余株，启动了丰台长辛店、海淀公主坟两处古树名木主题公园示范建设。

【北京最美十大树王发布】12 月 19 日，市园林绿化局、市公园管理中心在天坛公园共同举办“最美十大树王”发布仪式。活动自 2018 年 4 月开始，在全市范围内组织开展寻找北京“最美十大树王”活动。经过申报材料形式审查、两次专家推选、公众线上线下投票、结果公示等推选环节，最终 10 株古树从 69 株候选古树中脱颖而出。天坛公园桧柏“九龙柏”、密云区新城子镇新城子村侧柏“九搂十八杈”、海淀区苏家坨镇车耳营村古油松、东城区东花市街道花市枣苑社区酸枣王、北海公园画舫斋古柯亭院内国槐“唐槐”、西城区宋庆龄故居西府海棠、门头沟区戒台寺白皮松“九龙松”、门头沟区潭柘寺银杏“帝王树”、颐和园邀月门东侧古玉兰、延庆区千家店镇千家店村榆树王 10 株古树获得“最美十大树王”称号。

【北京 5 棵古树荣登“中国最美古树”榜】年内，由全国绿化委员会办公室、中国林学会联合组织“中国最美古树”遴选活动中，共有 95 株古树获得“中国最美古树”称号。北京市有 5 株古树上榜。分别是“全国十大最美古银杏”位于门头沟区潭柘寺，树龄 1 300 年，胸围 9.29 米，平均冠幅 18 米，树高 24 米，清乾隆皇帝御封此树为“帝王树”。“中国最美白皮松”位于门头沟区戒台寺，树龄 1 300 年，胸围 6.5 米，平均冠幅 23 米，树高 18 米，为戒台寺十大名松之首。“中国最美板栗树”位于怀柔区，树龄 700 年，胸围 5.18 米，平均冠幅 14 米，树高 9 米，粗大树干落地支撑后分为三株长成，可同时站上 4 人。“中国最美酸枣树”位于东城区花市枣苑。树龄 800 年，胸围 2.3 米，平均冠幅 11 米，树高 15 米，树龄 800 年，为北京市一级保护古树，人称“活化石”。“中国最美槲树”位于怀柔区玄云寺，树龄 400 年，胸围 3.77 米，平均冠幅 19 米，树高 15.7 米，是全市唯一一株古槲树，为北京市一级保护古树。

【创建美丽乡村森林城镇绿化村庄】年内，北京市围绕落实乡村振兴战略和推进美丽乡村建设三年行动计划，制定了加强美丽乡村绿化美化工作的指导意见，大力加强村庄道路绿化、村头公园建设、庭院绿化美化、环村片林建设，在 10 个区、229 个村实施村庄绿化 310.06 公顷，创建首都森林城镇 6 个，首都绿色村庄 50 个。

【实施增彩延绿科技创新工程】年内，北京市完成了 2015—2018 年增彩延绿示范区内新优植物品种生长情况的调查工作；引进和培育 24 个国内外彩叶新优品种约 2.5 万株，成活率达到 90%以上；确定行道树、造型树等标准化管理技术方案 10 套，示范种植面积 13.33 公顷；建立了引进植物品种的病虫害监测档案；采用园林废弃物覆盖保水和林下生态循环等综合技术措施，保障苗木高效用水，节水 50%以上。分别建设了东城区新中街示范区、海淀区西山国家森林公园示范区、房山青龙湖森林公园示范区、丰台区莲花池城市森林公园示范区等 4 处，共计浅山区示范区 2 处，面积约 63.33 公顷，城市重点区域示范区 2 处，面积约 4 万平方米，示范栽植白皮松（菌根）、七叶树、车梁木、楸树、“丽红”元宝枫、涝峪苔草等新优植物 50 余种，累积栽植新优乔灌木 20 000 余株，新优地被 50 余万株，示范区内采用园林绿化废弃物、生物活性肥和生物菌肥等进行土壤改良，示范展示集雨节水技术。

【园林绿化规划编制】年内，北京市园林绿化局围绕落实市委、市政府办公厅印发的《北京城市总体规划实施工作方案》，对涉及园林绿化的 13 项任务进行细化分解，确定了 31 项重点规划任务，已完成 12 项。配合市规划部门完成对各区分区规划的审查，编制完成了新一轮百万亩造林总体规划、森林城市建设发展规划，启动了全市绿地系统、林地保护利用、湿地保护发展等专项规划编制。编制完成浅山区造林、城市副中心园林绿化建设、森林防火等一批专项行动计划。开展了松山、百花山等国家级和市级自然保护区总体规划修编工作，启动了《古北口长城景区详细规划》编制，编制完成《八达岭—十三陵风景名胜区详细规划（延庆部分）》，并获得国家林草局批复。

【园林科技保障支撑】年内，北京市园林绿化局全年制定北京市地方标准 18 项，推广科技成果 14 项，实施重要科研项目 15 项，制定了新一轮百万亩造林绿化技术导则，以及土壤污染防治和裸露地生态治理、废弃物和达标污泥利用、集雨节水、生物多样性保护等一批实施意见和标准。全年建设增彩延绿示范区 4 处、废弃物利用示范区 3 处；在公园绿地中积极推广栽植野生植被，丰富了生物多样性；探索构建树木健康诊断体系，完成核心区 5.5 万株大树的核查。制定了冬奥会和冬残奥会低碳管理工作方案，启动了松山自然保护区生态监测站建设。加大杨柳飞絮标本兼治，完成杨柳雌株治理 30 万余株。

水务建设与管理

【概述】2018年，北京市水务系统深入贯彻落实中央和市委市政府决策部署，扎实推进“治水管水护水”，水治理体系进一步完善，水治理能力稳步提升，水务事业呈现蓬勃向上的良好发展态势。全年用水总量控制在40亿立方米以内，万元GDP水耗12.96立方米，污水处理率达到93%，再生水利用量10.8亿立方米，完成水务基本建设投资185亿元，有力支撑了首都经济社会持续健康发展。

（田雨）

【推进水务规划落实】围绕贯彻落实《北京城市总体规划（2016—2035年）》，制定了本市水务系统落实总规分工方案，明确2020年前19项涉水重点任务的责任部门和完成时限要求。组织开展全市分区规划审查，指导督促各区将城市总体规划中涉水指标和任务分解落实到分区规划中，特别是明确各区用水总量、污水处理率等控制性要求和河湖水域空间的管控要求。围绕构建城市副中心防洪体系，研究“通州堰”规划方案，确定了“上蓄、中疏、下排”多级滞洪缓冲系统的布局结构。按照“开辟东线”的要求，配合推进南水北调东线二期规划编制工作，完成了2035年分区水资源初步配置方案及工程总体布局。配合开展城市体检，对2017年度城市总规各项涉水指标完成进展情况进行跟踪评估。

（朱铭捷）

【水资源量基本情况】2018年全市平均降水量590毫米，水资源总量为35.46亿立方米，其中地表水资源量为14.32亿立方米，地下水资源量为21.14亿立方米。大中型水库年末蓄水量为34.18亿立方米，其中密云水库蓄水25.71亿立方米，同比增加5.42亿立方米；官厅水库蓄水5.33亿立方米，同比增加0.9亿立方米。平原区年末地下水埋深为23.03米，同比回升近2米。

【水资源开发利用情况】2018年全市总供水量为39.3亿立方米，其中地表水为3.03亿立方米，地下水16.26亿立方米，再生水10.76亿立方米，南水北调水9.25亿立方米。2018年全市总用水量为39.3亿立方米，其中生活用水14.99亿立方米，生态环境用水12.45亿立方米，工业用水3.04亿立方米，农业用水4.18亿立方米。

【水资源管理情况】结合北京城市总体规划空间布局划分，充分考虑不同地区在资源禀赋、发展基础、发展水平等方面的差异，对各区最严格水资源管理制度实行差异化考核。规范取水许可审批管理，组织开展取用水户清查，进一步细化和明确取水许可市区审批和监管权限。切实加强取用水户档案和登记管理工作。全面提升水资源监管能力，与税务部门建立健全工作协作机制，做好水量核定等工作。

【水资源调度情况】2018年南水北调调入水量11.92亿立方米，立足珍惜用好南水北调水，不断提升科学调度配置的工作水平：一是最大限度发挥自来水厂利用江水能力，日用江水量最高值突破240万立方米，约占市区市政管网最高日供水量的70%。二是减少应急水源地地下水开采量，年度累计减少地下水开采量0.94亿立方米。三是增加水库存蓄水量，并对密怀顺水源地进行适量回补，提升首都水资源战略储备。四是适时启动水库联调，利用官厅水库向下游山峡河道适时进行小流量生态补水，为重大活动期间城市水环境保障提供支撑；利用白河堡水库向妫水河和十三陵水库补水，进一步提升世界园艺博览会周边水环境质量；利用密云水库向潮白河下游河道进行试验性补水，改善了密云水库下游潮河自1998年断流以来河道生态状况。

（戴岚）

【推进节水型社会建设】深入落实“节水优先”战略，围绕贯彻国家节水行动，2018年朝阳、通州、房山、密云4区完成节水型区创建验收，全市累计建成节水型区7个，完成1 000个节水型单位（企业）和社区（村庄）创建，换装高效节水器具20万套，城镇居民家庭节水器具普及率达到99.4%。对计划用水指标执行情况按单月预警、双月考核，全年收取超计划累进加价费997万元。出台用水精细化管理工作指导意见，试点探索用水“计划到村、管理到户、统计到乡镇”，确定通州区漷县镇后地村和怀柔区桥梓镇口头村为农村用水精细化管理试点。加快落实“两田一园”高效节水方案，近2 000个村完成农业水价综合改革，新增改善高效节水灌溉面积8.3万亩，农田灌溉水有效利用系数达0.74。充分利用再生水资源，进一步扩大全市生态环境、市政市容、园林绿化、工业生产、居民生活等领域的再生水利用量。制定城镇非居民用水超定额累进加价实施办法，促进高耗水、高污染企业加快退出。持续加大节水宣传，采取不同形式组织“七进”等系列宣传活动，努力营造节水氛围，提升全社会节水意识。

（刘鹏）

【南水北调建设】

1. **大兴支线工程。**大兴支线工程位于北京市大兴区及河北省固安县，主要连通北京南干渠与河北廊涿干渠，使北京与河北的南水北调水互联互通，为规划北京新机场水厂提供双水源通道，同时为北京增加一条南水北调中线水进京通道。大兴支线连通管线采用 1－DN 2 400 球墨铸铁管，全长约 46 千米，设计输水流量 6.1 立方米/秒；新机场水厂连接线采用 2－DN 1 800 管线，全长约 14 千米，设计输水流量 4.9 立方米/秒。截至 2018 年 12 月底，主管线完成总量的 73%，泵站完成 60%。

2. **东干渠亦庄调节池扩建工程。**东干渠亦庄调节池承担第十水厂和亦庄水厂的水源切换任务，调节池总调节容积 260 万立方米，其中亦庄调节池（一期）调节容积 52.5 万立方米，扩建亦庄调节池调节容积 207.5 万立方米。截至 2018 年 12 月底，调节池完成总量的 70%，微地形完成总量的 47%，进水管线完成总量的 84%，溢流管线完成总量的 84%。

3. **河西支线工程。**河西支线工程为丰台河西第三水厂、首钢水厂、门城水厂供水，为丰台河西第一水厂、城子水厂及石景山水厂提供备用水源。河西支线工程设计规模 10 立方米/秒，总长 18.8 千米，采用 1 根 DN 2 600 管道。截至 2018 年 12 月底，中堤泵站完成总量的 28%，园博泵站及调度中心完成总量的 40%，管线完成总量的 12%。

4. **团城湖至第九水厂输水工程二期。**团城湖至第九水厂输水工程（二期）承担着向第九水厂、第八水厂、东水西调工程沿线水厂供水的任务。本工程是配套工程“一条环路”中的最后一段未建工程，该工程建成后，环路将会实现全线贯通。工程总长度约为 4.0 千米，隧洞工程主体采用盾构法施工，输水隧洞为 1 条内径 4 700 毫米的钢筋混凝土双层衬砌结构。截至 2018 年 12 月底，管线工程完成总量的 51%。

（马翔宇）

【城市副中心水利工程建设】

1. **完成城市副中心行政办公区水系景观工程建设。**工程位于通州区运潮减河与北运河之间，建设内容包括新挖河道 2.4 公里，建设排水暗涵 4.9 公里，新建排涝与水循环泵站 1 座，工程有效承担行政办公区排洪、蓄涝以及景观等功能，为行政副中心办公区入驻提供了有力保障。

2. **开工建设宋庄蓄滞洪区二期工程。**工程位于通州区宋庄镇温榆河干流，距北关闸 7 公里，按 50 年一遇洪水启用，100 年一遇防洪标准设计，非汛期利用分洪道及蓄滞洪区修建人工湿地改善温榆河水质，实现区域生态修复目标。2018 年底，完成尹各庄拦河闸主体、小中河北窑上分洪闸和退水闸施工。

3. **推进温榆河和北运河（通州段）综合治理。**温榆河综合治理工程起点为温榆河干流通顺界，终点为新北关闸，总长度 14.03 公里。2018 年底，累计完成清淤 27 万立方米，占总清淤量的 25%。北运河（通州段）综合治理工程范围为甘棠至市界段，工程建成后可有效提高城市副中心防洪排涝水平，改善区域生态景观，工程于 2018 年 12 月 8 日开工。

（樊斌）

【水土保持工作力度加大】2018 年，完成纳入“市政府为民办实事”项目的 22 条生态清洁小流域建设任务，完成 226 平方公里水土流失治理，涉及 7 个区 19 个乡镇 33 个村，服务农民 2.6 万人。进一步加强水土保持监督监测，规范了生态清洁小流域后期运行管理。建成市水土保持监管信息服务平台（一期），实现部、市、区三级水土保持业务全过程信息管理、决策支撑、资源共享。

（胡鹤）

【有计划持续推进水环境治理】第二个三年治污方案加快推进，完成通州甘棠、海淀上庄、高安屯再生水厂（二期）等 14 座再生水厂主体工程建设，完成 104 个规模以上排污口治理，解决 300 个村的污水收集处理问题。2018 年，全市污水处理量 19.03 亿立方米，污水处理率达到 93%，其中：中心城污水处理率达到 99%。黑臭水体治理取得阶段性成果，建成区 57 条段黑臭水体治理通过了国家专项检查，非建成区 84 条段治理任务全面完工，全市排查出的 141 条黑臭水体整治基本实现“初见成效”。强化污水处理厂日常运行监管，2018 年向城镇 68 座污水处理厂和再生水厂派遣监督员 993

人次，完成现场巡查 331 厂次，督促运营单位加强污水处理厂运行管理。委托水质检测机构，对城区污水处理厂和污水管网以及重点排水户进行监测，年获得检测数据 2.7 万个。

（刘国军）

【全面推行河长制】健全完善市级河长流域管理体制，将全市 12 个流域调整为 14 个流域，19 位市级领导担任市级河长和参与河长制工作。印发《北京市在湖泊实施湖长制工作的实施方案》，在东城、西城、朝阳、海淀、丰台、房山、大兴 7 个区设三级湖长，区级湖长均由副区长担任，建立完成湖长制工作体系。建成河长制管理信息系统、北京河长 APP，开通北京河长微信公众号，实现各级河（湖）长、河长制湖长制工作队伍、一线管护人员网上实时办公。狠抓河长制落地见效，2018 年市级河长调研督导河（湖）长制工作 63 人次，批示 103 件次；区级河长累计巡河 1 115 人次，发现解决问题 706 件；镇、村级河长巡河近 15 万人次，发现解决问题 2.2 万余件。开展“清四乱”专项行动，对全市范围内乱占、乱采、乱堆、乱建等河湖保护突出问题开展专项清理整治行动。组织开展“清河行动”，集中力量清理整治河湖管护范围内的垃圾渣土、违法建设等问题，累计清理垃圾渣土 29 万立方米、拆除违法建设 49 万平方米。

（秦东升）

【重点流域综合治理与重要水源地保护情况】2018 年，永定河综合治理和生态修复工作加快推进，水利部海委、京津冀晋四省市水务部门正式签署永定河生态用水保障合作协议。成立北京市永定河综合治理与生态修复领导小组及办公室，推动成立了永定河流域投资公司。官厅水库八号桥水质净化湿地、南大荒水生态修复等重点工程进展顺利。加强密云水库保护，实施库区船舶环保升级更新，建成库滨带水源保护围网工程，密云水库首次实现全封闭管理。积极探索水库执法体制机制改革，北京市政府将在一级保护区内涉及农业、环保、城管 3 个部门的 131 项执法权及与之相关的行政检查权授予水库综合执法大队，执法效能得到进一步提高。京冀携手建立密云水库上游水源涵养区横向生态保护补偿机制，北京市根据高锰酸盐、氨氮、总磷、总氮、入境水量等指标对河北省承德市、张家口市及相关县区进行生态保护补偿。

（田雨）

【城乡供水情况】2018 年，全市城镇公共供水总量 13.76 亿立方米，同比上年增幅 3%。做好高峰供水运行安全保障，市区高峰日供水 346.6 万立方米，同比上年增幅 3.6%。完成 294 个单位（小区）自备井置换和 392 个老旧小区内部供水管网改造，均超额完成计划任务。加强水质督查，组织对全市公共水厂及部分乡镇水厂进行水质督查，聘请第三方检测机构采集检测水样 420 个，并邀请媒体对督查过程进行现场监督。加快供水设施建设，建成顺义城南水厂、房山良乡水厂，第十水厂具备调试运行条件。新建改造供水管网 343 公里；新建东五环 4.7 公里 DN1000 供水干线，主管线压力平均提升 20 米，基本满足朝阳东坝地区近 15 万人用水需求。

（周政）

【健全水利建设市场监管】健全水利市场监管制度体系，制定出台了水利建设市场主体信用动态评价管理暂行办法、不良行为计分标准等规范性文件。创新水利工程监督管理方式，2018 年 5 月 1 日起市属水利工程项目招投标进入市公共资源交易平台。进一步加强招投标现场监管，从项目入场开始，监督人员和平台工作人员在监控室实时监督，评标专家从专门通道进出，不与甲方、招标代理等其他人员接触，实现了物理隔绝，通过监管平台进行远程实时监督和事后监督，实现全流程电子化。

（樊斌）

【印发《北京市水务领域城市安全隐患治理三年行动实施方案》】完成隐患排查上账，并对挂账隐患整改情况进行核查。开展水利工程建设施工安全专项治理行动，重点治理含有隧洞、深基坑、高边坡、围堰等危险性较大单项工程的建设项目以及管线工程。全市水务系统共出动检查组 1 424 组次，检查人数 4 914 人次，检查项目 193 项。组织完成党的十九届三中全会、全国“两会”、中非合作论坛北京峰会等重大活动的水务服务保障工作，全年共执行保障任务 16 次，进行专项安全检查 200 余次。

（唐劲芳）

【提升水务科技水平】加强组织领导，建立市级水专项联席会议制度，协调推进通州区水务示范工程、水土保持生态修复工程、沙河水库湿地公园、种植业面源污染控制、畜禽粪污资源化等示范工程。以城市副中心项目为试点，实施科学家驻点工作机制，由城市副中心项目选派骨干技术人员前往通州区水务局驻点工作，服务通州区水环境改善。依托“十三五”水专项项目遴选 10 名农村治污首席责任专家和相应专家团队，对接 10 个郊区，为农村污水处理工程提供技术支撑。2018 年，《公共生活取水定额第 2 部分：学校》《公共生活取水定额第 3 部分：饭店》《农业灌溉用水定额》《生态清洁小流域初步设计编制规范》《城镇排水管道检查技术规程》《城镇排水管道维护技术规程》等地方标准正式批准发布。

（刘金翰　刘咏峰　李琦）

公路建设与运输

【概况】年内，全市公路里程 222 256 公里，其中县道 3 856 公里，乡道 7 537 公里，专用公路 1 350 公里，村道 5 568 公里。门头沟区大镇路大修，顺义区木燕路、顺密路交通综合治理工程完工等工程完工。各郊区公交企业 17 户，运营线路 629 条。

（李云忠）

【超限超载车辆联合治理】1 月 11 日，汤河口检查站会同长哨营乡政府、城管、交警、路政等部门，在京加路、滦赤路区域开展夜查超限超载车辆。共检查车辆 9 台，未发现超限超载车辆。动用车辆 6 台，出动执法人员 17 人。

（杨翠竹）

【春运期间道路运输市场集中整治】1 月 15—19 日，昌平区交通局开展道路运输市场集中整治行动，在区域顺沙路、水南路、温南路、G6 辅路等货车、省际客车通行主要路段打击违法运输。共检查各类货车 255 辆次、省际客车 26 辆次，查处各类违法运输车 6 辆、无从业资格证违法案件 4 人次，罚款 3.43 万元，出动执法人员 76 人次。

（王悦）

【大兴区乡村公路大修工程竣工验收】1 月 26—31 日，大兴区 2017 年乡村公路大修工程进行竣工验收，项目涉及 10 个乡镇，道路 54 条，总里程 69.70 公里，2017 年度大修工程项目全部符合验收标准。

（郭连旭）

【5 处公交车站升级改造完成】1 月 30 日，顺平路望泉桥东、南法信、检测场、物流园、枯柳树等 5 处公交车站升级改造完成，正式投入使用。项目结合顺平路市政配套提升工程进行施工，增加公交港湾，不占用车道，提高了候车乘客和公交运营安全性。

（赵瑞冬）

【张山营综检站开展治超专项行动】2 月 15 日，张山营综检站开展治超专项整治，共检查运输车辆 55 台，查处违法超限超载运输车辆 4 台，并按规定实施卸载。

（李凡）

【京津冀联合治超执法行动】3 月 1 日，市交通委密云公路分局联合平谷公路分局、平谷区交警支队、平谷区环保局、河北省兴隆县交通局等部门在平谷区昌金路、夏鱼路开展京津冀联合治超执法行动，共检查大货车 2 台，未发现超限运输违法行为。

（高原）

【违法二次装载点清理整治联合执法】3 月 19 日，市交通委密云公路分局联合区治超办、巨各庄镇政府等部门对密兴旧路 K12＋400 处的违法二次装载点开展清理整治联合执法行动，对违法二次装载点和造成遗撒的货车作出行政处罚，查扣涉嫌超限运输的大货车 1 台。

（高原）

【新凤河跨河桥工程完工】3 月 28 日，新凤河跨河桥工程完工。新凤河桥位于通州区马驹桥镇，上跨规划新凤河，河西岸为大兴区亦庄新城，河东岸为通州区马驹桥镇。本工程为跨河桥新建工程，将新凤河两岸连接，新开通一条连接亦庄新城与马驹桥镇的东西向通道。新凤河跨河桥道路红线为 60 米，道路路基宽度 40 米，双向六车道，受条件限制，桥区设计车速 20 千米/小时。

（霍冲）

【乡村公路路基滑坡抢修】4 月 17 日，平谷区乡级公路东高村镇滑雪场路 1 公里处高填方路段出现大面积路基滑坡、涵洞翼墙严重损坏。路政部门召开方案讨论会并组织进行抢修，抢修工程 4 月 20 日完工，完成砌筑量 198 立方米，及时解除安全隐患。

（张金霞）

【乡村公路大修工程引入新工艺】 4月19日，大兴区庞各庄镇东民路大修工程引入水泥路面破碎新技术——水泥混凝土路面微裂式再生加固技术。此项技术增加路基强度，避免旧路材料外弃对环境的污染。

（郭连旭）

【安定镇“黑汽修”联合治理】 4月19日，大兴区交通局会同区公安、工商、环保、安监、属地对安定镇黑汽修进行集中治理，关停黑汽修5家，现场查扣涉事企业相关维修机具设备4件，针对涉事黑汽修企业建立台账，反馈至相关职能部门。

（牛留学）

【通州区乡村公路工作部署会召开】 5月11日，通州区召开2018年乡村公路工作部署会，总结2017年乡村公路管理工作情况，分析乡村公路发展面临的形势，以全面建设“四好农村路”为主线，争创“四好农村路”全国示范区为主要任务，部署2018年各项工作。

（霍冲）

【违法重型柴油车查处】 5月11日，密云区交通局联合环保局在101国道万岭路段开展执法检查，共查处存在超载和私改违法行为的重型柴油车5辆，并依法对车辆进行行政处罚。

（肖强）

【潭柘寺路中修工程完工】 5月15日，潭柘寺路中修工程完工。潭柘寺路位于门头沟区潭柘寺景区内，起点里程为K0＋000，终点里程为K0＋636。现状道路段分布有少量纵缝、横缝、网裂、龟裂、沉陷等病害，道路路面平整度较差，严重影响了行车的舒适性。道路中修工程桩号范围为K0＋000至K0＋636，路段全长636米，道路路面宽度为5.5米，路基宽度为6.5米。现状道路技术标准为三级公路，行政等级为县级路。主要施工内容为路面病害修复、完善排水系统及附属工程等。工程总投资105万元。

（黄鑫嫣）

【京沈线中修工程完工】 5月16日，京沈线（K78＋000至K85＋000）中修工程完工。此次中修段为K78＋000至K85＋000，全长7公里，设计等级为二级公路，路基宽15米，路面宽12米，设计速度80公里/小时。工程主要对路面病害进行处理后，重新铺筑沥青混凝土面层。工程历时19天，总投资700万元。

（娄群）

【新南路中修工程完工】 5月16日，新南路中修工程完工。此次中修段为K0＋000至K10＋191，全长10.191公里，道路等级为一级公路，路基宽25～54米，路面宽21～38米，设计速度80公里/小时。工程主要对路面病害进行处理后，重新铺筑沥青混凝土面层。工程历时14天，总投资300万元。

（娄群）

【京沈线出京侧中修工程完工】 5月16日，京沈线出京侧（K96＋000至K118＋000）中修工程完工。京沈线（G101）是北京通往承德、沈阳的干线公路，此次中修段为出京侧K96＋000至K118＋000，全长22公里，道路等级为二级公路，路基宽12米，路面宽9米，设计速度80公里/小时。工程主要对路面病害进行处理后，重新铺筑沥青混凝土面层。工程历时14天，总投资500万元。

（娄群）

【大兴西瓜节道路保障】 5月，第30届北京大兴西瓜节期间，市交通委大兴公路分局对庞安路、庞魏路、南中轴路、东大路路基、路肩、边坡等进行标准化整修，加密浇水频次，确保路况良好、环境整洁。加强道路巡查巡视和路网监测，利用京开辅路、六环周边情报板，发布道路拥堵及阻断信息，提示市民调整出行线路，每日2次对十条精品旅游线路进行路况监测。

（郭连旭）

【京沈线进京侧中修工程完工】 6月1日，京沈线进京侧（K98＋000至K122＋008）中修工程完工。此次中修段为进京侧K98＋000至K122＋008，全长24.008公里，道路等级为二级公路，路基宽12米，路面宽9米，设计速度80公里/小时。工程主要对路面病害进行处理后，重新铺筑沥青混凝土面层。工程历时30天，总投资800万元。

（娄群）

【汛期山区公路地灾隐患巡查】 6月1日至9月15日，平谷区出现降雨58次。市交通委平谷公路分局实行地质灾害隐患点的巡查值守工作，接收地质灾害气象风险预警14次共计26天，共出动山区公路地灾隐患巡查、流动值守、路口值守4 208人次、车辆1 688台次，成功应对强降雨天气。

（张金霞）

【维修行业无证经营专项联合整治】 6月4日至7月3日，平谷区交通局联合环保局、属地乡镇等部门对维修行业无证经营开展治理，共执法20次，查封喷烤漆房 4 台，关停无证维修企业 2 户。

（赵睿捷）

【熊南路地质灾害防治工程完工】 6 月 19 日，熊南路地质灾害防治工程完工。工程起点为平谷区胡熊路，终点为东南路，全长 36.333 公里。熊南路山区段沿线边坡岩石较破碎，时常发生崩塌、落石等病害，此次工程选择 9 处隐患点进行处理。主要治理措施为刷坡清理危岩、被动防护网、主动防护网，工程总投资 437 万元。

（张金霞）

【流动治超联合执法行动开展】 6 月 21 日，延庆区交通局会同属地公安交管、路政等部门，在延庆区滦赤路 K143＋600 千家店旅游咨询站附近开展流动治超联合执法行动，累计检查过往货运车辆 28 台，未发现超载超限现象。共出动执法车辆 4 辆、执法人员 14 人次。

（李凡）

【桥梁隧道检测】 6 月 22 日，市交通委密云公路分局年度桥梁隧道检测工作完成，包括 71 座桥梁、16 座隧道的定期检测和 1 座桥梁的特殊检测，范围覆盖京沈线、兴阳线、密关路等区域主要道路。

（高原）

【公路安全生命防护工程完工】 6 月 26 日，平谷区公路安全生命防护工程完工。工程起点自官庄路口，终点至马坊环岛路段，共计 10.6 公里。工程采取增设中央混凝土隔离墩，并完善标志标线等设施，完成增设钢筋混凝土隔离墩 8 192 米、防撞桶 40 个、交通标志 52 套、施划交通标线 6 600 平方米、安装钢板护栏 2 002 米、钢筋混凝土护栏 120 米、薄层铺装 874 平方米。工程投资为 956 万元。

（张金霞）

【木燕路交通综合治理工程】 7 月 15 日，木燕路交通综合治理工程建成通车。工程位于木燕路与京平高速出入口桥区，通过将两平交口范围内的木燕路现况路面两侧均加宽 1.8 米，非机动车道移至桥梁边孔下穿京平高速公路，木燕路西侧 A、B 匝道均向道路内侧加宽 3.5 米等措施，改善木燕路与京平高速交叉口交通拥堵状况。

（李玉磊）

【平关路水库 2 号桥声屏障工程完工】 7 月 15 日，平关路水库 2 号桥声屏障工程完工。于平关路西峪水库 2 号桥南侧设置长 126 米的声屏障，工程投资为 86 万元。

（张金霞）

【石城镇四合堂地区塌方路段救援】 7 月 17 日，密云区交通局接到区委、区政府关于石城镇四合堂地区有大批游客被困需转移到安全地带通知后，迅速调用 4 辆 980 路公交车，派出 12 名工作人员，于 12 时 30 分冒雨到达塌方路段进行救援，共安全转移游客 140 人，其中学生 87 人、老师 15 人、游客 38 人。

（肖强）

【杨杏路中修工程完工】 7 月 20 日，杨杏路中修工程完工。工程西起平谷区峪口二街，东至平关路，道路全长 3.285 公里，杨杏路全线为一幅路形式，双向两车道，机非混行。车行道宽 7 米，两侧各 0.75 米土路肩，路基宽度 8.5 米。工程总投资 181 万元。

（张金霞）

【石城镇黄峪口抢险救援】 7 月 22 日，密云区交通局接到区委、区政府关于石城镇黄峪口抢险救援工作部署后，立即协调 6 辆新能源公交车，派出 25 名工作人员赶往事发地救援，至晚 23 时，139 名被困群众被安全转移至 30 公里外的溪翁庄镇水库中学安置。

（肖强）

【强降雨紧急转移村民 280 余人】 7 月 23 日，受强降雨影响，琉璃庙镇降雨量相对较大，怀柔区交通局汤河口检查站协调车辆赶往龙泉峪、后山铺、孙胡沟、东峪、鱼水洞村，将 280 余名村民安全转移至琉璃庙小学、琉璃庙敬老院。共出动执法车辆 2 台，执法人员 4 人，动用客运大巴车辆 11 台次。

（杨翠竹）

【平谷区胡关路预防性养护工程完工】 7 月 30 日，平谷区胡关路预防性养护工程完工。工程起点胡靠路，终点为梨树沟桥，全长 14.05 公里，技术标准为三级公路，路基宽 8.5 米，路面宽 7 米。工程主要内容为路基处理，路面补强罩面，完善排水系统、桥梁维修及其他附属工程，同步完成交通工程、绿化工程。工程总投资 1 499.4 万元。

（张金霞）

【平蓟路反恐突发事件应急演练】 7 月 31 日，市交通委平谷公路分局组织平蓟路海子桥反恐突发事件应急演练。演练背景设置为 2020 年金海湖休闲大会召开在即，发现海子桥桥下存在可疑包裹，平谷公路分局立即启动《平谷公路分局桥梁突发事件应急预案》，同时调动分局相关科室及养护单位和监理单位立即对现场进行封闭，并报告市交通委路政局、区应急办及区公安局，使各部门形成应急联动机制，通过各部门共同配合，完成桥梁反恐突发事件的应对处置。

（张金霞）

【“7·16”水毁道路全部抢通】7月31日，密云区33处遭“7·16”强降雨水毁道路全部打通恢复通车。7月16日起，全区连续遭遇三次强降雨过程，最大降雨674.5毫米。造成全区累计塌方101处，约1.8万立方米，影响全区580余公里道路通行安全，直接导致14条县级以上公路、120条乡村公路受损，断路33处，直接经济损失4.7亿元。

（高原）

【昌金路大修工程】8月6日，顺义区昌金路大修工程完工。工程西起顺密路（K34＋100），东止后王各庄村（K39＋100），道路长5公里。大修路段为二级公路，路面宽12，路基宽13.5米，大修内容包括铣刨旧路、道路病害处理、加铺路面结构，完善排水设施及道路附属工程等。

（曹松）

【军红路山体塌方恢复临时通车】8月11日，房山区军红路K18＋350处发生较大规模塌方事件，塌方数量约30 000立方米。由于提前采取封路限行措施，现场未造成人员伤亡和财产损失。9月13日对塌方山体实施爆破作业。经紧急抢通，基本完成塌方路段大体积危石破碎、清理、路基挡墙修复、交通防护设施安装等工作，10月30日恢复临时通车。

（孔令全　张居达）

【108国道大修工程完工】8月20日，108国道（K73＋900至K104＋330）和108国道（K120＋850至K139＋450）大修工程完工。K73＋900至K104＋330段大修工程设计起点为房山区贾金路，终点为十霞路，大修设计长度30.43公里，技术等级为二级公路，设计速度为40公里/小时，路面宽7米，路基宽8.5米。主要施工内容为道路病处理、铣刨旧路面层及重新铺筑路面、完善现况排水设施及道路附属工程。工程4月11日开工。K120＋850至K139＋450段大修工程设计起点为涞宝路，终点为市界，大修路段全长8.6公里，技术等级为二级公路，设计速度为40公里/小时，路面宽7米，路基宽8.5米。主要施工内容为道路病害处理、铣刨旧路面层及重新铺筑路面、完善现况排水设施及道路附属工程等。工程4月16日开工。

（孔令全　张居达）

【顺平路绿化工程完工】8月20日，平谷区顺平路绿化工程完工。工程起点为平谷852汽车站，终点为平蓟路路口，全长14.64公里，绿化总面积2.36万平方米，工程总投资为684.9万元。施工单位路桥海威园林绿化公司。工程5月13日开工。

（张金霞）

【违法重型货车夜查行动开展】8月27日至9月9日，怀柔区交通局开展违法重型货车专项夜查行动。在赵各庄路口、开发区路口设固定检查点位，在京密路、杨雁路、怀长路流动巡查，严厉打击重型货车超限超载、无证运输、私自改装等违法行为。共检查重型货车198台，现场查处涉嫌违法违规行为52起，查扣违法违规车辆10台，其中超限超载车辆6台、私自改装车辆4台。出动执法人员32人次。

（解子仪）

【顺平路预防性养护工程完工】8月28日，平谷区顺平路预防性养护工程完工。工程西起密三路，东至岳各庄桥，全长约5.1公里。工作内容为将顺平路中央隔离墩进行挪移，并按照要求进行交通导行，对旧路路面进行铣刨、病害处理后铺筑SMA沥青玛蹄脂碎石面层，工程投资为1 893.6万元。

（张金霞）

【黄下路大修工程完工】8月30日，密云区黄下路大修工程完工。黄下路是密云北部山区的一条县级公路，起点为黄土梁村，终点为下营村北，全长36.18公里。本次大修段为后半路路口至东坨古村西，长9.544公里，设计等级为三级公路，路基宽7～8.5米，路面宽6.5～7米，设计速度30公里/小时，工程主要对道路病害进行处置后，重新铺筑沥青混凝土面层，同步完善排水、护栏等附属设施。工程历时142天，总投资1 632万元。

（娄群）

【云打路中修工程完工】8月，平谷区云打路中修工程完工。工程北起顺平路，南至河奎村，道路全长6公里。云打路全线为一幅路形式，双向两车道，机非混行。全线车行道宽9米，两侧各1.5米土路肩，路基宽12米。工程总投资354万元。

（张金霞）

【平三路超载预检系统早鲍路轴载检测设备建设工程完工】9月1日，平谷区平三路超载预检系统早鲍路轴载检测设备建设工程完工。工程内容包括平三路K6＋900处新建车牌抓拍设备2套、视频监控设备3套，平三路K6＋915处新建轴载设备1套、平三路K5＋820处新建可变情报板设备1套、早鲍路K12＋300处新建轴载设备1套。工程总投资138.4万元，施工单位中储恒科物联网系统有限公司。工程2017年11月1日开工。

（张金霞）

【昌赤路大修完工】9月10日，昌赤路大修工程完工。工程起点位于昌平区昌赤路与110国道相交处，终点位于昌平延庆界，大修里程20.586公里。道路全长20.586公里，K0＋000至K1＋339段为平原二级公路，路面宽度为8.5米；K1＋339至K3＋545段为平原一级公路，上下分行，路面宽度为12米；K3＋545至K6＋500段为平原二级公路，路面宽7.5米；K6＋500至K20＋586段为山岭二级公路，路面宽8米。工程共完成投资2 162万元。

（程京亚）

【移动污染源联合执法检查】9月11日至12月31日，燕山交通管理中心会同燕山发改委、交通大队、城管分局、市政市容和交通委等部门开展移动污染源联合执法检查。共检查货运车辆405台次，查处尾气排放不合格货运车辆73台次。出动执法人员319人次。

（王晨　晁浩宇）

【82条公交线路实现微信扫码乘坐】9月12日，顺义区内82条公交线路、756辆公交车可通过微信小程序“北京一卡通”开通“电子卡”业务，实现微信扫码乘坐，享受一卡通同等乘车优惠。

（赵瑞冬）

【54条公交线路可刷微信小程序乘车】9月12日，密云区54条公交线路、669辆公交车全部实现刷“北京一卡通”微信小程序乘车。乘客通过微信小程序“腾讯乘车码”开通北京一卡通电子卡微信免密支付功能，乘车后使用刷卡机扫描“乘车码”或微信扫描乘车“二维码”，即可体验微信扫码乘车的便捷服务，并享受与一卡通普通卡相同的乘车优惠，乘车过程采用“先乘车，后付费”模式。

（肖强）

【密古路中修工程完工】9月23日，密云区密古路中修工程完工。此次中修段为K26＋773至K30＋457，全长3.684公里，道路等级为二级公路，路基宽13.5米，路面宽12米，设计速度60公里/小时。工程主要对路面病害进行处理后，重新铺筑沥青混凝土面层。工程历时41天，总投资900万元。

（娄群）

【高芹路大修完工】9月28日，高芹路大修工程完工。工程起点位于昌平区南雁路（高崖口），终点位于昌平区界，大修里程16.72公里，为三级公路。道路全长16.72公里，路面宽6米。工程共完成投资3 155万元。

（程京亚）

【平谷区平关路大修工程完工】9月30日，平谷区平关路大修工程完工。工程起点平谷城区平程路路口，终点前北宫，全长11.96公里。技术等级为三级公路。采用分段设计分段施工方式，穿村路段采用双层结构，挖除旧路面后，铺筑32厘米石灰粉煤灰稳定碎石基层和9厘米厂拌热再生沥青混凝土面层；出村路段铺筑16厘米石灰粉煤灰稳定碎石及12厘米沥青冷再生基层，加铺5厘米厂拌热再生沥青混凝土面层。路面宽7～8.5米，路基宽8～9.5米。工程总投资3 605.6万元。

（张金霞）

【2条公交线路开通】9月30日，公交M29、M30线路开通，方便门头沟区碣石村、黄土贵村、樱桃沟村、水峪嘴村、斜河涧村等地区百姓出行。M29路由斋堂公交场站到碣石村，共11站。M30路由河滩到樱桃沟村，共16站。

（刘天通）

【通州区获评全国“四好农村路”示范区】9月，通州区被评为全国“四好农村路”示范县（区），并在全国“四好农村路”建设管理现场会上授牌。

（印良智）

【房易路大修工程完工】10月14日，房山区房易路大修工程完工。大修工程设计起点为K27＋000，终点为K32＋817，大修路段全长5.817公里，技术等级为二级公路，设计速度60公里/小时，路基宽15米，路面宽12米，道路两侧为1.5米土路肩。主要施工内容为道路病害处理、铣刨旧路面层及重新铺筑路面、完善现况排水设施及道路附属工程等。

（孔令全　张居达）

【101国道交通综合整治工程完工】10月25日，101国道彩虹门、沙峪沟处道路交叉口交通综合整治工程完工。该工程主要对101国道绕城线起、终点

交叉路口进行改造，包括增加专用转弯车道、完善的路口渠化和慢行系统、优化路域环境等，提升路口通行效率。工程历时406天，总投资517万元。

（娄群）

【公交平61路开通】10月26日，平61路（客运总站至大岭后村）公交线路开通，全程30.7公里，设置站点26个。该线路开通后，标志着平谷区的273个行政村公交线路实现全覆盖，完成“村村通”公交工程。

（赵睿捷）

【昌崔路大修完工】10月29日，昌崔路大修工程完工。工程起点位于昌平区水库路，终点位于怀昌路。大修里程8.69公里，为一级公路。道路全长17.2公里，路面宽16～24米。工程共完成投资6 352万元。

（程京亚）

【滦赤路千小路大修工程完工】10月，滦赤路、千小路大修工程完工。千小路起点为延庆区千家店镇，终点为珍珠泉乡小铺村，全长18.6公里。滦赤路大修起点为延庆与怀柔交界，经过硅化木国家级地质公园、百里画廊等景区，终点为红石湾村，大修全长21.3公里。两条道路沿线为延庆区白河生态涵养区的生态走廊，是“百里山水画廊”的一部分，为沿线村庄的旅游业发展提供基础设施条件，便于人们出行，提高行车舒适度。

（胡明丽）

【5个地区综合执法站启用】11月1日，顺义区5个地区综合执法站（南彩、北小营、马坡、李桥2个）启动运行，以环保、公安开展机动车尾气排放检测处罚及禁限行管控为主，交通运政、城管、公路等部门采取“四班三运转模式”，24小时全时执法，并突出夜间20时至凌晨2时等重点时段精准执法。同时，强化机动车污染源和超载超限治理等重点工作。

（赵瑞冬）

【贾金路大修工程完工】11月9日，房山区贾金路大修工程完工。本次大修工程设计起点为K16＋600，终点为K25＋000，大修路段全长84公里，设计等级为三级公路，设计行车速度为30公里/小时，路基宽7～7.5米，路面宽6～6.5米。主要施工内容包括路基工程、路面工程、排水工程、防护工程及附属工程等。

（孔令全　张居达）

【非法机动车维修经营行为专项整治】11月14日，怀柔区交通局接到群众举报非法从事机动车维修经营行动，分别联合庙城镇、怀柔镇政府对检测场北侧、王化村五行加油站北侧和张各长小学北侧4家黑汽修开展突击检查，通过调查取证，下达扣押物品决定书，查扣千斤顶、打气泵、风炮、油枪、快速充电机等20部，并责令4家黑汽修停止营业。

（鲁博南）

【乡村公路大修工程完工】11月15日，顺义区乡村公路大修工程完工。包括北务路、箭河东路、宣庄户北路等66条道路，总里程约71公里，涉及后沙峪镇、北小营镇、李遂镇等17个镇。工程6月20日开工，由顺义公路分局负责组织实施。

（李雪峰）

【沙太路提级改造工程完工】11月15日，沙太路提级改造工程完工。该工程位于密云区东部，起点为大城子镇前沙岭村，终点为太师屯镇，全长18.44公里，此次工程将沙太路整体提升为二级公路，路基宽8.5～9米，路面宽7～7.5米，设计速度30～40公里/小时。工程同步对沿线9座桥梁进行改造加固。工程总投资4 966万元。

（娄群）

【顺密路交通综合治理工程】11月17日，顺密路交通综合治理工程建成通车。工程南起顺义区顺平路（K0＋000），北止左堤路（K2＋200）。通过铲除机非隔离带，同时压缩非机动车道宽度方式，双向各增加一条机动车道，渠化改造路口、优化公交港湾和增加信号灯绿波功能等措施，改善顺密路交通拥堵状况，通过对交通标志、交通标线、慢行系统、行人过街设施等进行完善，提高道路综合服务水平。

（杜勇）

【空气重污染期间机动车维修企业执法检查】11月19—30日，燕山交通管理中心对机动车维修企业进行入户检查，共检查23家机动车维修企业，下发停限产文件5次，累积17天。共出动检查人员46人次。

（肖培　晁浩宇）

【宝山镇大黄木厂村开通公交线路】11月20日，H75路公交车通车启动仪式在宝山镇大黄木厂村举行，标志着怀柔区实现村村通公交。该线路新设立公交站点4处，错车台9处，防护钢梁1 800余米，安装球面反光镜11面，道路新建720平方米，道路补强 1 000 余平方米，方便沿途 7 个村村民出行。

（孙云飞）

【机动车维修企业安全生产检查】 11 月 20 日，燕山交通管理中心对辖区 18 家机动车维修企业开展双随机抽查、机动车检测专项检查和漆房专项整治行动，针对违规企业配烤漆房等问题进行拍照取证、实名登记，并下达整改通知书。

（肖培　晁浩宇）

【顺密路积水点治理工程完工】 11 月 30 日，密云区顺密路积水点治理工程完工。顺密路（S203）为市级干线公路。积水点治理段为 K27＋100 至 K27＋475，全长 0.375 公里，道路等级为二级公路。通过新建或修复盖板边沟、修复路缘石等方式，解决道路积水问题。工程总投资 140 万元。

（娄群）

【京沈线路基水毁恢复工程完工】 11 月 30 日，京沈线路基水毁恢复工程完工。京沈线（G101）是北京通往承德、沈阳的国家级干线公路。水毁恢复路段为 K87＋800 至 K87＋950 段进京方向，全长 0.15 公里。通过修筑挡墙、浆砌坡面防护工程等，恢复路基水毁段原貌。工程总投资 155 万元。

（娄群）

【八峪路后吕庄桥改造工程完工】 11 月，延庆区八峪路后吕庄桥改造工程完工，后吕庄桥跨越古城河道，原状为五孔管涵，古城河道整治后，管涵不能满足正常行洪需求，需改造修建桥梁 1 座，桥梁全长 60.73 米，设计荷载为公路－Ⅰ级。2018 年 9 月开工建设。

（胡明丽）

【公路治超非现场执法设备建设工程完工】 12 月 19 日，位于怀柔区京沈线驸马庄路段的公路治超非现场执法设备顺利完工。设备区位于 G101 京沈线 K54＋100，临近怀柔区与密云区交界，是重要的交通节点，交通流量大，重载车辆多。各车道新建 90 米钢筋混凝土路面，称重设备置于混凝土路面中，配 2 套龙门架安装车道摄像机用于识别超载车辆的前后车牌，另设 2 块可变情报板，对超载车辆进行提示。

（管硕）

【安四路辅路交通综合治理完工】 12 月 28 日，昌平区安四路辅路 8.63 公里交通综合治理工程完工，实施北七家地区路口改造及天通苑地区路口油面恢复，增设路口过街安全设施，大修人行过街天桥，治理地铁 5 号线天通苑北站积水点，提升机动车路口通行能力，改善非机动车和行人的出行环境。

（程京亚）

【松闫路改线段道路工程完工】 12 月，松闫路改线段道路工程完工。起点位于延庆区冬奥赛区松山场馆西侧，终点位于西大庄科村，路线全长 1.33 公里，道路设计等级为四级公路。工程 2018 年 5 月开工，同步实施交通、绿化工程，已经全部完工，为冬奥会提供便利的道路保障。

（胡明丽）

【百康路延农路道路工程完工】 12 月，延庆区延农路、百康路世园保障项目完工。延农路为妫河森林公园北边界，距 2019 年世界园艺博览会园区非围栏区北侧约 2 公里，全长 1.87 公里。百康路是世园会外围东西向门户通道，为 2019 世园会非围栏区南边界，路线全长 3.835 公里。延农路、百康路通车后对世园会薄弱的交通基础设施起到提升作用，为高峰客流的集散提供辅助交通功能。

（胡明丽）

【增划路侧停车位 1 500 个】 年内，房山区交通局在良乡东路、良坨路、政通路、拱辰北大街、月华大街、京周路等主干道施划路侧停车泊位，共施划路侧占道停车位 1 500 个。

（刘玉东）

【进京乡村道路货运车辆管控】 年内，通州区交通局联合马驹桥镇、永乐店镇等 8 个乡镇，在进京乡村道路路口设置重型车辆检查卡口 30 个，各卡口加装点位限高（杆）装置、限宽墩、爆闪、岗亭、停车警示牌设施和人工辅助等，实施 24 小时值守，对外埠车辆和尾气不合格货运车辆进行劝返，共劝返车辆 25.24 万台次，出动执勤人员 8.65 万人次。

（陈颖）

【昌平区乡村公路工程完工】 年内，市交通委昌平公路分局完成 57 项、71 公里乡村公路大修工程，2 项安保工程，提升乡村公路技术状况水平，改善路域环境，PQI 达 90.1，工程涉及全区 14 个镇 38 个村。

（程京亚）

【昌平区公路安全设施完工】 年内，市交通委昌平公路分局完成安四路、高芹路等 15 条公路 73 公里的生命防护及 17 处地灾隐患治理工程，通过增设护栏、加装防护网等措施，公路交通安全保障进一步加强。

（程京亚）

气候概况和气候评价

【概况】2018 年，北京平均气温接近常年（1981—2010 年平均值，下同），降水量略偏多，日照时数接近常年；高温、暴雨等高影响天气气候事件出现较频繁；年气候条件总体有利于冬小麦等农作物生长和生态环境改善，但夏季暴雨灾害较重。

（杨姝）

【气温】年平均气温接近常年。全市年平均气温为 11.9℃，接近常年（11.5℃），比上年（12.5℃）偏低 0.6℃。西部和北部山区气温在 6～11℃，其他地区气温在 12～14℃。与常年相比，通州偏低 1℃，朝阳、丰台和延庆偏高 1℃，其他地区接近常年。北京地区代表站观象台年极端最高气温为 39.9℃，出现在 6 月 29 日；年极端最低气温为 －13.9℃，出现在 12 月 30 日。各月中，1、2、10、12 月气温偏低，9 月接近常年，其他各月均偏高，其中 8 月气温显著偏高，较常年偏高 2.3℃，为 1951 年以来历史同期最高值。

（杨姝）

【降水】年降水量略偏多，降水日数比常年偏少。全市年降水量为 575.5 毫米，比常年同期略偏多，比上年（620.6 毫米）略偏少。观象台年降水日数为 57 天，比常年（66.3 天）偏少。全市大部分测站年降水量在 380～828 毫米，怀柔站最多，为 828.4 毫米；汤河口站最少，为 379.9 毫米。季节分布，2017/2018 年冬季（2017 年 12 月至 2018 年 2 月，下同）仅为 0.2 毫米，较常年（8.3 毫米）显著偏少，是 1981 年以来降水最少的一个冬季；春季（3—5 月，下同）为 78.8 毫米，接近常年（73.3 毫米）；夏季（6—8 月，下同）为 455.2 毫米，较常年偏多 22%，比上年同期偏少 8.5%；秋季（9—11 月，下同）为 40.9 毫米，比常年偏少 52.4%。

（杨姝）

【日照】年内，全市平均年日照时数为 2 484.0 小时，接近常年（2 491.4 小时）。季节分布，2017/2018 年冬季为 602 小时，比常年（554 小时）略多；春季为 683.9 小时，比常年（717.4 小时）略少；夏季为 595.4 小时，比常年（621.5 小时）略少；秋季为 622.8 小时，比常年（598.5 小时）略多。

（杨姝）

【2018 年影响天气事件】年内，北京地区出现持续无降水、夏季高温闷热天气多发、汛期暴雨强度强、台风“安比”影响北京、极端低温等高影响天气气候事件。

持续无降水。2017 年 10 月 23 日至 2018 年 3 月 16 日，观象台连续 145 天未出现降水，打破此前最长连续无降水日数记录（114 天，1970 年 10 月 25 日至 1971 年 2 月 15 日）。

夏季高温闷热天气多发。夏季本市出现多次高温天气（日最高气温≥35℃），大部分测站高温日数在 15～25 天。其间出现两次较长时间的持续高温，分别是 6 月 27—30 日和 7 月 30 日至 8 月 4 日。观象台共出现 20 天高温日，比常年同期（7.7 天）明显偏多，为 2001 年以来同期最多。高温闷热天气 17 天（常年 5.2 天），为历史同期最多。特别是 7 月 28 日至 8 月 5 日连续 9 天为闷热天气，持续闷热日数为历史次多（最多为 2010 年，7 月 22—31 日）。

汛期暴雨强度强。汛期“7・16”和“8・8”强降雨过程中均出现小时雨强超 100 毫米的观测记录（7 月 16 日 2—3 时密云西白莲峪 117 毫米、捧河岩村 101.6 毫米，8 月 8 日 8—9 时朝阳黑庄户 122.6 毫米），均超过 2012 年“7・21”特大暴雨过程的最大雨强（平谷挂甲峪 100.3 毫米/小时）。

台风“安比”影响北京。受台风“安比”影响，本市 7 月 23 日傍晚至 24 日 18 时出现强降雨，全市平均降水量为 41.3 毫米，东部达暴雨量级，局地大暴雨，最大降雨出现在通州 101 农场，达 147.2 毫米。

12 月上旬极端低温。受西伯利亚强冷空气影响，12 月 6 日起，北京气温明显下降，观象台日平均气温 72 小时下降 8.9℃，最低气温创入冬以来新低，山区部分测站日最低气温低于－20℃，城区各测站极端最低气温均低于－10℃。截至 12 月 10 日，全市 20 个国家级气象观测站中有 2 个站（平谷、汤河口）极端最低气温创建站以来 12 月上旬历史新低；有 17 个站最低气温创近十年同期最低。

（杨姝）

【气候影响评价】 气候与冬小麦。本市2018/2019年冬小麦生长期间总体气候条件较为有利。2018年10月上中旬主麦区平均气温在11.6～13.8℃，较常年同期相比偏低0.6～3.3℃；较上年同期总体偏低0.2～1.0℃。10月上中旬主麦区降水量为2.1～25.0毫米，较常年同期和上年总体偏少。苗期气象条件对冬小麦生长略有不利影响。越冬期（2018年12月3日至2019年3月6日）麦区平均气温为－2.2℃，与常年基本持平，比上年偏高0.4℃，越冬期温度条件适宜，全市小麦基本无死苗、死茎发生。总体来说，冬小麦越冬情况接近常年。拔节—孕穗期麦区平均气温为13.1℃，较常年同期偏高1.2℃，较上年同期偏高0.4℃，温度条件对此阶段冬小麦生长较为有利；其间出现全市性降雨过程，有利于小麦生长发育和籽粒形成。冬小麦灌浆期间基本未出现干热风天气，后期气象条件对冬小麦灌浆、成熟较为有利。

生态环境。年内气候条件对北京生态环境影响处于正常水平。经对表征年度生态质量的湿润指数、植被覆盖指数、水体密度指数、土壤侵蚀指数和灾害指数等五个单项生态质量指标进行估算，结果表明：年内北京各区生态质量指标值在44.4～63.1，其中位列前三位的分别为平谷、怀柔、密云；全市平均值为53.7，比上年略偏高。

（杨姝）

（注：气温、降水、日照等所用资料为北京市20个国家气象观测站数据。气候平均值以1981—2010年为基准。）

山 区 建 设

综 述

北京山区面积1.04万平方公里，占全市总面积的62%，主要分布在门头沟、怀柔、密云、延庆、房山、昌平、平谷7个山区。20世纪80年代末，在大规模关闭矿山开采业、资源加工型企业后，“受伤”的山体需要“康复”，山区农民生计需要出路，山区探索发展沟域经济。2010年12月，市政府出台文件支持发展沟域经济，并纳入政府折子工程。2018年初，全面实施乡村振兴战略，将“沟域经济”调整为“生态沟域”。生态沟域属于区域发展范畴，是北京贯彻落实“绿水青山就是金山银山”发展理念，推动山区生态涵养区转型发展的新模式。生态沟域的职能任务是保护和发展区域生态，涉及山水林田路村等资源，注重整体规划；特色是生命，房地产是禁区，包括生态、环境、基础设施、产业和新村民居等工程，按照区域特色特征和规划布局，分头实施，合力推进。经过近10年的持续建设，全市生态沟域建设已经延伸到门头沟、怀柔等7个山区和顺义区浅山区的45个乡镇、398个行政村，先后建设了百里山水画廊、酒乡之路、白桦谷、绿海红歌、神灵峡、九里山桃花谷等35条沟域，把过去人见人愁的“穷山沟”，变成了今天人见人爱的“生态谷”，走出了一条保护和发展山区生态的新路子。

实施生态建设工程。对沟域内山水林田路村的整体环境进行提升，促进生态沟域绿色发展。主要包括宜林荒山绿化、小流域综合治理、废弃矿山及裸露山体生态修复，太阳能、煤改电等清洁能源的推广利用，生态搬迁工程，等等。

实施环境整治工程。对村边、河边、路边实施环境整治工程。主要包括河道治理，水环境营造，农田整治，道路沟渠两侧、梯田边坡、林网下层植被净化、绿化、美化等。改善生态环境，改观村容村貌，改变人居环境，提升沟域整体形象。

实施基础设施建设工程。满足城市人群旅游、休闲需求，着力做好沟域重要节点村庄的基础设施和公共服务设施配套建设，包括道路、供水、污水处理、供热、电力、燃气、通信和市政环卫等基础设施建设，加强停车带、充电桩、接待站、观景台、旅游商品销售亭等公共服务设施建设等。

实施特色产业工程。特色是生态沟域的生命，也是沟域的产业定位。坚持走特色发展之路，因沟制宜、一沟一策，探索培育个性化、惟一性的产业，并将产业融合、延伸，形成主导产业，有吸引消费者的看点，有面向市场的卖点，带动农民就业增收。发展都市型现代农业、高端高效特色农业、高端服务业、文化创意产业、开发龙头景区景点、挖掘古建文化内涵，等等。

实施新民居工程。坚持集约、节约土地，合理利用土地，以部门联动、项目集成、资金聚焦等方式，围绕村庄传统文化挖掘、村庄布局调整、环境整治与美化、新民居建设、接待设施建设、旅游产品开发、旅游形象设计等进行规划，建设特色鲜明、文化内涵深邃、内容丰富、布局合理的乡村旅游产业体系。

生态沟域

【生态沟域建设成效】一是形成了社会共识。坚持规划先行，坚持“政府主导、部门联动、农民主体、社会参与”的推进机制，形成了区、乡镇分级推进、社会力量广泛参与的良好氛围，得到全市上下特别是山区群众的认可。二是巩固了北京生态屏障。本市山区裹卷太行、燕山两大余脉，呈扇形由西南折向东北，形成了一道拱卫首都北京的绿色屏障。生态沟域坚持生态优先，实施生态环境建设工程，提升了山区生态质量。截至2018年底，山区林木绿化率达到79.4%，90%以上的水土流失面积得到治理，建成生态清洁型小流域219条，建成酒乡之路、白桦谷等35个特色各异的生态沟域。三是培育了山区特色产业。坚持特色生命，通过挖掘区域资源优势，吸引科普教育、文化创意、养生养老等生态友好产业落户沟域，培育了密云酒乡之路的葡萄、延庆四季花海的花卉、平谷丫髻山的道教养生、房山绿海红歌和延庆冰川绿谷的红色旅游以及门头沟爨柏沟域、白河湾的影视拍摄等特色产业，成为北京生态沟域的节点亮点。四是促进了山区农民增收。坚持山区农民主体，通过实施五项工程，带动农民增收。探索了“公司＋合作社＋农户”的农业农村经营模式，实现了山区农民“都市农业生产者（挣薪金）＋民俗经营管理者（分股金）＋农村土地流转受益者（得租金）”的“三重”身份、“三金”收入。据统计，2018年，酒乡之路沟域年接待游客观光93.7万余人次，实现旅游综合收入2.27亿元。五是服务了首都市民。坚持拓展生态服务型功能，搭建农民就业创业和市民休闲旅游的双向互动平台。怀柔白桦谷、延庆百里画廊等35条沟域成为北京天然氧吧，既是首都市民修身养性的好去处，也是山区农民就业增收的有效平台。

【生态沟域发展存在问题】一是区域生态沟域发展不平衡。各相关区对生态沟域的发展理念、发展侧重和推进方式以及资源要素的整合等方面存在诸多差异，有的重经济，忽视资源节约和保护；有的重工程，忽视产业培育和循环发展；有的重形象，忽视系统建设和长远发展，导致生态沟域绿色发展的大格局、大环境效应不突出。二是同质化发展现象逐渐凸显。主要表现在，模式融合度不够，缺少创新元素。产品创意延伸不足，市场竞争力不强；文化内涵挖掘不够，发展品位不高，创新型项目设计不够；盲目跟风跟潮，发展后劲不足。如为迎合大休闲时代，京郊高端民宿遍地开花，路径单一、产业重叠，同质竞争比较激烈。三是沟域发展空间布局亟待优化。整体上看，战略定位、空间布局需要进一步明确。以镇行政区划为界的现象比较突出，沟域节、段、点分散，建点、连线、成面，形成天然合一、和谐共生、井然有序的区域发展效应不突出。

【生态沟域空间布局结构】探索构建“四谷、四带、四道、六条”即“十八个生态沟域发展带”的空间总体布局。

1. 四谷。以参与互动、休闲体验、养老养生为主题，以特色产业优势，构建东部桃花谷、西南部生态谷、西北部葡萄谷、北极白桦谷。

东部桃花谷。以种植大桃为主导产业，整合提升九里山桃花谷、丫髻山沟域。总体定位为京东慢生活休闲度假区、京津冀农业生态公园。在产业发展方面，以桃产业和区域自然、人文景观为基础，发展民俗旅游业，从“景点”到“景区”的大旅游圈，实现由原来单一的农业观光、自然观光向桃文化为主的多元化旅游产品转变，重点建设大桃生产基地、桃文化主题旅游区、世外桃源慢生活示范区，倾力打造国际桃花音乐节、国际桃花旅游节等大型活动。

西南部生态谷。整合房山区绿海红歌沟域、上水文化养生谷、南窖沟域和门头沟百花山沟域、达摩沟域、马栏沟域等沟域，涵盖房山区、门头沟区10个乡镇。该区域矿产资源丰富，生态环境优良但脆弱，具有丰富的历史文化资源和生态林果资源。总体定位：以生态修复、发展特色林业为主的生态沟域带。在产业发展方面，利用矿山生态修复、恢复历史文化和自然资源，建设山区风光、健康养老、文化旅游等，释放西部山区生态优势、文化优势，发展首都西部休闲度假旅游区。重点完成历史文化内涵挖掘与保护、山水林田湖草生态环境保育、环首都国家公园示范区建设。

西北部葡萄谷。发挥延庆区世界葡萄大会展示基地优势，涉及延庆区旧县镇、张山营镇、香营乡和河北省怀来县北辛堡镇、狼山乡、土木镇6个乡镇。总体定位以葡萄为主的产业生态沟域带。在产业发展方面，结合区域内的葡萄产业资源，依托丰富的自然景观资源，以发展葡萄文化产业为目标，打造集葡萄生产、品牌展示、商贸旅游和文化交流为一体的现代化产业集群。重点推进葡萄产业集群建设、葡萄种质资源圃建设、葡萄园建设。

北极白桦谷。依托怀柔区喇叭沟门乡北京惟一的白桦林原始次森林资源，拓展北京“四个之最”：最北端——素有“北极乡”之称，夏季日平均气温22℃左右，有“夏凉宫”的美誉；林木覆盖率最高乡——绿化覆盖率高达93%，森林覆盖率达78%，有“森林氧吧”的美誉；少数民族人口占比最高乡——满族人口接近50%，乡域满族文化底蕴深厚，有“中国民间文化艺术之乡”的美誉；镇域面积自然保护区最大——保护区内有珍稀美丽的白桦林和高山杜鹃。总体定位以民俗文化产业为主的特色产业生态文明沟域带、民俗体验休闲游憩产业景观三大主题相融合的多情体验地。在产业发展方面，重点打造差异化的休闲旅游体验和七彩民俗多情体验地，宜动宜静、宜运宜氧、宜居宜游的互动区。

2. **四带**。以访古、探幽、猎奇、赏景为主题，以国际、国内惟一性为特征，构建长城文化带、皇陵文化带、周口文化带和顺义舞彩浅山慢生活文化带。

长城文化带。该区拥有世界惟一性的古长城，遗存629公里，从西部穿过门头沟、房山、昌平、延庆、怀柔、密云和平谷7个区，涉及山区近50%的乡镇。连绵不断的山地，是北京文化底蕴最深的古典军事要塞，是北京绿色天然屏障。总体定位以长城文化为主的高端乡村旅游产业带。在产业发展方面，以国际文化体验、休闲度假为主题，突出长城遗产、相关文化和生态资源，包括军防村镇文化、寺观庙宇文化、抗战红色文化、交通驿道文化、陵寝墓葬文化和历史文化景观，重点建设内容包括：国际文化村建设、推进闲置农宅盘活利用、深入挖掘长城文化。

皇陵文化带。该区域地处十三陵世界文化遗产保护区，主要分布在十三陵镇、长陵镇。依托十三陵为代表的文化旅游产业，艺术品流通、明文化主题休闲娱乐、体育休闲、会议会展等多种业态初具规模。总体定位以皇陵文化为主的文化旅游休闲产业带。在产业发展方面，应根据产业发展要求和现实用地条件，以十三陵景区为核心，建设历史文化、现代休闲和都市农业相结合的度假区。重点建设内容包括：皇陵文化体验区、都市农业休闲带、明文化主题休闲娱乐。

顺义舞彩浅山慢生化文化带。通过打造千山步道，将浅山、乡村、景点串联，形成五种色系的“五彩浅山”形象。总体定位为首都慢生活体验区，国际休闲健身产业带和都市运动休闲目的地。在产业发展方面，重点建设内容包括：登山步道的完善与提升、舞彩浅山郊野公园、“舞彩浅山生态消费地”品牌建设。

周口文化带。提升房山幽岚山沟域，依托周口店北京人遗址，串联北京西部红叶景区之称的坡峰岭、山水奇观乱石岗、民俗旅游热地快活林、姥姥家等旅游资源，形成特色旅游区。总体定位为古文化旅游与特色鲜明的乡村旅游。在产业发展方面，以周口店北京人古文化为龙头，以乡村生态观光度假为主体，以休闲生态农业为辅助，打造世界级古文化旅游与特色鲜明的乡村旅游、轻松惬意的生态休闲旅游互为补充的立体化旅游产业体系。重点建设内容包括：周口文化挖掘与提升、太行山绿化工程、坡峰岭红叶景区。

3. **四道**。以驾骑、徒步等有氧运动为主题，以自然生态和历史文化优势，构建云蒙风情大道、古商古韵大道、横跨东西部的滨水大道、满韵风情大道。

怀柔满韵风情大道。提升怀柔满韵汤河沟域，挖掘满族文化底蕴，着力发展民俗游精品路线。总体定位以满文化为主题的乡村生态休闲旅游生态沟域带。在产业发展方面，依托沿线满族文化资源、丰富的林果资源和旅游资源，积极发展养生、文化体验等活动，突出燕山山地观光、满族风情体验、体育休闲、乡村民俗等特色。重点建设内容：提升燕山山地景区、山地运动场、“满族风情”文化聚集区等品味，布点、连线，形成民俗旅游精品路线。

密云云蒙风情大道。该区域位于北京市密云区东北部，具有得天独厚的原生态休闲旅游资源和人文景观，围绕黑龙潭、西湾子—黄峪口、四合堂三大核心区域组团，是集旅游观光、休闲体验、科普教育、生态民居、特色农业为一体的休闲水线和风情廊道。总体定位以自然山水为主题的文化创意旅游生态沟域带。在产业发展方面，发展集山水景观观赏、民俗旅游、主题村落建设为一体的旅游文化创意产业，建设以“山水风光观赏、山地运动健身、山村风情体验”为特色的休闲长廊。重点建设内容：主题村落建设、农田生产景观化建设、休闲农业品牌建设。

门头沟古商古韵大道。是指京西古道，是开展寻古探幽、户外休闲健身运动的最佳选择。该区域辐射范围内自然山水与历史人文资源丰富，并有独特的区域优势资源。总体定位为国家步道系统示范区，以探幽为主题的户外运动体验旅游生态沟域带。在产业发展方面，以步道为脉，以线串点，以线带面，脉动生态与人文资源的有序永续利用，构建中国首处国家步道系统。将门头沟区独特的自然风光、京西古村落、古商古韵大道、历史文化古迹、现代矿山修复等整体连接起来，形成组合优势，促进旅游产业发展。重点建设内容：国家级步道系统、古村、古庙宇文化挖掘与提升。

北部滨水大道。以密云水库为东部起点，流经白河、琉璃河、妫水河和官厅水库，西至河北洋河，沿途涉及密云、延庆、怀柔、至河北怀来县。总体定位以滨水为特色的休闲生态沟域带。在产业发展方面，突出生态定位和游憩主题，提升绿色休闲、郊野运动、生态服务等功能，建设休闲步道、森林氧吧等，以绿色休闲产业发展带动周边区域相关服务产业的发展，带动美丽乡村建设，引领绿色生活。重点强化道路两侧的景观建设、水源涵养和生态保护，建设休闲步道、森林氧吧、康体公园等。重点建设河道景观、白河绿色休闲带、妫水河生态创意产业带、琉璃河湿地公园等。

4. 六条。以拓展生态空间、辐射带动为主题，以京津冀协同发展为优势，打造跨区域生态沟域带，推进门头沟区田庄—河北涿鹿、房山区十渡—河北野三坡、怀柔区满韵汤河—河北丰宁、平谷区金海湖—天津蓟州—河北兴隆、密云区雾灵香谷—河北兴隆、延庆区葡萄谷—河北怀来等六条跨区域沟域。

门头沟田庄沟域—河北涿鹿。该区域是重要的水源保护区和生态涵养区。田庄沟域依托永定河上游河谷——永定河峡谷，通过永定河水系向北延伸至官厅水库，跨区域联结河北涿鹿县，途径永定河流域，拥有溪流、湖泊、峡谷等多种生态景观，水景丰富，绿丘延绵，景观地段密集。目前，部分深山区地广人稀，交通不便，沟域内水电路等基础设施较为薄弱。沟域内尚未形成旅游循环线。总体定位为京津冀最优水源涵养区。在产业发展方面，以保护峡谷生态资源环境为前提，实施湖溪相连、动静结合、景观多样的水系及游憩绿地清洁流域建设，拓展改善水质、涵养水源、湿地保护、科普教育等功能，推进京津冀湿地生态建设。重点建设永定河峡谷旅游廊道、官厅水库国家湿地公园、官厅水库上游水生态湿地保护与修复工程。

房山十渡—河北野三坡。该区域依托拒马河沟域，连接房山区西南部十渡镇及河北涞水县三坡镇，自然条件良好，交通便利，规模较大，周边资源丰富，正在成为休闲度假的热点。总体定位为京西山水精品旅游度假地。在产业发展方面，突破单一的传统发展理念，促进旅游与农业信息化、生态化以及新型城镇化的深度融合，培育科普游、体验游、康体游、乡村游等旅游新业态，促进文旅融合。重点建设拒马河国际水岸景、十渡—野三坡山水文化休闲旅游精品线路。

怀柔满韵汤河—河北丰宁。该区域依托天河川沟域、满韵汤河大道，范围涵盖北京怀柔区喇叭沟门满族乡、河北省承德丰宁满族自治县、延庆千家店镇。区域海拔较高，具有典型山区冷凉避暑特征。总体定位为满族文化休闲养生特色生态沟域带。在产业发展方面，植入休闲旅游新业态，升级改造沿线种植业，双向提升汤河大道生态质量和水平，实现乡村休闲产业、现代农林产业和满族文化体验的高度融合。重点建设满族文化风情区、“天河幽谷”体育休闲区、“绿海松涛”森林养生休闲旅游区、“云中山耕”生态文化区。

平谷金海湖—天津蓟州区—河北兴隆县。该区域是连接平谷城区、天津蓟州区—河北兴隆县的带状区域，是京津冀协同发展的三地跨区域沟域。自然资源与人文资源数量与类型丰富，金海湖、盘龙瀑、天盘山等景区发展较为成熟，与上宅文化交相辉映。总体定位为京东湖光山色生态休闲旅游度假地。在产业发展各方面，以金海湖、盘山、山泉为核心生态资源，以湿地渔家文化、生态观光为发展方向，发展金海湖生态休闲核心区，将军关石河—天津蓟州生态景观廊道及湖光山色生态旅游翼、湿地田园农业休闲翼。重点建设内容包括：“海天山色”大金海湖休闲度假区、蓟州山水休闲度假区、

"海浪果趣"民俗观光采摘区。

密云雾灵香谷—河北兴隆。以雾灵山为龙头，将原有雾灵香谷沟域向东延伸至河北兴隆县雾灵山区域，形成跨密云太师屯镇、新城子镇的14个行政村，以及河北省兴隆县西北部乡镇的跨区域生态沟域产业带。区域内具有丰富的农业和林业资源，千年的古树生命力旺盛，同时遍布原始次生林，主要产业为林果业、旅游业。总体定位为司马台—雾灵山国际休闲养生度假地。在产业发展方面，坚持低碳、创新的发展理念，依托原有龙头景区，破解雾灵山区域合作难题，借助旅游基础设施建设，合力打造"雾灵山"品牌。重点建设雾灵山养生谷、苹果大观园、五彩香谷景观带、生态农庄。

延庆葡萄谷—河北怀来。该区域依托延庆世界葡萄大会葡萄展示带，向西延伸至河北怀来、涿鹿县。该区地形地貌类型复杂，不同区域小气候的差异性为葡萄的垂直分布和不同品种葡萄种植提供了良好条件。总体定位为以葡萄为特色的高端精品酒庄及三产融合示范带。在产业发展方面，依托万亩优质葡萄种植产业，打造集农业观光、采摘、酿酒、休闲旅游于一体、一二三产业融合发展的特色葡萄产业，开发酒庄丰富的文化和旅游元素，形成多元化产业链及特色产业集群，加速京冀的合作与发展。重点建设特色酒庄集群带、生态绿道景观带。

【生态沟域发展原则】一是生态根本、第一要务。培育发展生态沟域，要把守护好绿水青山作为第一要务、头等大事，"像保护眼睛一样保护生态环境""像珍惜生命一样珍惜生态自然"。要坚持生态优先、绿色发展，服从、服务于生态环境保护和改善，促进山区生态资源的可持续循环、生态环境的可持续维护和山区生态产业的可持续发展。二是坚守红线、坚守底线。发展生态沟域，要符合生态涵养战略定位，以科学规划为先导，按照分区规划和控制详细规划，严守生态保护红线，严守环境质量底线，严守资源利用上线，严控房地产开发建设，严禁不符合主体功能定位的各类开发活动，确保沟域生态空间拓展和生态环境质量和水平提升。三是农民主体、社会参与。要尊重农民主体地位，充分调动农民积极性和创造性，巩固和扩大农民的建设主体、受益主体利益。建立健全社会参与的激励机制，通过带信息、带项目、带市场、带技术等多种途径，实现要素聚集合力，促进生态沟域持续发展。四是统筹兼顾、聚力发展。整合部门政策，统筹安排沟域项目和建设时序，本着先易后难原则，先期建设具备条件、容易见效的沟域。集中资源，集中力量，持续不断地发展具有示范和带动效应的品牌沟域。共建跨区域京津冀生态沟域带，实现优势互补、协同发展、互利共赢的发展格局。五是创新发展、服务市民。立足山区资源禀赋特点、体现区域优势和特色，推动生态沟域产业生态化、生态产业化。探索生态文明建设新技术，因地制宜，因沟制宜，引进高端要素和现代元素，合理调整产业结构和产品结构，推动沟域产业向低耗低排、高端高效、生态特色品牌发展。引导生态沟域发展服务于首都生态安全、服务于农民增收、服务于市民休闲。

【生态沟域建设推进举措】一是加强组织领导。完善生态沟域建设的管理制度。进一步明确职责，强化市级指导、服务、考核的职能，落实区、乡镇主体责任，使生态沟域项目建设，有人筹划，有人实施。二是坚持部门联动。继续坚持山区工作会议制度，进一步完善"政府主导、农民主体、部门联动、社会参与"的工作推进机制，整合政策、信息、科技等资源，加大推进生态沟域发展的合力。三是强化政策支持。按照"保障基本运行、强化主导功能、规范资金使用"的原则，整合部门政策，集中力量、集中资源办大事，聚力推进生态沟域绿色发展的质量和品位。加强生态沟域建设领导干部和专业人才队伍保障，整体提升区域服务管理水平。四是推进创新发展。坚持生态优先，打造生态型服务的典范区、引领区和示范区。明确沟域发展布局，围绕"四谷四带四道六条"，规划设计生态沟域发展带。完善生态沟域推进机制，坚持"少取、多予、放活、管好"的原则，进一步完善市场化、多元化发展生态沟域的投入机制，推动生态沟域建设投入由政府"一家扛"转为政府、企业和社会"多家抬"，主要用于生态沟域拓展生态空间、提升生态环境质量和水平、培育生态特色产业。五是深化区域协同。贯彻落实京津冀协同发展规划纲要，加强顶层设计，建立京津冀沟域协同发展的工作机制，进一步扩大和深化三地合作与联动，以提升首都生态环境质量和水平为主，通过区域间联片、联动发展，形成大尺度、跨区域的生态系统空间。联合推出跨区域沟域旅游环线，串联特色项目，构建生态发展带，努力实现优势互补、良性互动、共赢发展。

【沟域典型一：延庆区冰川绿生态谷沟域建设扮靓绿水青山】 冰川绿谷是市级重点建设沟域，位于延庆区东南部大庄科乡，东临怀柔，南接昌平，距北京城区 65 公里。2013 年启动沟域经济建设以来，乡党委、政府立足当地的资源禀赋，因地制宜、科学规划，统筹推进，对乡域内丰富的资源进行优化整合，对绿色生态产业进行合理布局，对现有的特色文化进行深入挖掘，以沟域建设为抓手，实施乡村振兴战略，建设美丽乡村。

1. **拥有绿水青山，乡村让城市更向往。** 自然资源独特，让城里人养眼洗肺。大庄科全乡辖区总面积 126.57 平方公里，下辖 29 个行政村，40 个自然村，1 927 户，5 337 人。人口密度为 42 人/平方公里。林木绿化率 85.96%，年降水 600 毫米左右，是延庆区人口密度相对较小，植被最好、降水最多的地区。清、幽、静、野是大庄科自然环境的真实写照。

文化底蕴深厚，让城里人访古探幽。在大庄科乡"抬头看风景，俯首品文化"。域内有距今约三百万年前的冰臼，直径 20 米、深 18 米，被誉为亚洲第一；辽代冶铁群遗址，称辽代"首钢"，被列为 2014 年中国十大考古发现；平北红色第一村、昌延联合政府遗址，是革命历史的见证、红色教育基地；有钟离故里的传说、有莲花山的故事、有长城下"望成"的寄予等历史文化经典。遍布着地质文化、冶铁文化、道教文化、长城文化、慈孝文化、红色文化，源远流长，交相辉映，熠熠生辉。

地缘优势凸显，让城里人流连忘返。大庄科乡与昌平、怀柔交界，是延庆区到北京城区最近的乡镇。大秦铁路、昌赤路穿境而过，沿途风光绮丽、景色宜人。紧邻长城，内有莲花山、龙潭峡谷景点，南与十三陵风景区相邻，地处北京的龙脉之上，山绿水秀，人杰地灵。

2. **守护绿水青山，乡村变世外花园。** 俗话说，"一方水土养一方人"。在大庄科人的眼里，"靠山吃山，靠水吃水"，要养山护山，爱水节水，不仅让这方水土富裕人，还要让这方水土造福人。

出实招清脏。聚力清脏，不留死角。建队伍，有人做。加强保洁队伍建设，村村都有保洁员，强化环保意识、责任意识，根据季节与村庄实际，适时开展清脏活动，定期开展违法小广告的专项整治行动，平均每两个月一次。针对春夏降雨，积极开展路面及村内污水处理工作。在秋季开展"三烧"管控工作，有效控制秸秆焚烧、垃圾焚烧、园林废弃物焚烧。针对冬季降雪，积极开展铲冰除雪行动，共配备铲车 6 辆、四轮刮雪车 2 台、农用车 50 余辆、机动人员 700 余人，确保村民安全出行。立制度，有人管。强化书记主任责任制，加大对各村保洁员的监督检查力度，对责任区保洁进行量化考评，根据考评兑现工资。继续落实"1435"农村环境管理模式，根据规章制度，与各方都签订责任书，加强对乡监察员、保洁员的管理。定期召开村干部会议，明确提出关于环境建设工作方面的要求，制定管理办法，将管理权下放到村。强化监督机制，乡每季度聘请第三方专业公司，结合全乡实际制定考评标准，采取暗访暗查的方式，对 29 个行政村的村庄环境、河道进行考核，考核结果直接与村干部年终工资挂钩。增设备，能消纳。垃圾去处成为清脏难题，乡建立垃圾分类回收站，按照村收集、乡村清运、区处理，乡每天按时回收、清运垃圾。设立多个垃圾大箱出山试点村，先期购置垃圾大箱 10 个，与之配套的单臂吊车一辆，试验性开展垃圾出山工作。在慈母川、霹破石两个垃圾分类示范村配备垃圾分类桶 240 套。投资 9 万余元在沟域公路沿线新增垃圾桶 100 余个。

出狠招治乱。网格化管理。对沟域内山、水、林、田、路、自然景观实行网格化管理，明确网格责任人以及日常维护任务，落实动态化、不间断管护工作机制。及时对已经完成建设的公园及景观节点建筑垃圾进行清理，对出现老旧破损的设施、铺装进行维护修复，对周边绿化进行修剪整理，有效杜绝了村边、路边、河边乱堆、乱放、杂草丛生的"三乱"现象。台账式治理。在疏解整治促提升专项活动中，对私搭乱建、违法建设的 3 400 平方米，逐一建立台账，明确拆除整改任务、时限、责任人。利用城管监督城市管理的四公开一监督应用管理平台，及时通报信息，并第一时间与责任人沟通并进行销账处理，有理有序地实施拆除，没有发生冲突事件。2018 年，各村除了开展日常保洁外，结合专项销账行动，清理建筑渣土 250 余立方米，清运生活垃圾 132 吨，清理乱堆乱放 240 余处，粉刷小广告 400 余条，并且拆除一家"散乱污"企业。突击式清理。针对管理较为薄弱的村级公路开展突击整治工作。2018 年 8 月下旬，针对道路沿线环境问题，对沿线暴露垃圾、山体落石、路旁荒草等突出问题进行清理整治，出动保洁人员40人，运输车4辆，打草机7台，清理道路3条，切实做到聚力量、抓重点、见成效。突击整治占道经营违法行为，多部门联合执法，有效控制乡域内占道经营、乱堆乱放等违法行为。

出真招增绿。绿化增绿。实施新一轮植树造林工程，加大了风沙林补植、经济林补植力度，在域内道路两旁种景观树木，分别种植9 111棵乔木，18 175株灌木，营造了37公里绿色长廊。种植五角枫、馒头柳等10万平方米。花卉添绿。提升域内基础设施建设与美化工程，在域内道路、坡坎种植波斯菊、山菊花、玫瑰花百万余株，引进玫瑰天竺葵精油提炼项目，种植花卉60亩。“三护”稳绿。护山，通过沟域生态修复，实施护堤坝、护村坝、护路坝系统工程，种植海棠树、杨树、柳树，有效防治水土流失，实现了域内山场开采、山体塌方“双零”目标。护林，全面落实生态林管理和维护制度，加强了专业扑火队、护林员队伍管理和培训，提高两支队伍的管护、养护能力。护水，加大河滨带治理，通过实施小流域治理，把保持水土和保护水源作为头等大事，水土流失面积为14 000平方米，占总流域面积的86.0%。砌筑树盘近3万个，整修梯田2万余平方米。

出细招控污。防尘：落实“门前三包”责任，营造整洁优美的居住环境，提高商户自律意识。加强裸露地面、道路、工地扬尘污染控制，全排查、立台账、强监督、明责任、建考评严控扬尘污染。防烟：严格实施北京市《餐饮业大气污染物排放标准》，开展民俗户、餐饮企业及食堂专项整治，实施油烟治理升级改造达标排放。各村委会配合督促民俗户按照相应环保要求，安装油烟净化器、建设防渗污水池等。禁止秸秆、枯草树叶、垃圾等露天焚烧，多部门负责“三烧”的执法检查巡查。防污：大庄科乡持续开展了“白色垃圾换取日常用品”活动，8年累计投入160多万元，回收白色垃圾近千吨。配合实施蓝天保卫战攻坚行动，启动秋冬季农村环境整治暨大气污染防控强化工作。落实“河长制”，开展“清空净水”行动，实现域内商户污水零直排放。

3. 扮靓绿水青山，捧住生态“金饭碗”。美化环境。按照“生态提质、生态成景、生态惠民”的原则，坚持实施域内大环境美化。一是改造民居住新房。实施泥石流和生态搬迁政策，对沙门村进行农宅改造、对铁炉村进行143户整体搬迁、对黄土梁村实施搬迁。实现了搬一个危险村，建设一个美丽村。二是改善路网便出行。持续改善和提升域内路网建设，大庄科乡路网成为延庆区山区乡镇中道路最完善、通达性最强的乡镇。2018年完成了铁泰路二期、西铁路、大西路以及6条进村路等乡村两级路网建设，台自沟村田间路路面完成1 500平方米，龙庙沟田间路路面完成3 400平方米，乡累计完成公路建设约8公里。通达的路网，改善了农民出行条件，方便了城市居民乡村旅游。三是完善配套提品质。近年来，修建观景亭（台）3个、停车场10个、旅游公厕4个、登山步道15 000米、观光木栈道800米；完善旅游标识系统，安装旅游标识70块，其中一级标识3块、二级标识36块，三级标识31块，修建旺龙潭峡谷游步栈道400米。在公路沿线停车港湾设置了长椅40个，供游客休憩。

亮化产业。文化是产业的支撑。大庄科乡充分整合区域优势和文化资源优势，做好四大特色产业品牌。一是提炼农耕文化，做精特色农业。将农业一二三产融合，上中下空间结合，大力推广“三层立体循环农业”，即空中养蜂、中间育果、林下种植栗蘑和杂粮的“三维度”种养模式，实施线上线下的销售方式，让大庄科乡农业成为特色产业。蜂蜜产量约50吨，实现利益130万元，种植收入2 353万元，农村人均可支配收入达到15 777元。二是弘扬红色文化，做强特色旅游。大庄科是革命老区，红色文化在全区乃至全市特色鲜明。大庄科乡将7个蕴藏着红色印迹的村连点成线，开设了穿军装、走山路、吃忆苦饭的红色教育课堂。规划整合红色资源，恢复旧址遗迹，开辟徒步、骑行、自驾等不同线路，策划和打造红色文化体验区，通过教育、培训、情景再现等不同手段，实现“红+绿”的精品化，吸引更多人爱红旗恋乡村。2018年接待游客6万多人次，带动创收约700万元。三是秉持质朴民俗，做细特色民宿。大庄科高端民宿雨后春笋般呈现青山绿水间。里长沟、二道河、小庄科、东王庄、香屯、沙塘沟、小辛庄、大青沟等村都已经建成或正在建设高端民宿，这些民宿或独立，或成群，既原汁原味，又不失高端大气。小辛庄村的“桃乐谷”、铁炉村的“水岸别墅”、香屯村的“乡隅香舍”、二道河村的“唯里乡居”、里长沟的“鄉野＋”等，舒适休闲农村体验与高端的民宿服务，为城里人提供了心灵的港湾，与村里人分享了自然的馈赠。做细“生态＋民宿”，以特有的民俗底蕴带动民宿产业发展，实现生态绿色创收，近年来，大庄科乡民宿带动创收近百万元。四是传承慈孝文化，增添文化底蕴。全国少数民族特色村寨，北京美丽乡村——慈母川村，因钟离孝母敬母而得道成仙的故事而得名。村内慈孝底蕴浓厚，尊老敬老蔚然成风，厚德典型不断涌现。该村已连续举办三届延庆区重阳文化节暨慈孝文化节，不光当地群众积极参与，更有着慕名而来、教育子女的城里人。把慈孝文化与惠民、富民工程紧密相连，保留了生态沟域绿色底色，更增添了传统文化底蕴和内涵，促进了传统乡村旅游产业的转型升级。

细化管理。大庄科乡党委、政府编制了《大庄科乡村级权力清单》，对村级日常事务进行精细化管理。一是村级事务项目化。将村级权力分为村级重大事项、村级财务管理、村民个人在原有宅基地上翻建新房审批、村民救助救灾申请、低收入户精准识别、建档立卡、阳光村务、印章使用、矛盾纠纷调解、一事一议申请、社保业务、党员发展、教育管理等 12 项，每一项制作了流程图和风险防范示意图。二是具体工作量化。对村级日常管理 12 项工作，从工作内容、工作目标、完成时限、具体要求都进行了量化，考核验收对表对账，一目了然。对村级财务账前审计量化为 3 级风险、9 个险点、9 个防范措施，既便于操作，又很见成效。三是决策程序规范化。对村级重大事项决策，制定了提出动议、村“两委”合议、村民商议、民主复议、上报审议、形成决议等“六议工作法”，执行严格按程程序、按照要求进行，既坚持重大事项决策的议事原则，又充分调动了村民参与村级事务管理的积极性，形成的决议，更能得到村民的认可和支持。近年来，大庄科乡村级各项惠民、利民、便民措施的决策，都是按照“六议工作法”形成的，提高了镇村两级组织的办事效率，更提高了群众对镇村两级组织的满意度。提升了政府的公信力，提升了党支部战斗力和凝聚力。

冰川绿谷沟域节点建设，既各具特色，承担着不同的功能，又与区域生态沟域培育浑然一体，凸显了冰川绿谷沟域多样性和统一性的有机融合；体现了生态文明建设下，从绿水青山到金山银山的转变；开拓了乡村振兴、生态扶贫的新渠道和新路径，让广大农民群众在守护绿水青山中，端上了生态“金饭碗”。

【沟域典型二：密云区“酒乡之路”沟域建设实现富民安居】“酒乡之路”沟域以新密兴路和久黄路为主线，全长约 30 公里，面积 80 平方公里，涵盖密云区巨各庄镇 26 个行政村、12 876 户、24 416 人。巨各庄镇引导和鼓励农户将土地流转给企业，规模种植葡萄，围绕葡萄种植产业，着力打造集精品农业、农产品加工、旅游休闲、文化创意产业融合的“精致乡村生活体验地，国际现代慢生活休闲地”的沟域经济品牌。

1. 高端定位，规划发展。“酒乡之路”沟域距密云城区 7.5 公里，以镇域内新密兴路和久黄路为主线，两侧为浅山丘陵地带，由西向东延伸约 30 公里，面积约 80 平方公里，涉及 26 个行政村、12 876 户、24 585 人。酒乡之路沟域围绕密云区“绿色国际休闲之都”的发展定位，以新密兴路为主轴，以“酒乡之路”为主题，以“一轴、两带、三区”为总体发展布局，打造集精品农业、农产品加工业、旅游休闲业、文化创意产业于一体的特色产业。一产规划发展葡萄观光采摘园，栽植优质葡萄 10 000 亩；二产规划依托万亩葡萄大力发展精品酒庄及酿酒产业；三产规划以张裕为龙头，发展农业观光、工业观光、农产品交易等产业，并规划发展“酒乡之路”文化创意产业。

2. 多措并举，聚力发展。“双保障”夯实沟域建设基础。一是组织保障。区镇两级成立了沟域经济建设领导小组，明确职责分工，重点推进；同时巨各庄镇注册成立了“巨各庄镇葡萄产业协会”，提供技术指导和培训，为葡萄产业健康发展保驾护航。二是资金保障。近年来，累计匹配专项资金 5.1 亿元，用于支持“酒乡之路”沟域项目发展。同时，充分运用好沟域经济启动和奖励资金，确保发挥实效。

“双驱动”助力五项工程实施。结合镇域实际情况，在“酒乡之路”沟域建设过程中，采取公益项目和产业项目双轮驱动的模式：一是充分发挥公益资金的使用效益，实施环境整治、生态建设、基础设施及新村民居等项目建设，打造良好的发展环境，夯实发展基础。二是利用产业项目资金和社会资金大力发展玫瑰情园、精品酒庄等特色产业项目，构筑以葡萄为主题，生态休闲与民俗旅游相融合的产业构架。

“双要素”构筑特色产业模式。“两条腿”走路，调动社会、农民“双要素”，实行高端项目、农民主体相结合的产业发展模式。一是引进社会资金近1.3亿元，发展酿酒和鲜食葡萄7 000亩，引进了巨丰欣悦、橡树堡等8家精品酒庄落地建设。二是发挥农民主体，引导农民大力发展庭院经济。“龙头辐射、农民参与、梯次分明、优势互补”的葡萄特色产业模式初步形成。

3. **培育产业，持续发展**。经过近5年的建设，“酒乡之路”沟域建设取得了良好的成效，全镇生态环境更加整洁优美，山水林田路的整治效果更加显著，重点小城镇基础设施更加完善。镇党委和政府为此乘势而为，以一二三产业融合发展的导向，大力发展葡萄产业，带动发展葡萄加工和葡萄主题文化产业，带动农民增收。蔡家洼玫瑰情园打造了1 600亩的大地景观，与万亩葡萄产业基地形成风景迥异、错落有致的沟域景观；以张裕爱斐堡国际酒庄为龙头，蔡家洼观光工业园、生态农业园、8号院等一批与之相呼应的生态休闲产业悄然兴起。

“酒乡之路”沟域将紧扣“绿色、休闲、精致”的主题，依托葡萄产业带，打造集精品农业、农产品加工业、旅游休闲、文化创意发展于一体的特色产业，为生态提升、产业融合、农民致富铺就崭新的沟域经济之路，推动山区经济社会又好又快发展，打造精致乡村生活体验地、国际休闲梦想实现地。

地质灾害易发区农户搬迁工程

【抓好上一轮搬迁工程收尾工作】为加快完成第三轮搬迁工程的收尾工作，市农业局通过多次与相关区进行沟通、调研、指导、检查，目前列入上一轮搬迁任务91%的农户已完成搬迁。部分搬迁村因文物保护区限制、农民搬迁意愿的转变、新址占地手续无法批复等原因，没有完成计划任务，所在区、镇相关部门根据实际情况研究制定了相应的工作方案，开展了工程治理、计划调整、加强协调等工作措施，保障了第三轮搬迁工程的圆满结束。

【制定新一轮搬迁政策】一是代拟并由市政府办公厅印发了《〈关于实施新一轮山区农民搬迁工程的意见〉的通知》（京政办发〔2018〕30号），标志着北京市新一轮山区农民搬迁工程正式启动。二是会同11个市相关部门研究起草并印发了《北京市新一轮山区农民搬迁工程管理办法》。

【开展新政策宣传培训工作】市农业局组织中国农业大学、北京农林科学院的专家、教授通过召开座谈会、发放调查问卷、实地走访调研等形式，对北京市的搬迁工作进行了系统的梳理，总结提升成果经验，编撰了《新一轮山区农民搬迁工程宣传手册》《新一轮山区农民搬迁工程宣传折页》《山区搬迁新村农宅利用调研报告》《北京山区农民转移就业调查报告》等调研成果，推动新一轮搬迁工程顺利实施。举办了2018年山区建设培训班，组织相关区、镇、村负责具体工作的同志进行了统一学习培训、经验介绍和现场观摩。通过举办培训班让基层干部深入了解政策以及相关的工作流程，并促进了各区之间横向交流和沟通。

【全面启动新一轮山区农民搬迁工程】新一轮山区农民搬迁意见正式印发后，市农业局及时组织相关区政府研究制定了2018年和2019年山区农民搬迁计划。计划确认后，各相关区抓紧落实搬迁前期工作，目前2018年计划搬迁的村已全面开工建设，涉及772户、1 939人。

【推动京津风沙源治理工程易地搬迁项目】山区农民搬迁与京津风沙源治理工程易地搬迁项目紧密结合，进一步完善了搬迁村庄的基础设施建设，减轻了搬迁村集体的资金压力。2018年易地搬迁项目，一是投入搬迁新村基础设施建设资金5 446万元，涉及24个搬迁村；二是在市生态办的统一组织下，完成了2015年度项目验收工作；三是完成了2017年易地搬迁项目监测工作。

【搬迁典型之一：平谷区六项措施助力山区搬迁】2018年，北京市全面启动实施新一轮山区农民搬迁工程，平谷区深入总结历史经验，剖析搬迁案例，分析困难问题，率先出台了区级山区搬迁实施意见，采取科学有效的工作措施，有效推动了新一轮山区农民搬迁工程高效率、高质量实施。目前平谷区已超额完成了2018、2019两个年度的既定目标任务。

一是大幅增加建房直接补贴，减少农民自筹资金压力。平谷区在市级搬迁政策补助的基础上，区政府按搬迁农民每人 2.5 万元的标准，给予建房直接补贴，达到每人补贴 5.2 万元。按照每户 3 口人测算，搬迁户均建房补贴资金达到 15.6 万元，可满足 100 平方米新宅的建设资金需求。补贴标准的提高，有效调动了农民搬迁积极性，促进了平谷区超额完成搬迁任务。

二是工程治理消除安全隐患，减少易地搬迁选址难题。在城乡建设用地减量发展的背景下，搬迁工程易地选址的困难更加突出。平谷区为早日实现地质灾害易发区农户的安居避险，创新搬迁模式，聘请专业有资质的公司对地质灾害隐患点除险工程进行设计、监理，利用市级搬迁工程保障资金，实施工程治理，消除安全隐患。工程除险后，在消除安全隐患的地区新建房屋，既解决了新宅用地困难，又解决了办理新占农用地、林地手续周期长、审批难的困难，实现了当年计划当年完成的工作效率，保障了山区农民生命财产安全。

三是前期工作提前谋划推进，保障搬迁工程如期完成。按照“提前部署、压茬推进”的原则，平谷区拟列入搬迁计划的村庄，提前着手办理前期手续。只有前期手续全部完成，搬迁条件成熟，可启动建设的村庄，才允许申报下一年度搬迁工程计划。凡搬迁条件不成熟的村庄，均不列入搬迁计划。通过这项措施，保证了搬迁计划的科学、合理、可操作性，保证了市、区两级重点工程按时、按量完成。

四是充分尊重农民意愿，建设农民满意搬迁工程。“农民主体”是山区农民搬迁工程一直以来坚持的原则，平谷区本轮山区搬迁工作充分尊重农民意愿，发挥农民主体作用。镇村两级统一规划、统一设计、统一要求，做好搬迁新宅风貌引导的服务工作。严格审核、把控施工队伍资质和能力，向搬迁农户推荐适当数量的合格施工队伍。搬迁农户自主选择施工队，与施工队伍签订合同，按规定时限自行组织新居施工建设，有能力的农户直接参与工程建设和质量监督。通过这项措施，提高了搬迁农民的满意度，减少了村内的矛盾。

五是建立搬迁保证金制度，稳定搬迁工程计划。在以往的搬迁工作中，存在农民即使签字确认，也反悔不同意搬迁的情况，影响了市、区年度任务的完成进度。在新一轮山区搬迁工程推进过程中，平谷区按照村级自治原则，让有搬迁意愿的农户，在提出申请后，要缴纳村委会一定的保证金。如农户按期实施搬迁，保证金直接用于农户自筹资金；如农户反悔不再实施搬迁，保证金不再返还，以此增强农户的搬迁信心，提高农户的违约成本。通过建立保证金制度，有效避免了搬迁计划与最终搬迁目标差距较大的问题。近两年实施的搬迁村中，苏子峪村每户缴纳了 500 元保证金，北寨村每户缴纳了 10 000 元保证金。

六是统筹推进美丽乡村建设，高效建设基础设施。新一轮搬迁村全面享受美丽乡村政策，解决搬迁新村基础设施和公共服务的建设需求。平谷区搬迁工作中要求各镇村与美丽乡村工作统筹推进，做好计划申报、工程施工时序安排。生活污水、厕所改造、私搭乱建等问题要结合搬迁工程统筹考虑解决。如苏子峪村要求搬迁户新建农宅必须保护好新村环境风貌，严禁私搭乱建。搬迁户必须配套建设污水处理设施，否则不予享受搬迁补贴政策。

【搬迁典型之二：延庆窑湾村山区农民搬迁让喜事连连】窑湾村位于延庆区井庄镇东南山区，是革命根据地老区，辖域面积 7.8 平方公里，有居民 202 户、375 人。在实施泥石流地质灾害易发区易地搬迁前，村庄由于耕地少、产业基础薄弱，村民收入相对较低，村庄住宅老旧，且有几十户村民居住在泥石流易发区，村民生命财产安全受到严重威胁。

窑湾村实施山区农民搬迁工程，分散居住的村民统一向主村进行集中安置，村民根据家庭情况和需求自主选择单位楼房或二层民居。2019 年底前所有搬迁村民都将入住新居。窑湾村委会在搬迁新村建设中引入社会投资，大大降低了村民建房自筹资金比例。通过实地走访调研，搬迁村民对新房建设的满意度达到了 100%，仅有 1 户村民在建新房时欠了外债，新村建设真正做到了惠民利民。

在新民居建设的同时，村委会积极筹划村庄产业发展。一是利用村内 1 000 余亩富硒耕地，与北京华庆达经贸发展有限责任公司联合开发生态富硒绿色农业，种植富硒蔬菜、杂粮、中药材等。二是与大隐于市合作，投资 3 000 多万元，打造乡村酒店与高端民宿。目前已建成乡村酒店 10 栋，每栋可同时接纳三家游客入住；村内整理出50余套闲置农宅，与大隐于市合作开发高端民宿；乡村酒店与高端民宿合计可同时接纳300人左右入住。三是与北京御和养老企业管理有限公司联合开发康养产业，由公司投资建设，村企三七分成。四是培训村内农户开展乡村旅游服务。目前村内各项产业基础设施建设已基本完成，将有效提升村庄产业发展与村民就业增收。

农 业 科 技

综 述

2018年，北京市围绕实施乡村振兴战略，以推进农业“调转节”，深化农业供给侧结构性改革为主线，以科技创新和农技推广服务体系建设为抓手，以农业增效、农民增收为目标，深入开展农业农村科技工作，取得了积极进展。一是围绕京郊优势主导产业，加强创新团队建设。根据农业农村部的部署，结合北京实际，建设果类蔬菜、叶类蔬菜、食用菌、粮经作物、西甜瓜、生猪、家禽、奶牛、观赏鱼和鲟鱼鲑鳟鱼10个创新团队，不断提升农业优势产业的自主创新、集成创新与转化应用水平，为北京都市型现代农业发展提供了强有力的科技支撑。二是围绕产业重点问题，开展联合攻关。在种业建设、营养安全、绿色发展、提质增效和智慧农业等五个方面，集成了生物育种技术和良种推广、农业废弃物资源化利用、种养循环、水肥一体化、景观休闲农业与生态修复、化学投入品替代产品研发、化学投入品科学使用、风险评估方法、功能性食品研发、高产高效技术、品质高效、特色高效等技术模式集成与应用、农业物联网技术、农产品电商模式、共享经济＋农业模式等16种技术模式。三是围绕服务能力提升，加强基层农技推广体系建设。高起点统筹谋划、高标准组织实施推动项目转型升级与提质增效，2018年培训农技人员900名，推广应用13个优质绿色高效技术模式，总结推广了“首席专家＋岗位技术指导员＋科技示范户或全科农技术员＋农民”服务模式，在“农业废弃物无害化处理与资源化利用”等3个项目上探索了农科教协同推广模式。从2010年开始，本市开展村级全科农技员队伍建设试点。到2018年底，全科农技员在岗人数2 425名，覆盖了10个区、130个乡镇，而且全科农技员素质有了提高，结构进一步优化，服务能力有了提升。四是加强新型职业农民培育，造就一支善经营、会管理的“新农人”队伍。制定并下发了《2018年北京市新型职业农民培育实施工作方案》，出台了《北京市新型职业农民培育三年行动计划（2018—2020）》。通过完善培训教育体系，优化培育模式，生产经营型、专业技能型、专业服务型职业农民“三类协同”，初、中、高职业农民“三级贯通”，市、区县、乡镇“三级共管”，培育、认定、扶持“三位一体”的职业农民培育工作格局初步形成。五是加大农业科技执法力度，切实保护农业知识产权。制定并印发《北京市2018年农业转基因生物安全监管方案》等5个工作方案，加强农业转基因生物安全管理，对农业转基因违规零容忍。组织召开北京市农业植物新品种权保护工作座谈会，研究制定并印发了《北京市开展农业植物新品种权规范使用示范活动工作方案》，加大农业植物新品种权保护执法检查力度，全市未发生侵犯植物新品种权的案件。

（范子文）

科技推广与科技成果

【现代农业产业技术体系北京市创新团队成果丰硕】2018年，果类蔬菜、叶类蔬菜、食用菌、粮经作物、西甜瓜、生猪、家禽、奶牛、观赏鱼和鲟鱼鲑鳟鱼10个创新团队共设置10个市级研发中心、54个区级综合试验站、175个村级农民田间学校工作站，凝聚了首都398名农业科技专家队伍。创新团队在农作物新品种选育，生态循环、农业节水、动植物疫病防控、农产品质量安全、农业机械化和京津冀科技协同等方面，研发集成出了一批具有行业引领性的新品种、新技术和新产品，在全国起到了引领与示范作用。据统计，全年共培育新品种（系）43个，筛选新品种（系）336个，研发新技术293项，集成新模式131套，开发新产品130个，获得专利111项，发表论文591篇，产生经济效益约8.5亿元。

（范子文）

【加强农业转基因生物安全监管】按照《农业转基因生物安全管理条例》要求，北京市农业局对全市行政区域范围内的农业转基因生物研发、生产、加工、经营和进口等活动进行全链条监管。2018年，农业农村部批复在北京市实施的处在监管期内的农业转基因生物安全评价项目共计336项，其中实验研究8项、中间试验321项、环境释放7项，涉及北京市农林科学院、中国农业大学等22个单位，分布在昌平、大兴、房山、海淀、顺义、怀柔、通州等7个区。通过监管检查，336个转基因安全评价项目均符合要求，未发现违法违规现象。

（范子文）

【加强基层农技推广服务体系建设】出台《2018年北京市基层农技推广改革与建设实施方案》，由支持10个远郊区调整为支持承担意愿较高、2017年度绩效任务完成情况较好的房山、大兴、密云、门头沟、怀柔、平谷等6个区实施，辐射带动10个远郊区深化基层农技推广体系改革；建设12个长期稳定的农业科技试验示范基地，辐射带动本区优势产业培育壮大；提升900名基层农技人员业务能力；培育农业科技示范主体1 625个；构建农业重大技术协同推广机制，组建由推广机构、科研教学双方技术专家担任双首席的协同推广专家指导组，开展协同推广试点3项。

（初蔚琳）

【村级全科农技员队伍建设】从2010年开始，本市持续开展村级全科农技员队伍建设试点。8年来，经过上岗服务、参观学习、业务培训等，全科农技员素质有了提高，结构进一步优化，服务能力有了提升。到2018年底，全科农技员在岗人数2 425名，覆盖了10个区、130个乡镇。

（范子文）

【村级全科农技员知识技能大赛成功举办】为提升本市村级全科农技员技能水平，2018年北京市农业局举办首届村级全科农技员知识技能大赛活动。组织相关专家编制大赛专用知识题库，包含专业知识和生产实践类题目1 300余道。大赛分预赛网上答题和决赛现场角逐。9月28日开展预赛，全市共有2 160名村级全科农技员参加了线上答题，占应参赛总人数的91.5%，总参赛人次3 368人次，11月29日，排名前6名的区晋级决赛，最后顺义荣获团体一等奖，密云、延庆荣获团体二等奖，房山、门头沟、通州荣获团体三等奖，同时全市100名在预赛中取得优异成绩的村级全科农技员选手荣获"优秀个人奖"。大赛还表彰了10个区优秀个人组织奖获得者。通过本次活动极大地激励了全科农技员比学习、比服务、比奉献的热情。

（初蔚琳）

【《北京都市型现代农业产业发展报告（2017）》出版】为展示北京都市型现代农业发展成果和北京市创新团队对产业发展的技术支撑作用，由北京市农业农村局组织，现代农业产业技术体系北京市创新团队和有关专家学者编撰的《北京都市型现代农业产业发展报告（2017）》出版。该书共分两篇，第一篇为总论，对2017年北京都市型现代农业的发展概况、特征、主要进展、发展模式、政策与效果等进行了论述，在此基础上，研究提出了未来农业发展趋势与展望；第二篇为分论，对果类蔬菜、叶类蔬菜、食用菌、粮经作物、西甜瓜、生猪、家禽、奶牛、观赏鱼和鲟鱼鲑鳟鱼等10个行业的年度发展状况进行了述评，突出展示了10个创新团队的作用与贡献，解剖了典型案例。全书共62万字，由中国财政经济出版社出版。

（范子文）

【做好科研类人员出国管理】 为进一步落实中央和北京市有关要求，切实加强科研人员因公临时出国管理，组织制定并印发了《北京市农业局参加财政类科研项目因公临时出国人员管理办法（试行）》。审核落实局属单位 2 个科研团组共 12 人的出国执行科研类任务，分别为“日本食用菌育种技术和木腐菌工厂化栽培技术交流”和“冬奥会农产品供应保障与质量安全技术培训”团组，为局属单位专业技术人员创造更多的赴国（境）外开展技术合作交流的机会。

（初蔚琳）

【加强新型职业农民培育】 为落实 2018 年中央转移支付培育工作项目，根据市财政局会议要求，制定《2018 年北京市新型职业农民培育实施工作方案》，明确 2 项任务清单、5 项绩效指标、7 项工作任务和项目补助标准，制定了绩效考评指标体系。同时为落实市政府主要领导对新型职业农民工作指示要求，完成并印发《北京市新型职业农民培育三年行动计划（2018—2020）》工作。

（初蔚琳）

【组织开展“2018 年北京市新型职业农民科技之星”评选工作】 市农业局组织 10 个远郊区开展“2018 年北京市新型职业农民科技之星”评选工作，印发了评选工作方案，经过组织报名、线上投票、组织培训、专家评审等环节，最后在 67 名上报候选人中评选出 40 名入围奖，评选出 10 名特别奖。评选工作得到了 10 个远郊区农业主管部门、新型职业农民的支持与关注，取得了较好的预期效果。据统计，线上投票期间，累计共投票 401 133 次，系统访问量 3 864 078 次，微信分享次数 6 529 次。

（初蔚琳）

【推广农艺节水技术】 年内，北京农业集成示范推广设施农业微灌施肥技术模式、生态粮田喷灌施肥技术模式和旱作农业综合节水技术模式等 3 种模式 16 项农艺节水技术。在顺义区、房山区等 9 个区建立了 80 个设施农业微灌节水技术示范区，示范面积 1.2 万亩，主推以微灌施肥为核心的高效节水技术；在顺义区、房山区、大兴区、通州区平原区建立 12 个生态粮田喷灌节水技术示范区，示范面积 2.5 万亩，主推以喷灌施肥为核心的水肥一体化技术；在延庆区、密云区等山区建立旱作农业节水示范区 8 个，示范面积 1.5 万亩，主推以抢墒播种为核心的节水技术体系，通过示范区建设，带动农业节水约 4 000 万立方米。

（赵朔）

【北京南繁基地建设稳步推进】 3 月 19 日，新建北京市南繁指挥部正式投入使用，实验培训楼总建筑面积为 2 242.37 平方米。北京市南繁科研育种基地在海南省乐东县黄流镇、三亚市海棠湾和崖州生物专区已落实土地流转总面积为 1 265.27 亩，646.95 亩土地正在流转中，合计面积 1 912.22 亩。截至年底，全市南繁单位共计 53 家。南繁科研面积 3 796.26 亩，增加 461.73 亩，同比增长 13.85%。南繁制种面积 749 亩，增加 232 亩，同比增长 44.87%，南繁生产面积 677 亩，增加 65 亩，同比增长 10.62%。

（北京市种子管理站）

【农作物品种“三库一平台”建成】 年内，完成北京市农作物品种标准样品“三库一平台”建设，具体包括种子标准样品实体库、品种 DNA 指纹库、品种信息库、网络共享平台。全年累计接收审定和登记农作物品种标准样品共计 520 份，涉及作物 14 种。其中审定标准样品共计 34 份，涉及作物 3 种，登记标准样品共计 486 份，涉及作物 11 种。北京市农作物品种标准样品库累计库存各类标准样品（含亲本）共计 3 719 份。

（北京市种子管理站）

【种猪联合育种】 截至 2018 年 6 月底，本市已有 103 家种猪场（包括外埠基地）注册为北京种畜遗传评估中心会员单位，比 2017 年增加了 1 家。全市 2018 年新增种猪个体登记头数 7.91 万头，累计达 333.35 万头；新增达 100 千克体重日龄有效记录数 1.26 万条，累计达 44.29 万条；新增达 100 千克体重背膘厚有效记录数 1.26 万条，累计达 43.97 万条；新增产仔窝数 0.80 万窝，累计达 40.44 万窝。大白猪、长白猪、杜洛克 3 个主要品种的生产性能较 2017 年稳步提升，100 千克体重日龄平均达到 159.68 天、162.27 天和 157.62 天。其中，大白猪和杜洛克饲养至 100 千克体重所需天数比 2017 年缩短了 0.85 天和 0.27 天；杜洛克猪的平均窝产仔数达到 9.8 头，较 2017 年增加了 0.16 头。

【猪基因组选择育种】 2018 年新增大白猪参考群 863 头，达 4 883 头。新增猪基因组选择示范点 3 个，达 6 个；尝试开展了母猪的基因组遗传评估，基因组遗传评估 9 批次，共达 20 批次，评估种猪 1 381 头，达 3 105 头；选留后备公猪 968 头，入选核心群公猪 76 头，销售种公猪 461 头。早期选择时，达 100 千克体重日龄的育种值准确性达 62%，总产仔数性状育种值准确性达 59%。基因组选择公猪后代母系指数比普通公猪后代平均高 3.86。

【奶牛遗传改良】2018 年新建 3 个科学选配示范点，新增示范牛群规模 1 700 头，集成生产性能分析、体型外貌评定、群体近交分析、遗传缺陷基因检测、公牛信息解读等技术，完成了符合各牛场需求的个性化的奶牛科学选配方案。共建示范场（点）8 个，示范牛群规模达 3 500 余头。熟化奶牛遗传缺陷基因多位点同步检测技术，开发出检测试剂盒，并应用到种公牛的培育和奶牛场的选种选配。2018 年完成 352 头牛的 6 个主要遗传缺陷基因的检测。自 2015 年以来，累计检测 11 870 头基因位点。奶牛良种选育质量逐年提高。

【畜禽种质资源监测】①种猪精液质量监测。共抽检种公猪 22 个批次 400 头次，精液产品合格率为 97%，精液质量状况总体良好，市场秩序平稳。②种猪活体质量监测。对全市 21 家种猪场 138 头种猪进行了活体质量监测，监测种猪质量达到历年最好水平。达 100 千克体重日龄为 176.26 天，比上年增加 4.45 天；30～100 千克平均日增重为 790.09 克，比上年增加 22.26 克；料重比为 2.47∶1，为历年来最好；氟烷基因频率为 1.09%，继续呈下降趋势，比上年降低 2.30%；种猪体型外貌评定结果也好于上年，124 头参评结测种猪中，15 头为“优”级种猪，68 头为“良”级种猪，优良种猪占结测种猪的 66.9%，外貌评定合格种猪为 96.8%。2018 年还首次在全市开展了生猪屠宰性能和肉质品质鉴定工作。③奶牛生产性能测定。2018 年 1—10 月，在 63 家奶牛场推广奶牛 DHI 测定技术，测定奶牛 6.51 万头，同比增加了 0.26 万头；通过报告解读和应用、结合选种选配和饲养管理等措施，参测奶牛群的 305 天产奶量达 9 275.74 千克；生鲜乳质量明显提高，体细胞数为 18.88 万/毫升，同比下降了 9.12 万/毫升；乳脂率 4.00%，提高了 0.17 个百分点；乳蛋白率为 3.41%，提高了 0.07 个百分点；乳糖率 5.12%，提高了 0.07 个百分点；干物质 13.27%，提高了 0.29 个百分点。

【北京地方遗传资源保种效果监测】①北京油鸡。组建了繁殖北京油鸡保种群下一世代的核心群，选留雏鸡 2 401 只。北京油鸡保种群平均受精率为 89.35%，受精蛋孵化率为 82.52%。保种群较好地保持了五趾及胡须等外貌性状，冠羽及胫羽/趾羽在北京油鸡保种群个体中百分百持有，髯羽率也高达 96.93%，公母鸡的双五趾比例分别为 75%和 77.92%。②北京鸭。对瘦肉型北京鸭 Z5、Z6、Z7、Z8 和 Z9 等 5 个品系和肉脂型北京鸭 W、Z1、Z2、Z3 和 Z4 系 5 个品系以及优质小体型肉鸭 M1 绿壳、M1 白壳、M2 系和 M3 系 4 个品系进行了选育。瘦肉型北京鸭共育雏 13 353 只，留种母鸭 2 276 只，留种公鸭 759 只；肉脂型北京鸭累计育雏 14 544 只，核心群累计留种成年母鸭 3 688 只、成年公鸭 1 166 只；优质小体型肉鸭共育雏 3 671 只，留种母鸭 907 只、公鸭 301 只。

【地方畜禽遗传资源采集】入库北京鸭血液样本 880 份，鸭 DNA104 份；赛马入库血样 28 份，DNA14 份，马血清样本 358 份，备选马匹资料 121 份；优秀种公猪资源样本 75 份；特种经济动物狍子 DNA 样本 184 份，藏猪组织样本 38 份；种公牛冻精 375 支，原装进口冻精 249 支。

【规模化肉鸽生产性能测定和安全生产技术应用】对天翔达 1 号、白卡奴、美国白王鸽、美国银王鸽 4 个肉鸽品种规模化生产开展生产性能的测定，获得 4 个肉鸽品种系统的表型数据，合计 10 000 条。优化鸽子基因组 DNA，对 5 000 羽雏鸽进行性别鉴定，准确率达 98%。

【基于基因组选择平台的种猪繁育体系建立与应用】一是开发了国内首个智能化、自动化、标准化的基因组遗传评估网络系统，建成了猪基因组选择育种平台，建立了我国最大的大白猪基因组选择参考群，参考群达 4 561 头，基因组遗传评估公猪 1 804 头，选留 267 头，实现区域性的猪基因组遗传评估。二是开展了 15 个专门化品系的选育，专门化品系核心群规模达到 4 257 头。三是开展了杂交组合试验，筛选出大体型、节粮型和高繁殖力杂交组合 3 个，形成相应的饲养管理技术规程；大体型杂交组合为 LM06×[(LM03×LM04)×LM01]，其商品猪达 125 千克体重日龄 169.2 天；节粮型杂交组合为（S2×S4）×（D3×D5），其商品猪30～100 千克饲料转化率 2.38∶1；高繁殖力杂交组合为 E×（A×C），其父母代母猪（A×C）窝产活仔数 12.5 头。四是三家企业建立了较完善的大体型、节粮型和高繁殖力种猪繁育体系，在北京、河北、黑龙江等 15 个省区市建立种猪生产示范基地 60 个，种猪供种能力达 54.7 万头，其中祖代种猪供种能力达 16.8 万头。五是带动全市种猪产业升级，祖代种猪供种能力达 20.9 万头。

【良种种公牛培育】与国际知名育种机构 ABS、IVB NAAB 等开展合作，良种种公牛培育水平逐年提高。培育 TPI 2 400 以上公牛 56 头，具备商业冻精生产能力 49 头，年冻精供应能力可达 50 多万剂。其中 308HO17678 号公牛 TPI 值达 2 789，308HO17809 号公牛乳房结构达 2.85 分，308HO17699 号公牛体型总评达 2.78 分，308HO17671 号公牛产奶量育种值达 2 460 磅，308HO17657 号公牛乳脂率、乳蛋白率育种值分别达 0.25、0.08，308HO17692 号公牛长寿性达 8.2 分。这些指标均达到国际先进、国内领先水平，可满足牧场不同方向的改良需求。

【奶牛特色品质基因挖掘与应用】完成了奶牛高品质蛋白基因 k-酪蛋白、β-乳球蛋白（CSN3 和 BLG 基因）挖掘与特色牛群组建工作。通过对京郊 6 个牛场 3 625 头母牛系谱分析，采集其后代 1 036 头16 月龄大青年、一胎、二胎母牛血样并提取 DNA，利用 KASP 技术对其进行 CSN3 和 BLG 基因分型检测，完成了基因分型，在南口三场建立了纯合型 CSN3 和 BLG 基因母牛群体 53 头。

【奶牛养殖场碳排放评估及减排技术示范推广】建立碳排放核算数据库及核算系统 1 个，实现在线核算；完成 40 家养殖场碳排放核算评估工作，形成 30 家规模奶牛养殖场温室气体排放评估报告，确定了碳排放基线值。建立了“日粮调控＋粪污资源化（沼气、肥料）＋玉米种植”的过腹还田循环模式，建立示范基地 3 个，覆盖牛群 3 722 头。

畜禽养殖抗生素减量技术体系及其应用推广。推广乳酸杆菌和芽孢杆菌高效抗菌复合微生态制剂替代抗生素，酿酒酵母发酵培养物替代抗生素，蚯蚓提取物（蚯蚓肽）替代抗生素，乳酸菌、芽孢杆菌、酶制剂和酵母培养物科学配伍的种猪肠道健康菌群调控 4 项技术，应用 100 万只家禽、1 万头能繁母猪，提高了生产性能和抗病力，抗生素使用量降低 30%以上。

（赵有）

【创立畜牧部颁标准和地方】重点加大了健康低碳减排技术标准制定力度。在全国首次制定《畜牧产品温室气体排放核算指南（DB11/T 1565—2018）》《农业企业（组织）温室气体排放核算和报告通则（DB11/T 1563—2018）》2 个标准，并于 2019 年 1 月 1 日实施。征集地方标准 4 项，《规模鸡场粪污处理技术规范》《全株玉米青贮质量评价规范》《肉鸽人工孵化技术操作规程》3 个标准已批准立项。

（赵有）

【畜牧业科技创新与推广】为贯彻落实《国务院关于加快推进畜禽养殖废弃物资源化利用的意见》《北京市水污染防治工作方案》及北京市美丽生态牧场创建工作要求，协调推进生态环境保护与畜禽养殖污染防治，实现种养结合、废弃物循环利用的可持续发展模式，2018 年市畜牧业环境监测站重点开展了养殖场舍内环境调控、清洁减排、粪污治理与资源化利用等技术的研究示范工作。

【舍内环境调控技术推广】优化整合舍内环境质量监控网络系统、多因子调控技术、面向用户的远程智能调控等功能，建立多家养殖场环境质量在线监控和数据共享系统。目前已完成 4 家养殖场环境远程在线监控平台升级，申报软件著作权专利 1 项，实用新型专利 1 项。

【养殖场清洁减排技术示范推广】①猪场节水减排技术推广。继续扩大自动干清粪、节水饮水、节水消毒等成熟技术覆盖面，推广带动自动干清粪设备安装 10 套，平均节水率 40%，辐射带动生猪存栏 3 万头，推广节水饮水器 1.1 万个，节水型消毒设施 12 套，节水率 28.4%～60%，辐射带动家禽存栏量 31 万羽。②奶牛场生产过程节水减排技术示范。开展以奶牛场智能喷淋与粪污减排为重点的节水减排技术集成示范，优化集成智能节水饮水槽、红外智能喷淋等装置，形成一套适宜于京津冀地区集约化奶牛场节水减排技术。智能化升级改造后，牛舍喷淋、等待区喷淋和饮水槽节水效率分别提升 38.4%、40.2%和 31%。

【粪污处理与资源化利用技术示范推广】①污水组合式处理技术。示范建立“物理法＋生物法＋深度处理”的组合式污水处理工艺模式和种养结合工艺。建立示范点 4 家，年处理养殖场粪污 10 万吨，处理后肥水达到还田灌溉标准，通过管道输送至农田果园利用。②粪便好氧堆肥工艺。示范建立槽式堆肥工艺技术 1 处示范点，利用链板式翻堆及好氧供气，通过添加高效微生物菌剂，加快好氧发酵速率20%以上，年处理养殖废弃物6万吨，实现了窦店镇养殖粪便、蘑菇渣菌渣等废弃物集中处理，年生产有机肥2万吨。

【养殖场氨减排技术示范】①舍内喷雾除臭技术示范。应用优选的微生物除臭菌剂，在高效雾化设施的辅助下，研发了舍内空气除臭和舍内粪便除臭两项实用技术；舍内喷雾除臭和自动刮粪喷雾除臭均可适用于猪舍和鸡舍，实现舍内源头氨减排的效果。已推广舍内喷雾系统8套，建立示范点6个，可降低舍内氨40%～73.7%，兼有杀菌和消毒作用。②废气集中收集治理技术示范。针对养殖场栋舍恶臭气体无组织排放的问题，设计采用了舍内废气负压收集，UV光解和高分子滤墙两种除氨方式，改造6栋舍和粪便处理间，同时安装了氨在线监控系统，氨的集中收集率可达80%以上。

（张丽丽）

【“金野”紫穗槐被授予职务新品种权】3月，北京农职院教授石进朝选育的“金野”紫穗槐被国家林业局授予植物新品种权，品种权号：20170068。“金野”紫穗槐喜光，耐半阴，耐寒、耐旱、耐贫瘠、耐水湿和轻度盐碱土，浅根系，具有根瘤菌，有固氮作用。对土壤适应性强，萌芽力强，耐修剪。繁殖容易，栽培管理方便，适生范围广，抗逆性强，观赏价值高，是北京地区乡土彩色树种之一，适合在我国东北南部、华北、西北、黄河及淮河流域等地区栽培推广，在道路、护坡、河湖、干旱贫瘠等地区绿化有着良好的应用前景。

（刘宪东　石进朝）

【依法推进品种审定和品种登记工作】按照《中华人民共和国种子法》《主要农作物品种审定办法》的相关规定，北京市农作品种审定委员会于5月15日召开第九届品种审定委员会主任委员会第一次会议，共28个新品种通过审定，其中小麦7个、玉米15个、大豆6个。全年共受理品种登记633个，涉及马铃薯、高粱、谷子、向日葵、甜菜、大白菜、结球甘蓝、辣椒、番茄、西瓜、甜瓜、黄瓜共计12种作物；已获得登记品种290个，全年受理量是上年的2.7倍，通过登记的品种量是上年的3.7倍（79个），约占全国登记数量的5%。全年共有13个品种通过京津冀品种联合审定，其中夏播玉米品种6个、小麦品种3个和水稻品种4个，完成同一适宜生态区主要农作物审定品种引种备案品种13个，全部为玉米品种。

（任辉霞）

【落实完成国家和北京市救灾备荒种子储备】完成农业农村部下达的2018年国家救灾备荒种子储备任务，组织北京顺鑫农科种业科技有限公司、北京龙耘种业有限公司两家承储企业储备杂交玉米种子70万千克、大豆种子10万千克。组织北京广源旺禾种业有限公司、北京华耐农业发展有限责任公司两家承储企业完成2018年度北京市救灾备荒储备工作，储备玉米、蔬菜等救灾种子共计9.158万千克，可救灾面积15.9万亩。

（任辉霞）

【组织开展种子法实施办法立法评估】按照《市人大常委会关于现行24部涉农地方性法规全面评估的工作方案》，组织开展了《北京市实施〈中华人民共和国种子法〉办法》立法后评估工作。组成评估工作组，制定评估工作方案，针对北京市种业战略、种业创新、种业管理等重点问题，通过政策研究、法规梳理、实地调研、座谈调研、专家论证、比较研究、案例分析、文献研究、统计分析、问卷调查等形式，听取了行政管理、监督执法等工作机构、行业协会、科研院所、企业以及代表、基层干部群众的意见，历时半年完成《北京市实施〈中华人民共和国种子法〉办法后评估报告》，系统总结实施办法颁布以来取得的成绩，分析问题，为实施办法修订奠定基础。

（任辉霞）

【强化品种权保护工作，营造种业营商环境】为营造健康有序的现代种业发展环境，组织召开了2018年北京市种子监管工作会，印发《北京市农作物种子质量年专项行动实施方案》，启动实施北京市种子监管三年行动计划，全年全市共组织种子执法活动1 145次，出动执法人员4 946人次，检查种子经营单位2 823家次，全年共立案74起，做出处罚决定41起，罚没款共计50.456 9万元，确保了全市种业市场稳定有序。与市知识产权局共同开展品种权规范使用示范活动，一是“正面树”，对于符合标准的种业企业予以授牌，为这些合法合规使用品种权的种业企业建立“绿色通道”，优先提供服务便利；二是“反面打”，对侵犯他人品种权的种业企业建立“黑名单”制度，实施市场性、行业性、社会性约束和惩戒；三是搭建服务平台，鼓励种业企业积极开展品种权违法使用维权诉讼，政府部门全力搭建服务平台，为种业企业提供法律援助和支持，协调农业农村部、借助知识产权法院等社会力量，开展知识产权保护工作，为种业企业“搭平台、建支持、搞服务”。2018 年，全国共公开植物新品种权申请 5 349 件，其中北京市申请 580 件（包括 34 个作物种类），占全国申请公开总量的 10.84%，位居全国第一；全国共公开授权品种 1 990 件，其中北京 328 件（包括 19 个作物种类），占全国授权量的 16.48%，位居全国首位。

（任辉霞）

【第二十七届北京种子大会圆满举办】 10 月 18—20 日，第二十六届北京种子大会暨首届北京种业扶贫大会在河北省廊坊国际会展中心成功召开。大会以“振兴民族种业、助力脱贫攻坚”为主题，以北京市扶贫协作地区为主的全国 40 多个贫困县、560 余家种子企业参展，交易展示优良品种达一万余个。北京种子大会不断提高办会规模和档次，越来越成为现代种业交易、交流、展示的重要窗口。

（任辉霞）

【成功举办第七届北京现代种业博览会】 为实施乡村振兴战略，进一步发挥北京种业在全国科技创新、交易交流以及资源共享服务等方面的示范引领作用，打造具有国际影响力的农业品牌盛会，5 月 26 日至 6 月 1 日，在通州区国际种业科技园区，市农委、市科委、市农业局及通州区政府联合举办了 2018 年第七届北京现代种业博览会。在 4 000 平方米的展厅内，集中展示了国内外知名种子企业、科研院所、农业院校等单位选育的名、特、优、新的蔬菜新品种 2 600 余个，搭建了现代种业创新发展和交流共享的平台。

（任辉霞）

【北京市农林科学院科研创新能力持续增强】 一年来，坚持将增强自主创新能力作为立院之本和重中之重，通过加强顶层设计、优化学科布局、创新管理和服务机制、优化创新环境、加大激励力度等措施，持续提升创新能力，农作物育种和农业信息化的整体优势得到巩固提升，农业绿色发展技术的局部优势实现多点开花。全年落实各类项目 377 项，经费 2.04 亿元。其中，最能说明科研竞争力的国家重点研发计划和国家自然科学基金项目保持了良好势头，成绩喜人。2018 年新上国家重点研发计划 3 项，课题 8 个。目前全院共承担重点研发计划项目 11 个，主持课题 53 项、参加课题 117 项，几乎涉及全院所有研究领域。新增国家自然科学基金资助项目 38 项，数量为历年最高，直接经费 1 628 万元，资助率为 25.7%，项目数量、资助率在全国各农科院中名列前茅。全年获得各类政府科技奖励 21 项。获得各类成果和知识产权 490 余项。其中审定、鉴定、认定新品种 43 项，授权植物新品种权 52 项、专利授权 225 项，制定国（行、地）标 30 项。发表 SCI 论文 206 篇，其中 Q1 区 96 篇，Q2 区 53 篇，Q1、Q2 区论文数量较上年增加 10.4%。影响因子超过 5.0 的论文有 14 篇，为历年年度最高。“植物学与动物学”（Plant & Animal Science）和“农业科学”（Agricultual Sciences）两门学科进入 ESI 世界前 1%。

【基础性、前沿性研究取得新突破】 北京市农林科学院获得了世界上首个猪圆环病毒（PCV3）毒株，首次证明 PCV3 感染试验仔猪引起皮炎肾炎综合征；研究重现春白菜的分子选择历程，为白菜分子育种奠定了重要基础；揭示了我国桃栽培种与其野生近缘种遗传关系及演化规律，首次提供了栽培桃在中国西南起源与演化的分子证据，挖掘出一套在桃驯化和改良过程中与果实品质性状相关遗传变异；成功完成高质量的玉米基因组“黄早四”的组装注释工作，解析了“黄早四”及黄改系的育种改良历史；明确了葡萄从健康到衰死时体内外的微生物种群变化特点，构建了目前国际上最系统的葡萄真菌检索表，率先在国内诊断出了葡萄衰枯病和葡萄条纹病两种葡萄上的新病害。

【新品种、新产品、新技术持续涌现】 北京市农林科学院研试的京科青贮 932 通过黄淮海、东华北区国家审定，培育出京紫糯 219 高端特色品种。成功研制、研发玉米新型 6H90K 芯片，玉米 DNA 指纹检验信息化平台，引领了我国 DNA 指纹检测技术。利用基因编辑技术整合了新的抗除草剂性状，创制出全球首个基因编辑抗除草剂西瓜。京麦 179、京花 12 通过国家审定，其中京麦 179 为北部冬麦区第一个国审的杂交小麦品种。鸡鼻炎三价灭活苗取得二类新兽药注册证书，猪、牛新型亚单位疫苗的研制获得临床试验批件，新法二联苗通过复核检验。

【农业信息与智能装备技术竞争力持续加强】 农业农村部委托北京市农林科学院开发的全国农业科教云平台，覆盖全国农业专家、农技人员和职业农民，线上用户 400 万，在 2018 年全国双新双创会上得到韩长赋部长高度肯定。装配农机作业检测终端3万台套，自动导航和圆捆机电控1 600台套，覆盖全国21个省区，作业面积7 000多万亩。与航空植保公司合作，装配自主研发的航空施药作业监管与计量系统3.66万架次，作业面积8 136万亩，对推动农业信息化应用发挥了重要作用。

【北京市农林科学院协同创新中心建设全面启动】首批启动农产品加工与营养健康协同创新中心、基因组学育种协同创新中心、作物表形组学协同创新中心、林果病虫害绿色防控协同创新中心、乡村振兴研究中心。协同创新中心的建设，集聚全院资源，突出学科引领统筹，体现整体性和协同性，将进一步优化学科发展，提升原始创新能力和科研产出效率。

【农科“智库”服务决策作用持续提升】北京市农林科学院开展多种形式的决策支撑服务，参与制订了《北京市乡村振兴战略规划（2018—2022）》《北京市新型职业农民培育三年行动计划》（2018—2020）。参与制订了国家标准《信息技术面向设施农业应用的传感器网络技术要求》，该标准是农业传感网方面的第一项国家标准，实现了传感网技术农业国家标准零的突破，对农业信息化标准体系具有重要支撑意义。

【北京市农林科学院科研创新环境持续优化】进一步丰富和发展“专家为本、成果为王”理念，高质量开展“农科大讲堂”，成功举办第三届青年学术论坛，反响越来越好。科学文化墙建设全面展开，并已见到效果。各项工作的开展增进了学术交流，激发了科技人员的探索热情，进一步营造了良好的创新氛围。

【科技成果转化与推广服务能力持续提升】2018年，北京市农林科学院不断完善成果转化和推广服务机制，加大工作力度，实现了科技成果在北京及全国落地转化的平稳发展，在整体经济下行压力加大的宏观背景之下，仍然呈现出了稳中有进、持续向好的势头。全年成果转化总收入达1.263亿元，比上年收益增加5.88%。其中，成果转让收入3 872.21万元，同比增长16.8%，三技收入8 759.02万元，基本与上年持平。畜牧所鸭坦布苏病毒病灭活疫苗（HB株）转让三家公司，转让费共350万元；玉米新品种京科糯609、京农科728转让费达326万元。邓州昌平农业科技有限公司完成增资扩股工作，增资扩股后注册资金为2亿元，为2019年实现杂交小麦大规模制种和大规模生产提供前提保障。京研益农销售蔬菜良种50余万千克，推广面积超过1 000万亩，覆盖全国1 500多个市县；北京顺鑫农科种业生产种子345万千克，推广面积约500万亩，杂交小麦年生产种子300万千克，推广面积约30万亩。与北交所合作，开展了无形资产挂牌交易试点工作，创新了成果转化机制。

【科技帮扶和对口援助力度进一步加大】北京市农林科学院持续推动低收入村（户）增收科技帮扶工作，共组织全院85名专家与延庆、密云等9个郊区、45个低收入村、90个新型生产经营主体、400户低收入户开展精准对接工作，探索实施了全产业链精准帮扶模式。集成各类项目资源，重点扶持农业科技综合服务试验站2个，专家工作站8个，双百对接基地204个。全年开展各种形式的技术培训、指导、观摩活动2 000余次，培训各类技术人员1万余人次，培养各类新型经营主体技术骨干200多人。此外，不断加强对受援地区的智力支撑和科技支撑，成为北京对口援助工作的生力军，受到了广泛好评。目前，北京对口援助的7省89个县均有本院的技术成果应用推广。

【2018年度农业科技主要获奖成果简介】

1. 辣椒优异种质创新和多类型强优势新品种选育与推广。该成果是由北京市农林科学院蔬菜研究中心完成的，获得2018年度北京市科学技术奖三等奖。本项目针对辣椒疫病、根结线虫、青枯病和黄瓜花叶病毒病危害严重、露地多抗优异种质匮乏及干椒、耐低温突破性品种少等问题，建立辣椒抗病分子标记辅助育种技术、单倍体育种技术和雄性不育杂种优势利用技术相结合的高效育种技术体系，选育出覆盖我国辣椒六大主产区主要类型的强优势杂交新品种。建立了与辣椒常规育种紧密结合的高效育种技术体系。利用生物发光青枯菌建立了青枯病抗性精准评价技术；基于InDel和SSR标记，绘制了高饱和度辣椒种内分子遗传图谱，开发出抗疫病、根结线虫和CMV的紧密连锁标记，并建立了实用的分子标记辅助育种技术，突破了常规育种多基因聚合难的技术瓶颈；建立了具有自主知识产权的辣椒高效单倍体育种技术，为加快多抗、耐低温种质创新提供技术支撑。创制出一批不同类型的辣椒多抗、雄性不育及恢复系新种质。通过多材料复合杂交结合单倍体和分子标记辅助定向选择，创制出耐低温骨干亲本材料 4 份、兼抗 4～5 种病害自交系 6 份，有效解决了辣椒多抗、耐低温优异种质缺乏的难题。创制辣椒优良雄性不育系 31 份，其中甜椒雄性不育系 6 份；辣椒强恢复系 19 份，其中罕见的灯笼形甜椒恢复系 3 份，突破了大果型甜椒“三系”配套应用的难题，为“三系”配套品种选育奠定了材料基础。培育出覆盖我国辣椒六大主产区主要类型的强优势杂交新品种 10 个。“京甜 3 号”为南菜北运基地高附加值灯笼形甜椒品种，被农业农村部评为甜椒主导品种；“京甜 1 号”和“京辣 8 号”分别为云南和湖北等地锥形红椒专用主栽品种；线椒“国福 403”和羊角椒“国福 208”为南菜北运基地主栽品种类型，兼抗 5 种主要病害；“胜寒 740”是国内率先推出的北方温室越冬一大茬专用品种，打破国外品种的垄断局面；“三系”配套品种“国福 901”取代了“威狮”等国外主栽辣椒品种，成为山东保护地秋延后推广面积最大的国产品种；“国禧 113”为山东保护地秋延后主栽甜椒品种；“京辣 2 号”是国内率先利用雄性不育系育成的出口型专用干椒品种，综合性状优于国内外同类品种，比韩国垄断品种“金塔”增产 24.6%；“格拉夫特”是目前国内占有率最大的国产辣椒砧木品种。本项目鉴定品种 7 个；获国家发明专利 5 项；发表论文 26 篇，其中 SCI 论文 3 篇；出版专著 2 部。2006 年以来，企业累计销售辣椒良种 6.9 万千克，推广面积 280 万亩以上，获直接经济效益 6 623 万元，产业化规模居全国同行前列，为农民增收 30 亿元以上。

2. **养殖场沼液污染防控与安全利用技术**。该成果是由北京市农林科学院植物营养与资源研究所完成的，获得 2018 年度北京市科学技术奖三等奖。本项目旨在为沼液污染防控与安全利用提供技术支撑。系统揭示了沼液各类污染物赋存形态及污染风险相对较低的特征，走出了沼液不敢用、不想用的认识误区。阐明了厌氧消化过程中铜和锌优先向固相迁移的规律性特点，转移率高达 80%和 43%；沼液中氮素 72%～92%以速效态存在，具有线性加平台的肥效特征，超越产量拐点后的施氮量引起土壤硝酸盐急剧累积。基于沼液氮磷、重金属赋存特征及污染风险相对贡献，首次提出了沼液农用应优先考虑氮素合理承载的策略。率先构建了沼液污染综合防控技术体系，提出了控氮和重金属、抗生素削减为核心的“一控两削减”组合措施，解决了沼液利用中环境制约性难题。针对氮排放，提出了“温度＋深度＋覆盖度＋pH”的综合调控措施，减排率达 54%～94%；针对抗生素污染，发明了吸附降解联动的强化削减方法，四环素和磺胺类抗生素削减率达 90%；针对重金属污染，创制了“吸附＋气化砷削减技术”和“沉淀＋过滤铜、锌削减技术”，去除率达 29%～80%。集成以上技术，从发酵、贮存到土地利用进行全程防控，形成了延长发酵时间、优化贮存条件、添加生物炭、接种菌剂、沉淀分离相结合的“五措并举”综合防控模式，实现多目标一体化防控。创建了“一通二调三总控”沼液处理利用智能化系统，解决了管道易堵塞、浓度难控制、用量不精准的难题。一通管道：构建了沼液“20 目＋60 目＋120 目”三级过滤体系，配合“首部＋管道＋滴头”三防堵技术，保障系统连续运行；二调浓度：基于电导率与养分含量的线性关系，构建了以电导率为调控核心的沼液养分浓度即时配比体系，实现自动化调控；三控总量：针对不同区域和模式作物需肥特点，制定了沼液灌溉施肥技术规程，实现总量控制和精准化利用。2013 年以来，本成果在北京、重庆等 10 省市推广应用，累计消纳沼液 8 471 万立方米，替代化肥（折纯）39.0 万吨，减少 COD 和氨氮排放 33.9 万吨和 14.9 万吨，实现社会经济效益 13.6 亿元。发表文章 44 篇、专著 2 部，获专利 9 项，培训 1.1 万人次。对面源污染减排发挥了重大作用，效益显著。

3. **果蔬及水产品质量安全追溯技术研究与应用**。该成果是由北京市农林科学院北京农业信息技术研究中心完成的，获得 2018 年度北京市科学技术三等奖。研究建立果蔬及水产品质量安全信息化追溯体系，对于提高质量安全水平、确保民众“舌尖上的安全”具有重要的作用和意义，但实际应用中存在追溯编码不统一、信息采集可信度差、质量安全控制能力弱、平台异构性强等问题。本项目在国家 863 计划等支持下，围绕“追溯编码—信息采集—质量控制—全程溯源”四个方面率先开展了系统性研究，经过 12 年攻关，取得了以下重要创新成果：①创新了农产品追溯编码理论与方法。针对果蔬、水产品追溯编码不统一、防伪性差，设计并提出了新型农产品三段式追溯编码方法，有效解决了产品追溯单元统一编码的问题；率先提出了基于 AES 的农产品追溯码分组加密压缩方法，开发了具有自主知识产权的农产品追溯“电子身份证”混合标识，有效解决了农产品追溯标识易仿制、防伪性差等问题。②创制了供应链追溯信息在线采集系列设备。针对供应链追溯信息人工采集可信度差、信息断链，面向生产环节研制了多源生产履历采集设备，面向物流环节研制了车辆位置—车厢温度—品质劣变信息一体化采集的物流监控终端，面向交易环节在国内首次研制了条码溯源电子秤；同时针对追溯信息断链问题，研制了条码—RFID追溯标签的双向转换设备，有效地提升了追溯基础信息采集的实时性和可信性。③创建了农产品质量安全控制模型与系统。针对生产过程质量安全决策控制能力弱，研发了基于GAP的生产过程质量安全控制模型与系统，提高了果蔬及水产品质量安全的源头保障能力；在物流环节构建了多源信息融合的生鲜农产品货架期预测模型与系统，实现了货架期的快速预测。④创立了农产品质量安全追溯监管一体化信息平台与应用模式。针对质量追溯平台异构性强、追溯手段单一、场景应用复杂，突破了基于XML的农产品追溯信息统一描述与交换技术，开发了兼容多种操作系统、支持网站、触摸屏、手机等多终端的多维信息追溯监管一体化信息平台，探索并创立了政府主导型、合作社/行业协会主导型和零售企业主导型等3种追溯技术应用模式，有效解决了系统应用的适用性和便捷性。项目获授权专利97个，其中发明专利18个；制定国家标准2项、行业标准3项、地方标准3项、企业标准1项，已颁布实施；出版专著1部，累计发表SCI/EI等论文145篇（他引2 129次）；技术成果在北京、天津、江苏等19个省市的423个企业得到大面积推广应用，辐射种植面积超过830.8万亩，水产面积357余万亩，培训农技人员10万余人次，直接经济效益6 323.67万元，新增产值11.015亿元，效益显著。

【2018年审定新品种名录】

序号	品种名称	完成单位	育种者	审/认/鉴定	证书编号	审批时间	审批部门
1	MC979	北京市农林科学院玉米研究中心、河南省现代种业有限公司	赵久然、王元东、张雪原、陈传永、段民孝、张华生、张春原、刘新香、解强	审定	蒙审玉2018048	2018－5－9	内蒙古自治区农作物品种审定委员会
2	MC278	北京市农林科学院玉米研究中心	—	审定	冀审玉20180058	2018－7－21	河北省农作物品种审定委员会
3	MC118	北京市农林科学院玉米研究中心	—	审定	冀审玉201807	2018－7－21	河北省农作物品种审定委员会
4	京农科738	北京市农林科学院玉米研究中心	—	审定	京审玉20180003	2018－7－20	北京市农作物品种审定委员会
5	京农科738	北京市农林科学院玉米研究中心	—	审定	京津冀审玉20180002	2018－8－13	北京市农作物品种审定委员会、天津市农作物品种审定委员会、河北省农作物品种审定委员会
6	MC121	北京市农林科学院玉米研究中心	—	审定	京津冀审玉20180004	2018－8－13	北京市农作物品种审定委员会、天津市农作物品种审定委员会、河北省农作物品种审定委员会
7	MC121	北京市农林科学院玉米研究中心	—	国审	国审玉20180070	2018－9－17	农业农村部国家农作物品种审定委员会
8	京科969	吉林省鸿翔农业集团鸿翔种业有限公司、北京市农林科学院玉米研究中心	—	审定	吉审玉20186007	2018－6－15	吉林省农作物品种审定委员会

（续）

序号	品种名称	完成单位	育种者	审/认/鉴定	证书编号	审批时间	审批部门
9	JK9681	北京市农林科学院玉米研究中心	—	国审	国审玉 20180231	2018-9-17	农业农村部国家农作物品种审定委员会
10	MC618	北京市农林科学院玉米研究中心	—	国审	国审玉 20180232	2018-9-17	农业农村部国家农作物品种审定委员会
11	MC703	北京市农林科学院玉米研究中心	—	国审	国审玉 20180050	2018-9-17	农业农村部国家农作物品种审定委员会
12	泓丰 707	北京新实泓丰种业有限公司、北京市农林科学院玉米研究中心	—	国审	国审玉 20180217	2018-9-17	农业农村部国家农作物品种审定委员会
13	京科 968	北京市农林科学院玉米研究中心	—	国审	国审玉 20180314	2018-9-17	农业农村部国家农作物品种审定委员会
14	京科青贮 932	北京市农林科学院玉米研究中心	—	国审	国审玉 20180174	2018-9-17	农业农村部国家农作物品种审定委员会
15	GL1409	北京市农林科学院玉米研究中心	—	国审	国审玉 20180003	2018-9-17	农业农村部国家农作物品种审定委员会
16	MC538	北京市农林科学院玉米研究中心、北京龙耘种业有限公司	—	国审	国审玉 20180071	2018-9-17	农业农村部国家农作物品种审定委员会
17	MC687	河南省现代种业有限公司、北京市农林科学院玉米研究中心	—	国审	国审玉 20180233	2018-9-17	农业农村部国家农作物品种审定委员会
18	NK718	北京市农林科学院玉米研究中心、合肥丰乐种业股份有限公司	—	国审	国审玉 20180261	2018-9-17	农业农村部国家农作物品种审定委员会
19	SK567	北京市农林科学院玉米研究中心	—	国审	国审玉 20180205	2018-9-17	农业农村部国家农作物品种审定委员会
20	荃科 666	北京市农林科学院玉米研究中心、安徽荃银高科种业股份有限公司	—	国审	国审玉 20180252	2018-9-17	农业农村部国家农作物品种审定委员会
21	京科糯 2010	北京市农林科学院玉米研究中心、北京华奥农科玉育种开发有限责任公司	—	国审	国审玉 2018338	2018-9-17	农业农村部国家农作物品种审定委员会
22	京科糯 2016	北京市农林科学院玉米研究中心、北京华奥农科玉育种开发有限责任公司	—	国审	国审玉 2018354	2018-9-17	农业农村部国家农作物品种审定委员会
23	京科糯 609	北京市农林科学院玉米研究中心	—	国审	国审玉 2018355	2018-9-17	农业农村部国家农作物品种审定委员会
24	农科甜 601	北京市农林科学院玉米研究中心、北京华奥农科玉育种开发有限责任公司	—	国审	国审玉 2018357	2018-9-17	农业农村部国家农作物品种审定委员会

（续）

序号	品种名称	完成单位	育种者	审/认/鉴定	证书编号	审批时间	审批部门
25	京科糯623	北京市农林科学院玉米研究中心、北京农科院种业科技有限公司	—	国审	国审玉2018339	2018-9-17	农业农村部国家农作物品种审定委员会
26	农科糯303	北京市农林科学院玉米研究中心、北京华奥农科玉育种开发有限责任公司	—	国审	国审玉2018342	2018-9-17	农业农村部国家农作物品种审定委员会
27	京科甜608	北京市农林科学院玉米研究中心	—	国审	国审玉2018349	2018-9-17	农业农村部国家农作物品种审定委员会
28	农科甜563	北京市农林科学院玉米研究中心、北京华奥农科玉育种开发有限责任公司	—	国审	国审玉2018350	2018-9-17	农业农村部国家农作物品种审定委员会
29	农科玉368	北京市农林科学院玉米研究中心	—	审定	黑审玉2018Z002	2018-4-25	黑龙江省农作物品种审定委员会
30	京科糯2000E	北京市农林科学院玉米研究中心	—	审定	黑审玉2018Z001	2018-4-25	黑龙江省农作物品种审定委员会
31	农科甜601	北京华奥农科玉育种开发有限责任公司	—	审定	京审玉20180007	2018-7-20	北京市农作物品种审定委员会
32	京科糯623	北京华奥农科玉育种开发有限责任公司	—	审定	京审玉20180011	2018-7-21	北京市农作物品种审定委员会
33	农科糯303	北京市农林科学院玉米研究中心	—	审定	京审玉20180014	2018-7-22	北京市农作物品种审定委员会
34	英特思鸭茅	草业中心	孟林、毛培春、周思龙、郜建辉、田小霞	国审		2018-8-15	国家草品种审定委员会
35	蓝姬柳枝稷	草业中心	武菊英、范希峰、滕文军、岳跃森、杨学军、袁小环、朱英超、张辉、滕珂、温海峰	审定	京S-SC-PV-022-2017	2018-2-12	北京市林木品种审定委员会
36	映霜红帚状须芒草	草业中心	滕文军、武菊英、范希峰、岳跃森、张辉、杨学军、袁小环、滕珂	审定	京S-SC-AS-025-2017	2018-2-12	北京市林木品种审定委员会
37	丽人狼尾草	草业中心	岳跃森、滕文军、武菊英、范希峰、袁小环、冯蕊、张辉、杨学军、滕珂	审定	京S-SC-PA-024-2017	2018-2-12	北京市林木品种审定委员会
38	盈逸知风草	草业中心	武菊英、岳跃森、范希峰、滕文军、滕珂、张辉、杨学军、袁小环、温海峰	审定	京S-SC-EF-023-2017	2018-2-12	北京市林木品种审定委员会

（续）

序号	品种名称	完成单位	育种者	审/认/鉴定	证书编号	审批时间	审批部门
39	彩虹	北京市林业果树科学研究院	张开春、张晓明、闫国华、周宇、王晶等	国审	国-S-SV-PA-015-2017	2018-3-23	国家林业局
40	瑞都香玉	北京市林业果树科学研究院	张开春、张晓明、闫国华、周宇、王晶等	审定	国S-SV-VV-013-2017	2018-3-23	国家林业局林木品种审定委员会
41	京麦179	北京杂交小麦工程技术研究中心	赵昌平、张风廷、秦志列、叶志杰、任立平、孙辉 等	审定	国审麦20180072	2018-5-1	农业农村部国家农作物品种审定委员会
42	京麦21	北京杂交小麦工程技术研究中心	赵昌平、张风廷、叶志杰、秦志列、任立平、孙辉 等	审定	晋审麦20170007	2017-12-5	山西省农作物品种审定委员会
43	京麦11	北京杂交小麦工程技术研究中心	赵昌平、张风廷、秦志列、叶志杰、任立平、孙辉 等	审定	京审麦20180001	2018-7-20	北京市农作物品种审定委员会

信息化建设

【市农委网站运行正常】北京市农村工作委员会网站新闻动态类栏目发布信息3 832条，专题类栏目发布信息413条，主动公开类栏目发布信息138条；完成6次在线访谈、4次调查征集，回复信箱信件17封。向中国农业信息网政务网站报送信息5 243条，同比增加22.1%，向全国联播频道推送信息420条，首页采用率为59.5%。北京市农业局网站发布信息20 487条次，同比增长7.8%；增加了人工智能机器人服务功能，提供7×24小时在线咨询服务和智能问答；新增农业信息日历功能，可推送二十四节气与农业生产、生活信息，农时谚语等农业特色内容。

【网站整合清理、运行维护工作】完成市农研中心6个网站整合工作，网站的全部数据备份、部分数据导入数据资源平台，域名注销、网站关闭；完成网络信箱回复、现代农业信息网运维、信息员队伍建设等工作；根据政府网站考评要求，完成市农委网站、市农研中心网站《政府网站信息内容建设评估工作调查表》《政府网站基本情况调查表》《政府网站建设费用调查表》和四个季度的网站自查报告。

【加强网络安全保障工作】按照有关要求，制定工作方案、完善应急预案、开展应急演练、加强监控值守，较好地完成了中非论坛、全国“两会”等重要时期市农委、市农研中心、信息中心的网络信息安全保障工作；全年共接到北京市政务信息安全监控预警系统安全漏洞通知单3份、市级部门远程渗透测试安全漏洞提示单1份，及时排查整改漏洞，与相关单位进行协调和技术服务，处理了安全隐患，未造成信息安全事故。

【做好信息安全培训工作】完成安全运维监管工作、服务器脆弱性扫描、系统代码审计、日常运行实时监控、终端安全巡检工作，全年共完成5次集中巡检；做好办公自动化系统、统一认证平台、山区搬迁系统等业务系统的运行维护工作；组织市农委各处室、直属单位、系统单位、市农委开展年度信息安全培训工作；加强与系统单位间的信息通报机制建设。

【开展信息化项目建设工作】开展市农委门户及办公OA系统升级改造工作；开展农村土地确权颁证系统的建设和应用，制定全市数据汇交验收办法，培训、指导各区进行数据库建设和汇交；开展了农村实用人才系统的升级改造工作，组织各区、各乡镇进行系统应用培训，组织指导开展2018年度数据录入工作。

【舆情监测分析工作】“三农舆情”实时发布；制作

重点舆情专题报告，针对通州“泔水猪”、央视报道“有机蔬菜有玄机”、北京市农民丰收节、煤改清洁、非洲猪瘟、大棚房等重点舆情制作了专题报告；建立部、市沟通机制，就“三农舆情”监测工作进行专题研讨并到河南省鹤壁市进行实地调研和业务交流，参加在云南省普洱市举办的“三农舆情”监测及舆论引导培训班。

【智慧乡村监测分析工作】开展京郊智慧乡村运行监测工作，制定了项目需求书、项目工作方案，初步构建了监测评估指标；完成北京市农业农村信息化示范基地认定和农业信息化龙头企业认定与监测工作；依托房山幽岚山景区和延庆智慧沟域建设，深化休闲农业景区客流行为数据分析工作。

【推进郊区智慧乡村建设工作】制定下发了《关于做好2018年智慧乡村项目建设的通知》；开展业务指导服务，推进各区从不同领域、不同层面智慧乡村建设与应用；组织完成了房山区黄山店村农村治理与服务精细化项目验收工作；按照市农委要求，完成2019年市级转移支付智慧乡村项目预算与任务清单的编制工作；开展交流座谈，与北京通、华为公司等开展智慧乡村建设、美丽乡村解决方案的交流座谈。

【京郊智慧农园建设试点工作】按照有关要求，结合区域实际，落实智慧农园建设的主体责任和任务要求；制定下发了《关于做好2018年北京市智慧农园建设试点项目规范管理的通知》；通过分步实施指导推进5家农业园区开展智慧农园建设试点工作。

【农业物联网平台服务能力优化提升】根据全市农业发展水平及物联网应用情况，北京现代农业物联网应用服务平台继续优化提升平台功能，丰富数字化展示，深化对园区的服务，探索数据的应用，大力开展物联网试点示范建设，鼓励农业产业化龙头企业、农业信息化龙头企业和农民专业合作社安装物联网设备，并接入物联网应用服务平台开展应用，用物联网打造“互联网+”时代北京现代农业的品牌。2018年底，平台接入农场基地数量645个，占地面积48.5万亩，当前种植27.5万亩，设施面积2万亩，涉及农业设施数量1.7万个，农作物品种452种，传感器1 535个，摄像头957个。新增35家重点园区深化服务，对原有60家重点园区继续开展数据运营、电话回访、上门服务，促进活跃度提升，组织线上线下培训与观摩活动25次。全年提供现场指导360次，农场填写生产经营数据2 400条，农场累计登录次数16 213次，使用数据达到156 587条。

【开展信息资源建设工作】完成共享机制建设，建立技术标准规范，形成各单位间数据资源共享开放格局；开展市农委系统单位业务与信息资源目录修订编制工作，整理形成涉农业务目录2 346条、信息资源目录12 124条，初步摸查了信息资源底数。2018年新增和维护了11个数据资源，共计1 101条记录；已与市信息资源管理中心联系重新部署市共享交换平台前置机，将通过前置节点向市级平台完成数据汇聚；按照大数据行动计划督查的要求，编写《关于市农委数据资源建设和共享开放工作的汇报》和《关于落实大数据行动计划工作任务的阶段性总结报告》。

【完善机制建设】协助完成《2018年北京市农业农村信息化重点工作》的征集和征求意见工作，发布市农委《关于印发〈2018年北京市农业农村信息化重点工作〉的通知》（京政农发〔2018〕12号）；召开2018年全市农业农村信息化工作会议，总结了2017年度工作，部署了2018年度工作；按市农委要求，完成了市农委《关于2017—2018年度北京市社会主义新农村建设先进集体和先进个人评比表彰工作奖项设置调整的通知》，关于信息化先进单位奖项调整征求意见与上报相关工作；完成市农委2017年新农村奖励项目涉农信息化项目专家评定相关工作，组织专家评审会及材料上报工作；完成市级相关单位涉农信息化项目评估与征求意见材料撰写上报工作。

【信息公开】北京市农村工作委员会网站政府信息公开频道主动公开政策性文件41个，北京市政府信息公开工作管理系统上主动公开政策性文件19个，政府信息公开窗口接待来访、来电咨询318人次，同比增加22.8%；受理网上申请117件，同比增加48.1%。

【开展评估指标体系研究工作】开展了《北京市智慧乡村评估指标体系研究》课题研究工作，为未来智慧乡村建设与应用提供方向指导。该项研究被列入北京市农村工作委员会、北京市农村经济研究中心、北京市城乡经济信息中心（北京市农委信息中心）年度重点课题。课题从北京市乡村振兴战略要求出发，构建了反映发展能力和成效的综合性的指标体系，包括9个一级指标、31个二级指标、50

个三级指标。并选取10个典型村进行了可行性测算验证，提出了结论建议，形成研究成果报告和丰富的调研成果，达15万多字。对北京实施乡村振兴战略和数字乡村战略具有指导作用，对全国具有参考价值。

【加强应用成效的监测评估】完成“十三五”时期“智慧乡村”项目中期评估报告。结合京郊智慧乡村建设与应用，对2015—2017年度13个区135个智慧乡村进行运行监测及评估总结，为提升智慧乡村运行水平提供支持与服务。截至年底，制定了项目需求书，明确了项目目标、建设内容与建设要求，完成了项目承建单位的遴选，初步构建了监测评估指标，并开展了调研工作，获取了基础调研资料，初步进行了调研分析。

【深化休闲农业客流行为分析试点工作】在房山区京西幽岚山风景区客流行为分析的基础上，拓展到延庆智慧沟域，在延庆智慧沟域和房山区京西幽岚山风景区部署相应设备，采集信息，开展客流行为数据加工与分析，实现项目由点到线及面的延伸，探索休闲农业大数据分析方法和实现路径。

【微博微信宣传工作】微博方面通过“首都农经”和“北京智慧乡村”发布博文。微信方面一是创新宣传模式，以传统村落、三个文化带作为2018年的宣传重点，共走访6个区26个传统村落；二是做好公众号的改版升级，整合栏目，优化版面；三是及时总结和适时推出新版块。

【信息产品开发】全年编发《城乡经济通讯》刊物共40期，采用各类稿件842篇，文字47.1万字，图片464张；编发《北京城乡经济信息》共20期，文字2.7万字，增刊10期，文字1.6万字。

【农村改革与发展观察员队伍建设】全年完成《北京市农村居民参加社会养老保险享受退休金情况》《北京市农村金融服务问题调查问卷（农户）》《北京市新型农业经营主体融资与财务状况调查问卷》《智慧乡村建设运营情况调查表》《新型经营主体基本情况调查》等五个专题调查问卷工作，调查问卷10套，收到有效问卷6 875份，回收纸质问卷3 214份，调研心得体会197篇。

【完成各项分析报告】完成《京郊智慧乡村评估体系研究》《“互联网+”助力低收入村户增收途径研究》《北京市新型农业经营主体信息化应用能力研究》《北京市休闲农业电子商务应用研究》四项调研课题；参与农业农村部委托课题《区域（京津冀地区）农业农村信息化发展水平测度研究》，完成了北京市农业农村信息化评价指标数据采集表的各项数据收集和填报工作；完成《2017年北京市农村居民收入分析报告》《2017年北京市农产品市场行情分析》《2017年北京市农村经济发展报告》《2017年北京市农业农村信息化发展报告》等分析报告工作；完成市级相关单位涉农信息化项目评估与征求意见材料撰写上报工作。

【北京农业新媒体影响力提升】“北京农业”政务新媒体，通过优化宣传栏目、优化业务手段、优化展现形式、优化资源整合等方式，创新微直播、微视频和抖音等宣传形式，“北京农业”新媒体宣传的影响力和公信力不断提升。截至年底，“@北京农业”政务微博、微信公众号发布信息2 713条，阅读量631.1万，粉丝数19.87万；“北京农业”今日头条号、网易号移动客户端共发布2 182篇图文，累计阅读量947.26万，粉丝数5.04万，累计阅读量273.26万。

（宣教中心）

农村改革与发展

综 述

2018年，北京市农村改革力度持续强劲，路径指向明确，乡村内生发展动力明显增强。伴随北京去除非首都功能和农业结构调整，北京农村供给侧结构性改革明显推进。农村改革始终坚持问题导向和通过改革要使农民有获得感，得到改革实惠这一实在目标，试点先行，全面深化农村各项改革。分类推进“三地块”改革试点，土地承包经营权确权登记颁证、集体经营性建设用地入市、乡镇统筹利用集体产业用地、闲置农户盘活利用等各项试点稳妥推进；全面开展农村集体资产清产核发工作，方法得当，稳妥有序；培育新型农村集体经济组织，加强其规范运营；集体资产股份制改革、集体林权制度改革、国有林场改革、农业综合水价改革等取得阶段性成效；城乡经济融合发展、乡村振兴战略得到有效实施，城乡要素双向自由流动的体制机制逐渐完善；农村改革的红利持续释放，城市资本、技术、人才等“上山下乡”，“农二代”、新农人创新创业初步形成趋势，为农业农村持续发展增添了后劲和动力源。一年的农村改革取得丰硕成果。

（徐再城）

农村土地承包与管理

【农村土地经营权流转情况】全市农村土地确权总面积426.2万亩，土地经营权流转面积296.9万亩，流转率69.7%。土地经营权流转后，用于种粮38.2万亩，占12.9%；蔬菜21万亩，占7.1%；果园和散生果树35.8万亩，占12%；绿化（工程）106.2万亩，占35.8%；其他95.7万亩，占32.2%。从流转土地的经营主体看，村集体经营78.1万亩，占26.3%；外部企业租赁74.5万亩，占25.1%；外部个人租赁37.8万亩，占12.7%；本村社员接转经营40万亩，占13.5%；农民专业合作社4万亩，占1.4%；家庭农场2.1万亩，占0.7%；乡镇政府所属公司和土地股份合作社等主体经营60.4万亩，占20.3%。

【开展农村土地流转价格监测】全市52个监测乡镇共发生农地流转89 343亩，平均流转价格1 442元/(亩·年)，比2017年降低4.1%。从土地流转用途看，2018年监测点土地流转后有56 600亩土地用于林业，占监测点流转土地面积的63.4%；种植业18 279亩，占20.5%；综合开发13 883亩，占15.5%。其中，用于林木的流转均价1 484元/亩，种植业1 459元/亩，畜牧业1 540元/亩，综合开发1 194元/亩，其他1 925元/亩。从土地接转主体看，对外租赁给工商企业或个人的土地面积为17 853亩，占监测点流转面积的20%；对内流转的土地为58 344亩，占监测点流转面积的65.3%。在对内流转中，村集体是主要接转方，接转土地面积 54 478 亩，占监测点流转面积的 61%，平均流转价格为 1 436 元/（亩·年），这部分土地流转主要用于发展林木；其次是村内企业和农户，接转土地面积 3 767 亩，平均流转价格为 1 228 元/（亩·年）；第三是专业合作社，接转土地面积 99 亩，平均流转价格为 700 元/（亩·年）。

【开展农业适度规模经营监测工作】对 12 个区、73 个新型农业规模经营主体的生产经营情况进行跟踪监测。其中包括：农业企业 30 个，专业合作社 20 个，专业大户 16 个，家庭农场 6 个，其他经营主体 1 个。73 个经营主体的经营总面积 40 672 亩，平均经营规模 557.2 亩。种植业用地 38 506 亩，占经营面积的 94.7%；养殖业用地 583 亩，占 1.3%；其他用地 1 628 亩，占 4%。种植业中，粮食 16 981.3 亩，占种植面积的 44.1%；蔬菜 7 891 亩，占 20.5%；水果 5 376.5 亩，占 14%；花卉 2 668 亩，占 6.9%；瓜类 799.7 亩，占 2.1%；干果 318 亩，占 0.8%；食用菌 175 亩，占 0.5%，油料 6 亩，其他种植类 4 290.5 亩，占 11.17%。2018 年，73 个监测主体的经营总收入 36 280.8 万元，净利润总额 1 798.4 万元，平均净利润 24.6 万元，亩均净利润 442 元，同比减少 227 元，下降 14.5%。有盈利的主体 47 个，占 64.3%，利润总额 3 206.6 万元，亩均盈利 1 130 元；盈亏平衡的 10 个，占 13.7%；亏损的 16 个，占 21.9%，亏损总额 1 408.2 万元，亩均亏损 262 元。其中，66 个种植业主体的经营总收入 20 649.7 万元，平均经营收入 312.9 万元，亩均经营收入 5 562 元，同比下降 5.3%；净利润总额 860.4 万元，平均净利润 13 万元，亩均净利润 231 元，同比下降 36%。7 个种养结合主体的经营总收入 15 631.1 万元，平均经营收入 2 233 万元，亩均经营收入 44 007 元，同比上升 6.4%，净利润总额 938 万元，平均净利润 134 万元，亩均净利润 2 641 元，同比增长 12.2%。

【开展全市农用地利用情况调研】调研主要采用了以下方式：一是开展抽样调查。在全市 13 个涉农区的 105 个乡镇中，抽取了 570 个样本村，进行详细调查。二是开展统计调查。重点对全市确权及流转土地利用情况开展了全面统计调查，对全市 13 个区全部确权土地的经营主体、产业结构以及已流转土地的经营规模、产业结构等状况进行了调查。三是结合农普数据综合分析。在获取一手数据的基础上，结合 2017 年北京市全国第三次农业普查以及市农研中心农经系统统计等二手数据，对全市的农用地利用情况进行全面的分析。当前存在的主要问题：一是产业结构调整使小农户面临挑战；二是推进适度规模经营难度进一步加大；三是土地流转中的非农化倾向值得高度关注。建议加快建立全市农地保护政策，加快发展多种形式的合作，加强社会化服务体系建设，发展适度规模经营，加强农用地管理。

【开展承包地“三权分置”试点】为贯彻落实中办、国办印发《关于完善农村土地所有权承包权经营权分置办法的意见》（中办发〔2016〕67 号）文件精神，2018 年初，市农经办在平谷区峪口镇西营村开展“三权分置”改革试点工作，探索郊区实现所有权、承包权、经营权“三权分置”的有效途径。西营村位于平谷区峪口镇北部，属于浅山区，村域面积 1 600 亩，其中耕地面积 1 050 亩，全村共有 286 户，人口 891 人，现有劳动力 400 人，大桃为主导产业。为了解决本村有户籍、但无地的新生集体经济组织成员无法享受村股份经济合作社分红问题，筹建了北京凤凰山益农绿蔬产销合作社。本村有户籍股的集体经济组织成员每人一股，每股 500 元，成员出资总额共 33.95 万元，村里的贫困户、五保户免费入股，合计共 760 股。经协商，村集体提前收回了 2022 年到期的 36 户的 112 亩果园，交由益农果蔬产销专业合作社经营，把桃树改造升级为外贸出口的梨树。村集体垫付 5 年的流转费，前 3 年每年每亩 3 000 元，第 4 年以后每年每亩 4 000 元。益农合作社对成员采取“保底收益＋股金分红”，每股年保底收益 100 元，盈余部分按 50%给村集体分红。加上往年，西营村以村集体为平台，共计从农户手中流转回土地 992 亩，分别流转给外来企业、金果丰果蔬产销合作社、益农绿蔬产销合作社经营。通过流转，外来企业和专业合作社取得了土地经营权，初步形成了所有权、承包权和经营权“三权分置”的格局，推动了农业规模经营，实现了农业现代化，增加了农民收入。

【开展土地托管试点】市农经办依托北京福兴顺农机服务专业合作社开展土地托管试点，探索土地托管在北京郊区推广的可行性。北京福兴顺农机服务专业合作社位于平谷区大兴庄镇管家庄村，是北京市唯一一家从事土地全程托管的农业社会化服务组织，2018 年，共有社员 352 名。全程托管土地

5 920 余亩，涉及平谷区 6 个乡镇（街道）17 个村近 4 700 农户，主要提供小麦和玉米的耕、种、管、收、销等全方位服务。合作社通过与村“两委”合作，将一家一户的零散土地集中起来进行统一经营，通过采用科学的种植方式、更加有效的田间管理和先进的机械作业，统一采购农资、统一耕种、统一管理、统一收割、统一分配，形成了规模效应，降低了生产成本，提高了肥料、农药、水等农资利用率，增加了作物产量。合作社承诺每亩玉米 500 千克、小麦 375 千克的保底收益。北京福兴顺农机服务专业合作社通过土地托管的方式创新了农业经营方式，解决了谁来种地的问题，实现了土地规模经营，促进了现代农业发展，提升了农业经营效益，促进了农民增收，提升了村“两委”的影响力，促进了农村社会和谐。

【参加全国农经队伍建设培训班】在各地机构改革的关键时期，为认真落实农业农村部提出的着力加强农村经管队伍建设精神，提高认识，加强基层经管体系建设，11 月 27 日，农业农村部农村合作经济指导司在福州举办全国农经队伍建设培训班。30 个省区市农经骨干约 140 余人参加了培训。北京市农业农村局参加了此次培训。培训的主要内容包括：新时代农业农村部农村合作经济指导思想在振兴乡村战略中的重点工作与思路；解读农业生产托管财政扶持政策；专家介绍国内外农业社会化服务的经验和做法；交流各地发展生产性服务业的好经验、好做法。

（刘瑶）

【全市共发生农村土地承包经营纠纷 1 304 件】全市共发生农村土地承包经营纠纷 1 019 件。其中，土地承包纠纷 704 件，占纠纷总量 69.1%；土地流转纠纷 268 件，占 26.3%；其他纠纷 47 件，占 4.6%。经调处解决 1 001 件，调处率 98.2%。其中，调解解决 943 件，占调处纠纷的 94.2%；仲裁解决 58 件，占 5.8%。调解纠纷中，区、乡调解 852 件，村级调解 91 件。土地承包经营纠纷仲裁共受理案件 59 件，其中，房山 51 件，丰台 2 件，昌平 1 件，平谷 5 件。从纠纷发生的原因看，因确认农村土地承包经营权发生的纠纷 6 件，因订立、履行、变更、解除和终止农村土地承包合同发生的纠纷 52 件；因收回、调整承包地发生的纠纷 1 件。目前，58 件已结案，其中裁决 53 件，当事人和解或撤回申请 5 件。另有 1 件正在办理中。

【开展农村土地承包经营纠纷调解仲裁自查工作】为贯彻落实农业农村部办公厅《关于开展 2018 年农村土地承包经营纠纷调解仲裁考评工作的通知》（农办政改〔2018〕5 号）精神，同时按照全市年度综治考评工作的相关要求，市农业农村局下发了《关于做好 2018 年度全市农村土地承包经营纠纷调解仲裁考核评价工作的通知》（京政农发〔2018〕32 号），以区级自查、市级抽查的方式，重点对各区仲裁机构设立及经费保障情况、基层农村土地调解体系建设情况、仲裁条件与能力建设情况、纠纷调解仲裁情况等进行了考评。北京市涉农区共计 13 个，已全部建立了土地承包仲裁委员会，且都在经管部门设立了办公室，其中：有正式批文的 13 个，已纳入财政预算的 13 个，聘用仲裁员 20 人以上的 13 个。

【举办全市农村土地承包经营纠纷仲裁培训班】12 月 5—7 日，在昌平举办了全市农村土地承包经营纠纷仲裁培训班，各区经管站主管站长、科长、业务人员、仲裁员共 93 人参加培训。农业农村部政策与改革司、中央财经大学政府管理学院、市威正律师事务所、房山区经管站等专家学者分别就保持农村土地承包关系稳定并长久不变政策、中国土地制度沿革与产权制度改革、设施农业问题合同、农村土地承包经营纠纷法律解读及适用进行了讲解。通过培训，进一步提高了仲裁员在农村土地承包经营纠纷调解仲裁方面的理论政策水平和法律素养，增强了调解仲裁过程中处理实际问题的能力，对全市农村土地承包经营纠纷调解仲裁工作的依法规范开展起到了积极推动作用。

【参加全国农村土地承包仲裁师资骨干人员培训班】为进一步提升仲裁师资队伍整体素质，打造一批政治素质过硬，法律业务技能熟练的农村土地承包仲裁师资骨干力量，4 月 23—27 日，农业农村部合作经济司、经管总站在河南省开封市举办了农村土地承包仲裁师资骨干培训班，共 160 多人参加。北京市农经办、门头沟区经管站及怀柔区经管站共 3 人参加了此次培训，并通过了考核，获得了农村土地承包仲裁师资骨干的资格。培训班上高级研究员、新闻战线工作者、实战经验丰富的一线优秀仲裁员、律师等相关专家讲解了如何做好调解仲裁宣传工作；重点解释《农村土地承包法》《农村土地承包经营纠纷调解仲裁法》及《农村土地承包经营纠纷仲裁规则》的规定及其适用，重点讲解民法通则、物权法、合同法基本知识，掌握农村土地承包仲裁活动中应遵循的基本法律规定；介绍调解仲裁工作的具体规范、仲裁庭审技巧及裁决书的制作；阐释民事法律在调解仲裁中的应用以及证据规则在仲裁庭审中的应用；通过案例模拟仲裁庭将理论与实际结合，使仲裁师资骨干更新了法律知识，培养了法律思维，增强了法律素养。

（刘瑶）

【部署设施农业用地合同清理工作】市政府部署全市设施农业集中清理整治工作后，6 月 21 日，市农委召开设施农业整治工作座谈会，要求经管系统负责设施农业用地合同清理工作。根据市农委《关于全市设施农业开展集中清理整治工作的通知》（京政农发〔2018〕17 号）要求，7 月 10 日，市农经办印发《关于开展本市设施农业用地承包及流转合同清理工作的通知》（京农经〔2018〕36 号），明确本次清理的范围：家庭承包中确权确地土地，流转前已有设施农业的从承包到末次流转的合同，流转后才开始搞设施农业的从初次流转到末次流转的合同；家庭承包中确权确股（利）土地，由村集体发包（租赁）到末次流转的合同；其他承包方式的农用地，由村集体发包（租赁）到末次流转的合同。7 月 12 日，市农委、市农经办共同召开设施农业用地合同清理工作推进会，要求各区要充分认识合同清理工作的重要性，统一思想，高度重视，扛起责任，快速行动，抓住集中整治的契机，全面清理合同，逐份审核合同，找出问题合同。对问题合同要认真梳理，按照规范要求分类进行整改。按照“一链一档、一村一账”的要求建立合同档案和台账。健全合同管理制度，形成长效监管机制。要层层建立责任制，责任到人，每周上报合同清理进展情况。切实做到底数要摸清、问题要把准、整改要及时、规范要到位、工作要留痕、确保稳定。7 月 30 日，市农委、市农经办联合印发《关于全市设施农业用地合同清理中有关问题合同整改工作的通知》（京政农函〔2018〕35 号），明确了法律法规及政策依据、规范合同的主要内容及订立程序、整改工作原则和整改工作规范。

【建立设施农业用地合同清理工作机制】一是建立周报制度。各区每周五报送《设施农业用地承包及流转合同清理周进度表》，及时掌握工作动态。二是加强工作调度。市农委、市农经办分阶段召开 6 次设施农业用地合同清理工作推进会，部署工作，掌握情况，研究对策。三是建立联动机制。市农委、市农经办赴北京市第一中级人民法院了解涉及大棚案件诉讼审理情况，主要就承包及流转合同在什么情况下认定为无效合同、是否可解除合同等问题进行了充分讨论。各区经管站与区农委建立了联动机制，共享前期清查数据，定期沟通情况，共同推进工作。四是开展督导检查。市农经办主要领导赴延庆区督导检查设施农业用地合同清理工作。市农经办对整改工作进展较慢的区专门进行了督导。大兴区经管站抽调副科以上干部作为辅导员进驻乡镇，与镇级经管人员一起督导合同清理工作。房山区经管站深入到乡镇现场指导合同整改工作，对于难点问题与乡镇、村共同研究解决办法。朝阳区经管站直接参与合同审查，对问题合同逐乡下发合同整改建议函，并对合同整改情况进行督查。五是引入律师团队。昌平区经管站与区政府法律顾问单位共同负责设施农业用地合同整改工作，区经管站法律顾问单位具体承担农业观光园合同整改工作。丰台区经管站邀请律师就设施农业用地问题合同整改，对乡村工作人员进行培训，乡镇政府法律顾问参与难点问题合同整改，推动合同整改依法依规进行。

【全市设施农业用地合同清理工作基本完成】全市设施农业用地合同清理工作从 6 月 22 日开始，到 12 月 28 日基本完成。共收集合同 42 293 份，100%进行了审查，发现问题合同 11 440 份，占 27%。93.6%的应改立改问题合同 10 708 份，已全部整改到位。其中：确认合同无效的 251 份，占已整改合同的 2.4%；解除合同的 626 份，占 5.8%；规范合同的 9 831 份，占 91.8%。6.4%的短期内无法整改到位问题合同 732 份，制定了分类处置计划，其中：拟补办民主程序 155 份，缩短超法定期限 214 份，补签口头合同 91 份，起诉 53 份，其他 219 份。按照“一链一档、一村一账”的原则，各村建立了专项合同档案和设施农业合同台账。设施农业合同台账记载了每份承包及流转合同对应的图斑编号、棚体编号信息，全市已成功导入《北京市设施农业台账管理系统》1 708 个村，占应导入 1 834 个村的 93.1%，实现了两个台账的对接与信息共享。

（刘瑶）

【全市农村承包土地确权登记颁证推进会召开】4 月 19 日，市农委、市农经办共同组织召开全市农村承包土地确权登记颁证推进会。会议听取了 13 个相关区关于土地承包经营权确权登记颁证和数据信息系统建设等相关工作最新进展情况汇报，就各区提出的问题进行了解答、交流和讨论。市农委经管处、市农经办土地承包处布置了农村土地承包经营权证使用管理和检查验收工作。市农委信息中心技术处布置了信息系统建设相关工作。

【农村土地承包经营权信息系统项目建设汇报会召开】6月14日，市农委、市农经办、市城乡信息中心联合召开农村土地承包经营权信息系统项目建设汇报会。会上，市城乡经济信息中心介绍了信息系统项目的整体情况。苍穹公司对信息平台各个模块进行了操作演示，介绍了数据库建库软件。与会人员围绕数据库建设中基本农田数据入库等相关问题进行了专题研究。最后，市农委对下一步工作提出三点要求：一是与各区协调沟通建库进展情况，加快建库进度；二是编制信息应用平台用户操作手册，做到通俗易懂；三是制定培训方案，争取8—9月对各区业务人员进行培训。

【全市农村土地承包经营权确权登记颁证工作调度会召开】9月4日，市农委召开全市农村土地承包经营权确权登记颁证工作调度会。市农委通报了年中北京市农村承包土地确权登记颁证督导检查情况。各区汇报了农村承包土地确权登记颁证、浅山区荒山荒滩承包（租赁）合同整治、设施农业用地合同清理整改等工作进展情况。城乡信息中心介绍了确权登记颁证数据库建设整体进展情况并提出工作要求；市档案局就农村承包土地确权登记颁证档案管理工作提出工作要求；市农经办就设施农业用地合同清理整改工作提出工作要求。

【全市农村承包土地确权登记颁证数据汇交及检查验收工作会召开】10月10日，市农委召开全市农村承包土地确权登记颁证数据汇交及检查验收工作会。市农经办传达了9月25—29日农业农村部政策与改革司在成都举办的农村土地承包经营权数据调度及工作部署培训班精神，介绍了全国各省数据汇交情况，部署了基本完成确权工作收尾阶段相关工作。城乡信息中心讲解了全国确权汇交数据质检常见问题，北京市第一次汇交数据质检中存在问题以及承包地确权数据确认表指标统计方法。各区就讲解过程中数据库建库、数据库汇交、确认表填写等方面进行了交流讨论。市农委布置了全市农村承包地确权登记颁证督导和检查验收工作。顺义区经管站从人员组织、场地准备、经费使用、预算编制、操作流程等方面介绍了顺义区的经营权证打印情况和做法。

【全市农村承包土地确权登记颁证工作现场会召开】11月1日，市农委、市农经办在顺义区共同组织召开了全市农村承包土地确权登记颁证工作现场会。会议组织各区参会人员观摩了顺义区土地承包经营权证打印现场，听取了顺义区关于土地承包经营权证打印的工作方法、工作流程等情况介绍，并就各区提出的问题进行了解答、交流和讨论。

【开展全市农村承包地确权登记颁证督导和检查验收工作】根据《中央农办秘书局、农业农村部办公厅关于开展农村承包地确权登记颁证工作督导的通知》（农办政改〔2018〕2号），10月下旬至11月上旬，北京市农业农村局会同市规划与自然资源委、市档案局、市农研中心等部门成立了检查验收工作组，对10个远郊区的农村土地承包经营权确权登记颁证工作保障落实情况、承包经营权调查成果完成情况、承包合同签订情况、承包经营权登记成果完成情况、数据汇交入库情况、档案成果完成情况、土地承包经营权证书发放情况进行了检查验收，同时结合各区日常工作情况，进行了综合评定。

（刘瑶）

农民专业合作组织

【认真做好国家农民合作社示范社申报工作】根据全国农民合作社发展部际联席会议工作部署，按照《农业农村部关于开展2018年国家农民合作社示范社申报工作的通知》（农经发〔2018〕10号）要求及《国家农民专业合作社示范社评定及监测暂行办法》（农经发〔2013〕10号）的规定，北京市农委严格按照申报程序和标准要求，会同园林、水务、供销等部门，积极组织各区开展申报工作。①申报原则。要求各区申报示范社须兼顾产业分布，在符合申报条件、不降低评定标准的前提下，突出规范办社、质量兴农、绿色兴农、品牌强农理念，对重要农产品和特色农产品提供有关服务的农民合作社和促进低收入农户增收成效显著的农民合作社予以适当倾斜和优先考虑。②申报条件。要求申报合作社须符合《国家农民专业合作社示范社评定及监测暂行办法》规定的标准，一般应是市级示范社，考虑到全市实际情况，对一些特别优秀、拟评定为2018年市级示范社的合作社也鼓励申报，同时，根据新修改的农民合作社法有关规定，增加了农民合作社年度报告公示方面、农民合作社财务会计规范方面、农民合作社社务管理规范方面、农民合作社社会声誉方面等条件。③名额分配。按照通知要求，分配给北京市的国家示范社及用水示范组织名额为27个，其中：农业类名额22个，林业类名额2个，供销类名额3个，用水示范组织名额1个。结合各区实际情况，此次评定原则要求每个区可以申报2～3个候选单位，同时针对合作社数量较多的区适当放宽。④申报程序。经与市园林局、市水务局和市供销合作总社沟通并达成一致：农业类和林业类示范社由各区农业部门推荐申报，供销类示范社和用水示范组织分别由市供销总社和市水务局推荐，并由相关区农业部门协助上报。各区在申报过程中，严格按照三个步骤认真落实。一是坚持自愿申报，并由各区牵头部门组织合作社通过国家农民合作社示范社管理系统填报。二是区级牵头部门会同农业、水利、林业、供销社等部门和单位，会商发改、税务、工商、银行业监管等部门意见，达成一致意见。三是区级各部门确认一致同意推荐后，牵头部门通过农业农村部系统上报市农委，并打印正式申报材料，加盖区农委公章。各区共推荐国家示范社及用水示范组织候选单位32家，其中：农业类29家，林业类1家，供销类1家，用水示范组织1家。按照申报工作要求，组织召开了市农民专业合作社联席会议，会商确定25家国家示范社（22家农业类、2家林业类、1家供销类）和1家用水示范组织名单，上报全国农民合作社发展部际联席会议。

【公布39家市级示范社名录】 2018年9月11日，由北京市农村工作委员会、北京市农村合作经济经营管理办公室联合下发了《关于公布2018年北京市农民专业合作社市级示范社名录的通知》（京政农函〔2018〕39号），将培育创建结果正式予以公布。按照农业农村部的部署，统一为新评定的39家市级示范社制作了示范社牌匾。

（任玉玲）

【完成农民专业合作社扶持项目实施工作】 按照农业农村部、财政部《关于做好2018年农业生产发展等项目实施工作的通知》（农财发〔2018〕13号）的要求，北京市认真做好中央转移支付资金扶持农民专业合作社项目实施工作。①严把“申报”关。经过严格评审，并深入到基层组织进行实地考察，市农委经管处会同市农经办合作社处从各区申报的21个项目中，择优确定了9个项目作为扶持对象。②严控“过程关”。申报完成后，市农委经管处会同市农经办合作社处不定期开展项目实施情况督查，加强了对项目单位的指导和监督。③严格“验收关”。按照实施方案的要求，在项目承担单位自查和各区检查验收的基础上，市里采取资料查看与实地抽查相结合的方式，围绕政策目标实现情况、任务清单完成情况、资金使用管理情况等重点内容对项目实施情况进行了核查，检查了项目单位资金使用的各种手续，核对了账目和实物，并指导项目单位撰写了项目建设总结报告，全面总结分析了项目执行情况、存在问题并提出有关建议。

通过项目实施，取得了明显成效：①合作社进一步改善了产品质量，提高了产品附加值，提升了合作社整体经济效益。②合作社产业得到进一步发展，解决了更多的当地农民剩余劳动力就业，带动了更多的农户增加收入，促进了社会的稳定。③合作社进一步完善了各项规章制度，健全了体制机制，提升了合作社的规范化水平。9家合作社被确定为项目单位后，进一步建立健全了成员（代表）大会、理事会、监事会和各项内部管理制度，同时进一步完善了民主管理、利益分配、自我激励和监督约束等运行机制，项目单位均按规定将项目资金形成的资产平均量化到合作社的现有成员。

（任玉玲）

【继续深化合作社产业融合示范项目】 2018年，北京市认真总结2017年农民专业合作社产业融合发展项目经验的基础上，按照民主程序，选取了北京三山蔬菜产销专业合作社、北京百安园食用菌种植专业合作社、北京京纯养蜂专业合作社、北京喜福达果品产销专业合作社、北京天天绿康彩糯玉米合作社等5个有产业融合亮点的合作社，实施“农民专业合作社产业融合示范工程”，帮助其进行产业转型、产品创新、品牌营销、市场开拓、强化服务，促进合作社健康和可持续发展。在项目实施过程中，严格履行项目委托协议和项目管理办法，加强日常管理考核，推动项目科学实施。在市、区主管单位和5个实施主体合作社共同努力下，全面完成了示范工程各项任务，实现了预期目标，达到了预期效果，在提高合作社经济效益、社会效益、生态效益三个方面取得了切实成效。①经济效益。通过实施示范工程项目，合作社在更新引进新产品、丰富观光休闲农业内涵、增加市民接待量、提升农产品品牌知名度等方面成效显著，农民增收效果明显。②社会效益。通过实施示范工程项目，取得了良好的社会效益，一是促进了农村劳动力就业和精准扶贫。二是促进了当地农业产业转型升级和农耕文化、农业科技的普及。③生态效益。平谷喜福达果品产销专业合作社通过引进先进的核桃筛选、剥壳、清洗一条龙加工设备，使本地农户原来小散乱的核桃清洗现象基本消除，杜绝了有害排污，为保障本地生态环境做出了贡献。同时，把农民从繁重低效的劳动中解脱出来，大大增加了劳动效率，加快了农户核桃产品进入市场的时间，卖出了更好的价钱。密云京纯养蜂专业合作社发挥区域自然资源优势，通过提升蜂蜜加工能力，大力发展生态涵养区蜜蜂产业，利用蜜蜂天然的授粉功能，有效增加了植被的覆盖率，改善了土壤性状，维持了植物多样性，增加了土壤的保水能力，减少了水土流失。

（任玉玲）

【积极推介优秀合作社脱颖而出】按照农业农村部的工作部署，积极搭建服务平台，组织推荐全市优秀农民专业合作社参与全国合作社百强社推介、全国合作社典型案例征集、市级示范社相关信息采集发布等工作，引导全市更多的优质合作社走出去，充分展示形象，提升市场竞争力和社会认可度。北京奥金达蜂产品专业合作社和北京京纯养蜂专业合作社2家合作社获得全国百强农民合作社称号，北京益农缘生态农业专业合作社获得全国农民合作社扶贫典型十大案例称号。

（任玉玲）

【加强合作社管理人员能力提升培训】1月5日，由北京市农民专业合作社联合会、通州区经管站联合举办合作社转型升级科技政策需求培训会，北京专平合作社等15家通州区合作社负责人以及相关工作人员参加。来自中国中小企业协会的专家为与会人员解读了北京中小企业专项项目以及高新技术企业项目申报政策，现场与学员们进行了交流互动，探讨了通州合作社转型升级的发展思路。大家一致认为：合作社作为重要的新型农业经营主体，理应成为实施乡村振兴战略的重要载体，成为市场化经营的重要载体，成为农民增收致富的重要载体，成为农业供给侧结构性改革的重要载体，成为乡村治理的重要载体，成为一二三产融合发展的重要载体，成为发展适度规模经营的重要载体。合作社转型升级，是合作社发展方式的根本转变，是合作社发展模式从数量增长向质量和效益并重转变，在合作社转型升级实践中，要处理好数量增长和效益提高的关系，实现二者协调发展，平衡发展，从而实现合作社科学发展。11月13—15日，由市农经办组织举办了全市市级示范社理事长培训班，230余家市级示范社理事长参加培训。培训围绕农民专业合作社法的制度创新与合作社发展、如何实现农民专业合作社提质增效、农产品品牌与包装设计、农民专业合作社三产融合与共享农庄建设、新型农业经营主体直报系统等方面展开。

（任玉玲）

【开展《北京市实施〈中华人民共和国农民专业合作社法〉办法》立法评估工作】根据市北京市人大常委会的立法工作安排，由市农经办农民专业合作社指导服务处、市农委体制改革与经营管理处共同组织开展了《北京市实施〈中华人民共和国农民专业合作社法〉办法》（以下简称《办法》）立法后评估工作。为做好此项工作，由部分专职人员和农业、法律专家组成了评估工作组，制定了详细的评估工作方案，组织全市农经系统对农民专业合作社发展情况进行了全面调查，通过实地调查、统计汇总、数据分析、专家研讨等形式，听取了各方面的意见建议，总结了《办法》实施以来合作社建设发展经验，在此基础上，形成了评估报告。评估结果表明，《办法》特色突出，体现了北京都市型现代农业发展的要求，有较强的可操作性和较高的立法质量，较好地实现了立法目的。《办法》实施8年来，对促进农民专业合作社健康快速发展、提高农业农民进入市场组织化程度、促进郊区现代农业发展和农民增收，发挥了重要的支撑作用。但《办法》执行中仍存在一些问题，包括：①城市化快速发展和相关涉农产业限制压缩了合作社发展空间。②合作社缺乏有效的监管机制、处罚机制和退出机制。③资源整合机制不健全、政策落实不够到位等。根据合作社上位法修订的内容和精神，结合新时期北京市农业发展的新形势、新任务、新要求，从指导服务、政策扶持、规范运营、制度创新等层面，补充、完善、调整《办法》相关内容。①根据新时期首都发展总体规划特别是农业产业发展规划，明确合作社在“促进城乡融合、三产融合，发展现代新型农业，满足城乡人民不断增长的对美好生态农业、农耕文化的要求”等方面的立法目的，扩大法律调整范围，扩展合作领域和服务内容，发展合作社“社区物业、养老服务”等城乡融合产业的经营业务，创新合作机制。②进一步强化各级联席会议制度，明确联席会议具体职责，在登记注册、规范指导、项目资金、制约监管，特别是在制约合作社发展的建设用地规划上，建立高效统一的工作机制。③为适应农村户籍改革大趋势，促进城乡人才流动，培育现代新型农民群体，按照农村土地所有权、承包权、经营权“三权分立”的要求，在界定“农民”身份上，适当扩大城乡从事农业生产经营和涉农服务的居民加入和兴办农民专业合作社范围。④根据修订后的上位法，在《办法》相关条款中增加“成员的出资形式、合作社年度报告制度、合作社对外投资、成员入社和除名的程序、合作社可分配盈余转为对农民专业合作社的出资、合作社法律责任处罚”等规范内容。⑤为促进合作社联合做大做强，根据修订后的上位法，增设“农民专业合作社联合社”章节并细化规范内容，使之具有更强的可操作性。⑥增加对国有农场、林场、牧场、渔场等涉农企业经营服务人员兴办农民专业合作社的规定，进一步扩大合作社发展空间并使之与修订后的上位法相一致。

（任玉玲）

【持续探索合作社信用评价体系建设】在探索开展全市合作社信用评价体系建设的基础上，加强与北京农商银行、北京云华农汇网的合作，稳步推进合作社信用评价体系建设项目 2018 年度数据更新和复评工作。累计两年以上的数据评估有利于金融机构更好地对合作社进行了解和授信，提供更加有效的金融服务；有利于规范合作社生产经营行为，帮助合作社建立良好的运行机制。2 年来的信用评价体系实践探索，一定程度上引导形成了合作社可持续发展的价值追求和契约精神，初步奠定了全市合作社良性发展的内在基石。

（任玉玲）

【积极推动京堰两地合作社对口协作】为认真落实京鄂两地 2018 年南水北调对口协作项目，加强北京市与十堰市经管部门之间的业务交流，2018 年 9 月 4—8 日，北京市农经办考察组一行赴湖北省十堰市，就农民专业合作社建设、新型农业经营主体培育和农村产权制度改革、农民负担监管等内容进行考察学习。考察学习中，北京市农经办考察组与十堰市委市政府、市农业局、市经管局有关领导及农民专业合作社代表举行了座谈交流，赴郧阳区诚者茶业合作社、郧西县织女香核桃合作社、郧西县岭头茶叶合作社、丹江口市习家店蔡家渡柑橘合作社等地开展了考察交流，到郧西县安家乡瓦房沟村、郧阳区樱桃沟、卧龙岗、丹江口市习家店镇精准扶贫安置点、北斗星农博园等地，就社区建设、美丽乡村建设、产权制度改革及农民负担工作等进行了学习交流，达成了初步合作意向。

（任玉玲）

【有效提升北京市农民专业合作社联合会的社会职能】①开展星级会员评定工作。发挥服务会员合作社发展的职能，2018 年北京市农民专业合作社联合会继续组织开展了北京农联星级会员评定工作。经过合作社自荐、各区推荐、专家评审等评定程序，最终确定了第二批 20 家星级会员合作社，切实履行了联合会作为“北京枢纽型社会组织”的行业引领职责，推动了全市合作社标准化、品牌化、规范化建设。②打造北京农联服务品牌。继续推进“放心农产品进社区”活动，连续举办了 10 场大集活动，组织了近百家合作社和农业企业参加了品牌推广和产品营销，得到市民的广泛欢迎，北京农联公益集市也被市委社会工委、市社会办评为北京市社会公益服务品牌银奖。着力搭建京东商城北京农联馆，为京郊合作社提供专属的线上一体化服务平台，皇城货郎、老栗树、北菜园等 16 家合作社和农业企业品牌入驻，获得了消费者的青睐。不断加大合作社自身品牌宣传力度，通过微信平台发布各类信息 2 000 余条，阅读量达 20 余万次。③落实精准扶贫社会责任。继续推动公平贸易工作，年初专门成立公平贸易分会，组织开展了公平贸易国际沙龙，加强与国际、国内相关组织、合作社的交流。6 月联合会代表全市 51 家“枢纽型”社会组织在北京市社会领域参与精准扶贫工作谈会上作了典型发言，得到了与会人员的充分认可。④加强交流合作。与中国慈善联合会乡村振兴委员会开展合作，推荐老栗树的李思鹏、北莱园的任军等5位新农人作为特聘讲师。开展京台美丽乡村论坛——“新农人沙龙”沙龙活动，与台湾特色产业发展协会签订特色农产品品牌推广合作协议，得到了北京市台办的充分肯定。协助平谷大桃走进沃尔玛超市，协助怀柔板栗走进上海高端超市，并打上了公平贸易标识。组织20余家合作社参加第八届都市农业科技节，组织10余家合作社参加全国首届绿色农业发展论坛暨2018蜜蜂大会，组织10余家合作社参加海尔集团食联战略发布会，受邀参加中国莲藕产业发展研讨会。

（任玉玲）

农村集体经济

【农村集体资产总额持续增长】年内，贯彻落实《中共中央国务院关于稳步推进农村集体产权制度改革的意见》，全市开展集体资产清产核资，进一步摸清集体家底、明确产权归属，保障农民财产权益。随着乡村振兴战略实施，城乡融合发展、美丽乡村建设和低收入帮扶等各项工作不断推进，重大项目建设以及一系列民生工程实施，带动农村集体资产增加424亿元。房山区由于河北镇、琉璃河镇、长阳和窦店镇等地开展棚户区改造项目以及各项征占地地上物补偿、环境整治等拨付款入账，资产增加45.7亿元，海淀区东升科技园二期、西玉河村、屯佃村等村占地补偿款增加引起资产增加43.1亿元。

（刘孟超）

【农村集体资产总量增长13.4%】年内，全市农村集体资产总额7 801.2亿元，增加921.6亿元，同比增长13.4%。其中，乡级集体资产2 962.9亿元，同比增长20.4%，占比38%；村级集体资产4 838.3亿元，同比增长9.5%，占比62%。从各区资产规模来看，集体资产总额最高的是海淀区，达到1 770.1亿元。全市农村集体净资产2 569.7亿元，同比增长11.3%。分层级来看，乡级集体净资产590.1亿元，占比23%；村级集体净资产1 979.6亿元，占比77%。

（李理）

【农村集体经济总收入下降0.7%】年内，全市农村集体经济总收入718.6亿元，减少5.1亿元，同比下降0.7%，较上年降幅收窄5.5个百分点。从各区收入规模来看，集体经济总收入最高的是朝阳区，实现148.5亿元。2018年主营业务收入443.1亿元，其中一产主营业务收入4.6亿元，二产主营业务收入109.4亿元，三产主营业务收入329.1亿元，三产比例由上年的1∶30.2∶68.8调整为1∶24.7∶74.3，第三产业所占比重提高5.5个百分点，产业结构不断优化。

（李理）

【农村集体经济利润增长19.8%】年内，全市农村集体经济利润52亿元，同比增长19.8%。从各区来看，利润总额最高的是海淀区，达到20.6亿元。与上年同期相比，利润总额增长的有8个区，其中增长最快的是朝阳区，同比增长114%。分层级来看，利润总额增长主要集中在集体企业，其中村级企业同比增加4亿元，同比增长40.6%；乡级企业增加3.5亿元，同比增长13.6%。

（李理）

农村集体经济产权制度改革

【农村集体产权制度改革】截至年底，全市累计完成村级产权制度改革的单位3 906个，完成比例达到98.2%。推进乡镇级产权制度改革。全市有12个乡镇级集体经济组织启动产权制度改革。延庆大榆树镇已经完成乡镇级产权制度改革工作。全市累计完成乡镇级产权制度改革的单位22个，完成比例为11.3%。全市已有6 616个乡村集体经济组织换发了农村合作经济组织登记证书，并加载了统一社会信用代码，占存量集体经济组织的99.6%。

（刘孟超）

【推进农村改革调研试点】年内，市农研中心持续开展农村承包土地经营权抵押贷款试点、平谷区管家庄村土地托管试点、平谷区西营村“三权分置”试点、海淀区东升镇博展股份合作社法人治理结构改革试点和北京市乡镇统筹利用集体产业用地改革试点等 5 项改革试点工作。农村承包土地经营权抵押贷款试点工作，全年与相关机构共同推动完成农村承包土地经营权抵押贷款 34 笔，抵押土地 752.9 亩，贷款金额 1 169 万元。乡镇统筹利用集体产业用地改革试点工作，对全市试点工作要点及联营公司组建机制进行指导并开展区级专题培训。东升博展股份合作社法人治理结构改革试点工作取得重要进展。

（梁永乐）

农村金融创新

【北京农商银行正式成立普惠金融部】为持续增加涉农产品供给，升级小微企业金融服务，助力民生体系建设，牢牢把握支农支小市场定位，北京农商银行在原三农金融业务部基础上组建完成普惠金融部，普惠金融部下设普惠金融室、三农市场营销室、三农重点客户室、小微营销支持室、小微创新业务室。作为普惠金融业务归口管理部门，普惠金融部负责贯彻落实普惠金融政策，推进全行普惠金融业务发展。

【北京农商银行强化组织推动，增强发展普惠金融的自觉性】北京农商银行研究出台关于积极支持民营和小微企业金融服务工作的 22 条举措，从准入标准、产品创新、贷后管理等 8 个方面，制定完成债项评级、分层授权、尽职免责等政策和配套措施。深入挖掘公司金融、机构业务、个人金融、网络金融、金融市场、国际贸易、银行卡等条线优质客户和存量业务资源的潜质，统筹推动三农和小微客户存贷款、支付结算、线上线下业务协同发展。

【北京农商银行持续做好普惠型涉农小微贷款】北京农商银行认真贯彻五部委关于金融服务乡村振兴、建立完善金融服务乡村振兴体系的要求，积极推动支农工作，普惠型涉农小微贷款增势良好。截至 2018 年 12 月末，全行普惠型涉农贷款余额 2.33 亿元，较年初增加 0.45 亿元、增速为 24.09%，高于全行各项贷款平均增速，完成普惠型涉农贷款增速不低于全行各项贷款增速的监管要求。其中，普惠型涉农小微企业贷款余额 0.62 亿元，较年初增加 0.26 亿元；普惠型农户贷款余额 1.72 亿元，较年初增加 0.19 亿元。

【北京农商银行大力支持大兴区集体土地入市试点项目】北京农商银行大力支持集体土地入市试点项目落地，截至 2018 年 12 月末，年度新增投放贷款 15.26 亿元，收回 31 亿元；累计为大兴区 7 个试点项目提供 140 亿元融资支持，投放资金 92.32 亿元，融资余额 61.32 亿元。

【北京农商银行积极推进“一企一村”结对帮扶工作】北京农商银行积极推进延庆区珍珠泉乡庙梁村“一企一村”结对帮扶工作。一是明确结对帮扶工作会机制，制定各项帮扶措施方案，建立“一户一册”帮扶台账；以党建促业务，推动庙梁村党支部设立制度、标语、荣誉宣传展示墙。二是与六必居、同仁堂等相关单位密切联系，邀请专家指导庙梁村农产品种植技术，提高产品加工水平。三是推进低收入重点村金融网络建设，为 13 个村建立“乡村便利店”，为 7 个村设立助农取款服务点。

【北京农商银行推出集体土地租赁住房建设贷款、苗木抵押贷款】北京农商银行结合北京利用集体土地建设租赁住房试点，研发推出集体土地租赁住房建设贷款；同时支持园林绿化企业融资需求，与农交所合作创新苗木抵押贷款金融产品。

【北京农商银行牵头制定生态涵养区结对协作的综合金融服务方案】北京农商银行积极跟进门头沟区与西城区结对协作工作，针对结对协作设立的“乡村振兴绿色产业专项资金”及后续重点推动的四大绿色产业，研究制定综合金融服务方案，并拟定与门头沟区的专项战略合作协议。同时，针对北京市生态涵养区结对协作涉及的其他六个区域，要求支行跟进结对协作的落地情况及金融需求，并参照门头沟区与西城区合作模式予以支持。

（王玉晶）

【加快农村金融发展】年内，按照《关于加大农业领域贷款贴息等金融扶持的办法（试行）》，对全市农业经营主体给予金融支持，缓解农业经营主体融资贵、融资难的困难。全年为新型农业经营主体贴息、补贴担保费及中介费6 138万元，同比增长104.6%，受益主体201户，撬动金融融资17亿元。其中，向191个农业经营主体贴息及担保费补贴5 188.47万元，撬动贷款11.1亿元；对14个农业经营主体发行新型融资产品发行费补贴949.55万元，实现融资5.9亿元。

（计划财务处）

【政策性农业保险保费收入6.8亿元】年内，全市政策性农业保险保费收入6.8亿元，同比增加19.9%；保险金额128.3亿元，参保农户7万户次；简单赔付支出5.5亿元，同比增加15.8%；简单赔付率81.6%，赔付农户7.9万户次。提高了奶牛、生猪保险的保险金额。联合市银保监局制定《北京市政策性农业保险承保理赔优化操作细则（试行）》，对保险单证、承保理赔业务流程等进行了简化优化，方便农户进行承保理赔。创新27个险种，增加保费规模1.8亿元，提高保障水平27.8亿元。联合市银保监局下发了《关于做好应急机制启动时期农业保险相关工作的通知》，简化保险承保理赔流程，指导保险公司做好应急机制启动时期农业保险工作，保障农户权益。

（计划财务处）

私营个体经济发展和改革

【私营个体经济基本情况】年内，北京市私营企业和个体工商户登记注册的户数累计196.45万户，其中私营企业147.55万户，个体工商户48.9万户。私营企业和个体工商户从业人员累计1 202.42万人，其中私营企业1 123.66万人，个体工商户78.76万人。私营企业和个体工商户注册资本金累计168 898.61亿元，其中私营企业168 699.57亿元，个体工商户199.04亿元。

【私营企业户增长7.26%】截至年底，全市私营企业户累计147.55万户，比上年增加9.99万户，增长7.26%；私营企业从事第一产业的有5 249户，占总户数的0.68%；从事第二产业的有89 140户，占总户数的6.04%；从事第三产业的有1 381 073户，占总户数的93.6%。户数在前三位的分别是朝阳区（34.06万户）、海淀区（24.9万户）、丰台区（15.66万户）。户数增长最多的分别是房山区（1.64万户）、通州区（1.34万户）、朝阳区（1.31万户）。

【私营企业从业人员增加6.54%】截至年底，全市私营企业从业人员累计1 123.66万人，比上年增加68.94万人，增加6.54%。

【私营企业注册资本金增长14.29%】截至年底，全市私营企业注册资本金累计168 699.57亿元，比上年增加21 090.41亿元，增长14.29%。

【个体工商户减少9.85%】截至年底，全市个体工商户累计48.9万户，比上年减少5.34万户，减少9.85%；个体工商户从事第一产业的有28 798户，占总户数的5.89%；从事第二产业的有16 535户，占总户数的3.38%；从事第三产业的有443 633户，占总户数的90.73%。户数前三位的分别是朝阳区（6.75万户）、昌平区（5.21万户）、通州区（4.9万户）。

【个体工商户从业人员减少9.12%】截至年底，全市个体工商户从业人员累计78.76万人，比上年减少7.9万人，减少9.12%。

【个体工商户注册资金减少5.39%】截至年底，全市个体工商户注册资金累计199.04亿元，比上年减少11.33亿元，减少5.39%。

【积极引导私个经济参与市政基础设施建设】年内，市城管委采取切实措施鼓励和支持社会资本参与相关市政基础设施建设和运营，私个经济参与市政基础设施建设和运营总体上不断增加，在燃气、环卫、城市照明和户外广告等相关领域均有私个经济的参与；在城市运行保障、环境建设、城市管理信息化等项目的政府采购中，也有多家私营企业参与并中标。

【《北京私营个体经济》继续加强舆论宣传引导】年内，《北京私营个体经济》报继续围绕市局的中心工作和协会年初制定的工作要点和考核内容，全面深入展现市、区私营个体协会的工作情况，介绍私营个体经济相关政策。截至12月底共出版23期，共计近40万字。报纸及时报道首都私个经济相关政策新闻，反映会员需求，搭建会员沟通交流、互通有无的平台。

营商环境

【发挥财政资金引导带动作用，扶持中小企业创新发展】年内，本市对服务高精尖领域中小微企业特征明显，服务费用低、范围广、能力强的金融服务机构给予资金奖励，支持鼓励融资租赁机构为中小微企业提供融资租赁服务项目。2018 年中小资金通过以奖代补方式支持融资担保机构 11 家，融资租赁机构 1 家，支持金额共计 3 000 万元，引导担保机构支持中小企业约 986 家，涉及担保金额约 24.42 亿元；引导租赁机构支持中小企业 59 余家，涉及租赁金额约 3 亿元。

【发挥财政资金引导带动作用，支持中小企业服务体系建设】年内，北京市支持中小企业发展资金进一步发挥财政资金引导带动作用，从改善中小企业发展环境和支持中小企业服务体系建设两方面入手，着力降成本、补短板、优服务，旨在建立扶持中小企业创新发展、绿色发展、高端发展的长效机制。在支持融资租赁、担保机构方面，共有 11 个融资担保项目、4 个融资租赁项目总计 15 个项目获得资金支持，支持金额 3 735 万元；在支持中小企业服务体系建设方面，全年资金投入 4 411 万元支持中小企业公共服务体系建设项目 17 个，新增和改造服务场地 5.37 万平方米，新增设备、软件 4 415 套，同时支持北京市中小企业公共服务平台网络联网窗口平台服务奖励项目，全年投入 950 万元资金支持中小企业公共服务体系奖励项目 19 个，其中，示范平台、平台型联网窗口项目 9 个，年服务中小企业 8 903 家；示范基地、基地型联网窗口项目 10 个项目，入驻企业 1 692 家。

【优化小微企业担保代偿补偿资金使用方式】年内，市财政局对代偿补偿政策与再担保机制进行进一步探索，优化代偿补偿资金使用模式，促进合作担保公司及银行有效提高小微担保业务的信贷供给，2018 年与小微代偿补偿资金合作银行达到 16 家，合作担保公司增加至 17 家，全年共为 3 668 户小微企业提供了 4 322 笔担保贷款支持，贷款规模总计 51.19 亿元，较上年提高 11%，资金放大倍数超过 10 倍。截至年末纳入补偿资金支持的企业累计贷款规模达到 186 亿元，涉及企业超过 1.2 万户次。

【优化首都金融信贷营商环境，制定小微企业针对性金融服务】3 月 15 日，北京市金融工作局、中国人民银行营业管理部、中国银行业监督管理委员会北京监管局联合出台了《关于进一步优化金融信贷营商环境的意见》（京金融〔2018〕52 号），意见从降低金融信贷成本、压缩金融信贷审批时间等 14 个方面入手，着力优化金融信贷营商环境。针对小微企业融资难、融资贵、融资慢的问题，意见中提出定制小微企业针对性金融服务，推动在京银行机构对于小微企业信贷审批实行单独管理和业绩专项考评，对 500 万元以下的小微企业贷款重点给予奖励倾斜，并鼓励银行业金融机构建立针对同一类型小微企业客户的金融信贷专业化分类、批量化营销、标准化审贷、差异化授权机制。

【深化针对小微企业的金融服务】11 月 1 日，中国人民银行营业管理部、北京银保监局筹备组、中国证券监督管理委员会北京监管局、北京市发展和改革委员会、北京市财政局、北京市金融工作局等部门联合发布《关于进一步深化北京民营和小微企业金融服务的实施意见》（银管发〔2018〕313 号，京财金融〔2018〕2392 号），从加大货币政策支持力度、强化政策协同效应、健全激励约束机制、完善考核评估制度、优化营商环境等方面提出 20 条措施，引导金融机构将更多资金用于支持民营和小微企业发展。

【清理不合理收费，营造良好营商环境】为贯彻落实《民政部、市场监管总局、国家发展改革委、财政部、国务院国资委关于检查行业协会商会收费情况的通知》（民发〔2018〕141 号）要求，进一步规范行业协会商会收费行为，严查违规收费行为，降低不合理和偏高收费，切实减轻企业负担，全市各部门根据自身职责，通过涉企收费专项检查、会费自查自纠、违规收费线索核查以及群众价格举报投诉等手段对行业协会商会收费问题进行了彻查彻究；同时对强制或者变相强制中小企业参加考核、评比、表彰、培训等活动的行为，违法向中小企业收费、罚款、摊派财物的行为以及其他侵犯中小企业合法权益的行为进行查处。

【加强个体工商户和私营企业消防安全监督管理】年内，北京市公安局在简政放权、放管结合、优化服务等方面通过实施便民和改革措施，为个体工商户和私营企业的消防事项办理提供便利；同时强化隐患问题整改，提升火灾防控水平，不断加大对个体工商户和私营企业的消防安全检查力度，切实整改火灾隐患，保障人民群众生命财产安全。

【积极支持优化营商环境新举措】年内，全市私个协系统积极配合工商部门大力宣传多证合一、全程电子化、全市窗口通办等系列优化营商环境的新举措，为提升公众知晓度，营造良好首都营商环境氛围奠定基础。此外，为贯彻落实国务院推进简政放权放管结合优化服务改革工作精神，提出适合我国国情的营商环境评价指标体系，6 月 6 日，中国个体劳动者协会“营商环境与民营企业评价指数”课题组来到市私个协展开调研活动，与会的北京企业家代表结合各自实际情况对课题建言献策，对评价指标体系以及对如何进一步提升全市营商环境提出了合理化建议。

【促进区域经济协同发展】年内，市私个协全面落实习国家区域协同发展战略，4 月 27 日，组织 15 家企业参加中个协在北京举办的“黑瞎子岛开放发展中俄合作交流会”。10 月 11 日，组织会员参与在辽宁省营口市举办的第四届全国民营企业合作大会，为会员企业提供“走出去”的良好契机。

（张楠）

农民生活与社会保障

综　述

年内，着眼于保障和改善农村民生，农民收入与福利实现“双长”，农村社会保障能力明显增强。全年实现6.4万名农村劳动力转移就业，其中城市公共服务类岗位实现安置农村劳动力11 731人。累计实施582个产业帮扶项目，带动1.8万低收入农户持续稳定增收。组织推动50家市属国企、23所市属高校以及民营企业、科技人员对接帮扶低收入村。着眼“两不愁、三保障”，推进低收入农户社会救助“应保尽保”，对在读学生实施精准教育帮扶，将低收入农户纳入危房改造政策范围。2018年，农村居民人均可支配收入达到26 490元，同比增长9.3%，实际增长6.6%，实现与经济增长同步；低收入农户人均可支配收入为12 524元，同比增长17.1%。

（农村社会事业促进处）

低收入帮扶

【农村居民转移净收入增长19.9%】 年内，农村居民转移净收入2 765元，同比增长19.9%，比上年提高17.8个百分点；占全部收入比重为10.4%，比上年同期高0.9个百分点。随着全市低保和低收入家庭标准、医保补助标准、城乡居民养老保障待遇标准、最低工资标准、失业保险金等社会保障政策标准提高，精准施策力度加大，农户转移性收入明显增加。

（刘孟超）

【帮扶低收入农户】 年内，贯彻落实市委、市政府关于低收入农户帮扶工作的系列决策部署，推动从单纯的“增收”向包括加强教育、医疗、住房保障在内的“帮扶”转变。全年低收入农户人均可支配收入达到12 524元，同比增长17.1%，快于全市居民平均水平8.1个百分点。从构成看，低收入农户四项收入三升一降，工资性收入、财产净收入和转移净收入增速均达到两位数，经营净收入增速继续下降。

（刘孟超）

【精准帮扶生态林建设】 年内，落实生态补偿政策，对山区生态公益林给予每年每亩70元的补偿金，山区低收入农户5万户、11万人直接受益。推进造林营林等生态就业岗位优先吸纳低收入农户劳动力就业。

（刘孟超）

【社会保障兜底帮扶】 年内，印发《关于开展对未纳入社会救助范围低收入农户摸底调查工作的通知》，推进“应保尽保”。落实对低收入农户参加城乡居民基本医疗保险全额补贴政策，推进医疗机构空白低收入村机构建设。落实教育帮扶政策，2018年共教育帮扶5 137人次。印发《北京市农村4类重点对象和低收入群众危房改造工作方案》，将低收入农户纳入危房改造政策范围。

（刘孟超）

【社会力量帮扶】年内，全方位引导中心城区、高校、国企、民营企业、科研院所等社会力量结对帮扶低收入村，实现结对帮扶全覆盖。截至年底，初步统计社会力量累计帮扶金额1.6亿元，解决低收入农户就业1 979人（表1、表2）。

（刘孟超）

表1　2018年北京市低收入农户分布和收入情况一览表

2018年	低收入农户数（户）	低收入人口数（人）	低收入农户人均可支配收入（元）	同比增速（%）
全市	68 223	144 989	12 524	17.1
门头沟区	5 608	10 558	12 427	17.5
房山区	12 224	27 844	12 484	17.6
通州区	838	1 921	12 528	13.7
顺义区	3 728	8 194	13 695	13.5
昌平区	3 695	7 970	13 370	15.4
大兴区	1 809	4 618	12 973	17.9
怀柔区	10 309	21 002	13 493	14.8
平谷区	3 651	7 998	11 898	17.5
密云区	14 248	29 870	12 063	18.4
延庆区	12 123	25 014	11 826	18.1

表2　2018年北京市低收入农户收入结构情况一览表

	2018年		2017年		增速（%）
	绝对值（元）	构成（%）	绝对值（元）	构成（%）	
可支配收入	12 524	100	10 698	100	17.1
#工资性收入	4 974	39.7	4 477	41.8	11.1
经营净收入	467	3.7	617	5.8	−24.3
财产净收入	760	6.1	646	6.0	17.6
转移净收入	6 323	50.5	4 958	46.3	27.5

【实施低收入村及低收入农户医疗帮扶】按照市政府开展低收入群众精准帮扶工作部署，2018年4月，市卫计委根据市农委提供的4万余名因病导致低收入农户基本信息，组织有关涉农区开展摸底调查，逐一排查其健康状况，提供有针对性的医疗卫生帮扶工作。截至8月底，4万余名低收入人群的健康摸底调查工作按计划全部完成，其中大病患者4 339人，占全部摸底调查人数的10.8%；慢性病患者23 176人，占全部摸底调查人数的57.9%；其余31.3%的人与提供信息不相符，包括否认患病、非低收入农户、人户分离、联系不上等。针对大病和慢性病患者，社区卫生服务机构积极完善其健康档案、开展慢病管理、提供家庭医生签约服务，对有转诊需求的大病患者协助开展转诊服务。同时，加大低收入村医疗卫生机构建设，2018年底，全市234个低收入村中已有210个建有村卫生机构，占低收入村总数的89.7%，其他低收入村通过邻村机构或巡诊提供服务。

农村劳动力就业

【农村劳动力就业稳定】年内，全市农村参加分配的劳动力182.3万人，同比增长0.3%。其中，已就业劳动力169.7万人，就业率93.1%，与上年基本持平。从劳动力就业结构来看，就业劳动力中从事一产的劳动力34.1万人，占20%；从事二产的劳动力40.3万人，占23.8%；从事三产的劳动力为95.3万人，占56.2%。就业劳动力中从事一二三产的劳动力所占比重由上年同期的21.5∶24∶54.5

变化为 20 ∶ 23.8 ∶ 56.2，就业岗位向第三产业转移。

（李理）

【农村劳动力就业产业结构优化】年内，从劳动力就业类型来看，北京市从事家庭经营的劳动力 46 万人，占总就业劳动力的 27.1%，其中从事一产 22.6 万人，占家庭经营劳动力的 51.5%；从事二产 7.3 万人，占家庭经营劳动力的 15.8%，从事三产 16.1 万人，占家庭经营劳动力的 32.7%；当地务工劳动力 73.6 万人，占总就业劳动力的 43.4%；外出务工劳动力 50.1 万人，占总就业劳动力的 29.5%。当地务工人员中，从事第一产业的有 9.2 万人，从事第二产业的有 20.3 万人，从事第三产业的有 44.1 万人，第三产业就业比例为 59.9%。外出务工人员中，从事第一产业的有 2.3 万人，从事第二产业的有 12.7 万人，从事第三产业的有 35.1 万人，从事第三产业的比例占 70.1%。

（李理）

【农村劳动力转移就业 4.9 万人】年内，协调落实《关于进一步做好本市农村劳动力转移就业工作的通知》，配合市人力社保局等部门下发《关于开展城市公共服务类岗位安置本市农村劳动力就业促进农民增收试点工作的通知》，对城市公共服务类岗位安置农村地区劳动力转移就业工作进行了督查。截至年底，配合市人力社保局等部门安置 1.3 万名农村地区劳动力在城市公共服务类岗位就业，全年新增农村劳动力转移就业 4.9 万人。

（刘孟超）

农民人均所得

【农民居民可支配收入增长 9.9%】年内，北京农村居民可支配收入人均所得 24 969 元，同比增长 9.9%。从各区农民收入水平来看，人均可支配收入最高的为石景山区，实现 70 465 元，海淀区、朝阳区人均所得均超过 30 000 元，分别为 36 389 元和 35 899 元，位居郊区前列。

（李理）

【农民财产净收入增长 19.6%】年内，农村居民财产净收入 1 877 元，同比增长 19.6%，比上年提高 3.3 个百分点；占全部收入比重为 7.1%，比上年高 0.6 个百分点。财产净收入增长得益于农村土地和宅基地等要素市场化改革，土地资源利用效率逐步提高，农户获取财产收入的来源增多。集体经济分红增加也是农户财产收入增加的重要因素。

（刘孟超）

【农民工资性收入增长 8.8%】农村居民工资性收入 19 827 元，同比增长 8.8%，比上年低 0.7 个百分点；占全部收入的比重为 74.9%，与上年基本持平，对农村居民增收的贡献率继续居于首位。

（刘孟超）

农村社会保障

【农村社会保障基本情况】2018 年，北京市农村社会保障工作，坚持以人民为中心的发展思想，全市进一步提高救助标准、完善救助政策、规范监督管理，开展精准救助，织密扎牢民生保障“安全网”。截至 2018 年底，全年累计支出各项社会救助资金 15.88 亿元；全市共有城乡低保对象 65 136 户、106 573 人，其中农村低保对象 23 936 户、37 860 人；全年累计支出城乡低保资金 12.26 亿元；城乡特困人员 5 421 户、5 517 人，其中，农村特困人员 4 414 户、4 502 人；全市共有低收入家庭 1 983 户、4 631 人，其中农村低收入家庭 756 户、2 039 人。医疗救助全年累计救助 178 994 人次，支出资金 2.409 亿元；其中社会救助对象累计救助 177 471 人次，支出资金 2.227 亿元；因病致贫医疗救助 1 523 人次，支出资金 1 824.25 万元。全年临时救助 20 607 人次，累计支出资金 3 836.16 万元。

【完善社会救助政策体系】一是颁布施行政府规章。

经市政府常务会审议通过，《北京市社会救助实施办法》（市政府令 282 号）（以下简称《实施办法》）于 2018 年 7 月 1 日起施行。《实施办法》沿袭上位法的立法原则和框架，统筹各项救助制度，结合本市社会救助实际，建立本市“9+1”的救助制度体系，将低收入家庭救助和采暖救助写入政府规章，细化教育救助情形，扩大住房救助范围，进一步推动社会救助法制化发展。二是完善家庭经济状况认定。市政府办公厅转发市民政局《关于进一步加强社会救助家庭经济状况认定工作的指导意见》，对本市现行家庭经济状况认定制度进行调整和规范，为实现精准识别、精准救助奠定制度基础。修订内容主要体现在三个方面：①提高家庭财产认定标准，降低准入门槛，扩大政策覆盖面；②明确收入财产核算方法，提高认定精准性；③整合分散在各项社会救助政策中关于收入财产认定的相关内容，便于基层准确把握和操作。三是统筹完善基本生活救助制度。按照《北京市社会救助实施办法》的要求，统筹整合现行的城市低保、农村低保、低收入家庭救助等制度，印发《北京市城乡居民最低生活保障及低收入家庭救助制度实施细则》（以下简称《实施细则》）。此次政策创新点主要包括：改革了低收入家庭管理制度，取消一年有效期，实行动态管理；扩大社会救助范围，提高分类救助上浮标准，加大特殊困难群体的救助力度；规范审核审批程序，提升社会救助效能。四是完善采暖救助政策。印发《关于农村地区低保和分散供养特困人员“煤改清洁能源”分户自采暖救助的实施意见》，对“煤改清洁能源”的社会救助对象按居住建筑面积 60 平方米、30 元/（平方米·采暖季·户）的标准发放补贴，切实解决农村低保和分散供养特困人员冬季取暖困难。印发《关于北京市城乡低收入家庭采暖救助的实施意见》，明确了救助对象、救助内容及标准、救助程序以及资金发放等相关内容，扩大了低收入家庭救助项目，实现低保家庭和低收入家庭专项救助项目的统一。五是调整完善临时救助制度。按照民政部、财政部《关于进一步加强和改进临时救助工作的意见》（民发〔2018〕23 号）要求，研究起草《关于调整和完善临时救助工作的实施意见》。进一步细化救助事项范围和类别，划分急难型和支出型救助对象，科学设定救助条件和程序，提高临时救助的精准度和有效性。六是加强基层社会救助经办能力。按照《关于积极推行政府购买服务 加强基层社会救助经办服务能力的意见》（民发〔2017〕153 号）要求，印发《关于全面推行政府购买服务 进一步加强基层社会救助经办服务能力建设的实施意见》，规范政府购买社会救助服务的具体内容，明确推进基层社会救助经办服务能力建设的具体要求，着力解决基层社会救助经办服务能力不足，社会救助兜底保障作用发挥不够充分等问题。

【调整相关社会救助标准】一是调整低保、低收入家庭认定标准。按照相关规定，市民政局会同市财政局、市统计局、国家统计局北京调查总队测算、制定标准调整方案。经市政府批准，自 2018 年 1 月起，城乡低保标准从家庭月人均 900 元调整为 1 000 元，城乡低收入家庭认定标准从家庭月人均 1 410 元调整为 2 000 元。9 月，根据《北京市社会救助实施办法》的新规定，结合本市最低工资标准调整情况，将低收入家庭认定标准调整为 2 120 元。二是特困人员救助供养标准调整。按照《北京市特困人员救助供养实施办法》（京民救发〔2017〕24 号）等文件的规定，根据相关统计数据，特困人员救助供养最低标准由年人均 35 416 元调整为到 37 425 元；照料护理费用根据自理能力划分为具有生活自理能力、部分丧失生活自理能力、完全丧失生活自理能力三档，护理费标准分别为 424 元、848 元和 1 272 元。

【开展精准救助】一是推进三级困难群众救助服务体系建设。下发《关于加快推进街道（乡镇）困难群众救助服务所建立的通知》，结合《关于积极推行政府购买服务进一步加强基层社会救助经办服务能力建设的实施意见》的贯彻落实，推动通过政府购买服务方式引入社工机构承建街道（乡镇）困难群众救助服务所，实现救助服务全覆盖。截至目前，市、区已分别成立困难群众救助服务指导中心，全市已成立街道（乡镇）困难群众救助服务所 157 所。二是建立困难群众精准救助帮扶台账。印发《北京市民政局关于建立困难群众精准救助帮扶台账的实施办法（试行）》（京民核发〔2018〕195 号）《北京市民政局关于建立困难群众精准救助台账有关问题的通知》，明确台账建立范围、建档程序、台账标准、资金保障及动态管理等内容。整合全市社救对象、困境老年人、困境儿童及困难残疾人摸底调查数据。截至目前，已形成困难群众基础台账 32.46 万份。三是开展困难群众个案帮扶。引入社会力量参与救助服务，拓展救助方式，细化服务内容，对有需要的困境老年人、困境儿童和困难残疾人开展心理疏导、资源链接等个案帮扶，切实提升了困难群众获得感、幸福感、安全感。全市开展个案帮扶且录入精准救助系统 2 700 户，超额完成市政府重要民生实事目标任务。其中困境老人 876 户、困难残疾人 1 050 户、困境儿童 204 户、重大疾病等 570 户，包括对生活困难下岗失业人员提供就业辅导、就业链接等。

【加强核对体系建设】一是探索保险数据核查。市民政局会同市保监局印发《做好本市社会救助家庭保险信息核对工作的通知》，与中保信北京分公司开展合作，以海淀、丰台城乡低保数据为基础，试点与北京健康险平台、北京车险平台开展核查比对，进一步扩大金融核查范围。二是完善银行数据对接。在已联通 16 家银行基础上，会同市银监局进一步扩大银行对接范围，截至 2018 年底，招商银行、华夏银行、宁波银行已实现对接；光大银行、广发银行已完成数据专线接入；上海银行、浙商银行、大连银行、中信银行、江苏银行正在进行专线接入及数据测试等工作。起草与人民银行北京营管部对接方案，探索简化银行对接方式，提高银行对接效率。三是完善核对规范。重新修订《北京市居民经济状况核对工作规程》，起草《北京市民政局核对巡查工作规范》，首次在全市开展核对委托协议与保密协议签订，确保核对工作依法合规有序实施。

【继续开展教育救助工作】认真落实《北京市学前教育资助管理办法》，低收入家庭中的子女进入公办和民办普惠幼儿园，可获得政府资助。其中，低保家庭的儿童，免交保教费。低收入家庭的儿童，免交 50%的保教费。继续开展高等教育新生入学救助工作，全年共救助贫困大学生 700 人，支出救助资金 334.14 万元。

【继续开展农村困难家庭住房救助工作】2018 年市民政局下发了《北京市农村四类重点对象和低收入群众危房改造工作方案（2018—2020 年）》。农村翻建房屋每户 3 间、每间 15 平方米。维修房屋每户 3 间、每间 15 平方米。2018 年完成农村住房困难的社会救助家庭危旧房改造验收合格 490 户。

【开展低收入农户摸底排查工作】根据市领导关于“推进城乡低保标准与低收入农户认定标准统筹衔接，实现农村低保人群应保尽保”的指示精神，充分发挥社会救助兜底作用，市民政局与农委联合印发《关于开展未纳入社会救助范围低收入农户摸底排查工作的通知》，建立低收入农户摸底排查和帮扶工作领导小组，明确工作阶段和工作任务，进一步摸清低收入农户家庭需求情况，将符合条件的低收入农户纳入社会救助范围，做到“应保尽保”。一是建立沟通会商机制。市、区两级民政和农委要建立社会救助与低收入农户定期会商机制，在信息数据共享、人员台账比对、救助和帮扶政策衔接等方面加强协作，及时沟通交流工作信息，通报各项任务进展情况，总结各区在衔接工作中的创新做法和经验等。必要时通过各级困难群众基本生活保障工作协调机制，研究解决工作推进中的难点问题，协调相关部门配合开展工作，确保低收入农户和社会救助工作协调稳步推进。二是建立数据共享交换机制。农委低收入农户帮扶数据库和民政社会救助数据库要实行互联互通，每月定期开展数据交换，做到对象互查互对，对全部低收入农户、社会救助对象实行台账管理，及时记录更新家庭情况、帮扶计划和成效、低收入农户享受社会救助情况等，共享对象信息。并且按季度通报各区低收入农户享受社会救助情况，推动低收入农户兜底保障工作。三是建立“精准救助＋帮扶机制”。在掌握综合比对底数基础上，对未纳入社会救助范围的低收入农户要进行全覆盖排查，根据实际情况因人因户施策，统筹发挥社会救助和帮扶体系的保障功能。民政部门与农委共同制定排查方案，部署相关工作。要积极发挥驻村干部、低收入农户帮扶人、经管站工作人员、村委会干部等熟悉社情民情人员的功能，并结合政府购买服务等多种方式组建工作队伍，联合开展摸底排查。加强政策宣传。民政部门要在农委的协助下，结合排查工作加强对低收入农户的社会救助政策宣传，使其了解各项社会救助政策，正确理解救助标准、审核程序等。通过社会救助政策的宣传与落实，为精准救助、精准帮扶营造良好的氛围。强化“精准识别＋精准帮扶”。在摸排过程中，要结合家庭情况、致贫原因等，重点梳理摸清低收入农户的救助需求和帮扶需求，区分不同情况分类施策。对无社会救助需求的家庭，要根据家庭实际需要因户因人施策进行帮扶；对于有救助需要的家庭，要指导其按要求签订家庭经济状况核查授权书，并协助完成社会救助申请。对申请救助但不符合条件的家庭，要讲清政策做通工作，主动提供产业、就业等不同帮扶措施，确保帮扶工作取得实效；对符合社会救助条件的家庭要加快审核审批程序，确保困难群众及时享受救助待遇。四是统一实施动态管理。对纳入社会救助范围的低收入农户要按社会救助动态管理的规定定期复核，对于不再符合条件的家庭也要及时清退；对未纳入社会救助的低收入农户仍要持续跟进，及时掌握家庭基本情况和收入、财产的变化，一旦符合条件要及时纳入社会救助保障范围，做到救助和帮扶“双精准”。

【继续开展“两节”走访慰问送温暖活动】走访慰问持续采取普遍走访与重点慰问相结合的方式。各级民政部门对辖区所有享受城乡低保待遇的困难家庭进行了普遍走访慰问；市民政局、市残联组成联合慰问组重点走访了城乡低保家庭中的200户特困家庭。城乡低保对象慰问金按户发放，单人户每户500元，2人以上户每户1 000元。所需资金由市、区财政各负担50%。同时，各区根据不同情况，还购发了形式多样的慰问品。春节前，全市各级民政部门走访慰问城乡低保对象及困难家庭9.57万户、15.05万人，共计7 656.2万元，确保了城乡低保对象及困难群众过上祥和快乐的节日。

（张国贵）

【完善了农村社区服务体系】积极推动了基本公共服务项目向农村社区延伸，探索建立了公共服务事项全程委托代理机制，促进城乡基本公共服务均等化。健全农村社区服务设施和服务体系，提升农村基层公共服务信息化水平，增强了农村社区服务站功能，整合劳动就业、社会保障、社会救助、养老助残、流动人口服务、出租房屋登记等服务事项，进一步完善了工作职责，优化了工作流程，规范了服务标准，打造专业服务平台。健全农村“三留守”人员关爱服务体系，重点发展学前教育和养老服务，培育青年志愿组织和妇女互助组织，切实提高了对农村留守儿童、留守妇女、留守老人的服务能力和服务水平。

【加强农村社区基础设施建设】坚持以资源整合、避免重复建设为原则，统筹党群活动中心、乡镇社区服务中心、文体中心等规划建设工作，鼓励每个乡镇至少配备一个集管理、服务、教育、活动等功能为一体的1 000平方米以上的综合社区服务中心；加强农村社区管理和服务用房建设，参照城市社区建设标准，根据农村工作实际，鼓励每个农村社区配备面积不少于350平方米的农村社区管理和服务用房，其中用于服务的面积应不低于70%，并逐步配齐图书阅览、医疗卫生、文体娱乐、全民健身、党员活动、法律服务、社区警务等服务设施。完善农村社区基础设施，建立健全农村供电、供排水、道路交通安全、消防安全、地名标志、通信网络等公用设施的建设、运行、管护和综合利用机制。

【加强老年人照顾服务】市政府办公厅印发了《关于加强老年人照顾服务完善养老体系的实施意见》，提出了改革完善老年人社会福利制度、完善家庭养老支持政策等8个方面32项重点任务。

【社区养老服务驿站运营扶持】市民政局、市财政局、市人力社保局、市卫生健康委等部门联合印发《北京市社区养老服务驿站运营扶持办法》，从服务流量补贴、托养流量补贴、连锁运营补贴、运维支持等方面加大对驿站运营扶持，城区驿站按照不低于驿站实际收入50%给予服务流量补贴；农村驿站按照实际流量1.5倍给予补贴，重点加大对农村地区养老服务倾斜力度。

【养老机构运营补贴】市民政局、市财政局、市卫生计生委、市残联等部门印发《北京市养老机构运营补贴管理办法》，突破营利性养老机构、非营利性养老机构补贴偏好，综合考虑收住服务对象身体状况、服务质量星级评定、信用状况、医疗服务能力等因素，对养老机构实行差异性补贴，养老机构每月每床最高可享受到1 050元运营补贴。

【养老服务机构诚信建设】印发《关于推进养老服务业诚信体系建设指导意见》《北京市养老服务机构信用信息管理使用办法》，对套取骗取政府财政资金、违法违规开展金融活动、发生欺老虐老等11种情形，直接纳入信用黑名单，实行运营商禁入、联合惩戒。

【养老服务机构监管】顺应养老机构设立许可取消新形势，在全国率先出台《北京市养老服务机构监管办法》，规范监管内容，创新监管方式，推动建立政府部门行政监管、行业协会自律管理、服务对象及家属主动监督、社会舆论公开监督的养老服务机构监管体系。

【推进农村养老服务政策落实】召开新闻发布会，专题就《关于加强农村养老服务工作的意见》《关于做好农村幸福晚年驿站建设工作的通知》进行解读，同时督促各区抓好政策实施。

【区级养老服务指导中心建设】为构建"三边四级"就近养老服务体系，按照《关于加强区级养老服务指导中心建设意见》要求，继续推进区级养老服务指导中心建设，截至2018年底，东城、朝阳、房山、顺义、大兴、平谷、怀柔、密云、延庆等9个区的区级养老服务指导中心建成并运营。

【街乡镇养老照料中心建设】在"北京民政"官方网站发布公告，公开全市114处养老照料中心应建未建空白区域，鼓励社会力量投资或利用自有闲置设施参与空白区域建设。截至2018年底，累计扶持建设街乡镇养老照料中心275家，建成运营192家。

【社区养老服务驿站建设】印发《北京市2018年社区养老服务驿站建设工作方案》，加快推进社区养老服务驿站。截至2018年底，新建成运营社区养老服务驿站182家，其中农村幸福晚年驿站100个，累计建成运营社区养老服务驿站755家。制定《关于社区养老服务驿站建设和运营工作有关事项的通知》，对养老服务驿站购买服务资质、服务设施支持、驿站建设程序、驿站建设补贴、驿站监督管理、驿站床位设置、驿站建设布局、驿站运营模式、驿站运营补贴等11个方面做出规范。

【开展养老机构服务质量建设专项行动】印发《关于做好2018年养老机构服务质量建设专项行动的通知》，召开全市养老服务质量建设暨安全管理工作会议，全面加强养老服务质量建设。全年主动关停不合格养老机构45家，运营养老机构基础性指标整改合格率达到100%。推进养老机构阳光餐饮工程建设，90%以上养老机构实现了明厨亮灶。

【推进养老服务标准化建设】制定《北京市养老机构服务质量星级评定管理办法》，降低星级评定门槛，优化星级评定程序，并将星级评定结果与养老机构运营补贴、承接政府购买服务资格、取得公办（建）民营资格挂钩。组建北京市养老服务标准技术委员会，开展养老服务业标准体系规划研究；发布《养老机构康复辅助器具配置基本要求》《养老机构综合评价指标计算方法》，进一步完善养老机构地方标准体系。选择30家养老机构开展养老服务标准化试点，组织开展养老机构标准宣贯培训，培育养老服务标准化试点示范单位。

【深入推进医养结合】落实《关于推进医养结合试点工作的实施方案》，支持东城区、朝阳区和海淀区开展国家级医养结合试点工作，在制定居家护理服务清单、建立服务团队激励机制等方面开展试点探索。印发《养老机构与医疗机构医疗服务协议（示范文本）》，指导养老机构逐步与周边医疗机构建立服务协作关系，为机构老年人提供务实、具体的医疗卫生服务。

【养老机构安全管理】印发《北京市社会福利系统安全稳定工作导则》《关于印发社会福利系统安全隐患治理三年行动方案和养老服务领域防范处置非法集资行动工作方案的通知》《关于进一步加强养老服务机构突发事件报告工作的通知》，推动健全组织领导、建章立制、台账管控、资金保障、监督协调、应急救援、绩效考核等安全稳定责任体系和管理制度，增强养老服务机构处置突发事件的能力。针对冬春季火灾防控工作，民政、消防部门印发《社会福利机构消防安全专项治理实施方案》，召开全市社会福利系统消防安全工作会，组织各区民政、消防部门推进全面排查整治行动。截至2018年底，全市各区消防、民政等部门及属地街乡镇累计出动1 820名工作人员，检查养老机构、驿站621家，发现并督促整改消防安全隐患问题800处。

【加强老年人福利工作】制定《北京市老年人养老服务补贴津贴管理实施办法》，实现现有6项居家养老助残政策的整合，统筹实施困难老年人养老服务补贴、失能老年人护理补贴、高龄老年人津贴。同时落实老年福利津贴待遇，截至11月底，全市80岁以上老人居家养老服务补贴累计发放人次597.36万人次，累计消费金额5.29亿元，预计2018年全年发放金额6.5亿元。高龄津贴累计发放约57.6万人次，发放金额约5 863.6万元；发放95周岁及以上老年人医疗补助2 654人次、736.6万元；为约7.5万名符合条件的老年人免费购买老年人意外伤害保险。

【扩大老年人优待范围】制定《60～64周岁老年人北京通—养老助残卡制发工作实施方案》，从2019年1月1日起，60～64周岁持卡老年人可以免费乘公交、逛公园。截至2018年底，为65周岁及以上老年人累计制卡286万张，有效持卡数256万张，其中北京市户籍约219.2万张、外埠常住约37.1万张；累计采集60～64周岁老年人信息120万人，成功制卡103万张，已成功发放80万张。

【开展居家养老巡视探访】结合落实民政部等9个部委《关于加强农村留守老年人关爱服务工作的意

见》和市政府有关部署，编制《北京市居家养老巡视探访服务组织实施工作指南》，组织对老年人的健康状况、精神状态、安全情况、卫生环境、居住环境等5类15项内容进行询问、提醒和评估，对巡视探访服务过程中发现的问题、老年人的服务诉求，及时向巡视探访服务机构报告；紧急情况下立即拨打紧急求助电话向公安、消防、医疗等部门报告。截至2018年底，已巡访服务对象6.1万余人，累计巡访97万人次，转介老人服务50万次，处理独居高龄老人紧急情况约400多起，保障老年人身心健康和居家安全。

农村社会事业

综　述

2018年，北京市农村社会事业有长足发展，保障了郊区经济社会发展和农民对美好生活日益增长的需求。宣传和精神文明建设工作围绕中心，突出重点，结合重要时间节点，传播正能量，注重舆情和应对引导，注重新时代的典型宣传，对乡村振兴起到了舆论和精神文明支撑作用。农村文化坚持正确的政治方向，注重对优秀传统文化的弘扬和继承，又注重创新发展，健全基层农村公共文化服务体系，助推乡村文化振兴，创建公共文化服务示范区，推动基层农村公共文化设施建设，举办丰富多彩的农村文化活动，推动了社会主义新农村文化建设的大发展。经过农村实用人才培训，农村实用人才和新型职业农民脱颖而出。农村卫生、新型合作医疗、农村体育和少数民族乡村工作也有较大进步。

（徐再城）

宣传工作及精神文明建设工作

【围绕中心工作，强化宣传报道】召开了“新时代新气象　新作为”“城市精细化管理和美丽乡村建设”“2018年北京市农村工作会议”等三场新闻发布会。配合全市“两会”宣传，制作以“落实乡村振兴战略 推进美丽乡村建设”为主题的三分钟宣传片和微信H5宣传页，参加了“对话一把手”节目。组织了为期四天的“低收入农户帮扶”集体采访活动，刊发原创报道30余篇。开展“美丽乡村建设”专题宣传活动，在北京电视台《北京您早》开设“乡村振兴、美丽先行——走进建设中的美丽乡村”专栏，集中报道了怀柔区北沟村、门头沟区炭厂村等近70余个取得阶段性进展的美丽乡村。坚持正面宣传与问题导向相结合，积极配合《北京日报》，在“政府与市民”版开设“关注农村人居环境”问题专栏，连续近两个月，曝光了20余个农村人居环境问题村庄（点位），加强媒体监督，推动美丽乡村建设重点工作。

【结合重要时间节点，突出重点宣传】以北京市庆祝“首届中国农民丰收节”为契机，积极配合农业农村部筹备全国首届“中国农民丰收节”主会场活动，选调并组织房山区水峪中幡、门头沟区太平鼓、平谷区舞龙舞狮参加主会场展演，评选发布20名“京郊农业好把式”、30个“北京农业好品牌”，推介30项“北京乡村特色好活动”、40个“北京乡村休闲好去处”，制作了7部微视频和80张海报，组织2次集体采访，在《农民日报》《北京日报》《北京晨报》《京郊日报》等报纸媒体发布了13个专版，相关报道近5 000条次。开展庆祝改革开放40周年改革成果系列宣传活动，市属全媒体集中采访北京市美丽乡村建设成果、煤改清洁能源典型经验等。供暖季开始前组织媒体对农村地区煤改清洁能源工作最新情况进行宣传报道。

【巩固自有宣传阵地，提升传播能力】市委农工委与《农民日报》合办的“现代农业”专版刊发 50 期（每周一期）、与北京电视台合办的《美丽乡村》栏目播发 50 期（每周一期）、与北京电台合办的《生态北京》栏目播发 121 期（每周三期），“北京美丽乡村”政务微博共发布 155 条，条均阅读量 5 000 以上，单条最高阅读量达 1.6 万；美丽乡村微信公众号用户关注数量稳定在 6 万人左右，发布天数 217 天，推文 529 篇，累计阅读数量 50 万，网友留言约 800 条。

【密切监测舆情动态，做好应对引导工作】每天上下午编发“每日三农要闻”。下半年，重点对“非洲猪瘟”“大棚房”“煤改清洁能源”等重点工作加强舆情监测和应对，在重点时期保证 24 小时全天监测，随时报送舆情动态，每天制作“非洲猪瘟”舆情日报、“大棚房”舆情日报，坚持严密监测、及时发现、有效应对，协调市属主流媒体及政务新媒体等及时主动发布相关工作动态，有效引导应对、确保舆情平稳。其中共监测到涉及“非洲猪瘟”疫情信息 4 953 条次，相关信息已进行了及时核查和应对处置；接到 12345 和 12316 电话热线 597 个，主要包括投诉类和咨询两大类，涉及交通管制影响出行、清退政策不合理、补贴不到位、填埋处理影响环境等内容，全部热线已在第一时间通过已有渠道转发相关区核实办理；累计编发“非洲猪瘟”舆情日报、专报 40 期。

【加强宣传人才队伍培训】11 月 29 日、30 日市委农工委在北京农业职业学院北校区举办“实施乡村振兴战略宣传工作培训班”，通过邀请专家授课和分组交流的形式，对 113 个“北京最美的乡村”和特色村开展了宣传思想文化工作培训，加强了村干部对形势政策的认识理解、统一了思想。

【开展“美丽乡村·筑梦有我”大型新闻公益行动】自 2014 年底创办以来，“美丽乡村·筑梦有我”大型新闻公益行动已经实现 133 名主持人牵手 148 个乡村和广播电视台属媒体牵手 50 个低收入村（简称“双牵”）。2018 年在继续“双牵”的基础上，一是组织专场活动。共组织“讲述丰收故事、品味乡村振兴”“诵读优秀经典、弘扬传统文化　筑梦家国情怀”“全面小康路、一个不能少”“弘扬孝德文化、培育文明家风”等 7 个专场活动。二是强化宣传报道。动态宣传：邀请中央和市属新闻单位、商业网站及时跟进并报道活动开展情况。专题报道：每场活动结束后，活动小专题在卫视《北京您早》栏目、《北京新闻》栏目、《新闻晚高峰》栏目播出；同时，邀请活动主办方嘉宾到北京电台和电视台录制主题活动背后的故事。新媒体推广：在《北京时间》网站开设活动专题页面进行宣传，首页推送，开设官方微博、官方微信同步互动传播；进行网络直播，北京时间等同步直播主题活动；直播结束后，由北京电视台微信矩阵（含 72 个微信公众号）一键推送每场活动微信信息；充分运用短视频、社交媒体互动等形式进行互联网传播。

【举办“美丽乡村·筑梦有我”系列专场活动】9 月 26 日，讲述丰收故事，品味乡村振兴，年内首场主题活动在房山区周口店镇黄山店村坡峰岭景区举行。现场发布了 30 个“2018 北京农业好品牌”，20 个“2018 京郊农业好把式”和 40 个“北京乡村休闲好去处”。同时，为京郊农业品牌企业牵线搭桥，进驻国内知名互联网平台，开通北京味道特产馆，扩大了京郊优质农产品销路，助力农民增收。

9 月 28 日，“诵读优秀经典　弘扬传统文化　筑梦家国情怀”月度主题活动在密云区第二小学举办，现场以朗诵和讲述的形式为京郊中小学生展现了中国传统文化的精神与魅力。北京广播电视台主持人团队走进教室为孩子们上了一堂生动的阅读公开课。通过弘扬诵读文化把传承中华优秀传统文化和践行社会主义核心价值观的种子播撒进乡村小学生的心中。

10 月 30 日，“弘扬孝德文化 培育文明家风”主题活动在通州区于家务回族乡南三间房村举行，活动现场讲述了于家务乡移风易俗倡导厚养新风尚、村民提炼传承家风家训家规的故事，更有金婚老人向新婚夫妇传授幸福密码。在践行和弘扬社会主义核心价值观的同时，把孝老爱亲、崇德向善的理念落实到实际行动中。

11 月 14 日，“全面小康路一个不能少——六个一精准帮扶低收入村成果展示”主题活动在延庆区刘斌堡乡刘斌堡村举行。通过发放棉被等慰问品，为 58 个低收入村的第一书记送来温暖，并请代表分别讲述各自的精准帮扶经验和成果。

【开展“乡村休闲·新鲜品味”主题宣传活动】市委农工委在《北京晨报》开设“乡村休闲·新鲜品味”专栏，共计刊发 14 期，12 个整版。同步在《北京晨报》官方微信发布 13 期报道，阅读量共计 6 587，涉及房山、通州、顺义、延庆、丰台、昌平、密云、怀柔等 8 个区。以“保护农业文化遗产传承农耕文化”“走进延庆 2019‘世园花卉’‘百蔬园’”“首届·最美乡村喜乐派”“爱在番茄·乐在中秋”“庆丰收喜悦·享幸福美好”“崇山美景·红叶最浓”“乡村·漫生活”“走进国家级农业示范园”为主题，共计刊出报纸版面 8 期，10 个整版，参与体验人数达 500 余人。

【举办第 28、29 届北京农民艺术节】圆满完成北京市第二十八届农民艺术节“乡村大舞台”群众文艺展演、“诗书画美丽乡村”系列创作展示等各项活动；印发《关于印发〈北京市第二十九届农民艺术节活动方案〉的函》（京农函〔2018〕6 号），本届农民艺术节主题为：展乡村律动，歌时代新风。围绕上述主题，利用群众喜闻乐见的艺术形式，赋予新的时代内涵，为实施乡村振兴战略和推进美丽乡村建设营造良好的文化氛围。一是大力宣传习近平新时代中国特色社会主义思想，凝心聚力，增强发展信心；二是大力宣传社会主义核心价值观，引导农民树立中国特色社会主义的共同理想；三是大力宣传农村改革发展的主旋律，展现新时期“三农”工作取得的辉煌成就，反映当前美丽乡村建设、农村人居环境整治、农村冬季清洁取暖、农业供给侧结构性改革、农民增收、农村改革等重点工作，为乡村振兴鼓劲加油；四是大力宣传群众身边的先进典型，特别是在农村党建、民主法制建设、平安北京、生产安全、消防安全、廉政建设、乡风文明等工作中涌现出来的好人好事，激发正能量，弘扬真善美，促进和谐稳定，共建美丽乡村。立足各区丰富多彩的探索和实践，结合近年改进创新的成果和经验，兼顾相关活动的连续性和延展性，本届农民艺术节重点开展四大系列 10 项活动。

【举办“乡村大舞台——原创文艺节目展演”活动】本届“乡村大舞台”活动继续支持“三农”题材文艺创作生产，鼓励、推动节目的创作、创新，突出时代主题，展现美丽乡村建设中涌现的新人新事新气象。13 个涉农区和北京美丽乡村联合会共选送 40 个节目，600 多名演员参加市级复赛演出。经专家评委评定，甄选 15 个具有区域特色的原创节目参加总决赛，节目涉及戏曲、曲艺、歌舞等各门类。

【探索“特色文化示范村”试点建设】挖掘和保护乡村文化资源，本着“传承优秀乡村文化、助力美丽乡村建设”的目的，继续开展文化示范村建设工作，培育一批文化特色突出、内涵丰富的美丽乡村。在涉农区推荐的候选村中，甄选特色突出、积极性高、区镇重点扶持的 3 个村作为市级文化试点村：密云区古北口镇古北口村、昌平区十三陵镇上口村、延庆区苏家坨镇柳林村。同时，选派文化志愿者进村指导，对接社会力量给予支持，市里也力所能及地给予一定扶持，帮助其提升水平，发挥示范带动作用。指导密云区古北口村开展“览千年名村落古北口、品长城文化带大民俗——千秋古北口”情景演出活动，并在十一期间进行巡演，为该村打造了特色鲜明的文化品牌；指导昌平区上口村推出“大德上口”微信公众号，举办“提升上口美食品牌·赢得众口美誉口碑——上口村‘马武寨驴打滚’农家菜品擂台大赛”，并邀请专家进行专业指导。

【特色文化示范村——密云区古北口镇古北口村】古北口村，长城文化带上具有千年历史的著名古村落，有着丰富的历史文化资源。作为北京市第 29 届农民艺术节特色文化试点村，古北口村以首届“中国农民丰收节”为契机，依托古北口村承接长城文化以及作为古村落的优势和特点，以“览千年名村落古北口，品长城文化带大民俗”为主题，推出首届“中国农民丰收节”系列活动，于 9 月 23 日进行《千秋古北口》情境表演首场演出，并在十一期间连续展演，为古北口村营造节假日氛围和看点。

“千秋古北口”情境表演以北京市长城文化带建设为时代背景，以长城精神为主线，串联古北口村历史上所形成的长城边塞文化、长城饮食文化、长城庙宇文化与长城戏曲文化，分为《千秋雄关》《千秋稼穑》《千秋国药》《千秋明灯》和《千秋戏韵》五个情境表演，分别展现了明代戚继光戍边战士训练、簸米去糠的农事活动、制作宫灯、悬挂宫灯、梆子化妆及表演等具有地域特色的传统文化节目。

情境式互动演出以专业的视角、艺术的技巧、细腻的手法进行编排，演员全部来自本村群众，在古北口村古城墙、古关口、古戏台、药王庙、关帝庙等地分别设置情境式演出舞台，进行实景演出，村民与观众互动，烘托出浓郁的节日氛围。

【特色文化示范村——昌平区十三陵镇上口村】上口村地处世界文化遗产明十三陵保护区内，村域内山清水秀，空气清新，历史人文与自然景观交相辉映，孕育出了独具特色的乡风乡俗，作为北京最美的乡村之一，吸引了众多驴友和摄影爱好者前来观光体验。

上口村农家美食大赛活动于 9 月 28 日上午进行，以“提升上口美食品牌，赢得大众美誉口碑”为主题，全村有 15 户报名参赛，占上口村民俗接待户总数的三分之二，参赛菜品除了传统的驴打滚小吃和马武扣肉外，村民们还要准备一道或煎炒烹炸或焖溜熬炖的拿手菜。现场评出一、二、三等奖。通过比赛的形式，让村民成为节日的主人，感受节日的快乐。

上口村作为北京市特色文化示范村，文化志愿者们深度挖掘该村传统饮食资源，制订了“以饮食文化带动民俗发展，以民俗旅游促进村民增收”的整体思路。另外，在办好本次农家美食大赛的基础上，还为上口村创建了“美丽乡村　大德上口”微信公众号，实时分享村内各种活动，发布上口村最新资讯，使微信公众号成为上口村对外宣传的窗口、文化传播的途径和村民接受新鲜事物与理念的信息平台。在文化示范村建设过程中，为激发全村干部群众爱党、爱祖国、爱家乡的热情，组织开展了“七一党建助村建”文化活动，组织了十余位文化志愿者为村民朗诵诗歌，增强了村“两委”的凝聚力和村民们的荣誉感；考虑到村里的老人年纪较长，行动不便，邀请了“聚焦美丽乡村”摄影俱乐部的专业摄影师，为村内 60 岁以上的老人拍摄了证件照，为老人留下一份美好回忆。

【特色文化示范村——海淀区苏家坨镇柳林村】柳林村地处北京市海淀区苏家坨镇中心区域，靠近北京西山旅游风景区，紧邻京密引水渠，村域面积为 4 980 亩，其中农田 2 980 亩，主要是耕地、林地和园地。村庄现有生活户 686 户，农业人口 1 316 人，非农业人口 666 人，为农居混住村。村庄的主要经济来源为国家政策反哺和企业租金，现在村内有大小企业 20 余家，主要为制造业。2015—2016 年度“北京最美的乡村”。

自 2015 年起，柳林村已成功举办 4 届苏家坨小年俗活动。活动以中华传统节日“小年”为契机，以“小年”吃饺子这一重要民间习俗为主要内容，以新春送福、文艺演出为形式。村民欢聚在喜迎新年的气氛里，在浓厚的小年俗氛围中弘扬优秀传统民俗文化，增进村民相互沟通，展现地区百姓良好的精神风貌。

在此基础上，2018 年，为进一步弘扬中华民族优秀传统文化，打造传统民俗文化品牌，以文化示范村建设为契机，开展一台群众文化精品演出活动，活动包括：手工艺品制作、特色美食、京郊农产品展示等一系列环节，为传统节日营造浓厚的宣传氛围。通过群众喜闻乐见、参与性强的活动，使地方特色、现代生活与传统节日相结合，成为弘扬中华优秀传统文化、展现新时代下北京美丽乡村风采的窗口。

【开展“北京最美乡村故事”主题征文展播活动】以“乡村振兴、美丽同行”为主题，主要从“产业兴旺”“生态宜居”“乡风文明”“治理有效”“生活富裕”等不同视角，讲述美丽乡村发展、变迁的生动故事。活动分为三个部分：第一，“大学生采访团”实地考察，编写原创乡村故事。招募了来自全国 12 个省市的大学生，实地采访涉农区 26 个乡村，以 90 后的视角发现乡村振兴故事，收录完成《北京最美乡村原创故事》合集。第二，面向全社会征集文章，记录百姓身边的乡村发展故事。将稿件投送到阿里文学网及北京美丽乡村网活动专区进行展示。第三，面向全社会征集声音作品，讲述乡村美丽变迁背后的故事。在“懒人听书”APP 中的“北京最美乡村故事”征集社区进行征集，在懒人听书首页做广告提示，故事长度 3～5 分钟。

【举办第九届“聚焦美丽乡村”主题摄影大赛】突出“记录乡村变化，展现美好生活”的主题，共收到投稿 5 000 余幅（组），组织月赛 12 期，评出优秀作品 80 幅；以摄影大赛为平台组建摄影爱好者俱乐部，组织俱乐部会员为 60 岁以上老人拍摄证件照等外拍活动 5 次，拍摄图片 1 000 余幅（组），深受基层欢迎；最终评选出 98 幅（组）优秀作品获得大赛设置的特等奖、一、二、三等奖和优秀奖。

【开展“书画走进美丽乡村”创作培训活动】于重阳节邀请书画家走进顺义区庙卷村举办“弘扬传统节日文化”重阳节敬老爱老活动，现场指导并创作作品敬赠老人。在大兴区南辛庄村举办了“丹青写盛世、楹联颂新风”大型笔会活动，邀请了中国书协、中国美协共计 20 位书画家在现场挥毫泼墨，将 100 余幅书画作品赠送给当地村民。在通州区仇庄村举办了“弘扬好家风、凝聚正能量”主题书法创作暨通州区书法家走进美丽乡村活动，邀请通州区 16 位书法家现场挥毫泼墨，并为村民赠“福”。

【开展“美丽乡村、和谐家园”主题楹联征集活动】 围绕传统节日春节、元宵、清明、端午、七夕、中秋、重阳，特别是春节、元宵节营造团结祥和、欢乐喜庆的节日氛围。同时，提炼乡村振兴进程中展现的中华优秀传统文化、革命文化和社会主义先进文化，培育弘扬“文明乡风、良好家风、淳朴民风”，面向社会征集原创楹联作品。共收到市民投稿 850 余副，经过综合评选，甄选出优秀作品 100 副分获一、二、三等奖和优秀奖。

农村文化工作

【健全基层农村公共文化服务政策体系，助推乡村文化振兴】 贯彻落实 2018 年全市宣传部长工作会议精神，以市政府实事、市政府折子工程、市委宣传部折子工程等为重点，以解决公共文化服务领域发展不平衡不充分的问题为抓手，起草制定了《2018 年北京市公共文化服务体系建设工作要点及任务分工》，部署 2018 年全市公共文化服务体系示范区创建工作，内容主要包括九大方面 34 项工作任务，每一项任务都明确了责任单位和完成时限。二是根据全国文化中心建设领导小组文化建设组 2018 年工作计划安排，起草制定了《关于印发〈市推进全国文化中心建设领导小组文化建设组 2018 年重点工作任务分解方案〉的通知》，结合全市文化系统的工作实际，分解任务，细化方案，牵头把文化建设组的每项工作落实、做细。

【创建公共文化服务示范区，推动基层农村公共文化设施建设】 丰台、石景山、房山、通州、大兴五区成功成为首都公共文化服务示范区，在较短的时间内，建立了党委政府主导、政府部门配合、社会力量参与的良好局面，切实提升了五区农村地区公共文化设施硬件水平和软件服务。启动委托第三方评估首都公共文化服务示范区和乡镇街道综合文化中心服务效能工作，对五个创建区的 2 500 余个基层公共文化设施进行暗访和群众满意度调查。石景山区获得第四批国家公共文化服务体系示范区创建资格，门头沟区、西城区获得第四批国家公共文化服务体系示范项目创建资格，为西部农村地区提升公共文化服务质量提供有力保障。

【举办首都市民系列文化活动，丰富农村文化活动】 以“我的中国梦·欢乐新北京”和迎接党的十九大胜利召开为主题，围绕“歌唱北京”“舞动北京”“戏聚北京”“艺韵北京”“影像北京”和“阅读北京”六大板块，带动新农村文化品牌活动联动开展，有效地满足农民群众的精神文化需求，丰富精神文化生活，提高村民的文明素质和农村的文明程度。全年累计开展活动 2.6 万场次。

【举办春节庙会赠票活动，活跃农村地区节日文化生活】 为了丰富活跃村民节日精神文化生活，弘扬中华优秀传统文化，着力营造欢乐、喜庆、祥和的节日氛围，根据市政府和市委宣传部的部署和安排，市文化局会同有关部门采取政府购买文化服务和“互联网＋文化”的模式，组织开展了“2018 年文化惠民逛庙会 欢欢喜喜过大年——北京市人民政府向首都市民发放 30 万张春节庙会门票活动”。本次活动，选取十大春节庙会及活动，初一至初五各发放 6 万张门票。包括村民在内，参与市民达 370 万人次，抢票率 100%，换票率 87.97%，满意度指数为 99.08%。2018 年活动的亮点是群众关注高，活动期间，市文化局官方微信公众号“文化北京”增长粉丝 15.7 万，达 35.7 万，成为当期上升最快和排名第一的政府微信公众号。

【开展我家春联我来写活动，营造农村节日特色气氛】 2018 年 2 月 11 日，“我家春联我来写”在中国书法之乡平谷区金海湖镇黑水湾村文体中心正式启动。活动中采取线下写，线上评的方式，活动当天，100 余名村民挥毫泼墨，书写春联，互送“福”字，现场充满了浓郁的节日氛围和文化气息。据今日头条统计，截至 2018 年 2 月 12 日，仅一天时间，手机客户端推荐量达 180 万余人次，用户阅读量 33 万余人次，市民参与十分踊跃。北京电视台、中国文化报、北京日报、千龙网等传统媒体和新媒体，到现场进行采访报道，着力宣传推广此项活动，扩大影响力。通过发动村民书写春联的方式，增强村民对中华优秀传统文化的体验感，弘扬中华优秀传统文化，推动全国文化中心建设，同时营造了浓厚的节日文化氛围。

【留住人才，加强基层农村人才队伍建设】 一是根据《文化和旅游部公共文化司关于开展〈2018 年全国基层文化队伍培训绩效管理工作方案〉的通知》要求，开展基层文化队伍建设的相关统计工作，制订了2018年基层公共文化队伍培训计划，填报年初培训绩效目标表。二按照六会标准（会做群众工作、会组织活动、会指挥、会乐器、会跳舞、会电脑），开展“千名基层文化组织员培训工程”，加大对农村地区基层群众文化组织员的培训力度。以基层群众文化组织员培训为统领，开展全市培训工作。高度重视农村基层人才队伍的发掘和培养，并建立有效的机制，激励和发挥农村基层人才的优势和作用，更好的建设社会主义新农村。三是做好文化志愿者的志愿服务等相关工作。按照文化和旅游部、中央文明办《关于开展2018年文化志愿服务工作的通知》要求，组织首都图书馆、北京群艺馆和东城、朝阳两个国家公共文化服务体系建设示范区做好“春雨工程”“大地情深”志愿服务项目的填报工作。大力推进文化志愿服务，促进文化志愿服务制度化、规范化、常态化，鼓励各区积极培育文化志愿服务品牌，注重发挥典型引路作用，大力弘扬志愿服务精神，营造良好社会氛围。

【为基层图书馆做好图书配送工作，促进新农村建设】为深入学习宣传贯彻落实习近平新时代中国特色社会主义思想和党的十九大精神，巩固农村思想文化阵地，根据中央宣传部办公厅通知精神，市委宣传部、市文化局共同印发了《关于做好农家书屋配备习近平新时代中国特色社会主义思想三十讲有关工作的通知》，各区为5 350个基层图书馆室配备了由学习出版社出版发行的《三十讲》标准辅导读本，配送数量11 600册，每个图书馆室至少2本。

【完成2019年中央补助地方公共数字文化建设资金项目申报工作】根据文化和旅游部的部署要求，组织开展了2019年中央补助地方公共数字文化建设资金项目的申报工作。经各单位自愿申报、市里集中评审，全市包括农村地区共申报2019年资金1 630.5万元。其中，数字图书馆推广工程部分12个项目，预算543.5万元；文化共享工程和公共电子阅览室建设计划部分15个项目，预算1 087万元。经文化和旅游部审核，最终本市共获得专项资金943万元。

【推动建立文化馆图书馆总分馆制管理模式，推进农村地区公共文化资源共建共享和服务效能提升】为贯彻落实文化部等五部委《关于推进县级文化馆图书馆总分馆制建设的指导意见》和本市要求，出台了《北京市推进文化馆图书馆总分馆制实施方案》，突出北京特色，提出了以首都图书馆、北京群艺馆为龙头馆，区文化馆、图书馆为总馆、乡镇（街道）综合文化中心为分馆，行政村（社区）综合文化室为基层服务点的四级总分馆制管理模式。5月，根据市文化体制改革专项小组办公室下发通知要求，市文化局组织召开文化馆图书馆总分馆制推进工作会，了解各区总分馆制和法人治理结构改革试点工作进展情况，撰写《北京市文化局关于文化馆图书馆总分馆制实施情况的自查报告》，上报市委宣传部。

【完成2018年农家书屋重点出版物的推荐上报工作】根据市委宣传部批转国家新闻出版广电总局《关于推荐2018年农家书屋重点出版物的通知》要求，会同首都图书馆，对北京市8家出版社上报的推荐材料进行收集、汇总整理，通过研究审核，推荐了124种图书，其中科技类2种、文化类45种、医卫生活类28种、少儿类49种，样书共246册，推荐的音像制品1种（科技类），光盘2张，作为2018年农家书屋重点出版物并上报市委宣传部。

【开展2018年“我的书屋·我的梦”农村少年儿童阅读实践活动】为贯彻落实国家新闻出版署、教育部《关于开展2018年“我的书屋·我的梦”农村少年儿童阅读实践活动的通知》（国新出发〔2018〕4号）精神和市委宣传部要求，充分发挥农村书屋作用，丰富农村中小学生文化生活，市文化局、市教委共同开展了2018年“我的书屋·我的梦”农村少年儿童阅读实践活动。征文活动共收到朝阳、海淀、丰台、门头沟、房山、大兴、通州、顺义、平谷、怀柔、昌平、延庆、密云13个区报送的192篇作品，参与学生年龄最小的9岁，最大的16岁，其中小学组征集作品163份，中学组征集作品29份。经专家组评议，评选《我的书屋·我的梦》等20篇为小学组优秀作品，《我和书的故事》等20篇为中学组优秀作品。经报请市委宣传部同意，由市新闻出版广电局上报国家新闻出版广电总局。

【推进美丽乡村建设，提升农村地区公共文化服务水平】深入贯彻落实《实施乡村振兴战略扎实推进美丽乡村建设专项行动计划（2018—2020年）》，加强农村公共文化设施建设。研究修改《北京市村庄布局规划和村庄规划导则》，从规划入手推进农村地区公共设施建设。参加北京市改善农村人居环境推进美丽乡村建设工作联席会议，交流提升农村地区公共服务水平举措。加强古村落保护，推进传统村落公共文化设施建设。

农村人才培养

【提升人才素质扎实开展高级农村实用人才示范培训】为大力推进农业调转节，全面提高农村实用人才队伍整体素质，切实发挥优秀农村实用人才的引领带头作用，根据郊区农村实用人才的实际需求，2018年4月举办了2期北京市高级农村实用人才示范培训班，主题分别为“农村创业创新”“休闲农业与乡村旅游”，来自全市13个区的230名优秀高级农村实用人才参加了培训。培训班邀请相关领域专家和领导授课，采用参与互动教学形式，收到良好效果。

【拓宽人才视野，做好中组部农业农村部全国大学生“村官”和农村实用人才带头人示范培训工作】按照中组部、农业农村部安排部署，在韩村河培训基地承办了10期全国大学生“村官”和农村实用人才带头人示范培训班，共培训来自北京、山东、河北、天津、内蒙古、湖北、山西、河南、辽宁等12个省区的农村实用人才和大学生“村官”1 000名。为办好培训班，积极与农业农村部、韩村河基地加强联系，从课程设计、学员管理、教学组织等方面发挥好沟通、协调、组织、服务保障作用，保证了教学质量和学员的安全，保证了每期培训班顺利进行。同时选派了100名大学生“村官”和100名农村实用人才赴山西贾家庄、山东西霞口、天津毛家峪等地参加中组部、农业农村部举办的培训班，每期班指定专人负责，保证学习培训任务完成，也有力促进了京津冀农村实用人才和大学生“村官”互相交流、协同发展。

【聚焦创新创业积极参加全国农村创业创新项目大赛】市委农工委在连续三年成功举办北京市农村实用人才优秀创业项目评选资助活动，并受到农业农村部领导肯定，2018年，农业农村部举办了第二届全国农村创业创新项目创意大赛。市委农工委选取两个优秀农村实用人才创业项目参加全国大赛，并聘请辅导老师对参赛项目PPT进行辅导和修改，对参赛选手进行培训。活动的组织和参与，展示出北京农村实用人才创业风采，推动了北京地区农村实用人才创新创业。

【围绕结构调整，组织北京农村人才赴台交流创新】市委农工委和市台办组织14名农村人才和人才工作者赴台进行农村创业创新交流，举办研讨会，达到了互通交流、优势互补的目的。京台农村人才互通交流，对于拓宽北京农村人才视野、提升休闲农业经营水平，促进农村人才创业创新起到极大推动作用。

【搭建创业平台开展第四届农村实用人才创新创业项目评审资助活动】为积极贯彻落实中央关于“大众创业、万众创新”方针和《关于深化首都人才体制机制改革的实施意见》，市委农工委于2018年9月开展了第四届农村实用人才创新创业项目评审资助活动。经各区积极推荐，活动总计收到申报项目38份，涉及农村电商、休闲农业与乡村旅游、农村手工艺、农业科技、农业产业链等五大领域。最终评选出了15个符合北京农业“调转节”发展方向、创新性强、模式新颖、发展前景良好的优秀农村实用人才创业项目，并进行表彰和资助，为实用人才创新创业提供良好的环境和氛围，鼓励更多优秀人才投身农村、发展农业，为乡村振兴提供更有力的人才支撑。

【开展第五批“北京市有突出贡献的农村实用人才”评选表彰活动】按照市委组织部统一部署，市委农工委和市委组织部、市人力社保局于5月4日联合下发了《关于开展第五批“北京市有突出贡献的农村实用人才”评选表彰活动的通知》。经过各区区委组织部、纪检、工商、税务、环保等11个部门把关审核，13个区共推荐上报24名候选人。8月4日组织召开了由于雷庆副巡视员任组长，市委组织部、市人力社保局、中国农大、市农广校等相关部门领导和专家作为评委参加的评审会，共有11名评委。经过候选人自我PPT陈述、专家投票等环节，评审组从24名候选人中评选出了10名第五批“北京市有突出贡献的农村实用人才”拟表彰人选，报市人才工作领导小组审定，并报请市委市政府予以表彰奖励。

【北京农职院18种教材入选农业部“十三五”规划教材书目】3月，北京农职院的《动物营养与饲料加工》《园林苗圃》等18种教材入选农业农村部“十三五”规划教材。

（王晓民　胡青晨）

【北京农职院在“第一届全国职业院校宠物美容技能大赛”获奖】4月6日，由中国现代农业职业教育集团主办的“第一届全国职业院校宠物美容技能大赛”中，来自全国19所高职院校的110名学生参加。北京农职院获得二等奖1名，三等奖2名，代表队团体荣获“优秀组织奖”。

（段素云）

【北京农职院参加全国职业院校“鸡新城疫抗体水平测定”赛项技能大赛（高职组）获二等奖】 5月25—28日，2018年全国职业院校技能大赛（高职组）“鸡新城疫抗体水平测定”赛项在福建林业职业技术学院举行，北京农职院代表北京市参赛，荣获二等奖。大赛来自全国30个省区市的68个代表队参赛。

（蔡泽川　于凤芝）

【北京农职院获第二届中国小动物临床骨科技能大赛特等奖】 5月23—25日，2018年第二届中国小动物临床技能大赛骨科大赛决赛在昆明滇池国际会展中心举行，北京农职院获特等奖和二、三等奖。胡平老师获得大赛优秀指导教师和先进工作个人奖，北京农职院获得优秀组织奖。大赛有来自全国华北、东北、华南等7大赛区40余个代表队参加。

（胡平　于凤芝）

【北京农职院参加2018年全国职业院校技能大赛“互联网＋国际贸易综合技能”获三等奖】 5月26—27日，2018年全国职业院校技能大赛“互联网＋国际贸易综合技能”赛项在无锡商业职业技术学院落下帷幕。北京农职院获得三等奖。大赛由教育部、国家发改委、工信部、人力资源和社会保障部、天津市政府、江苏省政府等36个省部委和协会共同主办，全国74所高校参加，旨在提高学生在“互联网＋”环境下的国际贸易B2B、B2C相关岗位能力、协同创新能力、沟通能力及尽责抗压能力的综合培养。

（窦佳　杨建青）

【2018年北京市“高级农村实用人才示范培训班”结束】 5月22日至6月1日，由北京市农工委主办、北京农职院承办的“2018年北京市高级农村实用人才示范培训班”在房山区韩村河会议中心顺利结束。本次培训以创新创业与休闲农业为主题，来自京郊13个区的200余名高级农村实用人才参加。通过此次培训，学员开阔了视野，拓宽了经营思路，更新了思想观念，使个人素质得到了全面提升，为乡村振兴战略具体实施打下良好基础。

（刘涛）

【北京农职院8项成果获北京市职业教育教学成果奖】 6月，2017年北京市职业教育教学成果奖评选结果揭晓，北京农职院的《实施学历能力双提升，创新新型职业农民培育模式研究与实践》等2项成果荣获一等奖，另有6项成果荣获二等奖，获奖数量实现大幅增长。“北京市职业教育教学成果奖”是北京市人民政府设立的“北京市教育教学成果奖”的组成部分，该奖项每4年评审一次。

（孟利前）

【举办首届两岸大学生职业技能大赛宠物美容赛】 7月6日下午，首届两岸大学生职业技能大赛宠物美容赛项在北京农职院举办，来自台湾大仁科技大学、中华医事科技大学、北京市昌平职业学校、北京市园林学校以及农职院参加比赛。大赛设有无人机、中医药辨识、室内设计、宠物美容等13个赛项。北京农职院获一等奖。

（吴迪　付宁花）

【北京农职院荣获高等职业院校“服务贡献50强”和“教学资源50强”】 7月15日，《2018中国高等职业教育质量年度报告》发布会在北京举行。北京农职院进入“服务贡献50强”和“教学资源50强”榜单。高职质量年报是由全国高职高专校长联席会议委托，上海市教育科学研究院和麦可思研究院共同编制。自2012年以来，该报告已经连续七年发布。该报告用翔实数据和典型案例，梳理研判一年来高等职业教育发展情况，发布“服务贡献50强”“国际影响力50强”，2018年新增“教学资源50强”，引导高等职业院校强化内涵建设。

【“首农西郊农场园艺工程师学院”举行签约仪式】 11月8日，“首农西郊农场园艺工程师学院”签约仪式在北京西郊农场有限公司举行。“首农西郊农场园艺工程师学院”的成立，是落实北京市提出的建设100个工程师学院的实际行动。校企双方将充分发挥知识、技术、资源、管理等方面优势，共同打造都市园艺的产教共同体，建立实训、就业、培训一体化服务体系，实现“产教融合、资源共享、互利双赢、共同发展”的目标。

（吴晓云）

【北京农职院在2018年国际高校商业精英赛挑战赛中获一、二等奖】 10月31日至11月2日，2018年国际高校商业精英挑战赛暨第十二届会展创新创业实践竞赛全国总决赛在海南省海口市举办，农职院参赛队获展洽赛一等奖、策划赛二等奖。

（周艳秋）

【北京农职院 2 名教师分别荣获北京市高等学校教学名师奖、高等学校青年教学名师奖】 11 月，北京农职院周珍辉教授荣获第十四届北京市高等学校教学名师奖，李玉舒副教授荣获第二届北京市高等学校青年教学名师奖。“北京市高等学校教学名师奖”和“北京市高等学校青年教学名师奖”是由北京市教育委员会设立，每年评选一次，旨在发挥教学名师的示范榜样作用，深化教育教学改革，促进教育质量内涵发展。

（张洪伟）

【北京农职院获“2018 年全国大学生动物防疫职业技能大赛”三等奖】 11 月 24—25 日，北京农职院参加“2018 年全国大学生动物防疫职业技能大赛”决赛，获得三等奖。

（张玉仙）

【北京农职院教师在“2018 年全国职业院校技能大赛职业院校教学能力比赛”中获得一等奖】 11 月 26 日，北京农职院的参赛作品《巧布开幕式　智绘农桑节——节事活动开幕式场地布置》和《点滴技·工匠情——犬静脉输液技术》分别在 2018 年全国职业院校技能大赛职业院校教学能力比赛中获一等奖、二等奖。

（王晓民）

【体验数字科技文化角逐全国 3D 大赛】 12 月 6—8 日，北京农职院学生参加了以“数字经济·身临其境”为主题的 2018 数字科技文化节·玉溪暨第 11 届全国 3D 大赛年度总决赛，获二等奖。

（蒋三生）

【北京农职院教师获“2018 年中国教育技术协会学术征文活动”一等奖】 12 月 9 日，中国教育技术协会 2018 学术年会在国家会议中心召开，对以“教育信息化 2.0 与数字校园应用”为主题的征文获奖论文进行表彰。北京农职院教师李桂华的参赛论文《校企合作人才培养服务平台运行机制研究》荣获一等奖。

（李桂华）

【北京农职院学生在第十一届全国职业院校创业技能大赛企业经营管理沙盘模拟全国总决赛中荣获三等奖】 12 月 15 日，由教育部全国电子商务职业教育教学指导委员会和中国职业技术教育学会创业教育专业委员会举办的“2018 年企业经营管理沙盘模拟全国总决赛”在成都职业技术学院举行，北京农职院获三等奖。

（关晓飞）

农村基层卫生服务体系

【全面推进村级医疗卫生服务全覆盖】 一是加快建设村级卫生机构。按照相关涉农区村级卫生机构建设规划，2018 年拟新建和改扩建 138 个村级医疗卫生机构（延庆 32 个、平谷 57 个、顺义 20 个、怀柔 18 个、密云 4 个、通州 6 个、房山 1 个），年底实际完成 194 个（延庆 80 个、平谷 57 个、顺义 20 个、怀柔 24 个、密云 6 个、通州 6 个、房山 1 个），超额完成建设任务。二是进一步规范并强化乡村巡诊服务。为确保村级卫生服务全覆盖，市卫生健康委出台《关于完善乡村巡诊机制促进医疗卫生服务全覆盖工作的通知》（京卫基层〔2018〕17 号），指导各涉农区统筹辖区医疗卫生资源，对于人口过少、不适宜建设村级医疗卫生机构和暂时难以配齐乡村医生岗位人员的地区，通过乡镇社区卫生服务中心巡诊提供医疗卫生服务，确保每周至少巡诊一次，2018 年共对 129 个行政村开展巡诊服务。

【补充乡村医生岗位新生力量】 为解决乡村医生岗位人员后继乏人问题，2018 年加快补充乡村医生岗位新生力量。一是有关涉农区公开招募乡村医生岗位人员 65 人；二是委托首都医科大学开展乡村医生岗位人员订单定向免费培养。招生对象为 30 岁以下的农村户籍青年，参加首都医科大学高职自主招生考试，成绩合格者进入首都医科大学进行为期三年的临床医学专业（乡村医生方向）学习，毕业后回到本区乡村医生岗位工作。2018 年共招生 95 人。

【提升乡村医生岗位人员执业胜任能力】 一是根据国家卫生健康委员会开展乡村全科执业助理医师考试的安排，本市组织在岗乡村医生参加全国乡村全科执业助理医师资格考试，并集中开展考前理论与技能培训辅导。全市共有 415 人参加乡村全科执业助理医师技能考试，363人合格，通过率达87.5%；331人参加乡村全科执业助理医师理论考试，202人合格，获得国家乡村全科执业助理医师资格，通过率达67.2%，均高于国家平均水平，有效提升乡村医生岗位人员执业能力。二是加强在岗乡村医生专业知识和技能培训。根据北京市卫生健康委《关于开展2018年乡村医生培训工作的通知》要求，对全市3 765名注册且在岗的乡村医生开展岗位培训。理论培训包括医学心理学、伦理学、卫生法规、公共卫生、全科临床基本知识、传染病相关知识等，技能培训包括体格体检、伤口包扎、缝合、换药、拆线、导尿术等基本技能。培训方式采取远程视频教学、面授和临床进修相结合的方式进行。通过培训进一步增强了乡村医生医学基础理论和实际动手操作能力，提升岗位胜任力。

【强化村卫生室绩效管理】按照《北京市卫生计生委关于加强村卫生室绩效考核的指导意见》要求和绩效考核指标体系，3月，组织农村卫生专家对除朝阳区以外的12个涉农区开展市级绩效考核。8名专家组成4个考核组，每组考核3个区，就涉农区政府落实农村卫生政策、村卫生室开展公共卫生和基本医疗服务情况进行考核，大兴区、昌平区、密云区分获考核前三名。

【开展村卫生室满意度调查】2018年6月，市卫生健康委、北京市社区卫生服务管理中心委托第三方研究单位（永润禾北京信息咨询有限公司）开展2017年度北京市村卫生室调查研究。此次调查涉及12个涉农区（房山、怀柔、密云、通州、昌平、大兴、门头沟、平谷、延庆、丰台、海淀、顺义），按照每个区所拥有的村卫生室数量，分别抽取1～3个村卫生室，共计25个村卫生室，每个村卫生室完成50份村民问卷调查和1份村医问卷调查。综合来看，本市村民对村卫生室满意度91.29分。从各区来看，海淀区、大兴区、昌平区等得分较高，丰台区得分相对较低。从各维度来看，村民对服务态度、就诊方便性、及时性等方面评价较高，而对于常规检查设备、药品种类、硬件设施等方面的评价相对较低。

（李志敬）

农村教育

【促进农村教育质量提升】2018年，市教委全力促进农村教育质量提升。按照“抓重点、补短板、有特色、上水平”的工作思路，聚焦农村中小学质量提升的重点、难点和迫切需要解决的问题，通过“一区一案、一区一策、一区一品”，采取行政主导、项目推进、专家指导、示范引领和交流研讨等多种举措，着力提升农村教育质量。建立农村教育质量提升专业支持体系：借助高校力量，通过项目推进方式，开发《农村寄宿制学校学生活动指导手册》，全面摸排全市农村留守儿童基本情况，建立一生一档案，对需要重点关注的学生给予帮扶，实施农村教育质量提升“春雨计划”，推动学校在改进中发展；发挥农村中小学研究会作用，成立专家指导团队，全年共有128人次专家组成员助力农村小规模学校校本教研；与现代教育报社合作，系统总结、梳理和报道农村中小学办学经验与成果，展现具有区域和学校特色的典型经验和实践做法。12月13日，市教委召开“提升农村中小学教育质量促进城乡一体化发展工作推进会”，总结促进农村义务教育质量提升的工作成效。13个下辖农村中小学校的区教委围绕管理、教研、队伍、资源等内涵发展要素，总结区内农村中小学教育质量提升工作经验。“春雨计划”项目组汇报实施“微改进”的探索与实践。会议提出城乡统一规划、注重协调发展、着力促进联动、实现共同繁荣4个工作要求；强调“一体化”与“特色化”的关系、自觉和自信的关系、带动力和内驱力的关系、定力和活力的关系4个发展农村中小学教育要处理好的关系。

（王蕤）

【昌平农广校农民田间学校建设与发展研讨会】3月21日，昌平农广校举办农民田间学校建设与发展研讨会。各农民专业合作社社长围绕新型职业农民培育工作和乡村振兴问题，结合农村实用人才培养以及昌平农民田间学校实际情况，探讨农民田间学校的工作思路，昌平农广校为农民田间学校校长颁发证书。农民田间学校是以新型农业经营主体为依托，以农民为中心、以需求为导向、以田间为课堂、以实践为手段的农民教学培训学校，是农民继续教育和农民终身教育的学习场所。实施乡村振兴战略，离不开人才的支撑，必须加强农业人才队伍建设，而推广农民田间学校模式是培养职业农民的重要举措。交流研讨增强了社长们建好农民田间学校的责任感和紧迫感，为开展新型职业农民培育提供保障。8所农民专业合作社暨农民田间学校的社（校）长参加研讨。

（高燕）

【民族艺术进农村校园】 4—12月，市委宣传部、市文化局、市教委共同主办2018年北京市民族艺术进校园活动。2018年民族艺术进校园共计演出853场，其中，中小学演出691场，高校演出52场，专场演出110场（中小学68场、高校42场），覆盖16个区的近千所学校。完成戏曲和中华优秀传统艺术进校园演出近500场，农村地区学生进校园演出465场，覆盖60%农村地区学校。

（徐春生　张君）

【推进房山区北沟乡村教育联盟品牌建设项目】 5月26日，房山区乡村教育联盟品牌建设启动仪式举行，北京教育学院与房山区签订了北沟乡村教育联盟品牌建设项目委托协议。教育学院将此项目纳入横向课题管理，整体包括7个项目共计22个子项目，涉及5个二级学院和各个学科的研究团队。2018年拨付项目经费560.70万元。完成合作协议起草、项目经费划拨、项目手册编制、项目人员落实等工作，并定期组织召开“北沟项目推进会”。

（石燕）

【平谷教委加强农村办园点管理】 5月28日至6月1日，平谷区教委牵头区妇幼保健院对6个农村办园点进行级类验收视导。验收组成员对照《北京市托幼园所分级分类验收标准及细则》，深入园所和班级，重点指导幼儿园半日活动的组织与实施、幼儿发展与评价、园所的组织机构与制度建设，分别从农村办园点的幼儿园课程建设、教师专业队伍培养、规范卫生保健、提升教育教学等方面进行检查、反馈，同时要求各乡镇中心园必须加强对农村办园点的管理与指导，加强对教师业务能力的引领，对验收组反馈的问题及时整改，尽快提升园所整体工作水平。

（刘小英）

【市属高校“引智帮扶”低收入村工作推进】 5—12月，市教委推进市属高校“引智帮扶”低收入村工作。5月，在2017年试点经验基础上，印发《关于进一步加强低收入农户帮扶工作的通知》，全面启动市属高校“引智帮扶”低收入村工作。5月30日，在北京市昌平职业学校组织第二批17所市属高校与17个低收入村签约结对；9—10月，市教委赴门头沟区清水镇下清水村和怀柔区喇叭沟门满族乡上台子村实地检查“引智帮扶”工作开展情况；12月，组织召开“引智帮扶”工作年度总结交流会，进一步总结交流帮扶经验，筹划成立“引智帮扶”高校联盟，扎实推进相关工作。至年底，全市共有23所市属高校结对帮扶34个低收入村。

（项明）

【北京农学院农村干部培训学院开创社会培训工作新局面】 7月9日，北京农学院受市委组织部、市委农工委委托举办北京市村“两委”干部选调培训班暨北京市村“两委”正职后备干部培训班。来自海淀、昌平、朝阳等13个区的村“两委”干部321人参加培训。

（梁全英）

【“一校带一镇（街道）”工作推进会】 9月29日，昌平区“一校带一镇（街道）”工作推进会在北京交通职业技术学院召开。昌平区教委、区教育工会相关人员，交通职院领导及16所驻区高校负责人参加会议。“一校带一镇（街道）”工程是驻区高校参与昌平发展的一项具体工作，充分发挥驻区高校在建设学习型城市工作示范区中的重要文化和人力资源优势，通过院校学习型党组织、学习型团组织、学习型社团等建设，组织师生走进镇街、走进社区、走进农村，组织社区（村）党员、市民走进高校，参观学习，是一种新型社区教育模式。

（宋雪莲）

【京郊农村实用人才培训】 9月，北京市怀柔职业学校（农广校）开办多期京郊农村实用人才培训班。在怀柔区琉璃庙镇琉璃庙村开展农村实用人才特色培训，为期3天，聘请区园林局板栗试验站专业人员现场解决问题，讲授灾后板栗的田间管理，指导板栗修剪管理方法及病虫害防御，琉璃庙镇北京云岭海润种养殖专业合作社的板栗种植户500余人次参加培训。在怀柔镇卧龙岗村举办精准帮扶培训班，聘请儒霖手工编织坊专业人员传授手工编织技能。在怀柔区九渡河镇杏树台村为当地 50 名核桃种植专业户开展培训，聘请乡土专家到现场解答核桃种植与病虫害管理等问题。开展 2018 年怀柔区孟庄、兴隆庄智力帮扶培训班，聘请儒霖手工编织坊专业人员对村民进行手工编织技能培训，并选出优秀学员到手工坊深造；手工坊发放原材料由村民代加工，手工坊回收产品，村民可以得到一定经济效益，同时巩固学习成果。

（张素亚）

【中小学手拉手对口支持项目通州现场会】 11 月 2 日，市教委召开中小学手拉手对口支持项目通州现场会。会议围绕“学校手拉手共发展 城乡一体化促均衡”主题，总结展示“手拉手”项目阶段成果。手拉手学校在理念融合、课程建设、学科教学、师生培养、资源共享等方面合作融洽；农村校教育质量提升明显，城乡教育质量差距逐步缩小；学校内涵发展取得新进展。会议就做好下一步工作提出三点意见：明确方向，以全市教育大会为引领，推动城乡教育一体化工作，促进区域教育优质均衡发展再上新台阶；积极作为，紧紧围绕提升通州基础教育质量重点任务，提升学校教育教学质量，推动人才培养模式变革，打造区域教育特色亮点；提高认识，不辱使命，城乡携手共促首都基础教育新发展。

（韩景毅　向姣姣）

【第二批北京市职工继续教育及新型职业农民培训基地认定】 11 月 7 日，市教委认定第二批北京市职工继续教育基地及北京市新型职业农民培训基地。在各区及有关部门推荐申报基础上，组织专家组对各申报基地材料进行综合评议，并选择部分基地进行实地考察与综合评议，研究确定第二批北京市职工继续教育基地 16 个、第二批北京市新型职业农民培训基地 20 个。

（项明　胡雨）

【首师大支持通州农村学校质量提升项目签约】 11 月 15 日，首都师范大学支持通州区农村学校质量提升项目签约仪式在北京市通州区台湖学校举行。北京市通州区次渠中学、台湖学校分别介绍学校现状及学校在品牌提升、特色课程开发、师资队伍建设、家校协同育人等方面的发展需求。首师大专家解读项目实施计划：开展针对干部教师主题式的培训或实训；进行针对学校的综合性诊断调研；搭建交流展示平台，引进先进教学资源；完善家校合作，形成教育合力；促进教育与信息技术的深度融合；提炼城市副中心教育模式，协助构建与副中心相匹配的特色教育体系。该支持项目是落实市教委《通州区基础教育质量提升支持计划（2017—2020 年）》的重要举措之一。

（郭书彤）

【北京市农村教育宣传专题研讨会】 11 月 27 日，北京市农村教育宣传专题研讨会在妙峰山民族学校召开。来自门头沟区教委的部分领导和 15 所农村学校校长与北京师范大学教育学部教授以及现代教育报社的专家记者 30 余人共同研讨农村中小学发展之路。

（肖焕云）

【“因学致贫”专项排查】 至 12 月，北京市学生资助事务管理中心开展“因学致贫”专项排查。中心收到市农委关于“有 3 372 个低收入农户家庭属于‘因学致贫’”的信息，本着摸清底数、建立台账、修订政策的原则开展专项排查。排查工作做到全覆盖、全范围、全口径，共涉及公办及民办幼儿园、中小学在校生和市属高校、中央在京高校学生 1 693 507 人。同时，重点排查市农委提供的“因学致贫”学生名单中基础教育、高等教育学段学生。经排查分析，全市受助学生 17 166 人，包括低收入农户家庭学生 2 073 人；未纳入学生资助 572 人，包括低收入农户家庭学生 296 人。根据排查中发现的问题，中心提出建立北京市困难群体统一认定平台，修订北京市现有学生资助政策等对策建议。

（罗芳）

少数民族乡村工作

【圆满完成“十三五”规划年度目标任务】全市各级党委政府紧紧围绕“共同团结奋斗，共同繁荣发展”的民族工作主题，认真落实《“十三五”促进民族地区和人口较少民族发展规划》和《“十三五”时期北京市少数民族事业发展规划》确定的目标任务，与民族乡村干部群众想在一起、干在一起、团结拼搏、开拓创新，着力促进农民增收、产业提升和特色发展，共同推进富民强基工程，少数民族乡村经济发展取得了新成效。

一是主要经济指标运行良好。全市民族村集体资产总额约74.7亿元，同比增长17.6%，净资产额约36.8亿元，同比增长2.8%。全市民族村农民人均收入约2.5万元，超过全市平均水平2 100多元，同比增长7.9%，数额和增幅均高于全市水平。全市民族村低收入农户人均可支配收入超过1.5万元，同比增长45.8%，3个低收入民族村约92%的低收入农户人均可支配收入超过11 160元的标准线，提前完成了《“十三五”时期北京市少数民族事业发展规划》确定的低收入农户达标任务。

二是民族乡村劳动力就业稳中有增。民族村劳动力继续保持在5.9万人，就业率为92.9%，较上一年度增长0.2%。67.7%的劳动力选择在本地从事家庭经营和务工，民族乡村“空心化”情况有所改善。

三是民族乡村发展的均衡性持续提高。117个民族村人均收入达到所在区或全市平均水平，占民族村总数的95.1%。农民人均收入最高的民族村与最低的民族村收入差距约为4倍，较“十二五”末的4.7倍进一步缩小。约80%的民族村农民人均收入集中在2万～3万元。

（李灵犀）

【北京市少数民族乡村经济发展专项资金以奖代补考评工作顺利完成】4月19日，市民委会同市农委、市财政局组织召开少数民族乡村经济发展专项资金以奖代补集中考评会。市民委、市农委、市财政局的有关负责同志，北京农学院特邀专家，12个区民族工作部门和有关乡镇的主管负责同志70余人参与此次考评工作。紧紧围绕《“十三五”促进民族地区和人口较少民族发展规划》和《“十三五”时期北京市少数民族事业发展规划》实施，重点对奖项设置、指标设计和专家组成等内容进行了调整。一是努力以考评主导方向。考评方案在继续突出农民增收特别是低收入村（户）增收、产业提升、特色发展等重点的同时，及时跟进市委、市政府关于实施乡村振兴战略的工作部署，增加了美丽乡村建设相关内容。进一步明确发展思路和方向，进一步强化资金绩效理念，积极引导区、乡镇政府向美丽乡村建设、低收入帮扶、特色村镇建设等全市重点任务聚焦发力，主动将政策、资金和各类资源向民族乡村聚集。二是努力以考评检验成效。考评指标体系力求全面客观准确，从重视程度、工作力度和发展成效三个维度，全方位考核区、乡镇政府贯彻落实市委、市政府决策部署所做的工作和成效，着力体现工作和成效之间的关联性，并以成效检验工作的有效性。考评集中展现了一年来各参评区和乡镇认真贯彻落实市委、市政府决策部署，促进民族乡村基础设施建设、产业发展、特色村镇建设、农民特别是低收入农户增收等方面取得的新成效、新经验。三是努力以考评互学互促。2018年共有19家单位自愿参评区、乡镇主体作用发挥优秀奖。各参评单位高度重视，对照考评指标做了精心准备，内容丰富、精彩纷呈，思路有创新，工作有拓展，具有较强的参考价值和借鉴意义。在总结考评工作的基础上，市民委简要介绍了2018年度全市民族乡村经济发展工作思路和重点任务，进一步统一了思想、明确了目标，达到了以会代训、教学相长的良好效果，圆满完成了以考评主导方向、检验成效、互学互促的预期目标。

（李灵犀）

【市民委赴门头沟区调研民族经济发展工作】4月20日，市民委副主任范宝带队赴门头沟区调研民族经济发展工作。范主任实地考察了妙峰山镇陇驾庄民族村，对近两年来门头沟区委区政府关心重视民族经济发展工作，加大资金投入，特别是对妙峰山镇党委政府大力加强陇驾庄民族村班子建设，努力破解发展难题所取得的明显成效给予了充分肯定。他指出，陇驾庄村作为妙峰山镇也是门头沟区唯一的民族村，由于各种因素的影响，经济发展相对滞后，农民收入长期落后于全市和本区的平均水平，是上年度全市6个未达标民族村之一，也是全市民族乡村经济发展工作的重点和难点之一，经济发展工作意义重大。他希望区、镇政府进一步加大对民族村经济发展的关心和重视，在选好配好村“两委”班子的基础上，要从各方面加大对民族村的支持力度，尽快把陇驾庄村纳入美丽乡村建设计划，并在建设过程中要注重特色民居保护、特色产业发展、特色文化传承，开展民族团结进步创建活动，争创中国少数民族特色村寨。

（沙海涛）

【国家民委调研北京市民族经济发展工作】 4月28日，国家民委经济发展司张志刚司长来北京市调研民族经济发展情况。张志刚实地考察了通州区于家务回族乡国际种业科技园区发展情况，以及张家湾漕运古镇特色发展情况。他指出，要紧抓城市副中心建设战略机遇，借势腾飞，加快民族经济发展。他强调，民族乡作为北京市的民族地区，要加强整合各部门的力量和资源，加大民族团结创建力度，建设民族特色美丽乡村。

（沙海涛）

【市民委、市财政局组织开展市级少数民族乡村经济发展资金绩效评价工作培训会】 5月14日，市民委、市财政组织开展北京市少数民族乡村经济发展资金绩效评价工作培训会。有民族乡村的12个区和部分乡镇、民族村的有关负责同志约30人参加培训。会上，绩效评价项目负责同志结合具体案例，深入讲解了工作流程和要求，并现场对各区迎检工作中遇到的问题进行解答。市财政局绩效处有关负责同志从市领导高度重视、市人大进行监督、市区分级评价共同负责、评价结果与资金安排挂钩等方面强调了绩效评价工作的重要性；充分肯定了市民委前期积极主动、认真开展迎检工作的努力；并对迎检工作重点注意事项进行了悉心指导。市民委强调指出，此次绩效考评工作时间紧、任务重、影响大，一是要高度重视绩效评价工作。二是要高标准开展迎检工作。三是齐心协力高质量完成迎接工作。培训会进一步提高了重视程度，加深了对财政绩效工作的理解，推进了绩效评价迎检工作，凝聚了共识，为后续工作奠定了基础。

（李灵犀）

【北京市召开少数民族乡村经济工作会议】 6月5日，市委市政府召开北京市少数民族乡村经济工作电视电话会议。会议表彰了2017年度全市少数民族乡村经济发展工作先进单位，怀柔区政府、房山区窦店镇政府做了典型发言，市旅游委代表市级部门交流了促进少数民族乡村经济发展的经验。会上，市民委主任钟百利作了全市少数民族乡村经济发展工作报告，全面总结上年度少数民族乡村经济发展工作，明确2018年的目标任务和重点工作。市委党委、统战部部长齐静代表市委市政府充分肯定了全市各族干部群众团结一心，加快促进少数民族乡村发展取得的可喜成效，并对做好2018年民族乡村发展工作提出了三点意见。一是要以习近平新时代中国特色社会主义思想为指导，深刻认识做好民族乡村发展工作的重要意义。二是要围绕服务首都发展大局，正确把握新时代民族乡村的发展定位。三是要全力做好今年民族乡村重点工作任务，确保民族乡村振兴开好头、起好步。

（李灵犀）

【顺利完成上年度北京市少数民族乡村经济发展资金绩效考评工作】 6月13日，市财政局组织召开2017年农业改革发展专项转移支付资金项目绩效评价会。作为农业改革发展专项转移支付资金中少数民族乡村经济发展支出方向的市、区主管部门，市民委和相关的8个区民族工作部门参加会议。

此次绩效评价工作历时一个半月，市民委高度重视，市财政局和第三方评审机构的支持下，及时组织专题培训。按照有关工作要求，组织各有关区认真开展自查自评和满意度调查等，共同做好迎检工作。在汇总整理各区报送数据材料基础上，先后完成了市和区级材料报送、绩效报告撰写、自查自评情况汇总分析以及预备会、评价会准备等各项工作，力求全面、翔实反映市、区民族工作部门管好用好资金的各项工作举措和成效。

（李灵犀）

【市政协民宗委、民盟北京市委赴怀柔区调研少数民族村美丽乡村建设及低收入村户帮扶工作情况】 6月13日，市政协副主席程红带领市政协民宗委部分委员、民盟北京市委部分盟员赴怀柔区喇叭沟门满族乡和长哨营满族乡调研少数民族村美丽乡村建设和低收入帮扶工作情况。调研组实地考察了喇叭沟门乡对角沟门村和长哨营乡三岔口村两个低收入民族村发展情况，察看了长哨营乡八旗秀水长廊建设情况。市政协民宗委主任池维生主持召开座谈会，分别听取了怀柔区农委、民宗办、喇叭沟门乡和长哨营乡关于美丽乡村建设及少数民族低收入村户帮扶工作情况的汇报，怀柔区政协主席武占刚、副区长肖坤分别介绍了相关工作情况，部分市政协委员和民盟盟员围绕调研内容，畅谈收获和体会。程红副主席充分肯定了怀柔区、乡各级部门的工作成效，并对今后如何做好少数民族村美丽乡村和低收入村户帮扶工作提出了具体要求。

（李灵犀）

【国家民委视察北京市民族乡村经济发展工作】 7月6日，国家民委刘惠副主任来北京市视察民族乡村经济发展情况。民委领导实地考察了怀柔区长哨营满族乡西沟村的美丽乡村建设情况，深入民俗接待户详细了解了村民的生产生活情况。对近年来北京市重视民族团结和民族经济发展工作所取得的成效给予了充分肯定。她表示，北京市民族工作标准高，工作效果好，给她留下了深刻印象，收获不小。她指出，北京市干部群众精神面貌好，实行精细化管理，工作质量高，服务意识强，民族乡村环境优美整洁，北京市老百姓的幸福感很强。她强调，北京市贯彻中央政策、决策坚决，市、区、乡镇三级从上到下思路清楚，目标明确。不仅能够准确地认识到我们的目标就是要千方百计要让老百姓富裕起来，而且善于把党的政策和国家政策与促进民族团结和民族乡村经济发展结合起来，取得了很好的效果。

（沙海涛）

【市人大常委会领导专题调研怀柔区乡村振兴战略实施情况】 8月1日，市人大常委会副主任李颖津带队赴怀柔区长哨营满族乡和喇叭沟门满族乡专题调研乡村振兴战略实施情况。他们实地走访了长哨营满族乡三岔口村、喇叭沟门满族乡对角沟门村和中榆树店村，调研了解了3个村的美丽乡村建设、低收入帮扶工作、生态林补偿工作和民俗旅游产业发展等情况。

（沙海涛）

【市领导到怀柔区喇叭沟门满族乡开展专题调研】 9月13—14日，市委书记蔡奇围绕“实施乡村振兴战略，推进生态涵养区绿色发展”主题，到怀柔区喇叭沟门满族乡蹲点调研。市领导先后实地察看了喇叭沟门满族乡帽山村石洞子自然村、官帽山村、对角沟门村、怀丰隧道、中榆树店村、喇叭沟门市级自然保护区、满族民俗博物馆，入户与村民交谈，走访慰问低收入农户，了解北部山区民族乡村促进农民持续增收、交通基础设施建设、公共服务设施配置、生态环境保护、森林防火、新农村建设、民俗旅游产业发展、少数民族特色村寨建设、民族文化保护与传承等工作情况。

（李灵犀）

【市民委组织召开北京市少数民族特色村镇建设专题培训会】 为贯彻落实好蔡奇同志在乡村振兴大调研和到怀柔区喇叭沟门满族乡调研时的讲话精神，积极探索实践在乡村振兴战略中，体现民族文化和经济发展、村镇建设融合，提升民族团结进步创建水平的有效形式，9月27日下午，市民委组织召开北京市少数民族特色村镇建设专题培训会，有民族乡村的12个区民族工作部门、有关乡镇、民族村负责同志约100人参加培训活动。

会上，播放了怀柔区长哨营满族乡和喇叭沟门满族乡宣传片，怀柔区喇叭沟门满族乡对角沟门村代表第二批国家民委命名的中国少数民族特色村寨进行了经验介绍，重点围绕国家级田园综合体典型案例分析和满族文化衍生品创新设计启示录主题进行了专题培训。此次培训通过案例分析、专题报告，研究探索农、文、旅深度融合，高质量、高品质建设少数民族特色村镇的方法。培训达到了启迪智慧、学用相长的目的，为加快促进民族乡村振兴发展，努力打造精品示范区，实现产业提升、农民增收和特色发展提供了丰富的、可供借鉴的经验。

（李灵犀）

【市民委认真做好2019年度北京市少数民族经济发展专项资金预算工作】 为贯彻落实好蔡奇到喇叭沟门调研时的指示精神，会同各区认真研究，在不断完善全流程、全方位、全覆盖廉政风险防控体系的基础上，着力突出工作重点，进一步加大对满韵汤河民族特色文旅精品示范带建设的支持力度；着力突出资金拨付和项目实施进度要求，进一步提高预算分配科学性；着力突出绩效评价结果的综合运用，进一步强化各区绩效管理意识，完善项目储备机制。4 800万元专项资金用于促进怀柔、房山、延庆、通州、顺义、平谷、密云等7个区民族乡村振兴发展。

（沙海涛）

农村社会管理

综　述

2018 年，按照市委市政府工作要求，市委农工委、市农委深入学习宣传贯彻党的十九大精神，推动习近平新时代中国特色社会主义思想在北京“三农”工作落地生根、生动实践，紧紧围绕中心服务大局，创新农村地区社会管理，切实加强人民内部矛盾化解，扎实开展涉农重大决策社会稳定风险评估，深入开展城乡结合部地区调研，认真开展城乡结合部地区综合整治、安全生产隐患排查，保障系统公共安全和农机安全生产，农委系统安全稳定形势平稳可控。

（张晓晓）

维护稳定

【逐级签订综治责任书，确实落实维稳责任】2018 年初，按照市委市政府统一部署，市委农工委书记、市农委主任孙文锴代表两委与系统各单位党政主要领导签订了《2018 年社会治安综合治理责任书》，把安全稳定的任务、措施和责任认真细化分解到各级领导、各个部门。按照市委、市政府关于做好元旦、春节、中非合作论坛等重点时期安全稳定工作的统一部署，多次组织召开系统安全稳定工作会议，部署会商研究各单位在综治、维稳、公共安全方面的突出问题和隐患，从政治稳定、反恐防暴、社会稳定、公共安全、网络舆情等方面，部署了重点人员管控、矛盾问题化解、安全隐患排查等重点工作。积极维护全国“两会”期间安全稳定，启动农委系统“两会”期间维稳情报信息战时会商机制，及时发现、主动防控各类风险隐患。系统各单位严格执行领导带班和值班制度，及时提高安全防控等级，增强应急保障能力。

【扎实开展涉农重大决策社会稳定风险评估】根据《北京市重大决策社会稳定风险评估实施细则（试行）》《北京市重大决策社会稳定风险评估简易评估程序适用办法（试行）》等文件要求，按照应评尽评目标，完成了《中共北京市委 北京市人民政府关于实施乡村振兴战略的措施》《北京市开展“疏解整治促提升推进畜禽生态养殖”工作方案》《实施乡村振兴战略扎实推进美丽乡村建设专项行动计划（2018—2020 年）》和《关于 2018 年北京市耕地地力保护补贴的实施意见》等 4 项涉农社会稳定风险评估工作，为促进涉农重大决策更加科学、合理，预防和减少矛盾纠纷提供了有力保障。

（张晓晓）

信访工作

【信访概况】2018 年是实施“十三五”规划和深化供给侧结构性改革的重要一年，也是推进信访工作制度改革和法制化建设的关键一年。按照市委、市政府关于信访工作的决策部署，紧紧围绕中心服务大局，坚持按照 2018 年全市农村工作会议的要求，切实围绕乡村振兴战略这个主题，结合两委工作实际，积极开展工作，坚持用群众工作统揽信访工作，切实加强网络信箱等来信来访办理，不断拓宽群众诉求表达渠道，切实加强矛盾纠纷排查化解，深入开展领导干部接访，加大信访积案化解力度，建立完善重大决策信访和社会稳定风险评估机制，从源头上预防和减少矛盾纠纷发生。工作中，采取领导接访、包案化解、带案下访、协调转办，积极开展矛盾纠纷排查化解，有力维护了农业农村系统和郊区广大农民群众的根本利益，确保了北京市“两会”、全国“两会”、元旦、春节等重点时期和重大会议期间社会稳定。

【到市上访情况】2018 年 1—12 月，郊区到市集体访共 363 批 3 858 人次，与上年同期 487 批 4 525 人次相比，批次和人次分别下降 25.5%和 14.7%。反映的主要问题有：①占地拆迁安置及补偿分配问题 130 批 1 875 人次，占 35.8%；②住房（回迁房、违法建设）问题 53 批 511 人次，占 14.6%；③反映农村管理（产业调整）问题 42 批 342 人次，占 11.6%；④反映农村基层干部管理问题 30 批 231 人次，占 8.3%；⑤违法违纪（基层换届选举）问题 24 批 225 人次，占 6.6%；⑥土地征占引发的问题 21 批 131 次，占 5.8%；⑦山区搬迁问题 13 批 131 人次，占 3.6%；⑧反映土地承包及流转纠纷 15 批 139 人次，占 4.1%；⑨新农村建设问题 9 批 72 人次，占 2.5%；⑩产权制度改革问题 5 批 38 人次，占 1.4%；⑪农村集体资产分配问题 7 批 76 人次，占 1.9%；⑫政策性转居问题 5 批 26 人次，占 1.4%；⑬劳资纠纷（劳动社保）问题 3 批 23 人次，占 0.8%；⑭其他（纠纷）等社会管理问题 6 批 38 人次，占 1.7%。

【到市农委上访情况】2018 年 1—12 月直接到市农业农村局上访共计 99 批 551 人次，与上年同期 89 批 275 人次相比，批次和人次分别上升 19.3%和 299.3%。反映的主要问题：①土地承包流转矛盾纠纷问题 31 批 426 人次，占 31.3%；②新农村建设问题 16 批 27 人次，占 16.2%；③土地征占补偿问题 14 批 29 人次，占 14.1%；④设施农业问题 12 批 23 人次，占 3.3%；⑤基层干部问题 5 批 12 人次，占 5.1%；⑥社员身份待遇问题 6 批 6 人次，占 6.1%；⑦山区搬迁问题 3 批 3 人次，占 3%；⑧农业保险问题 2 批 3 人次，占 2%；⑨政策性转居 1 批 6 人次，占 1%；⑩产权制度改革问题 1 批 1 人次占 1%；⑪其他各类纠纷问题 8 批 14 人次，占 8.1%。

【网络信箱来信情况】2018 年 1—12 月，市农业农村局网站网络信箱运行正常，较好地完成了群众来信的答复工作。截至 2018 年 12 月 31 日，领导信箱、投诉信箱、咨询信箱、农村法律咨询信箱共接收群众有效来信 17 封，同比上一年度 199 封下降 91.45%，全部来信已走纸制摘报，均已回复，其中：按 5 个工作日回复的为 13 封，按 15 个工作日回复的为 4 封；信件要求公开回复的为 2 封，其他 15 封均不公开回复。反映主要问题有：涉及土地承包类来信 2 封，占来信总量的 11.8%；农村民生类来信 5 封，占来信总量的 29.4%；农村产业发展来信 2 封，占来信总量的 11.8%；其他类来信 8 封，占来信总量的 47.1%。从群众来信涉及的问题来看：农村土地承包和民生类问题占比较大，农民对土地确权登记办证及与自己生活息息相关内容的关注度持续增长。

【认真落实信访工作责任制】市委农工委、市农业农村局坚持把信访和维稳作为每年和系统各单位签订综治责任书的一项重要内容，不断强化对系统单位矛盾纠纷化解工作的督导检查。工作中深入贯彻落实《关于领导干部定期接待群众来访的意见》《信访工作责任制实施办法》《信访工作责任书》有关要求，坚决按照全市开展领导干部接访的要求和部署，继续完善落实好领导接待群众来访工作，结合市委农工委、市农业农村局自身工作特点，变群众上访为主动下访，并结合工作实际将下访贯穿于基层调研的全过程。2018 年以来，委局领导班子成员结合年度信访维稳任务和业务工作，共开展赴系统基层单位领导下访 46 次，有力推动了事要解决的工作力度，促进了系统和郊区农村和谐稳定。

【扎实开展涉农重大决策社会稳定风险评估】根据《市委农工委、市农委关于实施重大事项社会稳定风险评估机制的实施意见》《中共北京市委农村工作委员会、北京市农村工作委员会贯彻落实北京市重大决策社会稳定风险评估实施办法》的有关要求，对涉及当前乡村振兴战略的“三农”工作政策和重大改革措施的制定和重大调整，特别是对直接关系人民群众切身利益且涉及面广、容易引发社会稳定问题的重大政策制定，重大涉农项目实施建设进行信访和社会稳定风险评估。目前，委局有5个即将出台政策进入社会稳定风险评估程序，为促进涉农重大决策更加科学、合理，预防和减少矛盾纠纷提供了有力保障。

【深入开展矛盾纠纷排查化解工作】为进一步做好全市郊区农村矛盾纠纷排查化解维护稳定工作，按照全市联席会议办公室的统一部署，结合2018年全市“三农”重点工作和当前面临形势，开展了3次矛盾纠纷大排查，围绕重点时期结合自身工作实际开展了3次专项排查。工作中，坚持按照诉求合理的解决问题到位、诉求无理的思想教育到位、生活困难的帮扶救助到位、行为违法的依法处理的总要求，及时就地解决群众合法合理诉求，维护正常信访秩序。我们在定期排查和专项排查的基础上，结合委局自身实际和工作特点，在农村和系统内部认真开展矛盾纠纷排查化解等工作。切实开展矛盾纠纷排查化解工作，做到情况清、底数明，数字准，把矛盾纠纷化解在基层、人员吸附在当地，避免小问题拖成大问题，避免一般性问题演变成信访突出问题。确保实现“不发生因信访问题引发的群体性事件、不发生因信访问题引发的重大个人极端事件、不发生大规模集体越级上访、敏感时期不发生非正常集体访”的工作目标。工作中，更加注重借鉴以往矛盾纠纷排查化解的成功经验和做法，将矛盾纠纷排查化解工作经常化、动态化。注重从建立工作台账，实施动态跟踪管理、定期通报、销账报备等制度入手，从体制机制上将矛盾纠纷纳入经常性工作，始终做到底数清、情况明。在全面排查的基础上，特别是对涉农的矛盾和问题积极会同有关部门从源头研究化解矛盾的治本之策。

【贯彻落实法定途径分类处理信访投诉请求清单有关要求】继续贯彻《北京市农委贯彻落实〈农业部办公厅关于积极推进通过法定途径分类处理信访投诉请求工作的通知〉的实施意见》（京农发〔2016〕18号文）有关要求和全市信访诉求分流统一部署。坚持按照2018年全市信访工作要点坚持“抓系统、系统抓”，全面推进并落实法定途径分类处理信访投诉请求清单的要求，依据信访责任清单，进一步加强对信访诉求的甄别，把好“入口”，对应当通过法定途径解决的信访诉求，直接转送或引导群众到相关责任部门通过其他途径反映诉求，切实减轻信访部门工作压力，有效维护信访人的合法权益。

【加强涉农信访件复查复核工作】信访复查复核是赋予信访人的一项基本权利，在实施的过程中切实保障信访人对政府机关作出的信访答复进行申诉，切实维护信访人合法权益。在工作中对涉农的信访件出具信访答复意见前都要反复酝酿后最终作出，确保了信访答复的严谨性，有效维护信访人的合法权益。2018年以来，收到市信访办复查复核处转来涉农信访复核函1件，维持了区里的复查意见。

【切实开展信访业务基础规范工作建设】按照全市信访工作的统一部署和要求，进一步强化信访基础业务规范化建设为重点，认真贯彻信访所有业务应录尽录和实效性的具体要求，对涉及信访件及时录入并按照信访全程及时办理有关要求，确保信访业务规范化的目标。

（李旭辉）

综合治理

【配合开展城乡结合部地区综合整治】按照市政府《关于组织开展“疏解整治促提升”专项行动（2017—2020年）实施意见》，2018年继续积极配合首都综治办，借鉴吸收上年度重点地区综合整治典型经验、做法，以100个市级挂账整治重点地区为重点突破，全面开展包括违法建设整治、治安秩序整治、消防隐患整治、安全生产违法行为整治等方面的整治工作。

一是配合首都综治办，制定整治实施方案。为贯彻市委市政府关于疏解非首都功能、调控人口规模和治理“大城市病”的总体要求，印发《2018—2020 年城乡结合部地区公共安全隐患问题专项整治工作方案》，并督促各区结合自身实际情况，制定本区整治工作的总体方案，组织指导相关街乡（镇）和各挂账重点地区按照“一地区一方案”的要求制定具体整治方案。

二是开展基础普查，确保底数清情况明。配合首都综治办，扎实做好流动人口和出租房屋基础调查。从 4 月开始，开展城乡结合部流动人口和出租房屋基础信息大普查，最大限度地提高人房信息的准确率与完整率。

三是继续选派人员协助首都综治办开展相关工作。2018 年从首都综治办、市农委、市城乡办等部门抽调 7 名业务骨干组成专班，成立组织指挥机构，负责全市城乡结合部专项整治工作的日常统筹协调、指挥调度等工作，并建立了日常督导、例会协商、信息报送等工作制度。

四是协助做好相关调研工作。按照首都综治办《关于开展城乡结合部地区农民宅基地房屋安全隐患问题调研的方案》通知要求，在充分分析北京市第三次农业普查数据的基础上，对全市城乡结合部地区 571 个村庄的住房建设、经济收入、村“两委”班子等内容进行调研，结合近年来全市农村地区的相关研究，撰写了《城乡结合部农民宅基地房屋安全问题报告》。

【努力推进“雪亮工程”建设】 深入贯彻落实中央、市委市政府的部署和要求，按照《北京市公共安全视频监控联网应用工作实施方案（2016—2020 年）》《2018 年全市雪亮工程重点工作和任务分工》要求，指导农委系统各单位认真开展技防设施普查，积极推进各类公共安全视频资源的共享应用。如农职院南校区投入 530 多万元用于学院技术防范系统数字化建设工程项目，实现校园监控点位全部数字化，安全防范与安全管理工作智能化，四校区视频监控系统一体化，重要区域实现视频监控全覆盖，全面提升学院安全防范能力与水平。

【配合市扫黑办在全市农业农村领域开展扫黑除恶专项斗争】 贯彻落实中央和市委关于扫黑除恶专项斗争有关部署，按照农业农村部在农业农村领域开展扫黑除恶专项斗争的要求，制定印发了《北京市农业农村领域开展扫黑除恶专项斗争指导性意见》，明确了农业农村领域开展扫黑除恶专项斗争的工作目标、工作原则及工作重点内容，建立了日常线索摸排机制及移送机制，全面推进农业农村部门开展扫黑除恶专项斗争，坚决做到有黑必扫、有恶必除、有伞必打、有腐必反、有乱必治、除恶务尽。

（张晓晓）

安全生产

【不断强化落实安全生产责任制】 切实将安全生产工作列入重要议事日程，坚持“党政同责、一岗双责、齐抓共管、失职追责”。一是领导高度重视。结合中央两办印发的《地方党政领导干部安全生产责任制规定》，利用两委办公会迅速传达贯彻，突出一把手负责制，确实把思想和行动统一到党中央、国务院决策部署上来。拟制了《关于农委系统安全生产“党政同责”的实施办法（试行）》，建立了以农工委书记、主任为第一责任人的安全生产责任体系，明确了党政领导和相关业务部门的安全生产管理职责，完善了安全生产“党政同责、一岗双责、齐抓共管、失职追责”的责任体系。进一步强化安全生产齐抓共管、人人负责抓落实的工作格局。二是层层传导压力。两委主要领导与系统各单位主要领导签订年度安全生产工作责任书，并层层签订责任书，进一步明确细化系统领导干部和各业务部门的安全生产监管职责。多次组织召开了由系统各单位党政主要领导、主管领导和安保部门负责人参加的安全工作会议，听取工作汇报、会商重要问题、总结经验教训、部署年度和重点时期安全生产工作，切实做到安全生产有计划、有部署、有督导、有落实。三是完善各项措施。通过签订责任书、督导检查、隐患排查、专业培训、值班备勤等方式，有效落实各项安全防范措施，进一步强化安全监管责任，切实做到措施到位，责任到人。

【持续提升系统安全保障水平】 进一步加强委局系统安全生产隐患排查治理组织机构建设，不断完善问题隐患台账和监控防范机制。一是积极开展宣传教育活动。认真做好了安全生产的教育培训。对系统单位负责安全生产的85名人员，集中利用3天时间，通过案例分析，讲法规、话程序、谈感受，开阔了视野，提高了大家的实操水平。与市安监局联合印发了《关于进一步推进安全生产宣传教育“进农村”工作的指导意见》，协调市安监局和北小营镇镇政府开展了安全生产文艺演出进农村，给村民送去了安全知识和精神食粮。二是积极借助各项配合活动。依托安全生产月教育活动，拟制下发了《2018年市农委系统“安全生产月”活动方案》，要求各单位组织利用培训、发放安全宣传材料、广播、展板、横幅和演练等形式，进行安全生产知识的宣传教育。北京市农研中心和北京农职院获得全市“安全生产月”活动优秀组织奖。与市安监局宣教中心在通州区大稿村开展了“下乡送安全 五方搞联建”的支部共建暨主题党日活动，通过加强安全生产宣传教育，达到了全员增强安全意识，掌握安全知识的目的。三是扎实开展各项综合检查。为及时发现并有效整改各类安全隐患，全面预防和减少安全事故发生，市农林科学院不定期开展安全隐患排查治理活动。重点对学生宿舍、食堂、出租房屋、地下空间等重点场所的消防设施、设备器材、化学实验室等易燃易爆危险品储存场所和建筑施工工地等其他事故易发场所加强了安全检查力度，及时发现并集中清剿安全隐患。做到每次检查有记录、有点评、有反馈，并对检查的问题开展回头看活动，认真抓好问题的整改落实，不挂空挡，有效地避免了各类事故的发生。四是突出重要节点严抓治理。特别是在春节、“两会”等重点时段、敏感时期进行严而又严、细而又细的重点检查。深入细致排查各种安全隐患和不稳定因素，及时启动战时零报告制度，定时上报安全生产工作信息，各单位对发现的安全隐患和问题，及时进行整改；重要时间节点主要领导和分管领导亲自带队对系统单位进行检查，及时指出不足，共同分析原因，明确整改时限，有效避免各类事故发生。结合农业农村部《关于进一步加强当前农业安全生产工作的紧急通知》（农明字〔2018〕第48号）要求，结合机构改革期间，一些人员可能出现思想不稳、工作松懈等问题，及时下发通知，提出明确要求，制定切实可行的措施。五是认真迎接市委市政府安全生产督察。自9月10日开始，市委市政府安全生产督察组对市农业农村局开展了为期15日的安全生产督察，机关处室和系统单位积极配合督察工作。各对口单位、农业行业企业和系统单位要认真配合督察的延伸督察，做好了各类服务保障工作。始终坚持问题导向，对督察发现的各类安全生产问题或事故隐患虚心接受，及时纠正，积极整改。

【始终抓住农机安全生产工作】一是加强法规建设，健全农机安全监管责任体系。行业立法正式实施，2018年4月1日《北京市农业机械安全监督管理规定》正式实施。提出了《北京市农机安全监管法律体系建设三年规划（2018—2020年）》，进一步推进了北京市农业机械安全监督的长效机制。从2018年开始，市安委会《2018年度区政府安全生产综合考核细则》中农机行业安全监管占1分，农机安全生产正式纳入到各区政府安全生产考核；制定了《北京市农业机械安全监督管理“风险分级、量化监管、档案管理”工作实施方案》进一步明确了市区两级农机监理机构的监管责任。二是强化隐患排查治理，加大执法检查。围绕“春耕”“三夏”“三秋”等重点时段，开展农机安全隐患大排查、大清理、大整治专项行动，着重对农业机械、农机服务组织、维修经营单位等对象进行安全检查和隐患排查。截至12月底，与上年同期相比，事故起数下降75%、受伤人数下降100%，未发生农机亡人事故。三是做好宣传工作，安全生产活动精彩纷呈。认真开展了冬季农机安全生产宣传活动、农机事故案例警示宣传活动、“3·15”消费者权益日暨春耕农机安全生产宣传咨询活动、安全生产月暨“三夏”农机安全宣传咨询活动等农机安全宣传活动4次。通过《农民日报》《京郊日报》、人民网等报刊和网站发表新闻稿件165篇（次）。在其中人民网、千龙网、《中国农机监理》《京郊日报》《农民日报》等媒体上进行宣传7次。

【稳步推进消防安全工作】委局按照“万无一失、一失万无”的工作标准，科学研判形势，把握防控重点，找准薄弱环节，严查严治火灾隐患，严管严控火灾风险，严密人防物防技防措施，强化重点时段特殊管控。一是在抓好平时火灾防控的基础上，为确保春节、两会、国庆等重点时段的火灾防控形势稳定可控，认真分析研判形势，要求系统单位制定并严格落实人防物防技防措施，逐级逐岗明晰职责、分解任务、细化措施。二是扎实开展了安全隐患大排查大清理大整治挂账隐患“回头看”核查工作，特别是“4·1”火灾事故后，主管领导第一时间与系统各单位主管领导进行电话沟通，传达主要会议精神，并再嘱咐再提醒，并拟制下发通知，要求各单位进行再发动、再部署，确保挂账隐患问题清零，为首都消防安全形势稳定做贡献。三是委局领导多次亲自带队，多次下市场、入宿舍对系统各单位重点部位和事故隐患点进行了拉网式检查，现场查看各单位事故隐患和薄弱环节，并提出整改工作意见和建议。结合慰问贫困村和安全生产宣传下乡活动，将消防安全宣传品送到农民手中，进一步提升农民的消防安全意识。

（张晓晓）

农村法治建设

依法行政工作

【全市农业行政执法情况】年内，全市共出动农业执法人员 55 855 人次，组织执法活动 32 380 次，检查监管对象 35 933 个次；查办案件 1 551 起，其中简易程序案件 711 起，一般程序案件 840 起，罚没款金额 226.5 万元，维护市场秩序和农民的合法权益。通过“双随机”摇号系统累计进行摇号 174 次，随机抽查企业 6 336 个次。对其中不符合要求的企业（204 个次）分别作出责令整改、行政处罚等处理。全年依法受理和审理行政复议案件 8 起，按照法定程序作出了复议决定并送达申请人和被申请人。作为被申请人，市农业农村局被复议到市政府、农业农村部共 3 起，按照法定程序及时提交了复议答复意见。

（李淑娟）

【开展“绿剑”专项整治行动】春节前，北京市动物卫生监督所与北京市食品药品稽查总队组织全市开展为期 20 天、代号为“绿剑”的外埠进京动物产品专项联合整治行动。主要针对大型冷库、批发市场、肉制品加工厂和连锁超市配送中心，重点查处未经指定路口运输动物产品进京、接收未取得动物卫生监督机构监督检查专用章的动物产品、依法应当检疫未经检疫以及经营注水、添加瘦肉精等违禁物质的动物产品违法行为。辖区部门联合出动人员 1 362 人次，监督检查大型冷库、批发市场、肉制品加工厂和连锁超市配送中心 589 个次，查验动物产品 1.36 万批次近 1 万余吨。针对依法应当检疫未经检疫、未经指定通道进京等违法行为，联手立案 33 起，罚没共计 22.6 万余元。动物卫生监督部门针对依法应当检疫未经检疫立案 1 起，罚没 1.3 万元，针对未经指定通道进京立案 28 起，罚没 3.2 万余元；食品药品稽查部门针对依法应当检疫未经检疫立案 3 起，罚没 13.1 万元，针对兽药残留超标立案 1 起，罚没 5 万余元。

（北京市动物卫生监督所）

【动物卫生行政执法监督】通过重点提示、现场指导、市区联合、督察督办等形式，全市各类违法行为得到有效打击，执法效能得到进一步提升。全年共查办案件 1 475 起，同比提高 34.21%，其中一般程序 443 起，简易程序 1 032 起；罚没款 317.07 万元，超 100 万元案件 1 起，超 10 万元以上案件 2 起，超万元以上案件 67 起，触发休眠条款 7 条，办理案件 12 起。严格落实产地检疫和屠宰检疫，充分发挥检疫对阻断动物疫病传播的积极作用。全市累计产地检疫畜禽 1.45 亿头只，检疫动物产品 16.1 万吨，依据检测报告出具检疫证明 1.1 万余张，涉及动物 2 620.5 万头只；全市累计屠宰检疫畜禽 1 953.41 万头只，检出不合格畜禽 1.51 万头只，检疫废弃物、病害组织等 2 388.87 吨，全部依法依规进行无害化处理。全面落实养殖档案规范化建设和屠宰监督检查规范，持续推进养殖环节入场核查机制，动物防疫监管能力水平进一步提升。养殖环节立案 441 起，罚没 25.4 万元；屠宰环节查办案件 150 起，罚没款 3.14 万元，取缔黑窝点 28 个。严格进京公路、铁路和航空指定道口监督关，7 个辖区 16 个公路站车辆消毒通道建设完成，创建动物的闭环监管制度，发布公路指定道口工作标准，推行消毒记录，强调消毒效果。全市监督公路进京动物 3 506.9 万头只，动物产品 88 万吨。

运输环节查办案件211起，罚没款13.9万元。采取专项整治、异地同步监管和查处休眠条款等措施，拓展网络销售新型经营平台监管，推进兽药和饲料网络销售市场的净化，确保畜产品质量安全。全年查处案件201起，罚没246.55万元，其中超100万元案件1起，超万元案件52起。以养殖场户、公路道口、病死畜禽收集点为督查重点，做好消毒等防控措施落地，科学妥善处置房山、通州和顺义的非洲猪瘟疫情。监督无害化处理4个疫点生猪1.3万余头、疫区生猪184场户2万余头。

（张瑶瑶）

【兽医实验室备案管理办法出台】3月1日，由市动物卫生监督所起草、市农业农村局颁布的《北京市动物病原微生物实验室备案管理办法》正式实施。该《办法》规范兽医实验室的备案对象、条件、材料、程序和监督管理。具体包括除三级和军队实验室外，北京市新建、改建和扩建一级、二级实验室应当按照本规定进行备案；设立单位备案前应当按照《实验室生物安全通用要求》对实验室进行自评估，确认备案级别；备案材料包括登记表、法人证明、组织管理框架图、建筑布局平面图等；备案完成出具备案凭证；未备案按照《病原微生物实验室生物安全管理条例》第六十条中的有关规定予以处理。

（北京市动物卫生监督所）

【动物演艺活动防疫监管办法发布】2月，《北京市动物演艺活动防疫监管办法》正式颁布实施。全市通过加强宣传、防疫指导、建立与相关行业协会等组织的沟通机制、严厉查处违法行为等手段，推动演艺活动防疫监管各项措施落实到位，规范北京市动物展览、演出、比赛活动的报告，加强动物演艺活动防疫监管。

（北京市动物卫生监督所）

【全市农作物种子监督执法情况】年内，开展冬季种子企业监督检查专项行动、“双随机”检查、京津冀种子市场检查等。全年共组织种子执法活动1 145次，出动执法人员4 946人次，检查种子经营单位2 823家次。累计抽检种子样品657份，抽取企业（门店）210家，涉及玉米、大豆、蔬菜等作物，样品总合格率97.0%（不合格样品20份）：其中玉米种子样品合格率99.0%（206个玉米，不合格2个）；大豆种子样品合格率93.3%（15个大豆，不合格1个）；蔬菜种子样品合格率96.1%（431个，不合格17个）。全年立案68起，做出处罚决定41起，罚没款共计50.456 9万元。其中市种子管理站24起、海淀区5起、大兴区3起、房山区2起、朝阳区2起、丰台区2起、昌平区1起、密云区1起、门头沟区1起。从违法行为类型看，生产经营劣种子的2起、无证生产经营的2起、未按规定备案的1起、未审先推的4起、未按规定建立保存档案的14起、应当包装未包装的2起、标签不规范的14起、使用说明不规范的2起。

（北京市种子管理站）

【全市森林公安执法情况】年内，北京市共接报警情1 811起，受立案690起，其中，刑事立案70起，侦破案件61起，包括重大案件6起，特别重大案件3起；共计抓获涉案人员104人，行政处罚828人次。全市开展“飓风1号”、打击破坏野生动物资源违法犯罪专项行动、“春雷2018行动”“绿剑2018”和“严厉打击犀牛和虎及其制品非法贸易”等5次专项行动，共出动警力12 863人次，车辆6 218台次，巡查自然保护地、野生动物活动区域1 891处，清理整治各类市场135处，共立案侦查刑事案件47起，其中盗伐林木案3起，滥伐林木案11起，非法占用农用地案3起，非法收购、运输、出售珍贵、濒危野生动物及其制品案12起，非法狩猎案18起。破案37起，其中重特大案件3起，刑事拘留犯罪嫌疑人58人，批准逮捕19人，移送起诉40起60人，取保候审21人，其中直接取保候审14人。涉案林木木材535.411立方米，涉案林地36.5公顷，救助野生动物3 515头（只），查扣国家重点保护野生动物制品53件，总计涉案价值195.43万元。

【优化水政行政审批】聚焦优化营商环境，落实“放管服”改革要求，水务部门公共服务事项从38项优化精简到14项。供水排水接入服务进驻政务服务中心，大幅压减办理时间和工作环节，将供水、排水办理事项时限压缩至10个工作日之内，压缩比例达50%以上。

【水行政执法力度增强】加大水政执法力度，围绕社会关注的黑臭水体、河湖水环境改善等问题，组织开展河湖水环境与排水、水资源与节水、水土保持、水务工程建设和安全生产专项执法，严厉打击非法排污、倾倒垃圾渣土、违法建设、盗采砂石、侵占水域岸线等违法行为。2018 年全市水务系统开展行政执法检查 55 341 次，依法查处各类违法水事案件 4 348 起，罚款 3 225.32 万元，维护了正常的水事秩序。

【推进水务法治建设】 对现行水务地方性法规、政府规章进行全面清理，完成水利工程保护管理条例、防洪法实施办法和水污染防治条例修订工作，实现“水影响评价审查”“河长制”“河道砂石禁采”正式入法。贯彻重大行政决策合法性审查工作机制要求，在全市水务系统推行政府法律顾问制度，构建以水务部门法制机构人员为主体、吸收专家和律师参加的法律顾问队伍，把公众参与、专家论证、风险评估、合法性审查和集体讨论决定作为重大决策的必经程序。

（朱伟）

【本市气象法治和标准化建设】 市人大常委会审议通过《北京市气象灾害防御条例》，于 2019 年 1 月 1 日正式实施。加大执法力度，全市开展气象执法检查 2 260 次，均较上年同期增长 33%；办理气象行政处罚案件 83 件，均较上年同期增长 53.7%。开展气象政务服务标准化建设工作，优化营商环境，进一步加大简政放权力度，圆满完成精简 50%服务事项的任务。完善领导干部学法用法制度，制作的《气象人与宪法》宣传片，获得中国气象局“我与宪法”微视频作品征集活动一等奖。全面推行法律顾问制度。首次开展《气象法》《北京市实施〈中华人民共和国气象法〉办法》评估工作。2018 年有 3 项行业标准和 1 项地方标准获批立项，行业标准完成报批 4 个，地方标准完成报批 1 个，市局首次纳入为首都标准委员会成员单位。

农村法治宣传

【农村普法基本情况】 2018 年，全市有国家级普法宣传阵地 5 个，市级普法宣传阵地 66 个，各区及各街乡、社区、村有橱窗、长廊、显示屏等基层普法宣传阵地 6 703 个。其中，新建普法宣传基地 32 个，利用疏解整治腾退空间新建普法宣传阵地 11 个，全市四级普法宣传阵地进一步完善。北京普法微信共推送内容 621 条，总阅读量 490 915，总转发数 13 455，全市线上普法共享活动举办 9 期，累计 2 096 639 人次参与，站内发布内容 3 034 篇，总浏览次数为 60 364 次。

【开展京津冀三地法治宣传教育活动】 1 月 8—10 日，京津冀三地在天津市滨海新区组织开展“学习贯彻十九大精神　谱写新时代法治新篇章”京津冀打击传销法治文艺演出，市法宣办推送的相声《财迷回家》、快板《电信防骗“了”字歌》参加演出。朝阳区、延庆区与崇礼区深入加强两地法宣部门的沟通，积极开展朝阳、延庆、崇礼三地法治宣传教育合作长效机制对话，并联合举办三地法治宣传信息、调研及“七五”普法综合培训，夯实京津冀三地法治宣传教育合作基础。

【组织开展“送法下乡”活动】 1 月 19 日，市司法局联合市委宣传部、市科委、市农委、市文化局、市卫计委等 16 家“三下乡”小组成员单位，在昌平区南口镇花塔村共同举办 2018 年北京市文化科技卫生“三下乡”集中展示活动。与会领导走访普通村民，深入了解村民对“三下乡”活动的实际需求，和村民们共同观看“三下乡”文艺汇演，向村民代表们赠送“三下乡”出版物和春节吉祥大礼包，与广大村民们一起参加由“三下乡”志愿服务团队举办的集中展示活动。“三下乡”活动期间，房山区专门成立三支“三下乡”特色普法工作队伍，大力推动普法进乡村，共开展各类“送法下乡”活动 100 多场次，设立法治宣传咨询点 89 个，发放各类法治宣传资料 2 万份，悬挂张贴法治宣传标语 200 余幅。通州区围绕“扫黑除恶”“疏解整治”等重点工作，深入村居开展主题宣传活动 200 余场，开展“以案释法”法治讲座 1 200 余场次，累计发放各类宣传材料 10 万余份，门头沟区通过播放普法微电影、法治灯谜竞答、法治讲座等形式，广泛宣传与市民生产生活密切相关的法律法规，共发放法治宣传品 5 万余册（份）、接待咨询 368 人次、开展法治讲座 80 余场次、法律知识有奖竞猜活动 5 次、开展主题活动近 400 场。大兴区利用“三下乡”契机，统筹全区 145 名村居法律顾问为群众提供法律咨询服务 26 536 人，举办法治讲座 863 场，发放法律宣传资料 8 万余份，代写法律文书 1 862 份，参与纠纷调解 1 480 次。顺义区将法治春联送到 25 个镇街、438 个村居老百姓手中，并结合“三下乡”工作，开展各类法宣活动 150 余场次，受益人数高达 10 万人次，举办法律知识讲座、知识竞答等法律进乡村活动 381 次，累计受益人数 24 万余人次。平谷区开展“送法进村庄”活动 200 余场，举办“以案释法”讲座 200 余场，组织乡村法治文艺活动共计 300 余场，并开通“百辆公交车普法平台”形成“送法下乡”新阵地。怀柔区开展法治微视频展播 6 000 余场次，开展法治演出、普法游戏等法治文化活动 2 000余场次，组织开展法治文艺基层巡演活动 42 场次。密云区在全区设立法治宣传栏 1 129 块，其中区中心位置 184 块，各镇街 109 块，村级 836 块，形成了区—镇街—村居全覆盖的三级法治宣传教育格局。延庆区集中开展法治春联下乡 21 场、法治灯谜竞猜 9 场，开展法治文艺演出 1 128 场，达到 376 个行政村全覆盖，开展“法律赶大集”活动 57 场。

【召开 2018 年北京市法治宣传教育工作会】 2 月 27 日，市法宣办组织召开 2018 年北京市法治宣传教育工作会，市法宣办领导及各区司法局、各行业委办局法治宣传教育工作负责同志 170 多人参加大会。大会观看《北京市法律十进“七五”行工作巡礼片》，对全市法律十进“七五”行活动开展情况进行总结；与会领导向各区代表赠送普法教材，向市高院、丰台区等单位颁发“2017 年度以案释法先进单位”奖牌，向市教委、延庆区等单位颁发“2017 年度法律十进先进单位”奖牌。市法宣办与市委社会工委共同发布“法律进商务楼宇”普法海报，与市教委共同发布“法律进校园”普法挂图。

【深入开展宪法学习宣传教育】 2—6 月，市法宣办推出“一份多部门会签指导性文件、一部主流媒体电视公益宣传片、一套社区商务楼宇挂图、一支专家宣讲队伍、一组主干道横幅、一个（一网两微）专栏、一场网络问答”等“七个一”的宪法宣传工作举措，发放宪法宣传挂图至全市 7 500 余个社区（村）和地铁、公交等交通枢纽，在二环路主路 15 个过街天桥悬挂一组 28 条宪法宣传标语，组织 15 万人次参与普法移动工作群宪法主题竞答活动。4 月24 日，市法宣办牵头组织北京分会场参加司法部、全国普法办“深入组织开展宪法学习宣传教育活动”电视电话会议。怀柔区购置 25 万册宪法读本，发放到辖区全体国家公职人员、村居“两委”干部、在校学生、村（居）民家庭以及经商务工的流动人口手中，实现宪法宣传全覆盖。顺义区投资近 50 万元，购买 6.3 万册宪法读本，全区党员人手一册。大兴区组织全区四套班子成员及干部群众 450 人开展宪法讲座，全国 289 万网友同步收看，38.3 万网友交流互动。昌平区举办“宪法近万家”签名活动，造声势、进家庭，有效提升辖区宪法的宣传覆盖。延庆区打造“宪法宣传一条街”，通州区打造“宪法小镇”，创新宪法宣传形式，拓展宪法宣传阵地。丰台区在中国人民抗日战争纪念馆，建立全市首家以宪法为主题的法治宣传教育基地。密云区编写、印制《青少年趣味学宪法》图书 4 万多册进行发放，实现辖区青少年宪法学习读本全覆盖。

【开展扫黑除恶、疏解整治促提升、普法进校园进商务楼宇等专项法治宣传活动】 3 月 21 日，市法宣办制定下发《关于开展国家安全、扫黑除恶、疏解整治促提升等专项法治宣传工作的通知》。编辑设计扫黑除恶专项斗争主题法治宣传挂图 9 500 份，面向全市各社区（村）及西客站、地铁公司等交通枢纽等进行发放。开展法治宣传教育进校园、进商务楼宇，面向全市中小学发放校园安全主题的法治宣传挂图 1 700 份，面向全市所有商务楼宇发放消费者权益保护主题海报 1 800 份。通州区落实市局工作要求，以辖区内地铁普法阵地为载体，积极开展“国家安全”“扫黑除恶”“平安春节”“疏解整治”进地铁等专项普法主题活动，累计配送宣传材料上万份。

【组织开展“4·15”全民国家安全日法治宣传活动】 4 月 15 日，市法宣办组织全市各区、各单位开展国家安全日法治宣传教育活动。丰台、密云、延庆、西城、朝阳、大兴、房山、顺义、平谷、石景山等区结合辖区特点，与区国安办紧密合作，通过法治文艺汇演、以案释法、宣传展板、发放资料、国家安全知识咨询等法治宣传方式，有效提升首都国家安全法治宣传社会关注度和市民参与热情。市司法局、市社工委、市民政局等行业委办局利用自身宣传平台和普法队伍，对内通过举办讲座、张贴海报等方式切实强化系统内干部国家安全法治意识，对外通过举办咨询、发放资料等方式，有效提升服务人群国家安全法律知识水平。

【举办北京市 2018 年法治文艺大赛总决赛】4 月，市法宣办联合市委宣传部等 13 家单位在全市启动以“同心共筑中国梦 法治文艺京城行”为主题的北京市 2018 年法治文艺大赛。9 月 21 日，大赛总决赛暨颁奖典礼在中国宋庆龄青少年科技中心未来剧场举行，司法部、市政府、市法宣办相关领导出席活动，各区、各单位约 1 000 余人参加活动。市公安局等单位报送的《过了命的兄弟》等 3 部作品获得一等奖；市律师协会等单位报送的《律政之光》等 6 部作品获得二等奖；石景山区司法局等单位报送的《如此看病》等 9 部作品获得三等奖。大赛期间，市法宣办向各区、各单位发放 10 000 份主题宣传海报，10 000 份大赛 LOGO，在 7 000 余个社区（村）、1 800 所中小学校及各部委办局所属单位和人员密集场所等张贴宣传。活动历时 6 个月，创作收集法治文艺作品 8 026 部，涵盖 27 种文艺表现形式，开展 8 000 余场法治文艺基层演出活动，受益群众达 285 万余人次。

【举办京津冀三地法治宣传教育骨干培训暨法治文化建设交流活动】7 月 31 日至 8 月 2 日，北京市法宣办、法治天津建设办、河北省法宣办、北京市司法局、天津市司法局、河北省司法厅在北京共同举办京津冀三地法治宣传教育骨干培训暨法治文化建设交流活动。三地法宣工作分管领导、省（市）属部委办局法治宣传教育机构负责同志、业务骨干等 170 余人参加。培训期间，司法部、市委党校、清华大学普法专家分别进行授课。三地参训人员先后参观北京市文化创意产业园车公庄示范基地、顺义区宪法广场、顺义区河北村等法治文化基地，并就进一步加强法治文化建设进行交流。

【组织开展全市“七五”普法中期评查督导工作】8 月 15 日，市法宣办联合市委宣传部制定《北京市“七五”普法中期检查工作方案》，启动本市“七五”普法中期检查工作。9 月 11—13 日，市法宣办组织召开全市“七五”普法中期集中评查会，评审组依次听取 16 区“七五”中期普法工作开展情况工作汇报，市法宣办相关领导对集中评查会做点评，并对全市“七五”普法中期工作进行总结，对下一阶段工作进行部署。13—14 日，市法宣办组织评查组深入大兴、海淀、怀柔三区开展实地督导，通过档案检查和阵地走访方式，对各区法宣组织领导机构情况、经费保障情况、宪法宣传学习开展宣传情况、普法责任制落实情况、重点人群普法情况、“法律十进”和“以案释法”等重点、亮点工作开展情况及法治宣传教育阵地建设情况等工作开展检查。

【组织开展 2018 年北京市“12·4”国家宪法日及宪法宣传周系列宣传活动】12 月 4 日，市委宣传部、北京市司法局在首都图书馆联合启动 2018 年北京市“12·4”国家宪法日及宪法宣传周系列宣传活动。市委常委、宣传部部长杜飞进、市政府副市长张家明、市委副秘书长张铁军、市司法局党委书记苗林等领导出席启动仪式，市委宣传部、市公安局、市人民检察院、市文化和旅游局等单位局领导和市司法局领导班子成员共同出席，全市各区、各单位专兼职法治宣传教育工作者及市民代表约 500 人参加活动。与会领导为荣获 2018 年法治文艺大赛优秀组织奖各区、各单位代表颁奖，为荣获全国第七批民主法治示范村（社区）单位代表授牌；活动播放《2018 年北京市宪法学习宣传和贯彻实施工作巡礼片》，发布北京市宪法宣传系列活动的工作举措、海报、公益宣传片和宣传载体渠道。

【创新推进“以案释法”和“青春船长”普法活动】2018 年，市法宣办整合全市村居法律顾问资源，重新组建首都以案释法律师宣讲团；与市委社工委等单位合作，提前研判、摸底法律需求，推出订单式普法；与市属重点行业委办局加强协作，初步实现活动定期统计报送常态化。2018 年上半年组织开展法官、检察官、行政执法人员、律师“以案释法”活动 21 621 场，开展“青春船长”活动 55 场。

【新媒体普法推动构建大普法格局】2018 年，市法宣办搭建法治宣传新媒体移动工作群，全市 16 个区全部建立微信普法公众号。市法宣办联合市属 97 家单位建立首都普法大联盟。截至年底，包含法律文书、法律法规、法治案例、法治专家、法治视频、法治知识竞答题库等 6 大数据库的全市法治宣传教育云平台基本建成。

人大议案、人大代表建议、政协委员提案办理

【承办建议提案77件】 市委农工委、市农委共承办市十五届人大一次会议代表建议、政协十三届一次会议委员提案77件，其中，人大代表建议35件（主办11件、会办22件、参考2件）；政协委员提案42件（主办单办18件、会办24件）。建议提案重点集中在农村基础设施建设和环境保护、乡村振兴战略和美丽乡村建设、文化保护和特色小镇建设三个方面。

【精心组织建议提案办理工作】 市委农工委、市农委高度重视建议提案办理工作，始终把建议提案办理工作作为自觉接受权力机关监督和民主监督的有效途径，作为了解和体察社情民意、加强和改进机关工作方式的重要工作来推进，圆满地完成了2018年建议提案的办理工作，部分代表委员所提的问题得到有效解决。一是认真进行分析。对2018年承办的建议提案进行了综合分析，梳理出了建议提案集中的农村基础设施建设和环境保护、乡村振兴战略和美丽乡村建设、文化保护和特色小镇建设三方面的重点工作。同时，按照要求对建议提案进行了分类，为建议提案办理工作打下了良好基础。二是规范办理程序。为确保建议提案办理效果，委局始终把“办理及时不及时、答复认真不认真、落实到位不到位、代表满意不满意”作为衡量办理工作的标准。加强对承办人员的培训，采取专题会议部署、集中学习等方式，围绕办理程序、答复方法、撰写报告等内容对具体承办人进行了培训，提高承办人员的素质，明确了办理工作的要求，做到建议办理工作定人、定责、定标准、定时限。三是严格办理时限。建议提案办理的过程，既是与代表委员沟通取得工作理解的过程，也是与代表委员主动征询意见取得工作支持的过程。市委农工委、市农委一方面加强办理人员的培训，规范办理程序和要求；另一方面保持与代表沟通，要求承办人做到办理前联系、办理中征求意见、办理后跟踪回访，通过集中答复、座谈会汇报、邀请代表视察等方式，加强与代表沟通交流，使代表及时了解工作进展和最新情况，提高建议办理效率，确保按时办结。按照建议提案办理时间节点的要求，保质保量完成了所有主办件的答复工作。

【建议提案办理工作成效显著】 按照市人大常委会、市政府的要求，市委农工委、市农委提高认识，严密组织，力争高质量完成建议提案的办理工作。一是借“势”。充分利用社会关注、群众关心、代表呼吁的重点工作，把代表关心的问题和“三农”工作的重点有机的结合起来，把建议纳入到日常的工作中去，更好的推动工作的开展。二是借“智”。力争充分发挥人大代表的资源优势、智力优势，认真吸收代表提出的建议中的优秀成果，不断丰富“三农”工作的政策体系、工作机制，努力解决新农村建设中遇到的新情况新问题。三是借“力”。充分利用代表对“三农”工作重点、难点、创新点关注的“东风”，借力争取相关部门的支持和配合，推动工作的开展，使建议真正办出成效。

【“实施乡村振兴战略　促进城乡融合发展”议案办理得到各方认可】 根据市政府议案办理工作安排，由市农委牵头办理市十五届人大一次会议期间代表提出的“实施乡村振兴战略，促进城乡融合发展”议案。该议案包含27个小议案，内容涉及美丽乡村建设、“三块地”改革、完善多元化生态补偿机制等多项内容，涉及市级相关部门29个。市农委根据本市美丽乡村建设情况及议案内容，分解为完善多元化生态补偿机制、规划编制、农村改革、美丽乡村建设、农村产业发展、城南行动6个方面、12项任务，明确“1总8分多分支”（农委抓总、8个牵头任务单位、多个协办落实单位）的办理网格，5月中旬组织召开市级交办会，切实形成了“依法依规严格办、创新机制灵活办、齐心协力合力办、坚持奖惩督导办”的办理格局；9月中旬议案办理报告通过市政府常务会议，28日向市人大常委会作了专题报告，得到了市人大议案督办小组的充分肯定和人大代表的高度认可。

组　织　建　设

综　述

2018年，市委农工委、市农业农村局系统认真贯彻党的十九大精神，组织建设得到强化。委局领导班子建设得到加强，党的建设基础进一步夯实。“三会一课”制度得到严格坚持和遵守，领导班子内、党内批评与自我批评、理论联系实际的作风得到恢复和加强，党内政治生活的若干准则和党内监督条例得到较好执行。基层组织和民主政治建设进一步推进，软弱涣散的村级党组织得到有效整顿，强化了对村“两委”干部管理监督，党领导下的乡村治理机制得到健全，农村基层民主政治建设又有提升。

（徐再城）

领导班子建设

【市委农工委常态化推进“两学一做”学习教育】 结合市委、市政府重点任务，按照“三农”工作的整体安排，围绕着中心工作做好《关于新形势下党内政治生活的若干准则》《中国共产党党内监督条例》的学习贯彻工作，市委农工委领导班子带头开展批评与自我批评，认真过好双重组织生活，年度内班子召开民主生活会两次。各党支部100%在时间要求内召开了组织生活会、民主评议了党员，找问题、指差距、真整改、促提高。严格贯彻落实“三会一课”制度，充分发挥各党支部在教育管理党员中的主体作用，通过自学、集体学、网络微信学习等形式，提高学习的覆盖面和实际效果，全面提升广大党员干部的学习能力和思想水平。在各党组织中推广使用党员管理系统和“党员E先锋”系统，通过核查完善信息库中党组织和党员信息，推进组织关系网上转接、党内统计数据网上填报、“三会一课”网上记录、党员发展全程纪实等工作，进一步提高党员教育管理服务信息化、精准化水平。

基层组织和民主政治建设

【深入学习贯彻党的十九大精神】 市委农工委坚持把学习贯彻党的十九大精神与学习贯彻中央、市委关于“三农”工作的方针政策结合起来，采取集训班、报告会、党课等多种形式，轮训农委系统基层党组织书记230余人。会同市有关部门举办了乡镇党委书记研修班，乡镇党委副书记、党建办主任和区委农工委党建科室负责人轮训班。各区利用书记论坛、党建实训中心、新时代文明实践所（站）等平台，对农村基层党组织书记进行了轮训。通过分层次、全方位地抓学习培训，推动理论与实践相结合，切实转化为推动乡村振兴的生动实践。

（吴永磊）

【村“两委”换届选举工作】市委农工委会同市委组织部、市民政局等部门做好换届选举筹备和组织工作，抽调力量参与工作专班和领导小组办公室，广泛开展调研，建立定期会商研究机制，研究起草了换届工作方案、工作意见、村党组织换届流程、巡回督导工作方案等相关政策文件，制作了严肃换届纪律“十严禁”警示教育片，举办了换届选举工作业务培训班，开展了专项督导工作。统筹村“两委”换届工作，全面推行“一肩挑”，提出了“五好、十不能”候选人资格条件，会同监察、公安、法院、检察院、信访等部门，开展了资格联审工作，严格把好“入口关”，着力选优配强村“两委”班子。会同市有关部门制定印发了关于开展村“两委”主要负责人经济责任审计工作的通知，举办了全市村级组织负责人经济责任审计业务培训班，培训区、镇两级审计干部 260 余人。截至 12 月 31 日，全市已有 2 831 个村党组织完成换届选举，占总数的 73.2%，且均一次选举成功。

（吴永磊）

【软弱涣散村党组织整顿】市委农工委指导各区对 225 个软弱涣散村党组织进行整顿，结合村“两委”换届选举，坚持“先整顿后换届、以整顿促换届”，切实把矛盾和问题解决在换届之前。扎实开展实地督查和走访调查，了解掌握“五个一”工作机制和结对帮扶落实情况，加强工作指导，督促责任落实。截至 12 月 31 日，225 个软弱涣散村党组织全部实现转化提升。

（吴永磊）

【村“两委”干部培训】市委农工委会同市委组织部、市委农工委党校和北京农学院，举办了低收入村“两委”干部、软弱涣散村“两委”干部、第一书记、美丽乡村建设试点村“两委”负责人、村“两委”后备人才等专题培训班，共培训 2 800 多人次。承办了 9 期中组部边疆民族地区村党支部书记培训班，培训学员 1 239 名。

（吴永磊）

【村级后备人才队伍建设】市委农工委会同市委组织部制定印发了《关于进一步加强村级后备人才队伍建设的实施办法》，采取“四个一批”选拔方式（考录一批、遴选一批、选派一批、培育一批），按照每村 1～3 人的数量，建立健全了村级后备人才库。各涉农区通过推进青年学子归巢计划、实施“雏雁工程”、开办农村后备干部培训学校、成立乡贤社会服务中心等举措，开展村级后备人才培养。依托北京农业职业学院，试点开展了“三农”服务队伍学历教育，招录 203 人，其中在全国首次开设村务管理专业，招录 83 人。总结推广农村党建助理员工作，探索建立了“区招、镇管、村用”选人用人机制，强化农村基层党建工作力量。截至 12 月 31 日，全市共有门头沟、房山、怀柔、延庆等 9 个涉农区招考农村党建助理员 1 023 名。会同市有关部门起草了实施“三支一扶”（支农支教支医扶贫）计划方案，积极研究大学生“村官”替代政策，探索建立乡村振兴协理员队伍，充实农村基层工作力量。

（吴永磊）

【村“两委”干部管理监督】市委农工委指导各涉农区落实《北京市村干部管理监督办法》，各区均制定了实施细则，通过集体资产第三方审计、村级组织主要负责人个人重大事项报告、村干部任期和离任经济责任审计等举措，特别是把村干部纳入监察对象和巡察范围，严格规范村干部履职行为和权力运行。

（吴永磊）

【健全党领导下的乡村治理机制】市委农工委会同市有关部门严格落实《关于加强乡镇政府服务能力建设的实施意见》，推动乡镇治理能力和治理体系现代化。深入推进村级组织“三务”公开工作，会同市委组织部、市民政局、市农经办，对各区村级“三务”公开模板进行联审，提出修改建议和需重点公开内容，进一步提高村级“三务”公开规范化水平。开展了村级组织“三务”公开专项督查，采取“四不两直”方式，对 13 个区 41 个乡镇 136 个村“三务”公开工作进展情况进行实地检查，总结经验，发现问题，改进工作。

（吴永磊）

【深入开展第一书记驻村帮扶】市委农工委和市农业农村局指导成立了京津冀扶贫开发联盟，协同市国资委推动 51 家市属企业与 54 家低收入村开展了“一企一村”结对帮扶工作，协同市委教工委、市教委推动 23 所市属高校与 34 个低收入村开展了“校村联手精准帮扶”工作；会同市有关部门开展了“乡村振兴、青年作为”阳光使者北京专项活动，依托第一书记工作平台，组建 1 000 支社会实践团队，前往300个乡村基地、234个低收入村开展实践活动，助力乡村文化、教育、产业、环境发展。结合“新阶层·新农村”同心共建活动，会同市有关部门积极开展“走进美丽乡村行动”，分两批共资助了664名低收入农户困难学生。

（吴永磊）

【全市村民委员会底数】据统计，截至2018年12月底，全市共有村民委员会3 906个。其中朝阳区144个、海淀区70个、丰台区64个、门头沟区178个、房山区459个、通州区470个、顺义区426个、昌平区301个、大兴区527个、平谷区273个、怀柔区284个、密云区334个、延庆区376个。

【强化乡镇政府服务功能】一是加强乡镇政府公共服务职能。加快乡镇政府职能转变步伐，着力强化公共服务职能。乡镇政府主要协助区政府及相关部门提供以下基本公共服务：积极推进学前教育，巩固提高义务教育质量和水平，改善乡村教学环境，保障校园和师生安全，做好家庭经济困难学生教育帮扶等基本公共教育服务；推动以新型职业农民为主体的农村实用人才队伍建设，加强社区教育、职业技能培训、就业指导、创业扶持等劳动就业服务；做好基本养老保险，基本医疗保险，工伤、失业和生育保险等社会保险服务；落实社会救助、社会福利制度和优抚安置政策，为保障对象提供基本养老服务、残疾人基本公共服务，维护农民工、困境儿童等特殊人群和困难群体权益等基本社会服务；强化卫生健康管理职能，做好公共卫生、基本医疗、健康促进、计划生育等基本医疗卫生健康服务；践行社会主义核心价值观，继承和弘扬中华优秀传统文化，加强对古村落、古树名木和历史文化村镇的保护和发展，健全公共文化设施网络，推动全民阅读、数字广播电视户户通、文化信息资源共享，组织开展群众文体活动等公共文化体育服务。乡镇政府还要提供符合当地实际和人民群众需求的农业农村经济发展、农民基本经济权益保护、环境卫生、环境保护、生态建设、食品安全、社会治安、矛盾纠纷化解、扶贫济困、未成年人保护、消防安全、农村危房改造、国防动员等其他公共服务。各区政府要制定乡镇政府公共服务事项目录清单，特别是要把低收入农户增收等重点任务列入清单，明确服务对象和要求。二是扩大乡镇政府服务管理权限。按照权力下放、权责一致的原则，推进“放管服”改革。除法律法规规定必须由市、区政府及其职能部门行使的行政强制和行政处罚措施，以及行政许可事项外，对直接面向人民群众、量大面广、由乡镇服务管理更方便有效的各类事项依法下放乡镇政府，重点扩大乡镇政府在农业发展、农村经营管理、安全生产、规划建设管理、生态环境保护、公共安全、防灾减灾、扶贫济困等方面的服务管理权限。强化乡镇政府对涉及本区域内人民群众利益的重大决策、重大项目和公共服务设施布局的参与权和建议权；强化乡镇政府对村集体经济发展的统筹权及重大资产监管权，探索完善“村地乡管”“村账乡管”“村资乡管”机制，加强对农村集体资产、资金、资源的管理。市、区政府职能部门不得随意以落实属地责任等为名将工作任务转嫁给乡镇政府。三是构建差异化的乡镇政府服务职能体系。强化城乡结合部及新城周边地区乡镇政府服务功能，适应城市化发展要求，重点做好征地拆迁、农民安置上楼、农村劳动力转移及相关社会保障和公共服务工作，加大基础设施和公共服务设施建设力度，加强环境整治和流动人口服务管理，有序推进疏解非首都功能，优化提升保障能力。突破城市化成熟地区街道办事处设置滞后瓶颈，加快地区办事处转制，按照成熟即转、属地管理、同步优化的原则，对全市地区办事处进行梳理，建立台账，根据难易程度统筹转制时间安排。加快推进城市化地区农村集体土地流转、集体资产量化处置，推进农转居、撤村建居等方面的改革，着力提高城市化管理能力，提升管理效能和公共服务水平。四是推进乡镇行政执法改革。落实“街乡吹哨、部门报到”，更加突出条块结合，推动执法重心下移、力量下沉，根据属地需求和部门实际，配齐配强执法队伍，提高综合执法能力。乡镇负责统筹指挥协调辖区综合执法工作，党委政府承担统筹协调的主体责任。建立完善乡镇统筹、基层行政执法部门共同组成的实体化综合执法中心，统一调度各成员单位行政执法力量，开展综合执法活动。压实乡镇日常巡查、发现、报告等属地责任，严管、严控新生违法用地、违法建设，确保全市违法用地、违法建设动态零增长。加大乡镇政府对区政府职能部门派出机构的考核权重，具体管理办法由各区根据工作实际研究确定。五是统筹乡镇站所管理体制改革。乡镇事业站所可以实行以乡镇管理为主、上级业务部门进行业务指导的管理体制；经市政府批准，也可以实行以上级业务部门主管或按区域设置机构的体制。按照精简统一效能的要求，统筹乡镇党政机构设置。深化乡镇事业站所分类改革，严格控制乡镇事业站所数量。根据群众需求和乡镇实际，整合资源，统筹为民服务窗口设置；加强基层综治中心、政务服务平台以及社区服务机构等建设，落实及时、高效、便捷的要求，为广大群众提供更加优质服务；探索建立协调办理机制，逐步实现同类别公共服务事项全区各乡镇通办。加强农村经营管理体系建设，夯实基层农村经营管理工作基础，确保责任和人员落到实处。除机构编制专项法律法规外，上级业务部门不得以机构上下对口等名义要求增加乡镇站所设置和人力资源配置。

【优化乡镇基本公共服务资源配置】一是推进城乡基本公共服务一体化。按照区域覆盖、制度统筹、标准统一的要求，打破城乡界限，加快城乡基本公共服务一体化发展进程。统筹城市与乡村发展，优化调整社会基本公共服务资源布局，构建覆盖城乡、优质均衡的社会基本公共服务体系。建立健全城乡一体化的空间规划管控制度，编制乡镇域“两规合一”规划，以乡镇为基本单元统筹规划实施，全面推动城乡建设用地减量提质。加强乡镇公共服务和基础设施的规划工作，推动基础设施、公共服务资源和城市管理模式加快向农村延伸，促进服务资源高效配置和有效辐射。加大投入力度，健全完善农村基础设施运营管护机制，促进基础设施城乡统筹和基本公共服务均等化。完善流动人口基本公共服务制度，推动基本公共服务由户籍人口向常住人口拓展。推动新型农村社区建设，在保留村庄特色和田园风貌的基础上，提升人居环境，改善农民生活。2020年底前，基本完成全市农村环境整治任务。二是改进乡镇基本公共服务投入机制。市、区要支持乡镇基础设施建设、公共服务项目和社会事业发展，通过注入资本金、项目补贴、贷款贴息、贷款担保等方式，支持社会资本投资农村和小城镇的社会公共服务业。发挥首都金融业优势，鼓励引导金融机构创新金融产品和服务，加强对社会公共服务企业及其建设项目的融资支持力度。对市、区政府及其部门安排的基础设施建设和其他建设项目，属于市、区政府事权的，应足额安排资金，不得要求乡镇安排项目配套资金。对承担超出乡镇辖区范围提供服务的重大基础设施、社会事业项目，市、区财政要加大投入力度，同时建立乡镇间共建共享机制。三是完善乡镇财政管理体制。合理划分区和乡镇财政事权和支出责任，建立财政事权和支出责任相适应的制度。结合乡镇经济发展水平、税源基础、财政收支等因素，实行差别化的乡镇财政管理体制，不断加大对经济薄弱乡镇的财政投入和转移支付力度。区政府要强化统筹所辖乡镇协调发展责任，强化税源建设，帮助弥补乡镇公共服务财力缺口。硬化乡镇预算约束，强化预算执行，规范经费支出，严格监督管理，严禁乡镇举债，防范和化解债务风险，保持财政收支平衡。加快乡镇财政国库集中支付制度改革，推进乡镇国库集中支付全覆盖。

【创新乡镇公共服务供给方式】一是建立公共服务多元供给机制。完善群团组织承接乡镇政府职能的有关办法，将适合群团组织承担的乡镇服务管理职能依法转由群团组织行使。厘清乡镇政府和村（居）民委员会、农村集体经济组织的权责边界。完善村级组织运转经费保障机制。积极健全城乡社区治理机制，完善社区服务体系，支持社会组织发展，发挥枢纽型社会组织的桥梁纽带作用。鼓励发展专业合作、股份合作等多种形式的农民合作组织，扶持社会力量兴办为民服务的公益性机构和经济实体。以政府引导、市场主导的方式，培育具有公益性质的养老、助残等机构参与公共服务。依法建立健全公开透明的社会捐赠管理制度，鼓励和支持社会力量通过捐赠或捐助等方式参与乡镇公益事业发展。加强乡镇政府对各类服务提供主体的统筹协调和有效监管。二是加大政府购买服务力度。建立政府购买服务资金支持长效机制，加快公共服务的社会化进程，实现服务方式和模式转变，提高公共服务质量。加强乡镇政府购买服务公共平台建设，对适宜采取市场方式提供、社会力量能够承担的公共服务项目，应尽可能交由社会力量承担，由花钱养人向花钱办事转变。区政府要制定乡镇政府购买服务指导性目录清单，编制乡镇年度购买服务计划并及时向社会发布，明确购买内容、承接主体资格、购买程序和绩效考核要求。三是提高公共服务信息化水平。持续推进社会信用、人口、法人、地理空间信息、电子证照等基础信息库数据汇集，做好政务服务数据跨地区、跨部门、跨层级共享技术支撑；全面梳理区、乡镇政务服务事项，简化优化办事流程，以北京市统一行政审批管理平台、北京市网上政务服务大厅、北京市政务服务数据资源库“三个一”智慧平台为核心，整合各级部门延伸到区、乡镇的信息系统，建设覆盖全市区、乡镇政务服务中心的“一张网”，逐步实现乡镇政务服务事项的一窗口办理、一站式服务、一平台共享、全区域通办和全流程效能监督。建设“北京通”APP，打造“互联网+政务服务”移动服务体系，实现政务服务在线查询、预填、预约、咨询、投诉、支付等功能，不断提升政务服务便捷化、个性化、智慧化、安全化水平。四是健全公共服务需求表达和反馈机制。着力完善科学有效的群众权益保障机制，健全公共服务需求表达和评价机制，强化群众对公共服务供给决策及运营的知情权、参与权和监督权，充分发挥各类社会组织在公共服务需求表达和监督评价方面的作用。落实乡镇领导干部接访下访制度，以乡镇社会矛盾调处中心为依托，建立健全乡镇联合接访机制，及时就地解决群众合理合法诉求。健全乡镇党委领导的民主协商机制，推行人民建议征集制度、重大事项听证制度、重要会议旁听制度，建立健全公共服务需求表达“直通车”制度。以乡镇、村为单元，引导广大村民开展多层次的基层民主协商实践，建立主体广泛、内容丰富、形式多样、环节完整、规范有序、行之有效的“参与型”基层协商体系。全面推进乡镇政务公开制度，完善乡镇政务公开和村务公开联动机制，对群众关心和涉及群众切身利益的重要事项应做到随时公开。充分发挥互联网站、微博微信、移动客户端等新媒体作用，及时发布乡镇政府信息。积极应用大数据、云计算等先进理念、技术和资源，及时了解公共服务需求，动态掌握实施效果。

【健全完善村务公开机制，切实增强村务工作透明度】第一是进一步推进村务公开内容精细化，完善村务公开目录，细化和规范村务公开内容，实行村务公开事项全覆盖。凡属有关法律法规和政策明确要求公开的事项，以及涉及村级组织建设、经济社会发展、自治制度建设、重大决策决议和村民群众切身利益等事项都要进行公开，推广村务“点题公开”制度。把财务公开作为村务公开的重点，全面推行村级财务逐笔公开制度，让群众了解、监督村集体财务的管理使用情况。积极推进村务公开，及时公开村民小组会议讨论决定事项及实施情况等。要根据农村改革发展的新形势、新情况和群众的意愿要求，及时丰富和拓展村务公开内容。第二是进一步推进村务公开程序规范化，村务公开的基本程序是：在村党组织领导下，由村民委员会根据本村的实际情况，依照法律法规和政策的有关要求，提出公开的具体方案；村务监督委员会对方案进行审查、补充、完善后，提交村“两委”联席会议讨论确定；村民委员会通过村务公开栏等形式及时公布。群众对公布的内容有疑问的，可以口头或书面形式向村务监督委员会投诉，村务监督委员会对群众反映的问题，应当及时进行调查，确有内容遗漏或不真实的，应督促村民委员会重新公布；也可以直接向村民委员会、村集体经济组织询问，村民委员会一般在10个工作日内作出解释和答复。村民委员会要对村务公开资料进行整理归档，并报乡镇（街道）主管部门备案。第三是进一步推进村务公开形式多样化，在利用好村务公开栏的同时，注重运用广播、电视、网络、手机短信、微信、电子触摸屏、“明白纸”、民主听证会等多种载体进行公开。推进村务公开网络化建设，通过设立网上村务公开专栏、全程纪实系统等，方便村民群众和有关部门及时、有效开展查询监督。村务公开栏的内容应当保持清洁完整，并至少保留15日；村民群众普遍关心关注、容易引发矛盾纠纷的重大事项，应当至少公开一个月以上；采用电子信息等平台公布的村级事务内容应当标示更新时间。第四是进一步推进村务公开时间具体化，由区或乡镇（街道）统一村务公开时间，村各项年度工作计划、总结等应当每年公布一次；一般的村务事项至少每季度公开一次；涉及农民利益的重大问题以及群众关心的事项要及时公开；集体财务往来较多的村，财务收支情况应每月公布一次。推进村务事项从办理结果的公开，向事前、事中、事后全过程公开延伸。

【健全完善民主协商机制，充分发挥集体智慧，确保民主决策的科学性】基层民主协商有利于人民当家作主，人民当家作主是社会主义民主的本质要求。为此，我国设立了各种制度，采用多种途径，来满足人民当家作主的实现。近年来，随着社会主义民主不断扩大，民主形式不断丰富，人民的积极性、主动性、创造性得到进一步发挥，在全市基层兴起了多种形式的民主协商实践，如民主日、民主恳谈会、村民议事厅、社区议事会、公民评议会、民主听证会等。实践经验表明：我国基层民主协商在化解社会矛盾，推进科学民主决策，实现人民当家作主等方面发挥着重要作用。

【健全完善民主决策机制，切实提高村务决策质量】进一步规范民主决策程序，各区可结合实际，推行

“四议一审两公开”“八步工作法”等村务民主决策制度。村党组织、村民委员会、村集体经济组织、十分之一以上村民联名或者五分之一以上村民（户）代表联名就涉及村民切身利益的重大事项提出初步议题，由村党组织汇总后提出议案；村“两委”召开联席会议，研究提出具体意见或建议；由村党组织召开党员大会，对村“两委”联席会议提出的意见、建议进行审议；由村党组织和村民委员会将方案上报乡镇（街道）进行合法性、可行性审核；由村民委员会召集村民会议或村民代表会议讨论决定；由村党组织、村民委员会共同组织实施。对提交村民会议或村民代表会议讨论决定的事项，会前要向村民或村民代表公告，广泛征求意见；会后要及时公布表决结果，实施情况也要及时公布；进一步创新民主决策方式，推行村级重大事项“票决制”，通过村民或村民代表无记名投票表决的方式对村级重大事务进行决策，确保村民群众能够独立自主地表达真实意愿。建立村务重大决策社会稳定风险评估制度，找准找全风险点，做实做细工作预案，从源头上预防和减少各种不稳定因素。鼓励有条件的村引入村务决策专家咨询论证制度，对决策的必要性、可行性、合法性进行充分论证，积极推动决策由经验型向科学型转变，避免和减少决策失误与决策风险。支持和鼓励有条件的村采取“网络投票”等形式进行民主决策。认真研究和探索村庄撤并、外出务工经商人员不断增多情况下村级民主决策的有效形式；进一步推行协商民主制度，建立健全村议事协商会议制度，通过民主平等、协商互动的方式，共同研究讨论区域内组织建设、社会管理等方面的重大事项，实现共驻共建、资源共享。村议事协商会议在村党组织领导下，由村民委员会牵头，组织本村党代表、人大代表、政协委员、村民代表、社会组织代表、社会单位代表等各方代表参加，每季度召开一次。探索村务协商民主的新途径，采取民情恳谈、网上论坛、民主听证、圆桌对话等形式，畅通群众诉求表达机制，更好地集中民智、反映民意；进一步规范和完善决策责任追究制度，依法召开村民会议和村民代表会议，村民会议或村民代表会议依法形成的决议不得随意更改，如因情况发生变化确需更改的，要通过村民会议或村民代表会议讨论决定。建立村务重大决策终身责任追究制度及责任倒查机制，对决策严重失误或者依法应该及时作出决策，但久拖不决造成重大损失和恶劣影响的，严格追究相关责任人的法律责任。

【健全完善民主管理机制，切实强化社会治理功能】第一，突出加强规章制度建设。根据形势任务发展变化，进一步修订完善了《村民自治章程》《村规民约》等社会规范，明确村级组织、村干部和村民行为准则，提高全体村民自我管理、自我教育、自我约束的能力。各村要积极维护《村民自治章程》《村规民约》的严肃性、权威性，村务监督委员会全程参与监督，加大执行落实力度，充分发挥其协调社会关系、约束社会行为、保障群众利益等方面的积极作用。第二，重点强化农村“三资”管理。进一步健全完善资金、资产、资源管理制度和措施，对涉及“三资”的使用、处置和配置内容、特别是重大投资、大额财产购置、土地租赁转让、大额费用支出等都必须严格履行民主程序进行决策，根据“村账托管”、重大项目招投标等制度进行实施，按照村务公开的要求进行公布，实行全过程民主管理。对擅自动用、处置村集体“三资”的行为，村民会议或村民代表会议有权否决，已造成既成事实或损失的要进行问责，并依法追究其法律责任。第三，注重创新社会治理方式。加快发展农村服务型、公益型、互助型社会组织，通过购买服务、项目补贴、项目委托管理等方式，提高社会组织在项目运作、活动策划、提供服务等方面的能力，发挥党组织、村民自治组织、社会组织等多元主体在乡村治理中的协同作用，完善党组织领导下的多方参与、协同治理工作格局。推广网格化管理模式，利用现代信息技术，科学整合各类管理力量，健全信息发布报告机制，提高农村精细化管理水平。

【健全完善民主监督机制，切实保障村民群众监督权】首先是注重加强自治管理监督。村务监督委员会认真履行监督职能，强化村务内部监督，注重监督重点，突出抓好对村务决策、村级财务、村务公开、村民自治章程和村规民约的落实情况、村党组织和村民委员会成员的履职情况、村民委员会成员的罢免工作、村民群众正常合理的利益诉求、问题投诉和意见建议的落实情况等监督，严格按照《北京市村务监督办法（试行）》有关规定，加强对于村级集体资金、资产、资源管理和村工程建设项目的监督。及时发现和纠正存在的问题。各区、乡镇、村创新监督方式，积极探索参与式、动态式、审核式、全程式等行之有效的监督方式，全面提高了村务监督委员会工作水平。其次是重点加强经济审计监督。各级农村集体资产和财务管理指导部门，要切实组织好对农村集体财务的审计监督工作。审计内容主要包括：集体资产的管理使用、财务预决算、财务收支、生产经营和建设项目的发包管理、集体的债权债务、上级划拨或接受社会捐赠的资金、物资使用情况，以及群众要求审计的其他事项。村干部任期届满或离任时前60日内必须进行审计，审计工作由区县或乡镇审计、民政、农村经济管理等部门组织进行，村务监督委员会全程参与监督。加强村级组织廉政风险防控，设定审计时限，民主确定审计部门，村务监督部门全程监督。探索在线审计、引入第三方机构等方式开展经济责任审计工作。在审计中查出问题的，要依照有关法律法规进行处理。第三是有效推进民主评议监督。进一步规范村级民主评议活动，民主评议对象为村党组织、村民委员会、村集体经济组织的班子成员以及享受由村民或集体承担误工补贴（工资）的其他村务管理人员，民主评议由乡镇党委组织，通过党员大会、村民会议或村民代表会议的形式进行民主评议一般每年进行一次，评议结果与村干部的使用和补贴（工资）标准挂钩，严格兑现奖惩。连续两次被评为不称职的村干部，经上级党委核实确认后，依法公布其职务终止；其他村务管理人员，由村民委员会召开村民会议或村民代表会议作出处理决定。

【创建“互联网＋基层社会治理系统”】市民政局在上一届村委会换届选举时所使用的村委会选举信息系统存在系统信息和设计上的不足，业务流程衔接不严谨，功能应用、数据共享及统计分析已经无法满足当前基层对于村委会进行换届选举的实质性工作需要，故需重新设计建立北京市基层社会治理的综合性信息系统应用新平台来解决当前基层工作的实际性困难，并与其他业务系统进行数据对接，建立完善的信息对比和数据联动功能，为2019年的第十一届村委会换届选举的高效有序的监督管理工作和实际应用操作等基层工作提供有效的信息化手段支撑。“互联网＋基层社会治理系统”具体支撑以下业务目标的实现：一是提升对村委员会换届选举指导监督能力。二是提升对城乡社区“三务”管理的监督能力。三是创新基层城乡社区的长效治理机制。四是明确了农村基层社会治理主要业务范围。依托官方网站实现为全市基层社会治理相关的业务提供信息发布，实现市、区、街道、乡镇、村等管理机构与公众交流互动，为各级民政机构收集民意、开展调查、举办活动及接受公众监督等工作提供便捷的渠道。

【农村社区试点建设工作再上新台阶】根据中办、国办《关于深入推进农村社区建设试点工作的指导意见》精神，结合首都实际情况，为创新本市农村基层社会治理，提升农村公共服务水平，适应城镇化快速发展需要，促进城乡一体化建设，建设国际一流和谐宜居之都，全市在原有60个农村社区试点建设基础上，2018年，经过各区申报，市相关部门综合评估，全面衡量，再确定112个农村社区建设试点，扎实推进农村社区建设试点工作深入开展。

【乡村治理基本情况】年内，全面加强基层党建，乡村治理能力和治理水平实现新提升。组织开展村“两委”换届选举工作，严格“五好、十不能”资格条件，严把换届程序，严肃换届纪律，2018年底，全市有2 831个村党组织完成换届选举、占总数的73.2%。健全干部驻村帮扶工作机制，累计选派第一书记623名，实现第一书记和驻村工作队对低收入村、软弱涣散村的全覆盖。落实“街乡吹哨、部门报到”，加强乡镇政府服务能力建设，推动社会治理和服务重点向农村倾斜，重心向基层下移。同时抓好225个软弱涣散村党组织集中攻坚专项行动，全部实现转化提升。

（刘孟超）

党风廉政建设

【加强党风廉政建设工作】研究制定《关于2018年党风廉政建设工作要点》，层层签订党风廉政建设责任书，分解任务、明确责任，班子成员与分管处室的处长签订36份责任书，明确了个性化、特色化责任内容90条。认真学习传达《关于近期查处违反中央八项规定精神问题典型案例的通报》等，充分发挥通报曝光案例的警示教育作用。强化节前廉政纪律，在元旦、春节、清明、五一、端午等重要时间节点，及时提醒通知，认真开展节日期间“四风”问题督促检查，严明各项纪律要求，确保廉洁过节。组织观看《正风反腐在路上》《秦岭违建始末》等专题教育片，使广大党员干部从中得到警示、启迪，做到警钟长鸣。积极推进巡视反馈问题的整改落实，做到事事有落实、件件有回声。努力营造积极作为、敢于担当、忠诚干净的良好氛围。认真抓好全面从严治党主体责任检查考核工作。围绕全面贯彻十九大精神、中央八项规定、管党治党等 8 项内容，15 条考核标准，具体细化为 70 个检查项目。年内加大党风廉政日常检查力度。

老干部工作

【老干部基本情况】 截至 2018 年 12 月底，市委农工委及直属单位的离退休干部总数 1 626 人，离退休干部党支部 35 个，党员 967 人。离休干部 48 人，平均年龄 89.1 岁，其中局级干部 12 人、处级及以下干部 36 人。退休干部总数为 1 578 人，其中局级干部 73 人，处级及以下干部 1 505 人。在市委、市政府正确领导下，市委农工委系统各级党委组织部门、老干部部门，坚持以习近平新时代中国特色社会主义思想为指导，适应新时代新任务新要求，紧密结合职能职责，推进老干部工作理念、思路、举措、方法创新，老干部工作展现新气象新担当新作为。

【注重加强对老干部的政治引领】 市委农工委系统老干部部门全面加强离退休干部党的建设。有效地组织、团结、凝聚离退休干部队伍，引导他们听党话、跟党走。一是加强政治建设。树牢“四个意识”、坚定“四个自信”，坚决做到“两个维护”。以深入学习贯彻习近平新时代中国特色社会主义思想和党的十九大精神为首要任务，持续抓好离退休干部政治理论学习。通过座谈交流、专题辅导、学习培训、理论宣传、发放学习资料、送学上门、发送短信微信等多种形式，组织老同志集中学、深入学、持续学，切实把思想和行动统一到党的十九大精神上来。二是加强思想建设。每月初开展一次离退休干部政治理论学习，春节前组织了机关和系统离退休干部情况通报会，向老同志传达“三农”工作以及市委农工委农业农村局机构改革情况，使老同志及时了解新形势、紧跟新时代。市农业局活动站于 3 月底，组织离退休干部观看《厉害了我的国》电影，增强了老干部同志们对十八大以来党和国家取得历史成就的立体认知感和荣誉感。2018 年 4 月、7 月、8 月、10 月、11 月底，分别组织召开了离退休干部学习十九大精神心得体会座谈会，老干部代表们都踊跃发言，大家的发言，既反映出了大家学习十九大精神，对习近平新时代中国特色社会主义思想理解的深度，又结合多年工作实践畅谈了首都农业发展的认识高度，更感慨了“离职不离党、退休不褪色”常怀党恩，永跟党走的情感温度。组织离退休干部观看十九大学习光盘，采取“集体辅导集中学、读书看报自主学、观展看影配合学”等多种学习方式，展开深入系统地学习。三是加强党组织建设。重点加强离退休干部党支部规范化建设，严格执行三会一课、组织生活会、主题党日等制度，进一步完善“支部吹哨，党员报到”工作机制。全年组织了两期离退休干部党支部书记培训班，每期 120 人。举办了一期 70 人参加的市管退休干部读书班。为方便离退休干部党员开展学习活动，活动站为每位老同志订购了《习近平治国理政》第二卷；订阅了《今参考・历史》杂志；为每位离休干部、局级退休干部增订一份《北京日报》《京华时报》《新京报》《法制晚报》《北京晚报》等其中一份报纸刊物作为辅助学习参考刊物。

【组织引导老同志发挥优势和作用】 坚持围绕中心、服务大局，着眼新时代新征程，助力实施首都乡村振兴战略，坚持自觉自愿、量力而行的原则，充分调动广大老同志的积极性主动性。①积极搭建老同志发挥作用的平台。②紧贴老同志的自身优势，量体裁衣。结合老同志的专业优势、经验优势，鼓励他们积极发挥作用。③组织离退休干部“不忘初心、牢记使命”主题宣讲活动。2018 年 8 月 20 日在市农林科学院农科大厦一层报告厅，请原市农业局副局长李继扬同志宣讲，题目是《北京农业发展趋势》。2018 年 10 月 23 日在市农业职业学院，崔砚青同志做了《发挥离退休干部的政治优势，为党的事业增添正能量》主题宣讲。机关和系统单位离退休干部超过 200 人次参加了宣讲活动。

【开展系列活动　营造良好氛围】各单位各部门通过主题征文、诗歌创作、书画摄影、文艺汇演、健身展示、参观体验等多种形式，抒发爱党情怀、展示幸福生活。5月，开展主题征文活动。在全局离退休干部中开展“党育我成长、学习十九大、永远跟党走”主题征文活动。老同志们踊跃参加，共撰写十余篇心得体会。6月底，在庆祝建党97周年前夕，市农业局组织机关离退休干部党员前往鱼子山抗日战争纪念馆进行了主题党日活动。在纪念碑前，离退休党员们庄严举起右手，重温了入党誓词。9月8日在北京戏曲职业学院举办了市委农工委系统老干部“纪念改革开放四十周年”文艺汇演，离退休干部600多人参加。9月举办“离退休干部诗书画影和老照片展览”，其中，书画作品获一等奖1名、二等奖2名、三等奖2名。书法作品获得二等奖1名。诗歌作品获得一等奖1名，三等奖2名，老照片作品获得优秀奖一名。11月21日，组织机关离退休干部党员到北京文化创意展示中心参观体验。4月和9月分别组织了市委农工委系统老干部“迎春杯”门球赛和“金秋杯”台球赛。总计有400名左右离退休干部参加了比赛活动。

【用心用情服务离退休干部】认真落实离退休干部各项待遇，满腔热情为老同志办实事办好事解难事，让他们共享改革发展成果，享受更多更便利的养老服务。坚持走访慰问。加大走访慰问力度，全年开展了春节、十一和重阳节三次走访慰问活动。离休干部过生日，老同志生病住院，各单位各部门老干部工作人员都在第一时间到家中或医院进行慰问、探望，送去组织关怀。共走访慰问了30余位常年卧病在床的老同志。重点服务保障。日常工作中，将离休干部、年高体弱、家庭子女不在身边离退休干部的就医保障作为重点。2018年全年，为老干部送医问药118人次，做到车辆保障正点准时、就医搀扶、挂号预约、取药代劳。为26位老同志变更医保医院手续。积极为离退休干部办理报刊订阅；完成了去世离休干部无工作配偶免费办理医疗保险工作，为离休干部办实事得到落实。办公室、干部处等部门通力合作，帮助协调解决实际问题，如争取困难补助、办理抚恤解金领取等。

【建设高素质专业化老干部工作队伍】按照“讲政治、重感情、业务精、作风好、老同志信得过”的标准，打造一支让党放心、让老同志满意的过硬老干部工作队伍。积极推进作风建设。严格落实好中央八项规定精神和市委及工委的实施意见。开展“双结双促”和“进村入户”活动，组织全体党员到门头沟区妙峰山镇、延庆区大庄科乡慰问4位农村老党员。组织支部党员参观了涧沟村地下交通站旧址、沙塘沟村平北抗日第一党支部展览馆，在昌延联合支部旧址重温入党誓词。参加市老干部局“寻找最美老干部工作者”活动。活动站工作人员陈国锋同志代表农业农村局参选，经过评选，陈国锋同志入围全市最美老干部工作者50名候选人。农工委系统老干部工作部门找最美、学最美、比最美、做最美蔚然成风，极大激发了老干部工作人员新时代新担当新作为的工作热情。

【全市离退休老干部工作满意度调查市农委工委系统总体评价居高】2018年12月，市委老干部局委托北京市精诚兴信息有限责任公司开展了北京市离退休干部工作满意度调查，市委农工委系统受访老干部共70人，其中离休干部5人，退休干部65人。受访老干部对本单位离退休干部工作总体满意度评分为80.9分，比全市平均分74.8分高出6.1分。其中离休干部总体满意度为96分，比全市平均分82.3分高出13.7分。六个分项工作总体评价均高于全市平均水平。15项具体工作评价中14项均高于全市平均水平，其中1项获得最高评分100分。

（王岚）

郊 区 农 情

朝 阳 区

概 述

朝阳区总面积470.8平方公里，农村地区面积350.5平方公里，占全区总面积的3/4，辖19个乡(地区办事处)，144个行政村，216个社区。农村地区现有农业人口9.1万人。2018年在区委、区政府的坚强领导下，农村地区广大干部群众始终坚持以习近平新时代中国特色社会主义思想为指引，全面落实首都城市战略定位，深入实施乡村振兴战略，认真贯彻区委十二届六次全会精神，始终围绕“减量精治优环境”工作主线，担当作为、攻坚克难、砥砺前行、奋发有为，全面完成各项任务目标，农村经济社会建设各项事业取得新进展。

城乡融合发展

【概况】深入贯彻新版北京城市总体规划，全面对标城市空间结构“一主”定位，聚焦减量发展、突出规划引领、坚持谋定后动、注重难点攻坚，农村城市化进程持续加快。

【“一绿”试点建设】四个批次试点共计完成腾退302万平方米，实施绿化136公顷，涉及人口6.78万人。第一批6个试点乡“三个全部”任务基本完成，将台乡安置房全面实现回迁入住。第二批试点建设扎实推动，东风等2个乡1 986名农民整建制转居全面实现，东坝等2个乡整乡腾退完成。第三批试点建设有序实施，小红门乡新村二期集中办理入住，2 544户顺利回迁。第四批2个试点乡城市化实施方案和乡域规划编制完成。

【非首都功能疏解】推动黑庄户、十八里店等重点区域集中连片疏解，拆除腾退各类建筑993.1万平方米，实现“场清地净”628万平方米，分别占全区任务的97.6%和97.4%。全年实现拆除清退商品交易市场12家、出租大院（公寓）289个、仓储物流基地5家、废品回收场站11个，完成全年任务的200%、191%、250%、100%。

【农村经济】全年完成区级财政收入86.98亿元，集体经济总收入148.5亿元，人均所得35 887元，比上年分别增长13.4%、19.5%、8.6%。太阳宫乡莱太花卉市场等一批项目加快转型，将台乡国际文化硅谷等5个项目建设稳步实施。创新发展模式，深入研究产业用地区级统筹实施路径，实施方案编制初步完成。19个乡与3省5县21个乡镇新结对帮扶，签订框架协议，开展多领域协作，全面助力脱贫攻坚。

【集体“三资”管理】全面落实全市清产核资部署，推进产权界定、资产清查等重点任务，初步摸清684家集体家底。结合基层“两委”换届选举，完成156个村级组织负责人经济责任审计。加强合同规范清理，收回集体土地9 578亩，增加收益2 115万元。集体经济合同专项督查全面启动，设施农业问题合同整改规范率达92%。

【城乡结合部改造】管庄咸宁侯和郭家场、金盏“马沙雷”等2个棚改项目拆迁腾退全面完成，2 656个院落、374余万平方米建筑全面拆除。高碑店半壁店新农村改造稳步推进，南三村21万平方米住宅和853个院落全部拆除。崔各庄乡黑桥、南皋及黑庄户乡定东、定西和苏坟5个村拆迁腾退全面完成。

【美丽乡村建设】首批10个美丽乡村建设扎实推进，黑庄户郎辛庄等4个村项目主体工程基本完成。强化机制保障，制定党建引领专项方案，出台风险防控工作规范、资金和项目管理办法，确保资金使用及项目工程安全。

【农村人居环境整治】加强环境机制建设，出台人居环境整治专项行动和三年行动方案，推广“六包”责任制和“街巷长”制，完善环境管理、督查考核和末位约谈等长效机制。突出环境综合治理，建成5个环境重点乡，完成20个市级挂账重点村和3个市级隐患问题突出重点村整治，开展周末、月末环境清洁行动和“30天环境整治攻坚战”。深入实施国家卫生区创建，取缔1 306处地戳式垃圾站（垃圾大箱），有序实施18座生活垃圾中转站及2座粪便处理站升级改造，试点改造53座旱厕，1.8万余处环境脏乱点得到有效治理，南磨房等3个乡顺利通过国家卫生乡验收。

【安全保障】全力做好“四个服务”，圆满完成中非合作论坛北京峰会等重大活动服务保障。实施安全隐患治理三年行动，消除挂账隐患164处，安全生产形势持续好转。高位推进“社会矛盾化解年”，一批钉子案、重点案、疑难案得到化解。

农村经济发展

【概况】筑牢动物防疫安全屏障，植物病虫草害、鼠害有效防治，农产品安全管理示范引领能力有效提高，都市农业科技服务水平逐步提升，农业生态建设加强，推进“互联网+”现代农业行动，强化惠农政策宣传与培训。

【召开狂犬病防控工作会】年内，区重大动植物疫情应急指挥部办公室、区农业农村局组织公安朝阳分局、区市场监管局、区城管执法监察局、区种养中心、区农业执法大队召开朝阳区2018年度狂犬病防控工作会，部署2018年度狂犬病防控工作。各街乡主管领导及18家动物狂犬病免疫注射定点单位负责人共计100余人参会。

【行政审批】年内，区农业农村局组织区动物疫病预防控制中心共计办理动物诊疗、兽药经营、农药经营、种子生产经营行政许可38个、执业兽医师注册464人、执业助理兽医师备案46人、兽医实验室备案3个。

【基本农田有效利用】全区现有永久基本农田912公顷，涉及金盏等8个乡，纳入全国耕地数量红线中，实施耕地保护。对全区撂荒的基本农田复垦复耕面积140公顷，涉及41块地。

【农业领域留白增绿工作】年内，完成7.01公顷农业领域留白增绿，涉及5个乡17块地（平房、金盏、黑庄户、崔各庄、东坝）。

【阳台菜园推广工作】年内，阳台菜园示范项目推广至8个乡、4个街道、5个机关单位、3所学校、2个公园、3个园区、30个社区、7 000余户居民家庭。“用于立体种植的花盆及绿化灯杆”获得国家实用新型专利。

【推广老北京特色蔬菜】年内，全区推广老北京苹果青番茄、心里美萝卜、核桃纹白菜等10个品种共8.77公顷。

【农情上报】年内，报送市农业局信息共12条，农情报表152套、农业局蔬菜处平台报表40套、粮食种植报表2套、其他报表128套，数据上报5万余个。

【基本菜田实地测量及补贴工作】年内，区种养中心落实惠农政策，测量4个乡28个地块，涉及面积231.20公顷。菜田补贴面积164.08公顷，发放补贴金额172.98万元。

【农产品质量安全优质优价培训】年内，区种养中心开展农产品质量安全优质优价培训，培训内容包括：无公害农产品认证、优质优价信息平台及预警系统的数据信息填报。5个乡级管理站、15个园区生产基地、加工配送企业负责人及基层农产品检测员50人参加。

【农产品质量安全监管追溯体系培训】年内，区种养中心举办“农产品质量安全监管追溯项目培训班”，培训内容包括农产品质量安全与检测、种植业农事记录、标准化基地建设等。各乡农服中心、基地、市场及企业负责人及农产品质量安全检测员、信息员、内检员55人参会。

【标准化基地建设】年内，区种养中心对全区现有符合条件的2家“菜篮子”工程标准化生产基地进行备案。对2家满5年的农业标准化基地开展复评审。对本区符合条件的京朝花园种植基地进行“菜篮子”标准化生产基地评优。

【“三品”认证管理】年内，区种养中心对京朝花园、蓝美莓两家企业的4个品种进行网上申报、文书申报以及现场认定检查。完成3家企业无公害复查换证工作。对永辉超市、京客隆等辖区内大型经营单位进行无公害农产品和地理标志农产品标志使用专项检查。对14家园区基地的54个无公害、35个有机食品认证品种进行“三品”备案；对全区从事“三品”认证管理的6名检查员、15名内检员进行备案。

【农产品质量安全检测】年内，区种养中心对全区8家生产、加工配送、销售单位全年检验农产品样品189 735个，合格率99.8%。其中蔬菜样品141 356个，合格率99.7%；水果样品28 131个，合格率100%；畜禽样品20 104个，合格率100%；水产样品144个，合格率100%。

【宣传观赏鱼文化】年内，区种养中心在定福庄幼儿园开展为期1周的“观赏鱼科普知识进校园”主题活动，展示多个品种金鱼、鱼盆、生态鱼缸、展板、画册等。在高碑店西区设立观赏鱼文化宣传区，放置生态鱼缸，展示兰寿、虎头、狮头、鹤顶红、合金等金鱼品种。邀请市水产技术推广站专家为居民讲解观赏鱼知识，向居民发放金鱼、锦鲤观赏养殖手册及观赏鱼饲料。

【观赏鱼创新团队项目】年内，区种养中心开展锦鲤工厂化循环水养殖试验、观赏龟养殖试验、金鱼小池精养和中草药防治鱼病等技术试验，投入增色饲料7 000千克、观赏龟饲料1千克，鱼药173箱、中草药200千克，组织养殖企业（户）培训观摩等活动6次。

【开展增殖放流活动】年内，区种养中心分别在亮马河、萧太后河段马家湾湿地公园、京城槐园、彩虹养老院4处水域放流鲢鱼、鳙鱼、草鱼、青鱼等鱼种约8万尾，放流面积约81.33公顷。

【召开重大动物疫病防控工作会】年内，组织召开重大动物疫病防控工作会，总结2017年动物疫病防控工作情况，通报2017年全区动物防疫责任制考核情况，部署2018年工作。

【犬防疫宣传进社区活动】年内，区种养中心、区养犬管理办公室、区农业综合执法大队、区疫控中心在垡头街道办事处开展动物防疫宣传进社区活动。在东风乡举办“传递信息 拯救生命”狂犬病免疫主题宣传活动。通过解答群众疑问、动物义诊、摆放知识展板、驯犬表演、文艺汇演、发放文明养犬宣传用品等形式，宣传狂犬病防疫知识和防疫措施。

【狂犬病知识进校园讲座】年内，区种养中心与朝阳区亚运村办事处联合开展“狂犬病知识进校园——如何与狗狗做好朋友”的知识讲座。

【动物防疫宣传】年内，区疫控中心利用广播、电视等公共媒体，通过板报、贴画、宣传单等形式，开展非洲猪瘟、H7N9流感、狂犬病、口蹄疫等动物疫病的预防知识宣传。在70余所中小学校发放1.4万册《如何与狗狗安全相处》教育读本。在各街乡发放宣传挂图4万张，狂犬病等宣传册3.53万册。在社区推广应用“互联网+防疫”APP。

【动物检疫净化】年内，检测奶牛50头、马匹1 662匹，对检出的两匹马鼻疽阳性马匹进行无害化处理。建立“一场一畜一档一证”制度，完善动物产地检疫申报制度。出具动物检疫合格证明4 789头（只），动物产品换证7 842万千克。完成20个冷库贮藏分销和40家直接分销动物产品的厂家和分销商的登记备案工作，签订责任书60份。

【动物疫病防控】年内，春季、秋季动物疫病防控期间，免疫口蹄疫3 079头，免疫羊布病及小反刍兽疫704头，免疫高致病禽流感疫苗1 460份。发放二氧化氯等消毒药21 040千克、滴露3 600千克、酒精142箱、防疫防护包800个。

【动物疫病监测】年内，区疫控中心对畜禽及产品、鸟粪、血清等103份样品开展109项次病原学检测。检测结果均为阴性。全年采集草金鱼450尾，进行45项次检测，检测结果均为阴性。累计对2 699份血清样品开展6 801项次抗体检测，其中犬钩端螺旋体抗体34份阳性；犬弓形虫抗体28份阳性；猫弓形虫抗体检测9份阳性。累计接收各类样品10 977份，开展13 766项次动物源性产品兽药残留及水产品实验室检测。检测结果：畜禽样品除1份磺胺类阳性，2份重金属铅高于限量线，12份硝基呋喃类代谢物阳性外，水产品除1份孔雀石绿阳性，2份磺胺类阳性，13份硝基呋喃类代谢物阳性外，其余样品检测结果均合格。

【马场赛事防疫检疫管理】年内，完成全区19家马术俱乐部843匹马属动物养殖档案建档和北京市动物健康免疫证发放。申报马术赛事18场，参赛马匹830匹；发放比赛马匹调运检疫程序告知书等申报材料38份；官方兽医、签约兽医对马匹健康检查46次。

【狂犬病集中免疫】年内，区疫控中心对辖区内6.5万余只犬只进行两次狂犬病集中免疫注射疫苗并佩戴免疫标识。

【病死动物无害化处理】年内，接收各类病死禽383只，犬24只，猫2只，兔1只，猪1只，均已无害化处理。未发生抛仍、销售、转运、屠宰加工病死动物事件。

【执业兽医培训及考试】年内，区疫控中心举办两次兽医培训考核会，签约兽医、马场防疫人员、检疫人员、马术运动比赛举办人员150余人参加。组织2018年朝阳区执业兽医资格考试。

【村（社区）级动物防疫员培训会】年内，区疫控中心召开2018年村（社区）级动物防疫员培训会2次。邀请区疾病预防控制中心专家讲解非洲猪瘟、羊布鲁氏杆菌病以及狂犬病的防治方法。全区动物防疫员1 100余人参训。

【行政受理工作】年内，受理执业兽医师注册464件，兽药许可证核发5件，动物诊疗机构许可证核发25件，动物狂犬病免疫定点单位审批4件，《动物防疫条件合格证》年度报告1件，兽医师执业证年度报告340件，兽医师执业证注销116件，《动物诊疗许可证》年度报告83件，种子审核报告1件，农作物种子生产经营许可证2件，农药经营许可证5件，助理兽医师注册46件。

【植物检疫】年内，在全区普查黄瓜绿斑驳病毒病、瓜类果斑病等危险性有害生物，普查面积81.16公顷，未发现有害生物。

【调运检疫】年内，进行省间植物调运检疫53批次、45 318千克农作物种子，未发现有害生物。

【毒饵站灭鼠】年内，完成6 666.7公顷春季农区灭鼠工作，完成1 333.3公顷秋季农区灭鼠工作，毒饵站使用面积2 666.7公顷。

【农药包装废弃物回收】年内，开展农药包装废弃物回收试点推广工作。蔬菜园区包装废弃物回收率达90%以上。郊野公园、各乡绿化公司及区林业站回收30.1万只农药废弃包装物。

【检测站农残检测】年内，区植保站检测农贸市场、基地及配送企业、超市等17 637个蔬菜水果样品，合格率99.9%。其中：蔬菜样品500批次13 935个，合格率99.9%；快速检测水果样品242批次3 702个，合格率99.9%。

【区县农残互检】年内，区植保站完成市农业局“菜篮子”区县互检工作，分别在4月、5月、8月、10月，抽检海淀和密云区35个基地，共计242个样品（其中抽检海淀区16个基地122个蔬菜样品，密云19个基地114个蔬菜样品、6个食用菌样品）。

【外埠基地农残检测】年内，区植保站开展外埠基地检测，8—11月对永顺华河北怀来、蟹岛内蒙古赤峰、蓝美莓内蒙古集宁、中绿河北邯郸的基地进行田间现场检测，检测蔬菜样品36个全部合格。

【参加市农产品质量安全检测能力验证】年内，区植保站参加北京市农产品质量安全检测能力验证。6个有机磷、4个菊酯和2个重金属参数一次全部检测合格。

【获得实验室3星资质】年内，北京市专家组对区植保站实验室对照“区级农产品质量安全综合质检站等级评定打分表”进行等级评定，获得3星资质。

【农业运输车证办理】年内，区种养中心为10家农业运输单位的39辆汽车办理换领通行证121张。

【三夏三秋及秸秆禁烧】年内，三夏、三秋农机作业投入机具35台次，培训农机操作人员25人次。机播玉米50公顷、机播小麦9公顷，作物秸秆全部综合利用，实现秸秆全面禁烧。

【政策性农业保险】年内，全区5家农业企业（农户）投保政策性农业保险，保费总计320 332.00元，其中：市财政补贴160 166.00元，区级财政补贴96 099.60元、企业（农户）自缴64 066.40元。

村镇建设

【概况】以乡村振兴战略为契机，以提升农村人居环境为目标，以美丽乡村建设为重点，狠抓清脏、治乱、增绿、控污，推动农村环境实现干净、整洁、有序。

【区域环境品质】新增改造绿化15 711亩，启动温榆河公园一期起步区建设，新建改造9个郊野公园。加强水环境治理，33条段黑臭水体治理全面完成，13处出境补偿断面基本达标，5处国家、市级考核断面水质达到考核要求，萧太后河滨水绿色文化休闲廊道全面竣工，区域水环境治理成效显著。

【基本公共服务】北京二中朝阳学校等6所中小学建成招生，7所幼儿园建成开园，新增学位10 030个。妇儿医院来广营院区等2所医院实现竣工，太阳宫社区卫生服务中心新址投入运行。新增5个养老照料中心，农村养老驿站实现全覆盖。东八间房等32条主次支路竣工通车，北工大路等10项疏堵工程全部完工。开展“两灯”问题排查治理，旺角小区周边道路等 74 条道路实现“亮起来”。

【社区治理】新建 10 个社区，完成 257 件为民办实事项目，增设老旧小区电梯 300 部，建成 20 个绿色智慧平安社区，“一刻钟社区服务圈”覆盖率达到 83%。强化社区功能建设，实施 129 个三社一体化和 35 个农民市民化项目，培育 6 个农村社区典型，社区专业化和规范化水平明显提升。积极推进社区治理创新，打造 24 个全景楼院（栋）和 24 个全要素小区，建成 14 个“社区之家”示范点。

【社区文化服务】举办文艺作品汇报演出、全民健身系列展示活动汇报演出及 19 个单项比赛，带动 80 余万农村群众参与，形成“乡乡有品牌，村村有亮点，月月有活动”的良好局面。建成平房黄渠村等 4 个乡情村史陈列室，农村地区总数达到 24 个。

农村改革与管理

【概况】集体资金监管规范化有效提高，集体资产监管水平持续提升，集体资源监管成效显著，扎实推进产权制度改革，农村经管服务水平进一步提升。

【产权制度改革】将台、王四营、三间房、管庄等 4 个乡 31 个村级改革基本完成。加快乡级产权制度改革试点，常营乡级改革基本完成。来广营、孙河等 2 个乡 18 个村实现收益分配，集体成员享受改革成果。

【集体经济组织年检】年内，组织开展《北京市农村合作经济组织登记证书》年检工作，完成全区 197 个证书年检工作，年检合格率 100%。

【集体资产年检】年内，组织开展《北京市农村集体资产产权登记证》年检工作，完成全区 174 个集体经济组织年检工作。年检结果显示，截至 2018 年 12 月 31 日，集体资产总额 1 653.7 亿元，其中乡级资产总额 1 201.9 亿元，村级资产总额 451.8 亿元。

【集体资金预算管理】年内，17 个乡 150 个村村级预算总收入 91.7 亿元，其中，主要资金来源 31.1 亿元、财政拨款金额 38.1 亿元、其他资金来源 22.5 亿元；预算总支出金额 89.8 亿元，其中基本支出 66.1 亿元、专项工程支出 21.6 亿元、资产（固定资产）支出 2.1 亿元；预算结余 1.9 亿元。

【集体经济组织财务公开】年内，村级财务公开规范水平持续提升。各村严格执行财务公开文件要求，规范公开内容、规范公开格式，加强对村级财务公开情况的检查，确保群众关注重点事项公开明确，让集体经济组织成员看得懂、管得住，群众疑问得到及时解答。

【集体经济审计】年内，开展村级组织主要负责人经济责任、村级公益事业专项补助资金、农村集体经济组织征地补偿费审计。2018 年全区共审计乡村集体经济组织及其所属企业单位 380 家，审计金额 3 037.67 亿元，提出审计建议 1 963 条。

【集体经济合同管理】年内，农村新签、续签 601 份经济合同，履行联预审程序，年租金总额达 6 亿元，新续签合同土地亩均收益 23 万元，是实施合同联预审前亩均收益的 10 倍，集体收益水平大幅提高。

基层组织与民主政治建设

【思想政治建设】精心打造“一把手大讲堂”教育品牌，严格落实意识形态责任制，围绕中心工作策划新闻发布会 20 场，主流媒体发稿 1 000 余篇，举办庆祝建党 97 周年等活动，制作城市化宣传片，充分展现新时代农村新风采。

【党建责任落实】坚持农村系统党建工作联席会制度，制定基层党建 7 类 42 项重点任务“进度图”，强化重点工作调度，引导各级党组织把党建工作抓实抓牢。落实党建引领“街乡吹哨，部门报到”，推进太阳宫、将台 2 个试点乡机构改革，梳理乡党委政府职责清单 136 项，乡、村（社区）两级权责更加协同，运行更加高效。

【基层组织提质升级】以“组织规范年”建设为抓手，推动基层党支部实行规范化管理，制定村干部基本待遇和基本保障实施办法，选派“第一书记”驻村工作，明确 7 个软弱涣散村整改标准，不断拓展“书记项目”党建示范工程，严格落实“五好”“十不能”资格条件，稳步推进村（社区）“两委”换届选举，基层党组织凝聚力和战斗力不断增强。

【党风廉政建设】制定落实全面从严治党主体责任实施意见，签订责任书 4 239 份，形成了层层抓落实的管党治党工作格局。持续抓好“四风”、两个专项、“小官贪腐”问题整治，开展扫黑除恶专项斗争，农村发展环境不断净化。

朝阳区领导名录

区委书记	王　灏		
副书记	文　献		
常委	马继业	迟行刚	史连雪
	张维刚	席成坡	暴　剑
	黄晓伟	李长萍	
区人大常委会主任	陈宏志		
副主任	朱春霞	常树奇	胡良森
	牟燕东	叶　青	
区长	文　献		
常务副区长	马继业		
副区长	李长萍	王志勉	牛国泉
	杨建海	李国红	刘海涛
	朱　晟		
区政协主席	陈　涛		
副主席	杨树旗	张永新	王文远
	连玉明	张兴凯	战春燕
区委农工委书记	张克斌		
区农委主任	连文胜		

朝阳区各地区办事处（乡）党政正职领导

	党（工）委书记	办事处主任、乡长
来广营地区（乡）	王　刚	张继明
太阳宫地区（乡）	李　华	郝宝刚
崔各庄地区（乡）	吴选辉	齐宝良
孙河地区（乡）	张晓宁（女）	李兴泉
金盏地区（乡）	陈　杰	
将台地区（乡）	宋少伟	李　勃
东风地区（乡）	郭　君	张军茹（女）
东坝地区（乡）	黄宏春	于淑杰（女）
平房地区（乡）	寇　晔（女）	张志勇
常营地区（乡）	刘大庆	方　泽
高碑店地区（乡）	李云飞	关得志
三间房地区（乡）	张小锋	王立新
管庄地区（乡）	万小兵	尹　航
王四营地区（乡）	张　奎	邢志新（女）
豆各庄地区（乡）	贾恩松	于建国
黑庄户地区（乡）	秦　涛	顾洪涛
南磨房地区（乡）	张启顺	易湘林
十八里店地区（乡）	张宏明	刘　涛
小红门地区（乡）	王小红（女）	闫　博

（朝阳区农业农村局　张波）

海　淀　区

概　述

海淀区总面积430.77平方公里，农村地区面积261.11平方公里，占全区总面积的60.6%，辖7个镇、7个地区办事处、70个行政村，农业人口3.6万人。2018年，在区委、区政府的正确领导下，全区农村地区紧密围绕贯彻落实乡村振兴战略，以承担全国农村集体产权制度改革试点任务为契机，全面深化农村改革，深入推进城乡融合发展，土地确权、撤村建居、政社分离、产权流转等改革创新举措取得实效，美丽乡村建设加快推进，“无煤化”成果有效巩固，惠农富农政策力度持续加大，百姓获得感显著提升。2018年，全区农村集体经济总收入115.9亿元，比上年同期减少2.6亿元，降低2.2%。

农业与农村经济

【概况】2018年，海淀区农村集体资产总额达到1 770亿元，同比增加261亿元，增长17.3%。农村集体净资产（所有者权益）654.3亿元，同比增加57.3亿元，增长9.6%。2018年，全区农田面积5.1万亩。其中果树面积25 062.6亩、旱地5 582.8亩、设施农业5 805.98亩、水田1 542.29亩、水浇地3 184.94亩、苗圃9 492.57亩、其他414.36亩。蔬菜产量1 665.86万千克、产值4 878.58万元，同比增长−18%、13%。果树产量353.34万千克、产值3 814.34万元，同比增加−23.5%、−37.2%。主导树种樱桃产量46.447 5万千克、产值2 184.452 4万元，同比增长−37.3%、−34.5%。粮食播种总面积6 406亩，总产量 2 413.6 吨，同比增长 15.9%。

【农事节庆活动】年内，先后举办海淀区第十八届樱桃文化节新闻发布会（5 月）、中国农民丰收节暨第十七届金秋田园体验季（9 月）活动。樱桃文化节主题为“铸就品质农业，智绘美丽田园”，发布会三大亮点：海淀田园电子地图，化学农药零使用倡议，农业匠人征集。丰收节活动以“海淀聚丰采　金秋收硕果”为主题，采取线上招募与线下邀请相结合的方式，邀请市民共享海淀农业发展成果。十余家主流媒体对两次活动进行了全方位、多角度的宣传报道。

【休闲农业】持续开展京西稻优质品种“越富”的提纯复壮工作，繁育优质品种 1 050 千克，种植京西稻田油菜花生态农业景观田 1 200 亩。推广适合都市农业栽培的优良蔬菜品种，并开展蔬菜高品质栽培技术推广，开展草莓高架无土栽培技术，果树、蔬菜水肥一体化，节水灌溉普及推广。开展化肥减量增效、测土配方施肥工作。3 月，组织 15 家园区开展开心农场活动，单元耕地总面积 370.5 亩，共有单元数量 6 699 个，设置露地、露地＋设施农业、设施农业三种单元地块模式供市民租种，体验农耕。推进四季青镇玉泉观光采摘园进行三产融合试点建设。

【科技农业】优化了茄子花药培养一步成苗培养方法和茄子、辣椒基因组 DNA 的提取方法。7 月，“一种茄子花药培养直接获得植株的方法和培养基”获得国家发明专利授权（专利号：ZL 201610894010.3）。筛选出甜辣椒不同品种类型的优势组合 53 个、茄子优势品系 12 份。集成了韭菜无公害栽培技术和基质水肥一体化栽培技术规程。编写了《樱桃砧木组培快繁技术规程》并申报了北京市地方标准项目，通过了专家初审。发表论文 3 篇。建成 40 亩的乡土植物种质资源圃，收集乡土植物 316 种。

【服务企业】3 月 22 日，组织农业产业化龙头企业座谈会并实地调研。5 月，组织 22 家企业开展农业产业化、农加工企业开展动态监测数据填报等工作，开展产学研情况调查。11 月 1—5 日，组织北京大道农业有限公司、北京蜂珍科技开发有限公司、北京嘉博文生物科技有限公司、北京薯乐康农业科技有限公司、北京雷力海洋生物新产业股份有限公司 5 家农业企业参加第十六届农产品交易会。为推进种子企业发展，北京屯玉种业有限责任公司、北京联创种业有限公司、北京德农种业有限公司等 7 家企业获得育繁推一体化建设奖励资金。

【设施农业利用专项整治】根据北京市农业农村局、北京市规划和自然资源委员会相关要求，完成了设施大棚和非农利用项目的整改验收工作。敦促各镇对整改后的土地开展复耕复种，开展了“大棚房”问题回头看等检查，严防“大棚房”问题反弹。进一步梳理了全区设施农业基本情况，全区共有设施农业大棚 4 530 栋，共梳理建设主体信息 406 条，经营主体信息 698 条。组织签订设施农业管理责任书，其中区镇签订 6 份，镇村签订 63 份，村和经营主体签订 249 份。在园区显著位置安装警示牌标识牌 557 块，覆盖全部区域，为设施大棚悬挂二维码标示牌 4 283 块。

【政策性农业保险】年内，区政策性农业保险总保费为 173.82 万元，向参保农户拨付区级保费补贴 69.53 万元。承保面积 4 665.32 亩、参保 259 户次；受灾面积 4 727 亩次、363 户次，赔款金额 347.31 万元。

【土地污染防治】牵头组织协调面源污染防治的重点工作，印发《北京市海淀区农村工作委员会关于修订〈海淀区农业面源污染防治工作方案〉的通知》（海农发〔2018〕7 号）。牵头组织开展了北京市第二次农业污染源普查，针对种植业、畜禽养殖、水产、地膜、秸秆五方面内容设置了 28 个点位，分布在山后四镇，并开展了入户调查工作。按区委、区政府《关于全面加强生态环境保护 坚决打好海淀区污染防治攻坚战的实施意见》和《海淀区污染防治攻坚战 2019 年行动计划》，持续开展相关工作。在蓝天保卫战、碧水保卫战、净土保卫战方面，落实相关责任。按北京市要求开展了耕地土壤质量类别划分工作，梳理了 2 338 个点位的拐点、四至、主栽作物情况。

【农业安全生产】制定了《农业产业化科安全生产“党政同责、一岗双责”工作方案》。协调各镇政府、区农科所、区农机研究所、区组培室、区农业综合执法大队按职责分工做好安全生产工作，对设施安全、投入品安全等进行了检查、督查、排查、宣传等工作。

【农村“三资”管理】稳步推进镇级产权制度改革。积极探索村委会、村股份社账务分离改革，推进城乡基本公共服务一体化。完善区镇两级农村产权流转交易服务机制，开展产权流转交易市场建设。进一步探索赋予农民集体资产股份权能，健全股份经济合作社内部治理和运行机制，深入探索股份赋能改革。有序开展撤村改革，加强撤村后的基本公共服务管理。出台《关于正确处理农村土地承包确权及经营工作中突出问题的通知》及整建制农转非后集体农用地经营管理办法、农田流转奖励补贴办法等一系列文件，理顺土地所有权、承包权、经营权关系。

【推进村账分离改革】以村级组织的账务分离为突破点，通过规范村级组织的财务核算，启动村委会与村股份社账套分设，厘清两者职能关系，以城乡一致的财政补贴标准，完善公共管理服务相关经费的保障机制，推动剥离村集体承担的公共服务管理职能和相应负担，为建立适应城市化进程的基层治理体系奠定基础。以区政府名义印发了村级组织账务分离工作方案。

【撤村改革顺利推进】为加快推进农村地区城市化发展进程，年内对农民已办理转非、村庄完成腾退、产权制度改革基本完成等城市化程度高的行政村，按照法定程序予以撤销建制。明确或成立在党组织领导下的社区统一管理机构，按照“费随事转”的原则，完善“人、财、物”等服务保障机制，加强撤村后的基本公共服务管理。完成14个村民委员会的撤村工作，占全区84个行政村的17%。

【海淀区村“两委”换届选举工作】10月9日，会同区委组织部、区民政局到上庄镇、西北旺镇调研村“两委”换届工作摸底情况，研究换届重难点村问题解决方案。10月11日，参加区村、社区“两委”换届选举工作调度会，陪同区领导调研村“两委”换届选举工作。12月配合区委组织部完成村党组织换届选举工作。

【培训村级干部】5月15—17日，举办农村系统“两新”组织专职党建工作指导员培训班。来自农村系统的170名“两新”组织专职党建工作指导员参加为期2天的集中培训。5月24—25日，区委组织部、区委农工委联合举办的2018年海淀区农村系统基层党组织书记轮训班正式开班。来自海淀区农村系统基层党组织书记300余人参加为期2天的集中培训。6月20日至7月20日，举办第6期海淀区农村基层干部异地挂职培训班，组织来自7个镇及玉渊潭农工商总公司的22名基层干部到东莞进行为期一个月的异地挂职培训。8月9日，召开2018年海淀区农村基层干部异地挂职培训工作总结座谈会。

【指导农村系统做好“三务”公开工作】3月，会同区委组织部、区民政局、区农经站研究制定“三务”公开的工作细则和公开模板，对公开内容、程序、范围和时限进行规范，并利用一周时间到各镇特别是软弱涣散村查看“三务”公开的张贴情况及公示内容，梳理问题并迅速通知各镇整改，力争高质量迎接市里检查。

【开展农村系统党的建设“三级联创”自查工作】1月2—5日，赴苏家坨镇、上庄镇、温泉镇、海淀镇、东升镇、四季青镇、玉渊潭农工商总公司开展农村系统基层党建“三级联创”督查工作。

【培养新型农业实用人才】年内，在发挥已有实用人才实训示范基地功能的基础上，新增温泉镇东埠头农业园基地、四季青镇兴海工业公司互联网产业园2个农村实用人才基地，培养3个农村实用人才培养创新项目，新增实用人才62人。

【乡村振兴战略】年内，在区委区政府的领导下，通过28个主责单位和相关协办单位的共同努力，2018年市乡村振兴战略重点工作涉及海淀区的54项任务基本完成，在强化制度性供给及督促检查；着力营造乡村新面貌，建设美丽宜居乡村；着力培育乡村新动能，推动乡村产业高质量发展；着力构建大尺度绿色生态空间，促进城乡生态宜居；着力推进城乡基本公共服务均等化，促进农民持续增收；着力弘扬乡村文化，大力培育乡风文明；着力加强农村基层基础工作，构建乡村治理新体系；着力深化农村改革，不断推进体制机制创新；全面加强党对“三农”工作的领导等九个方面取得一定的成绩。

【美丽乡村建设】年内，印发了《海淀区贯彻落实乡村振兴战略推进美丽乡村建设专项行动计划（2018—2020年）》，明确了美丽乡村建设的工作目标、基本原则、工作安排、主要任务、工作流程和措施要求等方面内容。围绕“清脏、治乱、增绿、控污”开展环境整治，从农村环境卫生、生活垃圾、公共厕所、公共照明设施、广告牌匾等方面确定目标、细化任务、明确分工，促进了人居环境整治工作，2018年底全区农村人居环境明显改善。

【农转非工作】年内，全区农转非共计2 880人，其中征地农转非319人、整建制农转非2 517人、大中专学生农转非27人、投靠亲属农转非10人、其他7人。东升镇全镇和西北旺镇六里屯村、苏家坨镇苏一二村均实现整建制农转非。

【农村基础设施管理】年内，在“村每日、镇每月、区每季度”检查的基础上，委托第三方公司详细调查核实农村地区厕所、路灯、绿化、供排水、垃圾处理、村邮站、村级公益设施等基础设施的数量和运行情况。完善农村基础设施检查机制，区联合检查组全年累计检查村庄176村次，印发村民调查表952份，投入区、镇、村农村基础设施养护资金共计4 950.8万元，农村基础设施管理村民满意率达到95.63%，农村基础设施运行基本正常。

【准物业化工作】年内，出台了《海淀区村庄准物业化管理试点工作方案》，借鉴城市社区物业管理的有效方式和技术手段，引入专业物业管理公司，建立村庄物业化管理新体系，将村庄基础设施、公共服务设施、绿化保洁、消防设施、监控设施、控违等工作纳入村庄准物业化管理。试点实施温泉镇温泉、白家疃，苏家坨镇柳林、七王坟、西小营，上庄镇罗家坟6个村的准物业化管理工作。

【新农村建设获奖情况】年内，经市新农办评选，海淀区“北京自产蔬菜直供市民的O2O产销平台”“发展农教融合推进休闲农业经营方式转型升级”“坚持种业科技创新努力做好‘三农’服务”“畜禽养殖禁养区内规模养殖场关闭或搬迁项目”和西冉、白家疃、西小营3个村的“煤改清洁能源”等7个项目被评为新农村建设创新及重点项目，下拨奖励资金526万元。

【农村地区早期防空洞治理】年内，对西北旺镇冷泉村8户建在防空洞上的危房户以先期周转的方式进行解危，由区政府财政按照腾退周转政策1 200元/（人·月）周转费标准实施补贴，共计发放临时安置、先期周转等补贴105万余元。

【城乡结合部环境问题整改】按照中央环境保护督察北京市整改落实工领导小组办公室《关于继续开展中央环境保护督察反馈意见整改落实调度工作的函》（京环督整改办函〔2018〕1号）要求，继续协调政府责任部门落实城乡结合部地区环境问题整改任务。年内共解决4个村庄农村生活污水直排问题；全面取消或改造农村垃圾站、垃圾房，逐步提高转运设施及环卫机具的卫生水平，普及密闭运输车辆，实现生活垃圾上门收、密闭运、及时清、不滞留的正规化管理；开展“散乱污”企业治理回头看行动，关停取缔或整治提升50家企业，建立重点盯守和长效监管机制，严禁出现反弹现象，实现“散乱污”企业动态清零。

【农产品安全监管】制定并下发年度农产品质量安全工作方案、年度农产品质量安全监测计划。部署和开展了年度生产主体普查工作、标准化基地备案工作、年度农产品无公害认证工作。加强农产品质量安全监测和各项检查，全年抽检生产主体和农产品批发市场样本875批次，检测合格率99%以上。农产品生产主体和批发市场共进行了10 000个样本的快速检测，合格率99%以上。将市场抽检农产品发现的问题作为线索上报区食安委。共组织大型宣传活动2次，发放各类宣传材料50余种、3 000余份，设置宣传展板50余块，为群众提供现场咨询服务360人次。

【开展散养畜禽户清退工作】为进一步加大生态环境保护力度，以区政府名义印发了《关于印发本区散养畜禽清退工作实施方案的通知》（海行规发〔2018〕9号），在全区范围内开展散养畜禽清退工作。年内共清退散养户畜禽1 322户，散养畜禽109 796头只。全区剩余畜禽散养户61户，畜禽总存栏5 460头（只）。

【动物免疫】年内，全区畜禽重大动物疫病累计免疫70 979头（只）次。其中禽类高致病性禽流感累计免疫29 749只次，偶蹄动物口蹄疫疫苗累计免疫12 217只次，猪高致病性蓝耳病累计免疫2 172头次，猪瘟累计免疫2 355头次，小反刍兽疫累计免疫3 997只次，羊布病累计免疫2 217只次，鸡新城疫累计免疫18 272只次。犬狂犬病累计免疫 28 318 条。重大动物疫病强制免疫率达100%。

【动物卫生监督】全年共检疫各类动物12 930头（只），驻场官方兽医室监督换证动物产品18 660吨；检查被监管单位454个次；执行行政处罚94起，罚没款374 938.9元；处理群众举报69起；监督无害化处理病死动物7 960.5千克；办理兽医师执业证202个。

【动物疫病防控】加强统筹协调全面开展重大动物疫病防控工作，尤其非洲猪瘟防控工作，区委区政府领导高度重视，多次召开会议部署防控工作，各部门齐心协力严防严控，建立持续有效的联动机制，加强监管力度，及时排除各类风险点，确保了年内未发生非洲猪瘟疫情。

【渔业发展】全区水产养殖水面为411亩，养殖户数24户，养殖模式以垂钓为主。组织各类执法检查171次、联合执法5次，出动人员615人次；发放《水产养殖质量安全告知书》《依法健康养殖承诺书》各24份；处理群众举报11起。加强水产品质量安全监管，全年送检养殖水产品39个鱼样，快速检测100个鱼样，检出阳性鱼样品2个（鱼产品已进行无害化处理），其余检测结果符合国家规定标准。根据市农业局的部署，2018年增殖放流已于10月完成，放流地点为上庄水库，放流面积1 000亩，放流鲢鳙鱼鱼苗7 000千克。

【海淀区第二十九届农民艺术节乡村大舞台演出】 11月8日，在上庄镇文化服务中心礼堂，以“展乡村律动，歌时代新风”为主题组织开展海淀区第二十九届农民艺术节乡村大舞台演出。整场演出汇集舞蹈、小品、独唱、合唱、等多种节目类型，大部分由农民自编自演。演员们的本色出演，展示出海淀区的传统乡土特色，反映了北京农村的新农村、新气象，描绘了农村文化活动的生动全景，勾勒出当代农村群众文化活动蓬勃开展的新气象。来自海淀区7个乡镇的演出团体及群众共计约350人欢聚一堂，共同分享了这一场属于农民自己的精神文化盛宴。

【水环境治理】 加快污水处理设施建设，上庄再生水厂（一期）项目主体结构已基本完成；加快污水管线建设，会同市排水集团推进聚焦攻坚管线项目，完成35.6公里污水及雨污合流管线建设改造任务。完成海淀区7条黑臭水体整治任务。建成区的南、北沙河2条黑臭水体完成治理，顺利通过生态环境部、住建部的联合检查；非建成区的五一渠、宏丰渠、团结渠、团结支渠、崔家窑等5条黑臭水体也基本达到初见成效的治理效果。海淀区北部地区38座污水处理设施全年处理污水约3 981万立方米，污水处理率达96%，实现COD削减量5 461吨、氨氮削减量1 172吨、无害化处置污泥19 327吨。

【河长制】 完成“一河一策”方案的编制工作，明确了全区河道问题清单、措施清单和责任清单。区级河长持续开展巡视督查，河湖管理的高位统筹不断增加，全区开展区级河长巡河55人次、镇级河长巡河近1 100人次、村级河长巡河2 000余人次，并使用河长APP记录巡河轨迹和发现的问题，各级河长主动担责、主动作为，推动水环境治理端口前移，河长制工作深入人心。

【水资源管理】 开展节水型单位创建，完成100家节水型单位、2个节水型村庄的创建任务；完成北部地区30座农村饮水井房提升改造任务，惠及6万余人；实施“两田一园”高效节水灌溉项目，改造面积7 893亩，完成后可实现农业节水55万立方米/年。

海淀区领导名录

区委书记	于　军
副书记	戴彬彬
常委	肖韵竹（女）　周志军（女） 孟景伟　李俊杰　张劲林 高念东　田敬军　吴计亮
区人大常委会主任	刘长利
副主任	王鲁豫　臧桂武　杨　莉（女） 刘佩金　邓佑玲（女）
区长	戴彬彬
副区长	孟景伟　李俊杰　陈　双（女） 刘圣国　梁　爽　谭　权 张若冰　沙海江
区政协主席	刘　勇
副主席	刘　恪（女）　丁志明 胡淑彦（女）　张维佳 王玉梅（女）　徐凤芹（女）
区委农工委书记、区农委主任	王桐慧

海淀区各镇党政正职领导

	党委书记	**镇长**
四季青镇	陈爱清	薛飞飞
东升镇	武　凯	张文涛
海淀镇	苏建华（女）	朱海斌
西北旺镇	赵小云（女）	尹　刚
温泉镇	方海强	张洪雨
苏家坨镇	张春明	刘培宝
上庄镇	刘　涵（女）	周　波

（海淀区农委　侯进）

丰 台 区

概 述

丰台农村地区辖三乡两镇一地区、64个行政村、70个集体经济组织。其中，卢沟桥、花乡、南苑三乡及下属45个行政村位于河东地区，长辛店、王佐两镇和宛平城地区及下属19个行政村位于河西地区。全区集体土地面积133.27平方公里，约占全区总面积的44%，其中农用地75.15平方公里。农用地中，耕地3.08万亩，基本农田6 003亩，基本菜田最低保有量800亩。

城乡融合发展

【概况】以绿隔建设、重点村城市化、重点功能区和重大项目建设、棚户区改造、城市化统筹试点等为路径，促进城乡一体化发展。

【推进一道绿隔建设】丰台区"一绿"地区涉及卢沟桥乡、花乡、南苑乡，为加快完成"一绿"地区城市化建设，丰台区将上述地区的51个行政村统筹推进。近年来通过城市化工作已完成6个村撤村转居（马家堡、花园、成寿寺、精图、三路居、四合庄），剩余45个行政村，其中卢沟桥乡19个、花乡14个、南苑乡12个。累计腾退宅基地757.67万平方米，占总建筑规模的93.32%；40个村基本完成回迁任务，23个村3.5万人整建制农转居。

【推进二道绿隔建设】"二绿"农村地区涉及长辛店镇、王佐镇、宛平城地区办事处19个行政村，总面积139.38平方公里，其中集体土地94.07平方公里。截至年底，"二绿"地区腾退宅基地156.16万平方米，占总建筑规模的39.24%；竣工回迁房132.16万平方米，占规划建设规模的30.49%；实现土地入市建筑规模319.28万平方米，占规划上市土地的46.72%。

【推进长辛店镇统筹利用集体产业用地试点建设】成立镇级联营公司，完成工商注册。编制完成《长辛店镇统筹利用集体产业用地试点实施方案》，于1月18日由区政府向市规土委申请方案批复。根据市规土委、市农委召开全市乡镇集体产业用地试点项目专题会精神，再次对方案进行完善，于8月10日将修改完善的试点方案报市规土委论证审查，等待市政府批复。

农村经济发展

【概况】农村产业发展逐步实现由瓦片经济向楼宇经济，由土地房屋租赁向资本运营，由传统农业向都市现代农业转变，农村经济发展实力显著增强。

【农业生产情况】全区蔬菜产量1 640.1吨，比上年下降22%；禽蛋产量343吨，增长0.3%；牛奶产量21吨，下降41.7%；生猪出栏620头，下降47.4%。全年蔬菜播种面积1 425亩，2011年已退出小麦种植。全区有10家无公害认证企业，认证面积107.6公顷，认证产品76个；有9家农业标准化备案基地，其中6家为市优级标准化蔬菜生产基地。辖区内无规模化畜禽养殖场。

【全年农业产值】全区实现农林牧渔业总产值2.2亿元，比上年增长6.3%。其中，林业产值1.4亿元，增长45.1%；农业产值5 780.2万元，下降34.6%。

【农业观光园经营情况】全区农业观光园共接待262.9万人次，比上年下降0.8%，实现总收入1.9亿元，增长18.9%。

【部署农产品质量安全工作】组织召开农业工作会议，对全区本年度农产品质量安全重点工作进行部署。乡镇及涉农单位签订农产品质量安全责任书12份。

【开展农产品质量安全统一监测】制定实施《丰台区2018年农产品质量安全统一监测计划》，开展全区农产品质量安全监测工作。全区共开展农产品质量安全检测6 234个样品，其中，定性检测6 083个、定量检测151个，合格率100%。

【田间督导检查】于元旦、春节等重点时段开展全区种植业基地田间督导及安全生产检查，全面覆盖本区无公害蔬菜基地，检查中未发现园区存在不规范行为。

【"三品"质量安全大检查】根据市级主管部门部署，组织开展全区"三品"认证企业质量安全大检查。成立检查组，制定大检查方案，派出2个检查小组对全区"三品"认证企业开展全覆盖现场检查。共出动人员32人次，检查企业10家次，签署承诺书8份。

【农产品质量安全执法检查】严格落实监管责任，

开展农产品质量安全执法检查，共出动执法人员2 890人次，检查农产品生产主体、农业投入品生产经营主体等监管对象986个次。

【开展农产品“三品一标”认证】为确保无公害农产品认证制度改革过渡期间全区无公害农产品认定工作顺利开展，开展本年度农产品“三品一标”认证工作，组织无公害基地内检员及区级工作机构检查员参加培训及考核，组织开展无公害农产品认定产品抽检送样、现场检查、出具初审意见，并将材料上报。

【开展农业标准化工作】完成本年度农业标准化备案基地动态管理，开展市级优级标准化基地到期复评工作及备案期满基地等级评定工作，组织人员开展现场检查。

【农村产业项目投资发展】年内，主要推进乡镇固定资产建安投资项目两个，其中续建项目1个为北京新发地批发市场升级改造项目；新建项目1个为丰台区南苑乡石榴庄集体产业项目。推进休闲农业产业发展，开展“郭庄子农时荟”和“太平丰年·怪村农民丰收节”活动。

【做好重点涉农企业服务工作】完成2017年度龙头企业基本情况调查工作，包括经营范围及规模、固定资产净值、主营品种、年产量、年交易额等；完成对全区14家农产品加工企业基本情况调查工作，统计内容包括总产量、交易额、年利润等方面。北京新发地农副产品批发市场中心完成2018年农业产业化国家及市级重点龙头企业监测工作。

【组织第二十六届北京种子大会暨首届北京种业扶贫大会】搭建种业扶贫攻坚平台，近百家知名种子企业与扶贫协作地区签订67个价值450余万元的种子捐赠协议，以及5个农业技术服务协议，并签约7个实体产业项目，预计实现产值6.35亿元。

村镇建设

【概况】近年来，丰台立足区域优势，深入推进美丽乡村建设，走出一条绿色发展之路，国家级产城融合示范区、花园式旅游小镇、南囿秋风，一张张城市名片，标志着丰台绿色发展的成果。

【人居环境及美丽乡村工作积极推进】全面实施农村人居环境整治，实行专班管理，成立区级巡查督导组，建立区领导拉练检查、定期通报督办和专题调度三项制度，委托第三方定期开展实地核查。清理农村生活垃圾13 427处、6万余吨，清理村域河塘沟渠818处，清理农业生产废弃物106处、275吨，拆除私搭乱建3 627处、26.03万平方米，清理乱堆乱放乱贴乱挂乱画30 521处，清理生活污水粪污直排溢流489处。以村为单位建立“有制度、有标准、有人员、有考核、有经费”的“五有”长效管护机制，村庄绿化、道路保洁等7项基础设施运维全部纳入财政保障，年投入财政资金1.5亿余元。因村制宜编制人居环境整治实施方案，19个市级美丽乡村建设村完成人居环境整治实施方案编制。

【农村地区疏解情况】年内，拆除违法建设168万平方米，留白增绿已完成绿化土地面积44.18公顷，城乡结合部拆迁腾退面积482.67万平方米，城乡结合部绿化面积146.76万平方米，散乱污企业治理专项行动涉及企业21家，疏解区域性市场14家。

【做好农村地区“无煤化”工作】督促乡镇、企业开展农村地区“煤改电”设备巡查工作，建立“煤改电”长效管护机制，组织架构，明确主管领导、责任科室与相关责任人；建立乡镇、村及企业各级24小时紧急联络机制，确保24小时有人值守、随时解决问题，保障农户冬季清洁取暖。制定2019年农村地区散煤管控工作方案，落实乡镇领导包村、村干部包户划片制度。部署属地更新完善村委会及非经营性公共服务场所、农村地区出租大院和经营性场所“无煤化”台账，农村地区棚改和滞留户台账，逐户逐场所明确取暖措施和管控责任人。

【开展设施农业集中清理整治工作】认真落实关于全市设施农业开展集中清理整治工作的通知精神，组织召开工作部署会，督促乡镇开展全面清查，做到每棚必入；完善设施农业管理台账，建立问题台账、负面清单，及时掌握整改进度；与乡镇签订《加强设施农业建设和管理责任书》，明确乡镇属地管理责任，并督促各乡镇与村、村与经营者签订《责任书》，层层落实责任；成立专项工作巡查组，在乡镇清查的基础上进行核查，全面掌握底数。

农村改革

【概况】产权制度改革是城市化的基础和前提，丰台区于1993年率先在北京市启动乡村集体经济产权制度改革，采取社区股份合作制的改革模式，改革后的新型集体经济组织都在工商进行注册登记，建立董事会、监事会和股东大会。

【产权改革进一步深化】年内，完成乡镇级集体产权制度改革。改革后的新型集体经济组织都在工商进行注册登记。通过改制，进一步摸清乡镇集体经济组织的家底，明晰产权，促进集体经济组织的规范管理。

【农村集体经济组织分红进一步规范】本年度全区个人股东分红总额 41 453.1 万元，同比增长 10.5%；人均分红 4 632.67 元，同比增长 9.0%。

【集体“三资”管理进一步深化】不断健全完善“三资”管理制度，聘用第三方审计中介机构对乡镇级集体经济组织进行财务收支审计，不断加强对集体资产管理的外部监督，把控“三资”风险。大力推进农村产权交易规范管理，对集体资产出租、出让事项，严格履行报审程序，集体产权交易平台交易量连续四年位列北京农交所资产类项目成交首位。共完成产权交易项目 17 宗，出租房屋总面积 11.77 万平方米，签约合同总额 16.93 亿元，其中，竞价成交项目 3 宗。

【完成“十三五”城乡一体化发展规划中期评估】自规划实施，丰台区以城乡发展一体化为主线，落实促进城市南部地区加快发展行动计划，通过棚户区改造、重点功能区和重点项目带动等途径，农村地区发展与城市化取得较好成绩。年内全面评估规划实施进展情况，推进规划顺利实施，继续推动丰台区落实乡村振兴战略，促进城乡融合发展。规划主要指标有 7 项，主要任务有 7 大项。户籍人口城镇化率完成中期进度，2020 年预计能到 96%以上；农村经济总收入增速完成中期进度，2020 年预计每年增长 7%以上；新增星级农业观光园 1 个，预计能完成 3 个；农民人均所得增速 8%以上，预计能达标；新型农村合作医疗参合率超过 99%，预计能达标；城乡居民养老保险续保率持续超过 95%，预计能达标；2017 年河东地区污水收集处理率达到 95%，河西地区污水处理率达到 94%，预计能实现规划目标，各项主要任务均完成中期目标。

农村民生

【概况】逐步扩大社区化管理服务的覆盖面，农村公共服务水平显著提升。城乡教育资源布局逐步优化，城乡公共服务水平差距逐渐缩小，完善农村居民就业培训体系，开展经济薄弱村帮扶，民生进一步改善。

【公共服务体系不断优化】持续扩大优质教育资源，新建北京十二中钱学森学校、人大附中丰台学校，完成丰台二中改扩建项目，新增优质学位 4 610 个。实施第三期学前教育行动计划，新增及转化普惠性学前学位 4 092 个。新时代教师队伍专业发展体系进一步完善，建成 17 个特级教师工作室，6 个名校长（园长）工作室。被教育部认定为全国青少年校园足球改革试验区。天坛医院新院区投入使用，完成口腔医院选址和地上物拆迁，启动丰台医院提质改建工程。整合优质医疗资源，累计布局各类型医联体 14 个。全面推广社区卫生“智慧家医”丰台品牌。持续推进空巢独居老年人“连心通”工作，累计发放腕表 1.3 万块、服务 5.2 万人次。扩大养老助残卡发放范围，惠及 8.4 万余名 60 岁以上老年人。创新开展“喘息服务”，探索建设丰台区失能失智老年人长期照护体系。建成 9 个市级“一刻钟社区服务圈”示范点、10 个市级社区规范化建设示范点、20 个市级社区之家示范点。

【农业人口就业情况】截至年底，全区农业人口 8.41 万人。就业劳动力主要分布在由集体安置的物业公司、绿化队、保洁队、联防队等，就业政策已实现城乡统一，农村劳动力已全部纳入城镇就业失业管理体系。

【农村社会保障情况】2018 年 1 月 1 日起，实施统一的城乡医疗保险制度，部分经济实力较强的村对新农合报销范围外的医疗费用进行二次报销。城乡居民养老保险、最低保障以及临时救助范围和标准实行城乡并轨，城乡居民养老保险制度实现全覆盖，农民参保率保持在 96%以上，续保率保持在 98%以上。

【推进经济薄弱村精准帮扶】制定丰台区经济薄弱村精准帮扶工作方案，建立健全精准帮扶六项工作机制，促进河西地区经济薄弱村发展和农民增收。完成经济薄弱村 2018 年公益事业费补贴拨付工作。

【加强新型农民培养工作】年内，共开展新型农民培养 4 161 人，其中引导性培训 1 651 人，职业技能培训 979 人，特种作业和特种设备培训 871 人，农村中层管理人员培训 660 人。

【严格落实动物防疫责任制】年内，做好春秋两季动物集中免疫工作，全面加强非洲猪瘟疫情防控，发放禽流感、口蹄疫等各类强制免疫疫苗 11 万毫升，免疫密度达到 100%；完成犬狂犬病免疫注射 3.2 万只。全区动物养殖情况总体平稳，无区域性重大动物疫情发生。

【加强动物卫生监督工作】全区目前动物诊疗机构54家，饲料生产企业1家，兽医实验室1家，乳制品加工企业1家，兽药经营企业6家。年内以专项整治和专项活动为依托，做好行业日常监管。共开展兽药行业、动物诊疗行业、饲料行业、生鲜乳行业、养殖环节、农资打假和安全生产等多项专项行动35个，检查各类被监管单位25 842个次，组织开展多部门联合执法6次，处理群众举报35起，查办各类案件77件，罚没款138 890.6元。检疫各类动物8 777头（只），分销换证动物产品89 284吨。

【开展第二次全国农业污染源普查工作】根据各部门的工作要求，结合丰台区工作实际，制定《丰台区第二次全国农业污染源普查工作实施方案》，明确工作内容与要求，明确各单位职责分工；组织召开第二次全国农业污染源工作部署会，对具体工作做出部署安排；同时积极组织相关工作人员参加学习培训，保证所有人员持证上岗；积极参加培训、考核，严格执行质控制度；从制度、组织、人员三方面保证按时、高效、高质完成此项工作。完成种植业和水产养殖业基本情况普查。

【秸秆禁烧及综合利用工作】对乡镇2017年度秸秆禁烧工作进行考核，并根据考核结果制定《秸秆禁烧及综合利用专项资金分配方案》，对乡镇进行专项奖励，同时促进2018年度农作物秸秆综合利用促进禁烧工作的开展。制定《2018年农作物秸秆综合利用促进禁烧工作方案》明确工作目标、制定工作措施，进一步强化各乡镇政府的主体责任。分别于春节前、春耕、秋收等重要时间节点印发加强秸秆禁烧工作的通知，圆满完成重点时节工作任务。督促乡镇加强宣传引导，强化农户禁烧意识，提升农户农作物秸秆综合利用意愿。与区环保局、城管执法监察局开展秸秆禁烧联合检查，确保全区全年“零火点”。

【农药化肥减量】全区继续推进化学农药、化肥减量工作。开展全区蔬菜病虫害绿色防控及专业化统防统治推广，促进农药减量。对全区蔬菜生产园区进行调研，制定相关方案并落实资金。促进化肥减量，研究制定相关工作方案并落实经费，通过实施有机肥、生物肥补贴，开展田园废弃物处理试验等项目促进化肥减量。

【农产品产地环境监测】按照市级部门工作部署，完成农产品产地环境监测、基本农田环境质量长期定位监测、土壤养分长期定位监测、耕地质量等级调查评价等45个点位的取样工作。

【农业废弃物回收利用】全区开展废弃农药包装、废旧农膜回收工作，制定工作方案并落实相关资金；开展全区农药废弃包装物、废旧农膜回收工作。

【政策性农业保险】严格落实《北京市2018年政策性工业保险统颁条款》和《北京市政策性农业保险承保理赔优化操作细则》等相关文件，区农委与保险公司就条款的变化及针对全区实际农业生产现状的适用性进行研究，督促乡镇组织召开政策性农业保险动员会，积极宣传相关政策，鼓励农民入保。全区共计保费43 160元，区级补贴8 632元。

【“三品一标”奖励】进一步提升全区蔬菜认证覆盖率，调动园区认证积极性，依据《丰台区农产品“三品一标”认证工作实施方案》，为全区4家蔬菜生产园区共19个产品落实奖励，共计21.5万元。

【落实耕地地力保护补贴】按照北京市关于耕地地力保护补贴相关工作要求，制定《2018年丰台区耕地地力保护补贴政策实施方案》，安排落实耕地地力保护补贴资金2.1万元。

基层组织与民主政治建设

【概况】严格落实区委关于深入推进全面从严治党的实施办法，专题研究分析农村地区和农委系统党建工作，坚持把党建工作与中心工作同谋划、同部署、同落实。坚持选优配强村“两委”班子，圆满完成村党组织换届工作，不断加强农村基层干部队伍教育和监管力度，进一步提高农村基层党建工作整体水平。

【基层干部队伍建设】围绕党的建设、“三务”公开、财务管理、环境整治、队伍建设等专题，对村三套班子“一把手”、休闲农业人才、村财务管理人员、村专职党务副书记和村后备人才等5类人员分层分批组织开展教育培训6个班次，参训人次近1 300名。推选张桂琴为北京市突出贡献农村实用人才，并获得荣誉称号。推选“始之”线上线下一体化服务平台项目，参加北京市农村实用人才优秀创业项目评选资助活动暨第二届北京市农村创业创新创意大赛，并获5万元项目资助。组织全区5名农村实用人才参加北京市高级农村实用人才示范培训班，重点对农村社区管理、休闲农业与乡村旅游以及农村创业能力提升进行培训。落实村干部基本待遇和基本保障以及正常离任村主要干部生活补贴的发放工作，给符合要求的595名村干部拨付资金1 413.3万元，给符合补贴标准的225名正常离任村主要干部拨付补贴资金213.2万元。

【民主政治建设和组织建设】 55个村党组织圆满完成换届选举工作，全部为一次选举成功，共选出村级党组织班子成员347人，村党组织书记吻合度100%，平均得票率为95.72%，其中16人得票率为100%。进一步规范完善村民自治章程、村规民约，印发《关于加强村级组织党务公开、村务公开、财务公开工作的通知》，加强对村务决策等情况的民主监督。严格落实软弱涣散村"五个一"工作机制，对照市级"五项转化标准"重新梳理各村转化情况，形成"一村一策"整顿方案。参与大灰厂、西王佐、张家坟、永合庄4个软弱涣散村的民主日活动，在"三级联创"督查中对其"三公开"情况、党组织建设情况及相关材料进行重点督查，并分类进行人员谈话。将大灰厂村和西王佐村列为2018年美丽乡村建设村庄，着力提升村域生活和发展环境。继续完善永合庄村的基础设施建设，强化对市级软弱涣散村干部的教育和培训。

【党风廉政建设】 严格落实"三重一大""民主日""四议一审两公开"制度，规范权力运行。邀请区纪委领导就如何做好监督工作，党风廉政建设责任制考核，加强作风建设以及抓好"三转"等工作对各乡镇进行业务指导。组织农委系统党员干部签订2018年党风廉政建设个人责任清单和责任书；按照工作实施方案和检查考评方案，制定2018年党建工作综合检查考评指标，并对基层单位开展综合检查工作；为党员干部购置并发放《中国共产党纪律处分条例》读本，开展"不忘初心 牢记使命"党员干部应知应会知识测试活动；定期召开党风廉政建设形势季度分析会；开展"送纪律下基层"专题教育月活动。

【保护传承历史文化】 编纂《丰台史话》，完成西山—永定河文化带丰台区五年行动计划和长辛店老镇文物保护规划的编制工作。推进卢沟桥国家文化公园规划研究，开展《卢沟桥（宛平城）文物保护规划》修订编制工作，完成卢沟桥保护工程修缮项目主体工程。开展金中都城墙遗迹考古勘探、莲花池公园环境提升等工作。深入挖掘南中轴南苑地区历史文化内涵，举办《南苑秋风——"两河两城一苑"历史文化展》。

【完成人大建议、政协提案办理工作】 年内，区农委共承办市区政协人大提案议案7项，全部按时办结，人大代表和政协委员对办理结果满意率达100%。

丰台区领导名录

区委书记	汪先永
副书记	冀　岩（2月免） 王力军（4月任） 钟百利（2月免）
常委	张巨明（12月免）　肖辉利 狄　涛（9月免）　高　峰 吴继东　李正斌 李　岚（女） 李树元（2月任）
区人大常委会主任	李昌安（侗族）
副主任	王建斌　王振华　李　屹 王百玲（女） 刘　颖（女，不驻会）
区长	冀　岩（4月免） 王力军（8月任）
副区长	肖辉利　吴继东　王新元 张　婕（女）　周新春 李春滨　张　鑫 韩　嵩（挂职干部，9月任）
区政协主席	刘　宇
副主席	李秀瑛（女）　连　宇　冯晓光 张兆旗（回族，不驻会） 张振军（不驻会） 徐朝辉（不驻会）
区委农工委书记、区农委主任	肖文燕（女）

丰台区乡镇党政正职领导

	党（工）委书记	乡（镇）长、主任
卢沟桥乡	李春生	郭新占
花乡	王　华	彭松涛
南苑乡	刘永宗	杨　云（女，回族）
长辛店镇	蔡志强	张晓东
王佐镇	陈　阳	魏　楠（女）
宛平城地区	杨　杰（12月免）	薄　澜

（丰台区农业农村局　刘艳艳）

门头沟区

综 述

门头沟区辖区总面积1 447.8平方公里，其中山区面积占98.5%，平原面积占1.5%。辖区共有9个镇、178个行政村、4个街道办事处。截至2018年末，全区常住人口33.1万人，比上年增加0.9万人。户籍人口总户数121 146户，总人数250 864人，其中非农业人口207 646人，农业人口43 218人。户籍人口中，全年出生人口2 434人，死亡人口2 196人，人口出生率9.74‰，死亡率8.78‰，自然增长率0.95‰。

2018年，门头沟区委、区政府在中央和市委、市政府的坚强领导下，以习近平新时代中国特色社会主义思想为指导，深入学习贯彻党的十九大和十九届二中、三中全会精神，按照“绿色发展、生态富民、弘扬文化、文明首善、团结稳定”的区域发展总原则，始终立足生态涵养功能定位，聚焦高质量发展，以创建全国文明城区为契机，以“讲奉献、争第一”的门头沟精神，深入践行“两山”理论，当好看山人、捧好金饭碗，争当推进乡村振兴的首都样板。深入推进“调转节”，聚力发展绿色、特色农业，加快转型升级和规范化建设，全区经济社会保持了持续健康发展的良好局面。初步核算，2018年全区实现地区生产总值（GDP）188.1亿元，按不变价计算比上年增长6.2%。2018年，全区实现农林牧渔业总产值7.6亿元，比上年增长181.4%。乡村旅游实现总收入7 018.7万元，比上年下降18.9%。2018年，全区城乡居民人均可支配收入为49 298元，比上年增长7.4%；人均消费支出33 805元，比上年增长6.2%。截至2018年底，全区持续监测的低收入村45个，低收入农户4 861户、8 776人，分布在8个镇、123个村。2018年，全区低收入农户人均可支配收入12 427元，同比增长17.5%，高于全市平均增速0.4个百分点，在生态涵养区中排名第三，帮扶效果逐步显现。全年完成人工造林面积4 080公顷，林木绿化率达到70.0%，比上年提高0.8个百分点。森林覆盖率达到46.6%，比上年提高0.9个百分点。绿化覆盖率达到46.4%，比上年提高1.6个百分点。人均公园绿地面积提升至30.5平方米/人。

城乡融合发展

【概况】初步核算，2018年全区实现地区生产总值（GDP）188.1亿元，按不变价计算比上年增长6.2%。其中第一产业实现增加值3.3亿元，比上年增长202.6%；第二产业实现增加值77.6亿元，比上年下降6.3%；第三产业实现增加值107.2亿元，比上年增长14.9%。三次产业结构为1.8∶41.2∶57.0。全区完成公共财政预算收入31.6亿元，比上年增长6.6%。2018年，全区城乡居民人均可支配收入为49 298元，比上年增长7.4%；人均消费支出33 805元，比上年增长6.2%。按常住地分，城镇居民人均可支配收入53 227元，比上年增长7.1%；人均消费支出36 063元，比上年增长6.3%，恩格尔系数为20.3%。

【财政收支】全区完成公共财政预算收入31.6亿元，比上年增长6.6%。税收收入完成25.0亿元，比上年增长16.5%。其中，增值税9.9亿元，比上年增长9.8%，企业所得税5.4亿元，比上年增长12.0%。非税收入完成6.5亿元，比上年下降19.7%。全区区级政府性基金预算收入完成92.7亿元，比上年增长16.0%。全区完成公共财政预算支出105.3亿元，比上年增长16.8%。其中，一般公共服务支出10.5亿元，比上年增长7.7%；社会保障和就业支出12.0亿元，比上年下降4.2%；教育支出15.5亿元，比上年下降6.1%；城乡社区支出25.8亿元，比上年增长87.9%；文化体育与传媒支出2.8亿元，比上年下降11.4%。

【固定资产投资】年内，完成全社会固定资产投资132.5亿元，其中建安投资完成78.7亿元，完成年度任务目标的131.1%，完成比例居于全市首位。其中政府投资完成38.7亿元，占全社会固定资产投资完成额的29.2%；社会投资完成93.8亿元，占全社会固定资产投资完成额的70.8%。83项区级重点工程全年投资任务51.8亿元，实际完成39亿元，其中建安投资29.3亿元，占全区建安投资比重37.2%。

【投资】全区完成项目建设地全社会固定资产投资比上年下降65.1%。完成基础设施投资比上年下降52.4%，其中城镇基础设施投资比上年下降

50.6%；农村基础设施投资比上年下降 58.9%。完成城镇投资比上年下降 65.4%，其中房地产开发投资比上年下降 70.7%。完成政府投资比上年下降 61%；完成社会投资比上年下降 66.6%。完成生态建设投资比上年下降 55.8%。

【工业】 2018 年，全区规模以上工业企业实现产值 75.1 亿元，比上年下降 10.3%。都市型工业实现产值 2.1 亿元，比上年下降 4.2%。现代制造业实现产值 45.9 亿元，比上年下降 9.1%。资源型工业实现产值 19 亿元，比上年下降 14.2%。高新技术产业实现产值 64.5 亿元，比上年下降 13.1%。规模以上工业企业实现现价销售产值 70.9 亿元，比上年下降 5.6%。

【建筑业】 2018 年，全区有资质的建筑业企业实现建筑业总产值 133 亿元，比上年增长 28.6%。其中，建筑工程产值 129.4 亿元，比上年增长 27.8%，安装工程产值 3.5 亿元，比上年增长 65.9%。房屋建筑施工面积 165.9 万平方米，比上年增长 39%，房屋建筑竣工面积 29.7 万平方米，比上年增长 28.5%。

【房地产开发业】 全区完成项目建设地房地产开发投资额比上年下降 70.7%。房屋施工面积比上年下降 6.8%，其中新开工面积比上年下降 80%。房屋竣工面积比上年增长 66.8%。商品房销售面积比上年下降 2.2%，其中住宅销售面积比上年下降 13.8%。

【商业】 全区实现社会消费品零售额（产业在地口径）69.4 亿元，比上年增长 5.4%。按限额标准分，限额以上企业及个体实现零售额 43.5 亿元，比上年增长 3.4%；限额以下企业及个体实现零售额 25.9 亿元，比上年增长 8.9%。按行业分，批发业实现零售额 3.4 亿元，比上年增长 10.9%；零售业实现零售额 59.8 亿元，比上年增长 4.9%；住宿业实现零售额 1.3 亿元，比上年增长 2.6%；餐饮业实现零售额 4.9 亿元，比上年增长 9.3%。

【交通运输业】 2018 年，全区运输企业拥有货运车辆 1 770 辆，全年货运量 220.5 万吨，货运周转量 14 602.7 万公里，客运车辆 1 030 辆。

【邮电业】 截至 2018 年末，全区共有邮政局所 18 处，其中局 1 处，支局 3 处，所 14 处。全年邮政业务总量 8 188 万元，通信业务总量 9 999 万元，出口函件 109 万件，包件 3 万件，汇票 1 万张，订销报纸累计份数 982 万份，杂志 24 万份，特快专递 3 万件，快递包裹 35 万件。

农村经济发展

【概况】 2018 年，全区深入贯彻落实乡村振兴战略的各项部署，抓重点、补短板、强基础，努力实现产业兴、百姓富、生态美的有机统一，确保“绿水青山就是金山银山”理念在门头沟区形成生动实践。年内，全区共有农业人口 43 218 人。全区城乡居民人均可支配收入为 49 298 元，比上年增长 7.4%。2018 年，全区实现农林牧渔业总产值 7.6 亿元，比上年增长 181.4%。其中，农业实现产值 3 536.4 万元，比上年下降 60.3%；林业实现产值 70 184.4 万元，比上年增长 433.9%；牧业实现产值 1 324.6 万元，比上年下降 67.4%。乡村旅游实现总收入 7 018.7 万元，比上年下降 18.9%，其中，观光园实现收入 2 376.2 万元，比上年下降 37.8%，民俗旅游实现收入 4 642.5 万元，比上年下降 3.8%。2018 年全区农村集体经济总收入 10 亿元，同比减少 24.1%，农民人均所得 22 298 元，同比增长 10.6%。统筹使用涉农资金，重点支持低收入村、低收入农户发展符合区域功能定位的特色产业，2018 年共实施低收入发展项目 32 个。2018 年，全区低收入农户人均可支配收入 12 427 元，同比增长 17.5%，高于全市平均增速 0.4 个百分点，生态涵养区排名第三，帮扶效果逐步显现。

【农资打假】 2 月 26 日，开展农资市场专项执法检查行动，先后检查三家店生产日杂商店、城子兴盛农资有限公司、宜农园种子商店、利田种苗开发中心等 6 家农资经营企业（单位），出动执法人员 30 人次。开展春季农资打假护农宣传活动，发放《购种宣传手册》《如何区分真假肥料》《如何识别失效农药》等各类农资宣传材料 300 份，引导农民群众理性购买、科学用种。

【农业机械集中检验】 集中 9 天时间到各镇开展“一站式”农业机械年度检验送检下乡活动。累计检验农业机械车辆 89 台，发放荧光条 534 条，代上保险 82 份，发放农业机械宣传材料 400 余份，接受群众咨询 40 人次。

【全科农技员培训】 4 月 16 日，举办为期两周的全科农林技术员职业技能培训，共培训 218 人次，内容涵盖果树蔬菜种植技术、当前农村土地政策分析、农技员常用信息技术软件介绍等内容。

【农业执法行动】4 月 24 日，区农业局农业综合执法队联合区水务局水政监察大队对永定河龙泉湾及三家店水闸段水域集中实施“净网行动”，集中清缴水域中设置的地笼等违法网具。

【重大动植物疫病防控】年内，针对禽流感、口蹄疫和新城疫等 5 种重大动物疫病共实施 15 次集中强制免疫，累计免疫各种畜禽 39.62 万头只次，应免畜禽免疫率达到 100%；共采集血样 2 365 份，实验室监测疫病样本 7 463 份；依法落实狂犬病强制免疫制度，发放疫苗 9 850 头份，免疫标识 9 850 份；组织全区百人应急队伍开展重大动物疫情防控应急演练培训，提高面对突发灾情疫情的快速反应、应急处理和协调作战能力；开展病虫测报、强化植物检疫，完成 4.21 万亩农田灭鼠及鼠情监测工作，完成豚草密度调查与灭除工作。

【农产品质量安全体系建设】年内，推进门头沟区国家农产品质量安全监管示范县建设，各镇完成快速检测样本 1 万余个，区级定量检测样本 320 余个；发挥农产品安全检验检测中心作用，完成 276 个自检样品的采集与指标检测，102 个第三方检测样品采集以及市环监站 43 个土样采集任务。

【农业综合执法】年内，围绕动物卫生、兽医医政、农业投入品经营使用、渔政及农机等农业综合执法全领域，累计出动执法人员 9 860 人次，检查监管对象 3 024 个次，受理核查市民举报案件 35 件，立案查处违法案件 63 起，已结案案件罚没款 18 739 元。为保障执法行为的公正性，有序推进“双随机”执法机制，共有 29 人纳入执法人员库，47 家监管对象纳入监管对象库，共进行“双随机”执法 24 次。

【农村农业保险】年内，共开设政策性农业保险、蜂业气象指数保险、核桃种植保险、农村房屋保险、乡村干部责任保险、露地花卉保险、密植园果树树体保险等 7 大类险种。其中政策性农业保险共承保 786 户，8 809.3 亩（群），总保费 287.56 万元；密植园果树树体保险共投保 8 户（人），648 亩，总保费 45.802 万元；房屋保险共承保 7 314 户，总保费 44.57 万元；村干部保险共承保 1 128 人，总保费 22.56 万元；露地花卉保险、梨种植保险、梨树树体保险 4 973 亩，总保费 149.61 万元。

【金融业】截至 2018 年末，全区金融机构存款余额达到 714.9 亿元，比上年末增长 3.9%，其中单位存款 359.0 亿元，比上年末下降 5.5%，个人存款 355.9 亿元，比上年末增长 15.4%。全区金融机构贷款余额 235.1 亿元，比上年末增长 34.4%。其中，短期贷款 45.2 亿元，比上年末增长 62.3%；中长期贷款 189.9 亿元，比上年末增长 29.1%；对公贷款 157.4 亿元，比上年末增长 46.9%，个人贷款 77.7 亿元，比上年末增长 14.7%。

村镇建设

【概况】年内，全区全面树牢“绿水青山就是金山银山”理念，扎实开展美丽乡村建设、植绿护绿、水环境治理等工作，持续加强生态环境建设。全力推进 19 个村险村搬迁工程，同时结合重点沟域产业发展打造了一批精品旅游村庄和精品民宿，探索出“沟域＋搬迁”协同发展的新模式。率先出台《门头沟村庄民宅风貌设计导则》，探索建立规划师驻镇长效机制。围绕清脏、增绿、治乱，全面开展农村人居环境整治各项工作。完成 7 个村煤改电工作，未实施煤改电、煤改气的村全部实现优质燃煤全覆盖，确保村民清洁温暖过冬。扎实开展一事一议财政奖补项目 26 个，惠及 5 个镇、26 个村。

【美丽乡村建设】年内，制定《门头沟区关于开展“实施乡村振兴战略，扎实推进美丽乡村建设”专项行动（2018—2020 年）实施方案》等文件，明确全区美丽乡村建设任务、职责分工、资金标准等内容，同时出台村庄规划、公厕改造等一系列专项文件。全面启动村庄规划编制工作，编制完成 70 个村庄规划，其中 6 个试点村的村庄规划及实施方案编制工作全部完成。建立完善固定资产台账和基础设施动态台账，修订完善运行维护长效管护机制。在全区 138 个未拆迁村庄集中开展打造美丽乡村环境综合整治专项行动，制定《门头沟区关于开展农村人居环境整治和美丽乡村建设督查考评工作的实施方案》，围绕清脏、增绿、治乱，全面推进环境整治各项工作。

【智慧乡村建设】年内，在清水镇李家庄村、斋堂镇向阳口村、雁翅镇碣石村、雁翅镇田庄村、妙峰山镇陈家庄村等 5 个村开展 2018 年智慧乡村建设。建设内容包括建立村级网站、微信公众平台；制作 360°虚拟全景，集成到微信公共平台中，实现移动互联终端的在线虚拟游；安装村域安防视频监控系统，安装全彩 LED 显示屏等。

【信息入户工程】年内，在北京大山鑫港核桃种植专业合作社、北京泗家水香椿种植专业合作社、北京胡林谷农产品产销专业合作社、北京聚兰兴养殖专业合作社、桃园农业科技发展中心 5 家园区建设专业型益农信息社，利用互联网、物联网等信息化手段，针对园区生产经营管理等环节提供全产业链服务，提升智慧农业水平，通过开展公益服务、便民服务、电子商务服务、培训体验等服务，实现信息精准到户、服务方便到村。

【险村险户搬迁】全区险村险户搬迁工程共涉及 5 个镇、38 个村、6 152 户、10 756 人。年内，按照大景区组团、精品旅游村、新农村建设三种类型因地制宜稳步推进，共有 19 个村完工，19 个村正在有序推进。

【厕所革命】年内，区城管委完成 30 座公厕改造，其中深山区 10 座，浅山区 8 座，门城核心区 12 座。农村、城镇地区及景区 100 座厕所完成改造提升工作。

【沟域经济】年内，重点打造清水镇百花沟域，项目全面启动。沟域总面积约 68 平方公里，涵盖清水镇 11 个村庄。其中低收入村 6 个，低收入户 468 户，低收入人口 841 人。

【一事一议项目】年内，全区村级公益事业建设一事一议财政奖补项目共 26 个，总投资 3 627 万元，涉及 5 个镇 26 个村，惠及 12 个险村搬迁村及 10 个低收入村。

【减煤换煤】2017 年至 2018 年采暖季，累计完成减煤换煤任务 2.8 万吨，其中减煤完成 1.04 万吨，优质型煤替代完成 1.76 万吨。

【煤改电】年内，完成 7 个村的清洁能源采暖设备安装工作。

【送气下乡】年内，继续在全区九个镇和大台办事处实施送气下乡工程，共完成液化气配送 153 929 瓶。

【水资源】全年供水（用水）总量 4 991.9 万立方米，比上年下降 0.6%。其中，农业用水 399.1 万立方米，比上年下降 22.4%；工业用水 279.2 万立方米，比上年下降 12.4%；生活用水 2 543.6 万立方米，比上年增长 1.6%；生态环境用水 1 770.1 万立方米，比上年增长 5.1%。

【水政执法】全年开展水政执法检查 1 977 次，出动人数 800 人次，出动车辆 230 车次，其中联合执法 50 次，出动人数 200 人。查处违法行为 40 起，在地表水饮用水水源一级保护区游泳 7 起，在地表水饮用水水源一级保护区钓鱼 14 起，清理垂钓、游泳人员 410 余人次。一般程序立案 15 起，结案 15 起，罚款 28.38 万元。当场处罚简易程序 25 个，罚款 3 050 元。

【防汛抗旱】年内，区水务局发布气象暴雨预警 19 次（黄色Ⅲ级预警 8 次、蓝色Ⅳ级预警 11 次），启动防汛应急响应 7 次（黄色Ⅲ级响应 1 次、蓝色Ⅳ级响应 6 次），地质灾害气象风险预警 17 次（橙色Ⅱ5 次、黄色Ⅲ级 8 次、蓝色Ⅳ级 4 次）。汛期多次利用广播、电视、互联网、村无线预警广播发布预警，发布联通、移动提示预警短信 100 万人次，发放清障通知书 300 份，避险明白卡 3 600 张，防汛知识手册材料 1 万份。45 条山洪泥石流沟道、161 条野山野沟实行全部封闭管理；183 处地质灾害隐患点和 62 座小塘坝等重点部位实施监控；落实镇村防汛转移安置点 113 处，累计转移安置群众 3 000 人次。

【生态环境】全区扎实推进国家森林城市创建工作，新一轮百万亩造林、京津风沙源治理二期项目年度任务全部完成，绿海运动公园、永定河滨水森林公园等项目加快推进，绿色空间不断扩大。2018 年全区新城地区污水处理率为 97.0%，比上年提高 0.2 个百分点。全年完成人工造林面积 4 080 公顷，林木绿化率达到 70.0%，比上年提高 0.8 个百分点。森林覆盖率达到 46.6%，比上年提高 0.9 个百分点。绿化覆盖率达到 46.4%，比上年提高 1.6 个百分点。人均公园绿地面积提升至 30.5 平方米/人。

【义务植树】3 月 30 日，区领导及各界代表 160 余人在区永定河森林公园参加以“弘扬生态文明，建设宜居宜业宜游门头沟”为主题的全民义务植树活动，共栽植树木 330 余株。年内，共发动 1.8 万余人参加植树、抚育、宣传等活动，栽植树木 3.6 万余株，养护树木 59.8 万余株。在繁华路口设立宣传咨询站 13 个，发放绿色生态购物袋、宣传折页等 15 种 1.8 万份。

【新一轮百万亩造林】年内，完成新一轮百万亩造林工程栽植面积 4.5 万亩，其中，山坡台地及拆迁腾退地造林项目栽植面积 1.382 万亩，山前平缓地造林项目完成栽植面积 6 130 亩，荒山造林项目工程完成栽植面积 2.505 万亩。留白增绿项目完成 14.61 公顷。

【京津风沙源治理二期工程】年内，完成 2018 年京津风沙源治理二期工程实施面积 1.5 万亩，共计 33 个地块，总投资 7 500 万元，共栽植各类苗木

88万余株。配套措施包括水管84 919.2米，水泵184台，临时蓄水池169座。

【森林健康经营林木抚育项目】年内，完成森林健康经营林木抚育建设任务8.7万亩，投资3 560.7万元，完成建设2个示范区，分别为清水达么庄示范区、妙峰山岭角示范区。

【林业产业发展】年内，建设规模化养蜂基地1 400平方米。发放“猛力28”氨基酸果树专用肥1万桶，惠及果园面积6 000亩。举办果蜂各类培训班8次，培训果农、蜂农、技术人员1 000余人次。组织开展退耕还林钱粮兑现工作，验收合格面积22 529.86亩，兑现原粮112.65万千克，发放现金补助45.06万元。

【低温冻害】4月4—5日，降雪造成斋堂镇、军庄镇、雁翅镇部分村果树及其他经济作物遭受低温冷冻灾害，致使3个镇39个村受灾，涉及2 985户6 398人，受灾面积509.05公顷，成灾面积494.71公顷，绝收面积14.33公顷，造成直接经济损失645.5万元。

【国家级公益林管护项目】年内，完成国家级公益林管护项目建设中幼林抚育1.6万亩，涉及清水、斋堂、雁翅3个镇。

【古树保护】年内，完成古树抢救复壮、病虫害防治195株，普查古树1 700余株。

【果品安全】年内，完成检测果品120份，共计360千克，其中向北京市食用林产品质量安全监督管理事务中心和北京市农林科学院林业果树研究所送检果品和蜂产品72份。包括樱桃、鲜杏等10余个品种，对送检果品的农药残留情况、重金属等有害物质含量进行检测，检测合格率100%。

【林业保护】年内，优化完善测报点470个，测报虫种25种，测报人员229名，覆盖全区9个镇，5个林场，6个相关单位。飞机防治林业有害生物50架次，预防面积7.5万余亩。共签发产地检疫合格证15份，签发植物调运检疫要求书1 800份。首次购买社会化服务公司进行现场检疫调查工作。完成木材检查，共检查苗木运输车辆54辆，共计4.68万株。

【绿地养护】年内，完成全区公园绿地养护任务，对全区365.73万平方米的绿地实施精准养护。

【气候】年内，门头沟区平均气温为13.2℃，比常年平均值（12.5℃）偏高0.7℃。年极端最高气温为39.7℃，出现在6月29日，年极端最低气温为−13.4℃，出现在1月23日，年内降水总量为403.1毫米，比常年降水量（568.0毫米）偏少164.9毫米，降水主要集中在6月至8月，降水量为299.5毫米。年内日最大降水量为75.1毫米，出现在7月16日。年内日照总量为2 396.7小时，比常年（2 275.2小时）偏多121.5小时。全年出现的主要天气现象轻雾54次、雨80次、霾106次、雪6次、雾10次、大风22次、扬沙3天、浮尘4天。年内，平均气温偏高于常年平均值0.7℃，全年平均气温与常年相比，偏低的月份有1月、2月和12月，其余各月的平均气温较常年值有不同程度的偏高，其中偏高最多的是8月，平均气温高于常年值2.5℃。年降水总量比常年偏少约29%，其中6月至8月的降水量比常年（408.7毫米）偏少约27%。全年日照总量比常年偏多约5.3%。

农村改革与管理

【概况】年内，创新体制机制，全面深化农村改革。稳步推进农村土地承包经营权确权登记颁证工作。发挥“三资”监管平台和审计作用，全面开展监控预警。围绕“资产经营起来”，扎实推进农村产权交易和农村集体资产信托化经营管理工作。

【土地确权登记颁证】年内，全区5个镇95个村实测土地面积4.02万亩，其中93个村完成颁证前准备工作，82个村具备颁证条件。

【农村产权交易】年内，第十二批农村产权交易项目全部实现签约。6个农村产权交易项目涉及军庄、雁翅、清水等3个镇5个村，成交土地面积1 983亩，交易金额2 410万元。

【“三资”监管定期检查】年内，完成9个镇91个村的农村集体“三资”监管定期检查工作，对农村集体“三资”管理制度落实执行情况、2017年度财政资金使用、财务票据管理以及相关农村重大事项民主程序履行情况等方面进行重点检查。

【“三资”平台财务审查】年内，累计查看504个村次34 452笔账目，发出预警23次，涉及金额1.6亿余元。

【清产核资】年内，成立由区长任组长、主管副区长任副组长的农村集体资产清产核资工作领导小组，召开动员部署会，修订实施细则，组织开展培训班。各镇制定实施方案，组织会计师事务所核实173个村集体经济组织资产数据。

【村干部任期和离任审计】年内，在村“两委”换届前完成村“两委”主要负责人经济责任审计工作，涉及 9 个镇、181 个村、282 人。

【村级财务公开检查】年内，开展村级财务公开情况检查，4 月下旬至 5 月上旬，检查 4 个镇、14 个村，10 月下旬至 11 月上旬，检查 9 个镇、33 个村。

【农民负担执法检查】年内，对农民负担情况开展监督管理执法检查，未发现增加农民负担等违法违规现象。

【教育培训】年内，组织开展“三资”管理、农经统计、清产核资等各类培训班 5 期 600 余人次。

农村民生

【概况】年内，多措并举推进低收入帮扶工作。通过精准识别、精准施策，因地制宜制定完成低收入村、户的精准帮扶方案。同时在 45 个市级标准低收入村的基础上，确定了 29 个行政村为区级标准低收入村，为精准结对帮扶奠定基础。创新开展各类文化活动，展现永定河文化独特魅力，不断丰富山区群众文化生活。

【农民人均所得】年内，全区农民人均所得实现 22 298 元，同比增长 10.6%。其中深山、浅山、门城三个地区农民人均所得分别实现 16 558 元、19 002 元和 31 759 元，同比依次增长 9.2%、8.2%、13.2%。

【低收入村分布】截至 2018 年底，全区持续监测的低收入村 45 个，低收入农户 4 861 户、8 776 人，分布在 8 个镇、123 个村。其中，深山区清水、斋堂、雁翅三镇 3 901 户，占比 80.3%；浅山区潭柘寺、军庄、妙峰山、王平四镇 946 户，占比 19.5%；门城地区龙泉镇 14 户，占比 0.3%。

【低收入农户特点】从监测情况看，低收入农户主要有以下特点：一是深山区低收入户占比较大。清水、斋堂、雁翅三镇 3 901 户，占 80.3%。二是老弱病残户较多。低收入农户中 60 岁以上人数为 4 534 人，占 51.7%，因病因残低收入户 1 972 户，占 40.6%。三是低收入农户整体文化程度偏低。初中及以下文化程度 7 298 人，占 83.2%。

【低收入帮扶成效】统筹使用涉农资金，重点支持低收入村、低收入农户发展符合区域功能定位的特色产业。2018 年共实施低收入发展项目 32 个，已全部完工。2018 年，全区低收入农户人均可支配收入 12 427 元，同比增长 17.5%，高于全市平均增速 0.4 个百分点，生态涵养区排名第三，帮扶效果逐步显现。

【农村劳动力就业情况】全区农村劳动力总数是 51 252 人，同比增加 0.1%，全区从业劳动力 44 801 人，同比增加 1%，就业率 87.4%，待业劳动力 6 451 人。农村从业劳动力外出择业居多，以第三产业就业为主。农村从业劳动力从就业渠道上看，从事家庭经营的 6 544 人，同比减少 2.1%，占从业总人口的 14.6%，以第一、第三产业为主，两个产业从业人数占家庭经营从业人数的 87.1%，其中深山区从事第一产业 1 435 人，占第一产从业人数 50.8%，门城地区从事第三产业 1 318 人，占第三产从业人数的 39.2%。务工人数 38 257 人，其中本地务工 14 921 人，占从业总人口的 33.3%，以第三产从业为主，各地区第三产从业人数较为平均，永定镇第三产从业人数最多达 2 345 人。外地务工 23 336 人，占从业总人口的 52.1%，以第三产从业为主，占外地务工人数的 91.3%。从产业结构上看，农民从业以第三产业为主，第三产业就业人数达到 35 553 人，占从业劳动力的 79.4%。

【文化】2018 年，全区组织各类文艺活动次数 686 次，全年共开展不同形式演出 816 场，受众 81.3 万人次。下乡下基层辅导演出 594 场，全年送书进村居、进学校、进军营、进企业 15 311 册，送电影下乡 11 804 场。截至年底，全区现有 225 个村居文化室。图书馆馆藏总量达到 109.4 万册，当年新购入图书 83 403 册，办理借阅证件 829 个，流通读者 0.8 万人次。全区共有重点文物保护单位 84 个，其中，国家级 5 个，市级 8 个，区级 71 个。

【永定河文化节】8 月 12 日，第十二届中国·北京永定河文化节开幕。此届永定河文化节为期 3 个月。举办《永定河》纪录片展播、《永定人家》舞台剧演出、东胡林人论坛、“永定河文化之旅”融媒体新闻行动等活动，进一步挖掘永定河文化内涵，展现永定河文化的独特魅力。

【京西古道冰雪嘉年华灯会】11 月 1 日，首届京西古道冰雪彩灯嘉年华在妙峰山镇水峪嘴村启动。灯会展区全长 1.5 公里，大、中型灯组 60 余组，分为“冰雪嘉年华”“绿水青山”等 9 个主题区。

【“乡村大舞台”活动】9—12 月，门头沟区第 29 届文化艺术节“乡村大舞台”在全区开展，共参演节目 120 余个，参与人次 4 000 余人。

【卫生】截至2018年末，全区共有医疗卫生机构257个，其中医院13个。医疗卫生机构实有床位2 990张，其中医院2 473张。全区卫生技术人员达到3 581人，其中，执业（助理）医师1 263人，注册护士1 502人，药师（士）234人，技师（士）207人。全区卫生医疗机构总诊疗量377.5万人次，出院人数45 532人。

【劳动和社会保障】截至2018年末，城镇登记失业率为3.84%；年末实有城镇登记失业人员3 490人。全区养老、失业、工伤、医疗和生育保险参保人数分别比上年增长5.1%、5.7%、5.0%、2.8%和7.3%。城乡最低生活保障应保尽保，城市、农村居民最低生活保障人数分别达到4 669人、1 543人，城乡特困人数为422人。

基层组织与民主政治建设

【概况】2018年，全区坚持以习近平新时代中国特色社会主义思想为指导，以学习贯彻党的十九大精神为主线，围绕落实首都城市战略定位和生态涵养区功能定位要求，坚持稳中求进工作总基调，坚持“明导向、抓规范、做规划、强基础、严管理”的工作思路，全面落实新时代党的建设总要求和新时代党的组织路线，以首善标准搞培训、提素质，选干部、配班子，育人才、聚贤能，抓基层、打基础，不断提升“红色门头沟”党建品牌建设质量和水平，为打造“绿水青山门头沟”城市品牌，开创现代化生态新区绿色发展新局面，提供坚强组织保障。

【建立容错纠错机制】9月，在全市率先出台《中共北京市门头沟区委关于激励干部新时代新担当新作为建立容错纠错机制的办法（试行）》，明确容错的8种情形、4类基本条件，规范容错的3个认定程序，并建立纠错改正和澄清保护机制，营造干部想干事、能干事、干成事的浓厚氛围。

【成立第一书记临时党总支】年内，成立“中共北京市支援农村建设志愿服务总队门头沟区分队临时党总支”及6个临时党支部，开展第一书记工作论坛，进一步加强第一书记的自我管理，有力增强工作实效。

【农村党建工作助理员】4月起，在全市率先开展农村党建工作助理员选派工作。通过网上报名、资格联审、上机笔试、集中面试等7个选拔程序，从353名报名人员中，新选拔95人，使全区农村党建工作助理员队伍达到120人。同时，制定农村党建工作助理员管理办法，明确宣传政策方针、组织党员活动等工作职责，提升农村基层组织规范化建设水平，有效解决农村基层党组织“空心化”“老龄化”等问题。

【村党组织书记培训】5月7—11日，举办主题为“深入贯彻落实十九大精神，全力实施乡村振兴战略”的门头沟区2018年村党组织书记培训班。全区各村党组织书记、副书记，市、区选派“第一书记”，以及各镇党委副书记、组织委员、党建办负责人等共计280余人参加培训。区委书记等领导进行现场授课。

【第一书记培训】5月28—30日，组织全区45个低收入村“第一书记”参加北京市低收入村党组织“第一书记”抓经济发展专题培训班。

【党员培训】6月11—15日和6月25—29日，分别组织召开2018年农工委系统党员培训班。邀请市、区专家和领导围绕党的十九大精神、党章党规、党风廉政建设、习近平总书记视察北京重要讲话精神、意识形态、反邪教、党性修养、党员教育管理等相关内容进行专题培训，2期共240名党员参加培训。

【举办农口党务工作者培训班】6月20—22日，举办2018年区委农工委系统党务工作者培训班。重点围绕党的十九大精神、党员教育管理工作实务、党章学习、信息写作、意识形态等内容，邀请区相关部门领导对系统各单位负责党建工作的主管领导、科长及工作人员进行为期3天的培训，各单位共70人参加。

【举办低收入村“两委”干部专题培训】7月16—20日，区委组织部、区委农工委与区委党校共同举办全区低收入村“两委”干部专题培训班，邀请对口帮扶地区内蒙古武川县、察右后旗和河北涿鹿县选调部分镇村干部，与全区45个低收入村的“两委”成员共130余人参加培训。

【农村实用人才培训】年内，组织部分实用人才参加2018年中组部、农业农村部举办的农村实用人才带头人培训班1期，参加北京市农村创业创新、休闲农业与乡村旅游培训班2期。举办农民手机应用、“互联网+农产品营销”和计算机应用技能等农村实用人才培训班3期。

【党内统计工作】截至12月31日，全区共有党员35 581名，基层党组织1 409个，其中党委97个、党总支 77 个、党支部 1 235 个。

【干部人才挂职选派和接收工作】年内，全区共选派 16 名干部、38 名专业技术人才赴新疆和田、青海囊谦、内蒙古察右后及武川、河北涿鹿、湖北神农架等对口协作地区进行挂职锻炼。接收来自内蒙古察右后及武川、河北涿鹿、湖北神农架等地的 12 名干部和 43 名专业技术人才到门头沟区进行挂职交流。

【举办群众合唱预赛活动】9 月 12 日，举办“农口系统纪念改革开放 40 周年——‘拥抱新时代·开启新征程’门头沟区大型群众合唱比赛活动”预赛。共有来自 7 个镇的 7 支队伍 400 余人报名参加比赛。

【做好首届农民丰收节服务保障】年内，配合做好首届“中国农民丰收节”全国主会场各项服务保障工作，组织 60 名京西太平鼓民间艺术团成员参加现场文艺表演活动。

【首届马栏“农民丰收节”】9 月 20 日，由北京演艺集团与区委宣传部共同举办“马栏村首届中国农民丰收节暨金秋旅游活动月”开幕式。此项活动是北京演艺集团为响应中央和市委号召，实施低收入精准帮扶，与门头沟区共同策划组织开展的系列活动，集团统筹下属北京民族乐团等 14 家院团，结合马栏村各类资源，量身定制文艺演出、亲子活动、精品旅游等各类活动，推动马栏村增收致富。活动持续一个月。

【民主日活动】1 月、7 月，开展两次农村民主日活动。第一次民主日活动全区 178 个村按照规定程序完成民主日活动，实到代表人数 2 940 名，代表出席率 86.4%；上会决策议题 350 条，其中讨论通过议题 345 条，通过率 98.6%；村民代表提出建议 257 条；民主评议村“两委”干部 921 票；评议村务监督委员会成员 558 票。第二次民主日全区 174 个村按照规定程序完成民主日活动；实到代表人数 2 940 名，代表出席率 85.0%；上会决策议题 338 条，其中讨论通过议题 321 条，通过率 95.0%；村民代表提出建议 273 条；民主评议村“两委”干部 1 012 票；评议村务监督委员会成员 634 票。

区、乡（镇）“三农”工作部署和实施

【召开农村工作电视电话会】4 月 26 日，门头沟区召开 2018 年农村工作电视电话会。区四大部门领导及区新农村建设领导小组各成员单位负责人在主会场出席会议，各镇领导班子成员、各村“两委”负责人、市区选派“第一书记”和辖区市级示范社负责人在镇村视频分会场参加会议。会上，区领导作农村工作报告，部署 2018 年度美丽乡村工作，清水镇党委书记、斋堂镇青龙涧村党支部书记和清水镇梁家庄村党组织第一书记分别就开展就业帮扶、加强环境整治、发挥“第一书记”作用作典型发言，区委书记就贯彻落实中央、北京市农村工作会议精神提出相关工作要求。

【最美的乡村督导测评】6 月 7—8 日，市农委副巡视员及市相关专家等组成的督导测评组对区内 5 个镇 10 个“北京最美的乡村”（洪水口村、八亩堰村、爨底下村、灵水村、韭园村、樱桃沟村、岭角村、涧沟村、水峪嘴村、赵家台村）进行实地督导检查并提出相关工作要求。

【结对携手共谋发展】11 月 30 日，西城区和门头沟区签订《推动生态涵养区生态保护和绿色发展结对协作框架协议（2019—2022 年）》，两区成立乡村绿色产业发展专项资金，打造精品民宿，发展绿色产业。组建工作专班，开展低收入帮扶合作，助力门头沟生态保护建设，促进门头沟产业发展，支持门头沟区公共服务和基础设施建设。

【帮扶对接】5 月 24 日，西城区领导带队先后到雁翅镇青白口村、清水镇李家庄村、斋堂镇马栏村，实地考察李家庄村低收入项目奇异莓种植基地、马栏村冀热察挺进军司令部旧址陈列馆，详细了解民营企业吸收低收入农户就业和促进低收入农户增收情况以及红色旅游带动村民就业增收情况，并入户慰问低收入户。7 月 3 日，北京市委常委、统战部部长到门头沟区调研“8＋1”行动，并举行深化“8＋1”专项行动推进会暨助力门头沟区低收入帮扶和美丽乡村建设签约仪式。7 月 5 日，北京市国资公司党委书记、董事长等人到清水镇梁家庄村开展对接帮扶工作。7 月 6 日，北京市经信委副局级领导等到门头沟区开展精准扶贫对接工作，7 家企业与北京软件和信息服务业协会参加对接。9 月 15 日，首农食品集团党委书记、董事长等实地察看清水镇李家庄和天河水两个村现有资源、村容村貌、基础设施情况，慰问特困家庭和驻村“第一书记”，并发放慰问金及慰问品。10 月 18 日，北京地铁公司党委书记、董事长到清水镇椴木沟村调研，并与清水镇签订《北京市地铁运营有限公司与门头沟区清水镇低收入帮扶宣传协议书》。

【扶贫协作和支援合作工作】年内，区主要领导带

队7次到河北涿鹿县、内蒙古武川县和察右后旗、西藏堆龙德庆区进行调研对接，与结对受援地区党政负责同志共同谋划扶贫协作和携手奔小康工作。成立“门头沟区扶贫协作和支援合作领导小组”，区委书记、区长任组长；7名区委常委和4名副区长任副组长，明确常务副区长为主管区领导；43家区属部门、镇、街道、群团组织及前方挂职干部为成员单位。研究制定《门头沟区扶贫协作和支援合作精准帮扶工作实施方案（2018—2020年）》《门头沟区扶贫协作和支援合作专项资金管理暂行办法》《门头沟区助力涿鹿县、武川县、察右后旗、堆龙德庆区打好精准脱贫攻坚战三年行动计划》等8个文件，形成规范的扶贫支援工作制度体系。除市级统筹资金外，全年共向四地援助区级东西部扶贫协作携手奔小康资金1 010万元，动员引导社会力量捐款524万元，捐物折款199.5万元，其中西藏堆龙德庆区已实现脱贫摘帽，其他地区完成年度脱贫任务。继续深化与湖北省神农架林区开展对口协作，捐赠96万元设置200个生态管护岗。

【全国文明城区创建】 年内，启动全国文明城区创建，构建创城工作组织领导体系，完成首都文明区复查测评迎检工作。全区设置张贴硬质标语横幅1 800余条、宣传栏6 000余块、建筑围挡公益广告5.5万余延米、文化墙1.5万余延米，印发宣传海报2.9万余张、宣传折页8.2万余份、倡议书23万余份、一封信42万余份，市民创城知晓率近94%，支持创城率接近100%。制订《门头沟区创建全国文明城区“追赶超越擂台赛”考核方案》，完善考评机制。通过情况通报、防反弹工作会等形式持续开展督促检查，防止问题反弹。开展“五好”文明街巷、美丽乡村创建活动，统一制作首都文明村村民公约，举办乡情村史馆实地参观交流。在驻区部队开展“助力全国文明区创建，我为第二故乡点赞”系列活动，推动军民融合发展。

【建议提案办理】 年内，共办理市人大代表建议2件、市政协委员提案4件，办理会议期间区人大代表建议64件、区政协委员提案108件，办理闭会期间区人大代表建议31件、区政协委员提案4件。

门头沟区领导名录

区委书记	张贵林（2月免） 张力兵（4月任）
副书记	付兆庚
常委	张贵林（2月免） 张力兵（4月任） 付兆庚 张　永 彭利锋 张兴胜 陆晓光 闫　中（女） 张金玲（女） 金秀斌 李耀光（2月任） 张　闯（9月挂职担任）
区人大常委会主任	陈国才
副主任	郑伟革（12月免） 许　彪 何　渊 李　伟 张　焱（女，不驻会）
区长	付兆庚
副区长	彭利锋 张兴胜 张　闯（12月挂职担任） 杨雄华（2月免） 孙鸿博（2月任） 赵北亭 张翠萍（女） 王　涛 庆兆珅（女） 薛志勇（9月挂职担任）
区政协主席	张　冰（女）
副主席	张满仓 冯　飞 高连发 野京城（不驻会） 顾慈阳（不驻会） 安长生（不驻会）
区委农工委书记、区农委主任	耿新民

门头沟区乡镇党政正职领导

	党（工）委书记	镇长、主任
潭柘寺镇	娄相峰（1月任）	李岿然
永定镇（地区办事处）	周　杨	赵　威
龙泉镇（地区办事处）	亓建军	张　伟（女）
军庄镇	付军利（女）	娄相峰（3月免） 高建光（3月任）
妙峰山镇	丁章春	姜春山
王平镇（地区办事处）	张慧琦	刘甫通
雁翅镇	孙东宇	张雅利
斋堂镇	杨少培	谢晓东
清水镇	贾卫东	崔兴珠

（门头沟区农业农村局　符乃清）

房　山　区

综　　述

房山区设建制乡6个、镇14个、街道办事处4个、办事处1个，有社区居委会154个、村委会459个。全区户籍人口83万人，同比增长1.3%。

初步核算，全区2018年实现地区生产总值（GDP）761.8亿元，剔除价格因素影响，同比增长6.5%。其中，第一产业增加值13.5亿元，同比增长0.4%；第二产业增加值446.4亿元，同比增长3.6%；第三产业增加值301.9亿元，同比增长10.9%。全区财政收入完成139.6亿元，同比下降42.9%。其中，一般公共预算收入完成64.7亿元，同比增长7.3%；政府性基金预算收入完成74.7亿元，同比下降59.3%。财政支出完成290.1亿元，同比下降22.8%。其中，一般公共预算支出255.9亿元，同比增长17.5%。全区2018年一般公共预算收入比2013年增长43.4%；5年来，全区一般公共预算收入年均增长7.5%。全区区域税收完成241.2亿元，同比下降7.1%。其中，房山地区完成138.8亿元，同比下降5.5%；燕山地区完成102.4亿元，同比下降9.1%。全区2018年区域税收比2013年增长36.3%；5年来，区域税收年均增长6.4%。全区实现农林牧渔业总产值33.8亿元，同比下降5.3%。粮食播种面积0.77万公顷，同比减少0.15万公顷。粮食产量4万吨，同比下降17%；粮食亩产350.4千克，同比下降1%。全区农业观光园73个，比上年增加1个；观光园总收入1.1亿元，同比下降23.6%。设施农业实现产值6.2亿元，同比增长13.1%。民俗旅游实际经营户1 127户，比上年减少127户；民俗旅游总收入0.8亿元，同比增长0.3%。全区2018年农林牧渔业总产值比2013年下降33.1%；5年来，全区农林牧渔业总产值年均下降7.7%。

城乡融合发展

【城乡道路照明专项整治】年内，房山区开展城乡道路照明专项整治，逐步解决“有路无灯、有灯不亮”问题，完成怡和北路、祥云街路灯以及长阳地区红绿灯安装投运工作。做好市政道路移交，强化城市道路开挖统筹管理，提高占掘路行政审批实效，完善管路互随工作机制，城市“颜值”不断提升。

【城乡环境建设卓有成效】年内，房山区完成150个村庄（社区）和21条大街的环境整治提升任务，农村地区环境卫生水平有了明显提升。开展6个重点乡镇、36条背街小巷环境整治提升；推广街巷长制和小巷管家制度，完成7个试点乡镇（街道）、693条道路、368名街巷长选派，组建小巷管家队伍，完成试点街乡“小巷管家”招募1 441名（线上注册1 107名），累计巡防10 269小时，处理各类事件1 349件。6个乡镇开展城乡结合部重点村环境整治，清理暴露垃圾4万吨，清理卫生死角1 000处，维修改造照明设施441处，环境面貌得到有效改善。开展“门前三包”和黑车非法运营专项整治，签订“门前三包”责任书9 947份，在拱辰街道、阎村镇等7个乡镇街道开展黑车非法运营管理整治专项行动，全区17处整治台账全部整治完毕。推进环境重点项目建设，完成西潞区域、云居寺路（长沟段）、周口店“北京人遗址”发现100周年和北京市卫生职业学校搬迁环境整治提升工程等4处区域环境综合提升工程。

【环保监察体制改革成效明显】年内，区环保局落实“街乡吹哨、部门报到”，成立了山区生态环境执法支队，下设9个生态环境执法大队，分别下沉到9个乡镇（街道），对全区25个乡镇（街道）按片区监管，有效落实“街乡吹哨、部门报到”机制，进一步提高了环境执法水平。生态环境执法支队行政处罚案件数在全国县（区）排第10名。

农村经济发展

【概况】2018年，房山区酿酒葡萄种植面积2.3万亩，签约酒庄33个，年产红酒约156万瓶，举办第三届国际葡萄酒大赛，与法国合作打造雾岚国际葡萄酒小镇，波尔多葡萄酒博物馆（中国）地块完成腾退。中粮健康科技园正式落成开园。良乡镇国家现代农业产业园规划建设正在推进，窦店市级现代农业产业园启动建设，市级大石窝产业园获得市农委、市财政局批准。完成10个市级生态园区和30个区级生态园区创建工作。凯达恒业公司获农业产业化国家重点龙头企业荣誉。良乡镇、长阳镇、张坊镇、石楼镇、琉璃河等7个乡镇通过市农委北京都市型现代农业（高效农业）示范镇认定（全区达到9个）。新认定韩村河镇圣水峪村（香椿）为全国一村一品示范村（全区达到9个）；新认定石楼镇杨驸马庄村（丹参）、周口店镇黄山店村（休闲旅游）为北京市特色专业示范村（全区达到4个）；在长阳镇夏场村、琉璃河镇周庄村探索开展“一村一品＋电商”试点工作，全区农业企业、合作组织、种养大户电商98家，实现销售额4.3亿元；新增加北京农业好品牌3个（累计共8个）、京郊农业好把式3个（累计共4个）。建设美丽景观农田2.5万亩。房山区被农业农村部评为全国农村创业创新典型县范例。

【获全国畜牧技术推广示范站称号】2月9日，区农服中心动物疫病预防控制中心参加由北京市畜牧总站召开的北京市2017年度畜牧技术推广总结会，并获2017年度“全国畜牧技术推广示范站”称号。

【房山区农村一二三产业融合发展试点通过验收】2月28日，房山区全国农村一二三产业融合发展试点项目通过市、区农委、财政以及相关乡镇联合验收，并完成验收公示。共涉及7个试点实施主体和试点项目，其中农民合作社项目2个，龙头企业项目5个。项目总投资3 504.91万元。主要支持新型农业经营主体发展加工流通、休闲旅游公共设施、加工企业建设装备设施、厂房、加工能力建设等方面内容。

【北京第八届农田观光季、2018魅力田园房山行宣传推广活动】4月25日，2018年北京第八届农田观光季、2018魅力田园房山行宣传推广暨房山区第二届大地艺术节、房山第四届春耕嘉年华、天开花海第四届油菜花节启动仪式在天开花海举行。本次活动主要由启动仪式、展示推介、景观展览、亲子游园等部分组成。通过一系列活动，向市民朋友推介房山区农田景观点及农游线路，展示房山区生态休闲农业园区。

【房山区2017年蔬菜绿色高产高效示范区创建项目通过验收】4月27日，房山区承担的农业农村部“房山区2017年园艺作物（蔬菜）绿色高产高效示范区创建”项目通过验收。示范区的创建展现了房山区蔬菜产业绿色防控的发展理念，达到节水、节肥、节药的预期效果，实现生态安全、供给优化、提质增效、功能拓展和农民增收的最终目标。

【夏收工作结束】截至6月21日，房山区2.5万亩麦收工作全部完成。播种工作已接近尾声，完成夏种2.98万亩。“三夏”期间共投入主要农机具560台套，其中：大中型拖拉机250台、小麦收割机90台、夏玉米免耕播种机100台、化学除草机120台。夏收秸秆实现全面禁烧，农机作业安全无事故。

【圣水峪村（香椿）获全国一村一品示范村称号】7月3日，农业农村部公布第八批全国一村一品示范村镇名单。韩村河镇圣水峪村（香椿）获全国一村一品示范村称号。房山区获全国一村一品示范村镇总数累计达到9个。

【房山区被列为“全国农村创业创新典型县范例”】8月13日，房山区被农业农村部列为100个全国农村创业创新典型县范例。北京市仅房山区和顺义区获此项殊荣。

【“卓宸”牛肉获第十五届中国国际农产品交易会参展农产品金奖】8月，市农业局为房山区北京卓宸畜牧有限公司颁发第十五届中国国际农产品交易会参展农产品金奖奖牌。同时，房山区还获农交会北京展团最佳组织奖。房山区农业企业获得历届中国国际农产品交易会金奖产品称号数量累计达到7个。

【中国农民丰收节系列活动·北京房山秋收节开幕】9月23日，首届“中国农民丰收节”全国系列活动之一的北京房山秋收节主会场活动在琉璃河镇中粮智慧农场举行。活动发布了2018年房山区秋季农业观光精品休闲线路，对“上房山”农产品电商平台进行推介，给广大市民提供休闲度假好去处，通过“互联网＋现代农业”线上订购方式，提供新的绿色安全农产品采购渠道。

【“三秋”农业机械安全生产大检查行动】9月27日，区农服中心联合市农机监理总站、区农委、区安监局、区农业执法队等单位在窦店镇、石楼镇、韩村河镇等乡镇开展农业机械安全生产大检查行动。区农服中心农业机械推广站专业技术人员对全区正在现场作业的拖拉机、联合收割机进行农业机械现场检测，并发放宣传手册500余份、宣传横幅50余条、消防灭火设备50件套。

【首创奥莱山货节】10月1日，区农委、区农服中心组织房山区16家知名农业企业在长阳奥特莱斯举办为期7天的“首创奥莱山货节”。卓宸畜牧、首诚农业、德润通、蒲山源、金冠果业、利民恒华、中科天利等企业在现场展示京白梨、磨盘柿、核桃、中华鲟、卓宸牛肉等几十种房山本地特色农产品。通过活动打造“房山农业”品牌，提高了房山农业企业知名度。

【参加第十六届中国国际农产品交易会】 11月1—5日，由农业农村部、湖南省人民政府共同主办的第十六届中国国际农产品交易会在长沙国际会展中心举办。房山区农委组织北京航天农业生物科技有限公司等7家龙头企业参加，展示展销张坊磨盘柿、京一根酸辣粉等特色农产品50余种。其中，北京利民恒华农业科技有限公司的“皇城货郎”老北京炸酱获得本届交易会金奖。

【参加全国新农民新技术创业创新博览会】 11月15日，农业农村部举办的全国新农民新技术创业创新博览会在南京国际博览中心开幕。房山区组织北京首诚航天农业生物科技集团有限公司等7家企业参展。这是房山区被农业农村部评为“全国农村创业创新典型县范例”后，首次面向全国展示房山区创业创新工作成果。

【新增农业产业化国家重点龙头企业1家】 12月11日，农业农村部、国家发展改革委、财政部等八部委印发《关于递补148家企业为农业产业化国家重点龙头企业的通知》，房山区北京凯达恒业农业技术开发有限公司获农业产业化国家重点龙头企业称号。房山区农业产业化国家重点龙头企业累计达到2家。

【参加国家农产品质量安全县“双百”对接活动】 12月17日，房山区作为首批国家级农产品质量安全县，参加农业农村部在全国农业展览馆举办的国家农产品质量安全“百安县”和全国百家经销企业“双百”对接活动。房山区首诚农业、窦店益生、芦西园、中科天利、凯达恒业5家企业的特色农产品在活动现场亮相。窦店益生的牛肉、芦西园的蔬菜、首诚的蛹虫草、中科天利的鲟鱼、凯达恒业的脆脆乐等产品受到全国各地客商的广泛关注。

【房山区现代农业产业园项目建设投资1亿元】 年内，北京市房山新城投资有限责任公司推进房山区国家现代农业产业园创建工作，完成建设投资1亿元。确定了“1个起步区+6个提升项目+N个新引入项目”的建设思路。通过租赁邢家坞村约245亩土地，打造实施产业园起步区项目，完成起步区项目整体方案设计、施工图设计、工程预算编制和财政评审，取得起步区项目设施农业备案手续。

【北京基金小镇入驻机构1 086家】 年内，北京基金小镇已入驻机构1 086家，资产管理规模1.61万亿元，实现税收2.49亿元，同比增长50.7%，成立至今累计税收4.52亿元。

【解决小微客户融资难问题】 年内，北京房山沪农商村镇银行推广“惠众贷”“家庭贷”“公司+农户”融资模式，更好地满足“三农”和小微客户以及家庭个人信贷需求，突破传统贷款担保方式，拓宽了客户的融资渠道。以上金融产品创新，有效地解决了当地中小微型企业和老百姓贷款需求，使该行真正成为当地中小微型企业信赖的合作伙伴，当地老百姓身边的银行。

【获2017年度全国村镇银行金融产品与服务创新奖】 年内，在第五届全国村镇银行综合业务发展情况排名活动中，北京房山沪农商村镇银行信贷产品“家庭成员综合担保贷款”（简称“家庭贷”）获“全国村镇银行金融产品与服务创新奖”。

【支持实体经济发展】 北京房山沪农商村镇银行作为房山区唯一的一家村镇银行，始终坚持“扎根房山　服务城乡　富有特色　优质高效”的经营特点，以服务“三农”和小微企业为己任，全力支持区域内实体经济发展。截至2018年年底，该行的各项贷款余额5.94亿元，支持的对象全部为房山区内企业和个人，有效地支持了区内中小企业的发展，得到了客户的一致认可。

村镇建设

【概况】 2018年，房山区紧紧抓住乡村振兴战略发展主线，加快推进美丽乡村建设、煤改清洁能源、农宅抗震节能工程项目建设等工作。制定《房山区实施乡村振兴战略推进美丽乡村建设专项行动计划（2018—2020年）》及《2018年工作实施方案》，明确美丽乡村建设目标、建设内容、部门职责，建立协调联动推进工作机制。科学编制村庄规划及实施方案，依据北京市村庄规划导则，对2018年150个创建村进行规划，完成5个市级试点村村庄规划及实施方案，其余145个村也已取得初步成果。推进市级美丽乡村试点村建设，黄山店、大峪沟、立教、庙耳岗4个市级试点村的农村污水处理、饮用水提升、公厕、户厕改造、街坊路修缮等基础设施建设项目工程全面开工，稳步推进。开展农村人居环境整治，制定农村人居环境集中整治专项行动方案，成立农村人居环境集中整治专项行动领导小组并下设办公室，督查反馈问题点位 2 089 处，整改点位 1 218 处，乡镇自查自纠问题点位 3 918 处，整改点位 3 831 处。为美丽乡村建设提供资金保障，统筹各级资金，安排市级专项资金、体制下拨资金、区级资金用于农村生活垃圾处理、环境整治等事项；通过 PPP 方式，推进大石河水环境综合治理项目，解决大石河沿线窦店、琉璃河、韩村河及周口店等 4 个乡镇的污水处理问题；通过发行债券，解决农村地区煤改清洁能源改造和美丽乡村建设，确保全区农村人居环境整治各项工作顺利开展。确保农村基础设施得到长效管护，通过公开招投标的方式，委托 3 家调查公司，对全区农村街坊路、公厕、绿化、公共服务设施等进行调查统计，根据统计数据，建立基础设施管护台账。协调推进美丽乡村建设，在 4 个试点村建设中，明确 4 名工作人员分别对应一个村，负责与各职能部门的联络沟通工作，为乡镇解决地籍矢量数据问题，推进规划编制工作。继续做好煤改清洁能源工作，2018 年对浅山区 4 个乡镇 22 个村实施煤改清洁能源工作，同步对 44 个卫生室和 9 个卫生服务站一并实施，为未实施煤改清洁能源的村配送优质型煤约 4.4 万吨。落实计划外煤改电情况，对近几年煤改电工作中部分需低压线路改造的用户一并实施煤改电工作，共涉及用户约 163 户。2018 年，房山平原地区计划拆迁村未完成的共涉及 3 个乡镇、11 个村、约 3 000 户。其中良乡镇对农户冬季采暖主要是通过发放取暖补贴方式解决。琉璃河镇、长阳镇通过配送优质型煤解决冬季取暖问题，完成配送型煤约 400 吨。做好“两气”设施拆除工作，对全市停止使用的大型沼气站、秸秆气站集中供气工程实施报废、拆除处理，已拆除 4 座秸秆气站、1 座沼气站。加强安全巡检，对于在运行的 6 座沼气站继续做好环保、安全等各方面的检查督导，巡查工作。巡查 2017 年农宅抗震节能改造项目的验收工作，共完成 9 000 余户，其中新建翻建 1 900 户，节能保温改造 7 100 户。制定《南窖乡水峪村试点保护修缮实施方案》，推动水峪村保护利用试点工作开展。调查摸底传统村落现状，对房山区的 6 个市级传统村落进行摸底调查，对各村基本情况、人口数、古宅院落数及现状、文物古迹及民俗文化等进行统计调查，做到“底数清，情况明”。

【秸秆禁烧联合检查】 3 月 10—12 日，区农服中心与区城管局、区环保局、区园林绿化局等单位及相关乡镇农人员，组成禁烧联合检查小组，重点检查阎村、窦店、石楼和良乡等镇的春季秸秆禁烧工作。此次检查，主要对街道镇、村秸秆禁烧监管网络进行检查，检查街乡镇、村宣传引导工作落实情况，检查重点地块、重点时段秸秆禁烧工作。对“房琉路”“顾郑路”“京周路”等主要路段两侧的农田进行了检查，检查中未发现焚烧秸秆事件。

【拒马河流域水生态环境管护水平提高】 4 月 1 日，区委书记、区总河长陈清到拒马河镇江营桥段、三渡桥段，就河长制工作开展情况进行调研，现场听取大石窝镇、张坊镇负责人落实河长制情况的汇报，并与镇、村河道管理人员交谈，了解他们的工作内容及收入情况。拒马河为房山区四条大河流之一，为目前北京市长年不断流的河道之一，出入境断面水质达到地表水Ⅱ类等级，极具保护价值。截至 2018 年，共治理污水口 74 处，清理河道周边生活垃圾 4.3 万吨，水环境有了不同程度的提升。在村级河长的基础上，扩展包村干部职责，实行包村干部包河段制度，并结合疏解整治以及清退畜禽养殖工作建立低端、排污企业、面源污染台账，对挂账问题进行汇总，一周一汇报，问题定位定时整改销账，使包村干部与村级河长在开展工作中互为补充、互相促进，推进镇域内环境整治工作。拒马河流域内各级河长主动承担起辖区水环境治理的主体责任，有效解决污水直排入河、垃圾渣土乱堆乱倒问题、旅游等非水利侵占河道影响行洪安全等问题，综合施策、系统治理，共同提高拒马河流域水生态环境管理保护水平。

【水利部督导检查房山区河长制工作】 4 月 3 日，水利部督导组就北京市河长湖长制工作开展情况到房山区督导检查。督导组首先听取了房山区河长制工作落实情况汇报，随后到小清河风光带、大石河滨水公园实地查看水环境情况。自 2018 年 1 月以来，全区整治小微排污口 679 处，清理河道周边垃圾 30.26 万余立方米，全区无害化处理生活垃圾 27.73 万吨，完成 459 个村的生活垃圾治理 555 处，清退 1 352 场畜禽养殖中的 1 048 场（户），督导组对房山区河长制工作开展情况给予肯定，并对下一步工作提出意见和建议。

【农业环境突出问题排查整治】 4 月 20 日，房山区农业环境突出问题排查整治工作会召开。会上，成立领导小组，下设 4 个工作组。4 月 20—24 日，对房山区 23 个乡镇所属农田、农业设施、基地

（园区）开展暗访排查。主要排查：耕地撂荒、未耕种、杂草丛生现象，田间地头沟渠垃圾堆放；种植养殖业设施基地（园区）设施破旧闲置未拆除，生产生活一体，私搭乱建，私堆乱放，环境卫生脏乱差。

【多部门联合执法】4月24日，区农服中心拒马河保护区管理所联合十渡镇政府、区环保局、区水务局、区农业综合执法队开展综合执法行动，现场查获违法网具地笼300余米。拒马河保护区管理所主要负责对保护区内水生野生动物资源和生态环境进行监督、管理、保护；协助有关部门做好保护区内水生野生动物资源和生态环境研究及监测工作。自2018年以来，拒马河保护区管理所相关人员向当地居民及游客发放宣传材料1 000余份，劝阻进入保护区人员600余人次，在保护区周边明显地段悬挂横幅42条，并重点对保护区内游船竹筏、排水口问题开展综合整治。

【拒马河水生野生动物自然保护区科学考察工作启动】5月8日，拒马河水生野生动物自然保护区科学考察第一阶段工作正式启动。区农服中心拒马河水生野生动物自然保护区管理所组织开展本阶段科学考察工作将持续一年，对拒马河保护区范围内的游泳生物、浮游植物、浮游动物、底栖生物、水体环境等内容开展全面系统的调查。通过本次科考调查工作，将能进一步查明拒马河水生野生动物自然保护区水生生物资源环境现状，为提升保护区的管理和决策水平，提供有效的数据支撑和科学依据。

【“绿盾2018”专项监督检查行动】6月14日，区农服中心联合区环保局、区工商局、区交通局、区水务局水政监察大队、区园林绿化局森林公安处及张坊镇、十渡镇政府，在十渡镇西庄村举行以“你我共同携手、维护生态平衡”为主题宣传活动。活动中，通过现场宣讲、发放宣传材料等方式，向广大群众介绍了保护水生野生动物重要性及自然保护区有关法律法规等相关知识。活动现场提供咨询服务累计200余人次，发放宣传材料1 200余份。

【2018年房山区生态清洁小流域综合治理工程基本完工】7月18日起，房山区开工建设2018年房山区生态清洁小流域综合治理工程，截至年底，已完成主体工程建设任务。该工程涉及大石窝镇、长沟镇和蒲洼乡3个乡镇，主要治理三座庵、高庄和森水3条小流域，治理面积30平方公里。

【“清河行动”全面启动】8月6日，房山区全面启动“清河行动”工作，通过调查摸底、集中整治、督查考核、巩固完善四个阶段，至2018年12月底结束。实现全区涉河湖违法建设行为得到全面遏制，河道垃圾渣土基本清除的目标。“一河一策”方案已编制完成，成立“清河行动”领导小组，明确相关部门和各乡镇（街道）的具体职责，按照依法整治、长效管理，分级负责、属地管理，拆控结合、及时查处，集中力量、综合整治的原则，深入开展对全区河道管理范围内违法建设和垃圾渣土的集中整治行动。建立区级“清河行动”台账，将“清河行动”完成情况纳入对各乡镇（街道）的年终考核中。发动群众智慧全民河长助力，扩充各界力量参与到保护河湖水环境中来，形成了全社会共同关心河湖、建设河湖、保护河湖的良好局面。

【“清四乱”专项行动启动】8月27日，全区开展“清四乱”专项行动，在全区范围内对乱占、乱采、乱堆、乱建等河湖保护突出问题清理整治。同时与“清河行动”相结合，通过调查摸底、集中整治、巩固提升3个阶段，到2019年4月底全面完成该项工作，保障河湖面貌明显改善。区河长办对“清四乱”专项行动进行明确部署，各乡镇（街道）落实属地责任，坚持“四乱”问题发现一处，清理一处，销号一处。对此项工作采取明察暗访，全程跟踪检查督导，发现瞒报、弄虚作假、不作为、慢作为、组织不力的，按照有关规定予以问责。

【实施太阳能路灯智能化试点安装及维修工作】为做好农村公共照明试点工作，区新农村建设服务中心确定琉璃河镇鲍庄村作为道路照明试点工作村，共新安装太阳能路灯90盏，维护原有路灯70盏，主要采用物联网技术、三元锂电池、LED光源，增加了使用寿命，降低了维护成本。10月22日，安装维护工作全部完成，通过现场验收，路灯各项指标均符合标准。

【2018年增殖放流工作完成】10月23日，房山区2018年度增殖放流工作任务完成，增殖放流水域为崇青水库、龙泉湖、鸽子台水库3处水域，共投放鲢鱼、鳙鱼、草鱼、青鱼优质苗种3.4万千克，成活率达到99%以上。

【浅山区违法占地违法建设排查治理专班会议】12月15日，区委副书记、区长郭延红主持召开浅山区违法占地违法建设排查治理专班会议，市规划国土委房山分局领导汇报房山区浅山区专项排查治理工作的进展情况。郭延红提出排查治理工作要求，各乡镇行政正职、各委办局行政正职参加会议。

【拒马河自然保护区整治】年内，房山区全面开展拒马河自然保护区整治工作。区农委、区环保局、十渡镇、张坊镇、区拒马河保护区管理所等部门对拒马河自然保护区内沿河私搭乱建、排污、垃圾堆放等各类问题开展全面整改工作，对影响拒马河生态环境的各类行为进行全面治理。通过治理，拒马河保护区的生态环境有明显改善，沿河私搭乱建、排污、垃圾堆放、涉水游玩项目等问题得到有效治理。

农村改革

【概况】2018年，推进农村土地承包经营权确权登记颁证工作，全面加大业务指导力度，全区累计完成登记颁证365个村34.38万亩土地。登记颁证工作通过市农业农村局检查验收，综合评定为优秀等次。完成农村经济合同清查，组织23个乡镇、街道对农用地、集体经营性建设用地、集体资产、“四荒”合同及设施农业合同进行全面清查。妥善化解农村土地承包纠纷，累计接待群众来电来访175起、754人次，受理土地承包纠纷51起，参与、指导乡镇、街道纠纷调解员调解纠纷246起。加强农村集体资产经营主体体制机制建设指导，对良乡官羊新村和农业产业园项目组建联营公司、城关红酒小镇、南窖乡水峪古村落保护等重点项目的经营主体进行体制机制设计，对症下药、送政举策，助力重点项目推进。北京草根堂种养殖专业合作社、北京金北联红小豆专业合作社等4家合作社，获得2018年市级示范社称号。农村集体产权制度改革不断深化，坚持“三资”监管事项定期报告制度。开展“三资”监管检查，对23个乡镇、街道“监管服务中心”和34个村进行重点检查和抽查。进一步完善村级财务公开工作评价体系，设计《房山区村级财务公开表》《村级财务公开重点事项表》等4项公开栏范本，规范村级财务公开内容和格式。组织开展村级财务公开检查，在乡镇、街道全面自查的基础上对23个乡镇、街道45个村进行重点抽查。配合村干部“两委”换届工作，组织23个乡镇、街道开展村干部任期（离任）经济责任审计。组织23个乡镇、街道开展村级公益事业专项补助资金审计、村集体经济组织土地征地补偿费审计及村干部绩效考评工作。依托“三结合”，逐步扩大试点覆盖面，重点抓好“三规范、三公开”。“权力清单”试点已扩大到18个乡镇、街道72个村。扎实做好一事一议项目建设，项目资金共计4 150万元，涉及12个乡镇33个建设项目。因一事一议财政奖补工作管理严格有序、惠民成效显著，被北京市社会主义新农村建设领导小组评为“2017年社会主义新农村建设创新项目”。组织开展农民负担执法检查，对是否存在加重村级组织和新型农业经营主体负担的行为，涉农乱收费的现象，村级公益事业补助资金的拨付、管理和使用情况是否及时合理等内容进行重点检查。扎实做好低收入农户动态监测，配合第三方公司对低收入农户的收入、人员变动等情况进行走访调查。修订低收入台账指标，自主设计低收入监测季报系统。举办“三资”监管、清产核资等专题业务培训班15期，累计培训4 100余人次。

【周庄蔬菜种植专业合作社跻身全国300强】2月25日，《农民日报》发布2018年全国农民合作社300强排行榜，房山区周庄蔬菜种植专业合作社榜上有名，排第108名。“周庄蔬菜”专业合作社位于房山区琉璃河镇，是一家以蔬菜、食用菊花、有机韭菜为主要产品的合作社，吸引周边近300户农户加入合作社。

【农村承包地登记颁证工作督查】5月29日，市农经办督查组对房山农村土地承包经营权确权登记颁证工作进行督查。督查组对青龙湖镇辛开口村、河北镇河南村及辛庄村的登记颁证成果资料进行实地抽查。详细查阅村级确权工作方案、村级民主会议决议等登记颁证成果资料。区经管站对全区登记颁证工作进行汇报，并对房山区提出的工作意见和建议充分交换意见。市督查组认为：房山区的登记颁证工作，领导重视、组织得力、协调配合、基础扎实、程序规范、工作超前。

【农村集体资产清产核资培训班】11月5—8日，为全面摸清农村集体经济组织“家底”，完成全区农村集体资产清产核资工作，分三期举办“房山区农村集体资产清产核资培训班”，各乡镇、街道经管科长及工作人员、“三资”监管中心主任及监管员、村经济合作社报账员共计700余人次参加培训。

【村级财务公开检查】11月16日，房山区村级财务公开检查完成。此次检查范围涉及全区23个乡镇街道466个村级集体经济组织。检查工作分为乡镇、街道自查阶段和区级检查阶段。检查的主要内容包括：财务公开表须公开内容、财务计划情况、村级重要经济事项、财务公开重点事项；村级集体经济组织、村务监督委员会等机构设置和主要职责的公开情况；各乡镇、街道和村级集体经济组织的财务公开档案管理情况。在乡镇、街道全面自查的基础上，区级对23个乡镇、街道45个村进行重点抽查。

【4家农民专业合作社荣获市级示范社称号】 11月28日，北京草根堂种养殖专业合作社、北京金北联红小豆专业合作社、北京惠欣恒泰种植专业合作社、北京慧田蔬菜种植专业合作社获2018年市级示范社称号。

【推进农村土地承包经营权确权登记颁证工作】 年内，房山区通过召开"全区登记颁证工作推进会"，全面加大业务指导力度等工作措施，推进农村土地承包经营权确权登记颁证工作。全区累计完成登记颁证365个村34.38万亩土地，已经完成公示的364个村，面积34.04万亩，超过90%的农户完成签字确认。12月，登记颁证工作通过市农业农村局检查验收。市农业农村局对房山区的颁证工作给予充分肯定，综合评定为优秀等次。

【农村经济合同清查完成】 年内，房山区先后组织23个乡镇、街道对农用地合同、集体经营性建设用地合同、集体资产经营合同、设施农业合同、农业园合同、浅山区荒山荒滩等合同进行全面清查，清查各类合同19 066份次。

【妥善化解农村土地承包纠纷】 年内，房山区坚持"多调少裁"的原则，认真化解矛盾纠纷，维护合同双方当事人合法权益。累计接待群众来电来访175起、754人次，受理土地承包纠纷51起，参与、指导乡镇纠纷调解员调解纠纷246起，完成"12345"非紧急救助转来信访复查案件7起。

农村民生

【概况】 2018年，全区低收入农户变动为9 944户、21 417人。全区有低收入农户9 556户、20 448人，人均可支配收入高于标准线11 160元，脱低率达到96.98%。35个低收入村脱低率均超过了87%。据统计局抽样调查，2018年房山区低收入农户人均可支配收入实现12 484元，增速17.6%。低收入农户农村事务综合岗位，共安置低收入农户5 829人上岗就业。教育帮扶共涉及低收入农户家庭学生1 005名，落实帮扶资金330万元。将符合条件的77户140人低收入农户纳入社会救助范围。对低收入农户城乡基本医疗保险个人出资部分进行全额补贴，共补贴资金486万元。帮扶单位、企业累计到村468次，帮扶学生160名，慰问农户3 944户，提供就业岗位548个。

【确保春节农产品质量安全】 春节期间，房山区为进一步加强获证产品质量安全监管，确保春节期间无公害农产品质量安全，成立检查组，围绕重点区域、重点基地、重点产品，针对产前、产中、产后环节，开展了全方位的专项检查，有效保障了种植业农产品生产安全和消费安全。加强生产过程监管。以基地环境、生产档案、投入品使用管理为重点，开展田间督导检查，督促企业严格落实农药安全间隔期和生产档案制度，实施标准化生产，规范生产经营行为，涉及4方面25项指标，检查基地25家。加强产品质量监管，加大节日期间基地和批发市场上市无公害农产品抽检力度，尤其对高风险、高关注度产品进行重点监测。抽检蔬菜、食用菌等各类农产品样本500个。加强品牌化宣传培训，开展宣传报道2次，发放材料900份，培训生产技术人员75人次，培训检测人员10人次。借助微信群、公众号推介全区品牌农产品，引导公众健康消费。

【农民负担执法检查】 6—10月，房山区组织23个乡镇、街道开展农民负担执法检查，对是否存在加重村级组织和新型农业经营主体负担的行为，涉农乱收费的现象，村级公益事业补助资金的拨付、管理和使用情况是否及时合理等内容进行重点检查。检查结果表明：全区无增加农民负担行为。

基层组织与民主政治建设

【对低收入村和软弱涣散村"两委"干部开展廉政教育】 6月23日，房山区对低收入村和软弱涣散村"两委"干部开展廉政教育。会上，区纪委副书记、区监委副主任张广新以《恪守廉洁底线 远离违纪风险》为主题，进行了廉政专题讲座。通过培训，进一步加强了村"两委"干部对相关党纪条规的认识，更加明确了当前反腐倡廉的新形势新要求，有效增强了勤政廉政意识。

【开展村"两委"主要负责人经济责任审计】 9月10日，为落实"在换届选举前对所有负有经济责任的村干部进行任期或离任经济责任审计"的精神，区委组织部、区委农工委、区委社工委、区民政局、区审计局联合印发《关于开展村“两委”主要负责人经济责任审计工作的通知》，对全区村“两委”主要负责人经济责任工作进行安排部署，对审计对象、审计范围、审计内容、审计时间等作出明确要求。10 月底，审计工作基本结束。全区应审计“两委”组织 464 个，实审计 448 个，16 个村未进行审计；应审计“两委”组织负责人数 703 人，实审计 679 人，24 人未进行审计。

“三农”工作部署和实施

【休闲农业创新】5 月 12 日，石楼镇休闲农业全域游观光车正式上路运营，石楼镇休闲农业全域游是房山区 2018 年推出的七条房山农游线路之一，该线路分 A、B 两条环线供游客选择，游客可免费乘坐专业的电瓶观光车享受农游的乐趣。

【人大代表对贯彻落实《动物防疫法》情况进行执法检查】5 月 24 日，部分区人大代表实地检查窦店防疫站、窦店现代化养牛场和兴礼动检站防疫情况，听取区农委关于房山区贯彻落实《动物防疫法》情况的汇报。代表们就深化落实《动物防疫法》、提高全民防疫意识、增加防疫投入、确保餐桌上的安全等方面提出了意见建议。

【督办《关于美丽乡村建设的建议》提案】5 月 26 日，房山区政协领导带领部分委员督办《关于美丽乡村建设的建议》提案办理情况。实地考察青龙湖镇庙耳岗村村庄规划和实施方案，并召开座谈会听取区农委关于提案办理情况的汇报。座谈会上，委员们围绕加强统筹规划、创新体制机制、培育特色产业、建立长效机制等方面提出意见建议。房山区结合全区实际，制定了《房山区实施乡村振兴战略推进美丽乡村建设专项行动计划（2018—2020 年）》及《2018 年工作实施方案》，并召开 2018 年美丽乡村工作动员部署大会，对新一轮美丽乡村建设工作进行了总体安排和部署。2018 年，全面实施农村人居环境整治，启动实施 150 个村的规划编制和美丽乡村建设。

【核查种植大棚、观光园、设施农业违法违规情况】7 月 4 日，区长郭延红带领区政府办、区农委、市规划国土委房山分局、区政府督查室到部分乡镇现场核查设施农业、观光园、种植大棚违法违规情况。强调各区各直属单位、乡镇（街道）有关工作人员要按照市规土委下发的具体标准严格要求。全面做好辖区设施农业、观光园、种植大棚的核查工作，严肃查处、整治存在违法违规行为。

【督办《关于加强房山区传统村落保护的建议》提案】7 月 6 日，房山区政协领导带领部分委员督办《关于加强房山区传统村落保护的建议》提案办理情况。实地考察了市级传统村落佛子庄乡黑龙关村，并召开座谈会听取区农委关于提案办理情况的汇报。座谈会上，委员们就加强统筹规划、加大保护力度、引入社会资本、加大宣传力度等方面提出意见建议。

【打击违法建设及清理整治大棚房专题会】7 月 28 日，区委书记陈清主持召开打击违法建设及清理整治大棚房专题会，区委、区政府班子成员参加。副区长于吉顺对打击违法建设、清理整治大棚房工作进行了点评，并指出存在的问题，对下一步全区的土地执法工作进行了部署。区长郭延红要求区农委、各乡镇严格按照市规土委下发的 233 号文关于大棚类设施农业项目违法违规用地的八项整改标准进行整改，必须严厉打击，坚决铲除。

【农村人居环境整治】10 月 28 日至 12 月 31 日，全区开展农村人居环境集中整治专项行动。成立区农村人居环境集中整治专项行动领导小组，制定《房山区农村人居环境集中整治专项行动方案》，并抽调区政府办、区城市管理委、区农委近 30 名干部设立专项行动办公室，分为 4 个督导组和统计信息组、综合考评组，统筹推进专项行动。12 月 21—31 日，区农村人居环境集中整治专项行动领导小组委托第三方，围绕公厕管护、垃圾治理、生活污水、村容整洁等四个方面，对全区 23 个乡镇 454 个村环境整治工作开展情况进行了实地考核验收。

【22 个村 1.6 万户“煤改电”改造任务完成】年内，房山区农村“煤改电”工程涉及 4 个乡镇 22 个村，共计 1.6 万户，共计投资 8.48 亿元，新改建 10 千伏线路 24 条，新建变压器 330 台，更换高低压架空绝缘导线 1 037 公里，更换各类电杆 5 263 根。

【送气下乡工程】房山区送气下乡工程于 2013 年 1 月开始实施，2014 年全面推进，到 2016 年底实现全区覆盖的任务目标。2018 年送气下乡工程累计完成液化气服务 82.7 万瓶，完成长沟镇南磨村等 10 个永久换瓶站建设。

房山区领导名录

区委书记 陈 清
副书记 郭延红（女，1月任） 李 江（满族）
常委 刘 兵 唐海蛟（5月任） 于 波 郝恭平（2月任） 曹 蕾（女） 李 威 魏广勋 王明哲
区长 郭延红（女，1月任）
副区长 于 波 刘 兵 李宝虎 翟 东（兼） 齐文东 陈广利 廖春迎（女，壮族） 于吉顺 王永年（9月任）
区人大常委会主任 孙 强
副主任 赵 军 郭志族 任正宽 孔庆远 周 蕾（女）
区政协主席 张祝华（1月任）
常务副主席 吕守军
副主席 赵永祥 谢宝元 刘 琼（女） 王 擎（女）
区委农工委书记 汤连成
区农委主任 刘宝忠

房山区乡镇（街道）党政正职领导人

	党（工）委书记	乡（镇）长、主任
燕山办事处	翟 东	李光明
城关街道办事处	王 耕	郭泽峰
西潞街道办事处	李 军	邱 刚
拱辰街道办事处	马春雷	米忠诚（回族）
新镇街道办事处	王广健	王广健
良乡镇（地区办事处）	任国强（5月免） 杨海峰（5月任）	黄 莹（女）
周口店镇（地区办事处）	方玉祥（满族）	张福利
琉璃河镇（地区办事处）	周有成（6月免） 韩继华（6月任）	高晓坤
窦店镇	李进伟（10月免） 李冠华（10月任）	李冠华
石楼镇	樊会来	焦迎彦（女，10月任）
长沟镇	臧金凤（女，6月免） 刘金辉（6月任）	高运华
张坊镇	樊宗军	王文路
十渡镇	游向荣（女）	魏 然（回族）
河北镇	翟凤航（5月免） 王春年（5月任）	刘学军
大石窝镇	杨海峰（5月免） 曹燕杰（5月任）	朱华俊
阎村镇	张 杰	粟鹏程
韩村河镇	薛满德	邵志杰（满族）
青龙湖镇	刘松华	王春年（5月免） 苗 松（6月任）
长阳镇	王永民（2月任）	王永民（2月免） 舒 展（3月任）
佛子庄乡	杨生军	薛全英
大安山乡	隗合庆	余 涛（回族）
南窖乡	王化占	张喜利
史家营乡	钱新雨	陈峰岩
霞云岭乡	李雪生	杨叶辉
蒲洼乡	许金涛	刘 芳（女）

（房山区史志办公室 蔡晓东）

通 州 区

综 述

通州区位于北京市东南部，京杭大运河北端，面积905.95平方公里（土地面积数据为2009年全国第二次土地调查数）。辖10个镇、1个回族乡、6个街道（2018年新成立潞源街道、运通街道两个街道）、470个行政村、130个居委会。2018年，全区户籍人口78.7万人，比上年增长2.3%。其中，农业人口26.4万人，非农业人口52.3万人。全年地区生产总值832.4亿元，比上年增长7.5%；全区完成一般公共预算收入83.1亿元，比上年增长4.8%；全社会固定资产投资比上年增长

−21.8%；社会消费品零售总额实现 439.8 亿元，比上年增长 5%。

2018 年是通州发展历史上具有划时代意义的重要一年。继市委全会后，中央政治局常委会议专题审议了城市副中心控规，这在北京城市发展历史上还是第一次。习近平总书记再次就城市副中心建设作出重要指示，为城市副中心擘画了宏伟蓝图和行动纲领。市委书记蔡奇先后 14 次到通州调研，对城市副中心建设作出全面部署。通州区立足“一核两翼”和京津冀协同发展大局，围绕北京城市副中心建设，鼓足干劲、奋发进取，实现了经济社会的平稳较快发展。

副中心控规获中央批复，规划体系全面形成。《北京城市副中心控制性详细规划（街区层面）》历经两年多的精心编制、反复论证，通过专业机构、职能部门的层层把关与社会公告，在市委全会专题研究讨论后，报中央政治局常委会审议通过。这版规划是在习近平同志亲自推动、多次主持会议研究并亲临实地视察指示下编制完成的，将对未来通州全域乃至京津冀区域产生重大而深远的影响。通州总体规划同步完成，9 个乡镇的镇（乡）域规划形成阶段性成果。市政基础设施、地下综合管廊和海绵城市等专项规划通过市、区相关部门审核。全区各领域规划有机组合、紧密衔接，形成了全方位、立体化的“多维坐标系”。

市级机关搬迁有序推进，服务保障工作全面加强。截至 12 月底，市级机构一期搬迁单位实现入驻 31 家。6 大方面 37 项重点服务保障工作全面落实，高标准建设了一批学校、医院和市政基础设施。健全完善安保“一总十四分”方案体系，创新建立信访维稳责任制，落实公安消防等专业力量“贴身看护”。重要通道景观环境整治、交通拥堵综合治理初见成效，办公区周边至 155 平方公里范围内全面实施更高标准的精细化管理。以服务保障市级机关搬迁为带动，各项工作立标杆、上水平，区域综合功能与服务保障效能系统提升。

重要节点建设步伐加快，城市功能框架初具雏形。运河商务区整体品质不断提升，启动公共空间、滨水岸线详细规划编制，实施星级绿色建筑标准评价和国际绿色建筑认证。北环环隧等 11 条主要道路竣工，3 座跨河大桥具备通车条件，能源中心实现并网发电。一期 16 个重点项目累计完工 280 万平方米。文化旅游区 8 条主次干路、19 条综合管廊开工建设，环球主题公园一期进入施工建设阶段，环球大酒店等配套项目顺利推进。城市绿心完成千亩示范区主体绿化工程，三大建筑完成国际方案征集和初审工作。副中心站交通枢纽完成初步方案设计，周边一体化开发建设模式进一步明确。

区域协同发展持续推进，互促共进态势逐步显现。围绕京津冀协同，充分发挥桥头堡作用，初步完成《通州区与廊坊北三县地区协同发展规划》编制，与武清区、廊坊市签订各类合作协议 45 个，各项工程按计划推进落实。强化与雄安新区的共建机制，在规划衔接、产业互促等 7 个方面展开合作。积极开展对口支援，实现基层结对帮扶“两个全覆盖”。围绕城乡协同，科学推进城乡规划一体、资源配置协同。坚持文化引领、科技支撑、生态优先的发展思路，9 个特色小镇功能定位全面明确，规划编制有序推进，后发优势不断集聚。高标准实施美丽乡村建设，第一批 112 个村庄规划形成成果，360 个平房村环境整治全面完成。乡村公路建设管养获全国“四好农村路”示范县荣誉称号。精准实施“一户一策”帮扶，低收入农户收入稳步增长，低收入村集体经济自我发展能力持续增强。围绕新老城区协同，坚持以新带老，新老融合，更加注重老城功能提升，制定完成老旧小区综合整治三年行动计划和《老城区城市双修与更新实施方案》，搭建老城“规建管”数据平台，统筹开展改造提升各项工程。

城乡融合发展

【概况】2018 年，制定《通州区疏解整治促提升专项行动三年工作计划》。成立“疏整促”工作专班，在全市率先建成区级信息化管理平台，各项任务实现落点落图，建立控新增、防反弹长效管理机制。累计拆除违法建设 2 006.77 万平方米，销账 1 356.47 万平方米，腾退土地 1 777.76 公顷，均居全市首位，155 平方公里范围内基本实现无违建；大棚房整治一次性通过市级验收；“开墙打洞”整治、一般制造业和有形市场疏解整治等专项行动顺利完成任务。加强腾退空间的统筹利用，实现留白增绿 6 200 亩，新建和规范生活性服务网点 119 家，群众满意度和获得感大幅提升。

【城乡居民收支】2018 年，通州区居民收入平稳增长，消费结构不断优化。全区居民人均可支配收入 40 553 元，比上年增长 9%。其中，城镇居民人均可支配收入 48 682 元，比上年增长 9.1%。全区居民人均消费支出 28 696 元，比上年增长 8.1%。其中，城镇居民人均消费支出 34 361 元，比上年增长 8.4%。

【城乡综合治理】2018 年，从以改善城市面貌为重点加快向深度梳理城市肌理转变，突出优化内在秩序和提升整体品质，全力打造整洁优美、井然有序的城市新风貌。牢固树立“创城永远在路上”的理念，持续巩固和扩大创城、创卫成果，以优异成绩顺利通过北京市创城测评和国家卫生区复审。正式引入中心城环境治理标准，实现 155 平方公里环卫作业一体化。完成 99 条背街小巷环境综合整治，街巷长制和小巷管家制实现全区全覆盖。大力开展“厕所革命”，首批超一类公厕“第五空间”投入使用。全面完成长安街延长线二期景观提升工程、市郊铁路副中心站及 12 条重要通道周边环境综合整治提升工程。架空线入地三年行动计划全面启动，155 平方公里屋顶广告牌匾治理全面完成。玉桥等 4 个街道和张家湾镇垃圾分类示范片区完成建设，23 条建筑垃圾资源化生产线投产运行。创新“新门前三包”管理办法，城乡环境建设考评综合成绩位居全市前列。

【深化推进农村各项改革】2018 年，按照乡村振兴战略总要求，通州区持续深化农村改革，激活乡村土地、劳动力等资源要素，增强乡村发展新动能。健全农村集体“三资”监管机制。通过完善监管制度、建立“三资”监管信息系统、规范农村财务管理和集体经济合同管理、开展农村集体资产清产核资以及规范农村产权流转交易市场等工作，不断深化农村“三资”监管改革，保障农村集体经济组织成员权益。推进农村土地承包经营权确权登记颁证。全区有 334 个村完成确权公示，涉及农户 8.7 万户，土地面积 42 万余亩，完善土地承包合同 8.4 万份。推动农村土地经营权有序流转。规范土地流转合同档案管理，拓宽土地流转服务范围，健全承包经营纠纷调处机制，引导农民以多种形式流转土地。提升农民合作社发展水平，加强农民专业合作社规范化建设，推进国家和市区级示范社建设，培养高素质专业化管理人才。截至年底，在工商登记注册的合作社有 365 家，核心社员 1.5 万户，带动社外农户 3.5 万户，其中市级示范社 20 家，国家级示范社 12 家。

农村经济发展

【概况】全区实现农林牧渔业现价总产值 39.6 亿元，比上年下降 2.9%。其中，农业产值 14.1 亿元，下降 23.7%；林业产值 13.5 亿元，增长 78.8%；牧业产值 9.3 亿元，下降 16.2%；渔业产值 1.7 亿元，下降 36.3%；农林牧渔服务业产值 1 亿元，增速与上年持平。

全年设施农业收入 9.2 亿元，下降 31%。设施农业实际利用面积 2 043 公顷，下降 6.6%。其中，温室占地面积 1 337 公顷，下降 9.9%；大棚占地面积 634 公顷，增长 1%；中小棚占地面积 71 公顷，下降 5%。

【都市现代农业】2018 年，通州区以绿色兴农、质量兴农为引领，加大调结构、转方式力度，高标准创建国家农产品质量安全示范区、市级现代农业示范区和现代农业产业园，大力促进乡村产业振兴。推进蔬菜产业优质发展。加大蔬菜质量安全和标准化生产政策支持力度，新发展蔬菜塑料大棚 800 亩，建设水肥一体化 700 亩；开展全生物可降解膜田间示范 470 亩；建设蔬菜基质化栽培基地 5 家；探索通州区农田废弃物源头处理及循环利用模式，为全区清洁田园整体推进提供有力支撑。加大农业生态治理。开展种养殖业面源污染防治和化肥农药减量工作，推进农业废弃物资源化利用，试点建立农村有机废弃物收集、转化、利用三级网络体系；农业系统化肥、农药利用率分别达到 37.5%和 43%以上，完成全区拟保留规模化畜禽养殖场粪污治理，并实现粪污资源化利用，畜禽粪便综合利用率达到 75%，完成 50 家规模化养殖场畜禽清退任务。推进农业信息化建设。组织通州区园艺作物数字农业建设农业农村部信息化试点项目，重点开展智能化蔬菜生产控制系统和软件系统建设和研发，推动大数据、互联网、遥感、移动互联等现代信息技术在设施园艺生产各环节的深度应用。开展信息进村入户工程，建设专业型益农信息社 130 家，标准型益农信息社 35 家，建设智慧乡村 3 个；筹备建立通州区数字农业大信息管理系统，支持农业经营主体在生产经营领域应用信息技术。组织通州区首届农民丰收节等农业节庆活动。组织 8 家企业和特色农产品参加第十六届农产品交流会，组织 12 家企业参加 2018 中国（武清）京津冀优质农产品展示交易会。全力推进大棚类设施农业及“大棚房”专项清理整治行动。按照“一村一册、一棚一档”的要求，完成全区设施农业台账建设，排查大棚类农业设施项目 1 406 宗，涉及大棚 29 365 栋，发现“大棚房”项目25宗、1 488栋，清理整治工作100%通过市级验收。

【观光旅游产业】2018年，全区农业观光园58处，比上年减少4处；全年接待游客102.9万人次，下降7.4%；实现观光园总收入2.2亿元，下降24.2%；有从事民俗旅游经营140户，比上年增加52户，民俗旅游总收入1 261万元，增长85.5%；接待游客3.4万人次，增长0.7%。

【农业科技创新项目】2018年，区级科技创新项目重点围绕北京城市副中心建设及全区经济社会发展科技需求，组织凝练项目，为北京城市副中心的城市建设与管理、生态环境改善、重点产业发展、城乡一体化发展、社会事业发展提供科技支撑。实施“主要瓜类作物DNA分子检测体系的构建与应用”“维大力Vdal产业化创制及技术集成”等项目，开展植物新品种、病虫害防治等方面的新产品、新技术研发与应用，支持现有农业科技园区发挥龙头作用，搭建农业高科技示范展示平台，提升特色农产品品质。

【农业机械动力】截至2018年底，全区拥有农机总动力12万千瓦，小麦万亩拥有联合收割机62台，万亩玉米拥有收获机31台。万亩耕地拥有总动力0.28万千瓦，拖拉机487台，其中大中型拖拉机379台，小型拖拉机108台；拖拉机配套农具1 039台（件/套），其中大中型配套农具805台（件），小型配套农具258台（件）。收获机械136台，植保机械252台，农副产品加工机械77台，渔业机械4 852台，畜牧业机械215台，青贮收货机10台，全区卷帘机6 190台，微耕机1 319台，农用排灌机械5 205台。

【农村金融】针对优质小微企业以及“三农”小微企业贷款实行定向优惠。推广社区E服务、网上银行、手机APP等线上业务，为社区和农村偏远地区百姓提供便利的金融服务。继续加大金融安全知识宣教力度，提高百姓防范非法集资意识，营造良好的金融发展氛围。组织全区乡镇街道开展金融知识普及月金融知识进万家宣传活动69次，发放宣传材料8 700余份，微信推送信息2 200余条，微信宣传阅读量达到5.3万余次，受众群体达到4.65万余人，切实提升了辖区群众的金融知识水平。协调各乡镇街道建立通州区违法违规金融活动报告机制，分别确定各乡镇街道联络员，建立区级、乡镇街道级工作微信群，形成覆盖全区的网格化报告机制。截至年底，通州区有联络员480余名。

村镇建设

【概况】9月，启动第一批112个美丽乡村建设村庄的规划编制工作；全区360个平房村启动了以“清脏、治乱、增绿、控污”为主题的人居环境整治工作。为进一步巩固“无煤化”工作成果，全区建立“煤改电”长效管护机制。

【小城镇建设】通州区有4个北京市重点小城镇，即漷县镇、台湖镇、西集镇、永乐店镇。

漷县镇。年内，漷小路一期漷县镇范围内拆迁工作全部完成，并实现通车。觅西路腾退方案已经审批备案并完成地上物清登工作。孔兴路道路工程拆迁工作完成42户签约和树木砍伐工作，涉及平原造林移植、弱电拆改方案及预算正在进行财政评审。漷县中心区供热热网工程取得施工登记意见函，漷城西二路南段主管线施工完成。觅子店组团路网项目鑫隅四街管线工程完成500米，新建桥梁完成80%。中西医结合医院及养老院周边市政配套工程管线工程工作正在推进中。雨污水管线完成400米。

台湖镇。年内，结合市专班会议确定的重点任务，严格按照职责分工进行调度部署，研究制定《台湖演艺小镇2018年重点任务分工方案》，推进镇域规划编制，组建城市设计国际团队工作营，形成初步方案阶段成果，完成中期研讨，提供了终期方案成果。完成《台湖镇集体产业用地试点实施方案》编制和报送工作。全力推进演艺小镇和“设计之都”新平台建设。先后举办的《纽伦堡的民歌手》音乐会、国家大剧院2018台湖音乐周、京剧《大宅门》等公益惠民演出，十一黄金周在台湖公园举办的国际影偶艺术周以及“2018北京·通州运河文化艺术节”开幕式等活动都有力彰显了演艺小镇的文化氛围。初步形成“设计之都”，新平台建设方案，对产业进行了规划，重点发展建筑和环境设计、工业设计、时尚设计等产业。2018年在台湖镇先后举办了“设计之都”新平台发展高端论坛、“通武廊”创意创新设计大赛等活动，进一步推进了“设计之都”新平台的构建。

西集镇。年内，国家、市区重点工程有序建设。配合区经信委进行网络安全园前期考察、选址相关工作，国家网络安全园在西集成功挂牌。配合区级部门对接牛牧屯、桥上、杜店3个村的规划编制工作，进一步完善“生态+科创小镇”功能定位。对外联系路网日益完善。完成首都环线高速公路（西集段）及附属110千伏电力拆迁项目主线路由相关拆迁、拆除工作，首都环线高速实现全面通车；综合配套区西觅路、北环路东段及规划二路道路工程完工并通过验收；完成镇域16条路的大修工作；对北运河大堤路、潮白河引河河道两岸进行景观提升，潮白河段完成部分设施及全部地下工程建设，北运河段现完成总体工程的70%。基础配套设施全速建设。西集镇综合配套区沙尹沟观景平台工程完成基础和钢梁施工；潞河医院分院（含郎府卫生院）完成主体结构；养老照料中心项目完成前期手续办理；西集镇第一幼儿园、文体活动中心设计方案取得初步成果。综合配套区棚户区改造项目取得区政府棚改项目实施主体授权批复，项目实施方案完成编制并取得北投公司的审核意见。

永乐店镇。年内，加快落后产能淘汰步伐，完成17家一般制造业企业退出验收和6家“散乱污”企业清理整治工作。推进产业转型升级，依托永乐开发区，发展高端制造业和现代服务业，打造经济发展的强劲引擎。引进工业项目15家，引进投资1.8亿元。发展都市型现代农业，食用菌、特色蔬菜、水产养殖三大特色主导产业得到进一步巩固提升。永乐花园商品房项目进展顺利，永乐花园经适房项目开工建设，联东U谷永乐产业园三期二组团项目全部主体封顶并进行结构装修，永乐佳地项目正在进行装修并办理验收等手续，珠江一期标准厂房项目一期建筑面积11万平方米基本完工，比亚迪项目选址地块控规批复、二级规划条件、一级开发成本审计及部分地块的权属审查、文物勘探等已完成。高度重视、持续深入做实做细镇域规划编制工作，重点围绕功能优化、规模管控、空间优化、减量发展、“退五还一”、特色突出、设施完善、环境提升等内容，形成阶段性成果。第一批10个村庄的美丽乡村规划编制工作基本完成，同时产业规划专项研究正在推进中。中心镇路网规划进一步升级完善，基本形成“四横三纵两贯穿一循环”的道路格局。首都环线高速公路、采林路、漷小路一期永乐店段相继完工并通车。通州可再生能源发电厂投入运营。园区集中供热中心一期建设工程一次结构完成，再生水厂一期项目主体建设完成并投入运营。

【新型农村社区建设】年内，将农村社区建设与北京城市副中心建设、新型城镇化、基层社会治理创新相结合，推进11个农村社区建设试点单位创建工作。同时，开展“一区一品、一镇一品、一社区一特色”社区服务体系建设，围绕农村居民密切相关的生产生活领域，开展69个社区服务项目。

【基础设施建设】2018年，乡村公路建设养护工程区财政投资1.56亿元，除日常养护外，实施乡村公路大修工程122项117公里，改造危旧及低荷载桥梁31座，项目数量及实施里程历年最高。截至年底，道路工程完工84项76公里，桥梁7座，提前一季度完成全部区财政投资。荣获全国“四好农村路”示范县的称号，通州区成为北京市第一个荣获此称号的区县，是继全国文明城区、国家卫生区后再次获得的全国性殊荣。

农村改革

【概况】2018年，围绕农村经管工作，区经管站完成了农村产权制度改革、“三资”监管、农村社会事务管理等工作任务，农村审计和农民负担“两项监督”得到了进一步强化。

【农民专业合作组织】加强农民专业合作社规范化建设。推进国家和市区级示范社建设，对国家级示范社实施动态监测和运行分析。截至2018年底，在工商登记注册并在区经管站备案的合作社有365家，核心社员1.5万户，带动社外农户3.5万户，其中市级示范社20家，国家级示范社12家。组织优质合作社申报市级农业项目，获扶持资金130万元。培养高素质专业化管理人才。开展合作社规范化建设培训，以《农民专业合作社法》、财务规范化及合作社经营为重点，组织乡镇农民专业合作社辅导员、合作社法人及财务管理人员进行培训。摸清市区两级合作社底数。开展农民专业合作社发展情况摸底调查，与区工商分局等部门共同研究非正常经营合作社合理退出机制。截至年底，全区有118家合作社正常经营，141家非正常经营，106家合作社因各类原因待注销。

【产权制度改革】年内，结合新型城镇化建设的新形势新要求，研究制定《通州区乡镇土地股份联社（联营公司）设立方案》，组建完成台湖镇联营公司，指导张家湾、西集、于家务等6个乡镇形成初步设立方案。同时，完成保障市级部门搬迁工作任务，研究制定《通州区撤村建居农村集体资产处置及移交工作方案》，指导相关镇、村做好撤村建居工作。年内，高水平编制了《国家森林城市建设总体规划》《新一轮百万亩造林绿化建设规划》等多个规划。

【土地确权与流转】坚持土地集体所有权，稳定农户承包权，放活土地经营权，完成农村土地承包经营权确权登记颁证工作。2018年，全区334个村完成确权公示，涉及农户8.7万户，土地面积42万余亩，完善土地承包合同8.4万份。规范土地流转合同档案管理，拓宽土地流转服务范围，引导农民以多种形式流转土地。加强区级仲裁机构建设，对仲裁委员会人员设置进行合理调整。2018年，接待农村家庭土地承包类政策咨询及利益诉求48件次，全部调解完成。

【农村集体资产管理】研究制定《通州区村级经济组织财务公开工作管理制度》，规范村级账户设置及印章管理等工作流程。定期对村级财务公开进行严格检查，确保474个村级经济组织实现100%公开。拓宽财务公开渠道，开发手机微信小程序，在3个乡镇试点实现网络公开。同时，加强对新签订农村集体经济合同的规范管理。有效运用“三资”监管信息系统，做到基础信息同步录入、审批程序同步实施、合同监管同步进行。2018年，全区纳入乡镇管理的经济合同21 449份，涉及525亿元，更新问题合同4 848份，回收拖欠金额4亿元。

农村民生

【概况】坚持织密扎牢社会保障网，多层次、多角度促进发展成果人民共享。就业形势持续保持稳定，新增就业1.8万人，城镇登记失业率控制在2.8%以内。四项专门针对副中心的市级就业扶持政策全部落地，3 792名本地劳动力受益。城乡参保规模达到114.24万人次。城乡居民最低生活保障标准提高至1 000元，通州区困难群众救助服务中心和街乡镇社会救助服务所挂牌成立。城乡低保困难家庭实现“一户一策一档”精准帮扶。30家社区养老服务驿站建成投入运营，通州区成为国家级居家和社区养老服务改革试点。新建3家儿童成长驿站。落实残疾人生活困难补贴和重度护理补贴，深入开展上门服务。做好双拥共建和转业安置工作，启动退役军人信息采集和悬挂光荣牌工作。严格落实房地产市场限购等调控措施，房地产市场价格保持平稳。深入实施25项为民办实事工程，切实解决群众的实际困难。

【农民收入和消费】2018年，通州区上下合力全面推进低收入农户增收及低收入村发展，攻坚脱低成效显著。全区现有低收入农户838户、1 921人，较上年动态减少13户、33人，低收入村3个，包括西集镇的耿楼村、车屯村、吕家湾村。加强资金支持，推动低收入村产业发展。2016—2018年市级低收入发展专项资金869.03万元全部拨付至低收入村开展产业项目，耿楼村农业精品示范园区项目累计带动本村低收入户劳动收入83.37万元；车屯村“梦田园·车屯实践教育基地项目”累计带动本村低收入户劳动收入11.6万元。制定帮扶政策，“一户一策”开展精准帮扶。结合市级精神，通州区印发《关于进一步加强低收入农户帮扶工作实施方案》，制定精准帮扶措施32项，进一步加大工作力度，推动从单纯的增收向包括加强教育、医疗、住房保障在内的帮扶转变；制定资金使用政策进一步引导精准帮扶，2018年，通州区匹配资金350万元用于各乡镇开展低收入农户帮扶工作。多部门联动开展多渠道帮扶举措。区委组织部、区委宣传部及民政、社保、教育、残疾、园林、经管等部门及企事业单位、社会团体实施多项帮扶救助政策，全面开展部门对接帮扶和“第一书记”选派、着力提升教育保障、就业保障、社会保障、医疗保障、住房保障水平。

【农村劳动力非农就业】年内，全区城乡劳动力就业19 794人，完成指标的165%，城镇登记人员就业率达到64.32%；期末实有城镇登记失业人员5 463人，城镇登记失业率2.74%，同比增加0.24个百分点。全区城乡就业困难人员就业9 818人，完成任务指标的179%，就业困难人员就业率达到69.91%。6月，从制度、个人及单位受益、托底安置三个层面申请的四项就业促进政策（政策一：全域纳入城市化建设地区，实行统一就业失业管理制度；政策二：农村地区劳动力到城市公共服务类岗位就业可享受补贴；政策三：加大用人单位岗位补贴和社会保险补贴力度；政策四：享受重点帮扶地区公益性就业组织岗位补贴帮扶）全部落地，为做好与市级政策衔接，充分发挥政策推动就业的作用，12月底制定并出台三项区级延伸配套就业政策（政策一：加大公益性就业组织岗位补贴；政策二：加大培训补贴力度；政策三：扩大城市公共服务类岗位补贴覆盖范围），打造全市最优政策环境。

市级政策批复后，促进 4 703 名本地劳动力实现就业。2018 年，完成漷县、潞城、台湖、马驹桥、梨园、张家湾、永顺 7 个乡镇 34 个村 992 名劳动力的转非安置补缴社会保险工作，涉及基金 20 763.85 万元，其中，补缴养老保险 13 996.64 万元、医疗保险 5 865.92 万元、失业保险 901.29 万元。

【农村社会事业】教育事业稳步发展。北京五中实现招生，人大附中小学部等 5 所学校具备开学条件，首师大附中、景山学校开工建设。北京一幼海晟实验园等 6 所幼儿园建设完成，新增公办、普惠制学位 1 920 个，市级优质园总数达到 46 所。启动“区管校聘”改革。高考本科上线人数稳步提升。成功获得全国农村职业教育和成人教育示范区荣誉称号。医疗卫生事业提质发展。北京友谊医院实现开诊，安贞医院等项目顺利推进，东直门医院“两院合一、主体东迁”取得阶段性成果，人民医院等项目加快建设。18 家社区卫生服务中心与城四区优质资源实现精准对接。新建 5 个急救工作站，“120”呼叫满足率提升 21%。推进大运河文化带建设，初步完成《通州区文物保护规划》和《三庙一塔景区保护利用规划》编制，全面实施文物修缮工程，大运河文化研究会正式成立。成功举办中国艺术品产业博览会、运河文化艺术节、啤酒文化节等活动。加快推进区体育场改造工程，建成 95 个便民体育健身设施。成功举办 2018 北京通州半程马拉松、运河绿道骑游周等品牌活动。2018 中国（北京通州）残疾人半程马拉松成为国内首个面向残疾人的专业马拉松赛事。

【农民社会保障】年内，全区城乡居民养老保险累计参保 22.56 万人，续保率达 98.6%。基金累计收支 11.84 亿元，有 5.95 万人享受居民养老保险待遇。城乡居民正式告别医保待遇二元分化局面，实现“六统一”，即覆盖范围、筹资政策、保障待遇、医保目录、定点管理、基金管理六个方面的统一。全区城乡居民基本医疗保险参保 31.76 万人，基金累计收支 4.90 亿元。及时上调养老、失业、工伤等社会保险待遇标准。其中，全区 7.68 万名企业离退休人员月人均领取养老金达 3 418.61 元；城乡居民养老保险待遇人员基础养老金标准调整为每人每月 705 元/715 元；无保障老年人福利养老金标准调整为每人每月 620 元/630 元；失业保险金发放标准每档增加 244 元；工伤人员伤残津贴按工伤等级逐级增加，最低档每人每月增加 280 元；工亡人员供养亲属抚恤金每人每月增加 185 元。

基层组织与民主政治建设

【概况】2018 年，在全区范围内于 1 月、7 月组织两次村级“民主日”活动、召开两次社区居民会议，极大地调动了居民群众参政议政的积极性，提高了城乡基层干部的决策水平和解决实际问题的能力，进一步密切了党群干群关系。会同区委组织部、区委农工委、区经管站等单位全面规范村党务、村务、财务公开工作。全区经区政府批复成立的社区居委会 130 个。

【基层干部队伍建设】3 月起，开展具有前科劣迹村“两委”委员中党员入党过程核查、村和社区“两委”委员中党员入党过程核查、十八大以来发展党员工作核查、预备党员逾期未转正情况核查、全区基层党组织补交党费使用管理情况核查、退役军人未落实组织关系核查 6 次专项核查工作。4 月，启动区人力资源公共服务中心流动党总支党员疏解转接工作。6 月 27—29 日，与区纪委区监委机关、市规划国土委通州区分局、区委党校联合举办第一期村“两委”负责人“大棚房”清理整治专题培训班。7 月 2—13 日，分 4 期组织全区村党组织书记、村委会主任赴河南省红旗渠开展“问初心、践使命”专题培训。

【民主政治建设与组织建设】年内，成立区、街乡两级换届选举工作领导小组和工作专班，对全区 469 个村党组织、130 个社区党组织进行“拉网式”摸排。严格落实“五好十不能”要求，对“两委”［村（社区）党（总）支部委员会和村（居）民委员会］候选人 6 143 人次进行资格联审。创新搭建选举现场视频同步回传平台，实现实时监控、快速处置。坚持压茬进行，同步推动村、居委会换届选举，按照“五个一批”（劝退一批、转岗一批、安置一批、选派一批、转居一批）要求，对 195 个非“一肩挑”［村（社区）党组织书记和村（居）民委员会主任由同一人担任］村进行分类攻坚。结合扫黑除恶专项斗争，营造风清气正氛围。

【党的建设】年内，制定实施《通州区 2019—2021 年基层党建工作规划》，持续完善基层组织体系，以提升政治功能和组织力为重点，推动基层党组织全面进步、全面过硬。健全“一规两册一表一网一体系”（“一规”即《党支部工作规范》；“两册”即

《党支部工作手册》和《党员手册》；“一表”即《党支部学习活动年度安排表》；“一网”即北京长城网及“党员E先锋”等党员教育管理平台；“一体系”即《通州区基层党建工作考核评价指标体系》）支撑载体，督促指导各村级组织落实“三务公开”（村级党务、村务、财务公开）和“六有六上墙十三示”（“六有”：即有场所、有设施、有标志、有党旗、有书报、有制度；“六上墙”：即党旗、党徽、入党誓词、党员权利、党员义务、“三会一课”制度等要悬挂上墙；“三示”即党务工作有公示，党员活动有展示，作用发挥有显示）等制度。依托基层党建“三级联创”[在区、乡镇（街道）和村（社区）三级党组织中，创建“五个好”目标：一是领导班子好，二是党员干部队伍好，三是工作机制好，四是小康建设业绩好，五是群众反映好]、巡回督导、拉练观摩等工作，进一步加强基层党组织规范化建设。开展基层党组织书记大轮训。从严发展、教育、管理和监督党员，认真做好发展党员全程记实系统试运行工作。制定实施区委常委、党员副区长和处级领导干部两个层面的抓党建工作制度，完善区领导联系重难点村制度，为每个软弱涣散村安排1～2名区领导作为联系人。健全《基层党建工作考核评价指标体系》，实现明责、履责、督责、问责“闭环”链条。落实好每年3 000万党建专项扶持资金，用于提升党组织引领发展能力、加强软弱涣散基层党组织整顿。划拨补交党费400万元用于精准扶贫。扎实推进党群服务中心建设。

全力抓好村（社区）“两委”换届选举正风肃纪工作。严把村（社区）“两委”换届候选人资格关，先后对9 400余人次的任职资格进行审查，审查出120余人次不符合任职资格条件，为村（社区）“两委”换届工作的开展提供了保障。快速查处了台湖镇北火垡村高某贿选案，严肃换届纪律，确保换届选举风清气正。截至2018年底，查处6起9人涉嫌违反换届纪律的案件。

区、乡（镇）“三农”工作部署和实施

【概况】年内，为贯彻落实市委、市政府《关于印发〈实施乡村振兴战略扎实推进美丽乡村建设专项行动计划（2018—2020年）〉的通知》的文件精神，建立完善的工作机制，扎实推进通州区美丽乡村重点工作。制定通州区《提升农村人居环境 推进美丽乡村建设专项行动实施意见（2018—2020年）》。成立了由区委、区政府主要领导亲自牵头挂帅、区级职能部门组成的领导小组，领导小组下设办公室，由区政府“三农”工作主管领导牵头负责，全区从上至下建立了区级领导指导、区直部门帮建、乡镇负责人主抓的工作机制。制定《通州区美丽乡村建设工作领导小组联席会议制度》。区政府主管领导牵头不定期召开会议，听取各部门、乡镇的工作进展情况。摸清底数，建立了美丽乡村建设基础台账，包括村庄的基本情况、道路、公共照明、公共卫生厕所、太阳能浴室、垃圾处理、绿化、保洁、污水处理、农村户厕、村庄公益设施等11方面的内容；全区分类打造试点标杆村。

【利民惠民政策落实】城乡基础设施建设投入42.6亿元，重点用于保障新城核心区建设和市政基础设施工程；推进美丽乡村建设，支持农村基础设施维护、乡村公路维修及养护；整治农村环境，推进村庄绿化美化、农村饮用水水质提升和污水治理、农村厕所改造、建立长效管护机制等。城乡环境治理投入11.2亿元，重点用于高标准保障道路清扫保洁、垃圾收集处理、粪便处理、公厕保洁等，道路维护、公共设施更新以及城区环境整治；继续支持垃圾分类工作，配备垃圾分类设施和处理设备，安排宣传指导员，提升垃圾分类收集、处理效果；推动环球影城周边区域、张家湾镇及梨园镇、中心商务区周边区域等环境综合提升。改善交通出行环境投入17.2亿元，重点用于保障云瑞南街、曹园南大街、漷小路、宋梁路等重点道路工程建设；进一步完善镇村道路网；增加公共自行车服务网点，倡导绿色出行；推进路侧停车电子收费系统建设；支持区内小公共票价折扣补贴，提升交通运输承载能力。城市维护管理及安全运转投入14.2亿元，重点用于保障公安机制建设；推进“雪亮工程”建设；保障公安、消防支队火灾隐患信息研判中心运行；保障安全监管、城管执法等城市运转支出。

社会保障和就业投入17.6亿元，重点用于落实城乡居民养老保险、基础养老金、城乡无保障老年生活补贴等政策；实施积极就业政策，给予公益性岗位补贴；落实大学生“村官”（选调生）待遇政策；落实社会优抚救助补助政策，保障退役士兵一次性经济补助、城乡低保对象补助、征地超转人员生活费和医药费、居家养老助残等。医疗卫生投入14亿元，重点用于支持通州区公立医院设备更

新及学科建设；建成潞河医院、东直门医院东区、新华医院、通州区中西医结合医院、同仁医院为核心医院的医联体，开展专家下基层、基层人才培养、预约挂号、预约就诊、双向转诊、慢病管理、急诊绿色通道管理等工作；做好新华医院新建社区服务中心的保障工作；完善医疗卫生服务体系，稳步推进医药卫生体制改革。保障性安居工程建设投入5.8亿元，重点用于支持老旧小区综合整治工作及保障性住房建设等。

【实践创新】 年内，深化“街乡吹哨，部门报道”改革，着重从改革制度设计、开展清理规范两个方面，扎实推进社区减负工作。编制社区依法履行职责事项和依法协助政府工作事项清单，制定《关于实行社区工作准入的实施意见》，建立社区工作准入联席会议。拟定《关于加快社区公共服务设施的实施意见》和《关于实行社区绩效考核的实施意见》。

【区人大代表建议、政协提案及时办理】 区六届人大三次会议以来，代表提出建议115件（闭会期间1件），全部办复。坚持严格分类、及时交办、综合分析、把握进度、复查补办；坚持开展代表调研督查、专项视察，听取办理情况报告，进行满意度测评，促进代表建议更高质量办理。全年90%以上建议得到有效办理。代表提出的乔庄小学改造提升、老旧小区试点安装电梯、在城区四个街道加大社区养老服务驿站建设扶持力度、加强农村地区劳动力培训和就业扶持、尽快落实增加基层卫生院药品采购品种等一大批建议办理质量高、社会反响好。一些难度大、代表们连续几年提出的打通净水东路与土桥中路300米断头路的建议，得到了高效解决，赢得了群众高度赞誉。

2018年，提交提案251件，经审查立案237件，立案率94.4%。其中，党派团体界别提案29件，委员提案208件。立案提案全部办复完毕，提案办复率100%，提案建议采纳率85%。

通州区领导名录

区委书记 曾赞荣
副书记 张力兵（4月免） 赵 磊
初军威（6月任）
常委 洪 波 韦 江（女）
洪家志（土家族） 查显友
崔松光（5月免） 郑 宇
刘贵明 张宏韬（2月任）
区人大常委会主任 李玉君
副主任 刘 卉（女） 尚祖国
薄立军 张绍武
金文岭（不驻会）
区长 张力兵（4月免）
赵 磊（4月代，9月任）
常务副区长 崔松光（6月免）
刘贵明（6月任）
副区长 洪家志（土家族）
李亚兰（女，6月免）
朱益军
董明慧（女，10月任）
王岩石 张德启
雷晓宁（女，6月免）
阳 波 黄世喆（6月任）
王 博（8月任）
苏国斌（10月任）
区政协主席 赵玉影
副主席 季志会（女） 贾君刚
石宝玉 王子江（不驻会）
田春华（女，不驻会）
吴 涛（不驻会）
区农委书记 刘青松 张力兵
区农委主任 刘庆生

通州区乡镇（街道）党政正职领导

	党（工）委书记	镇（乡）长、主任
中仓街道	宗 飞	陈新全（12月免）
新华街道	滕永新	张民平
北苑街道	李彦明	华 飞（女）
玉桥街道	徐景发	孙雪松（女）
潞源街道	倪德才（5月任）	刘 鑫（6月任）
通运街道	曾祥正（12月任）	陈新全（12月任）
永顺镇	邓忠义	邓小民
梨园镇	冯利英（女）	刘永忠
宋庄镇	柳德利	王 艳（女）
张家湾镇	聂玉泉	范亮亮
漷县镇	孝 军（5月免）	朱春彬（12月免）
	朱春彬（11月任）	邹海涛（12月任）
马驹桥镇	鲁新红（11月免）	孙 伟（11月免）
	孙 伟（11月任）	何志达（12月任）
西集镇	张全启	陈洪波

漷城镇	刘贵明（6月免） 吴孔安（7月任）	吴孔安（12月免） 张旭辉（12月任）
台湖镇	倪德才（5月免） 曹东波（11月任）	曹东波
永乐店镇	魏　国	卢庆雷
于家务回族乡	王德松	古　剑（回族）

（中共通州区委党史工作办公室、通州区地方志办公室　张亚昆）

顺义区

综　述

2018年，顺义区下辖12个镇、7个地区办事处（加挂镇牌）和6个街道办事处，共426个村民委员会、134个居民委员会。全区常住人口1 026 543人，户籍人口644 919人，流动人口381 624人。地区生产总值1 864亿元，同比增长6.1%。完成一般公共预算收入159.3亿元，同比增长7%。累计完成各项税费收入586.3亿元，同比增收27.3亿元，增长4.9%。357家规模以上工业企业完成工业总产值1 807.1亿元，同比下降12%，减量247.4亿元。社会消费品零售额478.7亿元，同比增长5.2%。进出口额163.2亿美元，其中：出口45.8亿美元、进口117.5亿美元；实际利用外资16.5亿美元，同比增长78.2%。居民人均可支配收入36 575元，同比增长9%；全区居民人均消费支出23 118元，同比增长8.2%。

全力推进精准脱贫脱低。加快低收入村发展，南彩镇小营村、杨镇下营村和荆坨村蔬菜温室项目建成。全区低收入农户人均可支配收入达到13 695元，同比增长13.5%，脱低率达到99%。稳步推进新型城镇化。棚户区改造高效有序，原维尼纶厂生活区国有土地房屋征收项目，西丰乐村、东石槽村项目，柳各庄村项目实现100%签约。促进河东地区重大项目建设发展行动计划出台，河东地区重点工程41个立项。乡村振兴战略扎实推进，153个村庄规划编制完成，美丽乡村“百日攻坚战”圆满收官，90个村污水治理工程和40个村环村绿化带建设启动。加快提升城市承载能力。100项重点工程全部立项、73项开工建设。70公里乡村公路大修完工，获评北京市“四好农村路”示范区。推动就业社保稳中提质。城乡劳动力二三产业就业率保持95%以上，连续7年被评为北京市充分就业区。城乡居民医疗保险整合完成。城乡低保标准由家庭月人均900元提高至1 000元，低收入标准由1 410元提高至2 120元。

城乡融合发展

【概况】新型城镇化稳步推进。棚户区改造高效有序，原维尼纶厂生活区国有土地房屋征收项目，西丰乐村、东石槽村项目，柳各庄村项目均实现100%签约。促进河东地区重大项目建设发展行动计划出台，河东地区重点工程立项41个，乡村振兴战略扎实推进，153个村庄规划编制完成，美丽乡村“百日攻坚战”圆满收官，90个村污水治理工程和40个村环村绿化带建设启动。

【农宅新建翻建项目推进】2018年，本区以既有农宅改造为抓手，着力提升村民生活品质，按照“宜建则建、宜改则改”的原则，通过“市里奖一部分、区里补一部分”的方法，在顺应农民意愿的基础上，农宅新建翻建工程继续全面推进，共涉及到16个镇，新建翻建约750户。

【连村节能路灯新建工程】2018年，作为新农村“三起来”工程中的让农村“亮起来”工程——农村连村节能路灯新建工程，为切实改善和提升本区农村居民的生产生活条件，安装连村路灯2 000盏。本区农村地区现有各类节能路灯6.76万盏（灯杆数），农村居民夜间出行难的问题得到切实解决。

【农村社区建设试点验收评估】11月30日，顺义区民政局开展农村社区建设试点验收评估工作。通过农村社区自评、第三方机构评估、区农村社区建设试点工作领导小组审核和确认的评估方式，对北石槽镇寺上村、牛栏山镇金牛村等10个农村社区建设试点进行评估考核。评估认为，每个试点在社区治理体制机制、法治建设、文化认同、社区服务体系、基础设施建设、社区工作队伍建设等方面均有所提高。

农村经济发展

【**概况**】2018年，顺义区认真贯彻落实党的十九大精神和中央农村工作会议及北京市农村工作会议精神，深入学习贯彻习近平总书记视察北京系列重要讲话，以“四个全面”战略布局为引领，以创新、协调、绿色、开放、共享的发展理念为指导，坚持依法履职，深化农村土地制度改革和农村产权制度改革；引导农民合作社健康发展，保障合作社成员合法权益；大力推进农村“三资”监管工作，不断发展壮大农村集体经济，实现顺义区农村经济发展，农村社会和谐稳定。

【**美丽休闲乡村推介工作**】8月，顺义区农委按照农业农村部办公厅印发的《关于开展休闲农业和乡村旅游精品推介工作的通知》（农办加〔2018〕8号）要求，推荐顺义区赵全营镇北郎中村参评“中国美丽休闲乡村”。赵全营镇北郎中村获评2018年“中国美丽休闲乡村”。

【**农业品牌建设**】9月11日，北京市北郎中农工贸集团“北郎中”、北京龙湾巧嫂果品产销专业合作社“龙湾巧嫂”、北京兴农鼎力种植专业合作社“兴农鼎力”3个品牌获评2018年“北京农业好品牌”；北京兴农天力农机服务专业合作社陈军峰获评2018年“京郊农业好把式”。10月26日，北京朱民垂钓园、北京市后鲁养鱼场、北京梓婷佳苑垂钓园等13家基地获评“北京农业好基地”。

【**农机手技能大赛**】11月16日，由区农业机械化学校主办，北京兴农天力农机服务专业合作社协办的“顺义区第三届农机手技能大赛”举行。比赛内容包括农机机械常识、安全生产法规、“三农”政策等理论科目和场地驾驶、田间播种等实操科目。共计85名选手参加比赛，最终获一等奖1人，二等奖3人，三等奖8人。

【**百名专家兴顺工程**】实施专家带项目、项目带产业、产业带农民的三带战略，使专家、项目与现代农业建设形成上下联动、相互依托，最终实现专家领引、科技支撑，使本区农业向高端、高效、高辐射方向发展。2018年，组织农口单位与中国农科院、中国农大、市农林科学院、市农学院等科研单位的有关专家、教授进行对接，入区指导农业种植基地、养殖基地、农业企业相关工作。共聘请专家87名，安排实验示范91项。

【**村级全科农技员队伍建设**】提升顺义区基层农业技术推广综合服务能力。实施联合培养，全面提升全科农技员的综合素质，进一步增强全科农技员的业务能力，提高全科农技员业务水平和服务质量，充分发挥全科农技员在农业生产中的作用，结合产业实际和培训需求，开展各类培训。11月29日，在北京市农业农村局主办的以“提高知识技能　服务乡村振兴”为主题的2018年首届村级全科农技员知识技能大赛决赛中，顺义区代表队夺得第一名，并荣获团体一等奖和优秀组织奖。

【**新型职业农民培育**】大力培育新型职业农民，推进规范化、系统化培养新型农业经营主体带头人及蔬菜种植大户，提高培训的针对性、实效性和科学化水平，举办新型农业经营主体带头人、蔬菜种植大户培训。培训选拔顺义区域内具有一定文化基础和学习能力，有一定产业规模、生产经营效益较好，具有示范带动意义的现代农业生产经营者、家庭农场经营者、农民合作社骨干、农业企业负责人等120人，其中，新型农业经营主体带头人90人，蔬菜种植大户30人。

【**新型职业农民宣传推介**】依据《农业农村部办公厅关于开展2018年度“全国十佳农民”资助项目的通知》要求，组织开展本区从事现代农业新型职业农民候选人推荐工作，北京龙湾巧嫂果品产销合作社的理事长张亚利在评选中获评“全国十佳农民”。宣传新型职业农民先进典型，展示新型职业农民精神风貌，组织由市农委、市农业局主办的“2018年北京市新型职业农民科技之星”评选活动。北京硕丰磊白山药产销专业合作社理事长薛新颖获评“北京市2018年新型职业农民科技之星”。

【**新型职业农民培育示范基地建设**】重视技术人才队伍建设的同时，不断加强人才培训设施、设备建设，将农民集中组织起来，通过知识讲座、实习操作、技能竞赛、考察学习等方式来提高他们的技术水平。2018年，北京兴农天力农机服务专业合作社基地，被农业农村部评为全国新型职业农民培育示范基地，是北京市唯一的区县级全国新型职业农民培育示范基地。

【**农民组织化程度提高**】全区正常运营农民专业合作社144家，涵盖林果、瓜菜、畜牧、花卉、农机、民俗旅游等行业，入社社员1万人，带动非成员农户1.2万户。年内，本区市级以上农民专业合作社示范社23家，其中，国家级示范社9家。

【**农业节庆活动带动作用突出**】北京首届“中国农

民丰收节”顺义区系列活动于2018年9月末开始，持续到10月上旬，活动主要包括4项，分别是第二届“欧菲堡”文化艺术节、“收获金秋·梦回田园”主题活动、“喜庆丰收·菊满花港”主题活动和意大利农场第一届农民丰收节。活动期间，共接待游客近20万人次，实现门票、采摘、农产品销售等收入500万元。

【土地确权登记颁证】本区共有122个村暂缓此次确权登记颁证工作，其中67个村履行暂缓启动确权登记颁证的民主程序，上交会议决议和决议结果；其中完成村庄整建制拆迁和人员农转居的村55个。进行确权登记颁证工作的村庄数量304个。截至年底，304个村土地测绘工作完成，土地测绘实测面积47 400公顷，确权人口7.8万户，31.54万人。打印证书近4万份，完成10个乡镇的确权登记颁证。

【涉农仲裁调解】通过组织开展有关仲裁工作的培训，提高仲裁委员会及日常办事机构负责人的指导服务能力，培训人员300余人次。2018年，接到电话来访170余件，调解纠纷27件，其中因订立、履行、变更、解除和终止农村土地承包合同发生的纠纷2件，因收回调整承包地发生的纠纷6件，因确认农村土地承包经营权发生的纠纷1件，因农村土地承包经营权发生的纠纷18件。27件纠纷中，仲裁调解解决27件。

【农村集体经济合同管理】2018年，针对设施农业合同开展专项清查整改工作，共清查设施农业49 590栋，清查合同7 306份。通过指导村镇两级签订补充协议、完善审批手续等方式，整改508份合同。

【农村集体财务规范化建设】完善村级会计委托代理制度，规范账户设置、印鉴管理，加大对大额资金、专项资金的财务管理，特别是对征地补偿费监督管理，严格实行专户存储、专账管理、专款专用；规范农民合作社财务管理，扩大财务管理软件试点范围；针对重点工作继续做好农村财务人员培训。《北京市农村集体经济合同管理办法》进一步落实，加强对新签订农村集体经济合同的合同条款、签订程序、履行情况等环节进行规范指导；强化合同纸质档案和电子台账管理。做好“三资”管理示范创建工作和农村集体经济产权登记证年检工作。

【产权交易平台建设】根据《顺义区农村经济合同管理办法》的规定，发包（出租）给集体经济组织以外的单位或个人的项目，必须通过北京市农村产权交易平台进行。2018年，本区在市产权交易所挂牌项目46宗，成交39宗；挂牌金额6 176.6万元，交易总额5 442.4万元，增长333%。

【农村集体经济审计监督】在完成常规审计的基础上，抓好农村“两委”主要负责人经济责任审计结果的整改落实，完善管理制度，规范社会审计机构参与农村审计，研究完善审计体制机制新思路。强化集体经济民主监督管理，健全农村集体经济组织民主管理制度，规范财务公开、民主理财，重点解决财务公开不及时、不真实等问题。逐步推进村干部权力清单试点工作。

【农民负担监督管理】2018年，农民负担执法检查工作主要针对涉农乱收费乱摊派情况、村级公益事业专项补助资金的拨付及使用情况、村级公款订阅报刊费情况、一事一议筹资筹劳管理情况开展检查工作。

【农村合作经济组织登记证书变更换发】为贯彻落实市农业农村局相关文件及通知精神，配合区农委按照国家有关工作要求，原由各区政府负责发放并加盖公章的《北京市农村合作经济组织登记证书》，统一调整为由各区农委负责发放农业农村部统一监制、市农业农村局统一印制的《农村集体经济组织登记证》并加盖印章，具体工作按全市统一部署同步推进。

【农村“三资”管理】深化落实《顺义区关于进一步加强村集体“三资”管理工作的意见》，严格执行顺农文〔2011〕40号文件精神，深化农村集体资产监管平台在基层的管理应用，推进“三资”管理的制度化、规范化、信息化。推进“三资”监管平台的跨部门应用和资源共享。按时保质完成农村经济统计年报等报表的基层基础数据资料的审核上传工作。通过调查摸底、核查汇总、镇村逐级上报形式完成全区农村收益分配情况统计。

【农产品成本调查】对全区60个农产品成本点的成本效益进行监测，包括小麦、玉米、西瓜、白薯、苹果、葡萄、蔬菜、西瓜苗、生猪、樱桃、花卉共计11个品种，11个品种60个成本点的核算工作全部完成。成本核算以及时登记、记账、审核结合实地调查等方式进行上报、汇总分析。客观反映各个经营主体在农产品生产经营、销售及效益等方面的情况，为生产经营者改善经营管理、提高效益，为各级政府研究制定产业政策提供重要依据。

【蔬菜种苗产业】顺义区共有集约化育苗场 16 家，育苗户 500 余个。16 家蔬菜集约化育苗场全年提供各类种苗 3 900 余万株，育苗种类包括番茄、大椒、茄子、西瓜、甜瓜、黄瓜、生菜、菜花等。以北务、杨镇、李桥等镇为主的 500 余个育苗户提供嫁接西瓜、甜瓜、番茄等种苗数量达到 600 余万株。

【蔬菜产业提升】建立新品种、新技术展示基地 6 个，落实国内、外优质瓜菜新品种示范 100 余个、新型滴灌带节水灌溉等新技术 10 项，示范带动全区设施农业为主导的产业发展，助推农民增收。开展百名专家兴顺工程，以新科技助力顺义现代农业发展，聘请中国农业科学院、北京市农林科学院、中国农业大学等 10 余家单位的种植行业专家 35 名，落实合作项目 40 项，围绕新品种、基质化栽培、番茄长季节栽培、西甜瓜丰产优质、根结线虫综合防控等方面开展研究及合作。在兴农鼎力、绿富农、龙湾巧嫂 3 个基地实施蔬菜加工厂库建设项目，“绿奥”等 19 个蔬菜品牌创建项目通过专家验收；在 15 家园区实施万亩镇集约化育苗场建设、“七统一”园区建设以及基质化栽培示范项目；实施农业农村部全国百家“设施蔬菜有机肥替代化肥试点”——顺义区（第二年）项目。

【农产品质量安全监管】年内，顺义区种植中心抽检农药样本 351 个、肥料样本 97 个、种子样本 41 个、农药标签 178 个。对 88 家重点蔬菜基地日常及节日期间的生产过程进行监管，检查生产基地 220 家次，发放田间生产档案记录 1 500 余份；对全区种植业无公害认证企业进行质量安全检查，检查企业 78 家，共签订责任书 74 份，对存在问题的 15 家企业责令立即整改。组织 17 家基地申报无公害认证，推荐 6 家基地参加北京市优级标准化基地评选。全年农业农村部级抽检 16 个，合格率 100%；北京市级监督抽检 300 个，合格率 100%；区级快速抽检 19 216 个，区级 34 种农药残留定量抽检 485 个，合格率 100%。

【科技培训工程】区种植中心一是承担果类蔬菜、叶类蔬菜、西甜瓜、食用菌和粮经 5 个北京现代农业体系综合试验站建设工作。依托创新团队项目，在综合试验站的试验示范带动下，以田间学校工作站的形式，与农户面对面，现场解决实际问题，指导农业生产，培养新型农民。对接岗位专家落实试验示范项目 34 项，筛选出优新品种 10 个。组织各类生产技术培训 21 期 1 395 人次，各类观摩 25 次 630 人次。二是新建植物诊所 3 家（顺义区植物诊所达到 13 家），采取坐诊和上门诊断相结合，随时提供“公益、绿色、科学、专业”诊断服务，全年累计开具处方 7 200 条。

【新品种新技术试验示范】开展 49 个春大棚番茄优质品种展示示范试验和 1 个夏玉米新品种展示示范 467 公顷；开展蔬菜、西甜瓜、黄豆新品种试验示范 100 余个，节水、肥料、农机等实用技术试验示范 10 项；开展秋冬季食用菌新品种示范栽培 5 项。

【畜牧生产工作】2018 年，顺义区畜牧业生产总量呈下降趋势。出栏猪 54.1 万头，同比减少 14.8%；肉鸡 48.2 万只，同比减少 167.6%；肉鸭 115.2 万只，同比减少 11.9%；肉牛 15 003 头，同比减少 28.8%；肉羊 71 508 只，同比减少 8.7%；鸡蛋产量 3 096.5 吨，同比减少 54.9%；牛奶产量 3.5 万吨，同比减少 22.7%。肉类总产量 5.1 万吨，同比减少 27.8%。畜牧业总收入 16.9 亿元，同比减少 2.2 亿元，减少 11.5%。畜禽规模养殖场 81 个，减少 24 个，同比减少 22.9%。

【日常检查与违法行为查处立案】2018 年，顺义区动物卫生监督所共出动执法人员 6 045 次，开展专项行动 28 次，处理举报 73 起。查处违法行为并立案 219 起，罚没款 38.99 万元，其中万元以上案件 4 起，向公安机关移送行刑衔接案件 3 起。

【无害化处理】年内，共监督无害化处理病死和死因不明的动物 76.848 3 万头（只）。

【快速检测】在动物源性食品源头监管中，加强快速检测工作，检测瘦肉精与药残 3.95 万份，委托第三方检测 336 份，配合上级单位采样 536 份。因检测不合格立案 9 起。

【重点动物疫病免疫】2018 年，累计完成禽流感、口蹄疫、犬狂犬病等重点疫病免疫 874.91 万头只，重点疫病免疫密度均达到应免的 100%。

【疫病监测】2018 年，完成市、区两级动物疫病送检监测 100 821 份，监测面达到 100%，保证免疫实效，提高疫情预警能力。

【奶牛“两病”净化】顺义区动物卫生监督管理局严格按照检测、扑杀、免疫、生物安全控制等措施，完成春、秋防奶牛布病全群检测送检和奶牛结核病的监测工作。2018 年，共实施奶牛布病监测

12 533份，奶牛布病阳性畜数量及阳性场户个数均明显下降。

【兽医技能竞赛】 第四届兽医技能竞赛举办，来自全区12个防检站的共60余名选手参加理论测试、实际操作和论文写作3项技能竞赛。顺义区3名选手参加全国农业行业职业技能大赛市级选拔，其中2名选手代表北京参加全国比赛。

【H7N9禽流感专项整治行动】 3月22日至4月30日，顺义区集中开展H7N9流感专项行动，全面禁止市场内外活禽交易和宰杀，加强疫情监测和路口管控等措施，检测禽类样品1 428羽份，免疫抗体保护率均在70%以上；取缔9户活禽交易行为，严防发生H7N9禽流感疫情。

【非洲猪瘟疫情控制】 自2018年8月3日我国发现第一起非洲猪瘟疫情后，顺义区成立防控工作领导小组，印发《顺义区非洲猪瘟防控应急工作方案》等文件，启动日排查日报告制度，加强养殖环节、屠宰环节、运输环节、路口等监管力度，加大泔水猪整治力度。12月5日，经中国动物卫生与流行病学中心确诊，顺义区赵全营镇六旺种猪场排查出非洲猪瘟疫情，该种猪场存栏生猪2 461头，发病53头，死亡26头。疫情发生后，顺义区迅速处置，对疫区实施封锁，坚决拔点灭源，12月9日，疫区内生猪全部扑杀并无害化处理。

【农业机械化总体水平】 年内，依据新统计指标，顺义区农机总动力21.2万千瓦，拥有种植、养殖、农产品初加工等各业农机装备2万台（件）。拥有各级各类农机社会化服务组织及农机专业户60个，农机从业人员2 400人。小麦生产全过程机械化水平继续保持100%，玉米生产全过程机械化水平为98.2%。

【重要农时季节农机作业】 春耕期间，共投入各种机具1 150台（件），完成机播2 267公顷（其中玉米1 800公顷、其他杂粮467公顷）、机灌3 867公顷、机植保3 867公顷、土壤深松200公顷。"三夏"期间，投入各种机具937台（件），完成机收小麦3 667公顷、机播玉米5 000公顷、小麦秸秆机打捆收集220公顷。"三秋"期间，投入各种机具1 070台（件），完成机收玉米5 987公顷（其中谷穗3 053公顷、全株青饲2 933公顷）、机播小麦3 733公顷。

【粮食作物秸秆禁烧及综合利用】 春季2 267公顷越冬休耕地内残留玉米秸秆和根茬实施粉碎或耙碎还田。夏季产生小麦秸秆3 667公顷，其中3 447公顷实施机械化粉碎还田、220公顷实施机械化打捆收集。秋季产生玉米秸秆6 107公顷，其中实施机械化粉碎还田3 173公顷，机械化全株带穗青贮收获2 933公顷。全年粮食作物秸秆继续保持全面禁烧，保持"零火点"目标，综合利用程度为100%。

【蔬菜废弃物循环利用】 年内，镇企继续加强合作，北京奥格尼克生物技术有限公司共收集区内蔬菜废弃物约3 613公顷、123 536吨，覆盖到全区所有瓜菜田，生产有机肥15 797吨。区财政拨付补贴资金1 084万元，其中补给奥格尼克公司867万元，补给园区种植户217万元。

【农机新技术推广】 区农机技术推广服务站投资50万元，在北京后陆马果蔬产销专业合作社和北京绿富农果蔬产销专业合作社推广塑料冷棚加装中置式新型卷帘机，使冷棚种植变为温室种植，蔬菜生产周期由原来每年的4—10月延长至全年，可多收获春冬两季蔬菜。年内，共示范推广中置式新型卷帘机30台。

村镇建设

【概况】 顺义区坚持以加强农村社会管理带动新农村建设、以新农村建设促进农村社会管理提升为核心，以30个环境整治示范村、120个美丽乡村创建村、全区综合环境整治为重点，统筹推进美丽乡村建设工作。

【美丽乡村建设全面推进】 印发《顺义区"实施乡村振兴战略扎实推进美丽乡村建设"专项行动计划（2018—2020年）的实施方案》和《顺义区农村地区村庄规划编制工作实施方案》，完成《美丽乡村党建方案》《美丽乡村文化振兴方案》等9个配套专项实施方案及153个村的村庄规划和美丽乡村建设实施方案的编制工作，村庄规划均通过规土分局、农委联合审查，并获得区政府批复；美丽乡村建设实施方案全部通过区直部门联席会议审议。各成员单位全面实施"清脏、治乱、增绿、控污"农村人居环境整治工作。

【农业生态建设水平明显提高】 在全区范围内开展种植业、地膜、畜禽养殖业、水产养殖业、秸秆5个专题的农业污染普查工作，为农业环境污染防治及农业政策的制定提供决策依据。强化落实秸秆禁烧责任，实现全年"零火点"；实施面源污染综合防治工程，全年全区化肥利用率达到38.1%，测土配方施肥技术物化落地率达到93.4%，农药利用率达到43.3%，统防统治率达到41.2%，绿色防控覆盖率达到57.2%；现有规模畜禽场粪污处理设施装备率达到100%，粪污资源化利用率达到80%以上，完成市级年初目标任务。

【一事一议财政奖补项目】 2018年，按照“向河东地区倾斜、向低收入农户聚集地区倾斜、向上年度实施有力地区倾斜”的原则，本区在10个镇实施一事一议财政奖补项目13个，总投资约1 900万元。通过实施村内排水设施、环卫设施和村庄绿化亮化等项目，进一步提升村庄基础设施、环境建设水平。

【“两气一室”长效管护】 本区“两气”站和太阳能公共浴室综合运行率居全市首位。对全区13座“两气”站定期不定期进行安全检查、技术培训和硬件维护，规范安全管理，保证安全稳定高效运行。对303座太阳能公共浴室制定系统化、科学化的管护制度，形成区、镇、村、维护企业四级管理机制，达到动态运行率99.3%以上。

【沟域景观打造】 投入资金500万元，在木林、龙湾屯两镇实施舞彩浅山沟域经济项目建设。其中，木林镇实施第五期环境景观提升工程，龙湾屯镇对山里辛庄樱桃幽谷入口进行二期升级改造。

【农业领域“留白增绿”】 2018年，农业领域“留白增绿”工作作为顺义区“疏解政治促提升”专项行动内容之一，区农委组织各镇认真核实地块，制定工作计划，部署落实工作任务。全区完成任务面积40.18公顷，完成率114.8%。超额完成市级任务，并于8月10日通过市农委验收。

农村改革与管理

【概况】 2018年，顺义区根据北京市农村工作电视电话会议精神，坚持把解决好“三农”问题作为重中之重，深刻认识农业农村工作面临的新形势，深化农业“调转节”成果，全面构建农业绿色发展体系；开展精准帮扶，打好低收入农户帮扶攻坚战；落实乡村振兴战略，大力推进美丽乡村建设。

【一村一品、特色专业村工作有序开展】 4月，顺义区农委按照《农业农村部办公厅关于开展全国一村一品示范村镇监测与认定的通知》（农办经〔2018〕6号）和市农委印发《北京市特色专业示范村认定管理办法》的要求，推荐龙湾屯镇焦庄户村申报第八批全国一村一品示范村和北京市特色专业示范村。龙湾屯镇焦庄户村（苹果）获评第八批全国一村一品示范村，龙湾屯镇焦庄户村获评北京市特色专业示范村。

【“三资”管理培训】 区农委、区组织部、区经管站联合举办两期4批“三资”管理培训班。其中第一期面向全区各镇经管站、村级财务中心工作人员、各村村务监督委员会主任共计500余人展开培训。第二期举办顺义区农村党支部书记培训班，全区426个村党支部书记参加培训。授课人员均为区委组织部、区经管站业务骨干，培训内容涉及农村经济合同管理、农村财务管理、党务工作，农村审计监督、农村产权交易等。

【农业执法】 对农药、种子、肥料等种植业投入品质量进行市场监管。开展执法检查201次，出动执法人员514人次，检查农资生产、经营、使用单位679个次。责令21个农药经营单位下架不合格农药产品39种，共计126.28千克，货值金额13 297元；对9家种子店检疫证书不齐的行为责令限期改正，对4家种子店销售无检疫证的种子的行为进行行政处罚，处罚金额250元；立案4起，罚没款16 659.5元，没收假农药8.195千克，有效净化农资市场环境。

【农机尾气治理】 年内，对尾气不达标的拖拉机、农用车和收割机不予发放检验合格标识，限制出行作业。对三年以上未参加检验的拖拉机、农用车和收割机发送催检通知书。对催检之后仍未参加检验或检验不合格的机械，由市农业局在网站和《京郊日报》上进行公告注销。截至年末，对2 751台不合格拖拉机、164台农用车和3台收割机进行公告注销。

【农业面源污染控制】 一是农药减量。全面推广常规农药替代、农药空包装回收等化学农药减量控害措施，减少化学农药用量，降低农业面源污染。通过在37个蔬菜标准化、三品认证基地、合作社和专业村实施常规农药替代1 000余公顷；发放4种生物农药、3种高效低毒低残留农药10.55吨，以点带面推进新型药剂使用；在蔬菜主产镇设施保护地推广蜂授粉82公顷，控制环境类化学品的污染，间接减少农药使用5次；通过分布全区的6个农药连锁店回收农药空包装400万个、约13吨；开展吸浆虫与白粉病、蚜虫等防治，中后期一喷三防示范667公顷（杀虫、防病效果在95%以上）等措施，全年减少化学农药用量 5.635 吨。二是化肥减量。重点实施农业面源污染综合防治（增施有机肥）等 5 个项目。建立监测点 36 个，开展耕地质量等级调查；推广配送有机肥 31 252.899 吨，覆盖面积 3 717 公顷；推广配送生物有机肥 500 吨，缓释肥 602 吨，水溶肥 30 吨，吊袋二氧化碳肥 3 000 袋，配方肥 1 225 吨。三是农业环境监测。开展长期定位监测、地膜试验、国控例行点监测、市控例行点监测、遥感设施蔬菜点位监测、农业农村部增项点位监测、地下水硝酸盐监测 7 项监测工作，开展 2017 年全国农业资源环境信息统计、配合市环境监测站进行安全检查、第二次全国污染源普查工作 3 项（检）普查统计。共建立各类监测点 698 个，采集、制作各类样品 1 252 个。

农村民生

【概况】2018 年，顺义区城镇居民人均可支配收入 43 437 元，同比增长 9.3%，增速较上年同期提高 0.3 个百分点，自 2012 年以来连续 7 年保持 9.0% 以上的增长速度。

【低收入农户精准帮扶】2018 年，本区各职能部门、各镇扎实推进"发展产业帮扶一批、促进就业帮扶一批、生态建设帮扶一批、社会保障兜底一批、社会力量帮扶一批"的精准帮扶措施，共同促进低收入村户增收发展，低收入精准帮扶工作取得良好效果。根据区统计局抽样调查显示，2018 年本区低收入农户人均可支配收入 13 695 元，同比增长 13.5%，绝对值位居全市首位。

【社会保障水平提升】完成城乡居民医疗保险整合，26.08 万城乡居民实现持卡就医、公平享有医保权益。提高 6 项社保待遇标准，其中，城乡居民基本养老保险基础养老金和老年人福利养老金人均每月分别达到 770 元和 690 元，继续高于全市标准水平。完成城乡居民养老保险缴费补贴、基础养老金补贴等工作。做好城镇特困职工一次性医疗救助和城乡居民大病保险工作，为 70 名特困职工申请救助金 115 万元，为 1 659 名城乡居民大病"二次报销"1 271.77 万元，有效缓解因病致贫、因病返贫问题。

【就业扶贫】全区城镇新增就业 24 022 人，完成全年指标的 141.31%，城乡劳动力二三产业就业率保持 95%以上，城镇登记失业率 1.46%；扶持创业 481 人、带动就业 2 013 人，分别完成全年指标 185%和 252%；高校毕业生就业率 98.3%，困难家庭毕业生就业率 100%；顺义区连续 7 年被评为北京市充分就业区。加强重点群体帮扶，动态掌握全区低收入农户劳动力和退出企业分流职工状况，建立帮扶台账，开展"一对一"就业援助，有就业意愿的低收入农户劳动力 100%实现就业、分流职工就业率达 99.4%。促进河东河西均衡发展，深入河东各镇调研，制定《促进河东地区人力资源和社会保障补短板三年专项提升计划》。加大对口帮扶力度，与 5 个受援地签订劳务协作扶贫行动协议，分期分批组织企业赴受援地举办专场招聘会，累计提供就业岗位 8 518 个，达成就业意向 1 145 人，为建档立卡贫困劳动力开展技能培训 306 人，全力帮助受援地劳动力就业脱贫。

【政策性农业保险落到实处】完善政策性农业保险各项制度建设，《顺义区政策性农业保险工作实施意见》制定下发。扩大惠农性和覆盖面，创新险种，延长保险责任期限。全年完成总保额 21.89 亿元，出险农户 6 787 户，出险赔付金额 1.14 亿元。

【农情监测】2018 年，利用 66 个苗情、墒情、水肥情、病虫草鼠害、有害生物监测网络监测 270 余次，提出科学合理的生产管理建议及病虫草鼠害防控指导意见 32 篇，指导春耕、三夏、三秋等关键农时的生产。全区粮菜作物病虫草害防治面积 144 900 公顷次；农田鼠害防治面积 26 667 公顷次，平均防治效果达到 90%以上。

【农机购置补贴办法调整】根据北京市农业局和北京市财政局联合出台的农机购置补贴新方案，顺义区对原来的农机购置补贴办法进行调整。改过去由市级统一招标采购为用户先期自主采购，政府资金直补到用户账户内的方式，基本原则为"自主购机、定额补贴、先购后补、区级结算、直补到卡（户）"。年内，获中央和北京市两级补贴资金共 1 823.6 万元，占全市补贴资金总额的 10.42%。因市级新方案出台需要相关配套政策支持，具体实施环节也需要相应时间运作，故本年度内没有进行补贴机械的实物操作。

【农机安全生产】年内，拖拉机保有量 1 171 台，检验合格 720 台、停驶 276 台，折合检验率为 85%；联合收割机保有量 344 台，检验合格 255 台、停驶 70 台，折合检验率为 94%。三夏、三秋等重要农时季节，临时抽检各种农机具 2 000 余台（次），制止不安全作业 30 台（次），消除安全隐患

20 处。共发放农机安全生产宣传材料 5 000 余份，解答疑难 160 多次。全区持有有效农机驾驶证人数达 2 458 人。年内，未发生重特大农机事故。

【城镇居民收入稳步增长】 2018 年，顺义区城镇居民人均可支配收入继续保持较快增长态势，达到 43 437 元，同比增长 9.3%，高于全市增速 0.4 个百分点，增速位居全市第 1 位。①工资性收入是增收主动力。2018 年，顺义区城镇居民人均工资性收入 31 239 元，比上年同期增长 16.9%，拉动可支配收入增长 11.4 个百分点，占可支配收入的比重为 71.9%，较上年同期提高 4.7 个百分点，是城镇居民收入的最主要来源。机关事业单位综治和绩效奖金以及职工最低工资标准连年提高，带动居民工资性收入增长。②经营净收入大幅下降。2018 年，顺义区城镇居民人均经营净收入 1 063 元，占城镇居民可支配收入的 2.4%，同比下降 45.6%，拉动可支配收入降低 2.3 个百分点，经营净收入大幅下降，成为城镇居民可支配收入增长的绊脚石。经营户减少，加上用工成本的不断提高，经营成本水涨船高，利润降低，从而使得本区城镇居民经营净收入不断下降。③财产净收入略有增长。2018 年，顺义区城镇居民人均财产净收入 5 120 元，同比增长 1.2%，主要得益于居民出租房屋收入的增长。2018 年，本区城镇居民人均出租房屋财产性收入 2 004 元，同比增长 28.9%，是带动居民财产净收入增长的主要收入来源。④转移净收入稳中略增。2018 年，顺义区城镇居民人均转移净收入 6 015 元，同比增长 0.2%，占城镇居民可支配收入的 13.9%。转移净收入的增长受政策影响显著，北京市民生政策以及社会保障体制的不断完善，带动转移净收入一直处于稳中有增的态势。

【居民消费结构日趋优化】 2018 年，顺义区城镇居民消费水平稳步提高，增速位居全市第 1 位，高于全市平均水平 2.8 个百分点，消费结构不断优化。2018 年，顺义区城镇居民人均消费支出 28 301 元，比上年同期增长 9.2%，增速位居全市第 1 位。在消费支出构成中，八大类消费呈现“七升一降”的态势。增速在 10%以上的支出分别为其他用品和服务、衣着、教育文化娱乐、医疗保健及交通通信支出，居民用于购买享受型商品和服务的购买力不断提升，用于购买基本生活用品的支出在逐渐减弱。①恩格尔系数下降，生活水平提高。恩格尔系数是指食品烟酒支出占消费支出的比重，它是衡量居民生活质量的一个重要指标，在一般情况下，恩格尔系数下降表明居民生活水平的提高。2018 年，本区城镇居民人均食品烟酒支出 6 307 元，比上年同期下降 1.0%，恩格尔系数为 22.3%。自 2015 年以来，顺义区城镇居民恩格尔系数连续 4 年下降，2018 年比 2015 年下降了 5.4 个百分点，居民生活水平显著提高。②消费水平提高，改善生活能力增强。人均其他用品和服务支出 661 元，同比增长 28.1%，在八大类消费中增长最快，占城镇居民消费支出的比重为 2.3%，居民用于购买享受型商品（首饰、手表、箱包等）和服务（美容美发、旅馆住宿等）的需求日趋提高，消费增长快速，生活水平持续改善。③人均衣着支出 2 054 元，同比增长 21.3%，占城镇居民消费支出的比重为 7.3%。2018 年，本区城镇居民用于购买千元以上服装的消费金额占居民购买服装总金额的比重为 13.3%，上年同期此项比重为 11.9%，较上年提高 1.4 个百分点，城镇居民对于中高档服饰的消费能力不断提高，消费档次有所提升。

基层组织与民主政治建设

【概况】 坚持以习近平新时代中国特色社会主义思想为指导，深入贯彻全国、全市组织工作会议，全国、全市组织部长会议，市委十二届五次、六次、七次全会，区委五届六次、七次全会精神，切实增强政治意识、大局意识、核心意识、看齐意识，紧紧围绕融入京津冀协同发展、服务首都城市战略定位、支撑城市副中心建设、推动区域经济社会转型升级等中心任务，以学习贯彻习近平新时代中国特色社会主义思想和党的十九大精神为主线，坚持稳中求进工作总基调，落实全面从严治党新要求，聚焦主责主业，从严履职尽责，统筹推进基层党建、干部、人才等各方面工作，全面提升新形势下组织工作科学化水平，为建设“业强城优生活美”的平原新城，实现全区高质量发展提供坚强组织保证。

【“大党建”工作格局持续深化】 健全党建工作组织领导体系，加强统筹调度，组织召开 18 次党建工作领导小组会议，出台《区委党的建设工作领导小组 2018 年工作要点》等多项制度，完善顶层设计。调整优化考核指标体系，并将“街乡吹哨、部门报到”改革、蓝天保卫战纳入其中。围绕美丽乡村建设等工作，开展专项督导，推动重点工作落地落实。

【党支部规范化建设】 开展组织设置规范化专项调研，确定10大项25小项指标，完成51项整改任务。凝练推广“书记联抓、包村联户、挂账联动、多病联治、支部联建、多级联评”六联工作法，落实“五个一”帮扶机制，调整11个党支部书记、20个“两委”干部，推动软弱涣散村党组织整顿提升。实施“5个100”规范化工程，为基层组织提供规范指导。

【从严抓好村和社区“两委”换届】 聚焦“一肩挑”等换届目标，树立“六型”干部导向，推行“三色六型”挂图作战，分类指导76个重点难点村和社区集中攻坚，全区426个村党组织、133个社区党组织及134个社区居委会全部完成换届选举，村党组织换届实现“两个一百、两优化、一提升”（一次性选举成功率100%、预测人选吻合度达100%，学历结构全面优化、年龄结构总体优化，党员参选率整体提升），社区“两委”换届实现“三个一百、两提高、两优化”（社区实现100%参选、一次性选举成功率100%、“一肩挑”比例100%，两委交叉任职、党员居民代表比例“双提高”，年龄、学历结构“双优化”）。

顺义区领导名录

区委书记	王　刚（2月免）
	高　朋（4月任）
副书记	高　朋　于庆丰
常委	宋建明（3月任）　初军威
	张　良　肖承继　霍光峰
	禹学垠　贺亚兰（女）
	张晓峰
区人大常委会主任	车克欣（女）
副主任	吴建国　盛德利
	赵殿江　丁文强
	白丽洁（女，不驻会）
区长	高　朋（4月免）
代区长	孙军民（女，4月任）
副区长	霍光峰　初军威
	赵为民　李向英（女）
	吴耀新　张爱冬（12月免）
	郑晓博
区政协主席	周颖博
副主席	闫志广　单成刚　郭振江
	刘　静（女，不驻会）
	金泰希（女，不驻会）
	杨凤辉（不驻会）
区农工委主任	刘振河

顺义区街道、镇（乡）党政正职领导

	党（工）委书记	镇长、主任
光明街道	姜惠琴（女）	陈志勇
胜利街道	张　洁（女）	王洪涛
石园街道	徐志国	衣　晶（女，11月免） 饶党辉（11月任）
旺泉街道	黄学英（女）	于宝鑫
双丰街道	赵靖宇	乔　龙（9月免） 任海军（9月任）
空港街道	李　莉（女，11月免） 衣　晶（女，11月任）	张　敬
仁和镇（地区办事处）	刘　洋	李光明
马坡镇（地区办事处）	贾　睿	贾　睿（1月免） 高福良（1月任）
牛栏山镇（地区办事处）	郝蔚泉	王永生
赵全营镇	李在东	李志刚
高丽营镇	王海松	王秀刚
北石槽镇	王鉴远	胡小刚
南法信镇（地区办事处）	黄永志	王　民
后沙峪镇（地区办事处）	冯江全	李　强
天竺镇（地区办事处）	李子腾	杨登科
李桥镇	黄海鹏（9月免） 张春和（9月任）	张春和（9月免） 乔　龙（9月任）
南彩镇	赵海波	刘海丰
杨镇（地区办事处）	赵志勇（9月免） 李　莉（女，9月任）	陈向东（6月免） 何长华（6月任）
张镇	刘晨光	张　涛
北小营镇	欧阳华洲	孙海江
木林镇	李　刚	李　浩
龙湾屯镇	闫　岩（女）	张　伟

李遂镇　朱新生　　李　黎（土家族）　　大孙各庄镇 马卫国　　陶黎黎（女）
北务镇　陈　红　　马占磊

（顺义区档案局　兰岚）

昌平区

昌平区区域面积 1 343.5 平方公里，其中山区面积 759.4 平方公里，占区域面积的 59%。区辖 15 个镇（含 5 个地区办事处）、5 个街道办事处和 1 个以企代镇行政单位（北企公司），其中有 4 个山区镇。辖区内有 298 个行政村和 1 个计划单列村。

2018 年末，全区常住人口 210.8 万人，比上年末增加 4.5 万人，增长 2.2%，其中常住外来人口 106.7 万人，同比增长 1.1%，占常住人口的比重为 50.6%，比上年末下降 0.5 个百分点。年末全区户籍人口户数 28.5 万户，人口 63.5 万人，比上年末增加 1.5 万人，增长 2.5%，其中非农业人口 46 万人，占全区户籍人口的 72.5%，比上年末提高 1 个百分点；农业人口 17.5 万人，占全区户籍人口的 27.5%。户籍人口出生率 10.99‰，死亡率 14.28‰，自然增长率 3.29‰。

昌平区农业农村局深入贯彻党的十九大和中央农村工作会议精神，全面贯彻落实中央及市区关于实施乡村振兴战略的决策部署，紧扣北京"大城市小农业"特点，深化农业供给侧结构性改革，以"产业兴旺、生态宜居、乡风文明、治理有效、生活富裕"为总要求，有序施策、精准施策，逐步实现农业增效、农村增绿、农民增收，不断拓展农业功能，提升农业质量，促进农村经济发展，带动农民持续增收，促进城乡一体化融合发展，为建设国际一流的和谐宜居之都作出积极贡献。

2018 年全年完成农林牧渔业总产值 18.9 亿元，同比下降 7.2%，其中，农业产值完成 7.8 亿元，比上年下降 3.4%；林业产值完成 5.8 亿元，比上年增长 10%；牧业产值完成 4.4 亿元，比上年下降 27.8%；渔业产值完成 0.1 亿元，比上年下降 13.2%；农林牧渔服务业产值完成 0.8 亿元，与上年持平。

全年全区居民人均可支配收入 45 339 元，比上年同期增长 9%。按常住地分，城镇居民人均可支配收入 49 778 元，比上年同期增长 8.8%。

城乡融合发展

【概况】2018 年，昌平区坚持先立后破，坚定有序推进疏解整治促提升专项行动，15 项年度任务超额完成，全社会支持疏解、参与疏解的氛围更加浓厚。全年拆除违法建设 702 万平方米，腾退土地 803 公顷。实施美丽乡村建设三年行动计划，编制完成首批 85 个村庄规划，农村人居环境综合整治初见成效。

【农村地区煤改清洁能源工程】年内，昌平区持续推进农村地区煤改清洁能源力度，一是圆满完成 51 个村煤改清洁能源工作。在十三陵镇、南邵镇等镇街 50 个村实施完成煤改电，在沙河镇路庄村实施煤改气。通过 6 年的煤改清洁能源工作，全区共有 173 个村实现冬季取暖无煤化。二是为未实施煤改清洁能源村庄配送优质燃煤 16 万吨。

【试点推进昌平城乡结合部地区无煤化工作】年内，区新农办积极推动昌平城乡结合部地区集中供热改造工作，沙河镇于辛庄、城南街道水电、城北街道五街及西关等城中村试点推进集中供热改造工作，年底，圆满完成改造工作，正常供暖。

【隐患重点村专项整治】集中开展城乡结合部 20 个隐患重点村专项整治，根据宅基地管理和消防安全要求制定 20 条整治标准，整改规范村民自建出租房屋 17.3 万间、消除安全隐患 1 353 处、清理环境乱点 1 876 处。

【城乡环境面貌持续改善】实施蓝天保卫战行动计划，完成 50 个村煤改清洁能源，实现镇街大气粗颗粒物监测全覆盖，重型柴油车处罚量是上一年的 3.7 倍，PM2.5 年均浓度 46 微克/立方米，空气质量居全市第二位。实施 36 项土壤污染防治措施，阿苏卫循环经济园投入试运行，生活垃圾分类片区覆盖率超过 30%。

【启动新一轮百万亩造林绿化】八口、官牛坊郊野公园开工建设，新建成 3 处小微绿地，森林覆盖率提高到 47.3%。

【提升污水处理力度】深化河长制管理，小汤山、流村再生水厂投入运行，TBD再生水厂开工建设，治理排污口1 812个，铺设污水管网99公里，解决了40个村的污水处理问题，黑臭水体全面消除，全区污水处理量11 800.3万立方米，比上年增长24.5%；污水率提高到92.7%，比上年提高4个百分点，市级考核断面水质达标率提高40个百分点。

【开展中央和市级环保督察整改“回头看”】完成集中式饮用水水源地环境问题整治，健全了环境案件受理督办、镇街水环境区域补偿等长效机制。

【工业大院清理整治】完成11个工业大院及13个扩拆地块清理整治，退出一般制造业企业124家，疏解提升区域性市场和物流中心21家，关停取缔非法办学机构67所，整治开墙打洞383处、无证无照经营4 919户，占道经营、违法群租等挂账任务清零。

【排查设施农业项目】按照全市确定的八条标准，全面排查设施农业项目并实行建档管理，拆除整改超标大棚6 310栋，全部通过市级验收认定。狠抓浅山区违建治理，152宗一般违法用地项目全部拆除。

农村经济发展

【概况】2018年，昌平区稳步推进乡村振兴进程，以增加农民收入、保障农村稳定为目标，以推进精准扶贫、深化土地改革为抓手，不断深化农村改革，激发农村发展新活力，加快推进农业农村现代化，推动都市型现代农业可持续发展，加快农业经济发展方式转变，促进农业增效、农民增收、农村和谐，农村经济保持平稳较快增长。

【传统产业】全年粮食播种面积13 745.9亩，比上年减少5 843.5亩，下降29.8%。粮食产量0.4万吨，比上年下降30.8%，粮食亩产282.8千克，比上年下降1.4%。全年蔬菜产量3.2万吨，比上年下降15.8%；禽蛋产量0.2万吨，比上年下降36.3%。

【特色产业】年内，全区更新发展矮砧苹果11.1公顷，苗木保存率普遍在90%以上；累计完成苹果套袋8 234.2万个。草莓产业，种植面积2 808.7亩，同比减少28.3亩，下降1%；产量完成4 762.7吨，同比下降1.1%，产值实现19 869.3万元，同比下降1.6%。由于农业嘉年华的带动作用，草莓价格同比上年持平。花卉产业实现产值4 042.1万元，同比增长11.5%。其中，鲜切花产量267.3万枝，同比减少91.3万枝，下降25.5%；盆栽花产量348.5万盆，同比增长9.6%。养殖业完成产值21 662.3万元，同比增长2.3%。设施农业占地面积14 067.4亩，比上年下降3.7%；实现产值4.6亿元，比上年下降0.9%。

【栗蘑产业】2018年昌平区栗蘑产业发展进入新的发展阶段，全区种植规模达到550万袋，栗蘑种植户达到220户，比2017年增加了56户。栗蘑产量达到165万千克，农民种植收益达到3 300万元。

【绿色产业】全区完成老果园更新发展454余亩，其中，更新发展矮化苹果、樱桃、京白梨等优势树种306.84亩，采购果袋9 196.9万个，采购商品有机肥9 491吨，完成果树支柱建设132.8亩，补贴铁肥2 500千克。

【观光旅游】全年农业观光园186个，比上年减少13个；观光园总收入3.3亿元，比上年下降10.7%。民俗旅游实际经营户344户，累计接待游客244.8万人次，比上年下降4.4%；民俗旅游总收入1.08亿元，比上年下降1.4%。

【农药残留检测】开展种植农产品农药残留快速抽检22 886个样品，合格率99.64%；委托第三方检测机构开展定量检测420个样品，合格率99.29%。

【绿控技术推广】按照北京市“统防统治与绿色防控融合”要求，全区19家绿色防控示范基地，示范面积5 460亩，示范区推广应用绿控技术20余项，绿控技术覆盖率、使用率、统防统治比例达到或接近100%。辖区3家蔬菜植保专业化服务组织开展蔬菜统防统治2万余亩次，服务种植基地40余个，农户500余户。

【农药包装废物处置】依托5家农药经营企业或植保专业化服务组织，针对辖区开展农药包装废弃物回收处置，共回收农药包装废弃物及天敌包装物56.7万个，销毁农药包装废弃物1.7吨。

【北京昌平苹果文化节】年内，成功举办第十五届昌平区苹果文化节，开幕式活动现场设置了昌平精品苹果及其他林果产品展评区，准备精品苹果展示样品102份，新优品种样品18份。同时在崔村镇真顺果园和八达岭奥莱开设分会场举办系列展销活动，全面开展昌平区林业产业发展成果展示和优质林产品展销活动。并在电视台、电台等 30 余家新闻媒体和微信平台进行广泛宣传。

【举办首届金秋昌平特色农产品及休闲路线推介会】“首届金秋昌平特色农产品及休闲路线推介会暨昌平丰收季系列活动”于 2018 年 10 月 19—21 日在昌平区小汤山特菜大观园举行。活动以“筑梦美丽乡村、畅享昌平农品”为主题，展示丰富多样的农产品的同时还举行了昌平区十大精品农业休闲旅游路线、十大宴席、十大农品、十大乡村酒店的发布、宣传。活动三天中共有 8 000 多市民参加了本次活动。

【第十六届国际农交会的展示展销】第十六届中国国际农产品交易会于 2018 年 11 月 1—5 日在湖南省长沙国际会展中心举办。昌平区组织 11 家优秀企业和农民专业合作社参展。昌平区作为四个“主宾县”之一，在农交会上开展了昌平特色农产品和休闲路线的现场推介和发布。北京万德园农业科技发展有限公司的草莓、北京汇康农业专业合作社的有机苹果、北京金华林养蜂专业合作社的巢蜜申报金奖。

【康陵村春饼宴成为第八批全国一村一品示范村】根据市农委的相关通知，按照主导产业突出、品牌影响力大、带农增收效果显著、组织化水平高的要求，积极组织符合条件的镇村进行申报，经过认真筛选，推荐十三陵镇康陵村春饼宴进行申报。经市农委实地考察，代表北京市参加全国一村一品的申报。最终通过了农业农村部的认定，申报成功。

【精准帮扶工作开展全面审计】9 月 29 日北京市审计局安排审计组对昌平区精准帮扶工作开展全面审计，召开了昌平区低收入精准帮扶工作审计工作部署动员会议，区农委等 26 家联席会议成员单位的主管领导以及流村镇、延寿镇、南口镇、十三陵等相关镇主管镇长参加了会议。会议结束后，精准帮扶审计工作正式开始。

【农村实用人才培养培训】年内，制定并下发了《2018 年度统筹开展新型职业农民和农村实用人才培训工作的实施方案》。2018 年计划培训新型职业农民（农村实用人才）不少于 2 000 人。全年共组织各类农业技术培训班百余期次，培训农民 6 000 人次。

【涉农保险工作开展】督促保险公司积极开展农村家庭财产及政策性农业保险工作，扩大保险范围。农村家庭财产保险工作，已出险 558 起，其中：风灾 354 起，火灾 77 起，暴雨 46 起，雷击 86 起，估损金额 246.7 万元。政策性农业保险工作，有 3 019 户参保，种植面积 26 427.65 亩，养蜂 936 箱，保费总计 1 137.48 万元，总保额 27 353.87 万元。全年出险 3 946 次，赔付总金额 1 124.70 万元。

【智慧乡村建设】年内，信息化基础设施建设结束施工，22 个村宽带已全部开通，硬件设备进场全部安装部署完毕，农场云账号已开通，美丽智慧乡村村务平台账号全部开通，并开展了两场培训。

【信息进村入户工程】年内，标准型、专业型益农信息社建设名单均已确定。区农委与两家承建单位分别签订了合同（协议）。专业型益农信息社的农场云部署均已完成，同时，已完成了 10 家园区与市级监管平台的对接。

【农业物联网示范项目】两个园区的硬件设备已基本安装完成，进入软件调试阶段，区农委与承建单位和农业园区签订了三方合同。

【智慧农园试点项目】四套系统的软件开发工作已接近尾声，大部分软件都已经完成 80%以上，硬件采购正在进行中。

【昌平优质农产品进央企】为向央企员工推介昌平优质农产品，组织本地龙头企业，农民专业合作社到中化集团开展“昌平优质农产品进中化活动”，进一步提升了昌平农产品品牌形象，增加了农民收入。

【涉农专项贴息工作】按照《关于进一步完善涉农专项贴息贷款工作的实施办法》，完成 2017 年贴息 161.5 万元。

村镇建设

【概况】2018 年为全面贯彻落实中央关于实施乡村振兴战略的决策部署，昌平区农业发展以推进农业供给侧结构性改革为主线，围绕农业增效、农民增收、农村增绿，持续加大村镇建设，培育乡村发展新动能。改善城乡居住环境。保障了黑臭水体、污水处理厂、中小河道等区域水环境治理工程。支持平原造林、平原生态林、郊野公园建设，推动重点道路沿线等重点区域环境综合整治，全面提升环境质量。

【完成村庄规划】2018年85个启动创建村（除香堂村外）已全部完成村庄规划初步成果，通过定期调度会及部门联审会，对其中64个村庄规划完成初步审查，17个村庄规划通过区级部门联审，流村镇长峪城村，延寿镇西湖村、湖门村、慈悲峪村、沙岭村等5个区级试点村的规划方案已得到区政府批复。

【村庄环境综合整治】全区86个启动创建村的整治工作初见成效，累计清除村内积存生活垃圾、建筑垃圾、农作物秸秆等16 518处、98.1万吨，治理村内生活污水直排溢流869处、房前屋后沟渠黑臭水体349条；拆除村内侵街占道私搭乱建违法建设4 950处、156万平方米；清理村内无照经营店铺1 574个。

【美丽乡村建设工作】编制完成《昌平区关于开展“实施乡村振兴战略推进美丽乡村建设”专项行动（2018—2020年）实施方案》并正式印发，联合规土委昌平分局研究制定了《关于在昌平区美丽乡村建设中做好村庄建设发展规划规范编制和审查工作的指导意见》，扎实编制规划，确保规划切实可行。全面启动所有村庄的环境综合整治工作，按照“有序推进、整体提升、建管并重、长效运行”的工作思路，加快推进农村地区环境卫生管护、生活垃圾治理、公厕提升改造、公共照明设施完善、广告牌匾治理等工作。截至年底全区81个村的整治工作初见成效。

【“留白增绿”任务】市政府下达昌平区农业领域留白增绿任务为44公顷，区农委实地踏勘核实图斑，建立台账上账上图，部署有关镇街开展工作。2018年，根据各镇上报数据，共绿化72.88公顷，完成市级任务的164%。

【绿化造林】完成平原地区重点区域造林任务600公顷，栽植树木27.778 2万株；完成浅山荒山造林66.7公顷，栽植树木6.9万株；完成彩色树种造林工程66.7公顷，栽植树木5万株；完成生态效益促进发展机制森林健康经营工程林木抚育2 866.7公顷（含国家重点公益林抚育）。全年累计约35万人参加植树活动，共完成义务植树任务105.33万株。

【公园风景区建设】全区共有注册公园11个，其中城市公园8个、郊野公园3个。全区精品公园3个，市级重点公园1个。年内，全区注册公园共接待游客790万人，同比增长1.1%。2018年为民办实事项目批复总投资2 775.77万元，绿地景观新建及提升（涉及青秀尚城周边代征绿地、南邵安置房南侧代征绿地、兴昌佳苑西侧代征绿地等16处绿地新建改造）、公园及绿地配套设施改造（涉及昌平公园、亢山公园等5处公园及城区内外绿地，共22处）和绿地圈围（涉及赛场公园、北环早市等23处）三项，建设总面积112 783平方米、绿地圈围2 985延米，全年累计组织公园内人员各类培训3次。年内，十三陵风景区名胜区年游人量394万人，年收入13 900万元。

【森林健康经营】年内，完成生态效益促进发展机制森林健康经营工程林木抚育2 866.7公顷（含国家重点公益林抚育），其中重点地区林木抚育面积989.1公顷，一般地区林木抚育面积1 877.5公顷；作业道路建设1.4万米。

【林木伐移管理】2018年内，共发放《林木采伐许可证》522件，采伐林木160 628株，蓄积23 599立方米。严格执行限额采伐管理，林木移植发证73件、25 644株，树木砍伐审批34件、175株，树木移植8件、116株。

【野生动物保护】年内，累计监测野生鸟类180万只，未发现野生动物传播疫源疫病异常现象。救助雕枭、猫头鹰等野生动物36只。

【农村治污工作】年内，通过实施“单村”和“城镇带村”两种方式，开展了90个村的污水治理工作，完成并解决了40个村污水收集处理问题。完成2016年农村污水处理设施的全部验收工作，正式签订昌平区2016年农村污水处理设施及配套工程特许经营项目委托运营协议。昌平区2018年农村污水处理设施及配套工程（涉及流村、马池口、延寿、兴寿及南邵五镇）获得批复，工程正式启动。

【农村供水工作】开展2017年西部绿色发展先行区供水工程建设项目，改善7个村的供水问题。编制完成《昌平区农村供水工程建设管理工作的指导意见》，督促镇政府按照“先建机制，后建工程”的方法，为各村建立农村供水管理机制提供参考依据，确保工程长效运行。

【农业节水工作】年内，编制完成《昌平区“两田一园”高效节水实施方案（2017—2019）》，计划到2020年实现高效节水灌溉。累计安装灌溉机井智能计量设施 980 套，在用机井基本完成覆盖。完成农业水价综合改革，共有 135 个村通过“一事一议”确定水价，并启动计收水费。

【低收入农户增收显著】 年内，低收入农户人均可支配收入为 10 150 元，在全市排名第二位（四项收入构成中：工资性收入 4 751 元，增长 10.1%，占 46.8%；转移净收入 4 295 元，增长 24.5%，占 42.3%；财产净收入 912 元，增长 20.2%，占 9%；经营净收入 192 元，增长 18.5%，占 1.9%）。同比增速 16.8%，在全市排名第六位，比全区农民人均可支配收入增速高 7.6 个百分点。

【“八个一批”精准帮扶措施】 2018 年区农委全面落实区委区政府“八个一批”精准帮扶措施：2018 年落实产业项目 18 个，资金投入 2 125 万元，全部完成了工程设计和资金评审，目前已经开工 14 项，完工 11 项。

【山区地质灾害搬迁工作】 流村镇老峪沟、黄土洼、菩萨鹿 3 个村已实施工程除险，故不再进行异地搬迁；十三陵镇果庄村新村已建住宅共 100 套，其中 80 套已入住，20 套已封顶未装修。庙后新址基础设施建设初步完成，北茅台正在建设中；流村镇禾子涧村 12 户房屋已开工建设。另外，漆园村 31 户属于上一轮山区搬迁工作任务，现有 20 套房屋已完成主体结构；经昌平区文化委对十三陵镇大岭沟村及新镇进行重新界定核实后，确定大岭沟主村及选址地都属于长城限建区范围内，长城限建区属于建设控制地带区，只能绿化不能建设，大岭沟村再无合适地址适宜搬迁。

【沟域经济建设】 2018 年昌平区计划建设延寿沟域和南口镇羊台子沟域两条沟域，市级投入沟域建设资金 500 万元主要用于延寿沟域内景观提档升级和羊台子沟域生态综合治理。目前，两条沟域建设现已完成初步设计概算，进入设计评审阶段，待下一步评审后将进行招投标并开工。

【规范大棚类设施农业项目】 自 2018 年 6 月以来，全区共核查项目 787 宗，涉及大棚 17 569 栋（现场拆除已销账）。其中大棚类设施农业项目 564 宗，涉及大棚 17 225 栋；非验收类项目 223 宗。10 月 30 日至 11 月 2 日，市规土委对项目逐棚进行了拉网式、地毯式验收，按照政策对重点、难点问题进行严格把关、准确分类处置，最后全部通过市级验收。

【设施农用地备案】 按照 2018 年 5 月 8 日区政府常务会议要求，牵头组织相关镇街及设施农业联席会成员单位召开了工作会。要求各镇街进一步核实由国土转来的 2009—2016 年违法违规用地未整改涉农项目，按照设施农业项目备案相关要求，对认定的实地种植养殖项目补办相关手续。对 16 个镇街上报的 112 项目进行了实地查看，备案工作正在进行中。同时在“大棚房”清理整治工作期间，对已备案的 78 宗设施农业项目逐宗开展巡查，并建立巡查记录。

【浅山区违建治理】 协助区规划国土委开展浅山区违法建设农业项目的甄别认定，逐宗项目逐个地块进行现场拍照取证，对符合规划的，按照相关文件积极完善设施农业用地备案手续。督促镇街落实属地责任，加强监管，定期巡查，严防非农利用情况发生。按照农业项目整治工作会精神，对 11 个镇街认定需补办农业项目备案手续的 109 个项目进行了实地查看。在原设施农业项目用地备案工作基础上，按照区委、区政府要求，对“大棚房”清理整治后续工作已验收的 98 宗“拟备案”类设施农业项目补办备案手续，相关工作正在积极进行中。

农村改革与管理

【概况】 2018 年，昌平区全力推进“大棚类”设施农业清理整治工作，通过科技提升、大户经营等手段，大力推广规模化、集约化生产经营方式，切实提高土地收益水平，推动全区设施农业实现高质量发展。促进设施农业规范发展、健康发展。同时，推进农村土地承包经营权确权登记颁证工作，规范农村集体经济组织“三资”管理，加快推进农村集体资产清产核资工作，维护农民合法权益。

【农民专业合作社规范化建设】 年内，区经管站培育示范社工作取得明显成效，全区累计获评区级以上示范社 58 家，其中：国家级示范社 11 家，市级示范社 15 家，区级示范社 32 家。截至 2018 年底，全区登记注册农民专业合作社 504 家，合作社入社社员总数达 16 150 人，辐射带动非成员农户 29 382 户。经营范围共 35 类，涵盖了养殖、种植、种苗生产、科技服务、农产品加工、销售、运输等产业，其中“一花三果”、食用菌优势产业合作社 140 家，占全区合作社总数的 27.78%。

【农村土地承包经营权确权登记颁证工作】 全区已

完成4个镇、83个行政村的权属调查工作，涉及承包户11 975户，惠及确权承包方家庭成员50 967人。11月，昌平区农村土地确权登记颁证工作顺利通过市农委、市农经办、市国规委、市档案局组成的联合工作组验收，并受到好评。

【农村集体经济产权制度改革调研及推进工作】 摸清未完成改革村的基本情况，在昌平区现有的8个未完成产改村中，已基本完成了城北街道5个未完成改革村的基础调研工作。启动了阳坊镇西马坊村的产权制度改革，目前，西马坊村产改劳龄统计已完成三榜公示，配股方案及配股表需待村级核实后再行公示。

【农村土地承包及流转管理】 按照市级要求，从稳定和完善农户家庭土地承包关系、设施农业违建专项整治、规范农村集体土地承包及流转合同管理、农村产权交易平台运营等方面，组织开展相关工作，进一步加强农村集体土地承包（租赁）及流转管理。

【规范村级财务公开】 4月，为落实市委组织部进一步规范农村“三务”公开工作总体要求，区经管站组织召开财务公开工作推进会，布置财务公开工作新要求，详细讲解新财务公开统一模板，并会同区委组织部、区农委、区民政局开展联合抽查工作，根据检查结果进一步提出完善要求。目前，各村级组织已按照新要求实施财务公开。

【农村集体“三资”管理】 4月，为了强化农村集体“三资”管理，加大抽查检查力度，区经管站根据全区各村级组织实际情况，以存在软弱涣散问题、2017年绩效考评中存在整改问题以及涉及自主拆迁腾退工作的村作为重点，确定抽查范围。5月至10月持续开展抽查检查工作，重点检查村级组织在财务公开、工业大院资金使用、货币资金管理、十步工作法履行、收支两条线落实、账务处理等方面工作情况，及时检查农村集体“三资”管理情况，现场对镇村两级工作人员开展业务指导。截至2018年底已抽查50余个村集体经济组织。

【农村集体资产清产核资工作】 9月，组织开展昌平区农村集体资产清产核资培训班。10月，区经管站牵头会同区农委等十部门联合印发《昌平区农村集体资产清产核资工作实施方案》至各镇街，明确本次工作的总体目标、实施节点和具体工作要求，全区镇、村两级集体经济组织全面启动清查核实工作。11月，组织镇村两级相关工作人员进行清产核资系统录入业务培训。截至2018年底，全区已有8个镇街完成资产清查工作，其余13个镇街正在推进此项工作。

【工业大院合同清理工作】 年内，区经管站向各镇街下发通知要求以报表形式上报合同数据，将汇总后的数据与每份合同的重要合同要素进行核对，问题及时反馈给各镇经管部门，通过多次沟通、反复核验，确保报表数据准确。同时，细致开展工业大院验收工作，截至2018年底，2017年启动清理整治的工业大院已全部完成实地验收，2018年启动清理整治的工业大院已开展验收程序。

【农村经济管理信息化建设】 年内，开展2018年度农村管理信息化数据更新工作，主要包括人口数据库、收益分配数据库、社务管理数据库等主要数据库的数据更新，保障区、镇、村三级农村管理信息化工作的正常开展，并完成119个村的触摸屏报废工作。

农村民生

【概况】 2018年，继续贯彻习近平新时代中国特色社会主义思想和党的十九大精神，牢固树立“四个意识”，坚定“四个自信”，坚决做到“两个维护”，服务大局，积极作为，围绕区委决策部署和区五届人大四次会议决议，以落实“三大攻坚战”为目标，加快昌平分区规划、疏解非首都功能、优化营商环境，财政收入较快增长，保障能力持续增强，保障农村民生稳定，农民安居乐业。

【一事一议项目】 一是严格农民负担检查。在农民负担执法检查中重点检查惠农补贴资金、村级组织负担监管、一事一议筹资筹劳规范管理、农民负担重点领域治理等相关情况，广泛宣传农民减负相关政策法规和惠农政策。二是落实村级公益事业建设一事一议财政奖补项目，年内审定一事一议财政奖补项目37个，涉及11个镇街，其中涉及低收入村项目12个。投资总额为3 604.25万元，其中财政奖补资金3 379.96万元。

【区财政支持农业发展】 年内，投入资金140 269万元，加强农村基础设施建设，提升农村环境品质。保障第六届农业嘉年华顺利举办，支持都市型现代农业发展。落实农业补贴、农业保险等政策。落实各项村级公益事业岗位补助，吸纳农村劳动力就业。扎实推进精准帮扶工作，通过社会保障、山区造林、土地流转、产业带动等举措，建立提高农民收入的长效机制，促进低收入农户增收。落实低收入农户商业补充医疗补助政策，切实破解低收入农户“因病致贫、因病返贫”问题。投入资金38 000万元，落实美丽乡村行动计划，编制村庄建设规划，保障村级公共服务设施管护，美化村庄环境。

【举办会计支农培训】10月，举办了“昌平区2018年农村财会人员财政支农培训班”，重点解读乡村振兴战略及财政支农相关政策、昌平区村级公益事业专项补助资金管理办法、农村集体财务管理制度与落实等内容。全区镇（街）及农村集体经济组织会计、出纳、实行村级会计委托代理服务工作的村报账员、代理会计等人员，共计419人参加培训。

【社会保障和就业支持】年内，投入资金264 489万元，支持社会保障和就业体系建设。落实城乡低保、残疾人等困难群体补助调标政策。做好社区公益性就业组织建设，促进农村劳动力、残疾人就业。扩大养老服务供给，推进养老照料中心、老年驿站、区级养老服务指导中心建设。支持退役士兵、军队离退休人员安置工作。建立农民工工资应急保障金。

【低保调标政策落实】城乡低保标准由家庭月人均900元调整为家庭月人均1 000元，自2018年1月起实施。全区农村低保累计补发180 600元。

【街镇吹哨、部门报到】将“街镇吹哨、部门报到”工作经费纳入2018年镇街新体制中基本公共服务均等化转移支付资金范围，并建立“街镇综合执法中心”建设资金保障机制，强化资金统筹使用效能，提升工作成效。

基层组织与民主政治建设

【概况】深入落实全国全市组织部长会议精神，聚焦市第十二次党代会、区委五届三次、四次、五次全会提出的任务目标，坚持稳中求进的总基调，全面落实新时代党的建设总要求，以党的政治建设为统领，干部工作坚持事业为上，基层党建突出政治功能，人才工作体现协调创新，着力推动全区组织工作高质量发展，为建设国际一流科教新区提供坚强组织保证。

【“街镇吹哨、部门报到”攻坚破题】一是坚持党建引领，聚合资源服务基层。成立区、镇街、社区三级党建工作协调委员会，搭建议事协调平台，推动资源和力量整合。深化在职党员回社区（村）报到工作，推行“两队一星”工作机制。二是完善基层治理体系，提高城市精治水平。扎实推进镇街实体化综合执法平台建设，投入运行区级指挥中心，实现区、镇街、社区（村）三级案卷流转及手机上报案卷功能，推动公安等6家执法力量下沉试点镇街办公。深入推进街巷长及小巷管家队伍建设工作。三是强化基层导向，健全简约高效管理体制。扎实推动镇街赋权工作，修订《2018年镇街绩效考核评价指标体系》，深化社区减负工作。同时，区委注重总结提炼全区吹哨报到工作典型经验，及时出台《昌平区“街镇吹哨”指南》等机制，进一步深化吹哨报到工作，努力形成党建引领基层社会治理的“昌平经验”。

【整顿软弱涣散党组织】专题研究推动整顿工作，整合8家处级单位建立联席会议机制，组建4个区级督查组，逐村开展两轮专项督查，统筹调整村党支部书记7人，推动转化工作落实落细。加大资金帮扶力度，统筹利用区级党费，向14个市级软弱涣散村划拨补助资金210万元。实施村容村貌提升项目24个，累计投入资金700余万元，积极推进14个软弱涣散村整顿转化。

【全面从严治党向基层延伸】梳理制定《昌平区2018年基层党建工作重点任务清单》，列出6大方面51项具体工作任务，推动各级领导干部知责尽责。推行村级党组织履职“三定两评”，促进村党组织党建责任明晰压实。组织村、社区党组织班子及成员每年两次述职述廉，接受党员群众评议，形成“一竿子插到底”的责任传导机制。落实《关于试行开展全区党支部评星定级工作的实施方案》，评定五星级、四星级村14个、社区26个。集中开展党支部规范化建设督查整改工作，对各领域各系统基层党支部进行拉网式排查，建立倒排名机制，综合运用批评教育、约谈、调整班子等措施，逐一督促问题支部限期整改，切实提升全区支部规范化建设水平。

【村（社区）“两委”换届选举工作】组建区级换届工作专班，先后四次召开全区村、社区“两委”统一换届选举工作调度会和专题会。组织各镇街对参选的“两委”干部进行摸底考察，逐村逐社区形成考察报告。完善区、镇（街）两级联审工作机制，对照“五好”“十不能”条件，组织各镇街对现任村、社区“两委”班子成员进行资格预审，区级工作专班会同纪检监察等14个部门进行联合复审。严格落实全市村和社区“两委”换届选举工作会议精神，及时召开全区换届选举工作部署会，层层压实换届主体责任，开展相关培训，传达各项政策要求。针对换届选举重点难点村及社区，依托工作台账逐一提出对策、开展整改工作，落实区镇两级领导包干指导制度，着力把隐患问题解决在正式换届选举之前。

【夯实党建工作基础保障】修订基层党组织党建活动经费、城乡基层党组织服务群众经费管理办法，提升经费使用效能。启动全区公开招聘100名农村党建村务助理员工作，有序增加农村基层党建工作力量。统筹推进社区、两新组织、国企、中小学、医院等领域党建工作，确保基层党建全面过硬、全面进步。严格党员管理工作，认真开展农村党员和社区“两委”委员中党员入党过程核查工作，并采取相应党纪处分和组织处置。健全党员涉嫌违纪违法信息通报处理机制，制定《关于建立党员、村（社区）“两委”干部涉嫌违纪违法信息通报和及时处理工作机制的实施方案》，搭建多部门协同工作平台，不断推动形成横向到边、纵向到底、动态跟踪的管理体系。

“三农”工作部署和实施

【概况】2018年，昌平区坚持党对“三农”工作的领导，进一步加强对“三农”工作的重视和领导，明确责任和分工，细化措施和要求，严格监督检查，确保农村改革发展各项工作任务落到实处。

【精准扶贫工作部署会】1月18日区农委召开精准扶贫工作部署会，精准帮扶个相关镇参会及由入农委中介机构库的15家中介机构参会。会议安排部署了2018年精准帮扶任务的工作方向。要求有低收入村帮扶项目的村与中介机构正式对接，方便下一步低收入村发展项目的开展。

【贯彻落实全市农村工作会议精神】3月28日召开北京市农村工作电视电话会议，根据全市统一部署，昌平区设立了分会场。会议贯彻落实全市农村工作会议精神，就全面做好2018年“三农”工作进行了研究部署。区相关职能部门、各镇（街）相关负责人结合昌平实际，围绕市农村工作会议精神，畅谈下一步工作重点。龙头农业企业代表介绍了企业发展情况和服务区域经济发展的经验。区委书记侯君舒对2018年昌平“三农”工作提了四点意见。

【落实粮食补贴政策】年内，完成全区玉米补贴面积8 342.03亩，补贴资金84.51万元，涉及12个镇114个村4 137个种植户。小麦补贴面积875.7亩，补贴资金12.26万元，涉及4个镇6个村16个种植户。

【落实蔬菜补贴政策】年内，对现有种植菜田、蔬菜生产节水、草莓、蔬菜生产用棚膜及老旧温室的提升改造进行补贴，共计发放补贴资金1 966.668万元，其中：菜田补贴资金753.742 8万元，老旧温室改造资金971万元，节水灌溉补贴资金112.1万元，更换棚膜补贴资金129.825 2万元。

【建议提案办理情况】2018年，区农委共主办区人大代表建议1件。政协委员提案5件，会办区级人大代表建议1件，政协委员提案1件。内容涉及农业产业发展和促进农民增收方面，经承办科室与代表沟通、答复后，代表们对办理结果均表示满意。

【义务植树活动】年内，累计约35万人参加植树活动，造林绿化类折合47.23万株，抚育管理类折合33.47万株，自然保护折合4.58万株，认种认养折合1 250株，设施修建折合18.97万株，志愿服务折合9 630株，合计全年共完成105.33万株。圆满完成6项大型义务植树活动。

昌平区领导名录

区委书记 侯君舒
副书记 王合生
常委 孙　启　王燕庆
孙　卫（11月免）　苏贵光
刘绍坚　徐　萍（女）
贺　军　陈　军（2月任）
蔡艳艳（挂职，女，9月任）
区纪委书记 徐　萍（女）
副书记 瓮　民　杨　琳（女）　王双锋
区人大常委会主任 朱光彤
副主任 杨国昌　奚增森　李春菊（女）
杨洪达　张强斌

区政协主席　张晓兰（女）
副主席　李永生　靳增立　洪起国
李雪红（女）　姚仰平　明占学
区长　张燕友（4月免）
王合生（4月代，7月任）
副区长　孙　卫　苏贵光　刘　泽
李志杰　刘长永　吴　彬（女）
周金星　方复全（挂职，6月任）
李瑞涛（挂职，8月任）
区农工委书记　李元和
区农委主任　董锦华

昌平区各镇（街道）党政正职领导

	党（工）委书记	镇长、主任
回龙观镇（地区办事处）	杨玉宝	刘晋京
东小口镇（地区办事处）	冉　灏	戈　娜
沙河镇（地区办事处）	黄建军	柴龙钢
小汤山镇	刘　芬（女）	王红敏
崔村镇	韩　军	李桂美（女）
兴寿镇	杨玉文	郭卫东
阳坊镇	李　昌	徐冬云（女）
南邵镇	李　欣（女）	李　勇
百善镇	李怀来	李文慧（女）
北七家镇	齐俊国	雷海良
十三陵镇	唐拥军	刘长德
延寿镇	李　攀	刘浩军
南口镇	唐朝辉	李哲元
流村镇	桑先军	王志强
马池口镇	张新亮	柳　强
城北街道办事处	王　建	明占学
城南街道办事处	郑森堂	曾　波
天通苑南街道办事处	刘庆海	苏贵峰
天通苑北街道办事处	刘智勇	庄卫民
霍营街道办事处	张海明	黄森华

（昌平区农业农村局　郑贤）

大兴区

综　述

大兴区位于北京市南部，总面积1 036平方千米，下辖黄村、西红门、旧宫、亦庄、瀛海、青云店等14个镇和清源、兴丰等8个街道办事处。2018年末，常住人口179.6万人，比上年末增加3.5万人。常住人口中，城镇人口131.3万人，占常住人口的比重为73.1%；乡村人口48.3万人，占常住人口的比重为26.9%。户籍人口71.6万人，比上年末增加1.7万人。实现地区生产总值2 209.9亿元，全社会固定资产投资实现1 362.7亿元，实现社会消费品零售额838.1亿元。

2018年，大兴区不断强化首都功能意识，遵循首善工作标准，将农村融入国际一流和谐宜居之都建设当中，将农民融入不断深化的城乡一体化进程当中，将农业融入符合首都功能的大产业链中，努力打造有特色产业支撑、有绿色生态空间、有文明淳朴乡风、有科学有效治理、有殷实富裕生活的京郊农村新气象，为全面建成小康社会和建设国际一流和谐宜居之都提供坚实保障。全年大兴区实现农林牧渔业总产值31.7亿元，同比下降22.3%；城乡居民人均可支配收入43 464元，同比增长9%；低收入农户家庭人均可支配收入实现12 973元，增速17.9%。2018年，88个村启动美丽乡村建设。蔬菜产量34.4万吨，同比下降17.8%；果品产量5.3万吨，同比下降11.4%；生猪出栏10.2万头，同比下降63.3%；牛奶产量3.2万吨，同比下降49.2%；家禽出栏83.5万只，同比下降77.1%；禽蛋产量0.2万吨，同比下降68.1%。调减高耗水粮田种植面积25万亩，清退禁养区养殖企业331家、经营性养殖散户畜禽存栏34.3万头只。大兴区有观光园84个，观光园总收入达到9 981万元，同比下降16.8%；民俗旅游总收入实现1 424万元，同比下降7.7%。工商注册合作社793家，国家级农业龙头企业2家、市级农业龙头企业9家。截至年底，累计流转土地38.67万亩，占确权农地的72%，完成确权登记颁证31.9万亩。现有561个村级集体经济组织，292个村17.923 6万集体经济组织成员实现分红16.2亿元，人均分红9 024元，分红最高的村为狼垡二村，人均分红3.5万元。

城乡融合发展

【城乡建设水平持续提升】年内，大兴区坚持规划先行，高质量编制大兴区分区规划，城市总体规划和土地利用规划实现“两图合一”。完善城市功能，地铁8号线大兴段正式通车，威克多文化时尚产业创意中心开工建设，凯德MALL建成开业，全区路口渠化工程全部完工，芦花路、团桂路、东环路建设加快推进，京良路二期、105国道等项目进展顺利，完成乡村公路大修130公里。增强承载能力，新城西片区城市设计形成规划成果，编制完成京雄铁路黄村站、北京大兴国际机场线磁各庄车辆段一体化方案，实现住宅用地供应110公顷，超额完成棚户区改造任务。推进14个拆迁滞留项目，一街安置房开工建设，七街安置房基本具备开工条件。强化城市管理，实施路侧停车管理新模式，统筹推进镇、街城市管理指挥分中心建设，城市精细化管理水平进一步提升。

【疏解整治与优化提升同步推进】年内，大兴区落实“街乡吹哨、部门报到”工作机制，注重先立后破、立破并举，疏解整治促提升工作取得明显成效。坚定疏解非首都功能，完成一般制造业退出、区域性专业市场和物流中心疏解等16项任务，“散乱污”企业实现动态清零。坚决整治违法形态，拆除违法建设1 289万平方米，腾退土地1 541公顷，取缔无证无照经营8 123户，三项工作排名全市前列。加快推进“留白增绿”，实现绿化和复垦51.5公顷，建筑垃圾年处理能力达到3 700万吨，全区154个工业大院历史性基本清零。打造精品街区，深入开展群租房整治、地下空间清理等专项行动，封堵“开墙打洞”375处，新建“一刻钟社区服务圈”18个，提升生活性服务业网点178个，引入便利蜂、苏宁小店等一批高品质便利店，更好满足群众多样化生活需求。

【服务保障机场建设】年内，大兴区把服务保障北京大兴国际机场建设作为“一号工程”，航站楼主体完工进入装修阶段，飞行区具备校飞条件，6 584亩军航用地全部按期交付并实现开工建设。高标准完成安置房项目建设，2万余名群众满意回迁。“五纵两横”交通网络建设和噪声区治理加速推进，平稳有序完成25个村整体搬迁工作。创新“1+7”全方位就业服务模式，建立信息联动机制，更多本地劳动力实现机场就业。主动谋划临空经济发展，研究制定临空经济区大兴片区管委会和开发平台组建方案，初步完成临空经济区总规和控规编制。启动综合保税区申报工作，临空经济区产业规划研究形成阶段性成果，东航、厦航、奥凯航空等航企入区发展。

【乡村振兴战略】年内，大兴区调整农业产业结构，发展高效农业、特色农业，庞各庄现代农业产业园和长子营航食基地项目加快推进，调减高耗水粮田1.9万亩，发展景观田3.3万亩，农业发展质量稳步提升。全面开展农村人居环境整治，高标准规划建设美丽乡村88个，推动安定循环经济产业园和垃圾分类示范村建设，累计完成64个村庄污水治理。低收入农户人均可支配收入同比增长15.6%左右，脱低率达到92.6%。集中开展“大棚房”清理整治，大棚类设施农业项目全部通过市级验收。

【污染防治】年内，大兴区开展农村地区煤改清洁能源“回头看”，全面管控各类污染源排放，加强道路清扫保洁力度，完成68个镇街排放监测点位建设。建立“四明确、一报告”长效机制，强化重型柴油车治理，处罚超标车2.6万辆。PM2.5年均浓度53微克/立方米，同比下降13.1%，明显优于61微克/立方米的市级目标。全面落实“河长制”，持续加大排污口整治力度，累计完成149公里黑臭水体治理，国考断面动态达到市级考核要求。瀛海再生水厂完成主体工程，魏善庄再生水厂进展顺利，水环境基础设施逐步完善。严格落实土壤污染防治监管责任，土壤环境质量总体良好。大尺度拓展绿色空间，稳步推进北京大兴国际机场高速等重点绿色廊道建设，完成新一轮百万亩造林绿化1.4万亩，实施4 300平方米屋顶绿化工程，全区生态环境质量进一步提升。

【发展民生事业】年内，大兴区在全市首推殡葬服务改革，推进厕所革命，新建改造公厕42座，办结“为民办实事”25件。推进就业“暖心行动”，提供就业岗位8.4万个，失业率控制在1.8%以内。加大住房保障力度，加快实施农村危房改造，开竣工各类保障房1.2万余套，为老旧小区加装电梯20部，“创业之家”项目实现开工。优化教育医疗养老供给，一中西校区加快推进，完成12所学校建设，名校合作办学增至38所，新增学位7 635个，课后延时服务全面铺开，累计服务学生1.2万余人，并在全市推广。成功创建北京市慢性病综合防控示范区，北大医院南院区等重点项目加快推进，实施“名中医身边工程”，完成区级养老服务指导中心和32个社区养老服务驿站建设。新城体育中心投入使用，冰壶馆项目主体完工，新建15处24小时城市书房。坚持开展精准扶贫，支援帮扶资金6 335万元，组织开展多项产业合作，有效增强受援地区内生动力。关注精神文明建设，推进全国文明城区创建工作。

都市型现代农业

【建立都市型现代农业格局】年内，区农委细化2018年国家现代农业示范区重点工作任务，组织现代农业示范镇开展创建与发展工作培训，开展一村一品示范村镇发展情况调查和数据监测。安定镇前安定村被市农委评为第二批北京市特色专业示范村。完成农村产业融合发展试点市区级验收、镇村公示、资金拨付工作，完成财政部关于农村产业融合发展试点建设的绩效评价工作。完成北京市现代农业示范区年度监测评价和市级验收工作，构建“区+镇+村+园区”的都市型现代农业格局。

【现代农业产业园建设】年内，大兴区推进庞各庄现代农业产业园和长子营航食基地产业园项目建设。庞各庄西瓜育苗基地的建设可承接农户西瓜苗订单1 800万株左右，解决75%的育苗需求。

【标准化基地建设】年内，大兴区新建标准化基地3家，建设全程标准化基地1家，备案市级标准化基地65家、建设市级优级基地4家，完成优级复查基地10家。

【赤眼蜂防治二代玉米螟】7月25日，区种植中心依托农药减量项目，在8个项目镇3万亩玉米田释放赤眼蜂3亿头，二代玉米螟防治效果80.4%。

【正镶白旗对口扶贫】7月，区种植服务中心对内蒙古正镶白旗开展对口扶贫工作，带领大兴区7家农业企业到受援地进行调研对接，部分企业达成合作意向。9月，抽调4名专家到正镶白旗、察右前旗和苏尼特右旗，对旗内各镇、村科技指导员及进行农业活动的建档立卡户开展种植技术、植保技术、节水技术以及电商等多方面培训工作。

【大棚房和农田环境督查】7—11月，区种植中心开展大棚房检查36次，出动检查人员108人次；参与农田清理整治17次，出动检查人员48人次。

【农药经营许可审查核发】8月，大兴区农药经营许可制度正式实行。植保站6月开始进行农药经营许可证的资质审查工作，资质核查农药经营单位160余个，核发经营许可证75个。

【新品种新技术推广】年内，区种植中心推广瓜菜新品种153个，生产技术42项，推广面积6.2万亩。完成试验示范117项，安排示范作物种类2个，示范面积23 057.5亩。

【农业生产技术培训】年内，区种植中心开办瓜菜、粮油、食用菌、甘薯等田间学校66所，开办创新团队工作站5所，建设综合试验站2个，开展专题培训561次，组织观摩40次，田间指导115次，电话咨询指导1 530人次，累计培训农民26 070人次。

【“双随机”执法检查】年内，区种植中心以“双随机”为基础，开展日常执法检查147次，出动执法人员796人次，检查农资生产经营单位882家次；开展农资打假联合检查5次，出动执法人员38人次，检查农资生产经营单位31家次。

【农资商品质量检测】年内，区种植中心随机抽取肥料生产企业5家，肥料样品13个；农产品安全抽样抽检肥料样品55个，农药标签37个，农药产品52个。全年共办理行政处罚案件29起，合计处罚2.5万元；受理种子纠纷调解6起，为农户挽回损失6 000余元。

【行政许可资质核查】年内，区种植中心共接待农作物种子办证咨询350人次，受理生产经营许可16件，其中信息变更1件；新办证申请15件，包括10个蔬菜种苗生产企业，5个种子生产经营企业。

【北京市果、叶类蔬菜创新团队大兴综合试验站工作】年内，大兴区共计承接北京市果类蔬菜创新团队试验8项，其中黄瓜、番茄、辣椒、茄子四种作物品种比较试验8项，共计143个品种；承接叶类蔬菜创新团队试验3项，其中化学农药减施增效试验1项，四棚叶菜品种展示2项，展示示范109个叶菜品种。

【大兴现代农业示范园改造项目】年内，大兴区完成改造2栋展示智能化玻璃温室，总面积10 976平方米；改建6栋塑料大棚，总面积2 880平方米；改建日光温室7栋，总面积5 256平方米；改造日光温室2栋，总面积1 028平方米。建设配套场区道路、给水管道、供电线路等基础设施。购置温室生产所需的栽培架、施肥消毒设备及物联网系统等。

【地膜回收项目】年内，区种植中心继续开展地膜回收项目，回收旧地膜1 155吨，发放新地膜385吨。

【熊蜂授粉项目】年内，区种植中心开展熊蜂授粉项目，在大兴区7个镇建立30个示范点，应用面积1 610亩。

【蔬菜集约化育苗】年内，大兴区蔬菜集约化育苗生产面积243.2亩，市级蔬菜集约化育苗场22家，全年集约化育苗量约9 237.46万株（含西甜瓜1 813.31万株）。

【草莓生产】年内，大兴区草莓生产面积427亩，2018年全区草莓育苗面积77.5亩，北京首通田园科技发展有限公司获第五届“北京草莓之星”五星奖。

【社区蔬菜技术服务】年内，区种植中心开展社区蔬菜技术服务，培训指导7次，入户指导10余次，为居民提供果菜、叶菜种苗10余种。

【农业污染源普查】年内，区种植中心配合农委完成大兴区农业污染源普查，对9个镇开展地膜使用情况抽样调查，完成调查表155份，其中乡镇调查表9份，农户调查表146份。

【蔬菜价格监测】年内，区种植中心落实蔬菜产地价格监测点10个，监测蔬菜品种60余个。采集入库蔬菜价格等数据2 825条。对北京新发地市场和蔬菜产地监测点的10种常规蔬菜交易价格进行监测，撰写分析报告12期。

【大宗蔬菜综合试验站】年内，区种植中心完成国家大宗蔬菜技术体系大兴试验站工作。引进筛选设施蔬菜新品种3个，邀请北京市蔬菜中心等单位专家开展培训指导2次，培训农民150人次。

【设施西瓜提质增效关键技术集成示范项目】年内，区种植中心在庞各庄镇推广西瓜优良品种500亩，提升西瓜质量；推广设施西瓜应用水溶性冲施肥500亩，购置西瓜专用冲施肥30吨（2 000袋）。

【设施西瓜蜜蜂授粉服务补贴】年内，大兴区设施西瓜蜜蜂授粉服务补贴定点供应商入围项目授粉送蜂工作完成，共计14 226箱，每箱补贴80元，共补贴113.81万元。

【设施西瓜育苗补光增温项目】年内，区种植中心推广西瓜育苗室补光灯66套，增温灯66套。

【海南基地育种】年内，区种植中心开展西甜瓜材料测配组合西瓜51个、甜瓜13个；开展西甜瓜亲本材料加代自交西瓜126个、甜瓜23个；开展西甜瓜新品种鉴定，其中西瓜鉴定样本66份、甜瓜鉴定样本12份。

【耕地地力保护补贴】年内，农业支持保护补贴改为耕地地力保护补贴，大兴区补贴范围仅限于种植小麦、玉米、大豆、甘薯四种作物的耕地。补贴农户种植面积43 458.9亩，补贴资金8 691 780元，涉及农户11 482户。

【农田景观建设与示范推广项目】年内，大兴区农田景观建设地点为安定、礼贤、榆垡、魏善庄四个镇，建设面积共计33 470亩，主要利用流转土地、规模化农田边缘、农田缓冲带、闲置土地、沟路林渠等地块种植景观作物。引进大豆、花生、观赏葵新优品种各5个开展对比试验，试验面积共计54亩，辐射带动周边景观栽培面积共计8 230亩。编制常用景观作物栽培技术规程4套；与北京市农业技术推广站合作开展生态农业示范点工作建立900亩休耕轮作景观示范田。

【化肥减量增效项目】年内，大兴区范围内布点采集土壤样品100个，化验有机质、全氮、碱解氮、有效磷、速效钾、pH等6项内容，在番茄、西瓜等作物上共开展肥料利用率试验5项、设施蔬菜“2＋X”动态优化施肥试验4项，不同磷肥用量试验4项，测土配方施肥长期定位试验2项；补贴配方肥共计2 372吨，水溶肥75吨。

【源污染防控技术示范项目】年内，区种植中心在3个国家级、10个市级长期定位监测点针对蔬菜、粮食、经济、果树等不同作物的开展监测工作，采集56个土壤样品，送到市土肥工作站进行化验。

【设施土壤高磷风险缓控技术集成与示范】年内，区种植中心完成300个土壤样品采集工作。进行试验示范3项，种植作物分别为生菜、西瓜和甜瓜。补贴生物炭40吨，配方专用肥50吨，沸石40吨。

【设施瓜菜秸秆资源化利用技术推广应用项目】年内，区种植中心对大型种植园区、农户设施生产产生的瓜菜秸秆统一回收实行农业废弃物资源化利用，实施面积 40 107.61 亩，回收秸秆 137 105.86 立方米。

【设施瓜菜微生物菌剂补贴项目】年内，设施瓜菜微生物菌剂补贴项目主要在大兴区设施瓜菜主产镇实施开展，实施播种面积为 8 万亩，实施范围为采育镇、长子营镇等 9 个农业镇，发放菌剂 400 吨。

【沃土工程项目】年内，区种植中心继续开展沃土工程项目，完成 368 个肥料取样工作，测试肥料质量，其中 10%测试重金属和抗生素；完成 572 个土壤取样工作，测试基本养分。全年补贴面积 38 408.5 亩，补贴肥料 76 817 吨。

【水肥一体化项目】年内，大兴区建立水肥一体化技术示范点 13 个，示范智能化程度不同的施肥机 8 种，示范面积 381.2 亩。补贴微喷灌溉施肥系统，共 3 500 棚，物化补贴水溶肥 140 吨。

【肥料执法】年内，区种植中心组织执法活动 35 次，出动执法人员 97 人次，检查销售门店及企业 235 家。开展法治宣传 12 次，联合执法 6 次，作案卷 4 件，发放宣传材料 2.2 万余份。

【样品检测】年内，区种植中心检测土壤样品共计 900 余份，化验土壤有机质、全氮、碱解氮、有效磷、速效钾、缓效钾、pH、EC 值、容重及铁锰铜锌等中微量元素；检测植株样品共 100 余份，涉及茄子、西瓜、玉米等多种作物。

【农药管理执法】全年，区种植中心开展“双随机”执法监督检查 65 个次，出动执法人员 195 人次，检查农药经营单位 324 个次，生产企业 12 个次，签订《农药生产企业经营单位农药生产销售保证书》《农资生产、经营单位安全生产规范经营责任书》120 余份。

【农药管理宣传培训】年内，大兴区开展新修订《农药管理条例》培训 3 期，针对辖区内农药生产企业、经营单位、蔬菜种植基地进行培训 270 余家次，培训人员 350 余人次。开展执法赶集宣传活动 5 次，宣传中发放各类宣传材料 2 万余份，接待咨询 1 000 余人次。

【农药行政执法处罚】年内，大兴区依法对不合格农药的生产经营单位进行处罚，处理一般案件 3 起，简易案件 1 起，罚没款共计 16 050 元。

【农区灭鼠】年内，大兴区春季农区灭鼠面积 20 万亩，秋季农区灭鼠面积 5 万亩，应用塑料毒饵盒 2 万个、粘鼠板 6.4 万张，防治效果为 91%。

【瓜菜田化学农药减量控害项目】年内，大兴区总实施面积 1 万亩，涉及南 9 镇的 24 个蔬菜基地和合作社，发放色板等物资并开展相关技术培训。

【农作物农药使用减量行动技术示范项目】年内，大兴区审核通过的绿控补贴产品经营点 11 个。全区补贴额中天敌占 65.42%，生物农药占 11.72%，理化诱控技术占 14.07%，化学农药和生物农药销售量比为 1∶3。

【植物检疫行政许可】年内，大兴区植物检疫行政许可共签发产地检疫 3 批次，调运检疫 1 批次。开展优化审批服务流程专项改革和政务服务梳理工作，完成农业繁殖材料的产地检疫、省际间植物及其产品（农作物）调运检疫 2 项行政许可的改革和梳理工作；已实现网上受理签发行政许可业务。

【植物检疫行政执法】年内，大兴区开办种子生产经营单位植物检疫培训班一期，参加培训的种子经营单位 100 余家次，参加人员 110 余人次。组织执法活动 52 次，出动执法人数 155 人次，检查门店 316 家次；依法现场处罚 17 起，累计罚款金额 850 元。

【植物疫情防控】全年，大兴区普查 17 种检疫性有害生物，累计普查 8 个镇 76 个村，普查代表面积 2.8 万亩次，速测样本 82 个，未发现检疫性有害生物。

【狂犬病防控】3 月，区动监局召开大兴区狂犬防控工作会，开展 2018 年度狂犬病防治工作，做好宣传、防疫技术人员培训等前期准备工作，进集市、进社区开展 8 次狂犬宣传活动，发放宣传材料 2 万余份。发放犬免疫标识 108 280 枚，免疫犬 941 077 条。进行犬狂犬病免疫抗体检测，采集样品 279 份次，总体保护率合格。开展村级动物防疫员免疫技术培训 2 次，提升业务素质、防疫技能及个人防护能力，保障健康稳定开展动物防疫工作。

【畜禽清退】年内，区动监局联合区财政局、区环保局、区工商局等部门对 49 家养殖场进行验收，超额完成清退 20 家养殖场的年度任务量。进一步巩固养殖场关闭搬迁成效，建立监管台账，不定期对 2017 年清退的 246 家养殖场进行监督检查，同时要求各相关镇及动物防疫站切实做好日常监管，防止出现复养及非法改产的情况。

【外埠基地建设】 年内，区动监局辅助外埠基地发展，实施监督管理、提供技术服务，为全区乃至全市居民的肉蛋奶供应提供保障。对养殖场开展了外埠基地在建项目统计，已在外埠投产的有10家，建设完工的有6家，建设中的有18家。

【推广渔业生态养殖技术模式】 年内，区动监局推广微生态制剂水质调节技术，利用微生物分解养殖水体中产生的有害物氨氮和亚硝酸盐等，提高溶氧，改善水环境，累计发放微生态制剂2 600千克，是2017年发放总量的3.8倍。推广立体养殖模式20亩，利用生物浮床技术进行水培蔬菜和水培花卉的种植，达到鱼菜兼收的效果，同时降低池塘养殖水体污染压力，提高水资源利用率。引进淡水小龙虾3 000尾进行室内水泥养殖试验、淡水鲈鱼5 000尾进行大棚水泥土池养殖试验，丰富水产种质资源。推广中草药在鱼类病害防治中的应用，利用中草药防治鱼病，示范推广面积60亩。

【养殖场综合整治】 年内，区动监局制定《大兴区开展“疏解整治促提升推进畜禽生态养殖”实施方案》，明确大兴区域内规模养殖场全部粪污处理设备、项目建设范围、补偿标准、保障措施等。对区域内保留的规模化养殖场配备粪污处理设施装备，对规模以下经营性畜禽养殖户粪便基本收集处理，资源化利用率达到95%。

【渔业增殖放流工】 年内，区动监局按照生产与资源养护、生态保护协调发展的原则，在北京野生动物园、长子营湿地等处放流锦鲤及鲢鳙鱼约3.7万千克。

【病死动物及动物产品的无害化处理】 年内，区动监局与养殖场、屠宰企业等签订病死动物及动物产品无害化处理责任书90份，签订率100%。监督指导病死动物无害化处理工作，严厉打击收购、出售病死动物的违法行为，严防病死动物进入流通环节，确保不发生抛弃、出售、屠宰、加工病死动物重大事件，病死动物无害化处理率达到100%，保障大兴区无疫安全与生态安全。养殖环节无害化处理生猪6 406头，鸡42 277只，鸭235只，牛96头，牛胎衣332个，其他动物73头只，动物内脏2吨。

【动物疫病流行病学调查和风险评估】 年内，区动监局在规模场、养殖户和相关服务对象中开展口蹄疫、高致病性禽流感等重大动物疫病常规、紧急流行病学调查工作。开展流行病学调查274次，其中常规流调24次，紧急流调221次，抽样检测流调16次，宠物医院流调12次，屠宰场流调1次。

【农机购置补贴项目】 年内，农机服务中心对2017年补贴农业机械逐台录入补贴管理系统。对青云店镇西鲍村秸秆加工设备、庞各庄龙云峰花卉设备、保鲜库以及卷帘机等农机设备进行验收。对执行缓慢的项目进行督促协调。累计到园区督促协调12次。对长子营水肥一体化、魏善庄水产养鱼项目指标进行区域调查。对以后采取的“自主购机、定额补贴、先购后补、区级结算、直补到卡”的补贴方式，组织开展调研、座谈等活动，开展实施方案、实施流程的学习和意见反馈。制定大兴区农机购置补贴方案及操作规程，为方便农民购机补贴提供政策保障。完成农机深松整地作业及新型农机具购置补贴项目。深松整地共计实施面积2万亩。每亩补贴50元，共计资金100万元。项目涉及7个镇，分别为新型农机具购置补贴项目、果树枝条机械化综合利用示范推广项目和第三方核查项目，涉及资金483.41万元，其中财政补贴资金245.71万元。

【农林废弃物综合利用】 年内，农机服务中心推广枝条粉碎机25台，农林废弃物一体化处理设备进行示范推广，安定镇已投入运行。

【农机安全监理】 年内，大兴区拖拉机保有量1 017辆，停驶车辆297辆，实际检验车辆619辆，检验率为86%；联合收割机保有量为247辆，停驶42辆，实际检验车辆179辆，检验率为85%。驾驶证业务新增71人，其中新增拖拉机驾驶员70人，收割机驾驶员1人。对三年没有参加检验的变型拖拉机1 666辆进行催检告知，完成注销京01号段车辆1 666台，其中本市车辆336台，外地车辆1 330台。

【农机服务执法督察】 年内，农机服务中心开展春夏火灾防控、中非合作论坛火灾防控、安全生产月、消防安全宣传月、七进等专项行动，对农机维修网点、农机合作社、农业设施园区进行安全生产检查，并做到检查有记录、影像，在检查过程中发现的隐患要求立即整改或限期整改。“三夏”“三秋”期间共出动检查车次34车次，出动执法人员72人次，检查跨区作业收割机48台。

非农产业

【乡村旅游】年内，庞各庄镇主办大兴区 2018 春季旅游暨庞各庄镇第 25 届梨花旅游文化节、第 30 届北京大兴西瓜节“艺苑杯”全国西甜瓜擂台赛。举办节庆活动中，庞各庄镇与中化岩土公司签订“框架协议”，结合永定河文化带建设、梨园梨树等文化资源，共同推进梨花村文化旅游升级改造项目，改造升级梨花村主街和村内空置院落、缤纷四季风情体验园，提升旅游接待能力。通过在梨园贡树区域安排古梨树保护展览、“百年梨树认养”活动，旨在保护以梨花村为核心的老梨树生态资源。全年接待游客近 137 万人次，旅游收入达 2 亿元。安定镇主办第十七届桑椹旅游文化节，其间接待游客 18 万余人次，门票收入 29 万元，同比上年增长 3 万元。11 家民俗接待户营业，总收入达 195 万元，客流量 3.35 余万人；旅游接待园区对外营业 5 家，总收入达 352 万元，客流量 2.57 余万人。

【农超对接】年内，大兴区有 7 家专业合作社与沃尔玛、家乐福、华联、百盛、永辉、翠微、华堂、中石化易捷便利等大型商超企业实现对接，进入全国范围内 265 家门店，产品包括西瓜、梨、蔬菜、葡萄等，销售农产品 538 万千克，实现销售收入 3 608 万元。

【农社对接】年内，大兴区 5 家农民专业合作社与 78 家社区建立农产品直营直销合作，通过与社区对接销售，销售农产品 2 181 万千克，销售收入 1.35 亿元。

【农餐对接】年内，大兴区 5 家带动能力突出、组织化程度高的农民专业合作社，与海底捞、呷哺呷哺等餐饮企业和高校、医院、机关等食堂实现对接，带动合作社蔬菜等农产品进入市内餐饮领域销售，销售农产品 574 万千克，实现销售收入 2 918 万元。

【搭建电商对接平台】年内，大兴区促进新型农业经营主体与电商企业全面对接融合，推动线上线下互动发展。鼓励农业企业、农民专业合作社上网营销，扩大网上交易规模。5 家农民专业合作社在京东、天猫、易果生鲜、本来生活、微信等网络平台推广销售农产品。销售农产品 231.5 万千克，销售收入 2 700 万元。

【打造“大兴农品”品牌特色】年内，区农委依托大兴区农产品质量追溯平台，授权符合使用标准的农民专业合作社和农业企业使用“大兴农品”追溯二维码，打造“大兴农品”品牌特色。

【区级农业好品牌评选】年内，区农委结合“北京农业好品牌”打分排名及结果，确定北京庞安路西瓜专业合作社品牌“庞各庄世同”、北京四季阳坤农业科技发展有限公司品牌“四季阳坤”、北京市美丹食品有限公司品牌“美丹”、北京汉良瓜果种植专业合作社品牌“汉良”、北京金维福仁清真食品有限公司品牌“福仁”5 个品牌为区级农业好品牌。

村镇建设

【智慧乡村项目建设】年内，大兴区按照北京智慧乡村建设指南，重点从生产经营、乡村治理等方面组织各镇完成 9 个村的方案制定，并按照市城乡信息中心技术审查意见，协调各镇对方案进行两轮修改、调整，确定最终方案并实施，各镇已完成项目验收。

【美丽乡村建设】年内，大兴区计划建设的 88 个美丽乡村全部完成村庄规划和实施方案编制，其中 15 个村取得立项批复，并开工建设，完成总立项工程量的 80%，其余村正在履行规划方案审批。

【农村环境整治】年内，大兴区围绕“清脏、治乱、增绿、控污”清理生活、建筑垃圾及秸秆等各类积存垃圾 330 万余吨，治理污水溢流 326 处，治理房前屋后沟渠黑臭水体 234 处，拆除侵街占道、私搭乱建等违法建设 6 590 处、462.5 万平方米，清理店外经营 789 处，推进拆除腾退地块绿化建设 50 万平方米。

【煤改清洁能源信息管控系统建设】年内，区农委对约 3 万户空气源热泵和直热式提升用户安装信息管控智能模块，监测运行效果，并依实际对空气源热泵实施智能节能控制，进一步提升信息化管控水平。

【村庄安全治理】年内，区动监局依托“镇街吹哨、部门报到”工作机制，配合做好青云店镇北野场村安全治理工作。成立 20 人巡查队，对全村各个小行业开展摸底调查登记，分析村庄安全隐患，发现隐患立即消除。发现私搭乱建 402 处，协助镇党委逐户走访核实清理服装加工小作坊 271 户，清理街巷堆物堆料 29 处，协助完成村内各户室内线路检查及村北1 600亩集建地农田地清理登记和500米排水沟、4个停车场、2个消防水鹤的施工建设工作，完成村庄安全治理阶段性任务，北野场村被评为大兴区村庄安全治理工作先进村。

【新农村设施服务项目】年内，大兴区安装LED节能灯2 300盏，托管服务企业夜间巡查共计234次，巡查路灯29 745盏，维修路灯5 656盏，涉及11个镇，205个村。巡查庞安路太阳能路灯48次，维修路灯191盏，更换光源、电瓶、控制器、电线等配件，清洗光电池板297块，确保路灯能够正常运行。为全区27个村维修在质保期内的LED节能灯77盏；对全区48座太阳能公共浴室进行维修138次；巡检、巡查179次，并进行2次太阳能浴室的培训。

农村改革与管理

【农业、大棚房、农业园区用地承包及流转合同清理】7月，大兴区开展农业、大棚房、农业园区用地承包及流转合同清理工作。截至年底，全区涉及11个镇1个镇级园区1个镇级企业和1个私企，已收集合同10 673份；涉及大棚55 209栋；已审查合同10 673份；问题合同3 363份，涉及10个镇，问题合同占已收集总合同的31.72%，存在履行民主、审批程序不严及合同签订不规范等问题。已整改合同3 306份，问题合同整改完成率为98.3%，庞各庄镇、魏善庄镇、榆垡镇、长子营镇、青云店镇5个镇的57份合同尚未整改完成。同时对全区农业园及大棚房涉及的合同进行清理整改。全区收集涉及8个镇112个村的428份合同，涉及农业园232个，已审查合同428份，梳理问题合同114份，已整改95份，还有19份未整改完成。大棚房涉及全区6个镇28个，收集审查合同28份，发现问题合同5份，已整改2份。

【农村集体资产清产核资】9月3—4日，区经管站分两期对各相关部门及镇、村660余名工作人员进行培训，9月底完成清产核资的户数填报工作。11月21—23日，区经管站邀请金宇恒公司专业人员再次对各镇650余名清产核资工作人员进行系统录入培训工作。制发《大兴区经管站关于农村集体资产清产核资管理系统上线运行工作的通知》。

【农村集体经营性建设用地入市、征收制度、宅基地改革】年内，大兴区围绕“城乡发展深化改革先行区”功能定位，推进农村集体经营性建设用地入市、征收制度、宅基地三项改革，全年完成集建地入市87.38公顷，总交易额达到141.34亿元。有序启动旧宫集贤等5个公益类土地征收项目，魏善庄镇羊坊村等3个镇12个村庄搬迁改造工作加快推进，三项改革初步形成可复制、可推广、利修法、惠民生的实践经验。开展区级机构改革，持续深化镇街财政体制改革和国资国企改革，国家级公立医院薪酬改革试点工作取得关键性进展。全面优化营商环境，制定“1＋N”政策体系，建立健全“管家式”服务，为民营企业量身定制“服务包”，出台人才“兴十条”，提供2 200套公租房满足人才住房需求，助力成长型企业加速发展。深入推进“放管服”改革，清理行政审批11项，实体大厅实现“一站式服务”，网办率、事项入厅率、综合窗口受理率均达到100%，办事效率显著提升。

【农村土地承包经营权确权登记】年内，大兴区作为全市试点区，从2015年开始在全区范围内开展农村土地承包经营权确权登记颁证工作。截至年底，全区完成282个村的权属调查及公示审核确认工作，累计开展确权土地总面积31.98万亩（按原承包合同面积）。实测承包地面积34.5万亩，清理土地承包档案45 301卷，调查承包方人（户）数49 467人，实测承包地块数118 939块。

【拆迁村集体经济制度改革】年内，区经管站与区农委联合制定出台《关于进一步深化大兴区农村集体产权制度改革发展壮大农村集体经济的指导意见》。在资产经营方面，通过争取政策获取多种资产经营渠道及途径，实现集体资产保值增值。对已经完成整建制转非的搬迁村，将村集体的征占地款，通过委贷理财等模式，委贷给区属国有企业，实现保值增值，增加成员股东的财产性收入。

【农村集体股份权能改革】年内，区经管站完成对大兴区农村集体股份权能改革三年试点的评估工作。做好制度设计，制定工作方案，开展全部六项权能试点内容，针对成员资格，重点健全农村集体经济组织成员身份确认和登记备案机制；针对土地等资源性资产，重点开展确权登记颁证工作；针对六项权能，制定《大兴区农村集体资产股份管理暂行办法》，明确实现权能的条件、形式、程序等。严格确认成员身份。探索股权信息化管理，利用全市股东股权登记管理信息系统，对股东股权变动情况进行整理登记，推进股东股权台账信息化管理。推进股权继承，在完成整建制农转非且资产清晰的村，实行完全股权固化，试点探索股权继承程序。探索股权退出，对股权退出的范围、限额、股东权限三个方面进行约束，降低股权退出风险。对全区农村集体经济组织的经济合作社及股份经济合作社和14个镇级合作联合社进行农村合作经济组织统一社会信用代码证书换证工作。同北京银行大兴分行探讨集体资产股权贷款的有效实现形式，围绕股权估值认定、质押登记程序、风险防范措施等，以集体资产股权预期收益进行抵押担保。

【农村集体经营性建设用地入市】年内，区经管站配合区试点办做好集体建设用地入市工作，落实《大兴区农村集体经营性建设用地入市试点入市实施主体及组织运行管理暂行办法》《大兴区集体建设用地收益资金管理指导意见》，11个镇成立镇级联营公司并逐步开展工作。完成对西红门、旧宫镇、瀛海镇、黄村、青云店集体建设用地入市相关程序、材料的审核把关及研提意见；牵头起草《关于瀛海镇区级统筹集体租赁住房有关问题的规定》。

【村级重要经济事项监管】年内，区经管站继续落实村级重要事项事前咨商和招投标工作办法，按季度开展对各镇村级重要事项事前咨商情况和招投标事项的统计工作。开展事前咨商及招投标工作的共涉11个镇，召开联席会议170次，咨商议题4 243个，出具指导性意见4 662条；招投标事项46件，涉及金额3 269.36万元。在北京农村产权交易所挂牌成交项目40宗，均为土地流转项目，流转土地面积4 721.35亩。

【村级财务预决算汇总】截至年底，全区14个镇（除亦庄外）有13个镇的523个村实行预决算制度。上年度全区村级集体经济组织实现总收入为470 709.2万元，同比增长4.6%，占年初预算388 608.6万元的121.1%；总支出为367 209.4万元，同比增长3.9%，占年初预算322 493.4万元的113.9%；全区管理费用总计40 699.7万元，同比增长6.2%，占年初预算50 404.6万元的80.7%；部门无偿投入账外资产入账金额为962.9万元；固定资产投资总计2 668.5万元。

【村级公益事业专项补助】年内，全区14个镇527个村，应拨付10 744万元，实际收到补助资金10 447万元，比应收补助少297万元（未拨付312万元，魏善庄镇补发2016年补助资金15万元）。专项补助资金使用金额9 776.35万元。

【农村集体经济组织征地补偿】年内，大兴区开展2015年至2017年度农村集体经济组织征地补偿费管理使用情况审计，涉及12个镇254个村。截至2017年底，征地补偿费余额433 703.89万元，未发现侵占、截留、挪用、拖欠及其他未到位情况。10个镇按照规定在银行开设专户、签订征地补偿费监管协议；所取得的征地补偿款能够及时足额纳入专户存储并通过专户进行转账支付；征地补偿费结余做到“账账相符、账实相符、账表相符”。

【村级组织负责人经济责任审计】年内，大兴区村级组织负责人经济责任审计工作共涉及14个镇，651人。其中：538名村党支部书记（包括榆垡镇的榆垡村和南各庄村的10个独立核算单位的党支部书记），113名村主任。

【农民负担执法检查】年内，大兴区根据市农经办《关于做好2017年农民负担执法检查的通知》要求，开展农民负担监督管理执法检查工作，各镇开展自查，自查率达到100%。各镇村情况良好，没有发现不合理开支及增加农民负担的情况。

【低收入农户监测】年内，大兴区开展全区9个镇1 682户4 258人的低收入农户收入情况监测工作，全年低收入农户人均可支配收入14 895.8元。家庭经营净收入人均1 021.6元，工资性收入人均5 268元，财产性净收入人均2 310.2元，转移性净收入人均6 296元。

【农民专业合作社建设】年内，区经管站配合区农委开展合作社农产品流通体系建设工作，拟定《关于2018年大兴区农产品流通体系建设的实施意见》。开展农民专业合作社运营发展情况摸底调查工作，摸清大兴区农民专业合作社的运营发展现状，截至2017年底，全区在工商行政管理部门登记注册的合作社共有793个，正常运营的合作社有224个，非正常运营的有569个，其中区级以上示范社45个。完成对农民专业合作社示范社财务代理工作的检查验收。

农民生活

【新型职业农民培育】年内，大兴区通过“集中培训+参观考察+实践实训”相结合的方式，完成年度新增113名新型职业农民培育，其中新型农业经营主体带头人 83 人、培训蔬菜种植大户 30 人，并建档入库，整体工作通过市级考评验收。

【农民综合素质提升工程】年内，大兴区新型农民综合素质提升工程 1 万人培训全部完成；编印教材 1 套；培训镇级师资 33 名；组建 1 支素质提升农民宣讲团，进行各镇巡回宣讲 10 余次。

【农民培训项目】年内，大兴区开展农机培训 84 期，培训学员 2 126 人；新型农民综合素质提升工程各镇开展示范班、普及班共 105 期，实际培训 10 015 人次；新型职业农民培育工作培训农民 113 人，农技人员能力提升培训，来自 9 个镇的 130 名农技员参加培训。

【农村实用人才工作】年内，区农委做好农村实用人才协议培养和等级评定工作，新增初级实用人才 200 名，推荐中级人才 60 名。分批组织 31 名优秀农村实用人才参加部级、市级农村实用人才高级研修班。开展农村实用人才实训基地评选工作，新建实训基地 5 家，择优扶持已建基地 10 家；开展农村实用人才创新创业项目评比工作，评选区级实用人才创业创新项目 10 个，其中 1 个获得市级创新奖励。全年全区 2 名高级实用人才获选第五批“北京市有突出贡献的农村实用人才”。

【农民增收】年内，大兴区安排专项资金实施产业帮扶项目 9 个，开展低收入劳动力核查和岗位推送工作，低收入农户中有劳动能力和意愿的健康劳动力就业率达到 67.5%。强化社会兜底保障，对低收入户开展全面摸排，将符合民政社会救助条件的低收入农户纳入保障范围。引导社会帮扶，有 41 家单位参与低收入帮扶工作，409 户 984 人从中受益。出台积极政策，从产业配套、农产品销售、公益岗位开发等方面给予社会力量更多支持。整合各方面资源对两个低收入村进行重点帮扶，长子营镇小黑垡村建成林下食用菌棚 90 座，提供就业岗位 45 个，青云店镇六村重点发展林下蔬菜和药材产业，带动村内低收入农户 25 人就业。推动低收入村与市属企业、院校对接。截至年底，大兴区低收入农户人均可支配收入 12 973 元（北京市排名第四），增速 17.9%（北京市排名第三），高于全区居民人均可支配收入增速（9.0%）。

【第 29 届农民艺术节】年内，大兴区举办“点赞新时代　踏上新征程——大兴区第二十九届农民艺术节暨乡村大舞台一村一品文化风采展演”活动。活动由区委宣传部、区文化委员会主办，区文化活动服务中心承办。

【西瓜擂台赛】年内，大兴区举办第三十届全国西甜瓜擂台赛，设置大型西瓜重量组、中型西瓜综合组、小型西瓜综合组、甜瓜综合组、新品种奖 5 个专业奖项，在大兴区长期从事以西甜瓜种植为主的农户和农民专业合作社中，评选出 1 名西瓜产业发展特殊贡献奖、50 名种瓜能手奖、15 家优秀合作组织奖。

【“北京农业好品牌”“京郊农业好把式”评选】年内，大兴区按照市级要求，组织农口相关单位对各镇推荐上报的好品牌及好把式进行打分评选，按打分排名向市农优站推选 12 个品牌和 5 个好把式，经市级审核，北京安定贾尚精品种植园品牌“贾尚”、金珠满江农业有限公司品牌“搜菇”、北京庞农兴农产品产销专业合作社品牌“兴庞农”、北京立征春雨农业专业合作社品牌“立征春雨”、北京绿园天星蔬菜种植专业合作社品牌“绿园天星”5 个品牌获得“北京农业好品牌”称号；翟绍华、王克全、袁晓松 3 人获得“京郊农业好把式”称号。

基层组织与民主政治建设

【村级组织“三务”公开】1—5 月，区委组织部研究出台村级组织党务公开、村务公开、财务公开工作通知，制定区级公开模板，组织召开征求意见座谈会、部署会、推进会、现场会，对各镇开展全面督查。

【村和社区“两委”换届选举】11 月 13 日，区委组织部召开全区 2018 年村和社区“两委”换届选举工作动员培训大会，正式启动换届选举工作。截至 12 月 31 日，505 个村党组织完成换届选举，占 96%（参加选举村党组织数为 526 个），均为一次选举成功；219 个社区党组织完成换届选举，占 100%（参加选举社区党组织数为 219 个），选举产生 736 名社区党组织成员，均为一次选举成功。

【第一书记驻村工作】年内，大兴区选派 51 名第一书记（全市最多）。落实第一书记管理办法，除市委要求的每人 2 万元工作经费外，按照每年每村 30 万元标准配套第一书记工作项目资金，支持第一书记发展特色产业、培育致富项目、开展环境治理等服务群众事项。逐一走访第一书记，跟踪了解其工作、生活情况，督促指导全区 51 名第一书记发挥好驻村帮扶作用。

【后备干部科班培养】年内，区农委协助区委组织部举办第二期优秀村级后备干部培训，开展“集中理论灌输、机关轮岗感悟、基地拜师学艺、回村实践锻炼”四个阶段6个月的集中培养，安排5个单元100余堂课，涉及42个区直部门、11个镇、10余个村。选送优秀村级后备干部优先参加市级集中培训，组织各镇推荐优秀村级后备干部并带队参加北京市村“两委”干部选调培训，培养30名村级后备干部。与农职院合作，开展村干部学历教育。协同区委组织部，在与农职院签订框架协议的基础上，开设“村务管理”专科学历教育专班，组织现任村干部及有志于农村工作的后备干部进行学历再提升，累计报名183人，其中“两委”干部46人，社会青年137人。

【提升村干部能力】年内，大兴区举办农村党支部书记示范培训班和第一书记培训班3期；举办农村骨干党员示范培训班1期。举办大兴区低收入村、经济发展落后村、软弱涣散村“两委”培训班1期，更新观念、拓宽思路、鼓足干劲，不断增强脱贫致富的能力，激活村级领导班子活力。

【信息进村入户工程】年内，大兴区对前期建立的李家场村、西义堂村和贺北村3个益农信息社进行实地调研，了解实际运营情况、存在问题。在魏善庄镇和庞各庄镇召开专题座谈会，与镇村沟通、座谈，了解村级的想法和需求，在实际调研的基础上，与市农业局、各郊区进一步沟通，了解其他区工作开展情况，已建设完成16个益农信息社。

“三农”工作部署和实施

【农村承包土地的经营权抵押贷款试点】年内，大兴区被列为全国农村承包土地经营权抵押贷款试点。区农委协调金融机构创新产品设计，探索创新农村金融体制机制。北京银行、大兴华夏村镇银行累计发放新型经营主体农村承包土地经营权抵押贷款40笔，共计1 279万元。

【政策性农业保险】年内，区经管站配合区农委组织开展政策性农业保险宣传工作，协调保险公司和保户在投保过程中出现的问题，提高全区投保覆盖率。经统计，新增加秋播大白菜险种，种植业险种增加到19个，投保亩数8.92万亩，收取保费1 935.46万元（包括各级补贴和农户自筹）。

【“三农”宣传工作】年内，大兴区与市区相关媒体对接，加大“三农”的对外宣传工作。《美丽乡村》刊登专题48页、《大兴报》刊登专题22篇。通过北京电视台“美丽乡村”栏目分别对南九镇的观光、休闲农业进行采访拍摄，共播出3期，每期30分钟。在大兴电视台新闻播出美丽乡村建设等“三农”新闻10条。在北京电视台美丽乡村微信公众号，大兴农业的政务微博转载区委宣传部要求微博互动话题40余篇。对西瓜擂台赛、桑葚节、农业安全培训等重要活动进行跟踪拍摄，完成桑葚节及农业园区、法制科微视频等5个专题片拍摄和制作，其中“用热情服务打造优质窗口”为主题的微视频，在全区政务服务系统开展的“不忘初心、牢记使命、立足岗位、创先争优”主题微视频征集评选活动被评为“三等奖”。

【完善农民专业合作社信用评级体系】年内，大兴区借助金融改革试验区，完善农民专业合作社信用评价体系，推动农民专业合作社信用贷款。对75家农民专业合作社进行信息采集，华夏村镇银行对58家信用较好的农民专业合作社主动授信6 250万元，54家农民专业合作社贷款5 468万元已发放。北京银行推出“农权贷”特色产品，重点结合涉农企业有形资产不足，对农村承包土地的经营权进行价值评估，并采取经营权抵押贷款模式给予企业资金支持，为经营主体贷款5笔384万元。华夏村镇银行推出“西瓜贷”产品，为庞各庄地区种瓜农户提供贷款，同时开辟土地承包权抵押贷款绿色通道，农户拿土地承包经营权证在10个工作日内，可获得抵押贷款。已经实现农户个人贷款30笔，共计305万元。

【深化法治宣传】年内，大兴区利用重要节点、时节，通过“五进五送”“法制赶集”“媒体报道”等形式，开展“3·15”“打假护农保春耕”等法治宣传活动。全年组织宣传活动20次，发放各类宣传资料9.5万余份，媒体宣传报道6次。

【农民专业合作社示范社创建培育】年内，区农委开展农民专业合作社国家级和市级示范社培育创建工作，北京立征春雨农业专业合作社、北京庞农兴农产品产销专业合作社、北京魏农果蔬产供销合作社等3家合作社获得国家农民专业合作社示范社称号。北京李家巷西瓜产销专业合作社、北京庞农兴农产品产销专业合作社、北京伍各庄益农农业专业合作社、北京魏农果蔬产供销合作社等4家获得市农委示范社称号。

【规范示范社发展】 年内，区农委按照《大兴区农民专业合作社区级示范社培育创建标准》文件要求，对45家区级农民专业合作社示范社开展数据监测工作，掌握各农民专业合作社示范社发展经营情况，建立区级示范社优胜劣汰的动态调整机制。

【农业科技推广】 年内，大兴区完成3个院区科技合作项目年度总结验收。推进基层农技推广补助项目落实。建立“四位一体”基层农技推广体系改革创新试点1个、农业科技示范基地2个；推广农业主推技术3项；培育农业科技示范主体260名。

【农村信息化系统维护和建设】 年内，区经管站完成村、镇、区、市四级平台的数据统计、分析和上报工作。继续开展对“三资”监管平台的维护工作，开展对信息化软硬件设备及网络的运维工作，开展对农村信息化人员的培训500余人次，完成对信息化人员补贴经费的发放工作。

【农产品质量安全监管】 年内，区镇两级签订《农产品质量安全责任书》16份，分镇、分行业与农产品质量安全监管对象签订责任书、承诺书近500份。加强农产品生产基地、规模生产园区、专业合作组织等生产经营主体的日常巡查，组织开展“三品”基地专项检查、“百草枯”专项检查、香葱种植专项检查等，出动检查人员108人次，检查生产主体80余家。

大兴区领导名录

区委书记　周立云

副书记　王有国　梁　胜　龚宗元

常委　贺　锐　王荣武　祁金利
金卫东　喻华锋　袁海鹏
许玉增　刘传忠（2月任）

区人大常委会主任　邵　恒

副主任　赵显鹏　陈晓君（女）
张德广　郭金江　刘振宝

区长　王有国

副区长　梁　胜　贺　锐　王荣武
方　健　刘禹锡　杜志勇
杨彦光　李　强　杨蓓蓓（女）

区政协主席　吴问平

副主席　李亦武　冯　波　荣俊艳（女）
苏　荣（不驻会）
韩占生（不驻会）
刘会新（女，不驻会）

区纪委书记　袁海鹏

副书记　戴光伟（9月免）
芦君英（女）　冯宝军
史金涛（9月任）

大兴区各镇党政正职领导

	党委书记	镇长
黄村镇	白立成（4月免）	莎红高
	何景涛（4月任）	
北臧村镇	贾卫国	高志纯（6月免）
		张　斌（6月任）
庞各庄镇	王春晖（8月免）	付建国
	王　森（8月任）	
榆垡镇	刘志刚	张国柱
礼贤镇	任喜军	方　勇
安定镇	耿晓梅（女）	白建松
魏善庄镇	谢景然（女）	王　烨
青云店镇	张廷武	孔　永
长子营镇	张　辉（4月免）	翟　杨
	赵建红（女，4月任）	
采育镇	张新颖（女）	张　博
西红门镇	郑亚君（5月免）	司文韬（5月免）
	张福长（5月任）	高振华（6月任）
旧宫镇	刘景瑞	庄卫华（女）
亦庄镇	王　森（8月免）	李　燕（女，8月免）
	李　燕（女，8月任）	陈子兵（8月任）
瀛海镇	张　华	徐振涛

（大兴区史志办　田亚南）

怀 柔 区

综　　述

怀柔区地处燕山南麓、华北平原北端，东临密云、南连顺义，西和昌平、延庆接壤，北与河北省丰宁、滦平、赤城三县接壤，是北京东部发展带上的重点和会议旅游休闲基地。全区总面积 2 122.83 平方千米，其中山区面积占 88.7%。区辖 12 个镇、2 个满族乡、2 个街道办事处，共 284 个行政村。2018 年，在区委、区政府的正确领导下，全区上下坚持以习近平新时代中国特色社会主义思想和党的十九大精神为指引，认真贯彻学习习近平总书记对北京工作的重要讲话精神，以贯彻落实蔡奇书记调研怀柔重要指示要求为牵引，聚焦农业农村发展补短板、强基础、求突破，着力探索新形势下彰显怀柔特色、引领乡村振兴的农村转型发展道路，不断增强全区农民的获得感、幸福感、安全感，努力开创怀柔城乡融合发展新局面。截至 2018 年底，全区常住人口 41.4 万人，其中城镇人口 29 万人。年末全区户籍人口 28.5 万人。全年实现地区生产总值 309.3 亿元，比上年增长 6.3%；实现一般公共预算收入 40.5 亿元，同比增长 6.6%，完成年度预算的 100.2%，其中，税收收入 30 亿元，同比增长 3.7%；实现社会消费品零售总额 126.2 亿元，同比增长 5.4%；全社会固定资产同比增长 5.8%。

城乡融合发展

【概况】瞄准首都“大城市小农业”“大京郊小城区”的市情特点，全面落实乡村振兴战略，推动城乡融合发展，破解现存的“重城轻乡、城强乡弱”二元经济体制，实现城乡经济社会均衡、协调发展。精心组织分区规划编制，严格落实“双控”“三线”要求，科学布局生产、生活、生态空间，全面推动“1+3”发展格局在规划层面具体落地，基本完成分区规划编制，初步形成产业发展、海绵城市等 23 个专项规划成果。充分推动公共服务向农村延伸、社会事业向农村覆盖，研究建立“街乡吹哨、部门报到”信息应用平台，探索形成了“哨前五步法”“村居吹哨、科室报到”等工作机制，推进了城乡基本公共服务的标准化、均等化。

【全区范围内实现村村通公交】11 月 20 日，H75 路公交车通车启动仪式在宝山镇大黄木厂村举行。至此，全区最后一个未通公交车的村庄，迎接了首班公交车的到来，结束了该村未通公交车的历史，不仅方便了沿途 7 个村子的村民出行，也使得“宝黄路”12 公里盘山路的安全系数大幅提升。

【“裕农通”金融系统助推农村扶贫工作】11 月 14 日，区交通局驻村扶贫工作组主动对接中国建设银行安华支行到宝山镇四道窝铺村、菜树甸村、牛圈子村、大黄木厂村，为村民安装“裕农通”系统，设立四个便民普惠金融服务点，并培训了一名代缴工作人员，满足了山区百姓日常的基本银行业务需求。

【城乡交通运输一体化示范区启动建设】11 月 7 日，顺利完成第一轮 50 个农邮通示范点的建设和验收工作。农邮通示范点是指在原村邮站的基础上，保留原有功能，完善基础设施建设，改善运行管理模式，从单一接收邮政信件和报纸，调整成为具备接收和邮寄不同快递企业包裹的多方位服务模式，有效地解决了农村用户末端寄递“最后一公里”的服务问题。

【农业灌溉机井实现智能化计量】通过将现代化信息技术运用到农业灌溉用水管理中，为全区 1 013 眼农业灌溉机井安装上了智能用水计量设施。各级水务部门可以通过智能化系统，实时公布用水情况、发布网上流程审批和政务公开等信息，并为制定农业生产相关政策、法律法规，指导农村地区节约用水提供科学、合理的基础信息支撑。

【智能移动终端机走进乡村旅游】9 月 11—26 日，区旅游委为全区乡村旅游经营单位免费发放 2 000 台“乡村宝”手持智能移动终端机。该设备除具有餐饮、住宿预订功能外，还具备身份证扫描传输功能，与区旅游委大数据中心对接后，实现实时了解全区乡村旅游游客人员分布及住宿人数统计的目的。该设备的投入使用，将有效推进本区乡村旅游智慧建设水平和全域智慧旅游创建工作。

农村经济发展

【概况】牢固树立“绿水青山就是金山银山”的理

念，着眼生态立区不动摇，坚定不移走绿色创新发展道路，把乡村旅游作为支柱产业来抓，出台“怀旅九条”，大力支持传统民俗提档升级，打造了100余家精品民宿和乡村酒店项目，精品民宿占全市近半数，荣获首批“全国民宿产业发展示范区”称号。持续深化农业结构调整，调减高耗水农作物2.35万亩，发展高效果园、景观农田、苗圃种植基地和林下经济6.6万亩，一产和三产实现深度融合，有力推动了全区农业农村向绿色发展全面转型。

【构筑动物疫病防控防线】科学做好重大动物疫情风险评估和预警，抓好口蹄疫、炭疽病、犬狂犬病等疫病的强制免疫，做好奶牛两病检疫净化工作。区内抗体监测禽畜样品8 370份，向市疫控中心送检样品1 655份；动物疫病检测2 159份，瘦肉精检测3 266份。严密防控H7N9流感，开展两轮H7N9流感专项监测及剔除工作，共监测血清样本1 706份。完成兽医实验室改建工作，建筑面积由原来159.2平方米扩大到547.94平方米，扩建样品接收室、血清学实验室等12个功能室，显著提高了动物疫病诊断能力。

【强化植物疫情普查防治】年内，对制种作物实施产地检疫，签发省间调运检疫证书483批次，调出检疫合格玉米等各品种种子210.77万千克。对7种检疫性有害生物进行普查，普查绿地、蔬菜园区等地块面积1 790亩次。完成辖区农区统一灭鼠面积10万亩，除治三裂叶豚草疫情5 000亩。推进设施蔬菜农药使用减量行动技术示范项目，发放作物健康保障卡140张，16 744.97亩，完成补贴资金183万元。推进蔬菜绿色防控，完成绿控物资采购招标，共回收农药包装废弃物177 502个，销毁农药包装废弃物17 100个。

【基层农技推广补助项目启动实施】年内，为14个镇乡配发了“中国农技推广”标识、制度展板等，扶持2个“农业科技示范基地”开展科技试验示范活动。采取“岗位专家＋技术指导员＋全科农技员＋示范主体”的服务模式推广3项农业主推技术，结合渔业节水及绿控等农业技术做好1 000个农业科技示范主体的技术指导。

【农业机械年度检审“送检下乡”活动圆满结束】区农业局农机监理所于3月23日至4月25日对本区偏远山区的7个乡镇开展了农业机械年度检审“送检下乡”活动。其间，共检查、检验农业机械158台，为机手节约验车相关费用约7万元。

【首次采用多旋翼无人飞机防治小麦病虫害】区农业局采取政府购买服务的方式，聘请农机服务专业合作社开展全区小麦专业化统防统治服务作业，使用多旋翼无人飞机超低量喷雾防治小麦病虫害。无人机作业飞行高度在1～2米，每分钟可完成1亩地左右的农药喷洒工作，仅5月16日、17日两天，多旋翼无人飞机即完成防治小麦病虫害作业面积1 300亩，一周内完成杨宋、庙城、桥梓、北房、怀柔镇5个镇乡，防治面积达7 800亩的全部防治工作。

【春防免疫抗体集中监测工作圆满完成】5月10—22日，区农业局动物疫病预防控制中心兽医实验室集中开展了春季重大动物疫病防控免疫抗体监测与评估工作。此次检测主要对口蹄疫、小反刍兽疫、高致病性蓝耳病、高致病性禽流感等动物疫病抗体进行集中监测，覆盖了全区14个乡镇，共计监测126个养殖场户，3 850份血清样品，监测结果均达到部颁标准。

【“三品一标”认证工作正式启动】7月23日，区农业局启动“三品一标”认证管理工作，对全区81家无公害认证企业的基地建设、生产过程、产品检验等逐一进行现场排查。对新申认证的26个主体企业，严把产品基地和申报材料关，督促其完善生产记录、投入品管理使用、生产管理等各项制度建设，并按照申报程序和要求指导，完善申报材料，保证申报工作的顺利开展。

【多措并举强化非洲猪瘟防控工作】8月6日，根据全市《关于进一步加强非洲猪瘟防范工作的紧急通知》文件要求，研究制定《怀柔区关于进一步加强非洲猪瘟防范工作的实施方案》，并对防控工作进行详细安排部署。迅速开展疫情排查，重点对7月1日以来从外埠调入生猪进行摸底调查，了解其来源和近期有无发病状况。组织技术人员进行全程指导，压实防控责任。开展分片督导，严格生猪调运监管，确保调运可追溯、可防控。建立会商机制，加强统筹协调，切实做好宣传培训工作。

【发放安全农产品生产配套技术物资】9月4日，通过前期调研，根据设施蔬菜无公害生产基地的需求和设施数量，采购了防虫网3.075万平方米，粘虫板2万张，棚膜4.32万平方米、播种器5套、农残速测仪 6 台等价值 23.5 万元农产品生产配套技术物资生产资料，免费发放到 20 余家设施蔬菜无公害生产基地，进一步增强了农户使用农产品安全配套技术物资的意识。

【国家农产品质量安全区创建工作培训会召开】 9 月 25 日，区农业局举办国家农产品质量安全区创建工作培训会。培训会从创建背景及目标、评估考核概况、评估考核要求和考核指标响应进行了专题讲解，详细介绍了涉及的八大指标及 66 项具体工作，针对每一项具体工作详细介绍了考核目的、考核要点、主要疑点及疑难点处理。

【“三秋”农机安全生产联合检查行动启动】 9 月 29 日起，启动了“三秋”农机安全生产联合检查行动。此次检查行动以纠正农业机械驾驶操作人员的违章行为为重点，重点对田间、地头、场院、乡村道路等农业机械作业区域进行检查，严厉查处无证驾驶、违章载人、无牌行驶、使用未年检或使用检验不合格的农业机械，从严查处酒后驾驶农业机械的操作人员，防止重特大事故发生。

【科技助力“怀柔板栗”发展创新】 年内，共引入 11 个板栗品种到资源圃内。其中引入本地优质品种 2 种、湖北实生野板栗 1 种、国外品种 8 种。开展枝条粉碎循环再利用试验，集中利用冬季、春季修剪下的板栗枝条进行就地粉碎，然后按一定厚度覆盖在栗树下，达到园林废弃物循环再利用目的。开展“激素水平对板栗花芽分化基质分析”“板栗资源收集与保存”等项目研究，采用农业、物理、生物技术防治病虫害，在山地应用截水保墒技术等。

【2018 年度农机培训任务完成】 全年培训项目通过深入落实国家新型职业农民培训的政策开展全程免费培训，培训范围涵盖全区 14 个镇乡，共为学员节约了 25 万元培训成本。区农机学校分别在雁栖、九渡河、渤海、汤河口开设拖拉机驾驶员培训 4 期，组织 136 人次参加。在北房、渤海、九渡河开设农机修理工（初级）培训 3 期，共 114 人次参加。

【示范推广谷子种植新技术】 年内，依托北京农业生物技术研究中心引进一批谷子品种在本区进行示范推广。通过利用旱作、雨养和轻简化栽培技术，全生育期不用浇水，种植投入量少，每亩平均产量在 150～200 千克，其效益均高于小麦、玉米，谷子从播种到收获可实现全机械化，节约了大量劳力成本，很好的解决了农民“调转节”后种什么的难题。

【首个野生软枣猕猴桃试验园项目初见成效】 年内，怀北镇椴树岭村的野生软枣猕猴桃试验园经过三年的精心繁育，当年选取的 10 株扦插育种苗，已遍布满园，满树果实的野生软枣猕猴桃，约有 1 000 株，9 亩试验田已达盛果期。野生软枣猕猴桃维 C 含量高，还富含蛋白质、氨基酸等多种有机物和人体所需矿物质，具有很好的观赏、食用、经济价值。

【民俗主题宣传片拍摄都市休闲新生活】 怀柔民俗宣传片《归乡怀柔》制作完成。此次拍摄选取区内精品民宿进行集中展示，利用拍摄民宿外景内饰、周边风情，全方位展示了怀柔特色旅游资源。同时宣传片以“享生活去怀柔”的创意主题，传达出怀柔民宿给游客带来的品质生活、休闲理念，致力于把怀柔打造成为一个“快北京、慢怀柔，心灵放松港、周末休闲地”的旅游目的地。

村镇建设

【概况】 全力打造集中连片的美丽乡村风景线，深入推动绿色发展，切实捧住生态“金饭碗”。聘请百人规划师团队完成 95 个村的美丽乡村规划和实施方案编制，其中 11 个市级试点和 5 个区级试点村的美丽乡村规划有序实施，集中打造了“满韵汤河”等重点区域的美丽乡村风景线。全面展开以“清脏、治乱、增绿、控污”为重点的农村环境整治，清理村内垃圾 29.8 万吨、拆除私搭乱建 1 586 处、实施污水处理工程 26 个村、提级改造公厕 30 座。启动国家森林城市创建工作，完成新一轮百万亩造林工程 2.26 万亩。实施小流域治理 16 条，压实四级河长制责任，提升河湖质量，在全市河湖水质考核中列第一位。喇叭沟门满族乡对角沟门村入选 2018 年“全国生态文化村”。

【2018 年林木抚育项目全部完成】 2018 年，林木抚育项目总任务 16.2 万亩。其中森林健康经营林木抚育项目 12.6 万亩、国家重点公益林管护工程 3.6 万亩，目前工程已全部完工。自 2010 年实施森林健康经营林木抚育项目以来，抚育总面积达 113 万亩，对改善林地条件，优化林分结构，提高林分质量，丰富森林景观起到了明显的积极影响。

【扎实推进畜禽养殖业腾退】年内，制定了2018年畜禽养殖场户的腾退计划，全区除完成禁养区内经营性散户腾退工作，还对重要河流周边、重要交通道路周边、城镇居民区周边的养殖场户进行了腾退。2018年已完成413个畜禽养殖场户的动物清退工作，超额完成年初制定计划，共清退畜禽10.6万头（只），完成率104.6%；完成160个地上物拆除工作，腾退土地450亩，完成率100%。

【渔业综合整治工作全面实施】年内，开展雁栖河、怀九河、怀沙河流域渔业综合整治工作以来，共有56个渔业养殖场户纳入腾退计划，预计腾退土地面积697.6亩，拆除鱼池面积318.14亩。已完成60家渔业养殖场户存塘商品鱼清退工作。

【加强水生野生动物自然保护区巡护管理】年内，落实“绿盾2018”自然保护区监督检查专项工作，全年整改3处，点位“回头看”完成整改63处。联合属地政府、环保和水务等执法部门，累计开展执法检查120余次，出动人员410余人次，立案14起，罚款15.92万元。开展保护区鱼类多样性调查，放流“中华多刺鱼”4万尾。

【农药包装废弃物回收工作正式启动】2月8日，与北京农升生产资料有限公司签署合作协议，正式启动本区农药包装废弃物回收工作。农升公司将在全区建立1个农药包装废弃物集中回收站和12个回收点，采取有偿回收的方式回收农药包装废弃物，并加大安全保护措施，防止二次污染和发生安全事故。

【第49个世界地球日宣传活动举办】4月23日，举办“关爱水生动物，珍惜自然资源，呵护美丽怀沙河—怀九河自然保护区”主题宣传活动。活动采取悬挂宣传条幅、摆放宣传展板、现场答题活动、发放宣传资料等多种形式，向社区居民普及水生野生动物保护知识，宣传水生野生动物保护法律法规。此次活动共发放宣传材料350余份，宣传品400余件，接待群众咨询200余人次。

【“三条河”流域首个渔业养殖场户地上物拆除工作完成】6月21日，区农业局会同渤海镇政府、第三方拆迁公司对渤海镇大榛峪村一渔业养殖场户进行地上物拆除工作，共拆除房屋面积96.38平方米，腾退水面面积0.423亩。这是本区纳入怀沙河、怀九河、雁栖河“三条河”流域腾退计划拆除的第一家养殖户，标志渔业综合整治工作进入地上物拆除的攻坚阶段。

【2018年秋季水生生物增殖放流活动圆满完成】10月25日，区农业局渔政监督管理站向区大水峪水库、西水峪水库投放鱼类共0.7万千克。其中鲢鱼0.5万千克、鳙鱼0.1万千克、草鱼0.05万千克、青鱼0.05万千克，各种鱼成活率达到99%以上。

【“参与减塑行动，共建绿色家园”联合宣传活动启动】11月23日，区农业局联合北京市水生野生动植物救护中心及九渡河镇政府开展了“参与减塑行动，共建绿色家园”宣传活动。活动中播放了保护区管理站工作人员专门制作的塑料制品介绍及其危害宣传短片，让村民们直观感受到塑料制品对环境、对水生生物的危害。

【开展畜禽养殖粪污治理】按照“源头减量、过程控制、末端治理”的粪污治理工作原则，完成拟保留的7家规模养殖场粪污资源化利用设施现场评估，确定了区内1家养殖场实施粪污治理项目，指导3家养殖企业（1家畜禽、2家渔业）实施煤改清洁能源改造，对基础条件好、有积极性的4家水产渔业养殖场户实施污染治理和环境提升改造，通过安装水处理设施净化污染源。

【“疏解整治促提升”工作全面完成】年内，通过勤问镇乡政府、勤问拆评审、勤问畜禽综合整治领导小组成员单位、勤问养殖场户的“四个勤问”；紧盯腾退前走访，紧盯腾退中进度，紧盯腾退后巡查的“三个紧盯”，以及对腾退政策出台后引进和倒运的动物绝不补偿，对腾退政策出台后抢栽抢建的地上物绝不补偿的“两个绝不”等举措，完成395个畜禽养殖场户的腾退工作，完成率100%，提前完成疏整促年度任务。

【村级污水处理设施调查工作启动】2月5日，区水务局组织十个调查小组对全区农村污水处理设施开展调查工作。此次调查涉及全区的行政村以及自然村，调查内容主要包括各村人口现状、农村供水和污水处理设施的日常管理维护等情况，为全面保障农村供水、污水处理设施正常运维提供真实的数据支撑。

农 村 改 革

【概况】坚持以深化农业供给侧结构性改革为主线，推进农村“三块地”改革，研究制定了渤海镇农村集体建设用地试点工作方案，积极总结推广田仙峪村盘活农宅发展休闲养生产业的经验做法，不断加大盘活农村闲置资源的力度，激发了乡村发展活力。切实提高农民的组织化程度，进一步壮大集体经济。截至年底，全区工商登记注册农民专业合作社 879 家，实有成员数 24 585 人，带动非成员农户 21 240 户。区级以上示范社 108 家（含国家级、市级），市级以上示范社 23 家（含国家级），国家级示范社 14 家。完成 225 个村农村土地承包经营权确权登记数据合库工作。

【村集体经济组织登记证书年检工作完成】根据文件精神要求，对全区 284 个行政村的《北京市农村合作经济组织登记证书》进行年检，年检证书包括行政区内所有村级组织的村经济合作社、社区股份合作社、各镇乡合作经济联合社，村级集体经济组织登记证书和农村集体资产产权登记证年检全部合格。

【部署 2018 年农村“三资”管理工作】4 月 13 日，召开“三资”管理和村级组织“三务”公开工作部署会，会上区经管站以“查找问题、力促整改、开启新征程”为主题全面部署 2018 年农村“三资”管理工作，向镇乡、街道及联席会成员单位通报 2017 年全区农村“三资”管理工作情况，以及合同管理、印章管理等“三资”管理中存在的突出问题，要求以问题为导向细化整改措施，强化责任担当，从严从实抓好 2018 年工作。

【《村级财务电视公开实施方案》出台】4 月 20 日，首次决定利用歌华有线电视进行村级财务公开，并制定出台实施方案。公开范围包括全部 14 个镇乡 2 个街道 284 个行政村，公开内容涵盖财务收支（完成）计划表、村集体其他财务计划、现金日记账、银行存款日记账等 24 项内容，按照统一政策、统一标准、统一工作程序进行统一有序公开，并将电视公开工作列入镇乡（街道）“三资”管理的考核。

【“镇乡吹哨，区直报到”发挥作用解难题】4 月 25 日，区经管站走访渤海镇解决诉求，就农村土地承包经营权流转程序、委托流转合同签订、农村经济问题合同整改等热点、难点问题，召开现场研讨会，针对在实际运作过程中需要协调解决的问题，进行了充分的探讨和研究，形成了初步的整改落实方案。“镇乡吹哨，区直报到”在真正解决好涉农合同工作“最后一公里”难题的同时，也进一步优化了政府管理和监督农村集体资金资产资源的工作流程和效率。

【多部门联动促“财务公开”规范化】5 月 15—18 日，检查组联合开展村级“三务”公开检查。检查涉及 14 个镇乡、2 个街道，共抽查 85 个行政村，占全区村总数的 29.93%，检查发现全区各镇乡（街道）村级财务公开工作都已开展，但仍存在未按照新模板进行财务公开、公开资料不全、债权债务无明细表、缺少相关人员审核签字等问题，要求各镇乡（街道）立即整改。

【景观农田种植奖励政策出台】5 月 21 日，制定出台了《关于 2018 年景观农田种植奖励政策的实施方案》，符合奖励条件的景观农作物品种主要包括有可观赏性的油葵、油菜花、金花葵、花卉、中药材及牧草等，对符合条件发展景观农田的镇乡政府、村委会、企业、合作社和种植户，经验收合格后，对块状和带状种植的一般景观农田每亩奖励 700 元，对优质景观农田每亩奖励 1 500 元。

【2018 年第一宗农村集体资产出租竞价项目圆满完成】5 月 30 日，举办庙城镇庙城村农村集体资产出租竞价会。作为该镇首个农村集体资产竞价项目，庙城镇庙城村 79 平方米底商，在区产权交易中心的指导和监督下，通过北京农村产权交易所利用电子竞价的方式，以 167.857 1%的溢价率顺利成交，直接为集体经济组织实现账面增收达到 77 360.36 元。

【农村土地承包经营纠纷调解仲裁员及农村产权交易培训班举办】6 月 14、15 日，全区 14 个镇乡、两个街道主管镇乡长、各镇乡（街道）村经济合作社社长等共计 340 余人次参加了培训。培训分别讲授了“土地确权颁证相关政策解读”“农村产权交易涉及法律法规及风险防控”“农村土地承包经营权属性及常见纠纷审理思路”三项课程，使参加培训人员从法律法规和风险防范的角度重新学习和认识了土地确权颁证、农村土地承包经营纠纷调解和农村集体资产产权交易工作。

【农村集体资产清产核资工作培训会举办】8 月 15 日，120 人参加了“怀柔区农村集体资产清产核资培训班”。此次培训主要内容是说明农村集体资产清产核资相关政策，解读《北京市农村集体资产清产核资实施细则》，讲解清产核资表格的填报与具体操作，强调了此次清产核资工作的意义、任务、要求、方法及目的，为圆满完成怀柔区农村集体资产清产核资工作提供坚实的保障。

【农村土地承包经营权确权登记颁证检查验收工作完成】11 月 2 日，市联合检查组对本区确权登记颁证工作进行检查验收。检查验收采取汇报、座谈、查看档案、实地调研等方式进行。检查组分成两组进行实地检查和调研。一组对区、镇、村的档案和数据库入库情况进行查看；另一组到怀北镇椴树岭村实地调研座谈交流，询问工作进展情况、存在的问题、是否具备发证条件等，并查阅相关的档案资料，最终对本区确权工作给予了高度评价和肯定。

【村级财务账、款实施委托镇乡管理机制】年内，陆续完成泉河街道办事处后城街村、新贤街村，雁栖镇永乐庄村，龙山街道办事处下元村共 4 个村的账款委托街道办事处管理工作。截至 12 月底，全区已有 282 个村实行了托管工作，托管率达 99.3%。

【农村产权交易项目完成回访跟踪工作】年内，为充分掌握合同履行情况，完成 26 宗农村产权交易项目的跟踪回访工作。对租赁费是否欠缴、租赁年限有无私自延长、有无私自更改租赁用途、租赁期内完成指标执行情况；租赁期内土地流转是否合规、有无私自改变土地使用性质、合同到期后优先承租合同条款的约定情况和合同违约后违约金支付等情况逐项登记，并完成项目跟踪回访报告。

农 村 民 生

【概况】持续实施惠农政策，促进农民增收，提升农民获得感。2018 年，全区农民人均所得实现 23 441 元，比上年同期增加 539 元，同比增长 2.4%。扎实开展低收入农户帮扶工作，充分发挥绿化造林、农游结合、沟域经济带动作用，深化与东城区及市属国企高校帮扶对接，实施低收入帮扶项目 37 个，实现 32 个市级低收入村结对帮扶全覆盖，发放生态补偿金 9 800 余万元，覆盖全区 90% 以上低收入农户，累计实现低收入农户 9 100 户、18 653 人增收达标，户数人数占比均达到 85%。持续改善农民生活条件，落实山区险村险户搬迁 217 户、514 人，完成“煤改电”工程 28 个村、8 201 户，实施了“煤改气”气价补贴。

【开启百名基层农技骨干能力提升培训工作】3 月 26—30 日，举办“怀柔区基层农技推广骨干培训班”。培训内容丰富、形式灵活，其中理论教学安排了农技人员职业素质提升、涉农法律知识、农产品质量安全检测、动物疫情应急防控处置等内容。参观实践分别到延庆、大兴、昌平、通州等地的农业科技示范园区、试验示范基地进行实地观摩。

【种植业“菜篮子”产品无公害认定工作启动】7 月 25 日，开始对 8 个镇乡 22 家拟申报无公害农产品认定及 9 家到期需复查换证的生产基地开展产品无公害认定工作。主要通过对土壤、水和需要认定的产品进行取样、检测等方式，检测生产基地的土壤和灌溉用水重金属含量是否超标，产品中农药残留是否超标和有无使用国家禁止使用的农药。

【水产苗种生产许可证办理实现“零跑腿”】年内，区农业局政务服务管理办公室建立详细的水产苗种生产企业审批档案，及时将需要到期审批换证信息通报给审批部门，审批部门（渔政站）结合执法检查上门受理审批申请和对企业进行指导，同时为审批通过的企业打印制作水产苗种生产许可证，并委托基层所代为送达到水产苗种生产企业，最终实现办理“零跑腿”。

【首届怀柔区农产品质量安全检测技能竞赛举办】9 月 4—6 日，全区农产品质量安全综合质检站、镇乡农产品质量安全管理站，种植园区等 36 家单位共计 60 余名选手，对蔬菜类农产品质量安全快检技能进行了“现场练兵”。竞赛采取理论知识考试和定量检测现场实操考核相结合的形式进行，分为区级检测组、镇乡机关速测组、园区速测组。现场实操考核分为蔬菜中农药残留定量检测、蔬菜中有机磷类和氨基甲酸酯类农药残毒的快速测定以及猪肉中“瘦肉精”的快速测定等项目。

【与丰宁、怀安新型职业农民开展实地学习与交流对接】10 月 18—19 日，组织新型职业农民代表 15 人赴丰宁县、怀安县两个帮扶旗县开展了实地学习与交流对接，开展两地新型职业农民座谈 2 次，到 6 个种植养殖基地进行了现场学习，达成金莲花种植、肉驴养殖两项合作意向。

【10 家基金会对接贫困山区精准帮扶】10 月 24 日，北京市社团办基金会管理处带领 10 家基金会到琉璃庙镇进行对接调研，走访了后山铺村 3 户困难群众及村里的幸福晚年驿站，10 家基金会共同建立

了精准帮扶小组，根据每家基金会自身特点和老人需求进行精准帮扶，为当地老年人、困难群众提供物质需求和精神关怀。

【千余农村地区劳动力实现“进城”上岗就业】 11月3日，区人力社保局举办最大规模的城市公共服务类岗位招用农村地区劳动力专场招聘会。当天，东城区园林绿化局、北京市地铁公司等单位向本区农村地区劳动力提供了保安、司机、保洁、绿化等岗位600余个，最终来自全区农村地区的638名劳动力通过面试可入职。截至目前，已累计召开专场招聘会13场，提供就业岗位2 298个，共有1 268名农村地区劳动力通过面试，签订劳动合同“进城”上岗就业。

【无公害生产基地规范管理培训班启动】 12月7日，区种植中心举办无公害生产基地规范管理培训班，共有50人参加了此次培训。培训班上重点对农作物日常农事记录、农作物投入品出入库记录、农作物投入品废弃物处理记录进行了讲解。实地参观了北京我爱我菜蔬菜种植有限公司和北京天意生态农业发展有限公司基地的生产记录、农药存放、蔬菜田间长势，进一步规范了怀柔无公害生产基地的管理水平。

【开展农民负担执法检查】 年内，对全区14个镇乡、2个街道办事处开展了农民负担执法检查。根据市农经办统一部署，对村级公益事业补助资金的拨付使用、公费订阅报刊“限额制”落实情况、涉农乱收费专项治理、农民负担重点领域治理工作进行检查。通过检查，未发现有关建设费用向农民转移问题和加重农民负担的现象，对村级一事一议筹资筹劳的检查也未发现超标准、超范围收取和使用等情况。

基层组织与民主政治建设

【概况】 扎实推进党支部规范化建设，不断推动实训中心工作往实里做、往深里做、往基层走，集中轮训1.7万名党员，选拔培养储备了一支108人的农村党建工作助理员队伍，基层党建工作水平进一步提升。选派25名优秀年轻干部到村担任第一书记，参与低收入农户帮扶等工作。认真做好村和社区“两委”换届工作，坚持党的全面领导和高标准严要求，坚决落实“一肩挑”要求，严格执行“五好”“十不能”资格条件，向62个软弱涣散村派驻工作组，认真开展软弱涣散基层党组织整顿，切实选优配强班子，确保换出新气象、展现新形象、实现新作为。持续深化监察体制改革，实现监察监督全覆盖，充分发挥巡察利剑作用，完成5轮巡察工作。

【“两委”换届工作推进培训会召开】 11月27日，会议通报了前段村和社区党组织换届选举有关情况，并对下步工作提出了具体要求。区民政局对《怀柔区第十一届村民委员会换届选举工作实施方案》进行了详细解读，对选前准备、实施选举、选后收尾三部分工作进行了全面部署。

【首届“村支书论坛”举办】 9月27日，举办首届“村支书论坛”。论坛聚焦党建引领、产业发展、建设美丽乡村和乡村治理四个议题，每个议题选取3位村支部书记发言，随后专家从高校科技理论与农村基层实践相结合的视角，就发言内容展开点评，通过总结经验、肯定成绩、点评不足、指出弊病、给出建议、指明方向，助力农村经济发展。

【农村“三资”管理专题培训工作召开】 7月25日，对全区158名低收入村基层“两委”班子成员及58名村党支部书记助理员，就农村“三资”管理领域涉及的农村土地承包经营权流转、农村集体经济合同管理、农村集体资产产权交易以及土地承包纠纷案件处理等相关业务知识进行了培训。通过培训，帮助低收入村基层“两委”班子成员及村党支部书记助理员更好地依法依规履职尽责起到了积极地引导作用。

“三农”工作部署和实施

【概况】 面对农村种植养殖业调整退出，农民就业增收压力加大，农村主导产业亟待培育发展等难题，怀柔区坚持把“三农”工作放到“1＋3”发展格局中去统筹安排，聚焦农业农村发展补短板、强基础、求突破，坚持走绿色发展、绿色兴业、绿色富民道路，推动一产、三产深度融合。切实抓好低收入农户增收工作，帮助农民引入社会资本参与农村建设，把农村产业链增值收益、就业岗位尽量留给农民，带动农民就近就地就业。

【2018年农村工作会暨美丽乡村建设推进会召开】 4月23日，怀柔区以电视电话会议形式召开2018年农村工作会暨美丽乡村建设推进会。会议首先作2018年农村工作报告，随后喇叭沟门满族乡、桥

梓镇、渤海镇北沟村分别作了典型发言。就做好全区“三农”工作，会议提出一要切实增强新形势下做好“三农”工作的责任感使命感；二要以改革创新精神抓发展、求突破，努力走出一条怀柔农村改革发展的新路；三要切实加强党对“三农”工作的领导。

【强化农业执法监督】年内，组织开展6期法制宣传活动，印发宣传材料9 000余份，宣传品2 000余件，接待群众咨询300余人次。开展农药打假、生产环节农药使用、“瘦肉精”、生鲜乳、养殖抗菌药、畜禽屠宰、水产品等8大专项整治活动，防止问题反弹。出动执法人员2 206人，组织执法活动713次，检查门店1 201个，行政处罚案件106件，罚款6.577 8万元。案件按期办结率100%，投诉举报案件处理及答复率100%。

【开展农药市场监管工作】年内，执法人员以是否经营、使用假劣农药、标识标签不合格农药及禁限用农药等为重点，对辖区73家农药经营单位和35家蔬菜生产基地的经营场所、库房及进销货台账和农药使用记录进行了检查，共出动执法人员219人次，检查农药经营单位和农产品生产基地259个次，检查农药产品445个次。

【春季种子市场专项检查工作启动】2月26日，开展春季种子市场专项检查行动，检查覆盖率100%。此次检查主要针对本区种子生产经营企业是否按规定备案，是否有应当审定而未经审定的品种；种子标签标注内容是否真实、合法、完整、规范，种子包装是否符合包装规定，是否有销售散装种子和包装种子拆包销售行为，经营许可证、经营范围、经营档案建立、记载和保存情况是否符合法律法规规定，以及是否存在品种侵权等违法行为进行重点监测。

【2018年农机安全生产工作会召开】3月8日，区农业局召开农机安全生产工作会。会议全面总结了2017年全区农机安全生产工作，并就2018年农机安全生产及监管工作进行了详细部署。同时，根据《怀柔区蓝天保卫战2018年行动计划》工作要求，部署2018年农业机械普查工作，摸清全部监管机械数据，切实做到底数清、情况明。

【“保护农民合法权益 构建农民法制怀柔”宣传咨询活动举办】3月20日，区农业局联合区商务局等部门在北房镇梨园庄村集市开展了“保护农民合法权益构建农民法制怀柔”大型宣传活动。活动通过展板展示和材料发放等方式，向广大农民朋友宣传农业法律法规知识。工作人员向农民群众详细讲解了农资识假辨假、维权和科学使用农资等知识，认真听取农民群众对农资打假和监管工作的意见与建议，并解答了群众提出的问题。此次活动共计发放宣传资料1 000余份，发放宣传品500余件，接待群众咨询150余人次。

【重大动物疫病防控和农产品质量安全工作会议召开】3月27日，春季重大动物疫病防控和农产品质量安全工作会在区政府会议室召开。主管副区长与各镇乡签订了《2018年度怀柔区农产品质量安全行政监管责任书》，区农业局对《2018年怀柔区重大动物疫病防控工作实施方案》《2018年怀柔区农产品质量安全工作意见》进行了详细解读和工作部署。

【食品安全示范区创建工作推进会召开】4月9日，区农业局召开食品安全示范区创建工作推进会。会议重点对食品安全示范创建工作绩效评估实施细则任务进行分解细化，根据承担的51项具体内容，特别制定了《怀柔区农业局食品安全示范区创建工作任务分解表》。同时对各业务部门所承担的具体职责进行详细解读，严格规定了创建工作完成时限和报送内容。

【无公害、绿色、有机农产品质量安全大检查开展】5月7日，区农业局成立“三品”质量安全大检查工作领导小组，在全区范围内开展大检查。检查组分三个小组对全区畜牧业、种植业、渔业无公害认证企业进行全覆盖现场检查。检查重点分为认证企业生产管理规范性、认证产品生产标准落实情况、认证产品包装标识合法性等内容，并根据每日检查结果建立检查情况日报制度，于每日15点30分之前将当日检查统计结果分行业报送至市绿办。

【畜禽养殖户腾退及渔业综合整治工作推进会召开】6月8日，区农业局组织召开畜禽养殖场户腾退及渔业综合整治工作推进会，就加快推进地上物评估、审计、拆除、验收和资金拨付工作进行部署，并针对各个环节可能出现的问题提出具体要求，要高度重视、周密部署，要积极协调、加快推进，要严格审核、补偿准确。

【创建国家农产品质量安全区动员大会召开】7月4

日，区农业局对创建工作方案进行了详细解读，方案从总体要求、工作目标、重点任务等六个方面进行了安排部署，提出了8项重点任务，明确了具体工作要求、具体目标和责任单位，要求用最严谨的标准、最严格的监管、最严厉的处罚、最严肃的问责，确保广大人民群众“舌尖上的安全”。

【“弘扬宪法精神 建设法制农业”主题宣传活动举办】 12月4日，区农业局法制科组织动物卫生监督所、种子管理站、植物保护站、农机监理所、渔政监督管理站五个执法站所，以“弘扬宪法精神 建设法制农业”为主题到局里村开展普法宣传活动。活动通过悬挂宣传横幅、发放宣传资料、现场法律咨询等形式进行积极广泛宣传。重点突出宣传宪法及《种子法》《农药管理条例》《渔业法》等法律。活动为群众送去了普法书籍、宣传册、购物袋、毛巾等法治宣传品，共计300余份，并为村民解答有关农业法律的疑惑。

【2018年农业支持耕地地力保护补贴政策出台】 年内，出台《关于2018年怀柔区农业支持耕地地力保护补贴的实施方案》，方案补贴对象为全区拥有耕地承包权的农户（含村集体土地承包户）；补贴范围为辖区内种植小麦、玉米、大豆粮食作物的良田、永久基本农田和其他承包耕地；补贴标准为小麦、玉米160元/亩，大豆300元/亩，补贴政策将有效提升农民种粮积极性。

怀柔区领导名录

区委书记	常　卫
副书记	卢宇国　姜泽廷
常委	迟行刚　朱家亮　刘久刚 崔占辉　于海波 鲍晓健（女） 王江辉（2月任）
区人大常委会主任	彭丽霞（女，满族）
副主任	祝自河　堵凤春 郇秀海（满族）　张书远 吴秋红（女，不驻会）
区长	卢宇国
常务副区长	朱家亮
副区长	于海波　王　弢（3月免） 李志遂　王　赤（满族） 肖　坤（女）　焦宝军
区政协主席	武占刚
副主席	周东金　王玉山　史宗祥 范淑玲（女，不驻会） 马春秀（女，不驻会） 李永旺（不驻会）
区纪委书记	崔占辉
副书记	刘　蔚　任会东（满族） 吴宏英（女，10月任）
区农工委、农委书记	薄振山
主任	田志兵

怀柔区街道、镇（乡）党政正职领导

	党（工）委书记	主任、镇（乡）长
龙山街道	王学明	姜亦生
泉河街道	穆宗生	徐晓龙
怀柔镇	田墨华	刘宝恩
北房镇	肖正凯	张俊峰
杨宋镇	王建刚	温春霞(女)
庙城镇	任占智(满族)	马国柱
桥梓镇	李树海	彭玉柱(满族)
九渡河镇	孟海龙	黄　锋
渤海镇	彭明卫(3月任)	孙　逊(3月免) 于海臣(4月任)
雁栖镇	周福刚	于永慧(女)
怀北镇	马天彪(3月免) 张茹苹(女，3月任)	张茹苹(女，3月免) 孙学军(4月任)
琉璃庙镇	赫金峰	曹晓杰
汤河口镇	苗志强	张海玉
宝山镇	张　军	王　琦
长哨营满族乡	于德利(满族)	魏怀珍(女，满族)
喇叭沟门满族乡	彭明卫(3月免) 孙　逊(3月任)	彭兴思(满族)

（怀柔区委研究室　刘伟）

平谷区

平谷区位于北京市东北部，总面积 950.13 平方公里，其中山区、半山区和平原面积各占三分之一。辖 14 镇、2 乡、2 个街道办事处。年末，全区共有 272 个行政村和 39 个居委会，户籍总人口 40.6 万人，其中农业人口 18 万人。2018 年，平谷区认真贯彻落实中央、市委决策部署，紧扣“三区一口岸”功能定位，坚持生态立区，推动绿色发展，谋布局、夯基础、优环境、促发展、惠民生、抓协同，进一步夯实了发展基础，明晰了发展思路，坚定了发展步伐，党员干部担当作为、敢于碰硬精神得到激发，全区经济社会持续向好发展。年内，完成地区生产总值 251 亿元，按不变价计算，比上年增长 5.2%；完成固定资产投资 132.1 亿元，增长 31.5%；社会消费品零售额达到 133.3 亿元，增长 5.9%。农业经济总体运行平稳。2018 年，平谷区按照产业兴旺、生态宜居、乡风文明、治理有效、生活富裕的总要求，坚持以“生态立区”战略为引领、以人民为中心的发展思路，全面推动“美丽乡村”建设。全年农业总产值 39.5 亿元，同比增长－0.8%。

城乡融合发展

【积极推进岳各庄村棚改】年内，组团式推动岳各庄棚改项目、南大门棚改项目、胜利家园棚改项目。其中，在岳各庄成立中国共产党北京市平谷区岳各庄棚改项目指挥部暨临时委员会，以党建为引领，对棚改范围内的人员、宅基地情况逐个收集核实梳理，全村已实现“一户一档”；镇、村积极和主体进行对接，对“两办法一方案”已达成共识。年底，已完成岳各庄棚改、南大门棚改基础数据摸排、宅基地及被安置人员及房产信息调查、征求户代表意见、棚改主体招标、集体资产和土地资源调查摸底、控规设计方案等工作。

【马坊镇城市建设有序推进】完成金塔北路环马北街工程地面作业及绿化工程、照明工程；投资 167 万元，完成修缮康体运动中心及幼儿园用房地下室漏水及散水下沉、开裂工程；实施惠民、综合服务中心、文化大院小区消防改造工程；完成 2 656 米供暖管网及新建换热站，提升居民取暖保障；加快推进环马东路工程进和马坊剧场建设，现已取得土地证，编制正式实施方案；河道治理工作完成登统 671 户，完成签约 608 户，累计发放补偿资金 8 557 万元。共有产权房项目占地 21 000 平方米，建设面积 68 672.65 平方米，建设住宅楼 4 栋，可容纳 495 户，完成申请 495 户。

【夏各庄镇完成新城土地上市工作】年内，完成新城滨水森林公园项目总占地面积 53.7 公顷，项目总投资 10 259 万元；新城集中换热站“煤改气”工程目前已完成可研报告的批复立项工作，并已获得规划和国土委等部门的批复意见，项目 PPP 实施方案已通过区政府办公会；马各庄村饮水改造工程已于 8 月初完工；美丽乡村建设现第一批及第二批共计 8 个村的村庄规划成果已经制作完成，第三批创建村的设计正在有序开展中。

【平谷镇执法中心建设】确定“1＋3＋19”三位一体网格化模式，即“镇综合执法中心＋东、中、西三个片区外包队＋19 名村（居）级网格员”，各网格层负责镇域范围内不同级别问题的排查处置工作，做到及时排查、发现、响应、调处、解决问题，并做好处置问题的台账。自综合执法中心成立以来，该镇共计上报案件 4 164 件，其中街面秩序类1 832件，施工管理类 25 件，市容环境类 1 801 件，宣传广告类 503 件，大气类环境监管扩展事件 1 件，突发事件类 2 件，结案率 100%。

【滨河街道加大棚户区改造】通过发动各级党组织、抽调中青班干部、发动一切社会关系等开展劝导促签工作，经过坚持不懈的思想工作，促成 4 户完成签约；完成对项目（一期）新签约的三户平房、项目（二期）C 地块原城管局楼和卫生局楼的拆除工程，在项目（一期）向阳 6 号楼地块新建 1 900 平方米的休闲公园一处；做好项目（二期）准备工作。完善项目补偿方案，开展认定的前期准备工作和居民信息的完善和确认工作，确保信息准确无误，分组非正式入户征求改建意见，入户率 100%，同意率高达 96.06%。

【一批重点项目落户城乡开发区】完成幸福益生、共友时代、中安泰华等重点企业落户开发区工作。F05－02（幸福一生）、F05－03（共有时代）目前两个项目已完成前期土地上市准备，挂牌上市，中安泰华已注册一家销售公司。“联东U谷”现已签约37家企业，7家已经纳税，一期16家正在办理交房手续和装修阶段，争取早日投产；“锐E空间”目前已有12家企业签约入驻，3家投入生产。

【东高村镇培育乐谷演出演艺市场】按时报送活动区域预算、证件及餐饮需求信息，准备宣传展板素材等材料，积极与北京华东乐库商贸有限公司洽谈庙会参展商品事宜，并签订了《关于庙会安全管理工作责任书》，保证庙会期间提琴文化展演区各项工作安全有序。庙会期间，安排了专业提琴老师进行现场提琴演奏和乐器合奏表演，丰富区域活动内容，进一步宣传乐谷提琴产业。提琴文化展演区5天销售收入约万元。引入北京摩登天空文化发展有限公司在乐谷园区注册一家全资子公司，并由该公司策划举办了2018中国乐谷——北京超级草莓音乐节。演出三天现场人次约十万人，票务销售收入约1 800万元。

农村经济发展

【农业经济同比下降】2018年，平谷区坚持以“生态立区、绿色发展”工作思路，农业与农村经济工作迈上新台阶。年内，实现农业产值18.21亿元，同比下降3%；林业产值5.86亿元，同比增长1.7倍；牧业产值13.3亿元，同比下降19.2%；渔业产值1.2亿元，同比下降22.3%；生猪出栏35.4万头，同比下降14.3%；果品产量2.37亿千克，同比下降16.8%；家禽出栏351万只，同比下降42%；禽蛋产量5 800万千克，同比下降20.5%；蔬菜产量5 500万千克，同比下降37.9%；水产品产量837.3万千克，同比下降23.7%；粮食产量3 251.7万千克，同比下降24.1%。全区居民人均可支配收入3.6万元，同比增长7.8%。

【获批国家农业科技园区】建立政府、企业、科研机构“金三角”合作模式，与荷兰瓦赫宁根大学等世界一流农业高校和国内外企业加强交流合作，推动北京·京瓦农业科技创新中心、国家农业科技创新港等项目落户平谷，成立2个“院士工作站”。

【都市型现代农业发展】“互联网+大桃”工程再上一个台阶，电商销售量同比增长45.6%，实现销售额3亿元，促进农民增收1.2亿元。实施农业品牌提升行动，围绕“果之首桃之都”平谷大桃区域品牌价值塑造，创新大桃品牌化组织体系、经营体系，提升大桃品牌价值和文化价值。创建全市首个国家级生态原产地产品保护示范区。与沃尔玛合作推广“平谷大桃”。成功举办“农民丰收节”“情定桃花”等系列活动。平谷大桃品牌价值实现100亿元。与正大集团建立产地直供合作，推动产销环节共同升级。

【粮食蔬菜种植】年内，全区粮食种植面积4 992.61公顷，亩产434.12千克，总产3 251.7万千克。夏粮面积975.44公顷，亩产282.25千克，总产412.97万千克。其中，小麦634.73公顷，亩产337.43千克，总产321.27万千克；豌豆340.71公顷，亩产179.43千克，总产91.7万千克。秋粮面积4 017.17公顷，亩产470.98千克，总产2 838.73万千克。其中，玉米面积3 586.54公顷，亩产401.38千克，总产2 159.36千克；谷子面积72.13公顷，亩产164.6千克，总产17.81万千克；豆类面积159.4公顷，亩产463.84千克，总产39.17万千克；薯类面积200.13公顷，亩产2 073.6千克，总产622.4万千克。蔬菜播种面积1 533.3公顷，总产量5 500万千克。

【养殖业发展】年内，全区牧业产值13.3亿元。年出栏生猪35.4万头、羊5.57万只、牛0.24万头，生产禽蛋5 800万千克。年末存栏生猪7.52万头、羊2.45万只、牛0.2万头。全区登记备案养殖场户共131个，其中，规模猪场70个，家禽场57个，牛场2个，羊场1个，犬场1个。全区渔业产值1.2亿元，全年水产品产量837.3万千克。全区可利用水域面积1 103公顷，其中，养殖面积659公顷，水库面积444公顷。养殖品种以鲤鱼、四大家鱼（青鱼、草鱼、鲢鱼、鳙鱼）等常见食用鱼品种为主。

【做好水产监管】年内，区农业局与监管对象签订责任书363份，落实生产、经营主体责任，其中水产养殖场户356份、水库5份、渔药生产经营企业2份；按督查频率完成水产养殖环节监管，全年督查水产养殖场户602个次、渔药生产经营企业15个次；开展水产无公害认证，首次认证11家；完成水产品质量安全抽检任务232个，其中，抽样送检样品216个，区县自检样品16个；

开展渔业质量安全专项整治行动，立案13起，罚款4 950元。

【动物疫病程序化免疫】年内，全区433个监管养殖场（户）实行自行免疫，其他9 800个散养户由各基层派出机构直接实施免疫。本年免疫高致病性禽流感、鸡新城疫、口蹄疫、高致病性猪蓝耳病、猪瘟、羊布病、小反刍兽疫、狂犬病等畜禽4 544.89万头（只）次。

【绿化资源疑似图斑梳理】5月30日，区园林绿化局对市局594个图斑分类梳理，按照卫片所属镇乡（街道）将《关于侵占林地行为限期处理告知函》和违法图斑下发，各镇乡（街道）逐地块对非法侵占林地行为确认和恢复，以照片和正式文件形式将处理情况备案。对经营开发侵占林地立案查处；公益民生类限期补办手续。全区限期恢复148个，完善手续、规范管理190个，严肃查处43个。完成卫片整改，上报市局立行立改图斑391件，剩余203件正在完善相关手续。

【京津冀森林防火协同演练】11月1日，区森防指挥部联合蓟州区、三河市开展京津冀森林防火模拟实战演练。演练以东高村镇渔阳滑雪场发生火灾为背景，由3支队伍分别从不同路线到达火灾现场，开展模拟扑救森林火灾行动。平谷区与蓟州区、三河市相关领导及3支专业森林消防队伍，70余人参加演练活动。演练活动提高了京津冀联合处置、扑救森林火灾实战能力。

【高密植果园建设】年内，区果品办研究制定《平谷区2018年现代化高密植果园建设奖励政策》。全区完成高密植桃园建设33万平方米，涉及17个镇乡（街道）129个村1 245户。

【农业机械化建设】年内，全区农业机械总动力15.25万千瓦，农业机械原值2.09亿元。拥有大中型拖拉机430台、配套农具1 108台套，拥有小麦联合收割机35台，玉米联合收割机35台，设施机械7 426台（套），畜牧养殖机械777台（套），林果业机械1 099台（套），渔业机械3 131台（套）。粮食作物生产基本实现耕、种、收、管全程机械化，其中小麦耕、种、收机械化作业率达到100%。

【农业机械化作业】年内，全区机收小麦507.2公顷，机播玉米3 800公顷。玉米收获3 800公顷，机收面积3 756.66公顷，机收率98.9%；玉米秸秆还田3 733公顷，还田率98%；机播小麦507.2公顷；土壤深松面积1 253公顷。

【主要农机具投入】年内，全区投入各类农机具1 265台套，其中：大中型拖拉机430台、小麦联合收获机35台、玉米联合收获机35台、玉米青贮机3台、玉米播种机156台、小麦播种机179台、秸秆粉碎还田机70台、深松机9台、其他机具348台。

【农业机械研制试验示范】年内，区农业局与中国农业大学工学院、平谷区农业机械产业协会共同完成侧置PTO驱动圆盘刀式割晒机、后置PTO驱动往复割刀式割晒机、前置液压驱动往复割刀式割晒机3种形式豌豆收割机研发、制造、实地试验示范并取得成功。

【推进农业科技创新】9月6日，由区政府和北京首农食品集团主办，北京市华都峪口禽业有限责任公司承办的中国家禽种业科技创新大会暨北京平谷农业科技创新示范区推进会在本区召开。会上举办遗传育种、智能装备等领域专家论坛暨赵春江院士驻平谷"院士工作站"授牌仪式。

【举办首届农业科技创新发展高峰论坛】11月5日，由区农业科技创新示范区建设领导小组主办，中关村健源食品微生物技术产业创新战略联盟、北京市科协中关村天合科技成果转化促进中心承办的"首届北京平谷农业科技创新发展高峰论坛"在区中信金陵酒店举办。6位两院院士和2位首席科学家莅临平谷，300余家企业和科研机构参加大会，20余家中央和市新闻媒体参与宣传报道。

【建成国家农业科技园区】12月7日，平谷农业科技园经过园区规划编制、申报、材料审查、现场考察、视频答辩等程序，科技部认定北京平谷农业科技园为国家农业科技园区。

【推进农科国际交流合作】年内，区科委推进"北京·京瓦农业科技创新中心"建设，探讨建立"政府—政府、企业—企业、院校—院校""双金三角"北京农业科技创新模式。签署关于瓦赫宁根大学及研究中心为区产业与乡村规划设计进行前期调研、现场勘查活动的咨询协议。推进示范区驻以色列联络处建设，开展峪口禽业与瓦赫宁根大学和以色列生物育种公司开展"鸡的性别识别控制"科技攻关项目。

【农地经营权抵押贷款】年内，全区农地经营权抵押新增2笔贷款400万元，其中：由北京银行向北京平谷诺亚农业有限公司授信发放贷款200万元；由北京银行向北京金果丰果品产销专业合作社授信发放贷款200万元。

【建行对农金融】年内，建行平谷支行与合作社、供销社、村委会、连锁药店、知名企业等开展多种方式“裕农通”业务合作。完成“裕农通”普惠金融服务点43家，覆盖平谷地区16个镇乡。基于“裕农通”服务点积极探索“裕农通＋”服务模式，探索出“裕农通＋小微企业抵押快贷＋农户个人快贷＋善融商务＋扶贫”特色模式。

【农行进行精准扶贫】年内，农发行平谷支行发挥龙头企业、合作社等新型经营主体的带动作用，推动行唐县蛋种鸡产业扶贫示范园区建设项目，投放贷款1亿元，全年根据项目进度发放4 000万元，累计发放贷款7 000万元。

【北京银行支持“三农”】年内，北京银行支持民俗旅游业发展，推出信贷产品“农旅贷”，向民俗旅游村及专业合作社提供贷款支持，发放“农旅贷”913万元；结合国家光伏发电奖励政策，推出“光伏保”业务，向有需求在自家屋顶安装建设分布式光伏发电站的家庭提供贷款支持，创新农户增收模式，累计发放“光伏保”42笔115.9万元；创新贷款模式，推出“农宅保”，率先落实对山区农户搬迁建宅贷款的资金支持，发放“农宅保”50万元；推出农村土地经营权抵押贷款业务产品“农权贷”，解决农村专业合作社融资难问题，累计发放“农权贷”600万元。

村镇建设

【完成美丽乡村规划】年内，落实总体规划“减量提质”发展目标和“两线三区”空间管控要求，编制《平谷区村庄布局规划（2017—2035年）》，对全区村庄布局优化和调整，提出分区分类引导对策。编制《平谷区美丽乡村有机规划导则》，开展155个村美丽乡村规划编制工作，4个试点村建设村规划获得区政府批复；完成示范引领村建设村规划30个；121个标准建设村规划内容接受相关委办局联合审查。

【大棚房整治】年内，完成设施农业大棚图斑拉网式排查工作。对各镇乡整改情况，组织3次巡查督导。同区农委联合办公，完成全区836宗1.27万栋大棚清理整治任务，全部通过市级验收组检查验收。

【浅山区违法占地治理】年内，区规划和国土资源管理分局完成浅山区619宗违法占地违法建设问题整改，推动355宗一般违法项目全部整改到位。按照市规划自然委划定范围，督促属地镇乡对4.02万宗浅山区建筑物图斑展开全面排查，建立全区浅山区台账，强化用地管理，维护生态屏障。

【矿产资源监察】年内，各相关部门开展联合执法行动，全年立案查处4起，结案5起，涉及行刑衔接移送公安3起。对全区废弃金矿区和矿产资源盗采易发区按级实施不间断执法巡查，全年巡查里程3.36万千米。

【土地变更调查】年内，区规划和国土资源管理分局完成年度调查图斑322个，面积189.65公顷。其中，新增建设用地图斑129个，总面积35.81公顷。存量建设用地图斑1个，面积4.65公顷。新增临时用地图斑1个，面积0.66公顷。新增农村道路图斑13个，面积11.3公顷。存量农村道路图斑13个，总面积3.81公顷。新增坑塘水面图斑2个，面积0.19公顷。拆除图斑6个，面积1.49公顷。维持原地类图斑134个，面积105.94公顷。PJ图斑23个，面积25.8公顷。

【完成土地整治及规划编制】年内，大华山镇后北宫村土地开发项目取得市规划国土委新增耕地验收批复，建设规模41.59公顷，新增耕地38.99公顷；镇罗营镇下营村土地开发项目实施单位进场施工；平谷区“十三五”土地整治规划（2016—2020年）成果通过区政府审批。

【农村供水保障】年内，完成跨年度20个村庄安全饮水改造工程。完成刘家店镇寅洞、大华山镇胜利队等6个村安全饮水改造工程。悦洳汇、旭辉墅小区应急供水工程竣工验收，正式移交大兴庄镇政府管护。区自来水厂建设，解决管网连通、电力、管理等诸多历史遗留问题。

【农村河道治理】年内，全区完成第二阶段中小河道治理工程48.5千米主体工程建设。其中小辛寨石河、洳河下游治理工程竣工；黄松峪石河治理完工，通过单位工程验收；推进第三、四阶段中小河道治理工程86.3千米，停滞四年之久的三、四阶段治河工程实现进场开工。

【农村水环境保护】年内，全区联合执法46次，联合出动 1 500 余人次。为保证全区河湖水面、沿岸及周边附属设施干净整洁，对全区各乡镇境内河道进行巡查，使每条河道达到巡河路、绿化带、河坡等管理范围内无垃圾、渣土、废弃物，管理设施干净整洁。全年向各镇乡发放清理督办函 118 件，清理点位 226 处。本年联合执法检查 157 次，出动人员 4 226 人次，下发《关于餐饮服务排水户应当设置隔油设施告知书》70 余份。

【完成 20 个村饮水改造工程】全区完成 20 个村农村安全饮水改造工程（第一批）。农村饮水改造工程是跨年度工程，2017 年 5 月开始动工，此项工程 2018 年 11 月底全部通过验收并投入使用。

【小辛寨石河截污工程】年内，小辛寨石河截污工程完工通水。建设地点：项目起点为谷丰路，向西南至洳河巡河路市政管线。主要建设内容及规模：铺设截污管线 DN 500～DN 1 800 毫米 8.9 千米，设置倒虹吸 6 座，新建污水提升泵站 1 座，建设检查井 211 座，及其他配套附属工程。总投资 4 492 万元（不含征地拆迁费用）。

【完成 2 个村配套排水工程】年内，山东庄镇北寺村、李辛庄村配套排水工程年底完工。此项工程是跨年度工程，工程总投资为 805.49 万元，2017 年 6 月 16 日开工，北寺村基础设施配套及排水工程完成 52 座水表井改造，315 个水表更换，新建室外消火栓井 6 座。雨水工程新建雨水排水沟 3.66 千米，排水管 252 米。李辛庄村基础设施配套及排水工程，新建排水渠 1.28 千米，渠道清淤 897.65 立方米，铺设混凝土管 33.5 米。

【大兴庄镇水环境治理工程】年内，大兴庄镇 15 个村管网及边沟主体工程完工，新建湿地 20 块，10 块湿地正在施工，另外 10 块湿地进入回填高渗透和低渗透填料阶段。

【水土保持监测】年内，完成挂甲峪坡面径流观测场 10 个小区监测工作。全年 10 个小区出流 8 次，水样 80 个，水质数据 240 条；监测取得降雨观测数据 29 条、水样含沙量测定数据 160 条、承水槽泥沙含水量测定数据 160 条、土壤含水率测定数据 340 条。开展典型小流域水质调查监测工作，监测点为南山村、黄土梁 2 个小流域；取地表水水样 8 次，水样 16 个，水质数据 48 条。取地下水水样 2 次，水样 4 个水质数据 16 条，水质检测报告存档。挂甲峪坡面径流观测场监测数据及生态清洁小流域水质检测数据全部录入到市水土保持监测数据管理系统中，上报市水保总站。

【农村“煤改气”工程】年内，完成本年农村煤改气中压、次高压气源线建设工程和滨河、兴谷、夏各庄 3 座锅炉房气源线建设工程，管线建设全长 55 千米。推进密云—马坊—香河联络线燃气管道建设，全区境内管线全长约 35 千米，设分输站 1 座，阀室 4 座。2018 年启动拆迁工作，涉及 6 个乡镇 26 个村 1 300 余户，2019 年动工建设。31 个村庄实施农村“煤改气”工程，本年居民订购燃气壁挂炉 1.46 万台，实现通气 1.04 万户。

【实施“煤改电”工程】年内，全区完成 4 094 户有取暖需求居民煤改电设备安装和调试（除转移过冬居民和新建翻建房屋以外），区新农村建设办公室组织设备企业进行安全隐患排查及设备调试，确保居民冬季取暖需求。建立“煤改电”统一售后服务平台，设立 24 小时售后服务电话，将各设备企业维修队伍进行集中管理，由平台统一“接单、派单、跟踪、反馈”，并对维修过程进行跟踪回访。制定《平谷区煤改电冬季取暖保障预案》，快速、有效解决因设备、电网等问题影响居民冬季供暖问题，提升居民对“煤改电”工作满意率。

【“生态桥”治理工程】年内，完成总站与分站总体布局，按照东西部地理区域特点、果树面积分布等情况，在刘店镇寅洞村和南独乐河镇张辛庄村建立有机肥生产总站，分别辐射东西部各个乡镇；在夏各庄镇建设简易制肥站，探索简易制肥模式；在全区除滨河街道外 17 个镇乡（街道）建设粗粉加工分站。刘家店镇、南独乐河镇、夏各庄镇有机肥试点取得成效。

【大气污染防治】年内，实施《平谷区蓝天保卫战 2018 年行动计划》《平谷区重点区域大气污染防治精细化管理方案》《平谷区大气污染防治“党政同责 一岗双责”工作方案》及《平谷区 2018—2019 年秋冬季大气污染综合治理攻坚行动计划实施方案》，开展“一微克”攻坚行动，加强重点区域精细化管理，环境监管执法持续加严，空气质量得到提升。

【农村网络基础工程】年内，完成黄松峪等 6 个镇乡 2.04 万户 FTTH 设计、镇罗营镇等 3 个镇乡 FTTH 施工、马坊镇等 FTTH 主干光缆施工、平谷区雪亮工程线路施工、19 个村电缆网延伸改造工程、马坊物流园等工程设计与预算、都丽华府等有线电视工程施工和有线电视网络设计等。

【荣获“国家森林城市”称号】10 月 15 日，深圳召开 2018 全国森林城市建设座谈会，会上国家林业和草原局批准北京市平谷区等 27 个“国家森林城市”。平谷区代表北京市荣获首个“国家森林城市”称号。

农村改革与管理

【农民专业合作社规范化建设】年内，区经管站争取市级财政支持 165 万元，推进农民专业合作社规范化建设，本年推荐 5 家市级示范社、5 家国家级示范社。对全区镇乡（街道）1 347 家合作社进行全面摸底调查，掌握合作社运营发展情况，为提供有针对性服务指导提供基础数据。

【农村土地合同清理清查】年内，根据市农委及区政府常务会工作要求，下沉镇村指导工作，利用一个月时间对全区 1.28 万栋大棚房合同进行全面梳理，发现问题合同 1 074 份，制定下发《关于对设施农业用地合同进行整改的通知》，要求各乡镇依法完成问题合同的整改工作。依据市规划国土要求，完成涉及 9 个山区村搬迁到平原乡镇，全部属于位于本乡镇外部但权属为本乡镇所属村集体“外飞地”4 455.62 公顷的合同清理清查工作。

【证书登记及法人变更】推进全区农村合作经济组织登记证书年检和农村合作经济组织登记证书变更法人工作。农村产权交易工作、农村合作经济组织登记证书年检和农村合作经济组织登记证书变更法人工作全部完成。

【加强农村财务管理】年内，对 16 个镇乡 272 个经济合作组织的资产状况进行登记。完成村集体经济组织季度财务公开检查，对重点乡镇、村进行重点检查单独指导，参加区组织部的联合督导组，对全区财务公开情况进行检查。组织全面开展农村集体资产清产核资工作，各镇乡清产核资工作处于前期数据整理阶段。

【强化农村审计监督】年内，落实财政拨付资金审计、农村征地补偿费管理使用情况审计、委托社会审计机构进行村级组织负责人经济责任审计、村级公益事业专项补助资金管理使用情况审计及全区村“两委”主要负责人经济责任审计工作。针对农村财务审计，年年审，年年改，年年有问题的状况，狠抓审计整改工作，向各镇乡下发审计整改通知，要求各镇乡立即进行整改，并将整改报告备案。

农 村 民 生

【农民人均收入稳步增长】2018 年，全区农民人均收入 24 517 元，增速 3.9%，其中，工资性收入 19 239 元，同比增长 6.7%，工资性收入对纯收入增长的贡献率为 68.1%，拉动纯收入增长 6.8 个百分点。在农村居民家庭经营纯收入中：第一产业人均纯收入为 2 783 元，同比增加 326 元，增长 4.6%，占家庭经营纯收入的比重为 45.2%，虽然比重有所下降，但仍是农村家庭经营收入的主要来源。第二产业人均纯收入 619 元，同比减少 50 元。其中建筑业人均纯收入增加 503 元。从业人员中从事建筑业的人员增加和工人报酬的提高是建筑业纯收入增长的原因。第三产业人均纯收入 3 586 元，同比增加 403 元，增长 10.1%。

【农民生活消费支出稳步增长】人均生活消费支出 17 223 元，增长 9.3%。其中：人均食品消费支出 4 618 元，同比增长 12.6%；人均购买服装消费支出 1 026 元，增长 6.5%；人均居住消费支出 4 687 元，同比减少 6.3%；人均家庭设备用品及服务消费支出 1 027 元，同比增长 0.7%；人均医疗保健消费支出 1 517 元，同比增长 11.9%；人均交通和通信消费支出 2 438 元，同比增长 3.5%。

【帮扶弱势群体就业】年内，动态掌握低收入农户劳动力就业失业状态，逐村逐户摸底调查，实现“一人一表一案”，提供有针对性帮扶。实现有培训意愿低收入农户劳动力全部免费培训，帮扶有就业意愿和劳动能力的低收入劳动力全部实现就业。采取专场招聘会形式做好退伍军人、华润雪花啤酒（北京）有限公司分流职工和受非洲猪瘟疫情影响关停养殖企业农户就业帮扶工作。全区 19 家社会公益性就业组织，安置 4 937 名就业困难人员。

【农民职业技能培训】年内，强化信息动态管理，摸清培训需求，实现有培训意愿劳动力“一人一表”。新审批开源职业技能培训学校和腾飞职业技能培训学校 2 家培训机构，增加智能楼宇管理员、人力资源师等 15 个工种，培训城乡劳动力

3 115 人。

【维护农民工权益】年内，完善预防拖欠工资长效监管机制，加强部门联动，成立由 16 个单位组成的保障农民工工资支付工作联合执法办公平台。全年受理投诉举报案件 265 件，涉及职工 374 人，金额 249 万元。

【建成国家级星创天地】12 月 19 日，国家科技部认定北京康安利丰农业有限公司运营净菜鲜丰星创天地为国家级星创天地。该公司全年销售总额突破 4.5 亿元，孵化创客 12 个，孵化创业企业 14 个，带动蔬菜生产面积 1.32 平方千米，实现蔬菜生产量 600 万千克，实现销售收入 1 800 万元。

【完成重点农业科技项目准备】年内，申报成《平谷区“生态桥”工程关键技术集成与示范》和组织北京农业智能装备技术研究中心、北京槐香现代农业科技有限公司等公司申报的“平谷现代农业产业融合提升科技示范工程”2 个项目，作为农业科技创新重点科技项目，获得北京市科委绿色通道项目立项支持，争取市科委支持科技经费 1 000 万元。落实《区委工作报告重点任务分工方案》的“桃树主要病虫害统防统治试验与示范”“桃花精油系列产品开发及示范”“蔬菜播种机研制与开发”等 5 个科技项目。组织专家对区级科技攻关计划项目“平谷有机智慧桃园关键技术研究与应用”“平谷区农作物重大有害生物远程监控管理平台建设”“平谷区生活饮用水中营养元素含量与人体健康的关系研究”等 14 个项目的进行论证、评审工作。由北京普析通用仪器有限责任公司牵头的科技部重大科学仪器设备开发专项“动态多谱分析仪的开发与应用研究”项目，通过科技部组织的综合验收。

【农村办园点管理】年内，对 6 个农村办园点进行级类验收，验收组分别从农村办园点课程建设、教师专业队伍培养、规范卫生保健、提升教育教学等方面进行检查，要求各镇乡中心园加强对农村办园点管理与指导，加强对教师业务能力引领，提升农村办园点整体工作水平。

【举办新型职业农民培训】年内，区农广校举办“2018 年新型职业农民培育班”。此次新型职业农民培育对象来自本区热爱农业、有培训意愿、需求并有发展潜力，以果品生产为职业，具有较高的专业技能，善于农业经营管理和农产品销售，收入主要来自农业且达到较高水平，在本区域有示范带头作用的现代农业从业者，包括果树种植大户、家庭农场经营者、农民合作社骨干、农业企业负责人。培训内容有“职业素养”“三农新形势”“农业绿色发展”“农民手机应用”“农业电商”等实用课程，坚持集中教学与现场实训相结合，坚持“空中课堂”“网络课堂”“流动课堂”和“田间课堂”相结合，推广“一点两线、全程分段、实训服务”培训模式，提高灵活性和实用性。培训人数 50 人，培训时间 8 天。

【农村文化设施建设】年内，在区博物馆设立集演出、会议、展览等多功能于一体的区级综合文化服务中心，重点服务于农村地区人员，平谷书法院、平谷画院挂牌开放。夏各庄镇文化服务中心重点对农村居民开放，10 个村级文化活动室改建完成并投入使用。启动 80 余个文化活动室粉刷改造工程，对改造完成的文化活动室配备电脑桌椅等文化设备。

【农村图书馆（室）建设】年内，依托区文化委“一卡通”服务系统，实现农村分馆与区级馆、本区与全市“一卡通”成员馆的文献通借通还。新建开通 6 家“一卡通”农村分馆；完成农村图书流转 72 次，流转图书 9.7 万册；新建送书点 17 个，送书 142 次，累计 5.96 万册。

【送春联下乡】举办“我们的中国梦・文化进万家——2018 平谷区文联春节送福到家”活动。由书法、美术、摄影、楹联、民间文艺 5 个协会会员 200 余人，组成 11 支小分队。活动走进太后村、蒋里庄村等 8 个镇乡 12 个村（社区），送写春联、福字 1 万余对、窗花 1 000 余张、美术作品 100 余幅。

【打造特色文化乡镇】年内，以刘家店镇为试点，开展文艺进农家活动，打造乡镇特色文化。以不同艺术表达方式，将摄影作品 520 幅、美术作品 1 626 幅、书法作品 749 幅、剪纸 435 幅分别挂进刘店镇每家每户，彰显文化特色，增加旅游内容和内涵，丰富群众业余生活。

【农村医疗卫生】年内，全区完成 57 个空白村新建卫生室建设，村级医疗覆盖率 100%。在岗乡村医生 168 人，全年诊疗 20.25 万人次。组织基层卫生人员培训 162 学时。

【推动农村健身】年内，举办健身体育节，举办篮球、乒乓球、羽毛球、游泳、棋类、拔河、徒步、骑行、轮滑等 10 余项全区性赛事，全区农村地区有 3 万人参赛，参与群众达到 6 万人。推动村（社区）全民健身工作，镇乡（街道）、村庄（社区）运动会或体育比赛覆盖率达到 90%以上。王辛庄镇熊尔营村组织太极拳、太极剑表演队；大华山镇后北宫村于久江连续多年个人出资举办象棋赛；王辛庄镇、东高村镇、刘家店镇、大华山镇、马坊镇建成社区健身俱乐部。全区创建全民健身示范街道 2 家、体育特色乡镇 3 家、体育生活化社区 31 家、体育特色村达标 24 个。

【农村进行体育指导】体育健身指导走进基层，聘请健身专家举办健身知识讲座 2 场，举办健身大课堂活动 15 场，累计 5 000 余名群众受益。

【城乡社会保障统一】年内，区人力社保局落实社保待遇标准联动调整政策，为全区 3.04 万名企业退休人员调整基本养老金，月人均增长 187 元，基本养老金平均水平提高到 2 998 元/月。城乡居民老年保障福利养老金由每人 525 元提高到 620 元，惠及全区 3.6 万人。城乡居民基础养老金调整由人均 610 元/月上调为 705 元/月，全区 3.99 万人享受待遇。为 382 人调整工伤保险定期待遇，调整后伤残津贴人均 4 428 元/月，供养亲属抚恤金 2 069 元/月，护理费人均 3 163 元/月，失业保险金每档增加 80 元。涉及全区 10 万余人。

基层组织与民主政治建设

【基层党建目标管理】3 月 26 日，召开本年度基层党建工作重点任务推进会，部署基层党建工作 24 项重点任务，区委农工委、区委社会工委就重点领域党建工作分别进行部署，金海湖镇、南独乐河镇党委围绕软弱涣散村整顿工作做交流发言，区委组织部与镇乡（街道）党（工）委签订《平谷区 2018 年度基层党建重点任务目标管理责任书》。各镇乡（街道）、系统党（工）委相关负责同志 50 余人参加会议。

【村（社区）“两委”换届选举】11 月 12 日，召开全区村和社区“两委”换届选举工作动员部署会，全面启动换届工作。建立“下抓两级”工作机制，实现区领导包镇乡（街道）联系村居，镇乡（街道）领导包村居联系重点户，村居干部包户联系重点人。在落实全市“十不能”基础上，提出“六不宜”限制性条件，建立动态调整机制。拓宽选人用人渠道，建立 426 人干部后备库。结合扫黑除恶专项斗争，细化 64 条干扰破坏换届行为表现、认定标准和处理原则，确保全区村和社区“两委”换届选举顺利进行。全区完成 288 个村（社区）党组织换届选举，实现两个百分之百。

【在职党员回社区（村）报到】年内，推行在职党员“双岗双责”，设置宣讲教育、环境治理等 5 个服务岗位和量化指标；开发“身边・党员”APP 和微信平台，拓展线上“下单接单”“随手拍”等基层治理载体，公开区、镇乡（街道）、村（社区）三级党员“贡献度”排名，形成报到服务微档案。各村（社区）自发吹哨组织活动 2 200 余次，1.7 万名党员报到参与基层治理。

【村级组织“三务”公开】年内，推进村级组织“三务”公开工作。统一制定区级公开目录、清单、模板，整合理顺公开内容。以固定公开栏为基本载体，按照“提议、审查、确定、公开、建档”程序进行公开。开展“三务”公开专项体检，采取“四不两直”方式开展全覆盖督导，对突出问题“一对一”进行反馈。

【整顿软弱涣散支部】年内，对 29 个市级软弱涣散村党支部进行集中整治。完善责任体系，建立区镇村三级管理机制，通过召开调度会、随机调研、跟踪问效，了解掌握情况，现场推动解决问题，一抓到底。建立“一村一策”台账管理。采取“挂图作战”办法，通过“一支部一方案，一问题一对策”，集中力量化解矛盾问题，推动软弱涣散村党支部精准提升。

【“两委”换届人选联审】年内，做好村和社区“两委”换届人选联审工作，审核 42 批次 1 899 人次，加强换届期间线索收集和查办，处置完成组织部门转交 100 名有前科劣迹村干部问题线索。

【处置农村地区涉黑涉恶案件】年内，围绕农村群众身边涉黑涉恶腐败、充当黑恶势力“保护伞”问题，处置涉黑涉恶线索 71 件，立案 8 件 8 人，给予党内严重警告处分 1 人，留置 2 人，将 19 人 14 件案件线索列为工作重点，加大查办力度。

“三农”工作部署和实施

【召开 2018 年美丽乡村建设工作会】平谷区召开 2018 年实施乡村振兴战略推进美丽乡村建设工作会。区领导王成国、汪明浩、刘军、闫维洪、吴小杰、吴连江、李福芝、付湘生、于海山参加会议。区委书记王成国指出，要紧紧围绕乡村振兴国家战略，推动“三农”工作取得新作为，必须始终把解决好“三农”问题作为全党工作重中之重，坚持农业农村优先发展，实施乡村振兴战略，加快推进农业农村现代化。要以生态建设为基础，打造整洁优美的农村环境；以农业科技创新为引领，打造绿色优质的农村产业；以富民增收为目标，打造富裕舒适的农村生活。王成国强调，“火车跑得快，全靠车头带”，要通过农村干部率先垂范、示范带动，努力培养造就一支懂农业、爱农村、爱农民的“三农”工作队伍；农村党员要带头执行国家政策、带头掌握致富本领、带头美化村容村貌、带头遵守村规民约，充分发挥先锋模范作用；要持续加强农村党支部建设，充分发挥战斗堡垒作用，形成推动乡村振兴的合力。农民不仅要吃饱穿暖，更要活出精气神，要把乡风文明建设融入乡村振兴的方方面面，不断满足农民群众对美好生活的需要。充分利用好创建文明乡镇、文明村等活动载体，引导和鼓励更多的群众参与文明创建活动。通过树一批乡贤，发现和挖掘农村优秀基层干部、道德模范、身边好人等先进典型，言传身教、示范引领，把文明乡风“种”进农民心田。各级各部门更要充分发挥主导作用，切实加强组织领导，做好宣传引导工作，鼓励社会各界广泛参与，确保全区上下形成共同推进“三农”工作的浓厚氛围，让平谷农村实现更高质量发展。

【召开区人大五届第八次会议】 审议通过《关于进一步促进平谷区农村电子商务“互联网＋大桃”发展的建议案（草案）》等7个常委会建议案草案。

【召开经济科技农林专委会】 年内，就全区国家森林城市创建成果运用和农村电子商务“互联网＋大桃”发展情况开展专项调研，形成常委会建议案报送区政府相关部门。视察农村煤改电工程、生态桥建设和休闲大会筹备情况。组织科技界委员开展科技下乡活动。

平谷区领导名录

区委书记 王成国
副书记 王明浩（满族） 沈 洁（女）
常委 刘 震 吴小杰 王红艳（女） 底志欣（回族） 邵亚平 吴连江 程建新 过 勇（挂职）
区人大常委会主任 刘 军
副主任 屈志奇 刘 忠 李福芝（女） 王 欣 张东伟（女，满族）
区长 王明浩（满族）
副区长 吴小杰 张利民 徐素芝（女） 李永生 付湘生 王晓东
区政协主席 闫维洪
副主席 张双全 刘 英（女） 于海山 狄长安 陈月侠（女） 田 禾
区纪委书记 邵亚平
副书记 王何义 见莉欣（女） 崔小东
副区级 王如生 白长河
区农工委书记 乔福刚
区农委主任 李小丰

平谷区乡镇党政正职领导

	党委书记	镇（乡）长
平谷镇	崔 跃	沈 炎
金海湖镇	韩小波	徐春刚
王辛庄镇	见小东	宋小勇
夏各庄镇	邢广宏	王 静
东高村镇	孙学新	陈慧华
马坊镇	牛福生	马冬梅（女）
马昌营镇	郭金生	陈 亮
山东庄镇	王晓金	崔成立
南独乐河镇	张艳革	刘久兴
刘家店镇	刘晓东	马超英
大兴庄镇	沈立军	王桂金（女）
峪口镇	见国柱	刘 堃
镇罗营镇	任利泉	路卫红（女）
大华山镇	宋长文	秦 磊
黄松峪乡	马思亿（女）	刘东明
熊儿寨乡	张武祥	吴亚军

（平谷区委研究室 梁自山）

密　云　区

综　　述

密云区位于北京市东北部，是首都重要饮用水源地和生态涵养区。区域总面积2 229.45平方公里，是北京市面积最大的区。密云自然地貌特征为“八山一水一分田”，山区面积占全区面积4/5，水源保护区占全区面积3/4。全区森林覆盖率达64.8%，林木绿化率72.84%。首都重要饮用水源——密云水库位于区域中央，最大水面面积188平方公里、最大库容43.75亿立方米，水库水质始终保持国家地表水二类水体标准以上。截至2018年3月，密云水库水位145.08米，蓄水量20.386亿立方米（历史最高水位为1994年9月16日的153.98米，蓄水量33.576亿立方米；上一次蓄水量突破20亿立方米是在2000年3月23日），水面面积125.52平方公里。

全区辖2个街道，鼓楼街道、果园街道；17个镇，密云镇、十里堡镇、河南寨镇、溪翁庄镇、穆家峪镇、巨各庄镇、西田各庄镇、大城子镇、石城镇、太师屯镇、北庄镇、高岭镇、不老屯镇、古北口镇、冯家峪镇、东邵渠镇、新城子镇；1个乡（地区办事处），檀营满族蒙古族乡（檀营地区办事处）。全区常住人口49.5万人，比上年末增加0.5万人。其中，常住外来人口7.9万人，占常住人口的比重为16.0%。常住人口中，城镇人口29.4万人，占常住人口的比重为59.4%。常住人口出生率9.15‰，死亡率9.56‰。全区户籍人口43.8万人，比上年末增加0.13万人。其中，非农业人口19.4万人，占户籍人口的比重为44.3%。

城乡融合发展

【概况】 初步核算，2018年全区实现地区生产总值305.1亿元，按不变价计算，同比增长7.2%；一般公共预算收入36.3亿元，同比增长9.9%；全社会固定资产投资136亿元，同比增长4%；社会消费品零售额150.2亿元，同比增长8.1%；全区居民人均可支配收入34 963元，同比增长8.7%，其中城镇居民人均可支配收入43 274元，同比增长8.1%，农村居民人均可支配收入24 661元，同比增长9.1%；万元地区生产总值能耗、水耗分别下降3.2%和14.7%。

【推进产业结构优化升级】 密云区第一届经济发展大会提出创“五优”、抓引进的要求，出台支持企业发展、重大项目绿色通道等“1＋5”政策体系，进一步优化营商环境。新引进注册资金3 000万元以上的总部企业119个，新增市场主体7 300余个，北京大学医学院、长江商学院、电子科技集团十二所等一批高校和科研院所确定落户，中国软件股份有限公司、亚洲高级定制工会等一批优质企业成功入驻，密云已经成为投资兴业的热土。

【统筹“一园三区”】 统筹“一园三区”（中关村密云园、经济开发区、生态商务区、科学城拓展区）融合发展，大力发展总部经济，做大做强智能制造、绿色金融、节能环保、生物医药大健康、文旅休闲、高端生态农业六大高端产业。京北地区最大的商业综合体——万象汇正式运营，百余家知名品牌首次进入密云市场，以康辰、博恩特为代表的生物医药企业核心技术研发及产业化水平稳步提高，以宝沃、万都为代表的汽车及零部件产业带动作用突出。

【统筹城乡规划编制】 主动对接北京城市总体规划，高标准推进城乡规划全覆盖，努力建设绿树掩映的生态花园城市和景美人和的生态宜居乡村。合理设定城市天际线，建筑物高度以18米至30米为主，最高限制在45米以下，住宅容积率限定在2.0以内，打造具有密云特色的城市风貌。沿着城市开发边界规划布局“四园两带”，建设白河城市森林公园、冶仙塔文化休闲公园、潮河国家湿地公园、潮白河汇合口时尚文化公园，形成白河湿地公园带、潮河湿地公园带，增加“城市绿肺”，提高群众绿色幸福指数。村庄规划编制坚持高点定位、高层评审、专业运作、群众参与，坚持村庄总体规划与基础设施等专项规划相结合、生态保护与产业发展相结合、规划设计与长效管理相结合、硬件设施建设与体制机制建设相结合，深入挖掘村庄历史、文化等内涵，充分体现农村特色和味道。

【推进城乡精细化管理】 以“精致密云”为目标，突出精治、共治、法治的要求，建立健全完备的城乡治理体系和工作机制。深化街道、社区管理体制改革，建立了“区级牵头、区直参与、属地主责、事权人权财权有机衔接”的城市管理机制。实施街巷长制和小巷管家制，推动城市管理向街巷胡同延伸。推动执法力量下沉，实行信访代理制，深化城乡网格化管理，整合协管员队伍，发展志愿者队伍，完善问题发现处置机制，努力把问题解决在基层一线。农村立体分类式网格化社会服务管理顺利通过国家级服务业标准化试点验收，“三级联动”便民服务体系是全国首批、北京市首个“三级联动”政务服务标准化试点。大力开展平安密云建设，构建立体化社会治安防控体系，严格落实安全生产责任，积极创建食品安全示范区。

【推动“城区—郊区”结对帮扶】按照市统一安排，积极推进与朝阳区的结对协作。目前，双方已签订帮扶框架协议，研究制定了帮扶方案，计划在产业、就业等五个方面开展合作。下一步将积极争取朝阳区资金支持，扶持发展50～100个农业设施大棚建设，推进“一村一品、一镇一特色”。

农村经济发展

【概况】2018年，全区完成农林牧渔业总产值32.7亿元，同比降低8.6%。其中，农业产值14.4亿元，下降10.9%；牧业产值7.6亿元，下降42.4%；林业产值9.1亿元，增长89.3%；渔业产值0.8亿元，下降5.8%。下降的主要原因是严格落实保水要求，继续主动缩减畜禽养殖，畜牧业产值大幅降低。另外，受“大棚房”清理整治、72家水产养殖场户退出等影响，导致产值下降。落实新一轮百万亩造林政策，造林2.1万亩，拉动了林业产值大幅增长，农业的生态休闲功能大大提升。

【提升“菜篮子”工程建设水平】继续以老旧设施农业园区改造和提升为重点，重点扶持建设新型下沉式节能型日光温室，从品种、技术、装备、市场、环境等五方面入手提升蔬菜综合生产能力和质量安全水平，高标准规划建设设施农业标准园。目前，李各庄村77栋大棚、卸甲山村81栋、大岭村4栋已规划完成，正在抓紧进行前期工作。

【大力推进特色产业发展】按照“打造一批小品种、个性化、规模适度的特色专业镇、专业村”有关要求，坚持“绿色、优质、高端”目标，确定平原地区以设施蔬菜为主、北部山区以优质果品为主、环湖浅山地区以谷子、甘薯等杂粮为主的产业发展布局，重点建设巨各庄、穆家峪、河南寨等7个都市型现代农业示范镇，重点打造新王庄、套里、石匣、后焦家坞、金巨罗等具有小品种、个性化、适度规模等特点的专业村60个，培养专业户3 000余户。

【抓好低收入农户增收和低收入村发展】切实提高政治站位，高度重视农民增收特别是低收入农户“脱低”工作，印发了《密云区2018年促进低收入农户增收及低收入村发展工作实施方案》，明确了工作目标、原则、措施和组织保障，多措并举，加快“脱低”工作步伐。2018年，全区农村居民人均可支配收入24 661元，同比增长9.1%；低收入农户人均可支配收入12 068元，同比增长18.5%，90%以上的低收入户实现“脱低”。

【持续调减畜禽养殖】在禁养区内规模养殖场退出的基础上，为更好保护密云水环境，由政府引导，养殖户自愿申请，区农业农村局牵头开展新增退养工作。累计自愿有序疏解规模场220余家，规模以下养殖场（户）2 300余户。到6月底，全区生猪存栏3.24万头，生猪出栏1.8万头；奶牛存栏1.30万头，鲜奶产量2.84万吨；肉鸡存栏10.46万只，出栏65.64万只；蛋鸡存栏102.5万只，鸡蛋产量0.5万吨；肉羊存栏2.42万只，出栏1.44万只；肉牛存栏0.15万头，出栏0.40万头。

【推进“大棚房”整治】经“地毯式”摸底排查，全区共清查种植业设施大棚8 439栋，涉及17个镇144个村，发现违法违规问题2 852栋，已对照“八条整改标准”全部完成清理整治，实现违法违规问题建账销账、全部清零。其中发现“大棚房”问题1个，为河南寨镇一亩田园种植合作社，涉及173栋大棚及其建筑物已全部拆除，场清地平并恢复耕种。市规土委验收组对大棚类设施农业清理整治项目336宗8 252栋进行了全面验收，验收通过率100%。

【着力促进一二三产融合】全面实施农业“十百千万”创建工程，截至目前，共打造年销售额千万元以上的农业电商12家，年销售额百万元以上的销售企业56家，培养年收入10万元以上的职业农民660人，年收入5万元以上的职业农民5 000人。顺利完成了5个北京市都市型现代农业示范镇创建任务，共打造蔬菜、林果等特色专业村60余个，培养专业户3 000余户。建设河南寨镇“三优田”示范区5 000亩。加强国家农业科技园区建设，健全农业科技协同创新与成果转化平台，新建4个专家工作站。

【加强农业产业发展服务指导】积极推进政策性农业保险工作，其中：种植业承保规模26 641亩，养殖业承保规模93 459头，实现总保费1 935.009万元。认真落实水库移民补助政策，2019年度全区核定登记农业水库移民人口58 502人，涉及324个村和9个居委会；农转非水库移民9 543人，涉及134个村和63个居委会；密云水库一级区内群众生活困难补助32 856人，涉及7个镇43个村。积极协调经管站等部门，顺利推进穆家峪镇上峪、新城子镇大角峪村、曹家路村、太师屯镇马场村、冯家峪镇冯家峪村等4个镇5个村有关土地出租流转工作。

【开展技能培训】2018年，全区共组织2 329人次低收入农户参加技能培训，其中：农民实用技术培训1 800人、民俗户技能培训120人、残疾人技能培训25人、妇女劳动力技能培训384人。

【促进转移就业】落实城市公共服务类岗位安置劳动力就业，2018年已安置3 590名农村地区劳动力在东城、朝阳、海淀等六个区的环卫中心和北京会议中心、首开物业、市公交集团、市地铁公司等单位实现公共服务岗位就业，超额完成安置本市农村劳动力1 500人的督查指标，其中已安置低收入农户255人。实施托底安置政策，安置就业困难人员695人，安置残疾人就业100人，其中低收入户20人，低保户4人。新增河道网格化管理岗位2 150个，现有库区管护人员中，安排低收入户141人。

【扶持发展养蜂】2018年新建5个低收入农户示范蜂场，新发展低收入农户养蜂62户2 600群，扩规2017年低收入养蜂户26户890群，为低收入农户养蜂送去技术指导及饲料糖蜂药补贴。

【鼓励发展民俗旅游经营】2018年对22户低收入农户新评定为一星级以上的星级民俗户给予扶持奖励，每户扶持资金1.5万元，共扶持33万元。

【扶持发展高端设施蔬菜】对西田各庄镇新王庄村老旧棚室改造，建设新型下沉式温室17栋，目前17栋棚室主体工程已完成，无土栽培设备已调试完成。为11个低收入农户新建日光温室11栋，给予必要的农资农机和配套基础设施建设等补助。

【扶持发展木耳产业】2018年新发展冯家峪、新城子等镇11个低收入村黑木耳种植340亩，全额补贴菌棒，户均实现收益2万元，解决劳动力就业100余人。

【扶持低收入户农产品销售】2018年以略高于市场价收购1 292户低收入农户核桃、板栗、木耳、蜂蜜、小米等农产品共计1 497.65吨，实现增收1 219.17万元。

【高端生态农业提质发展】全面实施农业“十百千万”工程，年销售额千万元以上电商企业达12家、百万元以上销售大户56家，年收入10万元以上职业农民660人、5万元以上职业农民5 000人。推进农业科技协同创新与成果转化平台建设，北京首家科技小院落户密云，科技兴农水平进一步提升。打造精品蔬菜、特色林果等专业村60余个，培养专业户3 000个，建设“三优田”示范区5 000亩，发展抗旱节水优质杂粮种植2.5万亩。以密农人家、极星农业、汇源农谷等为代表的一批高端农业，增强了“密云农业”品牌影响力。成功举办第三届全国蜂业大会暨首届密云蜂产业发展高峰论坛，太师屯、高岭、不老屯、冯家峪、石城等环水库蜂产业带扩规提质。

村镇建设

【概况】按照北京市推进美丽乡村建设三年专项行动总体部署，研究出台了《密云区关于开展“实施乡村振兴战略扎实推进美丽乡村建设”专项行动（2018—2020年）的实施意见》《密云区美丽乡村建设2018年度实施方案》，确定2018年76个美丽乡村建设目标（18个试点村、58个推进村）。并制定了《2018年美丽乡村环境整治工作方案》《村庄环境整治流程》《村庄规划审批流程》《村庄供水、污水设施建设流程》《试点村地上部分工程项目流程》等一系列配套文件，指导各项任务有序实施。目前，76个美丽乡村创建村村庄发展规划和实施方案编制工作已基本完成。其中：18个试点村村庄规划编制和地上部分实施方案全部完成区级审批。58个推进村村庄规划已全部编制完成，52个村完成区级联审。

【农村人居环境整治全市领先】制定密云区2018年农村环境整治工作方案，明确了工作任务、要求及时间节点，全面启动了327个村环境整治工作，并重点实施76个村的整治任务。成立环境整治联合督查小组，建立区镇两级拆违台账，全面启动了以拆除违章建筑和私搭乱建为主要内容的拆违行动。2018年16个镇（不含密云镇）共投入资金 7 200 余万元，组织群众 4.8 万人次参加环境治理行动，共清除垃圾 6.97 万吨，捡拾白色垃圾 7.04 万千克，清理乱堆乱放 2.25 万处，拆除私搭乱建 11.06 万平方米，农村环境得到有效治理。

【“煤改清洁能源”工作圆满完成】经过 100 余天的连续奋战，顺利完成 89 个村 31 433 户“煤改电”工程。其中完成市级任务 47 个村 18 909 户，主动加压实施 42 个村 12 524 户，实现了平原地区“无煤化”；订购优质燃煤 4.2 万吨，全部及时配送到位，保障了广大农民温暖、舒适过冬。

【积极推进供水及污水治理工程】首批 18 个试点村中新王庄、署地、青甸 3 个村手续齐全后已开工建设，污水站和人工湿地主体已完工，正在铺设供水和污水管网。剩余 15 个村的供水及污水治理工程计划 2019 年 3 月底开工建设，2019 年 6 月完工。58 个推进村已完成地形图测量和实施方案编制工作，已将实施方案报至发改部门审批。同时各镇政府已委托第三方编制项目报告和环评报告，计划于 2019 年 8 月底前完成工程建设。

【农村公共服务和基础设施建设】按照“先规划、后实施，先地下、后地上”的原则，村庄发展规划及地上部分实施方案编制完成后，开始办理 18 个试点村地上部分工程（街坊路、节能路灯、公厕、户厕、村庄绿化美化、太阳能浴室、垃圾分类收集）前期相关手续，计划 2019 年 6 月前完成发改委立项批复、施工公开招标。2019 年 6 月底地下供水污水工程完工后，实施 18 个试点村地上部分工程。58 个推进村计划在 2019 年 8 月底前完成发改委立项批复、施工公开招标，9 月初在地下供水、污水完工后进行施工。

【积极推进农村垃圾处理】统筹考虑农村垃圾利用、处理，鼓励专业化、市场化建设和运行管护，有条件的镇村推行垃圾处理设施统一规划、统一建设、统一运行、统一管理。2018 年开展垃圾分类示范村试点工作，制定“户分类”实施方案，配齐垃圾分类设备；到 2019 年 97%的行政村生活垃圾得到处理，到 2020 年 99%的行政村生活垃圾得到处理，有条件的推行适合农村特点的垃圾就地分类和资源化利用方式。大力开展非正规垃圾堆放点排查整治，制定三年整治计划，实行台账管理，到 2019 年完成全部非正规垃圾堆放点整治工作。

【山区搬迁工程稳步实施】2018 年实施山区农民居住环境恶劣地区及生活困难地区 150 户 330 人搬迁工作，全部安排在冯家峪镇，涉及番字牌、黄梁根、冯家峪等村。目前，搬迁村前期工作基本完成，已进入施工阶段，已完成总工程量的 40%以上。

【实施农村厕所升级改造】加大农村公共卫生厕所升级改造力度，逐年启动实施农村公厕升级改造，力争到 2020 年底前 90%以上的农村公厕达到等级标准。加快推进户用无害化卫生厕所建设和改造，鼓励农户新建、改建水冲式厕所，同步实施粪污治理，通过配套建设化粪池或区域污水处理站等，实现粪便无害化处理，力争到 2020 年全区户厕基本达到无害化要求。

【编制村庄规划】坚持规划先行，健全乡村规划编制体系，推行多规合一，完善规划审批流程。加强规划编制指导，坚持统筹编规划、驻村编规划、开门编规划，按计划、逐年度推进美丽乡村建设村庄规划编制和地上部分工程实施方案编制工作，到 2019 年底前完成全区行政村村庄规划编制，实现村庄规划管理全覆盖。

【推进环境综合整治】按照“清脏、治乱、增绿”的要求，坚持把拆除违法建设和私搭乱建作为工作重点，大力推进农村环境综合整治，全面消除侵街占道、私搭乱建、乱堆乱放等现象，实现全区村庄环境干净、整洁、有序、畅通。

【推进农村道路建设】实施“四好农村路”建设，加快推进通村公路建设和养护管理，实施乡村公路安全生命防护工程建设，到 2020 年乡村公路中等路以上比例（按乡村公路技术状况 MQI 计算）保持 90%以上。加快推进入户道路建设，研究制定村内道路实施方案、建设标准和长效管护方案，要充分利用本地资源和材料，预留出绿化空间，提高道路建设水平，着力解决村民出行问题。

【开展村庄绿化美化】坚持村庄绿化美化与基础设施建设同步规划设计，研究制定密云区美丽乡村建设绿化美化实施方案，详细确定树种、树径等。统筹绿化与基础设施施工建设，统一组织检查验收。加强村庄绿化长效管护，编制出台具体的村庄绿化长效管护办法。

【统筹农宅建设与保护】研究制定密云区引领农宅建设的相关政策。坚持农宅建设与保护有机结合，加强对有历史文化价值的传统村落和古民宅的保护；坚持农宅建设与农村发展相结合，促进有地方和民族特色的传统文化与农村整体自然环境相融合。依据密云特色，编制不同风格的农村住宅建设指导性图集，指导各镇根据镇村特点选择符合村庄风貌的建设图集，并根据相关政策引领农宅建设与保护。

【打造美丽乡村建设试点】坚持试点先行、示范带动，结合村庄地理位置、产业特色、历史文化、自然资源等因素，积极推进美丽乡村试点村建设，着力打造一批“有特色、可借鉴、能推广”的美丽乡村建设典型。

【完善农村环境管护和基础设施运行维护长效机制】持续完善农村环境日常巡查机制、月检查月考评制度以及部门联合检查制度，加强农村环境建设和管理的督查监管。严格落实责任制，健全考核制度，建立“有制度、有标准、有管护、有经费、有督查”的长效管护机制，确保在用和新建的公共基础设施得到有效管护、正常运行，实现美丽乡村建设的精细化管理。

农村改革与管理

【加强农村集体资产管理】密云村级产权制度改革后，新型集体经济组织有股东 25.4 万人，股本总额 12.3 亿元，自 2011 年至今按股分红共涉及 83 个村、119 个核算单位（包括生产队、组），累计按股分红总额 2.42 亿元，受益股东 12.7 万人。通过集体产权制度改革，新型集体经济组织建立了新型的分配制度，促进了农村社会稳定和发展。2018 年，制定了《密云区关于规范新型集体经济组织收益分配实施办法》，明确了收益分配原则、范围、来源、顺序，进一步规范收益分配行为，核实经营成果、完善收益分配程序。

【农村土地承包经营权确权登记颁证】目前，已有 319 个村集体经济组织承包地块进行实测，实测合同面积 25 万亩，其中 309 个村集体经济组织完成二轮公示，合同面积 24.8 万亩，占全区应确权合同面积的 96.1%，超额完成年度目标任务。积极引导农村土地承包经营权有序流转，2018 年新增土地流转约 3 000 亩，累计已流转 10.4 万亩，占土地确权面积的 37.1%。积极探索“三权分置”有效模式，认真总结部分镇村、合作社采取的土地托管、流转等方式放活经营权的好做法，积极探索“三块地”改革，激发农村发展活力，目前已完成《密云区农村土地所有权承包权经营权分置办法》（初稿）。

【推进农村产权交易】制定出台了《密云区农村产权流转交易管理办法（试行）》（京密办发〔2018〕33 号）。以盘活农村资源资产、增加农民收入为目标，加强农村产权交易平台建设，推进农村产权交易有序开展。首先，对全区范围内的农村产权交易资源进行了全面摸底调查，对各类资源分类整理，涉及农用地、林地、四荒地、实物资产、旅游用地等进行拉网式摸底调查。然后将交易资源分门别类登记存档，通过农交所、合作公司网站平台向社会进行推介。截至目前，已成交交易项目 8 个，交易总金额 1 562 万元，挂牌项目 2 个。农村产权交易工作的稳步推进，为盘活农村资产、增加农民收入进一步拓宽了渠道。

农村民生

【提升民生保障水平】全年民生领域支出 150 亿元，占一般公共预算支出的 84%。在区委坚强领导和多方共同努力下，历时 4 年涉及 2 000 余个宅院、8 000 余人的新刘地区棚改项目取得重要突破，签约比例超过 98%，正式启动拆迁，成为全市首个“棚改+新农村建设”的新模式。王各庄棚户区改造项目回迁安置房全面封顶。多措并举促进就业，全年解决城乡劳动力就业 10 544 人，安置就业困难人员 8 103 人，全区城镇登记失业率保持在 2.55%以下。为老服务能力不断提升，每千人养老床位达 9.5 张，50 个村级“医养结合”设施建设扎实推进。创新实施覆盖 22 万城乡居民的补充医疗保障制度，降低低收入农户等困难群体报销起付线，有针对性地消除因病致贫、因病返贫现象。顺利通过全国社会保险标准化建设“先行城市”验收。

【低收入农户增收工作扎实推进】实施促进低收入农户增收及低收入村发展 4 大类 19 项具体措施，在畜禽和水产养殖大规模退出的情况下，实现了农民收入较快增长。与城区开展岗位对接，3 500 余名农村劳动力在城市公共服务类岗位实现就业。9 481 户低收入农户享受山区公益林补偿，7 997 名义务教育阶段山区户籍学生获得助学补助。62 个区直单位帮扶工作队与 31 个低收入村深入对接，10 个市属企业对低收入村实施帮扶。预计全区低收入农户人均可支配收入 12 068 元，同比增长 18.5%，31 个低收入村全部“摘帽”、90%以上低收入户实现“脱低”。

【精准施策，精准脱低】为加强工作统筹，区级成立精准脱低工作专班（设在区农业农村局）。专班切实发挥牵头抓总作用，积极协调各镇、各部门，上下联动、形成合力，各镇也均明确责任人和具体工作人员，负责脱低任务的落实，确保在年底前实现“低收入农户全部脱低、低收入村全面摘帽”的工作目标。

【发挥“城区—郊区”结对帮扶作用】按照市统一安排，积极推进与朝阳区的结对帮扶。目前，双方已签订帮扶框架协议，研究制定了帮扶方案，计划在产业合作、劳务协作等五个方面开展合作。下一步将积极争取朝阳区资金支持，扶持发展50～100个农业设施大棚建设，推进“一村一品、一镇一特色”。

【发挥“一村一企”结对帮扶作用】积极联系北控集团、华夏银行、城建集团、京粮集团等10家市管国企与10个低收入村进行结对，签订了帮扶协议，充分发挥企业在人才、资金、信息、技术等方面的优势，完善设施，扶持产业，帮助低收入村实现可持续发展。2018年，10家国企共扶持低收入村资金1 720.9万元。同时驻密云企业也积极参与帮扶，实现社会资源与精准帮扶有效对接，如北陆药业公司自2017年起对大城子镇下栅子村开展为期五年的帮扶，每年向村里捐赠40万元，五年合计200万元，用于该村产业发展、困难生活补助等。

【推动“校村联手”引智帮扶】促进大城子镇张泉村与北京工业大学，溪翁庄镇尖岩村与北京财贸职业学院，不老屯镇白土沟村与北京物资学院结对，三所院校发挥智力、人才、信息等优势积极开展帮扶工作。如：张泉村第一书记季景书发挥自身优势，依托村内资源，创建“张泉达康”品牌，利用电商等途径联合销售农产品，全村农户每人实现200余元红利收入。

基层组织与民主政治建设

【抓好农村干部人才培训】配合区委组织部成功举办了村书记、第一书记培训班，发挥头雁效应。特别加强对软弱涣散村、低收入村等村级班子建设，联合区委党校分类开展了村“两委”干部培训，实现了重点村“两委”干部培训全覆盖。抓好农村实用人才培养、培育，创新组建了密云区农村实用人才协会。全年共培训党员干部和群众1 955人次，完善村级党组织场所10个，夯实了党在农村的基础。

【村党支部规范化建设】深入落实“B＋T＋X”党建模式，加强调研指导，建强基层组织。认真总结村党支部建设经验成果，对17个镇上报的89个创新案例按照实效性、推广性进行星级评定，精选一批优秀案例编印成册，推动基层党建工作创新，打造便于操作、有效管用的党建“工具箱”。联合区委组织部、民政局、经管站，研究制定了《关于加强村级组织党务公开、村务公开、财务公开工作的通知》，加强监督和指导，引领农村党组织规范落实“三务”公开工作。

【推动村“两委”换届选举工作】认真研究落实《村、社区“两委”换届选举工作方案》，对2 135名现任村、社区“两委”干部进行了资格预审，发现问题人员3人；对287个村党组织1 240名候选人初步人选、81个社区党组织548名候选人初步人选进行资格复审，确定了1 788名党组织候选人预备人选，奠定了村、社区“两委”换届选举工作的坚实基础。

“三农”工作部署和实施

【概况】截至2018年底，全区农业人口24.4万人、农户10.7万户。其中：农民专业合作社1 412家，8.7万个农业经营户，272个规模农业经营户，9.4万个农业生产经营人员。划定永久基本农田16.8万亩，实际耕种的耕地面积19.8万亩。其中：菜田2.5万亩（其中，设施1.8万亩），粮田16万亩，种苗花卉1.3万亩。蔬菜年产量14.7万吨，粮食年产量5万吨。全年预计完成农林牧渔业总产值32.1亿元，同比降低5%，主要因落实水源保护要求，继续主动缩减畜禽养殖规模，畜牧业产值大幅降低。另外，农业产值受“大棚房”清理整治连带影响，一些棚室短期内无法恢复生产或造成闲置；渔业受水库上游72家水产养殖小区退出影响产值略有下降。林业因实施新一轮百万亩造林政策，造林2.1万亩，直接拉动林业产值大幅增长。

【设施农业】2018年设施农业销售收入1.59亿元，同比减少0.5%。全区粮食作物播种面积16.51万亩，播种面积较上年减少3万亩，主要是百万亩造林使全区农作物种植面积大幅度递减。其中：玉米

11.66 万亩，谷子 2 万亩，油料 1 万亩，甘薯 0.66 万亩，小麦面积 0.59 万亩，豆类 0.5 万亩，其他 0.1 万亩。蔬菜产业共计 2.2 万亩，其中，设施农业面积 1.1 万亩，露地菜田 1.1 万亩。通过“三品”认证的菜田面积 21 921.96 亩。2018 年全区基本菜田补贴面积 9 155.4 亩，涉及 16 个镇，种植村 120 余个，种植户 5 000 余人，其中：露地菜田 5 664.2 亩，日光温室 2 781.9 万亩，钢架大棚 552.6 亩，连栋温室 156.7 亩。果树总面积 45 万亩，包括鲜果和干果两大类，涵盖苹果、梨、葡萄、板栗等 12 个主要品种和 64 个主栽品种，其中：板栗 30 万亩，核桃 4 万亩，苹果 2 万亩，梨 2.1 万亩，鲜杏和仁用杏 2.2 万亩，葡萄 1 万亩，红果 1.1 万亩，李子 0.8 万亩，樱桃 0.7 万亩，其他品种 1.1 万亩。养蜂 11.5 万群、蜂农 2 072 户，蜂群数量占全市的 43%，是北京市养蜂第一大区。现有京纯、奥金达、黄峪口、保峪岭等专业合作社 25 个，入社社员近 2 000 人。全区蜂产品年销售收入 1.1 亿元，户均年收入 3.5 万元。

【农业电商及龙头企业】年销售收入百万级农产品销售组织 56 家，其中千万级电商企业 12 家，分别为：四季本源、密农人家、金禾绿源、密园小农、密水农家、云梦园、小村外农场、老农食品店、春播、百年栗园。2018 年网上销售总体规模超过 2 亿元。年销售额 1 000 万元以上的农业龙头企业共 6 家，分别为：康顺达农业科技有限公司、百年栗园生态农业有限公司、洪福环宇餐饮有限公司、鑫记伟业食品集团有限公司、奥斯云肉食品有限公司、世纪京纯蜂产品有限责任公司。

【农村信息化服务】2018 年，全区移动农网工作稳步推进，在 18 个乡镇、2 个街道、7 个涉农部门共有信息机 27 台，农信机 349 台，（包含 334 家村委会，15 家农业专业合作社），手机终端用户达到 6 万余人，注册用户数量 5 万余人，完成区、镇级信息员培训 4 000 人次，全年累计发送为农服务信息 200 余万条，以农产品市场价格信息、灾害天气预警、生活常识、工作提醒等信息为主。

【农村土地流转】全区确权土地面积 28.2 万亩，其中：确地面积 24 万亩，签订合同份数 9.7 万份；确利面积 4.2 万亩，签订协议份数 2.8 万份。农村土地流转面积 10.1 万亩，占土地确权面积的 35.8%，其中：采取确权确利方式流转 3.8 万亩，确权确地后流转 6.3 万亩。非家庭承包面积 34 万亩，签订合同份数 1.6 万余份，租金总额 71 011.16 万元。

【农村居民收入与支出】2018 年，全区农村居民人均可支配收入实现 24 661 元，同比增长 9.1%，超过了增长 9%的目标任务。低收入移民村 22 个，低收入移民 1 475 户 2 875 人。全年全区居民人均消费支出 21 772 元，比上年增长 7.2%。按常住地分，城镇居民人均消费性支出 25 575 元，比上年增长 7.2%；农村居民人均消费性支出 15 300 元，增长 9.5%。

【水库移民】2018 年度全区农业移民核定新增人口 555 人，核定减少人口 1 303 人，核定登记后扶持总人口 59 065 人；农业户口移民 59 065 人，涉及全区 17 个镇、2 个街道办事处的 324 个村委会和 9 个居委会；非农业户口移民 10 222 人，涉及全区 17 个乡镇、2 个街道办事处的 134 个村委会和 63 个居委会。实际发放补助人数为 59 061 人（其中 4 人补助资金未发，属于替家人代缴违规资金），按照每人每年 600 元的标准，发放资金总额为 3 543.66 万元。2018 年度全区农转非移民核定新增人口 418 人，核定减少人口 1 239 人，核定登记扶持总人口 10 222 人，按照每人每年 560 元的标准，发放资金总额为 572.432 万元。

密云区领导名录

区委书记	潘临珠
副书记	刘　颖
常委	张　岩　杨　珊　解江凌 倪紫剑　王　宇　李光辉 蒋学甫　王维民
区人大常委会主任	王玉江
副主任	孔令昌　赵秦岭　王铁明 李洪山　何继玲（不驻会）
区长	潘临珠
副区长	杨　珊　李光辉　刘　滨 范永红　朱锡才　方建卿
区政协主席	王稳东
副主席	李长春　孙　奇　何丽娟 相远方　王森林（不驻会） 杨伟兰（不驻会）
区农工委书记	付全利
区农委主任	耿智慧

密云区乡镇（街道办事处）党政正职领导干部

	党（工）委书记	乡（镇）长、主任
鼓楼街道	周广明	侯东武
果园街道	刘长礼	李　斌
檀营满族蒙古族乡	关佩君	张　波
密云镇	陶晓明	张广军
河南寨镇	马　超	郭保林
十里堡镇	李东方	王　珂
西田各庄镇	赵双武	刘振江
溪翁庄镇	晁怀新	杨建军
穆家峪镇	王　东	任玉文
巨各庄镇	李阔林	付维江
太师屯镇	胡　勇	马守新
古北口镇	高英杰	杨行辉
高岭镇	王大捷	程建邑
不老屯镇	张　涛	刘卫东
冯家峪镇	陈祥庶	刘继雄
大城子镇	常艳军	魏志刚
东邵渠镇	祝　刚	赵　勇
北庄镇	付宝东	林　立
新城子镇	刘继雄	曾永东
石城镇	何立军	李　冬

（密云区农业农村局　贾雪）

延　庆　区

综　　述

延庆区位于北京市西北部，全境平均海拔500米，气候独特，冬冷夏凉，有着北京“夏都”之美称。总面积1 994.88平方公里，其中山区面积占72.8%、平原面积占26.2%、水域面积占1%。东西最长70千米，南北最宽45.5千米，东南西北分别与怀柔区、昌平区、河北省怀来县和河北省赤城县接壤。全区辖11镇、4乡、3个街道办事处，设376个村民委员会。全区总户数144 352户，其中农业户70 368户，全区户籍人口286 927人，常住人口34.8万人，其中常住外来人口4.8万人。全区地区生产总值151.9亿元，同比增长8.5%，其中第一产业实现增加值7.68亿元，同比增长11.6%。全年完成全社会固定资产投资283.63亿元，同比增长77.1%，其中第一产业完成投资7.29亿元，同比增长2.5倍。三次产业结构由上年的5.0∶31.5∶63变化为5.0∶34.6∶60.4。

城乡融合发展

【概况】延庆有376个行政村，其中72%为山区村；农业户籍人口15.1万人，占全区户籍人口的52.8%，是典型的农业区，生态优势突出，林木绿化率、森林覆盖率分别达到74.95%、58.41%。全年完成农村危房改造100户，建成井庄等一批镇区公园、街角绿地，创建达标8个首都绿色村庄，成功获评第二批“两山”实践创新基地。

【居民生活】全年人均地区生产总值43 649元，全年全区居民人均可支配收入33 887元，比上年增长7.4%，人均生活消费性支出23 023元，增长7.3%；城镇居民人均可支配收入44 916元，比上年增长8.0%；人均生活消费性支出29 238元，增长7.9%。全区居民恩格尔系数为23.7%，同比下降0.7个百分点。

【城乡居民养老保险】截至年底，参加城乡居民养老保险人数5.6万人，收缴金额6 037.51万元。上调基础养老金标准，上调后64岁及以下为每人每月705元，65岁以上为每人每月715元。

【福利养老金】截至年底，城乡无社会保障老年人享受福利养老金人数2.29万人，同比减少6.02%。累计发放福利养老金1.81亿元，同比增长11.21%。上调基础养老金标准，上调后64岁及以下为每人每月620元，65岁以上为每人每月630元。

【城乡居民基本医疗保险制度整合】年内，城乡居民基本医疗保险制度正式实施，顺利实现持卡就医实时结算。城乡居民基本医疗保险11.97万人，基金收入4 172.31万元，支付1.52亿元。

【农村集体产权制度改革】年内，进一步深化区农村集体产权制度改革，重点开展大榆树镇的镇级产权制度改革试点工作。截至年底，镇级产权制度改革清产核资与评估、成员界定、股份量化等工作全部完成。

【农村改革专项】年内，印发《延庆区农村基础设施长效管护指导意见（试行）》《关于开展农村集体资产清产核资工作的实施方案》和《关于进一步规范新型农村集体经济组织收益分配工作的意见》。

农村经济发展

【概况】全区农村经济总收入完成 138.8 亿元，同比增长 0.7%。低收入农户人均可支配收入 11 826 元，同比增长 18.1%；98.9%的低收入农户实现脱低，人均可支配收入超过 11 160 元。实现农林牧渔业总产值 19.96 亿元，同比增长 12.9%。其中，种植业实现产值 5.02 亿元，同比下降 1.3%；林业实现产值 7 亿元，同比增长 129.8%；畜牧业实现产值 7.3 亿元，同比下降 16.7%；渔业实现产值 862.3 万元，同比下降 63.2%；农林牧渔服务业实现产值 5 542.4 万元，同比持平。全年粮食产量 72 251 吨，同比下降 11.2%；蔬菜产量 58 414.7 吨，同比下降 0.5%；干鲜果品产量 10 830.4 吨，同比下降 40.1%。

【京张优质农产品推介会】10 月 12—14 日，2018 年京张优质农产品推介会在北京市延庆区八达岭国际会展中心成功举办。本届推介会是自 2016 年京张优质农产品推介会创立以来的第三届京张优质农产品推介会，也是第一届中国农民丰收节延庆区系列活动的收官之作。展现了来自北京、天津、河北、内蒙古、山东等地的丰收成果，共有 160 家企业参展，展览面积 6 400 平方米，展出品类 600 余种。近 15 000 余名观众到场参观选购，现场成交额 200 余万元，意向签约额 2 500 万元。

【专项转移支付项目】年内，安排农业领域专项转移支付项目 28 个，重点实施沟域经济建设和都市型现代农业示范区建设。

【粮食生产】年内，全区秋粮收获总面积 10 104.85 公顷，其中玉米面积 9 290.93 公顷，平均亩产 504.97 千克，比上年增加 6.26 千克/亩，增幅 0.65%。玉米总产量 7 073.48 万千克。

【蔬菜生产和销售】年内，全区蔬菜播种面积 1 826.91 公顷，其中露地蔬菜 1 226.57 公顷，设施蔬菜 600.33 公顷。种植面积在千亩以上的蔬菜品种有生菜、番茄、大白菜、花椰菜、青花菜、土豆、结球甘蓝、辣甜椒等。全区集中育苗总量 1 040 万株。截至年底，全区蔬菜上市 8 089.94 万千克，收入 2.05 亿元。

【畜牧产业】年内，畜牧业实现产值 72 982.4 万元，同比下降 16.7%。奶牛存栏 1.1 万头，肉牛出栏 3 512 头，家禽出栏 213.66 万只，生猪出栏 10.4 万头，羊出栏 3.4 万只。全年鲜奶总产 4 万吨，鲜蛋总产 2.8 万吨，水产品总产 536.9 吨。

【渔业】全区渔业水域资源面积 3 157 公顷，其中渔业生态养护水域（水库面积）2 975 公顷，渔业养殖面积（池塘）182 公顷。全区渔业养殖户 76 户，主要分布于延庆、康庄、张山营等 12 个乡镇。养殖和捕捞的主要品种有青、草、鲢、鳙、鲫及少量的虹鳟、鲟鱼等。

【休闲农业与乡村旅游】截至 2018 年底，延庆区已评定国家星级园区 9 家，其中国家四星级 5 家、国家三星级 4 家。

【农业好品牌】年内，“里炮”“前龙”2 个品牌获得 2018 年“北京农业好品牌”产品品牌称号。耿铁焕、任志怀、宋广起、吴建军和辛建芬获得 2018 年“京郊农业好把式”称号。

【产业成果】年内，四海镇前山村（京水源菊花茶）被认定为第八批全国一村一品示范村镇。12 个乡镇（除四海镇、珍珠泉乡、大庄科乡）开展都市型现代农业（高效农业）示范乡镇监测评价工作。

【创建国家农产品质量安全区】全区启动国家农产品质量安全区创建工作。以“创建国家农产品质量安全区、提升农安监管水平、推动现代农业发展、助力绿色大事筹办”为创建口号，明确 10 项目标任务，确定 10 项重点工作。着力建立农业投入品与追溯产品监管信息系统，在 93 个农产品生产基地、农业投入品经营门店和屠宰企业进行试点应用，区级设视频监控中心；构建放心农业投入品经营与配送网络，建设安全农业投入品品牌店 42 个；提升区、镇两级农产品检测机构能力，更新仪器设备 49 台套；打造区优级基地 15 家，涵盖种植、畜牧、水产、果品 4 个行业。全区质量安全总体水平维持在较高标准，根据第三方调查结果，群众满意度达到 86%。10 月底，接受了市级评估，评估组对延庆区的创建工作予以肯定。

【有机农业发展】截至年底，全区共有有机农产品生产企业（基地）25 家，有机认证证书和有机转换认证证书数量达到 29 个，涉及 8 大类 188 个产品。全区有机农产品生产规模达 2.35 万亩，年产量 2.32 万吨。获得有机农业生产资料评估证明企业2家，生产有机肥料，年产量共计80 000吨。预计可实现产值4.29亿元，占农业总产值的21.5%。

【蔬菜沼液滴灌建设】年内，全区有10个村安装12条沼液滴灌设备，可控面积120公顷。追肥期沼液稀释到3 500～6 000倍浓度进行滴灌施肥，实现水肥一体化。

【绿色食品认证】截至年底，全区有3家蔬菜企业通过绿色食品认证，产品数量26个，产地规模9.6公顷，年产量94.3万千克。

【水环境监测】4月至10月监测妫水西湖、西屯渔场、吴庄渔场、孟庄渔场、科技园、王泉营渔场6个渔场，面积5 315亩，指标：水温、pH、溶解氧、氨氮、亚硝酸盐，每月监测1次。6、7月水温较高时部分养殖池塘氨氮、亚硝酸盐轻微超标，通过微生态机制降解后指标正常。

【大宗良种引进】5月5日和6月6日分别引进大宗良种长丰鲢水花200万尾，松浦镜鲤10万尾，在吴庄、科技园渔场养殖示范，长势良好。

【增殖放流】6月6日，在妫水河畔举行“增殖水生生物资源 修复水峪生态环境”增殖放流活动，放流2万尾大规格瓦氏雅罗鱼，在玉渡山放流2万尾细鳞鱼鱼苗。10月18—20日，在官厅、白河堡、玉渡山水库、野鸭湖和妫水西湖放流鲢、鳙、草、青、鲂鱼8.1万千克。

【新品种引进】6月引进大鳞鱼苗3万尾，加州鲈鱼苗5万尾，匙吻鲟1 000尾，在科技园渔场试验效果显著。

【参展中国国际农产品交易会】11月1—5日，组织北京绿富隆农业股份有限责任公司、北京北菜园农业科技发展有限公司、北京金粟专业种植合作社、北京德青源农业科技股份有限公司和北京四海田园农副产品加工有限责任公司参加在湖南长沙国际会展中心举办的第十六届中国国际农产品交易会，展示有机蔬菜、有机葡萄、鸡蛋、菊花茶、玫瑰茶、天敌昆虫防治等30余个品种。

【参展中国双创博览会】11月12—18日，北京五福兴农种植农民专业合作社联合社代表延庆区参展中国“互联网+”现代农业新技术和新农民创业创新博览会，展台72平方米，充分展现“互联网+”现代农业新技术和新农民创业创新成果。

【沟域经济建设】年内，“乡宴柳沟”沟域被列为市级重点建设沟域，“百里山水画廊”“四季花海”“冰川绿谷”被列为区级建设提升沟域，安排沟域经济建设转移支付支持资金1 500万元。

【园艺项目引进】年内，同荷兰阿尔芬市建立友好关系，为批量引进荷兰花卉企业奠定基础；同浙江人文园林、山水文园集团、欧中投资商会、东旭蓝天新能源股份有限公司、众美集团就综合旅游项目进行洽谈，探索以园艺产业为切入点的全域旅游模式；建立以东方园林、中农富通、开源汇通等为代表的园艺企业清单；同多家国外企业开展洽谈，探索世园会非围栏区的综合利用；同北京农圃投资控股有限公司、天畅和身态农业就园艺产业和现代农业开展洽谈；促成蒙草集团、中农富通与中关村延庆园签约；同清华大学控股公司、北京大学现代农学院等高等院校交流，推动一批具有前沿科技和示范引领作用的科研项目落地。

【农产品质量安全监测】年内，在农产品检查抽查工作中完成全区15个乡镇6 035个样品的检测，其中对603个样品进行定量检测，上报数据16 773个。

【重金属定量检测】年内，完成市植保站委托的农产品重金属定量检测工作，全年检测蔬菜样本1 655个，检测项目为铅、镉、总砷、总汞，上报结果数据6 620个。

【农邮通建设】年内，延庆区充分利用邮政系统的物流优势，解决农产品运输难、物流成本高的问题，建设“农邮通”服务站总站1处、分站10处。2018年累计运输农产品2 661车次、3 000余吨，其中宅配25 317单，商超2 274车次。

【集中免疫】年内，共进行3次集中免疫，免疫口蹄疫32.624 2万头（只）次，禽流感1 122.115万只次，新城疫1 054.243万只次，免疫密度达到应免密度的100%。

【消毒灭源】年内，分别于4月和10月在全区范围内组织开展“预防重大动物疫病”消毒灭源工作。共投入消毒药品9.851吨，涉及场户499个，累计消毒面积达155.36万平方米，覆盖全区所有规模、重点养殖场户。

【“两病”净化】年内，分别于4月和9月开展了春秋两季奶牛“两病”净化工作。结核病检疫净化工作共检测奶牛12 598头，结果均为阴性。全年奶牛布鲁氏菌病净化共采集血样6 405头份，共检出73头阳性，在监测结果反馈前，已淘汰61头，无害化处理布病阳性牛12头。

【重大动物疫病免疫抗体监测】采取集中免疫抗体监测、自免场按计划监测及紧急监测的方式开展免疫抗体监测工作。全年监测畜禽血液样本 41 287 份，涉及各类场户 2 012 个，免疫抗体合格率均高于部颁标准。

【狂犬病免疫工作】全区 13 个犬只狂犬病免疫定点单位全年共免疫犬只 16 418 条。狂犬病应免免疫率 100%，免疫标识佩戴率 100%。3 月 14 日、9 月 28 日，分别开展主题为“佩戴免疫标牌，倡导文明养犬，构建和谐社区”“9·28 世界狂犬病日”等宣传活动，共发放宣传材料 5 000 余份。

【过敏反应鉴定及补偿】全年累计鉴定过敏现象 371 起。共认定奶牛死亡 7 头、流产 13 头；肉牛死亡 2 头；猪死亡 1 头；羊死亡 64 只、流产 65 只；禽类死亡 219 只。过敏反应补偿资金共计 7.275 万元。

【非洲猪瘟专项防控工作】区成立防控非洲猪瘟领导小组和工作组，根据全国疫情形势发展，升级防控机制，落实驻场排查、路口管控、市场及调运监管、生猪清退等多项防控措施，保障延庆乃至京西北区域不发生非洲猪瘟疫情。年内，共清退生猪养殖场户 726 个，清退生猪存栏 20 121 头。

【严格落实生猪贩运人管理】在非洲猪瘟防控期间，多次召开生猪贩运人工作会，要求一是严禁异地生猪进京；二是生猪运输要严格执行农业农村部第 79 号公告，对运输车辆进行改造；三是实行一场一车备案管理，延庆区 14 个生猪养殖场需备案 14 辆运输车，凭《生猪运输车辆备案表》点对点开展运输；四是运输车辆在装前卸后，严格消毒，运载生猪前凭备案表到动物卫生监督所对空车进行消毒，凭消毒单方可运载生猪；五是严格按照出具的《动物检疫合格证明》到达地点运载生猪，不得私自更改到达地点，全面落实闭环管理；六是拉运生猪前提前报备，核实车辆历史运载轨迹后，方可运输生猪；七是树立责任和法律意识，签订责任书和承诺书。

【强制免疫“先打后补”试点工作】2018 年强制免疫试点场涉及生猪养殖场 1 个，奶牛养殖场 5 个。年内共出栏生猪 5 898 头，共存栏奶牛 3 292 头，共补贴资金 32 612.36 元。

【动物卫生监督执法】年内，共出动执法车辆 811 车次，执法人员 3 079 人次，检查场所 1 022 场次，下达监督笔录 728 份，下达监督意见书 728 份。共作出行政处罚 69 起，其中一般程序案件 43 个，简易程序案件 26 个。共计处罚金额 65 947.38 元。

【产地检疫】年内，共检疫各种动物 526.48 万头（只），与上年同期相比减少 31 %；动物产品 510.45 吨，与上年同期相比增加 48.62%；消毒车辆 3 161 车次，与上年同期相比增加 25.69%。

【公路进京运输监督】年内，4 个公路动物防疫监督检查站共检查进京车辆 14 355 辆，与上年同期相比减少 16.39%；检查动物 124 万头（只），与上年同期相比减少 42.84%；检查动物产品 105 772.579 吨（枚、张），与上年同期相比增加 133.84%，未出现“公路三乱”现象。共查处案件 26 件，处罚金额 39 929.92 元，无害化处理猪肉及猪产品 781.45 千克。

【动物屠宰检疫】年内，共检疫禽类 39.96 万只，与上年同期相比减少 0.81%。其中北京康庄晓忠肉鸭屠宰场，屠宰鸭 4.15 万只；延续（北京）禽业养殖有限责任公司，屠宰鸭 11.79 万只；北京绿通庆丰禽类屠宰加工厂，屠宰鸡 24.02 万只。未发生畜禽非定点屠宰动物产品质量安全事件。

【耕地地力保护补贴】年内，全区 15 个乡镇 206 个村、2.51 万户农民享受耕地地力保护补贴。补贴作物包括谷物、豆类、薯类、油料、中药材，补贴标准增至 3 000 元/公顷。补贴面积 7 544.87 公顷，补贴资金 2 263.46 万元，其中玉米补贴面积 7 306.39 公顷，补贴资金 2 191.92 万元。

【菜田补贴】年内，完成 15 个乡镇 118 个村 2 亩以上基本菜田补贴的核实、汇总工作，惠及 161 个合作社（企业）和 1 337 户农户。补贴总面积 987.33 公顷，其中露地 610.74 公顷、日光温室 92.75 公顷、大棚 283.84 公顷，补贴总资金 778.8 万元。

【农业查灾定损】年内，全区发生风雹灾 2 次，粮食受灾面积 533.33 公顷，造成经济损失 145 万元。全区受灾理赔面积 426.67 公顷，总赔付资金 153 万元。

【春耕生产服务】2 月 26 日至 3 月 30 日，开班 5 期农机新技术培训班，主要讲解农机具保养和安全驾驶，参训人员 450 人次。涉及农机驾驶员安全操作常识、农机田间作业注意事项、玉米播种机安全生产操作规程等。4 月 1 日至 5 月 15 日，成立春耕技术指导服务队，深入乡镇、村庄，实地帮助农机户做好机具检修。检修拖拉机、配套农具以及植保、运输等机具 2 000 台件。春耕、春播期间新生产玉米精量播种机 50 台、4 台 6 行玉米免耕播种机、4 台6 行中耕除草机，用于更新淘汰老旧播种机。

【露地甘蓝机械集成与示范项目】 年内，在延庆镇广积屯村实施“露地甘蓝生产全过程机械化集成与示范”项目，试验面积 6.67 公顷，在前两年成功示范推广的基础上，对实施方案进行提升改进和数据的积累、新机具的试验示范等工作，收获环节完成后项目已进入最后的总结和成果展示阶段。

【马铃薯机械化种植试验】 年内，引进中机美诺 1220 型马铃薯种植机、1302 型 2 行马铃薯中耕机、1802 型马铃薯杀秧机、1600 型 2 行马铃薯收获机、希森天成 1 行马铃薯收获机等多种马铃薯种植机械。在茂源广发专业种植合作社等地开展试验，实验面积 6.67 公顷。完成种植、中耕、杀秧、收获等环节试验和试验数据的采集工作。

【无公害农产品认证】 年内，全区无公害农产品种植业认证企业 46 家，239 个产品，生产规模 815.47 公顷，年产量 4 268.289 万千克。其中蔬菜认证 43 家，232 个产品，生产规模 793.85 公顷，产量 4 248.741 万千克；杂粮认证 3 家，7 个产品，生产规模 21.62 公顷，产量 19.548 万千克。

村镇建设

【概述】 聚焦全区中心工作，围绕世园冬奥主题，推进休闲农业与乡村旅游基础设施提升改造，有序推进美丽乡村建设，建立美丽乡村联席会议制度，以“清脏、治乱、增绿、控污”为重点，在全区范围内开展农村人居环境拉练检查。第一批美丽乡村任务村 120 个村庄规划全部编制完成，95 个村庄建设实施方案编制完成。改善农村农民生产生活条件，开展农村地区村庄冬季清洁取暖工作，实施山区搬迁工程。

【一事一议财政奖补 59 个】 年内，确定一事一议项目 59 个，其中覆盖低收入村 20 个，覆盖率达到 34%。

【乡情村史与宣传视屏建设推介会】 9 月 27 日，区文明办召开乡情村史陈列室与精神文明宣传视屏建设推介会。会议播放北京市乡情村史陈列室巡礼专题片——《美丽乡愁》。年内新建和提档升级乡情村史陈列室的乡镇汇报建设情况和升级提档思路，区文明办解读《乡情村史陈列室和农村精神文明宣传视屏建设管理办法》，部署下一步工作。

【平安村（社区）创建活动】 年内，制定创建“平安村（社区）”活动实施方案，建立常态化机制，整合村（社区）治安防范力量，健全村（社区）治安防范组织，落实村（社区）治安防范措施。全区建成 56 个平安村、4 个平安社区，实现全区符合标准“平安村（社区）”比例达到 15%的目标。

【美丽乡村】 年内，制定印发《延庆区实施乡村振兴战略推进美丽乡村建设专项行动计划（2018—2020 年）》《延庆区实施乡村振兴战略推进美丽乡村建设专项行动补充方案》《延庆区实施乡村振兴战略推进美丽乡村建设工程管理流程》《北京市延庆区开展农村人居环境整治推进美丽乡村建设工作实施细则》《延庆区农村基层设施长效管护指导意见（试行）》。建立美丽乡村联席会议制度，区社会主义新农村建设领导小组统筹推进各项任务落实。以“清脏、治乱、增绿、控污”为重点，在全区范围内开展农村人居环境拉练检查。第一批美丽乡村任务村 120 个村庄规划全部编制完成，95 个村庄建设实施方案编制完成。

【“大棚房”排查清理整治】 在 2018 年“大棚房”排查清理整治工作中，完成 113 宗设施农业项目问题整改，共拆除大棚内外违法违规房屋及硬化 30 700 余平方米，拆除非可视化围墙 1 500 余米。对确实服务于农业生产的大棚类设施农业项目，在问题整改完成之后采取备案、确认、挂账、非农利用等措施妥善处置。

【畜禽规模化养殖场粪污治理】 年内，结合全区畜禽规模化养殖场粪污治现状，9 家企业开展畜禽规模化养殖场粪污治理综合化利用项目，涉及资金 526 万元，经区农委、区财政局、区农业局、属地乡镇政府联合验收，其中 8 家验收合格，剩余 1 家因设备未到位暂不予验收通过，待设备到位后再行验收。

【禁养区内养殖户退出养殖行业】 年内，开展了禁养区内养殖户退出养殖行业工作，全区共申报退养 356 户，已经完成清理并通过联合验收 312 户，涉及存栏 12.6 万头（只、羽），退养面积 18.9 万平方米，其中关停 249 户，存栏 9.9 万头（只、羽），面积 14.8 万平方米；拆除 63 户，存栏 2.7 万头（只、羽），面积 4.1 万平方米。

【病死猪无害化处理】 全年病死生猪无害化处理 47 596 头，执行 20 元/头的补贴政策，全年共补贴 95.19 万元。

【山区搬迁工程】 年内，按照美丽乡村示范村标准推进山区搬迁村建设，大庄科乡里长沟村、董家沟村，井庄镇碓臼石村、冯家庙村，香营乡山底下村开工建设。

农村改革与管理

【农民专业合作社】年内，5 家农民专业合作社被评定为市级示范社，可享受免抵押担保贷款、贷款贴息、担保费补贴和产业项目优先扶持等优惠政策。对 17 家表现突出的农民专业合作社给予表彰。

【新型经营主体规范化建设】年内，积极组织并做好国家级、市级、区级“三级社”的申报工作，4 家合作社评为区级规范合作社，5 家区级规范合作社晋升为市级示范合作社。对 62%的区级以上合作社给予扶持。

【农村土地确权】年内，推进农村土地确权登记工作。全区 15 个乡镇 376 个行政村，确定 33 个村属于暂不确权范围，开展确权村数 343 个（试点村 2 个），拟确权面积 21 600 公顷。公示行政村 334 个，确权户数 5.1 万户，确权土地面积 21 200 公顷，完成拟确权总面积 98.1%。

【农地承包（租赁）及合同规范监管】年内，签订农村集体经济合同 340 份，其中资源类合同 117 份、资产类合同 151 份、资金类合同 3 份、其他类合同 69 份。截至年底，全区流转土地 11 866.67 公顷，新增流转面积 582.53 公顷。

【农资打假暨经营培训会】年内，种植业服务中心会同区农业局、工商延庆分局联合召开“2018 年农资打假暨规范农资经营使用培训会”。会议表彰 9 家农资诚信经营示范户。各农资经营单位、蔬菜生产基地分别与工商、种植中心及所属种子、肥料、农药执法部门签订《农资商品经营管理责任书》《“三品”基地农产品质量安全生产责任书》《农药经营责任书》《农药使用责任书》等。

【农村集体资产财务管理】年内，进一步细化、完善村级财务公开内容，制定区级统一规范的 27 张财务公开模板，明确财务公开相关内容的具体公开时限。

【农村集体资产清产核资】年内，成立延庆区农村集体资产清产核资工作小组，下发《关于印发〈关于开展农村集体资产清产核资工作的实施方案〉的通知》。为确保清产核资工作结果的客观、公平、公正，经常委会研究决定，区农村集体资产清产核资工作全部委托中介机构进行，同时联合派驻纪检监察组介入到清产核资工作中，督导、促进此项工作顺利进行。

【农村集体经济审计】年内，完成 2015—2017 年度农村集体土地征地补偿费管理使用情况专项审计工作，涉及 9 个镇 85 个村，审计资金总额 48.7 亿元。完成公益事业专项补助资金年度专项审计及委托审计整改检查等工作。同时完成年度农民负担执法检查工作。

农 村 民 生

【低收入村户增收】年内，58 个低收入村、12 174 户、25 135 人低收入村户被纳入监测数据库。统筹低收入产业资金实施现代农业、特色民俗等 50 个产业项目。建立低收入劳动力台账，帮扶低收入劳动力就业 3 049 人。输送本区农村地区劳动力 1 900 余人前往市区从事公共服务类岗位工作。对低收入老年人 8 131 人和低收入农户家庭 5 546 户进行意外伤害参保；确定 712 户低收入农户符合危房改造对象。完成全部因病致低收入群体摸底调查，明确帮扶方式，建立健康档案 5 675 人，开展完成家庭医生签约 5 434 人，慢性病管理 3 158 人，提供送医送药服务 4 206 人；对低收入村开展巡诊 721 次；全区 14 个低收入空白村卫生室房屋建设全部完工。对符合条件的低收入农户 658 户 1 398 人纳入民政保障系统，切实做到了应保尽保。对全区低收入农户 2.1 万人参加 2019 年城乡居民医疗保险个人缴费部分予以补贴。实施教育救助，惠及低收入农户子女 2 452 人次。组织 299 家社会力量帮扶单位与低收入村、低收入户结对帮扶，帮扶低收入农户 6 055 户 12 612 人。低收入农户人均可支配收入 11 826 元，同比增长 18.1%；98.9%的低收入农户实现脱低，人均可支配收入超过 11 160 元。

【农民培训】年内，组织实施新型职业农民摸底建档，共申报新型职业农民 4 459 人，其中生产经营型 539 人，专业技能型 403 人，专业服务型 3 517 人。组织新型职业农民、民俗旅游接待户参加全市农业技术培训班和高级农村实用人才示范班，提升专业服务和经营水平。

【北京市村级全科农技员知识竞赛】11 月 9 日，经过层层选拔，由 5 名村级全科农技员组成的参赛队伍在北京农学院参加北京市村级全科农技员知识竞赛，取得全市第二名成绩。

【2018 欢乐丰收节开幕】 9月15日，以“魅力金秋 共享丰收”为主题的2018欢乐丰收节暨第二届延怀河谷葡萄文化节在延庆世界葡萄博览园开幕。各乡镇设立分会场，活动内容涵盖第二届延怀河谷葡萄文化节延庆地区活动、第十届菊花文化节、2018京张优质农产品推介会、“全民享丰收”各乡镇系列活动及丰收采摘体验活动等。市农委、中国农学会葡萄分会、河北省怀来县和延庆区四套班子领导出席开幕式。开幕式通过《春华秋实》《花园芬芳》《梦想传承》《盛世欢歌》四个篇章，表达延庆人民对春耕秋收、辛勤劳作、收获果实的丰收喜悦之情。活动从9月15日至10月14日，为期一个月。

【“百村提素　科普下乡”活动】 7月31日，区科协开展的延庆区科技大讲堂“百村提素　科普下乡”系列活动，在延庆镇蒋家堡村正式启动。活动旨在实施乡村振兴战略，普及自然科学和社会科学知识，推广科学技术应用，提升农民科学素质。活动现场进行《农民科学素质读本》讲解，30余名村民参加活动。年内，活动在全区100余个美丽乡村陆续开展。

【农村地区冬季清洁取暖工作】 年内，通过公开招标确定“煤改电”设备供应企业7家、优质型煤供应企业7家。完成5个乡镇12个村庄3 781户“煤改电”设备安装，为15个乡镇、3个街道配送优质燃煤7.8万吨。

基层组织与民主政治建设

【概况】 坚持以习近平新时代中国特色主义思想为指导，紧紧围绕赛会筹办、低收入村（户）帮扶等中心工作，坚持抓基层、打基础，强班子、带队伍，倡导各基层党组织和广大党员聚焦服务保障冬奥会世园会筹办、举办工作，不断凝聚起办大事、促发展、惠民生的强大合力。

【第一书记选派工作动员部署会】 1月4日，第三批第一书记选派工作动员部署会召开。面向首批第一书记任期届满的低收入村和低收入户集中村选派20名村党组织第一书记，全区在岗第一书记人数达到112名，实现对帮扶村的全面帮扶、接力帮扶。

【基层党建工作述职评议考核会】 2月24日，延庆区乡镇、街道、系统党（工）委书记抓基层党建工作述职评议考核会召开，全区23名乡镇、街道及系统党（工）委书记现场述职。区委常委、区委党建工作领导小组及办公室成员、区“两代表一委员”、基层党员、群众代表听取述职汇报并填写测评表。市委组织部相关负责人出席会议。

【农村实用人才工作部署会】 4月20日，农村实用人才开发培养工作部署会召开。会议确定新培养农村实用人才129名，同时选配区级指导教师27名、配备乡土专家31名。年内，华海田园创办人田海涛获评“北京市有突出贡献的农村实用人才”荣誉，沈家营镇北京兴业富民果蔬种植专业合作社“葡语庄园一二三产业融合发展项目”获评北京市农村实用人才优秀创业项目。

【村级“三务”公开工作部署会】 4月26日，全区村级“三务”公开工作部署会召开。区委组织部、区民政局、区经管站分别对党务、村务、财务公开工作进行部署，印发村级“三务”公开模板，就公开内容、公开模板、公开流程、公开要求等具体内容进行详细解读，对做好村级“三务”公开工作提出明确要求。

【基层党建重点任务推进会】 6月26日，全区基层党建工作重点任务推进会召开。会议印发《全区基层党建工作重点任务清单》，区委组织部传达全市基层党建重点任务推进会精神，对基层党建重点任务进行安排部署，提出具体要求，部分乡镇党委围绕软弱涣散党组织整顿、村“两委”环节选举准备工作等进行工作交流。

【村、社区“两委”换届选举】 7月19日，召开全区村、社区“两委”统一环节选举工作调度会，贯彻全市村、社区“两委”环节选举相关工作会议精神，对全区村、社区“两委”换届选举前期准备工作进行部署。7月30日至8月20日，召开4次区委党建工作领导小组会，逐乡镇（街道）、逐村（社区）听取前期筹备情况汇报，对做好全区村、社区“两委”换届选举工作提出要求。10月16日，召开延庆区村和社区“两委”统一换届选举工作专题会，对换届选举中的有关问题进行政策解读。11月5日，延庆区在全市率先启动村和社区“两委”换届选举工作。11月9日，乡镇街道全部完成村和社区“两委”换届选举工作动员部署。截止12月31日，全区18个乡镇（街道）423个村（社区）中，由418个村（社区）党组织完成正式选举，占应选总数的98.8%；由83个村（社区）完成村（居）委会正式选举，占应选总数的 18.1%。

【扫黑除恶专项斗争】年内，落实中央和市委、区委有关部署要求，统筹谋划、一体推进扫黑除恶专项斗争和软弱涣散村党组织整顿、村“两委”换届选举等工作，提升基层党建工作整体水平，进一步巩固党的执政基础。区委组织部会同区委农工委、区民政局等 8 个部门及各乡镇、街道成立基层组织组，印发《北京市延庆区扫黑除恶专项斗争领导小组基层组织组工作方案》，明确 6 个方面 20 项重点任务，先后 8 次召开联席会议对换届资格联审、软弱涣散整顿等工作进行统筹推进，把握工作节奏、抓牢重点任务。

【基层党组织换届】年内，建立基层党组织到届督促提醒机制，更新全区基层党组织换届工作台账，健全挂销账制度，督促指导到届基层党组织严格按照法定程序开展换届选举工作，实现“应换尽换”的目标任务。

【村（社区）妇联换届】11 月 5 日，对妇联换届选举工作进行部署。11 月 15 日，举办村（社区）妇联换届选举工作培训班，对《北京市民政局　中共北京市委农村工作委员会　北京市妇女联合会关于在全市村（社区）换届选举中推进女性进“两委”和做好妇联换届工作的意见》进行解读，并就换届选举的时间节点、工作流程、重点事项等进行全面辅导和培训。

【低收入村帮扶】年内，进一步加大对低收入村的资金帮扶力度，从市、区两级留存补交党费中，按照每个村 24 万元的标准，为 58 个低收入村和 44 个发展落后村补助 2 448 万元，用于村党组织活动场所修缮提升、党员教育设施更新和党员培训。

“三农”工作部署和实施

【农村工作会】3 月 28 日，延庆区召开 2018 年农村工作会。李军会主持会议，区社会主义新农村建设领导小组成员单位、农口单位、乡镇党委政府、龙头企业和合作社代表与负责人参加了会议。刘瑞成做农村工作报告，穆鹏做重要讲话。

【乡镇“三农”工作交流会】1 月 20 日和 2 月 3 日，两次召开乡镇政府工作交流会，15 位乡镇长就各乡镇如何做好 2018 年“三农”工作进行交流探讨。区政府领导全员出席会议。

【乡镇党代会年会】年内，下发《关于组织开好 2018 年度乡镇党代会年会的通知》，各乡镇党代会年会分别听取党委工作报告、纪委工作报告、党费收缴及使用情况报告和代表提案办理情况报告；35 名区级、镇级代表围绕履行代表职责、发挥代表作用进行交流发言；31 名代表围绕乡镇党委和纪委工作报告相关内容及党的建设方面的重要工作，直接向乡镇党委进行面对面询问。收集代表提案 119 件，确立代表提案 93 件。

【中央农村人居环境整治督导组调研】9 月 12 日，交通运输部总工程师周伟带领中央农村人居环境整治督导调研组到延庆区，对农村人居环境整治工作进行督导调研。穆鹏汇报相关工作开展情况。

【美丽乡村建设档案工作推进会】3 月，召开村级档案检查暨美丽乡村建设档案工作推进会，明确村级档案收集范围和保管期限的要求，全区 15 个乡镇档案工作主管领导和档案员参加会议。9 月，在永宁镇和平街召开美丽乡村建设档案工作现场推进会，实地参观和平街档案室，档案局工作人员进行现场档案业务培训和指导。截至年底，124 个美丽乡村的档案工作明显提升。

延庆区领导名录

区委书记	李志军（11 月免） 穆　鹏（11 月任）
副书记	穆　鹏（11 月免）　李军会
常委	穆　鹏　李军会　张　远 刘学亮　黄克瀛（女） 吕桂富　谢文征　蒋达峰 张　琦（2 月任）
区人大常委会主任	胡耀刚
副主任	武　克　郑世华　郭永华 闫承发　吴辰英（女，不驻会）
区长	穆　鹏（11 月任区委书记）
常务副区长	张　远
副区长	谢文征　刘瑞成　祖　宇 罗　瀛（女，满族）　董　亮 吴世江
区政协主席	陈合安
副主席	刘明利　谷艳兰（女）　张立新 张留全　程大庆（不驻会） 杨雪平（女，不驻会）
区委农工委书记、区农委主任	贺常荣（女）

延庆区乡镇党政正职领导

	党委书记	镇（乡）长、主任
延庆镇	郭慧成	张海峰
永宁镇	葛　新	陈志海
康庄镇	陈桂芬（女）	张春元
张山营镇	崔旭龙	郁世民
八达岭镇	孟顺利	曹凯锋
旧县镇	郭铁石	王　赢（6月任）
千家店镇	张利忠	王晓娟（女）
四海镇	张胜军	马庆友
沈家营镇	郭雄强	王建柱
井庄镇	曲荣杰	刘　军
大榆树镇	辛文军	赵满江
香营乡	李新生	李英铁
刘斌堡乡	崔秀海	程立军
大庄科乡	徐志中	荣欣锋
珍珠泉乡	王　琦	闫茂先
百泉街道办事处主任		谷建英（女）
儒林街道办事处主任		马素军（女）
香水园街道办事处主任		李艳芬（女）

（延庆区农业农村局　孙猛）

市农业农村系统行政、事业机构

中共北京市委农村工作委员会 北京市农业农村局

按照《北京市机构改革方案》，将市农村工作委员会、市农业局的职责，以及市发展和改革委员会的农业投资项目、市财政局的农业综合开发项目、市规划和国土资源管理委员会的农田整治项目、市水务局的农田水利建设项目等管理职责，市经济和信息化委员会的农药生产监督管理职责，市农村经济研究中心（市农村合作经济经营管理办公室）的农村合作经济经营管理职责等整合，组建市农业农村局，作为市政府组成部门。市委农村工作委员会与市农业农村局合署办公。北京市农业农村局 2018 年 11 月 8 日正式挂牌。

机构职责

1. **贯彻执行国家关于“三农”工作的发展战略、中长期规划、重大政策及有关法律法规规章。**组织起草本市农业农村有关地方性法规草案、政府规章草案，组织制定相关政策，并协调实施。参与涉农的价格、收储、金融保险等政策制定。指导农业综合执法工作。

2. **统筹推动发展本市农村社会事业、农村公共服务、农村文化、农村基础设施。**牵头组织改善农村人居环境相关工作。参与编制、修订村镇建设规划，协调推进村镇建设。指导传统村落保护发展工作。统筹协调农民增收和低收入农户帮扶工作。组织农业资源区划工作，指导农业区域协调发展。

3. **负责指导本市农村合作经济经营管理工作。**研究提出深化农村经济体制改革和巩固完善农村基本经营制度的政策建议。负责农民承包地、农村宅基地改革并指导相关管理工作。负责农村集体产权制度改革，指导农村集体经济组织发展和集体资产管理工作。指导农民合作经济组织、农业社会化服务体系、新型农业经营主体建设与发展。

4. **指导本市乡村特色产业、农产品加工业和休闲农业发展工作。**会同有关部门，统筹推进农村一二三产业融合发展，推动农村产业结构转型优化升级。负责农业产业化的组织协调工作。组织指导农产品流通工作，研究提出相关政策建议。培育、保护农业品牌。承担主要农产品市场供应信息和价格信息的采集、分析等工作。负责农村经济统计和农业农村信息化有关工作。

5. **组织构建本市现代农业产业体系、生产体系、经营体系。**负责推动种植业、畜牧业、渔业、农业机械化等农业各行业发展和监督管理。指导农产品生产。依法负责农业行业安全生产工作。

6. **负责本市食用农产品从种植养殖环节到进入批发、零售市场或者生产加工企业前质量安全监督管理。**负责组织开展农产品质量安全监测、追溯。指导农业检验检测体系建设。依法管理农业产业、农产品质量安全等方面的标准化工作，拟订相关地方标准并组织实施和监督检查。

7. 指导本市基本农田、渔业水域以及农业生物物种资源保护与管理工作，负责水生野生动植物保护、耕地及永久基本农田质量保护工作。指导农产品产地环境管理和农业清洁生产。指导设施农业、生态循环农业、节水农业发展以及农村可再生能源综合开发利用。承担湿地保护相关管理工作。

8. **负责本市有关农业生产资料和农业投入品的监督管理。**组织实施农业生产资料、兽药质量、兽药残留限量和残留检测方法等方面的国家标准。组织兽医医政、兽药药政药检工作。负责动物诊疗和畜禽屠宰行业管理。

9. 负责本市农业防灾减灾、农作物重大病虫害防治工作。负责动植物疫病防控的管理工作，承担北京市重大动植物疫情应急指挥部的具体工作。监测、发布农业灾情，组织种子、化肥等救灾物资储备和调拨，提出生产救灾资金安排建议，指导紧急救灾和灾后生产恢复。

10. 负责本市农业投资管理。提出农业投融资体制机制改革建议。编制市级投资安排的农业投资项目建设规划，提出农业投资规模和方向、扶持农业农村发展财政项目的建议，按照权限审批农业投资项目，负责农业投资项目资金安排和监督管理。负责农业综合开发项目、农田整治项目、农田水利建设项目管理。组织拟定财政支农资金计划安排，并协调相关政策的落实。协调推进政策性农业保险工作。协调指导农村金融工作。

11. 推动本市农业科技体制改革和农业科技创新体系建设。推进农业产业技术体系、农技推广体系和新型职业农民培育体系建设，组织开展农业领域的高新技术和应用技术研究、科技成果转化和技术推广。负责农业转基因生物安全监督管理和农业植物新品种保护。承担农业农村对外交流与合作相关工作。

12. 研究拟订本市山区发展规划和年度指导性计划。配合有关部门组织山区建设项目的实施。指导山区农民搬迁、生态沟域建设等工作。配合相关部门研究制定生态涵养区保护、发展规划和生态补偿机制。

13. 完成市委、市政府交办的其他任务。

14. 职能转变

（1）统筹实施乡村振兴战略，深化农业供给侧结构性改革，提升农业发展质量，扎实推进美丽乡村建设，推动农业全面升级、农村全面进步、农民全面发展，加快实现农业农村现代化。

（2）加强农产品质量安全和相关农业生产资料、农业投入品的监督管理，坚持最严谨的标准、最严格的监管、最严厉的处罚、最严肃的问责，严防、严管、严控质量安全风险，让人民群众吃得放心、安心。

（3）深入推进简政放权，加强对行业内交叉重复以及性质相同、用途相近的农业投资项目的统筹整合，最大限度缩小项目审批范围，进一步下放审批权限，加强事中事后监管，切实提升国家和本市支农政策效果和资金使用效益。

15. 有关职责分工。与北京市市场监督管理局有关职责分工。

（1）市农业农村局负责食用农产品从种植养殖环节到进入批发、零售市场或者生产加工企业前的质量安全监督管理。食用农产品进入批发、零售市场或者生产加工企业后，由北京市市场监督管理局监督管理。

（2）市农业农村局负责动植物疫病防控、畜禽屠宰环节、生鲜乳收购环节质量安全的监督管理。

（3）两部门要建立食品安全产地准出、市场准入和追溯机制，加强协调配合和工作衔接，形成监管合力。

2018 年主要工作

（一）推进乡村振兴战略实施

1. 加强政策谋划与规划引领，搭建首都乡村振兴的“四梁八柱”。全面贯彻党的十九大精神和中央推进实施乡村振兴战略的重大决策部署，紧密结合首都加强“四个中心”功能建设、提高“四个服务”水平实际，紧扣“大城市小农业”“大京郊小城区”特点，代市委市政府起草了《关于实施乡村振兴战略的措施》（以下简称《措施》），明确了北京市推进实施乡村振兴战略的总体思路、三个阶段的目标和八个方面的重点任务。研究制定了《实施乡村振兴战略扎实推进美丽乡村建设专项行动计划（2018—2020 年）》等一系列行动计划。积极参与编制完成了《北京市乡村振兴战略规划（2018—2022 年）》（以下简称《规划》），重点围绕乡村振兴战略实施的第一个五年做出具体安排，明确主攻方向和关键举措。因地制宜、“一村一策”，指导村庄规划编制，71 个市级美丽乡村建设试点村基本完成规划编制，993 个创建村完成规划初稿。《措施》《规划》以及相配套的一系列行动计划和村庄规划，紧紧围绕“产业兴旺、生态宜居、乡风文明、治理有效、生活富裕”的总要求，构建了我市推进实施乡村振兴战略的框架体系，明确了任务表、路线图和施工图，确保乡村振兴的各项任务件件落到实处，不断取得阶段性成果。

2. 深入推进美丽乡村建设，全面开展农村人居环境整治。全面实施美丽乡村建设三年行动计划。把美丽乡村建设作为实施乡村振兴战略的重要载体和主要抓手，落实国家《农村人居环境整治三年行动方案》，制定实施美丽乡村建设三年行动计划。组织协调市相关部门出台了《北京市美丽乡村建设导则》《北京市村庄规划导则》《落实“厕所革命”要求提升公厕服务品质方案》《推进农村“户厕革命”的指导意见》等一系列政策措施，强化基层实施层面的工作指导，组织全市 1 081 个村庄开展美丽乡村创建工作。

全面开展农村人居环境整治。结合“疏解整治促提升”专项行动，在全市农村地区全面开展“清脏、治乱、增绿、控污”工作，聚焦“厕所革命”“四好农村路”建设、垃圾污水治理等，消除盲点、补上缺项。全市农村地区累计清理各类积存垃圾 33.6 万余处，拆除侵街占道私搭乱建 3.9 万余处，新增绿化面积 920 多万平方米，治理污水溢流点 7 000余处。完善运维管护机制，市、区、乡镇陆续把相关管护资金纳入财政保障范围，逐步探索和建立了适合北京农村特点的基础设施管护模式。

扎实推进农村地区冬季清洁取暖。完成了 450 个村的“煤改清洁能源”改造，累计完成 2 963 个村庄、约 111 万农户改造，基本实现平原地区村庄“无煤化”目标，供暖季减少散煤燃烧约 330 万吨，为全市大气环境治理、打好污染防治攻坚战作出了重要贡献。

深入推进山区绿色发展。抓好上一轮搬迁工程收尾工作，组织实施 5 年搬迁 1.2 万户的新一轮山区农民搬迁工程，2018 年计划的 772 户 1 939 人搬迁任务已全面开工。推进门头沟区清水百花沟域等 14 条生态绿色沟域建设，涉及 20 个乡镇、281 个行政村、6.3 万农户，市级投入 1.2 亿元。

3. 坚持质量兴农、绿色兴农，着力提升都市型现代农业发展水平。扎实推进农业“调转节”。与 2013 年相比，农业发展实现了“五减四提升”，多数指标提前实现 2020 年的调减目标值。全市粮食播种面积调减了 70%（从 290 万亩调减到 85 万亩）、规模养殖场调减了 71%（从 2 535 家调减到 722 家）、农业年用新水量下降了 38%（从 7.3 亿立方米下降到 4.5 亿立方米）、化肥和农药施用量分别调减了 20%和 10%；“三品一标”认证覆盖率提升了 29.8 个百分点（从 42%提高到 71.8%），农田灌溉水有效利用系数提升了 3 个百分点（从 0.691 提高到 0.723），农业科技进步贡献率提升了 3 个百分点（从 69%提高到 72%），农业生态服务价值提升了 14 个百分点（从 9 431 亿元提高到 10 769亿元）。

做精做优北京农业，推动特色发展。落实市政府与农业农村部《共建北京农产品绿色优质安全示范区合作协议》，制定了三年实施方案，着力打造绿色生产、全程监管、产品优质、品牌过硬、区域协同的北京“安全农业”品牌，加快 1 000 个特优基地和 100 个名优品牌的遴选培育工作。加强农产品全链条监管和品牌保护，评选了 30 个北京农业好品牌、20 名农业好把式，恢复示范 30 余种北京“老口味”蔬菜产品。积极推进国家现代农业产业园创建，认定了 4 家市级现代农业产业园。9 个村镇被认定为第八批全国一村一品示范村镇，评定了 19 个都市型现代农业示范乡镇，评选了 10 家市级特色专业示范村。

强化旅游富农、科技兴农，推动农业转型发展。配合农业农村部筹办了全国首届“中国农民丰收节”主会场活动，精心组织我市首届“中国农民丰收节”系列活动 29 项，并以此为契机广泛开展农事体验、乡村文化演出、乡村旅游推介、优质农产品营销等活动，营造了浓厚氛围。成功举办第六届农业嘉年华，接待入园游客 112.86 万人次，实现总收入 4 520.37 万元。加强农业科技创新，发挥首都科技优势，与荷兰瓦赫宁根大学合作，启动在平谷区落地建设北京京瓦农业科技创新中心，发展智慧农业、循环农业、生物种业、农业智能装备等技术应用。

4. 全面清理整治“大棚房”问题，推动农业规范发展。深入开展“大棚房”问题专项清理整治行动。坚决落实习近平总书记关于“大棚房”问题的重要批示精神和国务院专项清理整治行动电视电话会议精神，成立市级协调推进小组和工作专班，坚持高标准、严要求、零容忍，在全市开展“拉网式”“台账式”“背书式”摸底排查和督导检查，集中整治违建“大棚房”。截至 2018 年底，全市共排查复核了 22.4 万栋设施大棚、审查了 4.2 万份土地承包和流转合同，排查各类农业园区 2 672 个。同时，全力推进问题大棚分类整改和问题合同清理整改，为按时保质完成“大棚房”问题清理整治任务奠定坚实基础。

建立完善设施农业长效监管机制。按照“发现—处置—整改”全流程闭环监管要求，建立了市区镇（乡）村四级、农业与规划国土部门联动的监管机制，压实各级各部门监管责任。落实日常巡查报告制度，加强技防手段，完善问题处置制度，实施市级季抽查、区级季巡查、镇级月检查、村级日常巡查，做到随时发现随时处理。形成了目标明确、上下一体、部门联动、职责清晰、标准统一的设施农业长效监管机制，确保及时、有效制止和查处设施农业违法违规建设行为，防止“大棚房”问题出现反弹。

5. **坚决迅速落实各项防控举措，果断有效处置非洲猪瘟疫情**。面对突如其来的非洲猪瘟疫情，我们第一时间启动应急响应，立即封锁疫点、疫区，果断迅速开展扑杀、消毒和无害化处理；迅速落实中央各项防控要求和市委市政府专题工作部署会精神，组成由相关部门负责同志带队、近120名技术人员参加的13个督导组，驻区督促指导各区抓好疫病防控工作；充分发挥市重大动植物疫病应急指挥部作用，统筹各部门、各区力量，强化主动防控、科学防控、联防联控，确保各项防控措施落实、落细、落地，责任到村、到场、到户、到人；同时，积极引导舆情，强化猪肉市场供应保障，加紧研究养殖业发展规划，科学布局生猪养殖，加快推动畜牧业转型升级。通过积极有效应对和果断处置，我市非洲猪瘟疫情得到有效控制，3个区疫情处置工作全部结束，如期解除封锁，疫病没有蔓延扩散，社会舆情和生猪市场供应平稳有序。

6. **持续深化农村改革，推动城乡要素自由流动**。深化农村“三块地”改革。承包地方面，全市基本完成了确权登记颁证工作，涉及确权地块85.85万块，确权承包地面积277.35万亩；建立了确权登记颁证信息管理平台，向农业农村部汇交了相关数据。积极探索承包地“三权分置”的有效途径，推动土地经营权向金融机构融资担保、入股从事农业产业化经营。目前，已流转土地占确权总面积的68%。集体建设用地方面，开展了集体经营性建设用地入市、利用集体土地建设租赁住房、乡镇统筹利用等试点，加快推动集体建设用地腾退减量、“腾笼换鸟”。宅基地方面，新出台了政策意见，规范引导农民闲置房屋盘活利用，鼓励利用闲置房屋发展健康养老、度假休闲等第三产业，形成了延庆原乡里、怀柔田仙峪、房山黄山店等一批典型经验。目前，全市已有60个村有组织地盘活闲置农宅及院落1 062套，2018年投入运营的营业总收入约2 100万元，农民在租期内获得租金总收入可达1.8亿元。

深化集体产权制度改革。大力推进剩余2%难点村以及城镇化重点地区乡镇产权制度改革，2018年推动7个村完成了改革，12个乡镇启动了改革。截至目前，全市累计完成村级产权制度改革3 906个、占98.2%；完成乡镇级产权制度改革22个、占11.3%。全市6 616个乡村集体经济组织换发了农村合作经济组织登记证书，加载了统一社会信用代码，占存量集体经济组织的99.6%。扎实推进海淀区农村集体产权制度改革国家试点工作。全面开展农村集体资产清产核资，出台了工作方案及细则。

稳步推进政策性农保和农村金融发展。2018年，全市政策性农业保险保费收入6.8亿元，同比增长19.9%；保险金额128.3亿元，参保农户7万户次；创新27个险种，增加保费规模1.8亿元，提高保障水平27.8亿元。加大对新型农业经营主体的金融支持力度，提供利息、担保费及中介费等补贴6 138万元，同比增长104.6%，受益主体201户，支持新型农业经营主体融资17亿元。

7. **不断改善农村民生，增强农民群众获得感**。千方百计促进农民就业增收。全年实现6.4万名农村劳动力转移就业，其中，会同相关部门督导各区做好城市公共服务类岗位安置农村劳动力工作，实现安置11 731人。通过组织广大农民参与美丽乡村建设、巡河护河等工作，落实好平原造林管护、园林苗圃、山区营林招用本市农村劳动力分别不低于60%、50%、80%的要求，帮助更多农民实现就近就地就业。2018年，农村居民人均可支配收入达到26 490元，同比增长9.3%，快于城镇居民收入增速0.4个百分点；扣除物价因素，实际增长6.6%，实现与经济增长同步的目标。

扎实开展低收入帮扶。认真落实市领导二季度大调研的工作部署和要求，研究制定了《关于进一步加强低收入农户帮扶工作的措施》，明确了今后三年的目标任务，提出了31条具体帮扶措施，进一步加强包括教育、医疗、住房保障等在内的综合帮扶。深入实施“六个一批”精准帮扶措施，实行有进有出的动态监测，确保对象精准。落实专项帮扶资金，扶持了一批特色种植、乡村旅游、光伏等产业项目，累计实施582个产业帮扶项目，带动1.8万低收入农户持续稳定增收。开展了系列对接大帮扶活动，中心城区与七个山区结对帮扶，组织推动 50 家市属国企、23 所市属高校以及民营企业、科技人员对接帮扶低收入村。着眼“两不愁、三保障”，积极推进低收入农户社会救助“应保尽保”，对在读学生实施精准教育帮扶，累计帮扶 8 301 人次；对低收入农户参加城乡基本医疗保险给予全额补贴，低收入村实现医疗服务全覆盖；将低收入农户纳入了危房改造政策范围。举办了全市低收入村第一书记培训班、抓经济发展专题培训班，提高第一书记驻村帮扶实效。2018 年，全市低收入农户人均可支配收入达到 12 524 元，同比增长 17.1%。

稳步提升农村社会保障水平。协助和配合市相关部门，做好各项社保标准的调整工作，城乡居民基础养老金从每人每月 610 元提高到 710 元；福利养老金从每人每月 525 元提高到 625 元，惠及全市 86.6 万城乡居民。继续调整城乡社会救助标准，城乡低保、低收入家庭认定标准分别从家庭月人均 900 元、1 410 元调整为 1 000 元、2 120 元。

8. 夯实基层基础，提高乡村治理能力。加强农村基层党组织建设。深入推进农村党支部规范化建设，开展党支部评星定级、党员积分管理等工作，着力推动乡村组织振兴，发挥好农村基层党组织在乡村治理中的领导核心作用。抓好 225 个软弱涣散村党组织集中攻坚专项行动，制定实施“一村一策”的整顿方案，全部实现转化提升。精心筹备和组织开展村“两委”换届选举工作，严格“五好、十不能”资格条件，严把换届程序，严肃换届纪律，截至 2018 年底，全市有 2 831 个村党组织完成换届选举、占总数的 73.2%，均一次选举成功。

加强农村各类人才队伍建设。着眼“一懂两爱”，加强农村基层干部及后备人才队伍建设，试点开展了“三农”服务队伍学历教育、招录 203 人，其中在全国首次开设村务管理专业、招录 83 人。组织实施了新型职业农民培育三年行动计划（2018—2020 年），评选了 10 名“北京市有突出贡献的农村实用人才”。开展“北京市农村创业创新典型项目”评选活动，打造了一支拥有 8 000 余名科技特派员的农村创新创业人才队伍。

进一步完善乡村治理机制。落实“街乡吹哨、部门报到”，推动社会治理和服务重点向农村倾斜，重心向基层下移。推进村级组织村务、党务、财务公开，制定了“三务”公开模板，提高规范化水平。进一步规范完善村民自治章程、村规民约，推广乡贤公益协同共治模式。深入开展扫黑除恶专项斗争，对村“两委”干部和村集体经济组织负责人进行信息核查比对，依法坚决处置涉黑分子。

着力培育提升文明乡风。以社会主义核心价值观为统领，抓好农村精神文明建设。继续开展“美丽乡村·筑梦有我”大型新闻公益行动，成功举办第 29 届北京市农民艺术节，实施“文化驻乡工程”，继续推进特色文化示范村建设。开展移风易俗行动，通过村规民约、红白理事会等，抵制封建迷信、陈规陋习。

（二）党的建设

一以贯之落实全面从严治党主体责任，把抓好党建当作分内之事、必担之责，坚持以党的政治建设为统领深入推进全面从严治党，旗帜鲜明地讲政治，凝心聚力抓党建，持之以恒抓党风廉政建设，坚持打造忠诚干净担当的委局领导班子。

1. 压紧压实主体责任。委局主要领导严格落实“第一责任”，工作中主动做到“四个亲自”；围绕学习贯彻落实《党支部工作条例》，作了《全面提高党支部建设质量 为实施乡村振兴战略提供坚强组织保障》的专题党课。委局班子成员认真履行“一岗双责”，严格落实“党风廉政建设主体责任全程记实”工作制度，坚决防止责任虚化空转，确保责任落实。严格落实《市委农工委关于落实全面从严治党主体责任实施办法》，建立月报告、季检查等制度，督促系统各单位落实好 36 项工作任务，以全面从严治党主体责任检查为抓手，全面加强对系统单位责任落实的督促检查。严格落实基层党组织按期换届督导机制，指导市农科院、农职院稳步推进换届工作。认真落实中央和市委要求，平稳有序组织实施农产品中央批发市场管委会转企改制工作。层层传导压力、压实管党治党责任，扎实推进机关党支部规范化建设，严格落实“一规一册一表一网”要求，全年机关各党支部共组织“三会一课”302 次，各级党组织书记讲党课 61 次，开展主题党日活动 153 次。严格落实在职党支部、在职党员“双报到”，全年机关党员干部参加乡村、社区活动 580 多次。

2. 不折不扣抓好巡视整改落实。把市委“四风”问题专项巡视作为重大政治任务和政治考验，认真对照巡视反馈意见，制定整改方案，明确责任分工，强化检查督办，压实整改责任。针对专项巡视发现的2方面8个问题，细化为29个具体问题，针对性制定了75项具体整改措施；坚持高标准、严要求，逐条逐项抓好整改落实。截止目前，反馈问题已经基本整改完成26个，其他3项正在积极整改中，做到了事事有落实、件件有回声。坚持立行立改和长效机制建设相结合，高度重视巡视整改成果运用，巡视期间和集中整改阶段共研究出台各项政策文件17项，初步建立了整改落实常态化、长效化机制。

3. **驰而不息抓好党风廉政建设。**年初制定下发了《关于做好2018年党风廉政建设工作的意见》及《工作方案》，对机关及系统单位年度党风廉政建设工作进行全面部署，组织系统单位党委（党组）与工委签订党风廉政建设责任书，压实管党治党主体责任。委局机关制定了《关于2018年党风廉政建设工作要点》，主要领导与班子成员，班子成员与分管处室，层层签订党风廉政建设责任书，确定了90条个性化、特色化内容，做到责任明确、任务具体。第一时间传达学习全市领导干部警示教育大会精神，警醒教育全体机关干部，深刻汲取违纪违法典型案例的教训，严于律己、警钟长鸣，切实做到"七个必须"。紧盯重要时节，强化廉政纪律，在元旦、春节、清明、五一、端午等节假日，组织开展节日期间"四风"问题督查检查，及时提醒通知全体机关干部，严明各项纪律要求，确保廉洁过节。

4. **切实加强和规范党内政治生活。**始终坚持民主集中制原则，严格落实"三重一大"制度，明确了议事规则和决策程序，形成集体领导、科学决策、各负其责的工作局面，全年召开工委委员会57次，办公会35次，研究议题357个，碰头会63次，专题会46次。按照市委要求，认真组织召开了委局领导班子民主生活会，会前广泛征求基层干部群众意见建议，班子成员之间充分谈心谈话，会上班子成员严肃开展批评与自我批评，深刻剖析原因，会后以积极正面的心态抓整改促提升，切实把党的政治生活规范起来、严格起来。严格落实请示报告制度，领导班子成员带头，从严从实做好个人有关事项报告。严格落实党的组织生活制度，委局领导班子成员时刻牢记自己第一身份是党员，带头参加所在支部活动，全面落实"三会一课"制度。

5. **严格落实意识形态工作责任制。**始终把意识形态工作摆在极端重要的位置来抓，认真落实意识形态工作9项主体责任，实现意识形态工作责任制落实年底零扣分。主要领导作为第一责任人，带头抓意识形态工作，分管领导作为直接责任人，分头落实分管部门和联系单位的意识形态工作，每半年填写一次《领导干部意识形态工作自查表》。严格做到年初有部署、季度有例会、落实有检查，对照7项考核检查标准，督促检查指导系统单位全面层层落实意识形态工作责任制。严密监测涉及"三农"网络舆情，及时研判意识形态风险点，主动做好舆情应对。着力抓好主流意识形态建设，以习近平新时代中国特色社会主义思想为指引，进一步加强"三农"形势政策宣传教育和引导，让主流意识形态站稳乡村思想阵地。严管意识形态各级各类阵地，确保系统150个自办媒体（刊物、网站、微博、APP等）和60个50人以上的微信群，都有明确的主管领导、主责部门和责任人。2018年，全系统没有出现有错误言行的党员，没有发生意识形态问题。

6. **持续改进工作作风。**坚持大兴调查研究之风，把深入调查研究作为一项基本功，出台了《关于进一步改进调查研究工作提高调查研究实效的实施意见》，班子成员到基层调研均超过60天，每人至少完成了一项调研课题，委局领导班子共完成26项重点调研课题。推动脚步为亲、深入一线，组织开展了乡村振兴大调研，委局领导带领分管处室围绕低收入帮扶、美丽乡村建设、乡村振兴战略等重点工作深入基层开展调研，涉及13个区的各类村镇、企业等基层点128个。严守因公出国（境）规定，2018年上报因公出国（境）计划减少10%，全年出访团组人员无政治、经济、安全、违纪等问题。严格执行厉行勤俭节约、反对奢侈浪费的有关规定，压缩公用行政经费、出国（境）费用、会议费、接待费等经费，与2017年相比，"三公"经费支出降低10.9%。

（三）法治政府建设

全面贯彻落实《北京市2018年推进法治政府建设工作要点》，深入开展"放管服"改革，进一步提升依法行政、依法治农的能力和水平。

1. **强化建设法治政府的理念。**成立了由主要领导任组长的推进依法行政工作领导小组，定期研究和部署依法行政工作。2018年，专门安排5次办公会会前学法，举办了2次依法行政培训班，进一步提高依法行政意识和水平。完成行政规范性文件、重大决策事项以及专项资金项目合同的合法性审查 328 件。加强涉农立法工作，推进《北京市农业机械安全监督管理规定》出台，完成了 6 部涉农规章、办法的修订，就《股份合作制企业暂行条例》等 4 部法规，组织开展了立法调研。

2. **扎实推进政府职能转变和政务公开。**全面深化“放管服”改革，集中开展 3 次涉农地方性法规、政府规章和行政规范性文件清理，动态调整权力清单，深度融合责权清单，实现“权力清单”与“责任清单”两单融合。认真开展精简优化审批服务事项清单和政务服务事项目录，将 71 项行政服务事项精简为 41 项，对 25 件“零办件”事项进行单列，积极推进“一网通办”，政务事项网上可办率超过 90%。围绕乡村振兴、美丽乡村建设、集体资产清产核资等重点任务，开展了 9 次重大政策解读，及时回应社会关切。编制政务公开清单，全年主动公开政策性文件 40 件，完成依申请公开回复 117 件。全面落实执法类信息公开，公开农业行政处罚结果 401 条，公开行政审批办理过程信息 2 145 条，自觉接受当事人的查询与监督。

3. **积极规范行政执法、提升执法效能。**完善行政执法共同行为规则，对全市农业部门 117 份一般程序行政处罚案卷进行了评查，规范了行政处罚行为。加强对行政执法的监测和考评，全年出动执法人员 5.6 万人次，组织执法活动 3.2 万余次，检查监管对象 3.6 万个次，查办案件 1 551 起，有力维护了市场秩序和农民的合法权益。认真做好行政复议及诉讼工作，依法受理和审理行政复议案件 8 起，积极应诉 4 起关于不履行信息公开法定职责的行政诉讼，4 起案件均被法院行政裁定驳回。积极推进农业领域行政执法体制改革，初步制订了执法体制改革方案。

4. **全面履行安全生产责任。**认真学习贯彻中央和市委市政府关于安全生产责任制的规定要求，制定了《关于农委系统安全生产“党政同责”的实施办法（试行）》，明确主要领导为安全生产第一责任人，完善了安全生产“党政同责、一岗双责、齐抓共管、失职追责”的责任体系。组织开展了系统单位“安全生产月”活动，全年对系统单位开展综合性检查督查 11 次，深入细致排查各种安全隐患和不稳定因素。健全农机安全监管责任体系，将农机安全生产纳入了区政府安全生产考核，强化隐患排查和安全检查，全年未发生农机亡人事故。主动接受市委市政府对委局的安全生产专项督导检查，针对督察反馈的 4 方面问题，细化为 15 个问题，明确了 64 项整改任务清单，扎实推进问题整改。切实抓好消防安全，严格落实人防物防技防措施。落实安保维稳责任，全面做好重大会议、重要节假日等敏感时期风险隐患防范工作，扎实推进平安乡村建设。

（四）机构和干部队伍建设

坚持以习近平总书记在全国组织工作会议上的重要讲话精神为统领，严格落实中央批复的北京市机构改革方案，扎实做好机构改革工作，全面贯彻新时代党的组织路线，以建设忠诚干净担当的高素质干部队伍为关键，扎实做好干部的选拔、培养、管理和使用。

1. **积极稳妥推进机构改革工作。**坚持将此次机构改革作为一项重大政治任务来完成，周密组织、精心实施，切实做到思想不乱、工作不断、队伍不散、干劲不减，实现委局机构改革和“三农”工作两不误、两促进。按照市委统一部署，进一步加强对“三农”工作的领导，将原市农委、原市农业局职责，与原属市相关职能部门的 6 项职责进行整合，组建市农业农村局，并于 2018 年 11 月 8 日正式挂牌，与市委农工委合署办公。扎实做好“三定”工作，按照依法依规、上下对口、边界清晰、结合实际的原则，着眼于更好地组织实施乡村振兴战略，紧密围绕“五个振兴”，认真研究起草了委局“三定”方案，统筹谋划了工作职责、内部机构设置及编制安排，主动对接市编办及先后征求了 25 家市相关单位意见，认真修改完善，高质量完成改革方案。目前，正按照新“三定”方案，着手开展人员转隶和干部调整工作。

2. **树立鲜明的用人导向，做好干部选任工作。**认真落实市委《关于建设新时代高素质专业化干部队伍的意见》和《关于发现储备和培养选拔优秀年轻干部的实施方案》等文件精神，认真研究制定相关落实措施，专题组织召开青年干部座谈会，了解和掌握青年干部特点，选派 2 名年轻干部参加市委巡视组工作，安排 3 名年轻干部参加市委专项工作，扎实做好年轻干部的培养使用工作。严格落实市委组织部等 5 部门联合下发的《关于机构改革期间进一步严明工作纪律的通知》精神，暂停干部选任工作，认真做好 2017 年底选任干部的任职、选任纪实等后续工作，选派 2 名机关干部分别到湖北和央企挂职锻炼，接收3名干部到机关挂职锻炼。与市委组织部密切沟通，指导系统单位从严做好干部提前退休、试用期满转正等各类人事工作，统筹指导系统单位做好17名军转干部的安置工作。协助市委组织部做好系统单位领导干部日常管理工作，加强系统单位班子建设和党的建设，建立委局领导班子成员工作联系机制，推动形成风正气顺、奋发向上的良好氛围，提升推进“三农”工作的整体合力。统筹做好系统单位干部人才援疆、援藏、对口支援和选派“第一书记”、人才京郊行等工作。

3. **加强干部队伍教育培训。**全面贯彻落实《干部教育培训工作条例》，安排局级领导干部参加市委组织部专题培训班12人次，参加局级领导干部进修班、专题境外培训班各1人次，切实做好教育培训全覆盖。全年累计安排处级干部任职培训、专题培训18人次，选派军转干部进高校脱产培训。开展了学习习近平新时代中国特色社会主义思想专题读书、机关科级干部能力提升培训、“大家讲给大家听”等活动，加强有针对性的培养和锻炼。圆满完成干部在线学习任务，参与率和通过率均达到100%。

4. **从严管理监督干部。**依据有关政策，制定并印发委局《机关干部因私出国（境）管理有关规定》，建立联审制度，对在涉密岗位任职的领导干部，从严把关。切实做好干部出入境登记备案管理工作，为机关及系统单位局处级领导干部办理因私出境手续21人次、科级干部6人次。加强对干部的日常监督管理。从严从实做好领导干部报告个人有关事项工作，严格审核把关，督促如实报告，细致做好集中填报、日常报告和抽查核实等工作。落实领导干部谈话制度，对新任职干部及时开展任前谈话，强调履责担当、强化纪律教育；结合有关事项查核，对涉及到的干部进行了提醒谈话，对苗头性、倾向性问题早发现早提醒早制止。认真梳理了干部履历，进一步完善了干部档案和信息库数据补充，确保干部信息准确无误。同时，进一步加强对干部的关心关爱，向全体机关干部发放调查问卷，及时了解干部所思所想，就如何改进工作作风、加强机关建设等请大家建言献策；通过日常沟通，与新任职干部、外出挂职干部、新接军转干部等开展谈心谈话，召开青年干部座谈会等多种形式，广泛了解干部诉求，积极回应干部关切。

市委农工委

书记　孙文锴（至10月）　李志军（10月任）
副书记　康　森　苏卫东
纪检组组长　戚书平
委员　马丽英（女，11月任）　王修达
周洪生（正处级）

市农业农村局

局长　李志军（11月任）
纪检组组长　戚书平（12月任）
副局长　康　森（11月任）　苏卫东（11月任）
马丽英（女，12月任）　马荣才（11月任）
苗冰松（挂职）　龚元石（挂职）
副局级　郑　渝（11月任）
副巡视员　寇文杰（11月任）　于雷庆（11月任）
左晓波（11月任）

北京市气象局

概　况

中华人民共和国成立初期，北京市气象工作由中央气象台兼管，1958年7月，北京市农林水利局设气象组，开始组建市属气象台站网，1959年11月，北京市气象服务台成立。1960年10月，经国务院批准成立北京市气象局，逐步健全各级气象机构，开展各项气象业务工作。1964年2月与市水利工程局合并为市水利气象局，1968年10月与市农林局、市农机局、市农场管理局合并为市农业局，1973年7月恢复市水利气象局建制，1978年6月恢复市气象局建制。1980年以后，北京市气象局实行中国气象局和北京市人民政府双重领导管理，以部门领导为主的管理体制，作为中国气象局的下属机构，同时是北京市政府的工作部门。负责北京市行政区域内的气象管理工作以及承担北京地区气象监

测、制作和发布北京地区天气预报和灾害性天气预警任务，开展气象科学研究和气候变化研究等工作。

年内，市委书记蔡奇、市委副书记市长陈吉宁、副市长卢彦等多次通过视频连线指挥调度防汛和高影响天气应对，对全市气象工作表示肯定。5月5日，蔡奇对《2017年北京地区生态气象遥感监测报告》批示“北京城市要坚持留白增绿，加强通风廊道建设，减轻热岛效应，不断改善人居环境”。11月7日，世界气象组织与北京世园局在延庆签署2019年北京世园会参展合同，并任命市气象局局长姚学祥为世界气象组织参展世园会展区总代表。11月23日，《北京市气象灾害防御条例》通过市十五届人大常委会第九次会议表决，是本市首部针对气象灾害防御领域的立法条例。12月13日，中国气象局北京城市气象研究院挂牌成立。

北京市气象局同时是中国气象局华北区域气象中心，负责对该区域内的其他省区市气象局开展气象业务技术协调和指导、科研组织、技术支持及业务培训等工作。

60年来，北京市气象局内设机构和直属单位经历过多次变化与调整。2018年市气象局内设有局办公室（应急管理办公室、行政管理处）、应急与减灾处（大型活动气象服务办公室）、观测与预报处（华北区域气象中心协调办公室）、科技发展处（气候变化处）、计划财务处、人事处、政策法规处（气象服务管理处）、党组纪检组、机关党委办公室（精神文明建设办公室）、离退休干部办公室10个机关处室、10个直属事业单位，下设14个区气象局（东、西城区政府明确由区应急办承担气象工作职责）。代管北京市人工影响天气办公室、北京市突发事件预警信息发布中心；北京气象学会、北京减灾协会挂靠北京市气象局。

人员与机构

年内，全市气象部门在编职工548人。其中，参照公务员管理122人；事业单位管理人员和专业技术人员420人；工人8人。职工学位结构：博士学位99人、硕士学位207人、学士学位158人、大专及以下86人。职称结构：高级职称213人（其中正研级职称36人）、中级职称234人，正研级高工占比为6.5%、高工占比为32.2%。

机 构 设 置

单位名称	办公地点	邮编	联系电话
北京市气象局	海淀区紫竹院路44号	100089	68400858
北京市气象台	海淀区紫竹院路44号	100089	68400581
北京市气候中心	海淀区紫竹院路44号	100089	68400552
中国气象局京津冀环境气象预报预警中心	海淀区北洼西里55号	100089	68400755
中国气象局北京城市气象研究所/院	海淀区北洼西里55号	100089	68400745
北京市气象服务中心（专业气象台）	海淀区紫竹院路44号	100089	68400562
北京市气象灾害防御中心	海淀区北洼西里55号	100089	68400678
北京市气象信息中心	海淀区紫竹院路44号	100089	68400527
北京市气象探测中心	大兴区成寿寺路临1号	100176	68400731
北京市气象局机关服务中心	海淀区紫竹院路44号	100089	68400808
北京市人工影响天气办公室（代管）	海淀区紫竹院路44号	100089	68400535
北京市突发事件预警信息发布中心（代管）	海淀区紫竹院路44号	100089	58991332
北京市避雷装置安全检测中心	海淀区北洼西里55号	100089	68400707

主 要 工 作

（一）气象服务

决策气象服务。年内获得市委市政府、中国气象局领导书面批示和委办局感谢信48次。生态气象遥感监测报告得到蔡奇书记批示。创新开展环境气象条件第三方评估，7份评估报告获市领导和中国气象局领导批示。积极支持汾渭平原大气污染防治气象服务工作，开展睿图9公里环境模式数据共享及汾渭平原13个重点城市0～16天客观预报支持。

重大活动保障。年内完成中非合作论坛北京峰会、全国“两会”、京交会、科博会、纪念改革开放40周年等44项重大活动气象服务保障工作，累计发布服务产品915期。提前半个月准确预测无严重雾霾天气，为中非合作论坛北京峰会期间采取“六不”原则提供科学依据。精准预报大风天气，为9·30献花篮仪式顺利安全进行提供有效保障。各区局也积极做好本区各专项重大气象服务保障。

专业专项气象服务。年内调整预报产品，对接交通、排水、旅游、防汛、应急、规划国土、城市管理等用户单位。为城管、发改等城市安全运行保障管理部门提供针对性强、精准性高的气象服务信息。年内，协调世界气象组织、中国气象局参展并支持生态气象馆、世界气象组织主题园建设，完成方案设计，启动施工布展。建设世园会生态气象观测示范站。制定智慧气象服务保障工作方案。建立“管家式”气象服务平台。积极提供园艺作物布展规划分析评估数据和科技支撑。建立针对冬奥和世园会工地的气象信息服务专门渠道，建成城市副中心气象水文监测信息共享平台，为北京新机场建设指挥部提供精细化的专项服务。

公众气象服务。年内气象基础数据和服务产品全面纳入防汛专题指挥系统和移动APP。全要素智能网格天气实况和预报产品直通市应急和防汛部门，并通过官方微信实时发布。融媒体服务逐步深化，“气象北京”入驻大鱼号、UC浏览器、抖音，微博影响力行业评比排名第二，官方微信粉丝数较上年末上涨25%。世界气象日期间，联合市政府新闻办开展矩阵式“智慧气象服务你我”直播。市长热线和气象服务热线回复率和办结率均达100%。在市委宣传部支持下，汛期气象灾害防御宣传片全媒体持续发布。观象台入选教育部2018年全国中小学生研学实践教育基地。平谷区、昌平区气象局跻身全国气象科普教育基地。朝阳区、通州区气象局入选2018—2020年北京市科普教育基地。

人工影响天气服务。年内组织开展高炮防雹作业16日，高炮作业81点次，发射炮弹3 091发。开展飞机增雨（雪）作业，飞行16架次，飞行时间40小时6分，作业时间35小时40分，燃烧机载碘化银烟条280根。开展地面增雨（雪）作业36日，其中高山地基增雨（雪）作业11日118点次，燃烧烟条1 623根；火箭增雨作业5日9点次，发射火箭弹21枚；高炮增雨作业20日17点次，发射炮弹741发。增雨作业主要针对水库开展，经对增雨效果评估结果显示，2018年5—9月，密云、官厅、白河堡水库实际来水量68 861万立方米，其中因人工增雨增加蓄水量占总来水量的8.0%。此外，组织京津冀晋人影力量开展跨区域联合增雨（雪）作业和大气探测飞行共计14架次，约36小时，燃烧碘化银烟条87根、烟弹50发；开展地面作业198次，发射火箭1 056枚。

应急保障气象服务。年内在中非论坛、9·30献花篮仪式等重大活动和“7·16”“8·8”等重要天气过程期间采取应急力量24小时备勤。加强气象反恐应急备勤，出动气象应急车辆及人员组建反恐和现场服务团队参加现场备勤。年内共启动空气重污染、暴雨（雪）及重大活动等各类应急响应14次，累计25天。其中Ⅳ级11次、Ⅲ级3次。印发《北京市气象局反恐应急气象保障预案》，修订完善《北京市气象局网络安全事件应急预案》。7月，联合天津、河北气象部门组织实施京津冀三地气象部门极端天气（暴雨）应对服务保障应急演练。积极与市应急管理局对接，做好机构改革过程中市预警中心转隶和预警信息发布等各项工作衔接。

气象防灾减灾服务。年内继续推进基层防灾减灾规范化管理，50%区局完成基层防灾减灾“六个一”建设。推动出台《北京市推进防灾减灾体制机制改革实施意见》，联合民政、地震等部门开展全国和北京市综合减灾示范社区创建。出台《北京市基层气象灾害预警服务能力建设规范》《北京地区气象灾害调查收集评估业务管理办法》和灾情上报业务规定等制度。气象防灾减灾全面融入基层网格化管理体系，丰台、石景山、昌平、通州、门头沟、怀柔6区将网格员气象职责履行情况纳入对乡镇的考核。

（二）气象业务与现代化建设

气象基本业务与建设。年内预警中心大楼完成竣工验收，人影基地投入使用。市重点工程项目“气象服务能力提升和冬奥气象服务保障工程”正式启动。市政府投资的京冀山区河北境内能力提升建设工程启动。海淀区气象局台站二期改造项目开工。丰台区气象局完成办公楼二楼家属搬迁和改造。石景山区气象局业务用房电力工程完工。

预报预测系统建设。年内市气象局在全国首批实现智能网格预报业务单轨运行。汛期中雨、暴雨以上降水预报准确率分别比上年同期提高 6.8 个和 2.7 个百分点。在全国率先开展规范化的臭氧气象预报业务。睿图短期预报子系统 1 小时循环业务试运行，临近预报子系统 10 分钟循环分析场试运行。完成智能网格产品在存储、行业和公众服务中的应用布局。

综合观测系统建设。年内开展大城市观测试验。提升 X 波段雷达观测数据质量。上甸子区域大气本底站获评“中国百年气象站”，在线观测和标气配制能力得到系统性提升，建成气候要素、颗粒物、反应性气体和辐射长序列数据集。

信息网络通信系统建设。年内印发信息化 2018—2020 年发展规划和总体方案。完成资源池扩充。积极参与北京市大数据云平台工作，气象服务系统及政务数据服务系统首次迁移上云。成为中国气象局高性能计算系统“派”首位用户。开展内部数据流程优化及数据汇交。以 CIMISS 为基础和框架开展统一数据环境建设，为市区两级 21 个业务系统提供高效稳定数据服务。

（三）气候与气候变化

气候预测与气候评估。完成春运、全国“两会”、2017—2018 供暖结束日、2018—2019 供暖起始日、北京马拉松、中非合作论坛北京峰会、天安门广场烈士纪念活动等气候评估、预测服务工作。完成延伸期、月、季气候预测产品 52 期，专题服务产品 16 期，区域指导产品 12 期，月（季、年）气候监测和影响评价产品 30 期，极端天气气候事件监测公报 2 期，决策服务材料 50 余期。出版《北京 2022 年冬奥会和冬残奥会赛区气象条件及气象风险分析报告（2018）》。

气候变化监测与评估。完成 2018 年北京市气候变化监测公报及 2018 年中国气候变化监测公报北京部分，完成华北区域第二次区域气候变化评估报告初稿编制。

服务生态文明建设。年内开展雄安新区通风廊道规划和北京市平谷区城市通风廊道规划气候服务，发布《气候可行性论证规范 城市通风廊道设计》气象行业标准，并在颁布的《北京市气象灾害防御条例》中明确提出“编制城乡规划以及开展重点建设项目论证时，应当依法进行气候可行性论证”。首次编写《2017 年北京生态气象遥感监测报告》和《2018 年夏季首都生态气候监测报告》，获得市委书记蔡奇、副市长隋振江及卢彦批示。

（四）气象为农服务

年内，出台《北京市气象局落实乡村振兴战略实施方案》，明确未来 5 年农业气象服务发展方向。提升智慧农业气象服务能力，建成农业气象大数据平台和本地化智慧农业服务平台，开发“智慧农业”手机客户端，强化面向新型农业经营主体的直通式服务。深入开展特色农产品气候品质认证，改进认证技术，探索实现认证流程自动化。继续深化政策性农业气象指数保险服务，研发温室草莓寡照等新险种，简化办理流程。

（五）科研与科技创新

科研项目。年内完成 3 项国家自然科学基金项目、4 项中国气象局气候变化专项、2 项北京市科技计划课题、7 项北京市自然科学基金项目验收；完成 4 项国家重点研发计划项目（课题）、1 项中国气象局气候变化专项、3 项北京市科技计划课题、8 项北京市自然科学基金等项目立项。争取 14 项国家自然科学基金项目，其中青年科学基金项目 12 项。

科技成果及荣誉。年内发表 116 篇科技论文，其中 SCI/EI 论文 36 篇，国内核心论文 42 篇。获批专利 5 项、软件著作权 15 项。城市院（原城市所）的“城市群复杂下垫面边界层过程及精细气象预报关键技术研究与应用”成果和市气候中心的“城市规划气候评估与通风廊道设计技术研究与应用”成果分别荣获 2017、2018 年度北京市科学技术奖三等奖。北京万云安德防雷工程有限公司的“500 米口径球面射电望远镜（FAST）索驱动防雷方案与实施”荣获第 12 届北京发明创新大赛特等奖。气候中心栾庆祖荣获第九届中国技术市场协会金桥奖先进个人奖。马建立、刘全荣获中国气象学会“第九届全国优秀青年气象科技工作者”称号。

（六）人才队伍建设

年内交流调整 5 人。选拔处级干部 14 人：正处级4人，副处级10人；直属单位5人，区局9人。接收毕业博士生14人、硕士生1人、本科生11人（均在区气象局）。

全国气象部门2017年度高层次人才队伍建设评估、人才综合评估排名第一。年内职工参加中国气象局培训中心和有关职能司培训194人次，送非气象部门培训3人。在职教育送学计划13人，其中博士生5人、硕士生4人、本科生4人。2018年，入选北京市海聚工程2人；进入北京市优秀人才培养资助青年拔尖个人项目复审1人；入选中国气象局2018年度气象科技骨干海外培养项目3人。

（七）开放与交流

年内，与俄克拉荷马大学（OU）开展深入实质合作，通过送出去中长期学习培训、引进海聚工程专家指导培训相结合的方式，着力培养海聚工程张贵付教授领衔的X波段雷达应用团队，坚定不移地推进X波段数据的高质量的应用。推动落实中韩等双边气象科技合作计划。4月组织对接韩国首尔市气象厅一行7人来参观访问，签署《北京市气象局、首尔市气象厅第三次双边合作会议会谈纪要》，一致同意双方在社会化观测的组织和资料应用、城市气候服务技术，基于影响的预报业务等领域加强合作。

5月16日，组织召开城市气象国际联合研究中心合作推进研讨会，会议回顾了与美国大学大气研究联盟/美国国家大气研究中心（UCAR/NCAR）近年来合作情况，总结双方合作研发成果，对未来5年合作规划进行研讨。

5月17日，组织召开北京城市气象研究院国际科学指导委员会（SC－IUM）成立大会暨第一次委员会会议。委员会共由9位专家组成，中国科学院外籍院士、瑞典皇家科学院院士、瑞典哥德堡大学物理气象学中心教授陈德亮担任主任委员，来自世界气象组织、美国大学大气研究联盟、美国圣何塞州立大学、英国雷丁大学、中国科学院等国内外科研机构的专家担任委员。

6月21—22日，组织召开“复杂地形冬季综合气象观测试验研究（MOUNTAOM）暨京津冀城市群强降水及雾霾观测试验（SURF）”国际研讨会，来自加拿大环境部、美国国家大气研究中心、犹他大学、纽约大学、纽约城市大学等国际专家及合作专家共同参与讨论。

（八）气象法规建设与社会管理

气象法治和标准化建设。市人大常委会审议通过《北京市气象灾害防御条例》，于2019年1月1日正式实施。加大执法力度，全市开展气象执法检查2 260次，均较上年同期增长33%；办理气象行政处罚案件83件，均较上年同期增长53．7%。开展气象政务服务标准化建设工作，优化营商环境，进一步加大简政放权力度，圆满完成精简50%服务事项的任务。完善领导干部学法用法制度，制作的《气象人与宪法》宣传片，获得中国气象局“我与宪法”微视频作品征集活动一等奖。全面推行法律顾问制度。首次开展《气象法》《北京市实施〈中华人民共和国气象法〉办法》评估工作。2018年有3项行业标准和1项地方标准获批立项，行业标准完成报批4个，地方标准完成报批1个，市局首次纳入为首都标准委员会成员单位。

气象市场服务和防雷、放球监管。积极推进气象信息服务备案纳入“多证合一”改革涉企证照事项，对管理单位名录库实施入户精准调查，开展分类监管信用指标体系建设。推动北京市人民政府办公厅印发《关于进一步做好建设工程防雷安全工作的通知》，牵头建立建设工程防雷管理协调会议制度并组织召开15部门联络员会议。强化防雷安全事中事后监管，完善防雷装置检测资质评审和质量考核制度建设。气象部门检测机构启动新的运行模式。印发《加强2018年施放气球安全监管工作的通知》，对2018年全年施放气球安全监管工作进行总体部署。组织召开2018年度施放气球管理会议，与放球企业签订安全生产责任书。

（九）党的建设

党的组织建设。年内市气象局机关党委和4个支部按时换届，发展新党员2名。组织开展党组织和在职党员“双报到”工作，党员年内参与社区志愿服务等活动700余次。首次组织全局19个党支部书记进行年度现场述职评议。在市局各党支部全面开展党支部规范化建设。组织市局和区局全部33个党支部开展支部工作互查互评。

理论学习与教育活动。深入开展习近平新时代中国特色社会主义思想大学习，推动“两学一做”常态化制度化，党组中心组理论学习25次。首次举办涵盖市局各党小组组长的党务干部专题培训班。党组成员结合分管工作讲党课，以普通党员身份参加所在支部活动。利用办公网建立党建课堂管理平台，公开交流党员干部讲党课资料。组织开展“学用新思想、笔谈千字文”活动，部分优秀文章被市直机关工委“北京机关党建”微信公众号专题刊载。打造“党建课堂、业务学堂和道德讲堂”三堂课体系，促进党务与业务有机融合。

党风廉政建设。年内认真践行“四种形态”，强化监督执纪问责，全年组织党风廉政教育相关专题中心组学习5次。局党组专题研究党风廉政建设工作5次。局领导班子开展工作谈话、主体约谈、提醒谈话330人次。加强选人用人进人和财务监督。认真开展《中国共产党纪律处分条例》专题学习、党风廉政宣传教育月和集中警示教育等活动。积极配合中国气象局党组巡视和中央八项规定精神专项督查，召开巡视整改专题民主生活会，研究制定整改方案，完成整改任务。完成基层单位中央八项规定精神落实情况全覆盖专项检查。各单位立行立改，完善制度体系。修订党组工作规则，规范公文办理、会议管理，进一步规范办公用房、公务接待、公务用车和因公出差等管理。开展对11个直属单位和2个区局巡察，年内实现各基层单位巡察全覆盖。完成6名区局和3名直属单位原主要负责人的领导干部经济责任审计，12个项目审计，6项基建审计，审计总金额3.79亿元。

（十）精神文明建设及成果

气象文化建设。完善精神文明创建机制，制定精神文明建设三年规划，年内组织开展以“新时代新担当新作为”为主题的道德讲堂活动，邀请首席预报员、科研一线人员、冬奥气象建设团队和区气象局先进干部职工代表走上讲台，讲述自己的故事，分享点滴体会，受到干部职工好评。坚持以党建带动精神文明建设，充分发挥群团组织作用，依托各工会兴趣小组开展趣味运动会、篮球、羽毛球、瑜伽等文化体育活动，参加市直机关第五届运动会，并获二等奖。弘扬志愿服务精神，29支志愿服务队年内组织开展志愿服务活动59次。

工青妇工作。工会组织职工参加市直机关第五届运动会、全国气象部门羽毛球赛等活动。团委开展第四届“青年气象之星”评选、“满分100天”青年自律活动、“闪亮新气象”风采展示活动、“爱在新时代”市直机关青年联谊活动等。妇委会开展“关爱自己 活色生香”文明风尚专题讲座，鼓励女职工做新时代内外兼修的新女性。

老干部工作。落实老干部两项待遇。年内，组织离退休干部支部学习习近平新时代中国特色社会主义思想。组织老干部开展“我看气象事业改革开放40周年”有奖征文活动、气象之声合唱团参加全市庆祝改革开放40周年文艺演出等系列宣传活动。通过走访慰问、组织体检等多种方式关心关注老同志身心健康，年内共走访约130人，发放慰问金2.9万元，慰问品400余份；组织全局约260名离退休职工参加体检。

先进集体和个人表彰。年内何娜同志荣获中共北京市委、市政府授予的“2017—2018年度首都精神文明建设奖”称号；郭金兰同志荣获北京市总工会、北京市人社局授予的“首都劳动奖章”。

（十一）华北区域中心工作

2018年4月，2018年华北区域气象局长联席会在天津召开。中国气象局于新文副局长到会指导。华北区域五省区市气象局领导、相关人员及中国气象局相关部门和单位共30人参加会议。会议总结了《京津冀协同发展气象保障规划》2016—2017年实施情况，重点研讨了《华北区域综合气象协同观测规划（2018—2025）》的重要性及规划实施策略。2018年10月，在经过多次研讨与修订后，《华北区域综合气象协同观测规划（2018—2025）》正式印发执行。

年内，继续推进大北方区域数值模式体系协同创新联盟（以下简称“联盟”）发展，构建区域科技创新集约发展新模式。2018年甘肃、宁夏、山东、河南省气象局申请加入，联盟成员单位由成立之初的10家扩展为14家。6月、8月、10月分别在天津、北京、兰州等地组织召开联盟技术研讨暨工作组会议、数值预报模式资料同化培训班和区域数值模式集合预报培训班，针对集合卡尔曼滤波、资料同化最新进展及WRFDA同化系统，以及欧洲业务化集合预报系统、国家级区域集合预报系统建设与进展等内容，邀请国内外专家学者为联盟成员单位科研业务人员进行培训，并开展数值模式技术交流，共计140余人次参加了培训。11月，召开联盟高层领导工作组会，中国气象局业务职能司领导、联盟成员单位主管局领导、业务管理处室主要负责人等参会。中国气象局副局长宇如聪对联盟工作给予充分肯定，认为联盟工作在全国气象部门具有先进性、示范性、引导性，符合气象科技型业务的发展潮流，充分体现了气象科技型业务属性。

（十二）京津冀气象事业协同发展

年内京冀交界山区新建气象观测站 46 个，实现京冀自动气象站资料实时共享。构建京津冀区域环保、气象、经济、能源等部门数据信息共享平台，实现区域各地数据动态更新和内部共享应用。进一步完善极端天气事件应急管理及会商工作机制。组织京津冀环境气象学术交流研讨。通州区气象局加快落实“通武廊”气象联防。

（十三）冬奥气象服务筹备

年内继续完善工作机制和工作规则，组建冬奥气象中心宣传科普部。印发冬奥气象探测系统、科技研发、气象信息网络及业务系统 3 个专项计划。组建冬奥气象服务团队并开展国内外培训。开展赛道预报实战测试。完成高山滑雪赛区气象站建设任务，启动海坨山天气雷达和延庆气象服务分中心建设。国家重点研发计划科技冬奥专项《冬奥会气象条件预测保障关键技术》启动研发。持续开展海坨山冬季科学观测试验。与韩俄加美奥等国冬奥气象专家开展交流合作。提供各类冬奥气象服务报告、气象分析、气象数据。

学会、协会

登记证号	社团名称	业务主管单位	会长	电话	地址	邮编
0010262	北京气象学会	北京市科学技术协会	朱　江	68400820	海淀区紫竹院路 44 号	100089
0010834	北京减灾协会	北京市科学技术协会	林克庆	68400821	海淀区紫竹院路 44 号	100089

北京市气象局党政领导班子成员

党组书记　姚学祥

成员　王迎春　曲晓波　郭　虎

王月宾（11 月任）　梁　丰

局长　姚学祥

副局长　王迎春　曲晓波　郭　虎　梁　丰

纪检组长　王月宾（11 月任）

巡视员　刘燕辉

副巡视员　刘　强（11 月任）

（北京市气象局　杨姝）

北京市农林科学院

概　况

北京市农林科学院成立于 1958 年，60 年来，在各级政府的支持和几代农科人的共同努力下，现已发展成为学科齐全、设备先进、学术水平高、创新能力强，为都市型现代农业和全国现代农业发展提供有力引领和支撑的综合性科研机构。

全院设有 14 个专业研究所（中心），业务领域涵盖农林牧渔各方面。全院现有在职职工 1 179 人。其中具有高级职称的专业技术人员 495 人，包括研究员 147 名。获得博士学位的有 456 人。拥有中国工程院院士 1 人、国家杰青 1 人、优青 1 人、全国杰出专业技术人才 1 名、国家级百千万人才 12 人、万人计划 6 人、科技部创新人才推进计划 2 人、科技部重点领域创新团队 3 个。国家农业产业技术体系首席科学家 2 人、岗位科学家 13 人、中国种业十大杰出人物 2 人、杰出青年科学家 2 人、农业农村部农业科研杰出人才 7 人、农业农村部农业科研创新团队 7 个；北京学者 4 人、科技北京百名领军人才 6 人；国务院参事 1 人、全国人大代表 1 人、全国政协委员 2 人；10 人在国际组织担任职务。

拥有 3 个国家工程实验室、4 个国家工程技术研究中心、7 个农业农村部学科群重点实验室、18 个北京市重点实验室及工程技术研究中心、1 个具有国际种子质量检测资质认证实验室（ISTA）、

4 个国家级检测机构，已经形成由 57 个各类创新平台组成的科技创新平台体系。拥有 1 个具有独立招收资格的博士后科研工作站。“植物学与动物学”（Plant & Animal Science）和“农业科学”（Agricultual Sciences）两门学科进入 ESI 世界前 1%。

与美国、荷兰、法国、加拿大等 30 余个国家开展近百项科技项目合作。与 20 多个国家的大学、科研机构签署全面合作协议，建立国际联合实验室 10 个、国家级国际合作基地 2 个、市级基地 6 个。

近年来，加大了科研仪器设备更新与完善的投入，新增大中型科研仪器设备 8 227 台（套），科研装备水平达到国际水准。

承担了诸多国家各类科技计划项目，在已发布的三批国家重点研发计划中，市农林科学院主持项目 11 项，主持或参与课题 146 项。

“十二五”以来共获得省部以上各类政府科技奖励 166 项，包括国家奖 10 项、农业部奖 36 项、北京市科技奖 41 项、外省科技奖 31 项。其中，获得国家科技进步一等奖 1 项、二等奖 8 项、国家技术发明二等奖 1 项、农业部和北京市科技一等奖 16 项。

研发出各类成果与知识产权 3 700 余项。其中农业新品种 352 个、新兽药证书 6 个（一类证书 1 个），制定国（行、地）标 160 项、专利授权 1 848 项（其中发明专利 1 100 项，首次获得 PCT 国际专利授权）、软件著作权 1 239 项。

发表 SCI 论文 955 篇。其中，在《自然·遗传》上发表的有关西瓜基因组测序的论文，影响因子达 35.5。近年来，论文数量和质量明显提升，2018 年发表 SCI 论文 206 篇，其中 Q1 区 96 篇，较 2017 年增加 10.4%。

在科技服务工作方面，坚持“立足北京、面向京津冀、辐射全国、走向世界”的理念，积极开展农业科研成果的推广应用，在“一主多元”农业技术广体系中发挥了重要作用。

“十二五”以来，市农林科学院深入落实中央 1 号文件和北京市相关文件精神，实施了“科技惠农行动计划”和“百名专家对接百个基地（双百对接）”工程，积极引导广大科技工作者奔赴生产一线服务，在京郊开展各类培训 5.9 万人次，共展示新品种 3 500 多个，推广各种新技术 400 余项，为北京的“三农”发展提供了有力的科技支撑。

2016 年，市农林科学院牵头成立了京津冀农业科技创新联盟，目前成员已经发展到 64 家。联盟重点围绕资源环境、生态治理、种业、农产品质量安全等领域开展联合攻关，加速各类新品种、新技术在京津冀转化落地，提升了区域现代农业科技总体水平，支撑了区域农业协同发展。特别是与石家庄市、张家口市、承德市、保定市等地市开展的科技对接，建立了科技示范基地 37 个，联合展示新技术、新品种 100 余项，区域科技对接取得了显著成效。

市农林科学院的新品种、新技术、新产品在全国 30 个省区市得到推广应用，特别是在北京市对口支援的新疆、西藏、内蒙古、青海、河北、河南、湖北等 7 省 89 个市县得到了广泛应用，大力推动了当地农业产业升级转型。此外，杂交小麦、鲜食玉米和蔬菜等科技成果已跨出国门推广到“一带一路”国家，呈现了良好的发展势头。

2018 年科研及推广工作

（一）科研创新能力持续增强

一年来，全院坚持将增强自主创新能力作为立院之本和重中之重，通过加强顶层设计、优化学科布局、创新管理和服务机制、优化创新环境、加大激励力度等措施，持续提升创新能力，农作物育种和农业信息化的整体优势得到巩固提升，农业绿色发展技术的局部优势实现多点开花。

全年落实各类项目 377 项，经费 2.04 亿元。其中，最能说明科研竞争力的国家重点研发计划和国家自然科学基金项目保持了良好势头，成绩喜人。2018 年新上国家重点研发计划 3 项，课题 8 个。目前全院共承担重点研发计划项目 11 个，主持课题 53 项、参加课题 117 项，几乎涉及全院所有研究领域。新增国家自然科学基金资助项目 38 项，数量为历年最高，直接经费 1 628 万元，资助率为 25.7%，项目数量、资助率在全国各农科院中名列前茅。

全年获得各类政府科技奖励 21 项。获得各类成果和知识产权 490 余项。其中审定、鉴定、认定新品种 43 项，授权植物新品种权 52 项、专利授权 225 项，制定国（行、地）标 30 项。发表 SCI 论文 206 篇，其中 Q1 区 96 篇，Q2 区 53 篇，Q1、Q2 区论文数量较上年增加 10.4%。影响因子超过 5.0 的论文有 14 篇，为历年年度最高。“植物学与动物学”（Plant & Animal Science）和“农业科学”（Agricultual Sciences）两门学科进入 ESI 世界前 1%。

基础性、前沿性研究取得新突破。获得了世界上首个猪圆环病毒（PCV3）毒株，首次证明 PCV3 感染试验仔猪引起皮炎肾炎综合征。研究重现春白菜的分子选择历程，为白菜分子育种奠定了重要基础。揭示了我国桃栽培种与其野生近缘种遗传关系及演化规律，首次提供了栽培桃在中国西南起源与演化的分子证据，挖掘出一套在桃驯化和改良过程中与果实品质性状相关遗传变异。成功完成高质量的玉米基因组“黄早四”的组装注释工作，解析了“黄早四”及黄改系的育种改良历史。明确了葡萄从健康到衰死时体内外的微生物种群变化特点，构建了目前国际上最系统的葡萄真菌检索表，率先在国内诊断出了葡萄衰枯病和葡萄条纹病两种葡萄上的新病害。

新品种、新产品、新技术持续涌现。京科青贮 932 通过黄淮海、东华北区国家审定，培育出京紫糯 219 高端特色品种。成功研制、研发玉米新型 6H90K 芯片，玉米 DNA 指纹检验信息化平台，引领了我国 DNA 指纹检测技术。利用基因编辑技术整合了新的抗除草剂性状，创制出全球首个基因编辑抗除草剂西瓜。京麦 179、京花 12 通过国家审定，其中京麦 179 为北部冬麦区第一个国审的杂交小麦品种。鸡鼻炎三价灭活苗取得二类新兽药注册证书，猪、牛新型亚单位疫苗的研制获得临床试验批件，新法二联苗通过复核检验，预期可获得新兽药注册证书。

值得一提的是，在庆祝改革开放 40 周年大型展览中，市农林科学院有 35 个优特品种展出，占到全部展出品种的 15.6%。卢彦副市长用“精彩”二字做了批示。可以说，全院科学家为保障国人的“米袋子”“菜篮子”“果盘子”做出了重要的贡献。

农业信息与智能装备技术竞争力持续加强。农业农村部委托开发的全国农业科教云平台，覆盖全国农业专家、农技人员和职业农民，线上用户 400 万，在 2018 年全国双新双创会上得到韩长赋部长高度肯定。装配农机作业检测终端 3 万台套，自动导航和圆捆机电控 1 600 台套，覆盖全国 21 个省区，作业面积 7 000 多万亩。与航空植保公司合作，装配自主研发的航空施药作业监管与计量系统 3.66 万架次，作业面积 8 136 万亩，对推动农业信息化应用发挥了重要作用。

院协同创新中心建设全面启动。首批启动农产品加工与营养健康协同创新中心、基因组学育种协同创新中心、作物表形组学协同创新中心、林果病虫害绿色防控协同创新中心、乡村振兴研究中心。协同创新中心的建设，旨在打破所、中心的尔域我疆，集聚全院资源，突出学科引领统筹，体现整体性和协同性，将进一步优化学科发展，提升原始创新能力和科研产出效率。

农科“智库”服务决策作用持续提升。开展多种形式的决策支撑服务，参与制定了《北京市乡村振兴战略规划（2018—2022）》《北京市新型职业农民培育三年行动计划》（2018—2020）。参与制定了国家标准《信息技术面向设施农业应用的传感器网络技术要求》。该标准是农业传感网方面的第一项国家标准，实现了传感网技术农业国家标准零的突破，对农业信息化标准体系具有重要支撑意义。

科研创新环境持续优化。进一步丰富和发展“专家为本、成果为王”理念，高质量开展“农科大讲堂”，成功举办第三届“青年学术论坛”，反响越来越好。聘请武维华副委员长担任院学术委员会名誉主任，提升了学术委员会的引领作用。科学文化墙建设全面展开，并已见到效果。各项工作的开展增进了学术交流，激发了科技人员的探索热情，进一步营造了良好的创新氛围。

（二）科技成果转化与推广服务能力持续提升

一年来，我们不断完善成果转化和推广服务机制，加大工作力度，实现了科技成果在北京及全国落地转化的平稳发展，在整体经济下行压力加大的宏观背景之下，仍然呈现出了稳中有进、持续向好的势头。

全年成果转化总收入达 1.263 亿元，比上年收益增加 5.88%。其中，成果转让收入 3 872.21 万元，同比增长 16.8%，三技收入 8 759.02 万元，基本与上年持平。畜牧所鸭坦布苏病毒病灭活疫苗（HB 株）转让三家公司，转让费共 350 万元；玉米新品种京科糯 609、京农科 728 转让费达 326 万元。邓州昌平农业科技有限公司完成增资扩股工作，增资扩股后注册资金为 2 亿元，为 2019 年实现杂交小麦大规模制种和大规模生产提供前提保障。京研益农销售蔬菜良种 50 余万千克，推广面积超过 1 000 万亩，覆盖全国 1 500 多个市县；北京顺鑫农科种业生产种子 172.5 万千克，推广面积约 500 万亩，杂交小麦年生产种子 300 万千克，推广面积约 30 万亩。与北交所合作，开展了无形资产挂牌交易试点工作，创新了成果转化机制。

科技帮扶和对口援助力度进一步加大。我们持续推动低收入村（户）增收科技帮扶工作，共组织全院 85 名专家与延庆、密云等 9 个郊区、45 个低收入村、90 个新型生产经营主体、400 户低收入户开展精准对接工作，探索实施了全产业链精准帮扶模式。集成各类项目资源，重点扶持农业科技综合服务试验站 2 个，专家工作站 8 个，双百对接基地 204 个。全年开展各种形式的技术培训、指导、观摩活动 2 000 余次，培训各类技术人员 1 万余人次，培养各类新型经营主体技术骨干 200 多人。此外，不断加强对受援地区的智力支撑和科技支撑，成为北京对口援助工作的生力军，受到了广泛好评。目前，北京对口援助的 7 省 89 个县均有市农林科学院的技术成果应用推广。

学会、协会

序号	登记证号	社团名称	业务主管单位	理事长	电　话	地　址	邮　编
1	10257	北京农学会	北京市科学技术协会	李云伏	51503848	海淀区曙光中路 9 号，市农林科学院	100097
2	10070	北京水产学会	北京市科学技术协会	苏建通	67586268	北京市丰台区角门路 18 号，市农林科学院水产所	100068
3	10265	北京作物学会	北京市科学技术协会	赵久然	51503936	海淀区曙光中路 9 号，市农林科学院玉米研究中心	100097
4	10591	北京蔬菜学会	北京市科学技术协会	李武	51503200	海淀区曙光中路 9 号，市农林科学院蔬菜研究研究中心	100097
5	50030065-9	北京畜牧兽医学会	北京市科学技术协会	李德发	51503210	海淀区曙光中路 9 号，市农林科学院畜牧兽医研究所	100097
6	10192	北京食用菌学会	北京市科学技术协会	刘宇	51503437	海淀区曙光中路 9 号，市农林科学院植保与环保研究所	100097
7	10277	北京昆虫学会	北京市科学技术协会	高希武	51503688	海淀区曙光中路 9 号，市农林科学院植保与环保研究所	100097
8	110000-3363479-1	北京植物病理学会	北京市科学技术协会	李健强	51503695	海淀区曙光中路 9 号，市农林科学院植保与环保研究所	100097
9	10738	北京土壤学会	北京市科学技术协会	徐明岗	51503524	海淀区曙光中路 9 号，市农林科学院营养与资源研究所	100097
10	11456	北京农业信息化学会	北京市科学技术协会	赵春江	51503593	海淀区曙光中路 11 号农科大厦 A 座 908 室，市农林科学院信息中心	100097
11	11586	北京农产品质量安全学会	北京市科学技术协会	王纪华	51503729	海淀区曙光中路9号，市农林科学院质标中心，种质楼1003	100097
12	京民社政字第0011663号	北京山区发展研究会	北京市科学技术协会	李云伏	51503341	海淀区曙光中路 9 号，市农林科学院作物所留守处	100097
13	社政字第3755-13 号	中国水产学会观赏鱼分会	中国水产学会	苏建通	67042023	北京市昌平区小汤山镇中心街 155 号	102211
14	中经林协字〔2014〕39 号	中国经济林协会文玩核桃分会	中国经济林协会	秦树福		海淀区香山瑞王坟甲 12 号，市农林科学院林果院	100093
15		中国园艺学会樱桃分会	中国园艺学会	张开春	82596007	海淀区香山瑞王坟甲 12 号，市农林科学院林果院	100093
16		中国园艺学会草莓分会	中国园艺学会	张运涛	82598882	海淀区香山瑞王坟甲 12 号，市农林科学院林果院	100093

（续）

序号	登记证号	社团名称	业务主管单位	理事长	电　话	地　　址	邮　编
17	社政字第3802-9	中国经济林协会板栗专业委员会	中国经济林协会	黄武刚	82590742	海淀区香山瑞王坟甲12号，市农林科学院林果院	100093
18	3531-4	中国畜牧兽医学会禽病学分会	中国科学技术协会	杨汉春	51503678	海淀区曙光中路9号，市农林科学院畜牧兽医研究所	100097
19		北京畜牧兽医学会小动物分会	北京市科学技术协会	刘爵	51503671	海淀区曙光中路9号，市农林科学院畜牧兽医研究所	100097
20	10329	北京微生物学会兽医专业委员会	北京市科学技术协会	张培君（副理事长）	51503455	海淀区曙光中路9号，市农林科学院畜牧兽医研究所	100097
21	京民社证字第0011881号	北京智慧农业物联网产业技术创新战略联盟	北京市科学技术委员会	赵春江	51503128	北京市海淀区板井曙光花园中路11号，北京农科大厦	100097
22	中经林协字〔2016〕4号	中国经济林协会植物香料分会	中国经济林协会	黄丛林	51503801	海淀区曙光花园中路9号，市农林科学院生物中心	100097

北京市农林科学院党政领导班子成员

党委书记　高　华

副书记　喻　京（至2018年9月）

委员　高　华　喻　京（至2018年9月）

唐桂均　赵春江

院长　李成贵

副院长　唐桂均　刘建华　王之岭

副局级　刘春广

北京市农村经济研究中心

2018年是不平凡的一年，是贯彻党的十九大精神、实施乡村振兴战略的开局之年，是改革开放40周年，是决胜全面建成小康社会、实施“十三五”规划承上启下的关键一年。市农研中心顺应全市机构改革形势，将进行职能重建和角色转换。一年来，中心认真贯彻落实中央有关精神和全市工作部署，按照党组年初《关于推进“三个全面提升”实施十五项重点工程的意见》，在领导班子有力带领和精准指导下，各处室、各单位在机构改革当口，做到了思想不乱、工作不断、队伍不散、干劲不减，以改革创新精神和过硬工作作风，善始善终做好“四柱”工作，高质高效完成了全年工作任务，较好实现了党建工作水平、业务服务能力、综合管理效能的全面提升，为接下来全面聚焦农村改革与发展调研工作奠定了扎实基础。

2018年工作完成情况

（一）夯实基础、创新举措，党建工作水平显著提升

中心始终坚持党建引领，2018年谋划实施了党建工作六大工程，通过持续夯实支部规范化建设、推进“两学一做”教育制度化常态化、抓好党员教育管理和新党员发展等基础性工作，创新实施党日活动、党员社区“双报到”等举措，做实“第一书记”、共建帮扶等工作，不断巩固中心党建工作的政治性、全局性、基础性地位，中心党风廉政建设、意识形态管理、干部素质提升、工作作风转变成效显著，全面从严治党深入人心。

1. 深化政治思想建设，牢固树立“四个意识”。一是自觉承担“两个维护”的重要政治责任。严格落实《中共中央政治局关于加强和维护党中央集中统一领导的若干规定》《中共中央关于加强党的政治建设的意见》和市委《关于维护党中央集中统一领导的规定》，教育党员牢固树立“四个意识”，坚决维护习近平总书记核心地位，坚决维护党中央权威和集中统一领导，坚决做到“三个一”

“四个决不允许”。二是集中学习研讨已成常态化。以理论中心组学习、支部固定学习日、周末大讲堂为平台，中心已经形成党组、党支部、党员三级常态化学习体系。全年党组理论学习中心组共集体学习 23 次，专题研讨 4 次；中心领导班子成员全部为分管处室讲党课 1 次；各支部结合工作特点与内容，创建了书香支部、双周论坛、统计学苑、两山沙龙等特色化的固定学习模式，17 个党支部（不含老干部党支部）累计全年开展支部学习活动约 220 次。中心全年为全体党员干部举办周末大讲堂 12 次，举办 1 次党支部书记和支部委员培训班。三是强化意识形态领域管理。牢牢掌握意识形态工作领导权管理权主动权，签订《意识形态工作责任书》，对 50 人以上的微信群组纳入监管。6 月 29 日党组书记、主任吴宝新为全体党员干部做了《坚持和发展中国特色社会主义意识形态》的专题党课，教育引导党员干部切实增强意识形态工作的责任意识和使命担当。四是广泛开展党员教育培训。制定并落实《2018 年党员教育培训方案》，组织党员到国家博物馆参观“真理的力量——纪念马克思诞辰 200 周年主题展览”“伟大的变革——庆祝改革开放 40 周年大型展览”；开展改革开放 40 周年故事征集活动，2 名同志在全市获奖；邀请专家对《监察法》和《宪法》修正案进行解读；组织全体干部职工观看《红海行动》《青年马克思》《为你而歌》《榜样 3》等教育影片。

2. 加强组织队伍建设，发挥党支部战斗堡垒作用。一是扎实推进支部规范化建设。围绕“B＋T＋X”体系，制订《中心党支部规范化建设实施方案》，坚持将“一规一表一册一网”作为支部规范化建设的支撑载体，指导各支部规范化开展工作。严格落实“三会一课”、集体学习、主题党日（全年开展 150 次）、谈心谈话等基本组织生活制度，召开中心领导班子民主生活会，组织各党支部召开组织生活会和民主评议党员，广泛开展批评与自我批评。按照《中国共产党党章》《中国共产党支部工作条例（试行）》要求指导 8 个党支部按期换届，规范基层党组织架构。二是强化党员日常管理。按要求做好党费缴纳管理、党员组织关系转接管理、新党员发展等工作。2018 年，按期转正 2 名预备党员，发展 1 名新党员，组织新党员、发展对象参加市直机关工委培训。

3. 抓好党风廉政建设，把规矩和纪律挺在前面。一是落实党风廉政建设“一岗双责”。针对岗位特点和廉政风险点，从党组成员到党支部书记全部签订个性化党风廉政建设责任书，党员干部签订《党风廉政建设个人承诺书》，层层传导压力，层层压实责任；落实党风廉政建设全程记实制度，加强落实主体责任痕迹化管理。二是开展党风廉政教育活动。通过传达全市领导干部警示教育大会精神、组织观看警示教育片《正风反腐在路上》、参观警示教育基地、在元旦、春节、五一、端午、中秋、国庆等重要时间节点开展“四风”问题的提醒教育，不断强化党员干部遵守纪律的自觉性。三是落实全面从严治党责任。组织迎接市委农工委全面从严治党检查考核 4 次，对检查组提出的意见建议认真落实、立行立改；组织开展 2017 年度党风廉政建设责任制检查考核，对各党支部落实情况进行量化打分并注重结果运用；开展“两个专项”治理，按时报送“两个专项”月报、季报。四是发挥机关纪委职能。加强监督检查，共参与中心有关处室单位招投标监标 5 次，严格招标程序，实行全程监督；运用监督执纪“四种形态”，经常性开展党员干部警示教育、纪律教育，对 2 名干部进行诫勉谈话，1 名干部进行批评教育。

4. 推进工作作风建设，提升群众观念和服务意识。一是认真完成“双报到”工作任务。中心机关党委和两个下属事业单位党支部到所在街道办事处报到，119 名在职党员全部到社区报到。中心在职党员全年共参加了社区活动 86 次。二是加强联系点村共建帮扶。各支部继续深化“三进两促”“双结双促”活动，加强与联系点村的共建帮扶。2018 年春节期间，中心领导带队到 19 个联系点村走访慰问困难群众 95 户，听取群众意见建议 29 件，发放慰问金 5 万元。三是全力支持“第一书记”工作。做好与 2 名“第一书记”派驻村党支部结对共建。党组书记、主任吴宝新亲自带队去两个“第一书记”所在村慰问；从中心补交党费中每村拨款 10 万元，帮助修缮村党员活动室；结合中心业务特点，帮助四渡河村建设美丽智慧乡村示范点、开展板栗产业脱低增收精准扶贫。

5. 加强年轻干部培养，增强干部队伍活力。2018 年，中心不断完善人才队伍建设，共招录公务员 3 名，接收军转干部 4 名，协调人才互派、选派、借调 10 人。完成中青班、领导干部专题培训班、组工干部任职培训、处级副职任职培训、统战系统培训49人次。完成115人在线学习督学任务，组织56名处级干部参加市委农工委学习贯彻十九大精神专题培训班。组织完成2期处级干部专题读书活动。尤其是在年轻干部培养上，中心党组高度重视，花大力气创新年轻干部培养方式。一是加强年轻干部的需求调研，开展了年轻干部培养情况调研，制定了年轻干部培养锻炼三年行动计划，为年轻干部的培养、选拔搭建更多的平台。二是加强与年轻干部的思想交流。组织召开以“青春对话”为主题的青年干部思想交流会，中心党组书记、主任吴宝新为青年干部讲述个人成长经历与人生经验，勉励青年干部不负春光、奋发有为。三是为年轻干部成长搭建各种展示平台。“五四”期间举办了“建功新时代、当好生力军”主题演讲比赛，共有15位年轻干部参加比赛，其中8位脱颖而出获得奖励。三、四季度，结合农研智库大讲堂平台，组织了4期“新时代新担当新作为”主题宣讲暨中青年干部上大讲坛活动，共有13名中青年干部走上大讲堂，围绕着集体经济与乡村振兴、精准脱低与农民增收、生态文明与质量兴农、数据应用及智库建设四个主题作了精彩的报告。

（二）主动作为、勇于担当，业务服务能力全面提升

2018年，中心按照市委市政府印发的《关于实施乡村振兴战略的措施》要求，对照《2018年北京市实施乡村振兴战略重点工作分工方案》，统筹推进“精细农经管理、强化资源区划、实效农经智库、统筹三农信息”四位一体的总体业务布局，着力实施业务工作四大工程，较好完成了市委市政府交办的各项乡村振兴战略重点工作，全面完成中心年初确定的91项业务工作任务。

1. 农村经管工作大力推动全市农村改革发展实践。一是全面开展农村集体资产清产核资工作。加强组织领导，做好工作部署，全面开展市、区、镇、村业务培训。目前，已经建设完成北京市农村集体资产清产核资管理系统，实现了清产核资数据录入、校验、审核、汇总上报等功能，正在通过“每日一报”制度指导各区按照统一程序和方法稳妥有序开展清产核资工作。二是稳步推动北京市农村集体产权制度改革。加大村级改革推进力度，2018年全市有58个难点村启动改革，有7个村完成改革，其他未改村改革工作正在持续稳步推进中。截至目前，全市累计完成村级产权制度改革的单位3 906个，完成比例达到98.2%。积极推进乡镇级产权制度改革。2018年全市有12个乡镇级集体经济组织启动了产权制度改革。延庆大榆树镇已经完成乡镇级产权制度改革工作。截至目前，全市累计完成乡镇级产权制度改革的单位22个，完成比例为11.3%。做好集体经济组织的统一社会信用代码赋码工作。截至目前，全市已有6 616个乡村集体经济组织换发了农村合作经济组织登记证书，并加载了统一社会信用代码，占存量集体经济组织的99.6%。9月13日，农业农村部政策与改革司赵鲲副司长在北京督查工作时，对本市乡村集体产权制度改革工作给予充分肯定。三是加强新型农村集体经济组织规范运营。规范新型农村集体经济组织收益分配工作，加强新型集体经济组织股权管理，加强村级财务管理人员党风廉政建设专题培训，进一步规范农村集体经济新合同的签订与统一管理，在房山区18个乡镇、72个村推进村集体经济事项权力清单试点工作。2017年，全市有1 356个村集体经济组织实现股份分红，占改制村集体经济组织的34.8%。股份分红总金额48.7亿元，比上年增加1.4亿元，增长2.9%。131万农民股东获得红利，人均分红3 712.3元，比上年增加257.7元，增长7.5%。四是加大农村集体财务公开力度。深入13个涉农区、41个乡镇、136个村开展“三务”公开实地检查，指导各区制定下发了财务公开模板，在延庆区、顺义区、怀柔区探索创新财务公开形式，有效拓宽了公开渠道，丰富了民主监督途径。五是加强农村集体经济审计监督工作。结合本年度村“两委”换届选举工作实际，联合市委组织部、市委农工委、市民政局、市审计局，完成村“两委”主要负责人经济责任审计工作，截至10月底，共审计3 940个村5 530名村级组织负责人，审计覆盖率达到100%，审计查出问题151.5亿元，其中违法财经法纪类问题0.21亿元。依据审计结果否定换届选举候选人资格32人，三分之二的乡镇将审计结果及整改情况纳入政府绩效考核范围，案件线索移送处理1件。各区、乡镇经管部门共对13个郊区3 918个村2017年村级公益事业专项补助资金管理使用情况进行了审计，整体上看资金到位率达99.69%，截至10月底，各区审计发现问题整改落实基本到位。组织各区完成征地补偿费（2015—2017年）管理使用情况审计工作。抓好《农村集体经济审计工作指南》的落实工作。六是基本完成农村土地承包经营权确权登记颁证工作，市政府已向国务院报送基本完成报告。截至 10 月 31 日，全市 10 个区的 124 个乡镇开展了确权登记颁证工作，2 540 个村完成了权属调查、审核公示、农户签字和数据入库工作，占全市拟确权村数的 97.7%；共涉及确权地块 85.85 万块，确权承包地面积 277.35 万亩；涉及承包农户 61 万户，承包方家庭成员 211.13 万人。从工作总体成效上看，全市农村承包地确权登记工作完成良好，调查表、承包合同、登记簿、数据库记载信息做到了真实、准确、完整、一致。七是如期完成设施农业用地合同清理工作。共涉及 13 个涉农区、172 个乡镇 2 001 个村、18 个乡级集体单位的 217 551 栋大棚；共收集合同 42 294 份，100%进行了审查，发现问题合同 11 438 份，占 27%；87.8%的应改立改问题合同 10 038 份，已全部整改到位。还有 12.2%的涉法涉诉、补办民主程序等问题合同 1 400 份，也相应制定了分类处置计划。此外，农业园区用地合同清理工作取得阶段性成果。八是进一步规范土地经营权流转。落实《市农委关于进一步加强全市农村集体土地承包及流转管理工作的通知》精神，指导郊区流转土地使用全市合同示范文本。完成相关监测报告。九是持续推进农村土地承包经营纠纷调处工作。认真处理来信来访，其中处理中心领导批复信访件 12 件。指导郊区依法开展纠纷调解仲裁工作，2018 年全市共发生农村土地承包经营纠纷 549 件，调处解决 547 件，调处率 99.6%。十是扎实推进合作社规范化建设工作。圆满完成合作社摸底调查工作；认真开展合作社统计监测工作；开展市级和国家级合作社示范社培育创建，新评定市级示范社 39 家，新推荐国家级示范社 26 家，统一为全市 98 家国家示范社和 39 家市级示范社制作牌匾。十一是持续提升合作社发展能力。组织举办全市市级示范社理事长、农民专业合作社主要管理人员培训班，着力加强合作社管理人员能力提升培训；不断加大对合作社的政策扶持力度，协助市农业农村局做好中央财政资金支持合作社发展工作；积极推介优秀合作社参与全国合作社百强社推介、全国合作社典型案例征集、市级示范社相关信息采集发布等工作，引导更多的优质合作社走出去，2018 年奥金达和京纯 2 家合作社获得全国百强农民合作社称号，益农缘获得全国农民合作社扶贫典型十大案例称号。持续探索合作社信用评价体系建设，深化合作社产业融合示范项目，积极推动京堰两地合作社对口协作。十二是做好农经统计监测任务。全年组织完成 6 类 28 批次农经统计监测任务的报送工作，组织农经统计与信息化人员培训 5 374 人次，发放农经统计和农村管理信息化数据采集补贴 6 943 笔，按时完成农村管理信息化数据更新上报工作。十三是加强农村信息化管理建设运维服务工作。在通州区进行手机端审批应用、微信财务公开应用和财务数据推送到“三资”平台应用等工作试点，建设智能分析平台，加大农经历史数据的挖掘利用。做好农村管理信息化运维各项工作，组织完成综合统计分析咨询服务工作，完成农村经济运行、成本核算监测、低收入动态监测等调查分析报告 21 篇，为各部门开展调研、领导参阅提供统计咨询 52 次，编写各类业务汇编资料 6 册。十四是不断提升农村金融服务能力和水平。加强对农村金融政策和产品的宣传培训力度，组织召开由相关区经管站长参加的“富民”信托助力农民增收专题座谈会、由各区主管农村金融工作的站长和科长参加的农村金融政策和金融产品业务培训会、农村产权交易与资金信托等专题业务培训会，普及金融知识、增强金融意识、拓宽各区资产经营管理思路。编制 2018 年《农村金融政策法规及北京市涉农金融产品汇编》发给经营主体，为农业经营主体提供产品信息服务。与北京农商行共同推进村级金融服务网点建设，解决农村金融“最后一公里”问题。十五是指导农村产权交易工作规范化开展。与北京农交所合作，共同推动我市农村集体产权交易工作。截至 11 月底，实现成交项目 160 笔，成交额 20.2 亿元。与 2017 年相比成交数量增长 34.5%。十六是完成农民负担监督管理各项工作。2018 年，对 11 个区开展了 13 次全市农民负担监督检查和涉农乱收费专项治理市级抽查工作，重点对村级组织和新型农业经营主体负担、涉农收费及价格等五个方面的内容进行抽查。举办了北京市农民负担监管与一事一议政策培训班，对通州、顺义等十个区及乡镇从事农民负担监管 220 位工作人员进行新时期全国农民负担形势及北京市农民负担工作辅导培训。有序推进农民负担监测及农民负担情况统计工作。完成了全国监测县密云区 30 个监测户的检查和指导工作。综合分析显示：2018 年全市农民负担监管总体趋势良好，农民负担进一步减轻，惠农政策得到积极落实。十七是充分利用行业协会作用推动郊区农业农村发展。北京市农民专业合作社联合会通过开展评优选强、示范引领、市场对接、品牌宣传、加强交流等手段不断推进农民组织起来。北京市农村金融协会通过多种方式为会员提供信息、交流服务和融资帮助，不断推进农村资产经营起来。

2. 资源区划工作不断推进农业资源的绿色生态利用。一是以农业可持续发展为导向，按照“强化资源区划”要求，通过加强外部协调、制度研究、技术运用、业务交流，加快推进资源区划各项重点工作。参与承担2018年国家重要农业资源台账制度建设任务，结合国家级农业可持续发展试验示范区创建，与市农委产业发展处共同指导顺义区农委组织开展2010—2016年度重要农业资源台账数据采集及评价。目前，台账数据已全部上传汇交系统，并形成评价报告与工作总结。加强农业资源管理制度研究，填补基础性工作。开展了绿色发展导向下北京市农业资源管理研究和北京市农业资源动态监测与预警研究，围绕农业资源管理目标和主要内容，提出了实施“一格局四条线”五大任务及体制机制改革创新的五大建议，建立与北京市情相适应的农业资源区划指标体系，提出数据库框架。开展密云区与顺义区农业资源本底高分遥感调查工作，北京市郊区土地利用消长变化监测，积极与国防科工局重大专项工程中心、二十一世纪空间技术公司对接遥感资源，召开“遥感助力首都乡村振兴”座谈会，加强内功修炼，探索遥感技术对于新时期北京农业资源精细化管理、产业融合化发展、区域绿色发展的作用、价值，为机构改革后强化农业资源区划研究工作提供新的思路。

二是以绿色生态农业为导向，按照“提升休闲农业”的要求，完成休闲农业各项研究指导工作。通过启动《北京市教育农园设施标准与服务规范》地方标准制订工作，编写推广《乡村民宿管家培训教材》，推动休闲农业业态规范发展。通过组织举办全市休闲农业和乡村旅游培训班、休闲农业园区与民宿花艺培训班，协办京津冀休闲农业研讨会、第五届中国旅游创业创新高峰论坛，承办中国国土经济学会主办的休闲农业年会等形式多样的活动，拓展休闲农业从业者的国际视野与专业思路。通过在北京国际设计周期间开展“鲜活的北京街市·点石成金创艺设计大赛”、农创美学主题展，制作电视专题片《北京田园志》（4集），不断加强北京休闲农业和乡村旅游发展成果的宣传推介。依托北京观光休闲农业行业协会、北京市农产品产销信息协会举办了“金色北京大市集”系列活动，组织了京郊18家有当季农产品的合作社、农业企业对接流通端，取得了26万余元的销售业绩；其中“溪翁庄2018农民丰收季暨金笸箩第五届开镰节”引入城市运营团队，在3天活动期间接待了上万名市民，门票收入20余万元，带火了全镇的民宿。

资源区划部门针对郊区休闲农业发展的用地瓶颈问题，敢于担当、破解难题，结合“大棚房”清理整治专项行动的形势，主动邀请基层企业、市规划国土委专家召开“全市农业观光园建设用地需求调研座谈会”，整理各地休闲农业用地政策，为市农委提供决策参考。

3. 调查研究工作服务谋划首都特点的乡村振兴路径。全年开展重大课题2项，重点课题5项，一般课题10项，中青年课题5项、统计分析及发展报告16项、改革试点工作5项。中心共发表文章130篇，其中公开发表文章34篇，内部发表文章96篇；出版著作9部；调研成果获得市级领导批示8次；成果获奖14次；参加学术会议49场。主要工作亮点有：

一是举全市农经系统之力开展乡村振兴百村千户大调研。根据市委、市政府关于实施乡村振兴战略的工作部署，中心于2018年3月下旬至4月中旬，组织市、区、乡镇200多名农村经管干部，在充分发挥农经统计优势和农研智库优势的基础上，以进村入户的方式开展了历时28天的乡村振兴“百村千户”大调研，对13个区、48个乡镇、116个村、1 272位农户进行了走访和问卷调查。紧紧围绕首都乡村发展的特点，深入三无村、倒挂村、拆迁村、空心村、传统村五类村庄，分类了解不同类型村庄发展的特点、难点，寻找分类施策依据，完成了《北京市实施具有首都特点的乡村振兴战略总报告》《北京市乡村振兴“百村千户”调研问卷数据分析报告》《乡村振兴国内经验对比分析报告》《2005—2017年北京市农村居民收入分析报告》等多项调研成果。其中，成果《关于具有首都特点乡村振兴战略的若干问题研究》在《农经快报》2018年第8期刊发，《推进首都乡村振兴战略调研报告》在由北京市委研究室主办的《北京调研》2018年第6期（总第338期）刊发，《从北京村庄分化实际谋划振兴》在《农民日报》2018年6月9日刊登。在全市农村工作会前夕，中心组织部分“三农”知名专家对首都乡村振兴提出建议，并及时呈报市领导参考，得到了市委书记蔡奇的高度重视并作出重要批示。

二是围绕改革开放40年开展一系列研究和研讨活动。把握改革开放40周年这个重要的历史结点契机，开展了重要课题《北京市郊区农村经济体制改革40年研究》，以集体经济与社会转型为研究主线，从产业升级、土地改革、资产经营与乡村治理四个领域展开，深度解读京郊农村改革40年经验、展望集体经济未来发展思路，该课题研究成果已经陆续被采纳转化，其中调研报告《农业经营体制“二次飞跃”的“西营经验”》获得北京市副市长卢彦批示，主笔完成的《北京市农村现代化路径研究》课题报告荣获市委市政府“第十三届全市优秀调查研究成果一等奖”。围绕农村改革发展40周年，举办了系列的庆祝活动，9月20日圆满举办了“庆祝改革开放40周年——北京市农民专业合作社发展成就座谈会”，总结了改革开放40年来全市合作社发展成就，提出了下一步合作社转型发展的意见建议。12月17日举办“天眼看京郊——改革开放40年京郊农业农村发展变化遥感影像展”开展，结合首都农业农村发展热点和农业资源区划工作成果，选取了44张卫星图片，分12个专题直观展示了京郊农业农村发展变化的历史断面和生态文明建设的成就。12月19日，成功举办了“召开庆祝改革开放40周年暨北京市城郊会年会”，学习领会和贯彻落实习近平总书记在庆祝改革开放40周年大会上的重要讲话精神，总结过去40年北京农村改革发展的巨大成就和宝贵经验，为中心下一阶段把握形势任务、找准工作定位，助力北京深化农村改革发展、推进具有首都特点的乡村振兴，提供思想先导与行动指南。此外，围绕农村改革发展40年，中心还完成了《北京农村改革发展40年大事记》《北京市农村经济研究中心庆祝改革开放40周年征文汇编》《改革开放四十年北京市农村合作经济经营管理统计分析报告及政策法规》《改革开放四十年北京市农村合作经济经营管理统计资料汇编（1978—2017年）》《改革开放40周年北京市农民负担工作经验汇编》等各类资料汇编。

三是改革试点工作持续稳步推进，并取得初步成效。围绕支持多种形式适度规模经营促进转变农业发展方式、探索“两权”抵押贷款盘活农村资产、深化农村集体经济产权制度改革、统筹利用农村集体建设用地等改革要求，近几年，中心持续开展了农村承包土地经营权抵押贷款试点、平谷区管家庄村土地托管试点、平谷区西营村“三权分置”试点、海淀区东升镇博展股份合作社法人治理结构改革试点和北京市乡镇统筹利用集体产业用地改革试点等5项改革试点工作。其中，农村承包土地经营权抵押贷款试点工作，2018年与相关机构共同推动完成农村承包土地经营权抵押贷款34笔，抵押土地752.9亩，贷款金额1 169万元。乡镇统筹利用集体产业用地改革试点工作，对全市试点工作要点及联营公司组建机制进行指导；出版培训教材《乡镇统筹》并开展区级专题培训，指导丰台区、大兴区、房山区开展试点工作，探索乡镇统筹发展新路径新机制。东升博展股份合作社法人治理结构改革试点工作取得重要进展。目前，海淀区农工委正式批复东升镇党委提交的《关于开展深化集体产权制度改革试点的请示》，原则同意《东升博展股份社深化集体产权制度改革方案》。

四是研究成果顺利转化与利用。全年组织汇编《2017年度改革试点工作汇编》《2017年北京市农村统计分析及发展报告》《实施乡村振兴战略加快城乡融合发展专题调研资料汇编》《北京市农村经济发展报告（2017）》（含《农村综合经济》《城乡发展一体化和新农村建设》《农村改革与集体经济发展》《休闲农业与乡村旅游》《农业农村信息化发展》《山区经济与生态建设》等6分册）等调研成果内部资料。编辑出版“北京农研智库丛书”第11部《生态文明沟域理论与实践研究》《北京城乡融合发展报告（2018）》《北京农村研究报告2017》《乡镇统筹》《北京郊区党建优秀征文集（2017年）》等著作；成功申办了北京市新闻出版广电局核准的《北京农村经济》出版准印证（准印证号：京内资准字2018—L0060号），解决了长期想解决而没有解决的难题，编辑发行《北京农村经济》月刊12期；编发《农经快报》15期、《调查研究报告》38期、《城乡经济通讯》40期、《北京城乡经济信息》20期；完成《北京农村年鉴2017》出版工作，《北京农村年鉴2018》顺利推进；《北京志·农业农村志》编修扎实推进，目前进入终审准备阶段，北京地方志办公室认为《北京志·农业农村志》已具备终审条件。

五是学术交流活动有序推进。全年举办农研智库大讲堂11期，邀请了中国农业科学院罗其友研究员、中国科学院张义丰研究员、北京市铭泰律师事务所创始合伙人杜立群律师、旅游创业创新研究院执行院长张德欣教授等专家作了专题报告。联手台湾农民团体干部联合训练协会，成功举办第21届京台科技论坛美丽乡村分论坛，有来自台湾、北京的相关专家以及北京农业企业、农民专业合作社代表80余人参与论坛，共同推进京台两地乡村建设发展的新理念、新经验、新成果的融合应用。

4. 农业农村信息化工作深入提升“三农”信息化支撑能力。一是农业农村信息化建设统筹推进。完善机制建设，推进郊区智慧乡村建设工作，组织完成了房山区黄山店村农村治理与服务精细化项目验收工作，完成2019年市级转移支付智慧乡村项目预算与任务清单的编制工作；推进京郊智慧农园建设试点工作，规范试点项目管理，帮助5个区农委落实智慧农园建设的主体责任和任务要求，分步实施指导推进5家农业园区开展智慧农园建设试点工作。推进农业物联网示范点工作，目前，顺义、昌平、延庆、通州等4区的10个农业园区按照市级转移支付指导性任务要求落实了建设任务，其中3个园区基本完成，2个园区正在财政评审，4个园区在组织招投标，1个园区在建设实施中。依托涉农信息资源平台一期项目，按各相关部门要求，完成相关信息资源建设工作。

二是电子政务工作稳步推进。组织系统单位开展2019年度政府投资信息化项目申报管理工作。汇总整合市农业农村局及系统单位的顶层设计、规划、项目计划等，完成2019年度规划备案；组织各单位提交8个已完成项目的验收报备材料。组织开展信息化项目建设工作。继续开展市农业农村局门户及办公自动化系统升级改造工作、农村土地确权颁证系统的建设和应用、农村实用人才系统的升级改造工作。组织系统单位开展政务信息系统整合工作。执行市农委系统清理整合实施方案，4月底全部完成整合计划。

三是信息服务工作扎实推进。1—11月，市农研中心网站新闻动态类栏目（含图片新闻、农经要闻、工作动态等栏目）共发布信息4 567条；市农业农村局网站新闻动态类栏目（含图片新闻、郊区要闻、城乡一体化等栏目）共发布信息3 486条；“首都农经”和“北京智慧乡村”微博分别发布博文566条和411条；向中国农业信息网政务网站报送信息4 963条，分别发布在北京频道和地方频道9个子栏目下，并向全国联播频道推送信息388条，首页采用率为61.6%。完成中心6个网站整合工作，完成市农业农村局网站、市农研中心网站考评工作。开展了涉农舆情监测分析工作、智慧乡村监测分析工作，深化相关涉农行为数据分析利用。

四是做好网络信息安全运维服务保障。较好地完成了中非论坛、全国“两会”等重要时期市农业农村局、市农研中心、信息中心的网络信息安全保障工作。全年共接到北京市政务信息安全监控预警系统安全漏洞通知单3份、市级部门远程渗透测试安全漏洞提示单1份，及时排查整改漏洞，与相关单位进行协调和技术服务，处理了安全隐患，未造成信息安全事故。

（三）善治善能、宽严相济，综合管理效能稳步提升

中心围绕善治善能、宽严相济的治理理念，一方面深入挖掘干部职工的个人所长，充分调动个人工作的积极性、主动性；另一方面，明确中心整体工作任务与要求，加强制度管理和考核约束，通过一张一弛，营造团结、紧张、严肃、活泼的工作氛围，力图形成中心事业发展与个人成长进步统一融合的善治成效。2018年，中心在综合管理上实现多个“首次”突破，首次以“三个全面提升、十五项重点工程、一册任务书”形式明确全年工作目标要求，首次统筹使用调研基本经费，首次按季度履行工作督查，首次开展公务员平时考核，首次全年按月开展丰富多彩的群团活动。

一是明确中心整体工作思路。2018年初，中心党组印发了《中共北京市农研中心党组关于推进“三个全面提升”实施十五项重点工程的意见》，明确了全年工作的主要目标、工作内容和监督考核要求，以“三个全面提升”提出了中心全年工作目标，以“十五项重点工程”作为“三个全面提升”的支撑工程，以一册任务书124项任务细化全年的具体工作安排，为中心各处室、单位的工作指导了方向。

二是着力提升工作执行力。围绕实施执行力提升工程，加快完善组织人事、服务保障、督促检查等各项工作制度，强化制度落实。2018年，中心在提升工作执行力方面实现4个首次。首次全年分季度开展了工作督查，每季度严格按照目标管理任务书要求督促检查各处室、单位的工作进度和工作成效，了解工作中存在的问题与困难，及时向党组汇报、协调解决，形成了1—4月、1—6月、1—9月、1—12月督查报告和目标管理任务进展表，有力地保障了中心全年工作有序推进、按时保质完成。首次开展公务员平时考核工作，规范公务员管理，按照“明分工、日记实、月小结、季评鉴”的程序推进公务员平时考核工作。首次开展全面从严治党主体责任检查考核工作，对17个支部的年度全面从严治党和党风廉政建设工作进行全面量化考核。首次由调研综合处负责统筹使用中心理论与政策研究调研基本经费，确定了1项重大课题、2项重点课题、6项一般课题、2项中青年课题由调研基本经费统筹列支，确保了中心没有纳入2018年财政预算的新增调研课题项目的正常开展。此外，按制度要求，持续开展调研课题考核工作、各处室单位总结考核测评工作。

三是成立了中心学术委员会。为提高理论学术水平和辅助决策能力，充分利用首都“三农”专家资源，汇聚中心业务研究力量，培养中心调研领军人才，3月2日，成立了中心学术委员会，确定中国人民大学经济学院刘守英教授等5名外单位专家委员，曹四发、张英洪等10名本单位专家委员，召开了中心学术委员会2018年第1次会议，会议讨论了《2018年北京市农研中心调查研究工作要点（讨论稿）》《2018年北京市农研中心调研课题和改革试点项目立项方案（讨论稿）》，并就中心如何做好学术研究工作、北京如何实施乡村振兴战略等问题进行了讨论和研究。

四是做好机关运行保障工作。将落实机构改革相关工作作为首要政治任务，提前做好职能梳理和情况调查，做好市编办来市农研中心调研工作；配合市委农工委做好人员转隶工作，引导大家服从组织安排，接受组织考验。进一步健全中心新招录人员考察工作办法等制度，同时规范了退休人员办理手续流程、领导干部社团兼职审批流程、新入职人员办理程序和新任处级干部宣布流程。建立从严管理干部机制，抓好个人有关事项填报核查工作，2018年中心首次实现个人有关事项填报检查“零问题”。按时按点完成2017年决算、2018年预算、2019年预算编制以及各项财务管理工作。2018年，预算经费10 459.36万元，支出9 927.38万元，完成支出进度94.91%，其中：中心本级7 901.23万元，支出7 573万元，完成支出进度95.85%；信息中心2 258.23万元，支出2 084.56万元，完成支出进度92.31%；农财中心299.89万元，支出269.79万元，完成支出进度89.96%。服务保障30次党组（扩大）会、10次主任办公会、23次理论中心组学习会；服务思想政治工作会（包括党建、党风廉政建设、意识形态工作、综合治理工作）、乡村振兴、低收入帮扶、老干部团拜、民主生活会等主任专题会；接收、登记、运转300多件无编号公文、570多件有编号公文、150多件内部传阅资料，制发中心编号公文130份；协调领导调研活动10多次，协调安排82次公车出行，近400次会议室服务，接待公安、消防、卫生、街道等部门人员30多人次，登记、运转群众信访电话访16件，接待群众来访10人次；认真做好机关用餐保障、办公用品保障、公车出行保障、职工快递收转、安全生产检查、消防专题讲座、全员消防演练、办公楼外墙里面紧急维修、供暖锅炉维修、垃圾清运、环境清洁等工作，2018年度中心获得北京市安全生产月活动优秀组织奖。

2019年工作思路

2019年将是中心发展历史上的关键一年。在这一轮机构改革中，中心的农经管理职能划归市农业农村局。市农研中心将按照新的三定方案，按照新的工作职能，重点围绕为市委市政府领导农村改革与发展进行决策研究服务的核心职能开展工作。中心应紧扣首都特点的乡村振兴这个时代主题，加快转变观念，深化体制改革，创新工作机制，加强调查研究，切实提高政策研究水平，以更多更优秀更有影响力的调研成果来体现价值。

第一，转变工作方式。一是要转变工作作风，调研处室积极地开展调查研究工作，其他的处室要给予服务。二是要转变调研作风，新时期农村改革发展与乡村振兴的任务艰巨，更需要我们扑下身子、深入基层、扎实调研，各个处室要切实行动起来，严格落实我们驻村驻户的要求，真正把功夫下到察实情、写实话、出实招上。三是要转变调研方式，加强对不同类型、不同特点村庄的长期跟踪调研，总结经验、找准问题、发现规律、分类施策。

第二，谋划调研布局。一是围绕乡村产业振兴、乡村人才振兴、乡村文化振兴、乡村生态振兴、乡村组织振兴和农村改革发展体制机制创新等方面，强化现有研究基础，拓展新的研究领域，进一步建立健全研究布局。二是聚焦巩固完善农村基本经营制度、深化农村土地制度改革、创新现代农业经营体系、完善农业支持保护制度、健全城乡融合发展体制机制、创新乡村治理体系等六大改革任务开展研究。三是围绕北京的乡村振兴重点工作开展研究。为全市实施乡村振兴战略，推进美丽乡村建设和农村人居环境整治，开展“百村示范千村整治”等工作做好决策支撑。

第三，分类开展研究。一是开展短平快的对策性研究，及时跟进领导决策需求，把领导的指示细化为实施路径和政策措施。二是开展中期的常规性研究，针对“三农”的重点难点热点问题提出操作性强、针对性强的实现路径与政策建议，用于政策转化。三是开展中长期的政策理论研究，加强前瞻性、战略性、储备性课题研究，为北京农村改革发展提供理论研究基础和宏观战略视野。

北京市农研中心（市农经办）
党政领导班子成员

党组书记 吴宝新
党组成员 张秋锦 曹四发
蒋洪昉 吴志强
刘军萍
主任 吴宝新
副主任 张秋锦 曹四发
蒋洪昉 吴志强
市城乡经济信息中心主任 刘军萍
副巡视员 熊文武

[北京市农研中心（市农经办）刘雯]

北京农业职业学院

概　　况

2018年，北京农业职业学院设有南校区、北校区、国际教育学院和机电工程学院等4个校区，9个系部，开设园艺技术、畜牧兽医和绿色食品生产与检验等44个专业。

占地面积81.22万平方米，产权校舍建筑面积32.54万平方米。固定资产总值78 395.44万元，其中，教学、科研仪器设备总值18 726.28万元。图书馆建筑面积11 548.56平方米，藏有纸质图书53.55万册、电子图书328万册。拥有计算机4 120台，多媒体教室200间。信息化设备资产12 284.47万元，网络信息点8 200个，校园网出口总带宽2 000Mbps，电子邮件系统用户965个，上网课程44门，管理信息系统数据总量950GB。

全年教育经费投入55 788.80万元，其中，国家拨款48 926.69万元，自筹经费6 862.11万元。

教职工845人，其中，专任教师410人，包括教授及教授级高级工程师37人，副教授及高级工程师202人；博士54人，硕士253人；“双师型”教师290人。聘请校外教师35人。

毕业生1 474人，其中，高职生1 195人、中职生215人、成人教育专科生64人。毕业生一次就业率97.37%。招生1 499人，其中，高职生1 195人、中职生71人、成人教育专科生10人。高考北京地区提档线文科150分、理科150分，单考单招150分。在校生4 084人，其中，高职生3 761人、中职生279人、成人教育专科生44人。

2018年工作的主要亮点

（一）成功争办特色高水平职业院校建设

成功进入北京市特色高水平职业院校建设名单公示榜。都市园艺专业群、动物医学专业群进入第一批北京市特色高水平骨干专业（群）建设公示名单，学院首农园艺工程师学院成功进入第一批北京市职业院校工程师学院及技术技能大师工作室建设公示名单。

（二）举办建校60周年系列纪念活动

结合庆祝2018年教师节举办建校60周年系列纪念活动。2018年是学院建校60周年，回顾历史，展示成就，凝聚力量，弘扬农职精神，推动学院发展再上新台阶。

（三）办学水平全面提升

《2018中国高等职业教育质量年度报告》发布，学院荣获服务贡献50强和教学资源50强两个桂冠；教师在“2018年全国职业院校技能大赛职业院校教学能力比赛”中获得一等奖。

（四）举办中组部边疆民族地区和革命老区村党支部书记培训班

按照中共中央组织部 2018 年党员教育培训示范班计划安排，圆满完成中组部边疆民族地区和革命老区村党支部书记培训任务。全年共完成 9 期培训班，累计培训学员 8 673 人天，涉及 18 个省区市、41 个民族 1 239 名边疆民族地区村党支部书记。该班为期三年，得到中组部和市委组织部领导的指导和肯定。

（五）科技帮扶领域进一步拓宽

与国家体育总局、山西省繁峙、代县两县签署了扶贫合作框架协议，与房山、门头沟和延庆等三个区的 6 个乡镇计 11 个低收入村开展对接帮扶工作，选派农业推广教授 32 人到农村从事种植、养殖、节水灌溉等推广项目 40 余个，选派 2 名第一书记挂职，选派专业教师 39 名到行业企业实践锻炼和“三农”一线挂职服务，拉萨市第一中等职业技术学校 40 名学生来农职院进行 2 个月的实习，完成内蒙古乌兰察布市、河北青龙县、赤城县等扶贫协作工作任务。

（六）人才队伍建设取得新突破

制定实施《专业技术人员直接提任处科级领导职务的规定》，完善干部选拔任用制度。首次实现一年两次招聘工作，首次开展了破格申报人员评审工作。高级职称比例提高 5 个百分点，达到 55%，成为北京市职业院校高级职称比例最高的学校。比 2015 年末正高级职称增长 39.4%、副高级职称增长 26.9%。

（七）国际和地区合作取得长足进步

积极开展“一带一路”沿线国家院校合作，首个海外分院办学协议在泰国签署，与毛里求斯福尔肯公民联盟和中非商会毛里求斯分会达成合作协议，与澳大利亚北京澳联国际教育科技有限公司签订合作协议，与俄罗斯莫斯科金融工业大学签署合作备忘录，与马来西亚 4 所职业技术学院签署合作备忘录。与我国台湾地区的大仁科技大学、中华医事科技大学签署了合作备忘录。马术学院与英国马术协会和哈特伯瑞学院就师资培养和学生交流达成初步合作意向，与我国香港地区伤健策骑协会就学生实习和教师实践锻炼达成合作意向。

（八）承担北京市新型职业农民培育三年行动计划任务

承担北京市新型职业农民学历教育和培训的主要工作，负责师资数据库建设、信息化平台建设、服务体系建设、培育模式创新以及新型职业农民日常管理工作，开辟了教学服务新领域。

2018 年主要工作情况

（一）积极推进内涵建设

教学改革进一步深化。完成了教育教学改革三年行动计划，制定实施《高端技术技能人才七年贯通培养人才培养方案指导意见（试行）》《现代学徒制考核评价及监督管理办法（试行）》。首届村务管理专业开班。启动院级教改课题开题，组织申报市教委教改项目立项。完成 6 个项目 34 门课程网络资源建设。18 种教材入选农业农村部“十三五”规划教材书目。

技能大赛成绩实现新突破。获学生全国职业院校技能大赛二等奖 1 个、三等奖 2 个，获市级一等奖 13 个、二等奖 31 个、三等奖 24 个，获行业技能大赛一等奖 25 个、二等奖 25 个、三等奖 51 个。获第四届“互联网＋”创新创业大赛三等奖 2 个。陈袁昊同学申报的制作动物模拟原生态造景景观项目进入第二届高双创人才精英训练营。组织承办北京市技能大赛 6 项和首届两岸大学生职业技能大赛宠物美容赛项。学院运动队夺得首都校第 56 届学生田径运动会男女团体总分第一名。

（二）深入开展大学生思想教育活动

积极探索思想政治教育融入专业课教学新途径，坚持重大活动升国旗和奏国歌制度，利用运动会、军训等活动对学生开展系列爱国主义教育。举办学生素质拓展训练和第十届大学生心理健康节，强化学生公寓治理工作，加强学生资助工作。举办五四表彰等评优评先活动，共表彰学生 1 982 人次，发放资金 66.36 万元。充分发挥关工委育人作用。学院连续五年被北京市和房山区评为征兵工作先进单位。

（三）扎实推进招生就业工作

招生工作实现新突破。高职计划招生 1 420 人，实际录取 1 511 人。其中，自主招生录取 733 人，统考统招录取 376 人，单考单招录取 6 人，农村户籍考生“专项培养计划”项目录取 18 人，“3＋2”转段录取 163 人，五年制录取 215 人。加上七年贯通录取 72 人，共计招生 1 583 人。

就业质量全面提升。共有高职毕业生 1 216 人，1 187 名毕业生落实了就业，就业率为 97.62%。家庭经济困难、身体残疾等困难毕业生

117 名，已全部落实就业。

（四）全面推进科研工作

科研成果成绩斐然。在加强制度建设和项目管理的基础上，获批市自然基金等各类科研项目 104 项，科研经费 1 372.38 万元。组织课题结项 67 项，启动 2019 年度院级科研项目申报工作。全年发表论文 476 篇，出版著作 65 部，获得授权专利 30 个，软件著作权数 12 项，获得奖励 10 项；获得授权新品种 1 项。同比 2017 年增长 55%。对 323 项 2017 年度教科研成果开展奖励，奖励资金 58 万元。积极推进“星创天地”创新平台建设。南繁基地建设顺利推进。

院士工作站工作实现新突破。以建院 60 周年为契机，为中国农业大学李德发院士和北京工商大学孙宝国院士颁发聘书。动物科学院士工作站进修教师张洁副教授在国际 SCI 杂志发表封面论文 2 篇，一篇在《农业与食品化学杂志》发表，影响因子 3.795；另一篇在国际期刊《微生物学前沿》发表，影响因子 4.076。

（五）进一步加强培训服务与继续教育

以党校工作部为平台，积极开展农村基层人才培训。承办了全市街道组织部长培训等，累计培训学员 1 213 人次。开展了全市低收入村“两委”负责人培训等，累计培训学员 4 248 人次。承办了河北省承德市农民合作社培训班，累计培训学员 1 078 人次。

以继续教育学院（农广校）为平台，积极开展新型职业农民培训。完成新型职业农民培育等专项培训班 650 个，培训学员 5.88 万人次。合作开展高等学历教育、自办成人大专、自学考试等在校生 2 100 人，毕业 1 027 人。完成技能鉴定 779 人，取得鉴定证 764 人，通过率达 98%，其中学院学生 708 人，合格率 99.7%。

中学生学农教育进一步加强。完成课程整体设计与教学水平提升，开发了无人机、异宠世界科普、剪纸等新课程。累计完成 20 批次、356 个学农班级、1.3 万名师生的学农任务。

（六）进一步加强财务、资产、审计、产业和后勤管理

财务改革进一步深化。制定下发二级预算实施方案，财务管理重心实现下移，进一步激发了二级单位工作活力。同时，规范了各项财务管理制度和工作流程，实现了四校区会计核算账套合并。

国有资产管理得到加强。实现了四校区资产管理政策、工作执行制度、资产处置流程、资产调配标准、资产购置预算等“五统一”。全年新增资产 8 000 万元，学院固定资产总值达 8.04 亿元。

信息化建设扎实推进。完善顶层设计，健全制度体系。完成一卡通升级、视频会议扩容、校园无线覆盖，完善企业微信、智慧农职等平台功能。

审计工作得到加强。完成了对学院《内部审计规定》的修订，完成了 2017 年预算执行情况和决算草案审计工作，完成 24 个项目以及有关单位收支、有关同志离任等方面的审计工作。

农职资产公司工作进一步规范。根据养殖政策和产业结构调整，以及市场发展形势，在保留教学功能的前提下，对鸡场进行了适当合理处置。完成 ISO9001 质量管理体系认证，优化了物资采购、产品定价、合同签订、库房管理等模块管理流程，较好地完成了全年生产任务。

后勤管理与服务进一步改善。完成路网改造、高压线入地及地面绿化美化、污水处理厂改扩建、餐厨垃圾无害化处理、清河校区采暖整治工程；新建迎春园、石榴园等环境提升工程。餐饮、医疗、维修、绿化美化、环卫和车辆服务取得新进展。

北京农业职业学院领导班子成员

党委书记 李云伏
院长 王福海
副书记 杜保德 冯学会
纪委书记 牟少华
副院长 李俊英 程文华

（北京农业职业学院 孙田田）

调研摘要选编

《京郊调研》2018年第18期《“辛庄美”的由来与启示》认为，房山区大石窝镇辛庄村打造了“美在公园”“美在街巷”“美在角落”“美在家庭”“美在制度”等“五美”样板，辛庄美来自于党员的“能”、干部的“硬”、规矩的“实”、村民的“服”。“辛庄美”有三点启示：一是乡村要美，首先要让群众心里美。必须善于调动和保护群众参与的积极性，让群众看到可喜变化，切身体验到“辛庄美”好处，获得感、幸福感油然而生，参与的积极性持续高涨。二是乡村治理水平要提升，根本在于要做实“三治”结合。辛庄的美丽乡村建设历程，处处体现了自治、法治、德治的紧密结合。比如，该村用村规民约约束村民规范存放砖瓦灰沙石，用《土地管理法》强制村民不准搞违建，用弘扬孝老爱亲的中华传统美德，培育向上向善的淳朴民风等。三是乡村要振兴，关键是基层组织要振兴。文明标兵村、劳模村的基层组织则有极强的凝聚力、向心力和战斗力，干群关系融洽，党员干部在群众中威信高，只有推动基层党组织全面进步、全面过硬，才能真正激发广大农民的积极性、主动性、创造性，才能真正激活乡村振兴的内生动力。（房山区委区政府研究室 市委研究室法制处）

《京郊调研》2018年第3期《关于美丽乡村建设的思考与实践》认为顺义区北小营镇的美丽乡村建设取得了阶段性成果，表现在提升群众获得感、推动产业转型升级、提升乡村文化氛围和加强农村社会治理4个方面。同时认为北小营镇的美丽乡村建设存在5个方面的问题，一是整体规划不够完善；二是产业结构不尽合理；三是基础设施、公共服务设施建设缺乏统筹；四是村内背街小巷环境秩序有待提升；五是村民人文素质参差不齐。针对上述问题，提出了下一步北小营镇美丽乡村建设的思路。一是提升规划水平，提升整体风貌，完善美丽乡村建设的总体布局；二是基础设施优先，产业均衡发展，增强美丽乡村建设的发展动力；三是强化生态监管，优化人居环境，改善美丽乡村整体面貌；四是发挥主体作用，坚持建管并举，健全美丽乡村建设的保障体系；五是塑造乡风文明，传承历史文化，提升美丽乡村建设品质内涵。（顺义区北小营镇党委书记 欧阳华洲）

《京郊调研》2018年第9期《新形势下加强农村“两委”后备干部培养的几点思考》认为，门头沟区清水镇村级后备干部选拔培养工作存在一些困难和问题。一是选拔青年到村任职难度较大。随着经济的快速发展，大量农村青年外出务工，使原本有限的村“两委”后备干部资源更加稀少，后备力量不足，可供培养的农村后备干部越来越少。二是后备干部岗位吸引力有待提升。随着民主化、法治化进程逐步推进，农村各项工作要求愈加规范，农村工作任务繁重且工作条件相对较差、待遇相对较低，在一定程度上影响了把更多优秀人才选配到村“两委”班子队伍中来。三是后备干部能力素质仍需提升。当前形势下，农村干部文化程度相对偏低、年龄结构偏大的问题依然突出，相对于农村工作的现实需求，村级后备干部在思想、政治、工作等方面仍有欠缺。为此提出了四条建议。一是深化选拔机制，从源头上抓好后备。二是深化培养机制，提高干部队伍整体素质。三是深化管理机制，促进后备干部的健康成长。四是深化使用机制，助推后备干部队伍建设步入良性发展轨道。（门头沟区清水镇党委、镇政府）

《京郊调研》2018年第10期《密云区农村污水处理设施建设运行情况调查》中提出四点问题和三点建议。调查中提出的四点问题是：第一，设施建设缺少规划，农村污水处理设施建设尚缺乏权威统一的国家级规范和标准，相关设计和规划缺乏与农民生活、产业发展、生态保护的有效衔接，部分村的建设未经科学论证，施工仓促、质量不高、寿命缩减，污水处理站选址不科学，污水收集无法全覆盖，还普遍存在农村中水利用的难题；第二，承载能力普遍偏低，造成村污水处理站普遍抗冲击能力弱，难以适应民俗村发展要求，适应气候变化能力不足、设备时有损坏；第三，污水收集覆盖不全，山区地形起伏较大且村民居住分散，污水管网统一接入主管网难度很大，受限于村庄规划散乱滞后，村内污水管网施工难度大，延伸入户困难、村民入网意愿低；第四，管理维护松懈无序，农村污水处理设施产权不清晰，监测、运营、维护、考核责任不清，运维经费不足、人为破坏盗窃时有发生，缺乏专业人员定期检查维修，村民环保意识有待提高，破坏或废置污水收集装置现象普遍存在。调查提出的三点建议是：第一，高水平编制建设规划，分级明确污水处理规划编制职责，按照集约节约、分类施策的原则实现污水处理全覆盖，居住过于分散的农户可建设小型污水处理装置或污水蓄水池，通过定期抽运的方式对污水进行处理，通过利用现有坑塘建设调蓄水池、实施雨污分流等措施，有效应对游客增加和强降雨对污水处理设施造成的短时流量冲击，积极拓宽中水利用渠道；第二，精心设计施工、确保工程质量，科学选型运行简单、费用适度、操作简便的污水处理工艺，形成规模优势、降低综合成本，鼓励采用非政府投资或 PPP 模式拓宽建设资金来源，将农村污水处理设施作为镇村市政基础设施工程，与其他基础设施建设统筹考虑，建立由质监、监理等部门参加的竣工验收制度，污水处理设施要全部安装在线监测系统，提高监管工作信息化水平；第三，构建长效工作机制、规范完善各项管理制度，厘清各方监管责任，各镇、村作为建设主体和辖区内公共污水处理设施产权人，全面推进专业化管理，鼓励委托专业单位对污水处理和再生水设施进行维护管理，并由区政府统一进行考核评价，完善运行保障制度，将污水处理和再生水设施运行维护所需资金纳入财政预算，各方合理分担相关费用，运用经济手段保证污水处理规模基本稳定，分级制定应急处理预案，避免突发事故影响村庄生态环境，加大工作考核力度，将各镇污水处理设施运行管理情况和用水收费情况列入区政府对各镇政府的绩效管理考核评价体系。（密云区副区长 朱锡才）

《京郊调研》2018 年第 12 期《北京农业嘉年华调查分析与思考》中总结了北京农业嘉年华自 2013 年首次举办以来的三条发展经验，一是与艺术创意相结合，融入富有情感的造型符号，与观光休闲相结合，营造田园美景；二是将农业生产生活中有特色、有趣味、可体验的环节提炼出来，与互动体验相结合，分享农业乐趣；三是充分利用农业衍生的科普实践、文化传承等功能，与文化科普相结合，传递农耕智慧。同时，针对北京农业嘉年华如何利用会展农业的表现形式，打造以农业为主题的休闲旅游目的地，提出了三点思考。一是通过注重产品定位、增加家庭产品、演绎农业故事，优化展馆内容，建立情感联结；二是通过开发主题商品、突出地域特色、授予独家销售，策划配套产品，提高商业价值；三是通过规划休息区域、提供寄存服务等，增强舒适体验。（原市农委 协调联络处）

《京郊调研》2018 年第 14 期《坚持生态立区 全面加快房山生态宜居示范区建设》中提出了五大举措：第一，建成首都西南绿色生态屏障，在房山西部山区建设乔、灌、草相结合的森林系统，深入实施人工造林、低效林改造、生态清洁小流域、封山育林和矿山恢复等工程，依托长沟国家泉水湿地公园、琉璃河湿地公园等重大项目带动促进湿地的保护、建设和合理利用，打造中部森林湿地绿化美化带，建设现代农业示范区，着力推动农业园区化、果园景观化，以提升城市生态功能为目标，结合农业产业结构调整，打造东部城市景观生态休闲区；第二，持续加大整治力度、全面提升区域环境质量，加快大气污染源治理步伐，提高污水处理率和资源化利用水平，加快推动城中村和城乡结合部的污水截流和收集工作，结合美丽乡村建设，实行农村污水处理统一规划、统一建设、统一管理，强化水环境综合整治，在山区建设生态清洁小流域；第三，加强生态保护、提高生态涵养，推进生态保护与修复、划定生态红线，拓展城市生态空间；第四，加快补齐短板，提升宜居宜业新城水平，完善提升社会公共服务体系，提升城市信息化和智慧服务水平，加快城乡群众安居宜居工程建设，以城乡结合部整治与建设为突破口，推进农民就业方式和生活方式转变，推动山区人口向中心城镇集中；第五，强化生态文明建设制度保障，健全完善生态保护补偿机制，加大政府对山区乡镇生态保护和建设的投资力度，探索推行碳排放权、排污权、水权交易制度，健全完善政绩考核制度，建立完善绿色GDP考核评价体系，探索环境责任离任审计、强化生态政绩观。（房山区委书记 陈清）

《京郊调研》2018年第19期《北京乡村民宿提档升级路径的思考》认为，北京乡村民宿起步早、发展快，2017年全市有民俗旅游接待户8 363户，投资机构、外来人员或村集体投资的精品民宿200余家，逐渐成为了农民增收致富的产业、社会资本投资的平台、产业结构调整的引擎、价值观念传播的渠道、文化保护传承的载体，是农村发展的新兴支柱产业。但在消费升级背景下，存在发展痛点：一是民俗户发展动力不足，市场影响力开始下降，精品民宿发展迅猛，但投资回报率较低；二是乡村民宿不具备经营住宿的合法资质，用电、污水、垃圾收运处理等基础设施不健全，受用地属性及指标限制，缺少配套旅游服务设施；三是农业农村资源与旅游、消费、文化、科技、设计等领域的深度融合存在障碍；四是景区等旅游资源有待开发；五是营销、培训等公共服务供给不足。乡村民宿是农村现代服务业与民生产业的有机结合体，促进乡村民宿提档升级：一是要坚持以农民为主体，充分依托农村资源优势；二是要吸引社会资本投资，积极营造良好营商环境；三是要拓宽乡村民宿功能，推进产业融合互动发展；四是要策划公共品牌形象，整合区域乡村旅游资源。（原市农委 协调联络处）

《京郊调研》2018年第20期《坚持用优秀历史文化助推美丽乡村建设》认为，文化传承在美丽乡村建设中日益发挥不可替代的作用，主要表现为弘扬了区域优秀历史文化、提高了美丽乡村建设品位、促进了美丽乡村产业发展、培育了美丽乡村文明乡风、提升了怀柔对外形象5个方面。并指出美丽乡村建设中文化传承存在着不可忽视的四个问题：一是乡愁乡韵概念不清、家底不明。二是部门镇乡工作统筹力度不够。三是乡村优秀历史文化挖掘利用不充分。四是大拆大建造成了历史文化传承断档。针对以上问题，提出了六条建议：一是强化使命意识，完善体制机制，统筹推进美丽乡村建设；二是开展乡村文化调查，摸清乡愁乡韵家底，编辑出版历史文化丛书；三是完善规划指导，突出资源特色，同步建设美丽乡村和美丽乡韵；四是树立“文化＋”理念，深化产业融合，推进乡村产业转型升级；五是明确政策导向，实现精准发力，确保文化传承利用工作到位；六是发挥教化功能，强化共同记忆，依托乡愁乡韵培育文明乡风。（怀柔区政协 武占刚）

市农研中心《调查研究报告》2018年第3期《北京市农村集体经济转型升级统计分析报告》认为，北京市农村集体经济存在3个主要特点：一是农村集体资产问题持续增长，增速有所下滑，区域分布不平衡；二是农村集体经济利润率偏低，产业结构仍需优化，集体经济增长贡献率有所下降；三是农村居民收入增速有减缓势头，工资性收入是主要影响因素。同时认为面临4个方面的问题：一是集体资产保值增值压力大；二是集体经济效益偏低，即利润率低、增长贡献率低、产业结构仍需优化；三是集体经济组织程度下降，话语权缺失；四是集体产业发展方向不明确，农民增收动力不足。针对上述问题，文中提了三条建议：一是以城市总体规划为出发点，引导集体经济向服务型产业升级；二是以乡村治理现代化为着力点，提高集体经济组织化程度；三是以促进农民增收为落脚点，探索农民持续增长长效机制。（市农研中心 周颖）

市农研中心《调查研究报告》2018年第19期《北京美丽乡村建设及人居环境整治》认为，2018年2月，北京制定出台《乡村振兴战略扎实推进美丽乡村建设专项行动》主要基于三方面的考虑。一是贯彻落实中央决策部署的重要举措；二是解决发展不平衡不充分的必然要求；三是增强广大农民获得感、幸福感的迫切需要。文章介绍了北京市美丽乡村建设的情况，一是强基础，夯实农村公共基础设施；二是抓改革，开展农村地区“新三起来”建设，即“资产经营起来、农民组织起来、土地流转起来”；三是开展美丽乡村创建评选工作。对下一步工作进行了安排。一是“三步走”，2018年重点推进主要道路沿线的美丽乡村创建工作，2019年村庄规划编制完成，2020年农村规划基本完成。二是推进“五个方面”工作，即编规划、治环境、强服务、重治理、建机制。（原市农委 郑桐富）

市农研中心《调查研究报告》2018年第25期《北京市农民专业合作社发展情况研究》认为，北京市建立了比较完善的政策体系和工作机制，主要表现为：一是制定了《北京市实施〈中华人民共和国农民专业合作社法〉办法》；二是建立了北京市农民专业合作社发展联席会议制度；三是建立了合作社辅导员队伍和专家指导组；四是开展了农民专业合作社示范社建设行动计划；五是制定了《关于扶持本市农民合作社发展的若干意见》《关于金融支持农民专业合作社发展的意见》等支持农民合作社发展的相关政策。文章认为合作社发展存在6个方面的困难和问题。一是合作社“小、散、弱”占比较大；二是合作社产业发展空间不足问题越来越突出；三是土地资金人才仍然是制约合作社发展的三大主要瓶颈；四是合作社治理运营规范水平较低；五是合作社农产品销售难问题日益显现；六是资源整合机制不健全，政策落实不够到位。文章提出了6条对策建议。一是加快合作社转变发展方式；二是落实合作社建设用地及金融支持政策；三是多措并举拓宽合作社销售渠道；四是加强合作社规范治理和指导服务；五是建立高效的部门协调联动机制；六是促进京津冀合作社协同发展。（市农研中心 王宇新）

统 计 资 料

农村基本情况

2018 年

指标名称	计量单位	北京市	朝阳区	丰台区	海淀区	门头沟区	房山区	通州区
1. 村委会个数	个	3 915	144	64	84	178	459	470
2. 乡村户数	户	2 119 497	212 985	115 291	144 814	33 764	208 378	290 730
3. 乡村人口	人	5 579 815	508 743	283 754	377 845	68 214	590 346	775 669
4. 乡村从业人员	人	3 374 525	346 275	168 361	230 605	34 939	306 209	391 905
指标名称	**计量单位**	**顺义区**	**昌平区**	**大兴区**	**怀柔区**	**平谷区**	**密云区**	**延庆区**
1. 村委会个数	个	426	301	527	284	272	330	376
2. 乡村户数	户	235 709	321 754	155 388	89 396	113 320	117 559	80 264
3. 乡村人口	人	647 755	791 433	497 205	218 761	337 291	284 757	198 042
4. 乡村从业人员	人	374 769	561 277	304 871	135 876	204 644	196 699	118 095

农林牧渔业总产值（现价）

单位：万元

各 区	农林牧渔业总产值			农 业			林 业		
	2018 年	2017 年	2018 年比 2017 年增长（%）	2018 年	2017 年	2018 年比 2017 年增长（%）	2018 年	2017 年	2018 年比 2017 年增长（%）
北京市	2 967 694.8	3 083 174.7	−3.7	1 147 488.9	1 298 303.6	−11.6	951 268.5	588 230.8	61.7
朝阳区	49 940.5	33 280.2	50.1	2 420.1	4 968.7	−51.3	43 255.8	22 926	88.7
丰台区	22 108.3	20 797	6.3	5 780.2	8 839.8	−34.6	14 218.6	9 797	45.1
海淀区	43 013.9	43 711.1	−1.6	12 817.2	15 463.6	−17.1	20 278.1	15 134.4	34.0
门头沟区	75 922.9	26 982.1	181.4	3 536.4	8 900.4	−60.3	70 184.4	13 146.7	433.9
房山区	338 213.5	357 000.7	−5.3	134 847	164 106.9	−17.8	113 252.2	59 906.7	89.0
通州区	396 245.7	408 018.4	−2.9	140 813	184 545.6	−23.7	135 399.9	75 726.1	78.8
顺义区	463 118.5	483 405.8	−4.2	168 742.5	177 824.6	−5.1	99 108.4	84 212.2	17.7
昌平区	188 694.6	203 273.4	−7.2	77 827	80 585.9	−3.4	58 078.7	52 787.4	10.0
大兴区	316 975.9	408 028.1	−22.3	181 140.7	202 432.2	−10.5	90 780.6	91 506.9	−0.8
怀柔区	149 446.9	154 252.5	−3.1	37 460.2	44 509.8	−15.8	87 067.2	62 919.6	38.4
平谷区	394 989.9	398 083.6	−0.8	188 242.9	194 022.1	−3.0	58 606.9	21 613.4	171.2
密云区	326 957.2	357 788.7	−8.6	143 642.7	161 221.4	−10.9	90 999	48 071	89.3
延庆区	199 644.8	176 831	12.9	50 219	50 882.6	−1.3	70 038.7	30 483.4	129.8

（续）

各　区	牧　业			渔　业			农林牧渔服务业		
	2018年	2017年	2018年比2017年增长（%）	2018年	2017年	2018年比2017年增长（%）	2018年	2017年	2018年比2017年增长（%）
北京市	719 739.0	1 013 709.4	−29.0	61 497.2	96 072.6	−36.0	87 701.2	86 858.3	1.0
朝阳区	132.1	283.3	−53.4	1 128.2	2 097.9	−46.2	3 004.3	3 004.3	0.0
丰台区	694.4	745.1	−6.8	0	0	—	1 415.1	1 415.1	0.0
海淀区	3 014.1	6 180.1	−51.2	4.5	33	−86.4	6 900	6 900	0.0
门头沟区	1 324.6	4 057.5	−67.4	0	0	—	877.5	877.5	0.0
房山区	71 606.4	112 896.7	−36.6	5 122.9	6 705.4	−23.6	13 385	13 385	0.0
通州区	93 059.5	111 046.3	−16.2	17 082.1	26 809.2	−36.3	9 891.2	9 891.2	0.0
顺义区	168 927.9	191 268.3	−11.7	8 427.9	12 188.9	−30.9	17 911.8	17 911.8	0.0
昌平区	43 822.2	60 711.4	−27.8	1 455.6	1 677.6	−13.2	7 511.1	7 511.1	0.0
大兴区	36 138	103 842.3	−65.2	50.3	1 380.4	−96.4	8 866.3	8 866.3	0.0
怀柔区	18 969.86	38 601.8	−50.9	5 074.74	7 346.4	−30.9	874.9	874.9	0.0
平谷区	133 402.2	165 140.7	−19.2	11 884.3	15 296.7	−22.3	2 853.6	2 010.7	41.9
密云区	75 665.3	131 354.6	−42.4	7 982.2	8 473.7	−5.8	8 668	8 668	0.0
延庆区	72 982.4	87 581.3	−16.7	862.3	2 341.3	−63.2	5 542.4	5 542.4	0.0

注：全市数据含远洋渔业数据。

主要农产品产量

单位：吨

各　区	粮　食			蔬菜（含食用菌）			干鲜果品（不含瓜果类）		
	2018年	2017年	2018年比2017年增长（%）	2018年	2017年	2018年比2017年增长（%）	2018年	2017年	2018年比2017年增长（%）
全　市	341 437.4	411 237.361	−17.0	1 305 512	1 568 184	−16.8	463 832.2	572 323.5	−19.0
朝阳区	0.0	13	−100.0	2 299	4 811	−52.2	105.4	607.2	−82.6
丰台区	230.0	252	−8.6	1 509	2 926	−48.4	716.9	766.3	−6.5
海淀区	2 474.8	2 112	17.2	14 707	17 035	−13.7	2 710.2	3 741.3	−27.6
门头沟区	791.3	968	−18.3	818	3 174	−74.2	1 304.7	3 023.8	−56.9
房山区	39 180.7	48 682	−19.5	145 917	149 470	−2.4	30 282.2	32 865.0	−7.9
通州区	21 433.3	28 307	−24.3	251 121	352 525	−28.8	30 885.2	38 540.6	−19.9
顺义区	54 054.3	60 967	−11.3	235 965	259 322	−9.0	34 110.0	49 660.2	−31.3
昌平区	3 887.4	5 685	−31.6	31 598	37 530	−15.8	23 928.9	30 504.8	−21.6
大兴区	30 968.1	55 863	−44.6	343 982	418 603	−17.8	52 658.1	59 490.1	−11.5
怀柔区	19 076.0	25 961	−26.5	17 442	20 194	−13.6	10 022.8	12 850.1	−22.0
平谷区	27 537.9	43 454	−36.6	55 079	88 641	−37.9	232 025.2	279 982.8	−17.1
密云区	50 254.4	69 044	−27.2	146 661	155 244	−5.5	35 677.2	44 388.1	−19.6
延庆区	72 251.0	81 862	−11.7	58 415	58 709	−0.5	9 405.4	15 903.2	−40.9

（续）

各　区	肉　类			#猪牛羊肉		
	2018年	2017年	2018年比2017年增长（%）	2018年	2017年	2018年比2017年增长（%）
全　市	174 653.95	263 924.7	−33.8	150 740	217 483.8	−30.7
朝阳区	0.29	17.2	−98.3	0.29	17.2	−98.3
丰台区	82.04	129.6	−36.7	82.02	124.7	−34.2
海淀区	555.91	1 348.3	−58.8	526.88	1 326.5	−60.3
门头沟区	474.99	1 515.4	−68.7	343.01	483.3	−29.0
房山区	21 778.24	35 046.1	−37.9	18 670.44	29 616.9	−37.0
通州区	23 369.38	28 615.8	−18.3	19 208.9	23 557.1	−18.5
顺义区	51 280.16	60 869.4	−15.8	48 251.01	55 722.5	−13.4
昌平区	6 160.75	9 352.4	−34.1	5 442.69	8 414.6	−35.3
大兴区	9 037.58	31 309.9	−71.1	7 514.99	25 470.3	−70.5
怀柔区	4 041.65	11 833.7	−65.8	3 363.24	9 516.7	−64.7
平谷区	34 357.49	44 077.3	−22.1	29 793.53	35 835.5	−16.9
密云区	11 285.9	27 149.4	−58.4	8 300.93	18 284.0	−54.6
延庆区	12 229.57	12 660.2	−3.4	9 242.08	9 114.5	1.4

各　区	牛　奶			鲜　蛋		
	2018年	2017年	2018年比2017年增长（%）	2018年	2017年	2018年比2017年增长（%）
全　市	310 555.63	374 212.9	−17.0	112 471.3	156 847.4	−28.3
朝阳区	217.5	285.8	−23.9	—	—	—
丰台区	21	36.0	−41.7	343.0	341.9	0.3
海淀区	1 110.6	1 662.1	−33.2	40.3	164.7	−75.6
门头沟区	20.7	23.5	−11.9	73.1	109.5	−33.2
房山区	34 239.55	35 171.5	−2.6	6 088.1	8 294.4	−26.6
通州区	78 082.6	91 082.5	−14.3	2 900.9	5 007.5	−42.1
顺义区	35 106.03	45 386.6	−22.7	3 122.2	6 876.3	−54.6
昌平区	24 714.77	24 760.5	−0.2	2 158.1	3 372.5	−36.0
大兴区	32 206.48	63 365.5	−49.2	1 659.4	5 199.4	−68.1
怀柔区	219	2 824.9	−92.2	534.5	1 601.1	−66.6
平谷区	896.2	2 035.7	−56.0	57 739.2	72 650.1	−20.5
密云区	64 020.2	66 599.4	−3.9	9 962.6	16 079.7	−38.0
延庆区	39 701	40 979.1	−3.1	27 849.9	37 150.3	−25.0

注：全市粮食产量为抽样调查推算数据，故与区合计数不等。

农作物播种面积

单位：公顷

各　区	农作物播种面积			#粮食作物			#蔬菜及食用菌		
	2018年	2017年	2018年比2017年增长（%）	2018年	2017年	2018年比2017年增长（%）	2018年	2017年	2018年比2017年增长（%）
全　市	106 266.3	125 474.8	−15.3	55 638.9	66 843.7	−16.8	36 010.2	41 848.6	−14.0
朝阳区	144.5	247.1	−41.5	0.0	1.7	−100.0	108.1	205.4	−47.4
丰台区	171.7	214.1	−19.8	46.7	49.6	−5.8	119.1	146.2	−18.5
海淀区	1 114.6	1 070.1	4.2	472.6	411.1	15.0	573.9	565.9	1.4
门头沟区	1 433.5	1 761.9	−18.6	494.9	603.4	−18.0	64.8	83.0	−22.0
房山区	13 457.6	15 097.0	−10.9	7 680.5	9 166.1	−16.2	4 388.9	4 435.0	−1.0
通州区	10 195.5	13 265.7	−23.1	3 463.3	4 452.1	−22.2	6 171.2	8 110.3	−23.9
顺义区	18 502.8	20 371.2	−9.2	9 320.1	9 954.3	−6.4	5 058.3	5 884.7	−14.0
昌平区	2 691.4	3 266.3	−17.6	916.4	1 306.0	−29.8	838.9	992.0	−15.4
大兴区	19 011.9	23 445.1	−18.9	5 016.6	7 405.0	−32.3	11 488.7	13 069.0	−12.1
怀柔区	5 467.1	6 652.4	−17.8	3 611.7	4 425.8	−18.4	652.2	759.0	−14.1
平谷区	6 990.0	9 804.8	−28.7	4 993.6	6 920.7	−27.8	1 557.7	2 489.7	−37.4
密云区	13 797.6	15 396.4	−10.4	9 515.8	10 755.7	−11.5	3 253.4	3 442.0	−5.5
延庆区	13 288.2	14 882.7	−10.7	10 106.7	11 392.4	−11.3	1 735.1	1 666.5	4.1

设　施　农　业

2018年

指标名称	占地面积（亩）			销售收入（万元）		
	本年实际	上年同期	增减（%）	本年实际	上年同期	增减（%）
合计	208 197.20	224 110.5	−7.1	517 295.64	545 042.35	−5.09
一、温室	112 527.70	120 002.3	−6.23	342 686.52	377 724.61	−9.28
1. 蔬菜	—	—	—	197 351.08	215 040.23	−8.23
2. 食用菌（干鲜混合）	—	—	—	50 333.56	66 165.65	−23.93
3. 花卉苗木	—	—	—	28 381.93	33 117.22	−14.3
其中：鲜切花	—	—	—	3 950.16	4 883.01	−19.1
盆栽花	—	—	—	23 751.19	27 730.36	−14.35
4. 瓜果类	—	—	—	53 100.07	43 747.96	21.38
其中：草莓	—	—	—	50 582.1	41 751.11	21.15
5. 水果	—	—	—	9 031.36	13 807.35	−34.59
6. 其他	—	—	—	4 488.52	5 846.2	−23.22
其中：盆栽观叶植物	—	—	—	1 192.92	646.9	84.41

（续）

指标名称	占地面积（亩）			销售收入（万元）		
	本年实际	上年同期	增减（%）	本年实际	上年同期	增减（%）
二、大棚	83 825.30	89 471.6	−6.31	158 638.15	148 880.82	6.55
1. 蔬菜	—	—	—	106 053.79	101 118.65	4.88
2. 食用菌（干鲜混合）	—	—	—	1 511.42	1 883.76	−19.77
3. 花卉苗木	—	—	—	8 947.71	8 530.5	4.89
其中：鲜切花	—	—	—	1 517.97	1 197.15	26.8
盆栽花	—	—	—	7 387.24	7 333.35	0.73
4. 瓜果类	—	—	—	36 049.53	32 261.87	11.74
其中：草莓	—	—	—	3 792.3	1 701.7	122.85
5. 水果	—	—	—	3 011.2	4 076.23	−26.13
6. 其他	—	—	—	3 064.5	1 009.8	203.48
其中：盆栽观叶植物	—	—	—	12	39.4	−69.54
三、中小棚	11 844.20	14 636.6	−19.08	15 970.98	18 436.93	−13.38
1. 蔬菜	—	—	—	11 479.46	10 844.85	5.85
2. 食用菌（干鲜混合）	—	—	—	391.40	559.36	−30.03
3. 花卉苗木	—	—	—	639.30	751.00	−14.87
其中：鲜切花	—	—	—	104.10	63.50	63.94
盆栽花	—	—	—	535.20	672.50	−20.42
4. 瓜果类	—	—	—	3 427.62	6 198.72	−44.70
其中：草莓	—	—	—	14.40	161.20	−91.07
5. 水果	—	—	—	27.20	83.00	−67.23
6. 其他	—	—	—	6.00	—	—
其中：盆栽观叶植物	—	—	—	—	—	—
设施个数（含温室、大棚、中小棚）（个）	181 459.00	211 358.00	−14.15	—	—	—

生　猪　生　产

2018 年

各　区	存栏（头）			出栏（头）		
	本年	上年	幅度（%）	本年	上年	幅度（%）
北京市	454 345	1 121 828	−59.5	1 694 411	2 420 685	−30.0
朝阳区	—	—	—	—	—	—
丰台区	0	776	−100.0	620	1 178	−47.4
海淀区	1 152	3 950	−70.8	4 430	13 515	−67.2
门头沟	0	2 703	−100.0	4 345	4 667	−6.9
房山区	43 664	140 343	−68.9	224 828	339 429	−33.8
通州区	0	112 055	−100.0	196 976	253 176	−22.2
顺义区	253 669	368 704	−31.2	541 174	634 944	−14.8
昌平区	17 737	48 580	−63.5	64 520	91 535	−29.5
大兴区	0	58 956	−100.0	78 090	279 298	−72.0
怀柔区	13 971	38 440	−63.7	34 737	95 107	−63.5
平谷区	75 228	216 101	−65.2	353 615	413 172	−14.4
密云区	31 288	64 138	−51.2	86 760	191 340	−54.7
延庆区	17 636	67 082	−73.7	104 316	103 324	1.0

牛的生产

2018年

各区	存栏（头）			出栏（头）		
	本年	上年	幅度（%）	本年	上年	幅度（%）
北京市	105 735	128 312	−17.6	53 006	84 258	−37.1
朝阳区	187	152	23.0	0	41	−100.0
丰台区	0	15	−100.0	12	23	−47.8
海淀区	182	1 262	−85.6	1 089	908	19.9
门头沟	7	7	0.0	0	22	−100.0
房山区	9 999	11 051	−9.5	4 898	6 434	−23.9
通州区	22 874	25 519	−10.4	10 833	7 814	38.6
顺义区	26 508	30 776	−13.9	15 003	21 059	−28.8
昌平区	5 115	7 279	−29.7	1 844	5 682	−67.5
大兴区	7 180	11 773	−39.0	4 626	12 906	−64.2
怀柔区	1 329	4 422	−69.9	3 083	7 659	−59.7
平谷区	1 954	2 795	−30.1	2 431	5 120	−52.5
密云区	15 717	18 475	−14.9	5 675	13 601	−58.3
延庆区	14 683	14 786	−0.7	3 512	2 989	17.5

羊的生产

2018年

各区	存栏（只）			出栏（只）		
	本年	上年	幅度（%）	本年	上年	幅度（%）
北京市	242 361	351 815	−31.1	356 394	645 114	−44.8
朝阳区	203	353	−42.5	25	930	−97.3
丰台区	812	1 414	−42.6	1 706	1 772	−3.7
海淀区	0	2 088	−100.0	2 209	1 896	16.5
门头沟	535	1 281	−58.2	933	10 086	−90.7
房山区	23 799	33 802	−29.6	26 200	138 595	−81.1
通州区	41 761	45 239	−7.7	55 903	64 733	−13.6
顺义区	60 976	76 383	−20.2	71 508	78 292	−8.7
昌平区	15 892	22 006	−27.8	17 106	31 158	−45.1
大兴区	10 365	27 365	−62.1	33 439	65 137	−48.7
怀柔区	5 620	16 841	−66.6	16 822	36 330	−53.7
平谷区	24 451	40 315	−39.4	55 700	102 137	−45.5
密云区	25 511	42 590	−40.1	40 649	72 916	−44.3
延庆区	32 436	42 138	−23.0	34 194	41 132	−16.9

家禽生产

2018年

各区	存栏（万只）			出栏（万只）		
	本年	上年	幅度（%）	本年	上年	幅度（%）
北京市	990.74	1 382.41	−28.3	1 615.62	3 115.20	−48.1
朝阳区	—	—	—	—	—	—
丰台区	2.4	2.10	14.3	0	0.51	−100.0
海淀区	0.07	1.66	−95.8	2.02	1.70	18.8
门头沟	2.51	2.80	−10.4	8.54	65.63	−87.0
房山区	90.78	107.83	−15.8	206.32	345.52	−40.3
通州区	23.95	57.06	−58.0	275.68	339.80	−18.9
顺义区	53.58	83.02	−35.5	169.89	343.78	−50.6
昌平区	44.6	58.81	−24.2	55.24	61.33	−9.9
大兴区	25.37	51.77	−51.0	83.46	364.63	−77.1
怀柔区	7.21	17.33	−58.4	39.36	144.45	−72.8
平谷区	491.41	570.32	−13.8	350.68	604.81	−42.0
密云区	105.3	142.73	−26.2	210.78	594.83	−64.6
延庆区	143.56	286.97	−50.0	213.66	248.22	−13.9

农业观光园

各区	农业观光园个数（个）		高峰期从业人员（人）		接待人次（人次）		经营总收入（万元）	
	2018年	2017年	2018年	2017年	2018年	2017年	2018年	2017年
全市	1 172	1 216	36 842	39 624	18 975 918	21 052 828	272 657.4	299 171.5
朝阳区	11	11	1 344	1 460	544 850	698 364	51 193.8	50 330.1
丰台区	11	13	796	884	2 629 190	2 650 768	19 438.6	16 346.9
海淀区	76	66	2 990	2 767	319 829	356 761	6 096.1	6 378.9
门头沟区	65	66	749	902	274 981	398 404	2 376.2	3 823.1
房山区	73	72	2 051	2 309	1 306 728	1 418 350	11 140.4	14 591.0
通州区	58	62	2 533	2 792	1 028 977	1 110 975	22 471.2	29 653.5
顺义区	53	54	1 981	2 239	1 280 408	931 715	8 412.9	10 167.3
昌平区	186	199	6 108	6 654	1 351 791	1 767 992	33 036	36 977.7
大兴区	68	84	2 333	3 066	1 069 339	1 261 529	9 981.1	11 989.8
怀柔区	181	206	2 234	2 324	1 677 682	1 984 409	17 699.2	20 805.5
平谷区	187	194	8 451	8 649	3 349 903	3 618 729	27 601.3	30 996.3
密云区	141	143	4 003	4 056	3 152 284	3 496 794	52 503.7	58 440.0
延庆区	62	46	2 005	1 522	989 956	1 358 038	10 706.9	8 671.4

注：全市合计数中含石景山区数据，故分区数据相加不等于合计。

民 俗 旅 游

各　区	民俗旅游接待户数（户）		高峰期从业人员（人）		民俗旅游接待人次（人次）		民俗旅游总收入（万元）	
	2018年	2017年	2018年	2017年	2018年	2017年	2018年	2017年
全　市	7 783	8 363	20 564	22 455	20 423 166	22 321 317	130 361.66	142 021.7
朝阳区	3	3	5	5	1 100	547	4.8	3.0
海淀区	20	20	48	56	37 327	40 274	231.9	250.8
门头沟区	424	436	1 057	1 097	560 362	658 513	4 642.5	4 827.6
房山区	1 127	1 254	2 098	2 079	1 587 101	1 608 497	8 239.2	8 211.4
通州区	75	76	159	53	33 886	33 660	1 261	679.8
顺义区	42	32	131	205	133 356	140 294	320.3	619.3
昌平区	344	352	1 600	1 655	2 448 179	2 560 062	10 848	11 002.4
大兴区	67	74	523	594	391 055	395 776	1 424.1	1 543.1
怀柔区	1 411	1 495	3 837	4 218	2 400 990	2 716 473	18 711.5	21 072.6
平谷区	1 077	1 374	3 943	4 688	3 902 716	4 345 902	24 712.76	29 241.5
密云区	2 095	2 157	4 336	4 580	4 461 721	4 841 860	31 264.2	33 402.8
延庆区	1 098	1 090	3 117	3 225	4 465 373	4 979 459	28 701.4	31 167.4

注：民俗旅游接待户数为实际经营的户数。

索　引

本索引采取主题索引法编纂，主题词以年鉴正文出现的重要专业名词或名词词组、机构名称为主。按汉语拼音音序排列，汉字的标目按首字的音序、音调依次排列，首字相同时，则以第二字排序，依此类推。

X

Y

Z

撰稿联系人名单与单位

张亚昆　通州区史志办
兰　岚　顺义区史志办
蔡晓东　房山区史志办
郑　贤　昌平区农业农村局
田亚南　大兴区史志办
符乃清　门头沟区农业农村局
毕　珊　怀柔区委研究室
梁自山　平谷区委研究室
贾　雪　密云区农业农村局
孙　猛　延庆区农业农村局
张　波　朝阳区农业农村局
侯　进　海淀区农业农村局
刘艳艳　丰台区农业农村局
华　蕾　市教委
刘　刚　市民宗委
周　凯　市商务局
赵　颖　市经信局
李云忠　市交通委
郭振华　市金融监管局
汪凌波　市工商管理局
甘国再　市民政局
杨慧艳　市文化和旅游局
鲍婧婷　市文化和旅游局
冯晓晴　市人力资源与社会保障局
李志敬　市卫健委
齐庆栓　市园林绿化局
田　雨　市水务局
王春华　市司法局
王玉晶　市农村商业银行
李　潇　市农林科学院
孙田田　市农业职业学院
杨　舒　市气象局
李玉霞　市统计局
刘　雯　市农村经济研究中心
刘孟超　市农业农村局
万敏波　市农业农村局

图书在版编目（CIP）数据

北京农村年鉴．2019 /《北京农村年鉴》编委会编．—北京：中国农业出版社，2020.11
ISBN 978-7-109-26766-4

Ⅰ．①北… Ⅱ．①北… Ⅲ．①农村经济—北京—2019—年鉴 Ⅳ．①F327.1-54

中国版本图书馆 CIP 数据核字（2020）第 055969 号

北京农村年鉴 2019
BEIJING NONGCUN NIANJIAN 2019

中国农业出版社出版
地址：北京市朝阳区麦子店街 18 号楼
邮编：100125
责任编辑：姚　红
版式设计：王　晨　　责任校对：沙凯霖
印刷：北京通州皇家印刷厂
版次：2020 年11月第 1 版
印次：2020 年11月北京第 1 次印刷
发行：新华书店北京发行所
开本：889mm×1194mm　1/16
印张：26.5　　插页：12
字数：810 千字
定价：200.00 元